ZGB

Schweizerisches Zivilgesetzbuch

ZGB

Schweizerisches Zivilgesetzbuch

mit einschlägigen Nebengesetzen und Verordnungen

Herausgegeben und
mit Anmerkungen versehen von
Dr. iur. Heinz Aeppli

Jetzt gibt es im Orell Füssli Verlag den **Navigator für Juristen** auf CD-ROM, ein professionelles Volltextsuchsystem, welches innerhalb der Bundesgerichtsentscheide (1960 bis 1993) und aktuellen Gesetzestexten, BV, ZGB, OR, SVG, StGB, SchKG, KG, UWG, PüG, gezieltes Suchen nebst anderen Funktionen ermöglicht.

Studienausgabe

Achtundzwanzigste, überarbeitete Auflage 1995
© Orell Füssli Verlag 1995
Printed in Germany
ISBN der Studienausgabe 3 280 02354 8
(ISBN der gebundenen Ausgabe 3 280 02351 3)

Aus dem Vorwort zur 1. Auflage

Diese Ausgabe bezweckt, das Zivilgesetzbuch dem Juristen und dem Nichtjuristen in einer Form zu bieten, welche ihm durch Anmerkungen den Überblick über die Zusammenhänge innerhalb des Gesetzes und mit anderen Gesetzen erleichtert. Die Anmerkungen sind ergänzt durch die Anführung bundesgerichtlicher Entscheide von grundlegender Bedeutung.

Zürich, im August 1937 Dr. Stauffacher

Aus dem Vorwort zur 15. Auflage

Nachdem der verdienstvolle Begründer und bisherige Herausgeber dieser Gesetzesausgabe, Dr. W. Stauffacher, leider am 17. Oktober 1967 verstorben war, übertrug die Verlagsleitung mir die ehrenvolle Aufgabe, diese Editionstätigkeit fortzuführen. Ich werde mich bemühen, weiterhin eine wissenschaftlich einwandfreie, für den praktischen Gebrauch bestimmte Taschenausgabe der einschlägigen Rechtsquellen vorzulegen.

Zürich, im März 1969 Dr. Heinz Aeppli

Vorwort zur 28. Auflage

Seit der letzten Auflage dieses Buches hat der emsige Gesetzgeber eine ganze Reihe von Änderungen und Neuerungen im ZGB und seinen Nebenerlassen vorgenommen, die sich insbesondere auf folgende Stichworte beziehen: Mündigkeit und Ehefähigkeit; bäuerliches Bodenrecht (Anh. Ia samt Erb- und Sachenrecht); Zivilstandsverordnung; Grundbuchverordnung. Entsprechend habe ich das Sachregister aktualisiert. Die bundesgerichtlichen Präjudizien sind nachgetragen bis BGE 120 II 224. Die noblere gebundene Ausgabe und die wohlfeile Studienausgabe laufen parallel und enthalten den gleichen Text.

Zürich, 1. Januar 1995 Dr. Heinz Aeppli

Abkürzungen

Anh., Anm.	Anhang, Anmerkung
AS	Amtliche Sammlung der eidgenössischen Gesetze und Verordnungen seit 1948
BG	Bundesgesetz
BGBB	BG über das bäuerliche Bodenrecht vom 4. Okt. 1991, SR 211.412.11 (Anh. Ia)
BGE	Entscheidungen des schweiz. Bundesgerichtes, amtliche Sammlung
BRB	Bundesratsbeschluß
BüG	BG über den Erwerb und Verlust des Schweizerbürgerrechts vom 29. September 1952 (SR 141.0)
BV	Bundesverfassung vom 29. Mai 1874, SR 101
DSG	BG über den Datenschutz vom 19. Juni 1992 (SR 235.1)
ExprG	BG über die Enteignung vom 20. Juni 1930, SR 711
IPRG	BG über das Internationale Privatrecht vom 18. Dezember 1987, SR 291 (Anh. I)
LandwG	BG über die Förderung der Landwirtschaft und die Erhaltung des Bauernstandes vom 3. Oktober 1951, SR 910.1
OG	BG über die Organisation der Bundesrechtspflege vom 16. Dezember 1943, SR 173.110
OR	Schweizerisches Obligationenrecht vom 30. März 1911, SR 220
SchKG	BG über Schuldbetreibung und Konkurs vom 11. April 1889, SR 281.1
SchiffsregisterG	BG über das Schiffsregister vom 28. September 1923, SR 747.11
SeeschiffahrtG	BG über die Seeschiffahrt unter der Schweizerflagge vom 23. September 1953, SR 747.30
SchlT	Schlußtitel des Zivilgesetzbuches
SR	Systematische Sammlung des Bundesrechts
StGB	Schweiz. Strafgesetzbuch vom 21. Dezember 1937, SR 311.0
VO Handelsreg.	Verordnung über das Handelsregister vom 7. Juni 1937, SR 211.411
VZG	Verordnung des Bundesgerichtes über die Zwangsverwertung von Grundstücken vom 23. April 1920, SR 281.42

Bloße Ziffern der Anmerkungen bedeuten Artikel des ZGB.

Inhaltsverzeichnis

	Einleitung	Artikel
A.	Anwendung des Rechts	*1*
B.	Inhalt der Rechtsverhältnisse	
	I. Handeln nach Treu und Glauben	*2*
	II. Guter Glaube	*3*
	III. Richterliches Ermessen	*4*
C.	Verhältnis zu den Kantonen	
	I. Kantonales Zivilrecht und Ortsübung	*5*
	II. Öffentliches Recht der Kantone	*6*
D.	Allgemeine Bestimmungen des Obligationenrechts	*7*
E.	Beweisregeln	
	I. Beweislast	*8*
	II. Beweis mit öffentlicher Urkunde	*9*
	III. Beweisvorschriften	*10*

Erster Teil

Das Personenrecht

1. Titel Die natürlichen Personen

1. Abschnitt. Das Recht der Persönlichkeit

A. Persönlichkeit im allgemeinen

	I. Rechtsfähigkeit	*11*
	II. Handlungsfähigkeit	*12–16*
	III. Handlungsunfähigkeit	*17–19*
	IV. Verwandtschaft und Schwägerschaft	*20–21*
	V. Heimat und Wohnsitz	*22–26*

		Artikel
B.	Schutz der Persönlichkeit	
	I. Vor übermäßiger Bindung	*27*
	II. Gegen Verletzungen	*28–28l*
	III. Recht auf den Namen	*29–30*
C.	Anfang und Ende der Persönlichkeit	
	I. Geburt und Tod	*31*
	II. Beweis	*32–34*
	III. Verschollenerklärung	*35–38*

2. Abschnitt. Die Beurkundung des Personenstandes

A.	Im allgemeinen	
	I. Register	*39*
	II. Ordnung	*40*
	III. Beamte	*41*
	IV. Haftbarkeit	*42*
	V. Aufsicht	*43–44*
	VI. Berichtigungen	*45*
B.	Register der Geburten	
	I. Anzeige	*46*
	II. Eintragung von Veränderungen	*47*
C.	Register der Todesfälle	
	I. Anzeige	*48*
	II. Nichtauffindung der Leiche	*49*
	III. Verschollenerklärung	*50*
	IV. Eintragung von Veränderungen	*51*

2. Titel Die juristischen Personen

1. Abschnitt. Allgemeine Bestimmungen

A.	Persönlichkeit	*52*
B.	Rechtsfähigkeit	*53*
C.	Handlungsfähigkeit	
	I. Voraussetzung	*54*
	II. Betätigung	*55*
D.	Wohnsitz	*56*

		Artikel
E.	Aufhebung	
	I. Vermögensverwendung	57
	II. Liquidation	58
F.	Vorbehalt des öffentlichen und des Gesellschafts- und Genossenschaftsrechtes	59

2. Abschnitt. Die Vereine

A.	Gründung	
	I. Körperschaftliche Personenverbindung	60
	II. Eintragung	61
	III. Vereine ohne Persönlichkeit	62
	IV. Verhältnis der Statuten zum Gesetz	63
B.	Organisation	
	I. Vereinsversammlung	64–68
	II. Vorstand	69
C.	Mitgliedschaft	
	I. Ein- und Austritt	70
	II. Beitragspflicht	71
	III. Ausschließung	72
	IV. Stellung ausgeschiedener Mitglieder	73
	V. Schutz des Vereinszweckes	74
	VI. Schutz der Mitgliedschaft	75
D.	Auflösung	
	I. Auflösungsarten	76–78
	II. Löschung des Registereintrages	79

3. Abschnitt. Die Stiftungen

A.	Errichtung	
	I. Im allgemeinen	80
	II. Form der Errichtung	81
	III. Anfechtung	82
B.	Organisation	83
C.	Aufsicht	84
D.	Umwandlung der Stiftung	
	I. Änderung der Organisation	85
	II. Änderung des Zweckes	86

		Artikel
E.	Familienstiftungen und kirchliche Stiftungen	87
F.	Aufhebung	
	I. Von Gesetzes wegen und durch den Richter	88
	II. Klagerecht und Löschung im Register	89
G.	Personalfürsorgestiftungen	89 bis

Zweiter Teil

Das Familienrecht

Erste Abteilung

Das Eherecht

3. Titel   Die Eheschließung

1. Abschnitt. Das Verlöbnis

A.	Verlobung	90
B.	Wirkung des Verlöbnisses	
	I. Ausschluß der Klage auf Eingehung der Ehe	91
	II. Folgen des Verlöbnisbruches	92–93
	III. Rückerstattung der Geschenke	94
	IV. Verjährung	95

2. Abschnitt. Ehefähigkeit und Ehehindernisse

A.	Ehefähigkeit	
	I. Ehemündigkeit	96
	II. Urteilsfähigkeit	97
	III. Einwilligung der Vertreter	99
B.	Ehehindernisse	
	I. Verwandtschaft	100
	II. Frühere Ehe	101–104

3. Abschnitt. Verkündung und Trauung

Artikel

A. Verkündung
  - I. Form des Gesuches *105*
  - II. Ort des Gesuches und der Verkündung . . . *106*
  - III. Abweisung des Gesuches *107*

B. Einspruch
  - I. Einspruchsrecht *108*
  - II. Einspruch von Amtes wegen *109*
  - III. Verfahren *110–112*

C. Trauung
  - I. Voraussetzungen *113–115*
  - II. Trauhandlung *116–117*
  - III. Eheschein und kirchliche Feier *118*

D. Verordnungen *119*

4. Abschnitt. Die Ungültigkeit der geschlossenen Ehe

A. Nichtigkeit
  - I. Nichtigkeitsgründe *120*
  - II. Pflicht und Recht zur Klage *121*
  - III. Beschränkung und Ausschluß der Klage . . *122*

B. Anfechtbarkeit
  - I. Klage der Ehegatten *123–127*
  - II. Klage der Eltern oder des Vormundes . . . *128*

C. Ausschluß der Ungültigkeit
  - I. Ehe im Falle der Kindesannahme *129*
  - II. Verletzung der Wartefrist *130*
  - III. Verletzung von Formvorschriften *131*

D. Ungültigerklärung
  - I. Bedeutung *132*
  - II. Folgen *133–134*

E. Vererblichkeit *135*

F. Zuständigkeit und Verfahren *136*

4. Titel Die Ehescheidung

A. Scheidungsgründe   Artikel
- I. Ehebruch *137*
- II. Nachstellung nach dem Leben, Mißhandlung und Ehrenkränkung *138*
- III. Verbrechen und unehrenhafter Lebenswandel *139*
- IV. Verlassung *140*
- V. Geisteskrankheit *141*
- VI. Zerrüttung des ehelichen Verhältnisses . . . *142*

B. Klage
- I. Inhalt der Klage *143*
- II. Zuständigkeit *144*
- III. Vorsorgliche Maßnahmen *145*

C. Urteil
- I. Scheidung oder Trennung *146*
- II. Dauer der Trennung *147*
- III. Urteil nach Ablauf der Trennung *148*
- IV. Stellung des geschiedenen Ehegatten *149*
- V. Wartefrist *150*
- VI. Leistungen bei Scheidung *151–153*
- VII. Güterrechtliche Auseinandersetzung *154–155*
- VIII. Elternrechte *156–157*

D. Scheidungsverfahren *158*

5. Titel Die Wirkungen der Ehe im allgemeinen

A. Eheliche Gemeinschaft: Rechte und Pflichten der Ehegatten *159*

B. Familienname *160*

C. Bürgerrecht *161*

D. Eheliche Wohnung *162*

E. Unterhalt der Familie
- I. Im allgemeinen *163*
- II. Beitrag zur freien Verfügung *164*
- III. Außerordentliche Beiträge eines Ehegatten . . *165*

F. Vertretung der ehelichen Gemeinschaft *166*

	Artikel
G. Beruf und Gewerbe der Ehegatten	*167*
H. Rechtsgeschäfte der Ehegatten	
I. Im allgemeinen	*168*
II. Wohnung der Familie	*169*
J. Auskunftspflicht	*170*
K. Schutz der ehelichen Gemeinschaft	
I. Beratungsstellen	*171*
II. Richterliche Maßnahmen	*172–180*

6. Titel   Das Güterrecht der Ehegatten

1. Abschnitt. Allgemeine Vorschriften

A. Ordentlicher Güterstand	*181*
B. Ehevertrag	
I. Inhalt des Vertrages	*182*
II. Vertragsfähigkeit	*183*
III. Form des Vertrages	*184*
C. Außerordentlicher Güterstand	
I. Auf Begehren eines Ehegatten	*185–187*
II. Bei Konkurs und Pfändung	*188–191*
III. Güterrechtliche Auseinandersetzung	*192*
D. Schutz der Gläubiger	*193*
E. Zuständigkeit für Klagen über die güterrechtliche Auseinandersetzung	*194*
F. Verwaltung des Vermögens eines Ehegatten durch den anderen	*195*
G. Inventar	*195a*

2. Abschnitt. Der ordentliche Güterstand der Errungenschaftsbeteiligung

A. Eigentumsverhältnisse	
I. Zusammensetzung	*196*
II. Errungenschaft	*197*
III. Eigengut	*198–199*
IV. Beweis	*200*

	Artikel
B. Verwaltung, Nutzung und Verfügung	201
C. Haftung gegenüber Dritten	202
D. Schulden zwischen Ehegatten	203
E. Auflösung des Güterstandes und Auseinandersetzung	
I. Zeitpunkt der Auflösung	204
II. Rücknahme von Vermögenswerten und Regelung der Schulden	205–206
III. Berechnung des Vorschlages jedes Ehegatten	207–210
IV. Wertbestimmung	211–214
V. Beteiligung am Vorschlag	215–217
VI. Bezahlung der Beteiligungsforderung und des Mehrwertanteils	218–220

3. Abschnitt. Die Gütergemeinschaft

A. Eigentumsverhältnisse	
I. Zusammensetzung	221
II. Gesamtgut	222–224
III. Eigengut	225
IV. Beweis	226
B. Verwaltung und Verfügung	
I. Gesamtgut	227–231
II. Eigengut	232
C. Haftung gegenüber Dritten	
I. Vollschulden	233
II. Eigenschulden	234
D. Schulden zwischen Ehegatten	235
E. Auflösung des Güterstandes und Auseinandersetzung	
I. Zeitpunkt der Auflösung	236
II. Zuweisung zum Eigengut	237
III. Ersatzforderungen zwischen Gesamtgut und Eigengut	238
IV. Mehrwertanteil	239
V. Wertbestimmung	240

Systematisches Register

	Artikel
VI. Teilung	*241–242*
VII. Durchführung der Teilung	*243–246*

4. Abschnitt. Die Gütertrennung

A. Verwaltung und Nutzung
- I. Im allgemeinen ... 247
- II. Beweis ... 248

B. Haftung gegenüber Dritten ... 249

C. Schulden zwischen Ehegatten ... 250

D. Zuweisung bei Miteigentum ... 251

Zweite Abteilung

Die Verwandtschaft

7. Titel   Die Entstehung des Kindesverhältnisses

1. Abschnitt. Allgemeine Bestimmungen

A. Entstehung des Kindesverhältnisses im allgemeinen ... 252

B. Feststellung und Anfechtung des Kindesverhältnisses
- I. Zuständigkeit ... 253
- II. Verfahren ... 254

2. Abschnitt. Die Vaterschaft des Ehemannes

A. Vermutung ... 255

B. Anfechtung
- I. Klagerecht ... 256
- II. Klagegrund ... *256a/b*
- III. Klagefrist ... *256c*

C. Zusammentreffen zweier Vermutungen ... 257

D. Klage der Eltern ... 258

E. Heirat der Eltern ... 259

3. Abschnitt. Anerkennung und Vaterschaftsurteil Artikel

A. Anerkennung
    I. Zulässigkeit und Form 260
    II. Anfechtung 260a–c

B. Vaterschaftsklage
    I. Klagerecht 261
    II. Vermutung 262
    III. Klagefrist 263

4. Abschnitt. Die Adoption

A. Adoption Unmündiger 264–265

B. Adoption Mündiger und Entmündigter 266

C. Wirkung 267

D. Verfahren 268

E. Anfechtung 269–269b

F. Adoptivkindervermittlung 269c

8. Titel   Die Wirkung des Kindesverhältnisses

1. Abschnitt. Die Gemeinschaft der Eltern und Kinder

A. Familienname 270

B. Heimat 271

C. Beistand und Gemeinschaft 272

D. Persönlicher Verkehr
    I. Eltern 273/4
    II. Dritte 274a
    III. Zuständigkeit 275

2. Abschnitt. Die Unterhaltspflicht der Eltern

A. Gegenstand und Umfang 276

B. Dauer 277

C. Verheiratete Eltern 278

		Artikel
D.	Klage	
	I. Klagerecht und Zuständigkeit	279
	II. Verfahren	280
	III. Vorsorgliche Maßregeln	281–284
	IV. Bemessung des Unterhaltsbeitrags	285
	V. Veränderung der Verhältnisse	286
E.	Verträge über die Unterhaltspflicht	
	I. Periodische Leistungen	287
	II. Abfindung	288
F.	Erfüllung	
	I. Gläubiger	289
	II. Vollstreckung	290/1
	III. Sicherstellung	292
G.	Öffentliches Recht	293
H.	Pflegeeltern	294
J.	Ansprüche der unverheirateten Mutter	295

3. Abschnitt. Die elterliche Gewalt

A.	Voraussetzungen	
	I. Im allgemeinen	296
	II. Verheiratete Eltern	297
	III. Unverheiratete Eltern	298
	IV. Stiefeltern	299
	V. Pflegeeltern	300
B.	Inhalt	
	I. Im allgemeinen	301
	II. Erziehung	302
	III. Religiöse Erziehung	303
	IV. Vertretung	304–306
C.	Kindesschutz	
	I. Geeignete Maßnahmen	307
	II. Beistandschaft	308/9
	III. Aufhebung der elterlichen Obhut	310
	IV. Entziehung der elterlichen Gewalt	311/2
	V. Änderung der Verhältnisse	313
	VI. Verfahren	314
	VII. Zuständigkeit	315

	Artikel
VIII. Pflegekinderaufsicht	*316*
IX. Zusammenarbeit in der Jugendhilfe	*317*

4. Abschnitt. Das Kindesvermögen

A.	Verwaltung	*318*
B.	Verwendung der Erträge	*319*
C.	Anzehrung des Kindesvermögens	*320*
D.	Freies Kindesvermögen	
	I. Zuwendungen	*321*
	II. Pflichtteil	*322*
	III. Arbeitserwerb, Berufs- und Gewerbevermögen	*323*
E.	Schutz des Kindesvermögens	
	I. Geeignete Maßnahmen	*324*
	II. Entziehung der Verwaltung	*325*
F.	Ende der Verwaltung	
	I. Rückerstattung	*326*
	II. Verantwortlichkeit	*327*

9. Titel Die Familiengemeinschaft

1. Abschnitt. Die Unterstützungspflicht

A.	Unterstützungspflichtige	*328*
B.	Geltendmachung und Umfang des Anspruches	*329*
C.	Unterhalt von Findelkindern	*330*

2. Abschnitt. Die Hausgewalt

A.	Voraussetzung	*331*
B.	Wirkung	
	I. Hausordnung und Fürsorge	*332*
	II. Verantwortlichkeit	*333*
	III. Forderung der Kinder und Großkinder	*334*

3. Abschnitt. Das Familienvermögen

	Artikel
A. Familienstiftungen	*335*
B. Gemeinderschaften	
I. Begründung	*336–337*
II. Dauer	*338*
III. Wirkung	*339–342*
IV. Aufhebung	*343–346*
V. Ertragsgemeinderschaft	*347–348*
C. Heimstätten	
I. Befugnis der Kantone	*349*
II. Begründung	*350–353*
III. Wirkung	*354–356*
IV. Aufhebung	*357–358*
V. Kantonale Ausführungsvorschriften	*359*

Dritte Abteilung

Die Vormundschaft

10. Titel   Die allgemeine Ordnung der Vormundschaft

1. Abschnitt. Die vormundschaftlichen Organe

A. Im allgemeinen	*360*
B. Vormundschaftliche Behörden	
I. Staatliche Organe	*361*
II. Familienvormundschaft	*362–366*
C. Vormund und Beistand	*367*

2. Abschnitt. Die Bevormundungsfälle

A. Unmündigkeit	*368*
B. Unfähigkeit Mündiger	
I. Geisteskrankheit und Geistesschwäche	*369*
II. Verschwendung, Trunksucht, lasterhafter Lebenswandel, Mißwirtschaft	*370*
III. Freiheitsstrafe	*371*
IV. Eigenes Begehren	*372*

C. Verfahren   Artikel

    I. Im allgemeinen *373*
    II. Anhörung und Begutachtung *374*
    III. Veröffentlichung *375*

3. Abschnitt. Die Zuständigkeit

A. Bevormundung am Wohnsitze *376*

B. Wechsel des Wohnsitzes *377*

C. Rechte des Heimatkantons *378*

4. Abschnitt. Die Bestellung des Vormundes

A. Voraussetzungen

    I. Im allgemeinen *379*
    II. Vorrecht der Verwandten und des
        Ehegatten *380*
    III. Wünsche des Bevormundeten und der
        Eltern *381*
    IV. Allgemeine Pflicht zur Übernahme *382*
    V. Ablehnungsgründe *383*
    VI. Ausschließungsgründe *384*

B. Ordnung der Wahl

    I. Ernennung des Vormundes *385*
    II. Vorläufige Fürsorge *386*
    III. Mitteilung und Veröffentlichung *387*
    IV. Ablehnung und Anfechtung *388–390*
    V. Übergabe des Amtes *391*

5. Abschnitt. Die Beistandschaft

A. Fälle der Beistandschaft

    I. Vertretung *392*
    II. Vermögensverwaltung *393–394*
    III. Beschränkung der Handlungsfähigkeit . . .   *395*

B. Zuständigkeit *396*

C. Bestellung des Beistandes *397*

6. Abschnitt. Die fürsorgerische Freiheitsentziehung   Artikel

A. Voraussetzungen *397a*
B. Zuständigkeit *397b*
C. Mitteilungspflicht *397c*
D. Gerichtliche Beurteilung *397d*
E. Verfahren in den Kantonen
    I. Im allgemeinen *397e*
    II. Vor Gericht *397f*

11. Titel   Die Führung der Vormundschaft

1. Abschnitt. Das Amt des Vormundes

A. Übernahme des Amtes
    I. Inventaraufnahme *398*
    II. Verwahrung von Wertsachen *399*
    III. Veräußerung von beweglichen Sachen . . . *400*
    IV. Anlage von Barschaft *401–402*
    V. Geschäft und Gewerbe *403*
    VI. Grundstücke *404*

B. Fürsorge und Vertretung
    I. Fürsorge für die Person *405–406*
    II. Vertretung *407–412*

C. Vermögensverwaltung
    I. Pflicht zur Verwaltung und
       Rechnungsführung *413*
    II. Freies Vermögen *414*

D. Amtsdauer *415*
E. Entschädigung des Vormundes *416*

2. Abschnitt: Das Amt des Beistandes

A. Stellung des Beistandes *417*
B. Inhalt der Beistandschaft
    I. Für ein einzelnes Geschäft *418*
    II. Für Vermögensverwaltung *419*

		Artikel
3. Abschnitt. Die Mitwirkung der vormundschaftlichen Behörden		
A.	Beschwerden	*420*
B.	Zustimmung	
	I. Der Vormundschaftsbehörde	*421*
	II. Der Aufsichtsbehörde	*422*
C.	Prüfung von Berichten und Rechnungen	*423*
D.	Bedeutung der Zustimmung	*424*
E.	Kantonale Verordnungen	*425*
4. Abschnitt. Die Verantwortlichkeit der vormundschaftlichen Organe		
A.	Im allgemeinen	
	I. Vormund und Behörden	*426*
	II. Gemeinden, Kreise und Kanton	*427*
B.	Voraussetzung	
	I. Betreffend die Mitglieder einer Behörde	*428*
	II. Im Verhältnis der Organe untereinander	*429*
C.	Fürsorgerische Freiheitsentziehung	*429a*
D.	Geltendmachung	*430*

12. Titel Das Ende der Vormundschaft

1. Abschnitt. Das Ende der Bevormundung

A.	Bei Unmündigen	*431*
B.	Bei Verurteilten	*432*
C.	Bei andern Bevormundeten	
	I. Voraussetzung der Aufhebung	*433*
	II. Verfahren	*434–438*
D.	Im Falle der Beistandschaft	
	I. Im allgemeinen	*439*
	II. Veröffentlichung	*440*

		2. Abschnitt. Das Ende des vormundschaftlichen Amtes	Artikel
A.		Handlungsunfähigkeit, Tod	441
B.		Entlassung, Nichtwiederwahl	
	I.	Ablauf der Amtsdauer	442
	II.	Eintritt von Ausschließungs- oder Ablehnungsgründen	443
	III.	Pflicht zur Weiterführung	444
C.		Amtsenthebung	
	I.	Gründe	445
	II.	Verfahren	446–450
		3. Abschnitt. Die Folgen der Beendigung	
A.		Schlußrechnung und Vermögensübergabe	451
B.		Prüfung des Schlußberichtes und der Schlußrechnung	452
C.		Entlassung des Vormundes	453
D.		Geltendmachung der Verantwortlichkeit	
	I.	Ordentliche Verjährung	454
	II.	Außerordentliche Verjährung	455
E.		Vorrecht der Ersatzforderung	456

Dritter Teil

Das Erbrecht

Erste Abteilung

Die Erben

13. Titel   Die gesetzlichen Erben

		Artikel
A.	Verwandte Erben	
	I. Nachkommen	457
	II. Elterlicher Stamm	458
	III. Großelterlicher Stamm	459
	IV. Umfang der Erbberechtigung	460
	V. Außereheliche Verwandte (aufgehoben)	461
B.	Überlebender Ehegatte	462
C.	Angenommene Kinder (aufgehoben)	465
D.	Gemeinwesen	466

14. Titel   Die Verfügung von Todes wegen

1. Abschnitt. Die Verfügungsfähigkeit

A.	Letztwillige Verfügung	467
B.	Erbvertrag	468
C.	Mangelhafter Wille	469

2. Abschnitt. Die Verfügungsfreiheit

A.	Verfügbarer Teil	
	I. Umfang der Verfügungsbefugnis	470
	II. Pflichtteil	471
	III. Vorbehalt kantonalen Rechts (aufgehoben)	472
	IV. Begünstigung des Ehegatten	473
	V. Berechnung des verfügbaren Teils	474–476

		Artikel
B.	Enterbung	
	I. Gründe	477
	II. Wirkung	478
	III. Beweislast	479
	VI. Enterbung eines Zahlungsunfähigen	480

3. Abschnitt. Die Verfügungsarten

A.	Im allgemeinen	481
B.	Auflagen und Bedingungen	482
C.	Erbeinsetzung	483
D.	Vermächtnis	
	I. Inhalt	484
	II. Verpflichtung des Beschwerten	485
	III. Verhältnis zur Erbschaft	486
E.	Ersatzverfügung	487
F.	Nacherbeneinsetzung	
	I. Bezeichnung des Nacherben	488
	II. Zeitpunkt der Auslieferung	489
	III. Sicherungsmittel	490
	IV. Rechtsstellung	491–492
G.	Stiftungen	493
H.	Erbverträge	
	I. Erbeinsetzungs- und Vermächtnisvertrag	494
	II. Erbverzicht	495–497

4. Abschnitt. Die Verfügungsformen

A.	Letztwillige Verfügungen	
	I. Errichtung	498–508
	II. Widerruf und Vernichtung	509–511
B.	Erbverträge	
	I. Errichtung	512
	II. Aufhebung	513–515
C.	Verfügungsbeschränkung	516

5. Abschnitt. Die Willensvollstrecker

Artikel

A. Erteilung des Auftrages 517
B. Inhalt des Auftrages 518

6. Abschnitt. Die Ungültigkeit und Herabsetzung der Verfügungen

A. Ungültigkeitsklage
    I. Bei Verfügung, mangelhaftem Willen, Rechtswidrigkeit und Unsittlichkeit 519
    II. Bei Formmangel 520
    III. Verjährung 521

B. Herabsetzungsklage
    I. Voraussetzungen 522–524
    II. Wirkungen 525–531
    III. Durchführung............... 532
    IV. Verjährung 533

7. Abschnitt. Klagen aus Erbverträgen

A. Ansprüche bei Ausrichtung zu Lebzeiten des Erblassers 534
B. Ausgleichung beim Erbverzicht
    I. Herabsetzung 535
    II. Rückleistung 536

Zweite Abteilung

Der Erbgang

15. Titel Die Eröffnung des Erbganges

A. Voraussetzung auf Seite des Erblassers 537
B. Ort der Eröffnung und Gerichtsstand 538
C. Voraussetzungen auf Seite des Erben
    I. Fähigkeit 539–541
    II. Erleben des Erbfalles 542–545

		Artikel
D.	Verschollenheit	
	I. Beerbung eines Verschollenen	546–547
	II. Erbrecht des Verschollenen	548
	III. Verhältnis der beiden Fälle zueinander	549
	IV. Verfahren von Amtes wegen	550

16. Titel Die Wirkungen des Erbganges

1. Abschnitt. Die Sicherungsmaßregeln

A.	Im allgemeinen	551
B.	Siegelung der Erbschaft	552
C.	Inventar	553
D.	Erbschaftsverwaltung	
	I. Im allgemeinen	554
	II. Bei unbekannten Erben	555
E.	Eröffnung der letztwilligen Verfügung	
	I. Pflicht zur Einlieferung	556
	II. Eröffnung	557
	III. Mitteilung an die Beteiligten	558
	IV. Auslieferung der Erbschaft	559

2. Abschnitt. Der Erwerb der Erbschaft

A.	Erwerb	
	I. Erben	560
	II. Nutznießungsberechtigte (aufgehoben)	561
	III. Vermächtnisnehmer	562–565
B.	Ausschlagung	
	I. Erklärung	566–570
	II. Verwirkung der Ausschlagsbefugnis	571
	III. Ausschlagung eines Miterben	572
	IV. Ausschlagung aller nächsten Erben	573–575
	V. Fristverlängerung	576
	VI. Ausschlagung eines Vermächtnisses	577
	VII. Sicherung für die Gläubiger des Erben	578
	VIII. Haftung im Falle der Ausschlagung	579

3. Abschnitt. Das öffentliche Inventar

Artikel

- A. Voraussetzung 580
- B. Verfahren
  - I. Inventar 581
  - II. Rechnungsruf 582
  - III. Aufnahme von Amtes wegen 583
  - IV. Ergebnis 584
- C. Verhältnis der Erben während des Inventars
  - I. Verwaltung 585
  - II. Betreibung, Prozesse, Verjährung 586
- D. Wirkung
  - I. Frist zur Erklärung 587
  - II. Erklärung 588
  - III. Folgen der Annahme unter öffentlichem Inventar 589–590
- E. Haftung für Bürgschaftsschulden 591
- F. Erwerb durch Gemeinwesen 592

4. Abschnitt. Die amtliche Liquidation

- A. Voraussetzung
  - I. Begehren eines Erben 593
  - II. Begehren der Gläubiger des Erblassers ... 594
- B. Verfahren
  - I. Verwaltung 595
  - II. Ordentliche Liquidation 596
  - III. Konkursamtliche Liquidation 597

5. Abschnitt. Die Erbschaftsklage

- A. Voraussetzung 598
- B. Wirkung 599
- C. Verjährung 600
- D. Klage der Vermächtnisnehmer 601

17. Titel Die Teilung der Erbschaft

1. Abschnitt. Die Gemeinschaft vor der Teilung

Artikel

A. Wirkung des Erbganges
  - I. Erbengemeinschaft 602
  - II. Haftung der Erben 603

B. Teilungsanspruch 604

C. Verschiebung der Teilung 605

D. Anspruch der Hausgenossen 606

2. Abschnitt. Die Teilungsart

A. Im allgemeinen 607

B. Ordnung der Teilung
  - I. Verfügung des Erblassers 608
  - II. Mitwirkung der Behörde 609

C. Durchführung der Teilung
  - I. Gleichberechtigung der Erben 610
  - II. Bildung von Losen 611
  - III. Zuweisung und Verkauf einzelner Sachen .. 612
  - IV. Zuweisung der Wohnung und des Hausrates an den überlebenden Ehegatten 612a

D. Besondere Gegenstände
  - I. Zusammengehörende Sachen, Familienschriften 613
  - II. Forderungen des Erblassers an Erben 614
  - III. Verpfändete Erbschaftssachen 615
  - IV. Grundstücke 616–618
  - V. Landwirtschaftliche Gewerbe und Grundstücke 619

3. Abschnitt. Die Ausgleichung

A. Ausgleichungspflicht der Erben 626

B. Ausgleichung bei Wegfallen von Erben 627

C. Berechnungsart
  - I. Einwerfung der Anrechnung 628

	Artikel
II. Verhältnis zum Erbanteil	629
III. Ausgleichungswert	630
D. Erziehungskosten	631
E. Gelegenheitsgeschenke	632
F. Ausgleichung von Zuwendungen an die häusliche Gemeinschaft	633

Aufgehoben (s. Art. 334)

4. Abschnitt. Abschluß und Wirkung der Teilung

A. Abschluß des Vertrages

I. Teilungsvertrag	634
II. Vertrag über angefallene Erbanteile	635
III. Verträge vor dem Erbgang	636

B. Haftung der Miterben unter sich

I. Gewährleistung	637
II. Anfechtung der Teilung	638

C. Haftung gegenüber Dritten

I. Solidare Haftung	639
II. Rückgriff auf die Miterben	640

Vierter Teil

Das Sachenrecht

Erste Abteilung

Das Eigentum

18. Titel   Allgemeine Bestimmungen

A. Inhalt des Eigentums	641
B. Umfang des Eigentums	
I. Bestandteile	642

		Artikel
	II. Natürliche Früchte	643
	III. Zugehör	644–645
C.	Gemeinschaftliches Eigentum	
	I. Miteigentum	646–651
	II. Gesamteigentum	652–654
	III. Gemeinschaftliches Eigentum an landwirtschaftlichen Gewerben und Grundstücken	654a

19. Titel Das Grundeigentum

1. Abschnitt. Gegenstand, Erwerb und Verlust des Grundeigentums

A.	Gegenstand	655
B.	Erwerb	
	I. Eintragung	656
	II. Erwerbsarten	657–664
	III. Recht auf Eintragung	665
C.	Verlust	666

2. Abschnitt. Inhalt und Beschränkungen des Grundeigentums

A.	Inhalt	
	I. Umfang	667
	II. Abgrenzung	668–670
	III. Bauten auf dem Grundstück	671–677
	IV. Einpflanzungen auf dem Grundstück	678
	V. Verantwortlichkeit des Grundeigentümers	679
B.	Beschränkungen	
	I. Im allgemeinen	680
	II. Veräußerungsbeschränkungen; gesetzliche Vorkaufsrechte	681–683
	III. Nachbarrecht	684–698
	IV. Recht auf Zutritt und Abwehr	699–701
	V. Öffentlich-rechtliche Beschränkungen	702–703
C.	Rechte an Quellen und Brunnen	
	I. Quelleneigentum und Quellenrecht	704

	Artikel
II. Ableitung von Quellen	705
III. Abgraben von Quellen	706–707
IV. Quellengemeinschaft	708
V. Benutzung von Quellen	709
VI. Notbrunnen	710
VII. Pflicht zur Abtretung	711–712

3. Abschnitt. Das Stockwerkeigentum

A. Inhalt und Gegenstand

I. Inhalt	712a
II. Gegenstand	712b
III. Verfügung	712c

B. Begründung und Untergang

I. Begründungsakt	712d
II. Wertquoten	712e
III. Untergang	712f

C. Verwaltung und Benutzung

I. Die anwendbaren Bestimmungen	712g
II. Gemeinschaftliche Kosten und Lasten	712h–k
III. Handlungsfähigkeit der Gemeinschaft	712l

D. Organisation

I. Versammlung der Stockwerkeigentümer	712m–p
II. Der Verwalter	712q–t

20. Titel Das Fahrniseigentum

A. Gegenstand 713

B. Erwerbsarten

I. Übertragung	714–717
II. Aneignung	718–719
III. Fund	720–724
IV. Zuführung	725
V. Verarbeitung	726
VI. Verbindung und Vermischung	727
VII. Ersitzung	728

C. Verlust 729

Zweite Abteilung

Die beschränkten dinglichen Rechte

21. Titel Die Dienstbarkeiten und Grundlasten

1. Abschnitt. Die Grunddienstbarkeiten Artikel

A. Gegenstand 730

B. Errichtung und Untergang
- I. Errichtung 731–733
- II. Untergang 734–736

C. Inhalt
- I. Umfang 737–740
- II. Last des Unterhaltes 741
- III. Veränderungen der Belastung 742–744

2. Abschnitt. Nutznießung und andere Dienstbarkeiten

A. Nutznießung
- I. Gegenstand 745
- II. Entstehung 746–747
- III. Untergang 748–754
- IV. Inhalt 755–767
- V. Besondere Fälle 768–775

B. Wohnrecht
- I. Im allgemeinen 776
- II. Ansprüche der Wohnungsberechtigten . . . 777
- III. Lasten 778

C. Baurecht 779–779*l*

D. Quellenrecht 780

E. Andere Dienstbarkeiten 781

3. Abschnitt. Die Grundlasten

A. Gegenstand 782

B. Errichtung und Untergang
- I. Errichtung 783–785
- II. Untergang 786–790

		Artikel
C.	Inhalt	
	I. Gläubigerrecht	*791*
	II. Schuldpflicht	*792*

22. Titel Das Grundpfand

1. Abschnitt. Allgemeine Bestimmungen

A. Voraussetzungen
- I. Arten *793*
- II. Gestalt der Forderung *794–795*
- III. Grundstück *796–798*

B. Errichtung und Untergang
- I. Errichtung *799–800*
- II. Untergang *801*
- III. Grundpfänder bei Güterzusammenlegung . *802–804*

C. Wirkung
- I. Umfang der Pfandschaft *805*
- II. Miet- und Pachtzinse *806*
- III. Verjährung *807*
- IV. Sicherungsbefugnisse *808–811*
- V. Weitere Belastung *812*
- VI. Pfandstelle *813–815*
- VII. Befriedigung aus dem Pfande *816–819*
- VIII. Pfandrecht bei Bodenverbesserungen . . *820–821*
- IX. Anspruch auf die Versicherungssumme . . *822*
- X. Vertretung des Gläubigers *823*

2. Abschnitt. Die Grundpfandverschreibung

A. Zweck und Gestalt *824*

B. Errichtung und Untergang
- I. Errichtung *825*
- II. Untergang *826–831*

C. Wirkung
- I. Eigentum und Schuldnerschaft *832–834*
- II. Übertragung der Forderung *835*

		Artikel
D.	Gesetzliches Grundpfandrecht	
	I. Ohne Eintragung	836
	II. Mit Eintragung	837–841

3. Abschnitt. Schuldbrief und Gült

A. Schuldbrief

    I. Zweck und Gestalt 842
    II. Schätzung 843
    III. Kündigung 844
    VI. Stellung des Eigentümers 845
    V. Veräußerung, Zerstückelung 846

B. Gült

    I. Zweck und Gestalt 847
    II. Belastungsgrenze 848
    III. Haftung des Staates 849
    IV. Ablösbarkeit 850
    V. Schuldpflicht und Eigentum 851
    VI. Zerstückelung 852
    VII. Kantonale und Erbengülten 853

C. Gemeinsame Bestimmungen

    I. Errichtung 854–862
    II. Untergang 863–864
    III. Rechte des Gläubigers 865–869
    IV. Kraftloserklärung 870–871
    V. Einreden des Schuldners 872
    VI. Herausgabe des Pfandtitels bei Zahlung . . 873
    VII. Änderungen im Rechtsverhältnis 874

4. Abschnitt. Ausgabe von Anleihenstiteln mit Grundpfandrecht

A. Obligationen für Anleihen mit Pfandrecht 875

B. Ausgabe von Schuldbriefen und Gülten in Serien

    I. Im allgemeinen 876
    II. Gestalt 877
    III. Amortisation 878
    IV. Eintragung 879
    V. Wirkung 880–883

23. Titel Das Fahrnispfand

1. Abschnitt. Faustpfand und Retentionsrecht Artikel

A. Faustpfand
- I. Bestellung *884–887*
- II. Untergang *888–890*
- III. Wirkung *891–894*

B. Retentionsrecht
- I. Voraussetzungen *895*
- II. Ausnahmen *896*
- III. Bei Zahlungsunfähigkeit *897*
- IV. Wirkung *898*

2. Abschnitt. Das Pfandrecht an Forderungen und andern Rechten

A. Im allgemeinen *899*

B. Errichtung
- I. Bei Forderungen mit oder ohne Schuldschein *900*
- II. Bei Wertpapieren *901*
- III. Bei Warenpapieren *902*
- IV. Nachverpfändung *903*

C. Wirkung
- I. Umfang der Pfandhaft *904*
- II. Vertretung verpfändeter Aktien *905*
- III. Verwaltung und Abzahlung *906*

3. Abschnitt. Das Versatzpfand

A. Versatzanstalt
- I. Erteilung der Gewerbebefugnis *907*
- II. Dauer *908*

B. Versatzpfandrecht
- I. Errichtung *909*
- II. Wirkung *910–911*
- III. Auslösung des Pfandes *912–913*

Systematisches Register

		Artikel
C.	Kauf und Rückkauf	*914*
D.	Ordnung des Gewerbes	*915*

4. Abschnitt. Pfandbriefe *916–918*

Aufgehoben

Dritte Abteilung

Besitz und Grundbuch

24. Titel Der Besitz

A. Begriff und Arten
- I. Begriff. *919*
- II. Selbständiger und unselbständiger Besitz. *920*
- III. Vorübergehende Unterbrechung *921*

B. Übertragung
- I. Unter Anwesenden *922*
- II. Unter Abwesenden *923*
- III. Ohne Übergabe. *924*
- IV. Bei Warenpapieren *925*

C. Bedeutung
- I. Besitzesschutz *926–929*
- II. Rechtsschutz *930–937*
- III. Verantwortlichkeit *938–940*
- IV. Ersitzung *941*

25. Titel Das Grundbuch

A. Einrichtung
- I. Bestand. *942–950*
- II. Grundbuchführung *951–954*
- III. Grundbuchbeamte *955–957*

B. Eintragung
- I. Grundbucheinträge *958–961*

	Artikel
II. Öffentlich-rechtliche Beschränkungen	962
III. Voraussetzung der Eintragung	963–966
IV. Art der Eintragung	967–968
V. Anzeigepflicht	969

C. Öffentlichkeit des Grundbuches 970
    I. Auskunftserteilung und Einsichtnahme . . . 970
    II. Veröffentlichungen 970a

D. Wirkung
    I. Bedeutung der Nichteintragung 971
    II. Bedeutung der Eintragung 972–974

E. Aufhebung und Veränderung der Einträge
    I. Bei ungerechtfertigtem Eintrag 975
    II. Bei Untergang des dinglichen Rechtes . . . 976
    III. Berichtigungen 977

Schlußtitel Anwendungs- und Einführungsbestimmungen

1. Abschnitt. Die Anwendung bisherigen und neuen Rechtes

A. Allgemeine Bestimmungen
    I. Regel der Nichtrückwirkung 1
    II. Rückwirkung 2–4

B. Personenrecht
    I. Handlungsfähigkeit 5
    II. Verschollenheit 6
    III. Juristische Personen 7

C. Familienrecht
    I. Eheschließung, Scheidung und Wirkungen der Ehe im allgemeinen 8–8b
    II. Güterrecht der vor 1. Jan. 1912 geschlossenen Ehen 9
    IIbis. Güterrecht der nach 1. Jan. 1912 geschlossenen Ehen 9a–11a
    III. Das Kindesverhältnis im allgemeinen 12
    IIIbis. Adoption 12a–12d

Systematisches Register

		Artikel
	IV. Vaterschaftsklage	*13–13a*
	V. Vormundschaft	*14*
	VI. Fürsorgerische Freiheitsentziehung	*14a*
D.	Erbrecht	
	I. Erbe und Erbgang	*15*
	II. Verfügung von Todes wegen	*16*
E.	Sachenrecht	
	I. Dingliche Rechte im allgemeinen	*17*
	II. Anspruch auf Eintragung im Grundbuch	*18*
	III. Ersitzung	*19*
	IV. Besondere Eigentumsverhältnisse	*20*
	V. Grunddienstbarkeiten	*21*
	VI. Grundpfandrechte	*22–23*
	VII. Fahrnispfandrechte	*34–35*
	VIII. Retentionsrecht	*36*
	IX. Besitz	*37*
	X. Grundbuch	*38–48*
F.	Verjährung	*49*
G.	Vertragsformen	*50*

2. Abschnitt. Einführungs- und Übergangsbestimmungen

A.	Aufhebung des kantonalen Zivilrechtes	*51*
B.	Ergänzende kantonale Anordnungen	
	I. Recht und Pflicht der Kantone	*52*
	II. Ersatzverordnungen des Bundes	*53*
C.	Bezeichnung der zuständigen Behörden	*54*
D.	Öffentliche Beurkundung	*55*
E.	Wasserrechtsverleihungen	*56*
F.	Sicherung der Sparkasseneinlagen	*57*
J.	Schuldbetreibung und Konkurs	*58*
K.	Anwendung schweizerischen und fremden Rechtes	*59*
L.	Aufhebung von Bundeszivilrecht	*60*
M.	Schlußbestimmung	*61*

Schweizerisches Zivilgesetzbuch

Anhang

	Seite
I. Bundesgesetz über das Internationale Privatrecht (Auszug)	*339*
Ia. Bundesgesetz über das bäuerliche Bodenrecht	*387*
II. Internationale Abkommen über Ehescheidung, Unterhaltspflicht, Minderjährigenschutz, Adoption und Vollstreckung	*423*
III. Zivilstandsverordnung	*426*
IV. Verordnung betr. das Güterrechtsregister	*495*
V. Verordnung betr. das Grundbuch	*503*
VI. Verordnung betr. die Eintragung der Eigentumsvorbehalte	*542*
VII. Verordnung betr. die Viehverpfändung	*548*
VIII. Pfandbriefgesetz	*559*
IX. Güterverbindung (ZGB a194–a214)	*571*
Alphabetisches Sachregister	*577*

Einleitung

A. Anwendung des Rechts

Das Gesetz findet auf alle Rechtsfragen Anwendung, für die es nach Wortlaut oder Auslegung eine Bestimmung enthält.

Kann dem Gesetze keine Vorschrift entnommen werden, so soll der Richter nach Gewohnheitsrecht und, wo auch ein solches fehlt, nach der Regel entscheiden, die er als Gesetzgeber aufstellen würde.

Er folgt dabei bewährter Lehre und Überlieferung.

Lücke im Gesetz: BGE 76 II 62; 87 II 361; 90 I 141.

B. Inhalt der Rechtsverhältnisse

I. Handeln nach Treu und Glauben

Jedermann hat in der Ausübung seiner Rechte und in der Erfüllung seiner Pflichten nach Treu und Glauben zu handeln.

Der offenbare Mißbrauch eines Rechtes findet keinen Rechtsschutz.

BGE 64 II 289; 65 II 138; 88 II 24; 90 II 26. Formvorschriften: BGE 72 II 41; 112 II 330. Verjährung: BGE 69 II 103; 76 II 117. Verwirkung: BGE 117 II 575. Prozeß- und Betreibungsrecht: BGE 79 III 66; 83 II 348. Clausula rebus sic stantibus: BGE 59 II 304, 377; 68 II 173. Umgehung: BGE 72 II 73; 79 II 83. Durchgriff: BGE 108 II 213.

II. Guter Glaube

Wo das Gesetz eine Rechtswirkung an den guten Glauben einer Person geknüpft hat, ist dessen Dasein zu vermuten.

Wer bei der Aufmerksamkeit, wie sie nach den Umständen von ihm verlangt werden darf, nicht gutgläubig sein konnte, ist nicht berechtigt, sich auf den guten Glauben zu berufen.

Abs. 1: Juristische Person: BGE 56 II 187. Abs. 2: BGE 107 II 41; 116 II 459.

III. Richterliches Ermessen

Wo das Gesetz den Richter auf sein Ermessen oder auf die Würdigung der Umstände oder auf wichtige Gründe verweist, hat er seine Entscheidung nach Recht und Billigkeit zu treffen.

C. Verhältnis zu den Kantonen

I. Kantonales Zivilrecht und Ortsübung

5 Soweit das Bundesrecht die Geltung kantonalen Rechtes vorbehält, sind die Kantone befugt, zivilrechtliche Bestimmungen aufzustellen oder aufzuheben.

Wo das Gesetz auf die Übung oder den Ortsgebrauch verweist, gilt das bisherige kantonale Recht als deren Ausdruck, solange nicht eine abweichende Übung nachgewiesen ist.

Ortsgebrauch: BGE 42 II 119. Handelsusancen: BGE 47 II 163; 53 II 310.

II. Öffentliches Recht der Kantone

6 Die Kantone werden in ihren öffentlich-rechtlichen Befugnissen durch das Bundeszivilrecht nicht beschränkt.

Sie können in den Schranken ihrer Hoheit den Verkehr mit gewissen Arten von Sachen beschränken oder untersagen oder die Rechtsgeschäfte über solche Sachen als ungültig bezeichnen.

D. Allgemeine Bestimmungen des Obligationenrechtes

7 Die allgemeinen Bestimmungen des Obligationenrechtes über die Entstehung, Erfüllung und Aufhebung der Verträge finden auch Anwendung auf andere zivilrechtliche Verhältnisse.

E. Beweisregeln

I. Beweislast

8 Wo das Gesetz es nicht anders bestimmt, hat derjenige das Vorhandensein einer behaupteten Tatsache zu beweisen, der aus ihr Rechte ableitet.

OR 42f. Behauptungslast: BGE 87 II 141. Gegenbeweislast: BGE 65 III 137; 66 II 147; 88 II 190; 115 II 305. Negat. Beweis: BGE 74 IV 94; 90 I 141.

II. Beweis mit öffentlicher Urkunde

9 Öffentliche Register und öffentliche Urkunden erbringen für die durch sie bezeugten Tatsachen vollen Beweis, solange nicht die Unrichtigkeit ihres Inhaltes nachgewiesen ist.

Dieser Nachweis ist an keine besondere Form gebunden.

SchlT 55. Formlosigkeit des Gegenbeweises: BGE 55 I 23; 110 II 1.

III. Beweisvorschriften

Wo das Bundesrecht für die Gültigkeit eines Rechtsgeschäftes keine **10** besondere Form vorsieht, darf das kantonale Recht auch für die Beweisbarkeit des Rechtsgeschäftes eine solche nicht vorschreiben.

OR 12 ff. Beweismittel: BGE 86 II 302.

Erster Teil
Das Personenrecht

Erster Teil
Das Personenrecht

Erster Titel
Die natürlichen Personen

Erster Abschnitt
Das Recht der Persönlichkeit

A. Persönlichkeit im allgemeinen

I. Rechtsfähigkeit

11 Rechtsfähig ist jedermann.
Für alle Menschen besteht demgemäß in den Schranken der Rechtsordnung die gleiche Fähigkeit, Rechte und Pflichten zu haben.
27 I, 53. IPRG 34.

II. Handlungsfähigkeit

1. Inhalt

12 Wer handlungsfähig ist, hat die Fähigkeit, durch seine Handlungen Rechte und Pflichten zu begründen.
SchlT 5. Prozeßfähigkeit: BGE 42 II 555. Anh. I 7.

2. Voraussetzungen

a) Im allgemeinen

13 Die Handlungsfähigkeit besitzt, wer mündig und urteilsfähig ist.
14, 16, 277 III, 467; IPRG 35.

b) Mündigkeit

14 Mündig ist, wer das 18. Lebensjahr vollendet hat.

15 Aufgehoben.

d) Urteilsfähigkeit

16 Urteilsfähig im Sinne dieses Gesetzes ist ein jeder, dem nicht wegen seines Kindesalters oder infolge von Geisteskrankheit, Geistesschwäche, Trunkenheit oder ähnlichen Zuständen die Fähigkeit mangelt, vernunftgemäß zu handeln.
BGE 44 II 449; 55 II 157, 229; 74 II 205; 88 IV 114.

III. Handlungsunfähigkeit

1. Im allgemeinen

17 Handlungsunfähig sind die Personen, die nicht urteilsfähig, oder die unmündig oder entmündigt sind.
14, 16, 369 ff. IPRG 36.

2. Fehlen der Urteilsfähigkeit

18 Wer nicht urteilsfähig ist, vermag unter Vorbehalt der gesetzlichen Ausnahmen durch seine Handlungen keine rechtliche Wirkung herbeizuführen.

3. Urteilsfähige Unmündige oder Entmündigte

19 Urteilsfähige unmündige oder entmündigte Personen können sich nur mit Zustimmung ihrer gesetzlichen Vertreter durch ihre Handlungen verpflichten.

Ohne diese Zustimmung vermögen sie Vorteile zu erlangen, die unentgeltlich sind, und Rechte auszuüben, die ihnen um ihrer Persönlichkeit willen zustehen.

Sie werden aus unerlaubten Handlungen schadenersatzpflichtig.
Abs. 1: 279 ff., 295, 333 I, 392, 395, 407 ff.
Abs. 2: 27 ff. BGE 65 I 266. OR 241.
Abs. 3: OR 41 ff., 55. BGE 90 II 11.

IV. Verwandtschaft und Schwägerschaft

1. Verwandtschaft

20 Der Grad der Verwandtschaft bestimmt sich nach der Zahl der sie vermittelnden Geburten.

In gerader Linie sind zwei Personen miteinander verwandt, wenn die eine von der andern abstammt, und in der Seitenlinie, wenn sie von einer dritten Person abstammen und unter sich nicht in gerader Linie verwandt sind.
Abs. 2: 100 Ziff. 2, 120 Z. 3, 380, 503.

1. Titel. Die natürlichen Personen **21–24**

2. Schwägerschaft

Wer mit einer Person verwandt ist, ist mit deren Ehegatten in der **21** gleichen Linie und in dem gleichen Grade verschwägert.

Die Schwägerschaft wird durch die Auflösung der Ehe, die sie begründet hat, nicht aufgehoben.

V. Heimat und Wohnsitz

1. Heimatangehörigkeit

Die Heimat einer Person bestimmt sich nach ihrem Bürgerrecht. **22**
Das Bürgerrecht wird durch das öffentliche Recht bestimmt.

Wenn einer Person das Bürgerrecht an mehreren Orten zusteht, so ist für ihre Heimatangehörigkeit der Ort entscheidend, wo sie zugleich ihren Wohnsitz hat oder zuletzt gehabt hat, und mangels eines solchen Wohnsitzes der Ort, dessen Bürgerrecht von ihr oder ihren Vorfahren zuletzt erworben worden ist.

SchlT 59 Ziff. 7 a. BV 43/4. Vgl. BüG, Schweizer- und Kantonsbürgerrecht: BGE 55 I 9. Al. 2: BV 43. BGE 55 I 34. Tragweite: BGE 84 II 475. Getrenntleben: BGE 85 II 300.

2. Wohnsitz

a) Begriff

Der Wohnsitz einer Person befindet sich an dem Orte, wo sie sich mit **23** der Absicht dauernden Verbleibens aufhält.

Niemand kann an mehreren Orten zugleich seinen Wohnsitz haben.

Die geschäftliche Niederlassung wird von dieser Bestimmung nicht getroffen.

56, SchlT 59. IPRG 20. SchKG 46, 50. BV 59. Begriff des Wohnsitzes: BGE 49 I 193; 53 I 279; 64 II 403; 69 II 280; 74 III 20; 87 I 10; 97 II 1. Steuerdomizil: BGE 52 I 24; 67 I 103; 77 I 25; 79 I 26, 138. Al. 3: OR 934/5.

b) Wechsel im Wohnsitz oder Aufenthalt

Der einmal begründete Wohnsitz einer Person bleibt bestehen bis **24** zum Erwerbe eines neuen Wohnsitzes.

Ist ein früher begründeter Wohnsitz nicht nachweisbar oder ist ein im Ausland begründeter Wohnsitz aufgegeben und in der Schweiz kein neuer begründet worden, so gilt der Aufenthaltsort als Wohnsitz.

BGE 56 I 454; 77 I 25. Aufenthalt, résidence: BGE 87 II 9.

c)   Wohnsitz nichtselbständiger Personen

25 Als Wohnsitz des Kindes unter elterlicher Gewalt gilt der Wohnsitz der Eltern oder, wenn die Eltern keinen gemeinsamen Wohnsitz haben, der Wohnsitz des Elternteils, unter dessen Obhut das Kind steht; in den übrigen Fällen gilt sein Aufenthaltsort als Wohnsitz.

Bevormundete Personen haben ihren Wohnsitz am Sitz der Vormundschaftsbehörde.

d)   Aufenthalt in Anstalten

26 Der Aufenthalt an einem Orte zum Zweck des Besuches einer Lehranstalt und die Unterbringung einer Person in einer Erziehungs-, Versorgungs-, Heil- oder Strafanstalt begründen keinen Wohnsitz.
SchlT 59 Al. 1. BGE 78 II 119; 82 III 13.

B.   Schutz der Persönlichkeit

I.   Vor übermäßiger Bindung

27 Auf die Rechts- und Handlungsfähigkeit kann niemand ganz oder zum Teil verzichten.

Niemand kann sich seiner Freiheit entäußern oder sich in ihrem Gebrauch in einem das Recht oder die Sittlichkeit verletzenden Grade beschränken.
11 ff. OR 20. Schiedsvertrag: BGE 80 I 340. Abs. 2: BGE 102 II 212; 112 II 241, 433; 114 II 158.

II.   Gegen Verletzungen

1.   Grundsatz

28 Wer in seiner Persönlichkeit widerrechtlich verletzt wird, kann zu seinem Schutz gegen jeden, der an der Verletzung mitwirkt, den Richter anrufen.

Eine Verletzung ist widerrechtlich, wenn sie nicht durch Einwilligung des Verletzten, durch ein überwiegend privates oder öffentliches Interesse oder durch Gesetz gerechtfertigt ist.
52, 92/3, 151. OR 48/9. BGE 68 II 132; 70 II 130; 78 II 292; 80 II 130; 91 II 401; 106 II 92; 107 II 1. Boykott: BGE 82 II 297. BG ü. d. unlautern Wettbewerb, SR 241. Geheimsphäre: BGE 64 II 169. Urheberrecht: BGE 58 II 306. Jur. Person: BGE 97 II 97; 103 II 161 (Berichtigung). 104 II 1 (Urteilspublikation). 109 II 353; 111 II 209. StGB Art. 179 bis–septies. IPRG 139. DSG Art. 15.

1. Titel. Die natürlichen Personen — 28a–28c

2. Klage

28a Der Kläger kann dem Richter beantragen:
1. eine drohende Verletzung zu verbieten;
2. eine bestehende Verletzung zu beseitigen;
3. die Widerrechtlichkeit einer Verletzung festzustellen, wenn sich diese weiterhin störend auswirkt.

Er kann insbesondere verlangen, daß eine Berichtigung oder das Urteil Dritten mitgeteilt oder veröffentlicht wird.

Vorbehalten bleiben die Klagen auf Schadenersatz und Genugtuung sowie auf Herausgabe eines Gewinns entsprechend den Bestimmungen über die Geschäftsführung ohne Auftrag.

Abs. 1 Ziff. 3: BGE 119 II 97.
Abs. 3: OR 49, 419 ff.

3. Gerichtsstand

28b Zuständig zur Beurteilung von Klagen zum Schutz der Persönlichkeit ist der Richter am Wohnsitz des Klägers oder des Beklagten.

Macht der Kläger gleichzeitig aus der Verletzung Ansprüche auf Schadenersatz, Genugtuung oder Gewinnherausgabe geltend, so kann er diese auch an seinem Wohnsitz erheben.

4. Vorsorgliche Maßnahmen

a) Voraussetzungen

28c Wer glaubhaft macht, daß er in seiner Persönlichkeit widerrechtlich verletzt ist oder eine solche Verletzung befürchten muß und daß ihm aus der Verletzung ein nicht leicht wiedergutzumachender Nachteil droht, kann die Anordnung vorsorglicher Maßnahmen verlangen.

Der Richter kann insbesondere:
1. die Verletzung vorsorglich verbieten oder beseitigen;
2. die notwendigen Maßnahmen ergreifen, um Beweise zu sichern.

Eine Verletzung durch periodisch erscheinende Medien kann der Richter jedoch nur dann vorsorglich verbieten oder beseitigen, wenn sie einen besonders schweren Nachteil verursachen kann, offensichtlich kein Rechtfertigungsgrund vorliegt und die Maßnahme nicht unverhältnismäßig erscheint.

Abs. 3: BGE 118 II 369.

b) Verfahren

28d Der Richter gibt dem Gesuchsgegner Gelegenheit, sich zu äußern.

Ist es jedoch wegen dringender Gefahr nicht mehr möglich, den Gesuchsgegner vorgängig anzuhören, so kann der Richter schon auf Einreichung des Gesuchs hin Maßnahmen vorläufig anordnen, es sei denn, der Gesuchsteller habe sein Gesuch offensichtlich hinausgezögert.

Kann eine vorsorgliche Maßnahme dem Gesuchsgegner schaden, so kann der Richter vom Gesuchsteller eine Sicherheitsleistung verlangen.

c) Vollstreckung

28e Vorsorgliche Maßnahmen werden in allen Kantonen wie Urteile vollstreckt.

Vorsorgliche Maßnahmen, die angeordnet werden, bevor die Klage rechtshängig ist, fallen dahin, wenn der Gesuchsteller nicht innerhalb der vom Richter festgesetzten Frist, spätestens aber innert 30 Tagen, Klage erhebt.

d) Schadenersatz

28f Der Gesuchsteller hat den durch eine vorsorgliche Maßnahme entstandenen Schaden zu ersetzen, wenn der Anspruch, für den sie bewilligt worden ist, nicht zu Recht bestanden hat; trifft ihn jedoch kein oder nur ein leichtes Verschulden, so kann der Richter das Begehren abweisen oder die Entschädigung herabsetzen.

Zuständig für die Beurteilung der Schadenersatzklage ist der Richter, der die vorsorgliche Maßnahme verfügt hat, oder der Richter am Wohnsitz des Beklagten.

Eine bestellte Sicherheit ist freizugeben, wenn feststeht, daß keine Schadenersatzklage erhoben wird; bei Ungewißheit setzt der Richter Frist zur Klage.

5. Recht auf Gegendarstellung

a) Grundsatz

28g Wer durch Tatsachendarstellungen in periodisch erscheinenden Medien, insbesondere Presse, Radio und Fernsehen, in seiner Persönlichkeit unmittelbar betroffen ist, hat Anspruch auf Gegendarstellung.

Kein Anspruch auf Gegendarstellung besteht, wenn über öffentliche Verhandlungen einer Behörde wahrheitsgetreu berichtet

1. Titel. Die natürlichen Personen   28h–28l

wurde und die betroffene Person an den Verhandlungen teilgenommen hat.
BGE 114 II 385. Abs. 1: BGE 112 II 465 (Foto); 113 II 213, 369; 114 II 293, 388 (Betroffenheit).

b)   Form und Inhalt

Der Text der Gegendarstellung ist in knapper Form auf den Gegenstand der beanstandeten Darstellung zu beschränken.   **28h**

Die Gegendarstellung kann verweigert werden, wenn sie offensichtlich unrichtig ist oder wenn sie gegen das Recht oder die guten Sitten verstößt.
BGE 112 II 193, 117 II 115. Abs. 2: BGE 115 II 113; 119 II 104.

c)   Verfahren

Der Betroffene muß den Text der Gegendarstellung innert 20 Tagen, nachdem er von der beanstandeten Tatsachendarstellung Kenntnis erhalten hat, spätestens jedoch drei Monate nach der Verbreitung, an das Medienunternehmen absenden.   **28i**

Das Medienunternehmen teilt dem Betroffenen unverzüglich mit, wann es die Gegendarstellung veröffentlicht oder weshalb es sie zurückweist.

d)   Veröffentlichung

Die Gegendarstellung ist sobald als möglich zu veröffentlichen, und zwar so, daß sie den gleichen Personenkreis wie die beanstandete Tatsachendarstellung erreicht.   **28k**

Die Gegendarstellung ist als solche zu kennzeichnen; das Medienunternehmen darf dazu nur die Erklärung beifügen, ob es an seiner Tatsachendarstellung festhält oder auf welche Quellen es sich stützt.

Die Veröffentlichung der Gegendarstellung erfolgt kostenlos.
BGE 115 II 4.

e)   Anrufung des Richters

Verhindert das Medienunternehmen die Ausübung des Gegendarstellungsrechts, verweigert es die Gegendarstellung oder veröffentlicht es diese nicht korrekt, so kann der Betroffene den Richter anrufen.   **28l**

Zuständig für die Beurteilung der Klage ist der Richter am Wohnsitz des Klägers oder des Beklagten.

Der Richter entscheidet unverzüglich aufgrund der verfügbaren Beweismittel.

Rechtsmittel haben keine aufschiebende Wirkung.
BGE 116 II 1; 117 II 1, 115.

III. Recht auf den Namen

1. Namensschutz

29 Wird jemandem die Führung seines Namens bestritten, so kann er auf Feststellung seines Rechtes klagen.

Wird jemand dadurch beeinträchtigt, daß ein anderer sich seinen Namen anmaßt, so kann er auf Unterlassung dieser Anmaßung sowie bei Verschulden auf Schadenersatz und, wo die Art der Beeinträchtigung es rechtfertigt, auf Leistung einer Geldsumme als Genugtuung klagen.

270, 324/5. IPRG 37. Namenähnliche Rechte: BGE 45 II 624. Juristische Person: BGE 80 II 240; 90 II 464; 102 II 161; 117 II 513. Abs. 2: OR 41 ff. Interesse: BGE 66 II 263; 102 II 305. (Adelsprädikat) 67 II 193.

2. Namensänderung

30 Die Regierung des Wohnsitzkantons kann einer Person die Änderung des Namens bewilligen, wenn wichtige Gründe vorliegen.

Das Gesuch der Brautleute, von der Trauung an den Namen der Ehefrau als Familiennamen zu führen, ist zu bewilligen, wenn achtenswerte Gründe vorliegen.

Wer durch die Namensänderung verletzt wird, kann sie binnen Jahresfrist, nachdem er von ihr Kenntnis erlangt hat, gerichtlich anfechten.

IPRG 38f. Abs. 1: BGE 105 II 65 und 241; 107 II 289; 108 II 1, 247; 110 II 97; 115 II 306; 117 II 6; 119 II 307. Abs. 2: Vgl. 160; BGE 115 II 193. Abs. 3: BGE 76 II 339; 81 II 405; 118 II 1.

C. Anfang und Ende der Persönlichkeit

I. Geburt und Tod

31 Die Persönlichkeit beginnt mit dem Leben nach der vollendeten Geburt und endet mit dem Tode.

Vor der Geburt ist das Kind unter dem Vorbehalt rechtsfähig, daß es lebendig geboren wird.

Anhang III Art. 59 ff., 74 ff. Abs. 2: Nasciturus, 393 Ziff. 3, 544, 605.

II. Beweis

1. Beweislast

32 Wer zur Ausübung eines Rechtes sich darauf beruft, daß eine Person lebe oder gestorben sei oder zu einer bestimmten Zeit gelebt oder

1. Titel. Die natürlichen Personen 33–36

eine andere Person überlebt habe, hat hiefür den Beweis zu erbringen.

Kann nicht bewiesen werden, daß von mehreren gestorbenen Personen die eine die andere überlebt habe, so gelten sie als gleichzeitig gestorben.
8/9.

2. Beweismittel

a) Im allgemeinen

Der Beweis für die Geburt oder den Tod einer Person wird mit den **33** Zivilstandsurkunden geführt.

Fehlen solche oder sind die vorhandenen als unrichtig erwiesen, so kann der Beweis auf andere Weise erbracht werden.
9, 39 ff. Anhang III 59 ff., 74 ff.

b) Anzeichen des Todes

Der Tod einer Person kann, auch wenn niemand die Leiche gesehen **34** hat, als erwiesen betrachtet werden, sobald die Person unter Umständen verschwunden ist, die ihren Tod als sicher erscheinen lassen.
49, Verschollenheit: BGE 56 I 550.

III. Verschollenerklärung

1. Im allgemeinen

Ist der Tod einer Person höchst wahrscheinlich, weil sie in hoher To- **35** desgefahr verschwunden oder seit langem nachrichtlos abwesend ist, so kann sie der Richter auf das Gesuch derer, die aus ihrem Tode Rechte ableiten, für verschollen erklären.

Zuständig ist hiefür der Richter des letzten schweizerischen Wohnsitzes oder, wenn der Verschwundene niemals in der Schweiz gewohnt hat, der Richter der Heimat.
SchlT 6. IPRG 41. Abs. 2: 22 ff. Anhang III Art. 88 ff.

2. Verfahren

Das Gesuch kann nach Ablauf von mindestens einem Jahre seit dem **36** Zeitpunkte der Todesgefahr oder von fünf Jahren seit der letzten Nachricht angebracht werden.

Der Richter hat jedermann, der Nachrichten über den Verschwundenen oder Abwesenden geben kann, in angemessener Weise öffentlich aufzufordern, sich binnen einer bestimmten Frist zu melden.

Diese Frist ist auf mindestens ein Jahr seit der erstmaligen Auskündigung anzusetzen.

3. Wegfallen des Gesuches

37 Meldet sich innerhalb der Frist der Verschwundene oder Abwesende, oder laufen Nachrichten über ihn ein, oder wird der Zeitpunkt seines Todes nachgewiesen, so fällt das Gesuch dahin.

4. Wirkung

38 Läuft während der angesetzten Zeit keine Meldung ein, so wird der Verschwundene oder Abwesende für verschollen erklärt, und es können die aus seinem Tode abgeleiteten Rechte geltend gemacht werden, wie wenn der Tod bewiesen wäre.

Die Wirkung der Verschollenerklärung wird auf den Zeitpunkt der Todesgefahr oder der letzten Nachricht zurückbezogen.

102, 546 ff., 871.

Zweiter Abschnitt
Die Beurkundung des Personenstandes

A. Im allgemeinen

I. Register

39 Zur Beurkundung des Personenstandes werden durch die Zivilstandsämter Register geführt.

Über die Führung der Register und die gesetzliche Anzeigepflicht erläßt der Bundesrat die nötigen Verordnungen.

9, 46 f., 48 f., 119. Anhang III. Verordnung über die Zivilstandsformulare, SR 211.112.6. Beweiskraft des Registers: BGE 45 II 127.

II. Ordnung

40 Die Umschreibung der Zivilstandskreise, die Ernennung und Besoldung der Zivilstandsbeamten sowie die Ordnung der Aufsicht erfolgt durch die Kantone.

Die kantonalen Vorschriften, ausgenommen jene über die Ernennung und die Besoldung der Zivilstandsbeamten, bedürfen der Genehmigung des Bundes.

6. Anhang III Art. 2.

1. Titel. Die natürlichen Personen

III. Beamte

41 Die Zivilstandsregister werden von weltlichen Beamten geführt.

Die Zivilstandsbeamten haben die Eintragungen in die Register zu besorgen und Auszüge anzufertigen.

Der Bundesrat kann die Vertreter der Schweiz im Ausland mit den Obliegenheiten eines Zivilstandsbeamten betrauen.

BV 53. Im Ausland: Anhang III Art. 26; s. SR 211.112.20.

IV. Haftbarkeit

42 Die Zivilstandsbeamten und die ihnen unmittelbar vorgesetzten Aufsichtsbehörden sind persönlich für allen Schaden haftbar, den sie selbst oder die von ihnen ernannten Angestellten durch ihr Verschulden verursachen.

Für die Haftbarkeit der Aufsichtsbehörden sind die Vorschriften maßgebend, die über die Verantwortlichkeit der vormundschaftlichen Behörden aufgestellt sind.

Wird der Schaden durch die haftbaren Beamten nicht gedeckt, so hat der Kanton den Ausfall zu tragen.

Abs. 2: 426 ff. OR 41 ff. Anhang III Art. 16, 23, 181 ff.

V. Aufsicht

1. Beschwerden

43 Die Amtsführung der Zivilstandsbeamten unterliegt einer regelmäßigen Aufsicht.

Über Beschwerden gegen ihre Amtsführung entscheidet die kantonale Aufsichtsbehörde und in oberster Instanz der Bundesrat.

2. Ordnungsstrafen

44 Amtspflichtverletzungen der Zivilstandsbeamten werden von der Aufsichtsbehörde mit Ordnungsstrafen geahndet.

Vorbehalten bleibt die strafgerichtliche Verfolgung.

Anhang III Art. 181.

VI. Berichtigungen

45 Eine Eintragung darf nur auf Anordnung des Richters berichtigt werden.

Beruht jedoch der Fehler auf einem offenbaren Versehen oder Irrtum, so kann die Aufsichtsbehörde die Berichtigung anordnen.

9. Anh. III 50. BGE 41 II 3; 81 II 256; 87 I 470; 92 II 128.

B. Register der Geburten

I. Anzeige

46 Jede Geburt und jede nach dem sechsten Monat der Schwangerschaft erfolgte Fehlgeburt soll binnen drei Tagen, nachdem sie stattgefunden hat, dem Zivilstandsbeamten angezeigt werden.

Wer ein Kind unbekannter Abstammung findet, hat die zuständige Behörde hievon zu benachrichtigen, und diese hat dem Zivilstandsbeamten Anzeige zu machen.

Anhang III Art. 50 ff. Al. 2: 330, Anhang III Art. 72 f., 115 h.

II. Eintragung von Veränderungen

47 Tritt in den Standesrechten einer Person eine Veränderung ein, wie infolge von Anerkennung oder Feststellung der Vaterschaft, von Adoption oder von Feststellung der Abstammung des Findelkindes, so wird dies auf amtliche Anzeige hin oder auf Begehren der Beteiligten als Randbemerkung nachgetragen.

Anhang III Art. 96 ff.

C. Register der Todesfälle

I. Anzeige

48 Jeder Todesfall und jeder Leichenfund soll binnen zwei Tagen, nachdem er erfolgt ist, den Zivilstandsbeamten angezeigt werden.

Anhang III Art. 74 ff. s. BS 2 S. 516, 7 S. 512.

II. Nichtauffindung der Leiche

49 Muß der Tod einer verschwundenen Person nach den gegebenen Umständen als sicher angenommen werden, so ist die Eintragung des Todesfalles auf Weisung der Aufsichtsbehörde statthaft, auch wenn niemand die Leiche gesehen hat.

Immerhin kann jedermann, der ein Interesse hat, die gerichtliche Feststellung des Lebens oder Todes der Person beantragen.

Verschwinden im Ausland: BGE 56 I 549; 75 I 330.

III. Verschollenerklärung

50 Die Verschollenerklärung wird auf Anzeige des Richters in das Register der Todesfälle eingetragen.

35 ff. Anhang III Art. 91.

1. Titel. Die natürlichen Personen

IV. Eintragung von Veränderungen

Erweist sich nach der Eintragung die Anzeige als unrichtig, oder wird die Person des unbekannten Verstorbenen festgestellt, oder eine gerichtliche Verschollenerklärung umgestoßen, so wird die Veränderung als Randbemerkung nachgetragen.

35 ff. Anhang III Art. 90.

Zweiter Titel
Die juristischen Personen

1. Abschnitt
Allgemeine Bestimmungen

A. Persönlichkeit

52 Die körperschaftlich organisierten Personenverbindungen und die einem besonderen Zwecke gewidmeten und selbständigen Anstalten erlangen das Recht der Persönlichkeit durch die Eintragung in das Handelsregister.

Keiner Eintragung bedürfen die öffentlich-rechtlichen Körperschaften und Anstalten, die Vereine, die nicht wirtschaftliche Zwecke verfolgen, die kirchlichen Stiftungen und die Familienstiftungen.

Personenverbindungen und Anstalten zu unsittlichen oder widerrechtlichen Zwecken können das Recht der Persönlichkeit nicht erlangen.

BRB vom 12. April 1957 betr. vorsorgliche Schutzmaßnahmen für juristische Personen usw. (SR 531.54). Abs. 2: 59, 80, 87, 335. BGE 90 II 333. Abs. 3: OR 643 Abs. 2. BGE 107 I b 187; 110 I b 109.

B. Rechtsfähigkeit

53 Die juristischen Personen sind aller Rechte und Pflichten fähig, die nicht die natürlichen Eigenschaften des Menschen, wie das Geschlecht, das Alter oder die Verwandtschaft, zur notwendigen Voraussetzung haben.

28 f., Name: BGE 44 II 86; 80 II 140; 83 II 255. OR 643, 764, 783, 838.

C. Handlungsfähigkeit

I. Voraussetzung

54 Die juristischen Personen sind handlungsfähig, sobald die nach Gesetz und Statuten hiefür unentbehrlichen Organe bestellt sind.

12, 64, 83; Organ s. 55 Anm.

2. Titel. Die juristischen Personen 55–58

II. Betätigung

55 Die Organe sind berufen, dem Willen der juristischen Person Ausdruck zu geben.

Sie verpflichten die juristische Person sowohl durch den Abschluß von Rechtsgeschäften als durch ihr sonstiges Verhalten.

Für ihr Verschulden sind die handelnden Personen außerdem persönlich verantwortlich.

OR 41 ff., 101. Organ, Haftung: BGE 48 II 6, 56; 55 II 27; 72 II 65; 81 II 226. Selbstkontrahieren: BGE 63 II 174. Abs. 3: BGE 106 II 257.

D. Wohnsitz

56 Der Wohnsitz der juristischen Personen befindet sich, wenn ihre Statuten es nicht anders bestimmen, an dem Orte, wo ihre Verwaltung geführt wird.

23 ff. Einheitlichkeit des Wohnsitzes. Zweigniederlassung: BGE 53 I 127; 56 I 373. VO Handelsreg. Art. 43.

E. Aufhebung

I. Vermögensverwendung

57 Wird eine juristische Person aufgehoben, so fällt ihr Vermögen, wenn das Gesetz, die Statuten, die Stiftungsurkunde oder die zuständigen Organe es nicht anders bestimmen, an das Gemeinwesen (Bund, Kanton, Gemeinde), dem sie nach ihrer Bestimmung angehört hat.

Das Vermögen ist dem bisherigen Zwecke möglichst entsprechend zu verwenden.

Wird eine juristische Person wegen Verfolgung unsittlicher oder widerrechtlicher Zwecke gerichtlich aufgehoben, so fällt das Vermögen an das Gemeinwesen, auch wenn etwas anderes bestimmt worden ist.

77, 88 II. OR 736 Z. 4, 820 Z. 4, 831 II. BGE 112 II 1. Abs. 3: OR 20; BGE 115 II 401.

II. Liquidation

58 Das Verfahren bei der Liquidation des Vermögens der juristischen Personen richtet sich nach den Vorschriften, die für die Genossenschaften aufgestellt sind.

76 ff. OR 911 ff.

F. Vorbehalt des öffentlichen und des Gesellschafts- und Genossenschaftsrechtes

59 Für die öffentlich-rechtlichen und kirchlichen Körperschaften und Anstalten bleibt das öffentliche Recht des Bundes und der Kantone vorbehalten.

Personenverbindungen, die einen wirtschaftlichen Zweck verfolgen, stehen unter den Bestimmungen über die Gesellschaften und Genossenschaften.

Allmendgenossenschaften und ähnliche Körperschaften verbleiben unter den Bestimmungen des kantonalen Rechtes.

6. Abs. 1: OR 762 f., 915. Umfang des Vorbehalts: BGE 48 II 417; 53 II 413; 57 II 201; 81 II 302, 580. Al. 2: 530 ff. OR 552 ff. Wirtschaftlicher Zweck: BGE 62 II 34.

2. Abschnitt

Die Vereine

A. Gründung

I. Körperschaftliche Personenverbindungen

60 Vereine, die sich einer politischen, religiösen, wissenschaftlichen, künstlerischen, wohltätigen, geselligen oder andern nicht wirtschaftlichen Aufgabe widmen, erlangen die Persönlichkeit, sobald der Wille, als Körperschaft zu bestehen, aus den Statuten ersichtlich ist.

Die Statuten müssen in schriftlicher Form errichtet sein und über den Zweck des Vereins, seine Mittel und seine Organisation Aufschluß geben.

VO Handelsreg. Art. 97 ff. BGE 48 II 154 (Mindestmitgliederzahl: drei). Idealer Verein: BGE 44 II 80; 90 II 334. Abs. 1: BGE 90 II 333. Abs. 2: 64 ff. Berufsverband: BGE 74 I 394. OR 12.

II. Eintragung

61 Sind die Vereinsstatuten angenommen und ist der Vorstand bestellt, so ist der Verein befugt, sich in das Handelsregister eintragen zu lassen.

Betreibt der Verein für seinen Zweck ein nach kaufmännischer Art geführtes Gewerbe, so ist er zur Eintragung verpflichtet.

Der Anmeldung sind die Statuten und das Verzeichnis der Vorstandsmitglieder beizufügen.

2. Titel. Die juristischen Personen   62–65

52 II. OR 934 ff. Wirkung der Eintragung: BGE 42 II 317. VO Handelsreg. Art. 2, 10h, 38 ff., 45 ff., 97 ff. Kaufmännisches Gewerbe: VO Handelsreg. 47, 53; BGE 56 I 126.

III.   Vereine ohne Persönlichkeit

62 Vereine, denen die Persönlichkeit nicht zukommt, oder die sie noch nicht erlangt haben, sind den einfachen Gesellschaften gleichgestellt.
OR 530 ff.

IV.   Verhältnis der Statuten zum Gesetz

63 Soweit die Statuten über die Organisation und über das Verhältnis des Vereins zu seinen Mitgliedern keine Vorschriften aufstellen, finden die nachstehenden Bestimmungen Anwendung.

Bestimmungen, deren Anwendung von Gesetzes wegen vorgeschrieben ist, können durch die Statuten nicht abgeändert werden.
Abs. 2: 64 III, 65 III, 68, 70, 75 ff.

B.   Organisation

I.   Vereinsversammlung

1.   Bedeutung und Einberufung

64 Die Versammlung der Mitglieder bildet das oberste Organ des Vereins.

Sie wird vom Vorstand einberufen.

Die Einberufung erfolgt nach Vorschrift der Statuten und überdies von Gesetzes wegen, wenn ein Fünftel der Mitglieder die Einberufung verlangt.
Abs. 3: 63 II, BGE 48 II 156.

2.   Zuständigkeit

65 Die Vereinsversammlung beschließt über die Aufnahme und den Ausschluß von Mitgliedern, wählt den Vorstand und entscheidet in allen Angelegenheiten, die nicht andern Organen des Vereins übertragen sind.

Sie hat die Aufsicht über die Tätigkeit der Organe und kann sie jederzeit abberufen, unbeschadet der Ansprüche, die den Abberufenen aus bestehenden Verträgen zustehen.

Das Recht der Abberufung besteht, wenn ein wichtiger Grund sie rechtfertigt, von Gesetzes wegen.
Abs. 1: 69, 70/2, 76. Rechtsmittel: BGE 57 II 125. Automatischer Ausschluß: BGE 48 II 363. Abs. 3: 63 II, OR 700 II, 809 IV, 883 II.

3. Vereinsbeschluß

a) Beschlußfassung

66 Vereinsbeschlüsse werden von der Vereinsversammlung gefaßt.

Die schriftliche Zustimmung aller Mitglieder zu einem Antrag ist einem Beschlusse der Vereinsversammlung gleichgestellt.

Abs. 2; 64.

b) Stimmrecht und Mehrheit

67 Alle Mitglieder haben in der Vereinsversammlung das gleiche Stimmrecht.

Die Vereinsbeschlüsse werden mit Mehrheit der Stimmen der anwesenden Mitglieder gefaßt.

Über Gegenstände, die nicht gehörig angekündigt sind, darf ein Beschluß nur dann gefaßt werden, wenn die Statuten es ausdrücklich gestatten.

Abs. 1: BGE 90 II 342. Abs. 2: 66 II.

c) Ausschließung vom Stimmrecht

68 Jedes Mitglied ist von Gesetzes wegen vom Stimmrechte ausgeschlossen bei der Beschlußfassung über ein Rechtsgeschäft oder einen Rechtsstreit zwischen ihm, seinem Ehegatten oder einer mit ihm in gerader Linie verwandten Person einerseits und dem Vereine anderseits.

63 II, 20. Wahlen: BGE 39 II 483.

II. Vorstand

69 Der Vorstand hat das Recht und die Pflicht, nach den Befugnissen, die die Statuten ihm einräumen, die Angelegenheiten des Vereins zu besorgen und den Verein zu vertreten.

Nichtmitglieder: BGE 73 II 1. VO Handelsreg. Art. 41.

C. Mitgliedschaft

I. Ein- und Austritt

70 Der Eintritt von Mitgliedern kann jederzeit erfolgen.

Der Austritt ist von Gesetzes wegen zulässig, wenn er mit Beobachtung einer halbjährigen Frist auf das Ende des Kalenderjahres oder, wenn eine Verwaltungsperiode vorgesehen ist, auf deren Ende angesagt wird.

2. Titel. Die juristischen Personen **71–75**

Die Mitgliedschaft ist weder veräußerlich noch vererblich.

Abs. 2: Austritt aus wichtigen Gründen: 65, 72. BGE 71 II 196. OR 839 II, 822, 842 ff.

II. Beitragspflicht

Die Beiträge der Mitglieder werden durch die Statuten festgesetzt. **71**
Solange es an einer solchen Festsetzung fehlt, haben die Mitglieder die zur Verfolgung des Vereinszweckes und zur Deckung der Vereinsschulden nötigen Beiträge zu gleichen Teilen zu leisten.

III. Ausschließung

Die Statuten können die Gründe bestimmen, aus denen ein Mitglied **72** ausgeschlossen werden darf; sie können aber auch die Ausschließung ohne Angabe der Gründe gestatten.

Eine Anfechtung der Ausschließung wegen ihres Grundes ist in diesen Fällen nicht statthaft.

Enthalten die Statuten hierüber keine Bestimmung, so darf die Ausschließung nur durch Vereinsbeschluß und aus wichtigen Gründen erfolgen.

65, 70. OR 800 f., 822, 846. Abs. 2: Anfechtung, Zeitpunkt: BGE 57 II 123. Abs. 3: 4. Bei Austritt: BGE 63 II 357.

IV. Stellung ausgeschiedener Mitglieder

Mitglieder, die austreten oder ausgeschlossen werden, haben auf das **73** Vereinsvermögen keinen Anspruch.

Für die Beiträge haften sie nach Maßgabe der Zeit ihrer Mitgliedschaft.

OR 822 IV, 864, 876.

V. Schutz des Vereinszweckes

Eine Umwandlung des Vereinszweckes kann keinem Mitgliede auf- **74** genötigt werden.

OR 648, 824 ff. Austritt und Anfechtung: BGE 52 II 181; 86 II 394.

VI. Schutz der Mitgliedschaft

Beschlüsse, die das Gesetz oder die Statuten verletzen, kann jedes **75** Mitglied, das nicht zugestimmt hat, von Gesetzes wegen binnen Monatsfrist, nachdem es von ihnen Kenntnis erhalten hat, beim Richter anfechten.

OR 706, 808, 891. Umfang: BGE 76 II 65 (Vorstand). Nichtigkeit: BGE 71 I 387. Verwirkungsfrist: BGE 85 II 536; 90 II 346. Sportverein: BGE 118 II 12.

D. Auflösung

I. Auflösungsarten

3. Vereinsbeschluß

76 Die Auflösung des Vereins kann jederzeit durch Vereinsbeschluß herbeigeführt werden.

2. Von Gesetzes wegen

77 Die Auflösung erfolgt von Gesetzes wegen, wenn der Verein zahlungsunfähig ist, sowie wenn der Vorstand nicht mehr statutengemäß bestellt werden kann.

63 II, 69. OR 625 II, 643 III, 711 IV, 775 II, 793, 813 II.

3. Urteil

78 Die Auflösung erfolgt durch den Richter auf Klage der zuständigen Behörde oder eines Beteiligten, wenn der Zweck des Vereins widerrechtlich oder unsittlich ist.

BV 56.

II. Löschung des Registereintrages

79 Ist der Verein im Handelsregister eingetragen, so hat der Vorstand oder der Richter dem Registerführer die Auflösung behufs Löschung des Eintrages mitzuteilen.

61 II. OR 746, 823, 912, 938. VO Handelsreg. 100.

3. Abschnitt

Die Stiftungen

A. Errichtung

I. Im allgemeinen

80 Zur Errichtung einer Stiftung bedarf es der Widmung eines Vermögens für einen besondern Zweck.

BGE 75 I 271; 79 II 118. Name: BGE 102 II 161; 103 Ib 6. Fusion: BGE 115 II 415.

II. Form der Errichtung

Die Errichtung erfolgt in der Form einer öffentlichen Urkunde oder **81** durch letztwillige Verfügung.

Die Eintragung in das Handelsregister erfolgt auf Grund der Stiftungsurkunde und nötigenfalls nach Anordnung der Aufsichtsbehörde unter Angabe der Mitglieder der Verwaltung.

Abs. 1: 9, 498 ff., SchlT 55. BGE 96 II 273; 99 II 246. Abs. 2: OR 931 ff. VO Handelsreg. Art. 101 ff.

III. Anfechtung

Eine Stiftung kann von den Erben oder den Gläubigern des Stifters **82** gleich einer Schenkung angefochten werden.

519 f., 527. OR 250; BGE 51 II 470. SchKG 285.

B. Organisation

Die Organe der Stiftung und die Art der Verwaltung werden durch **83** die Stiftungsurkunde festgestellt.

Ist die vorgesehene Organisation nicht genügend, so hat die Aufsichtsbehörde die nötigen Verfügungen zu treffen.

Können diese nicht zweckdienlich getroffen werden, so hat die Aufsichtsbehörde das Vermögen, sofern der Stifter keinen Einspruch erhebt oder nicht eine Bestimmung der Stiftungsurkunde ausdrücklich entgegensteht, einer andern Stiftung mit möglichst gleichartigem Zwecke zuzuwenden.

Reglemente: BGE 76 I 78.

C. Aufsicht

Die Stiftungen stehen unter der Aufsicht des Gemeinwesens (Bund, **84** Kanton, Gemeinde), dem sie nach ihrer Bestimmung angehören.

Die Aufsichtsbehörde hat dafür zu sorgen, daß das Stiftungsvermögen seinen Zwecken gemäß verwendet wird.

BGE 105 II 321. Abs. 2: BGE 99 Ib 255; 107 II 385; 111 II 97 (Schule).

D. Umwandlung der Stiftung

I. Änderung der Organisation

Die zuständige kantonale Behörde oder, wo die Stiftung unter der **85** Aufsicht des Bundes steht, der Bundesrat darf auf Antrag der Aufsichtsbehörde und nach Anhörung des obersten Stiftungsorganes die Organisation der Stiftung abändern, wenn die Erhaltung des Vermögens oder die Wahrung des Zweckes der Stiftung die Abänderung dringend erheischt.

II. Änderung des Zweckes

86 Die zuständige kantonale Behörde oder, wo die Stiftung unter der Aufsicht des Bundes steht, der Bundesrat darf auf Antrag der Aufsichtsbehörde und nach Anhörung des obersten Stiftungsorganes den Zweck der Stiftung abändern, wenn ihr ursprünglicher Zweck eine ganz andere Bedeutung oder Wirkung erhalten hat, so daß die Stiftung dem Willen des Stifters offenbar entfremdet worden ist.

Unter den gleichen Voraussetzungen können Auflagen oder Bedingungen, die den Stiftungszweck beeinträchtigen, aufgehoben oder abgeändert werden.

SchlT 3. Abs. 2: 482; OR 151 ff.

E. Familienstiftungen und kirchliche Stiftungen

87 Die Familienstiftungen und die kirchlichen Stiftungen sind unter Vorbehalt des öffentlichen Rechtes der Aufsichtsbehörde nicht unterstellt.

Über Anstände privatrechtlicher Natur entscheidet der Richter.

52, 335. Familienstiftung: BGE 46 II 326; 75 II 88; 79 II 118. Kirchlich: BGE 81 II 579.

F. Aufhebung

I. Von Gesetzes wegen und durch den Richter

88 Die Aufhebung einer Stiftung erfolgt von Gesetzes wegen, sobald ihr Zweck unerreichbar geworden ist.

Sie erfolgt durch den Richter, wenn der Zweck der Stiftung widerrechtlich oder unsittlich geworden ist.

57. Abs. 1: OR 119, BGE 48 II 166. Abs. 2: OR 20, BGE 73 II 83; 75 II 23, 86; 76 I 42.

II. Klagerecht und Löschung im Register

89 Zur Klage berechtigt ist die Aufsichtsbehörde, sowie jedermann, der ein Interesse hat.

Die Aufhebung ist dem Registerführer behufs Löschung des Eintrags anzuzeigen.

VO Handelsreg. Art. 104. Abs. 1: 84; Abs. 2: 81 II. Reglemente: BGE 76 I 78.

G. Personalfürsorgestiftungen

Für Personalfürsorgeeinrichtungen, die gemäß Artikel 331 des Obligationenrechts in Form der Stiftung errichtet worden sind, gelten überdies noch folgende Bestimmungen.

Die Stiftungsorgane haben den Begünstigten über die Organisation, die Tätigkeit und die Vermögenslage der Stiftung den erforderlichen Aufschluß zu erteilen.

Leisten die Arbeitnehmer Beiträge an die Stiftung, so sind sie an der Verwaltung wenigstens nach Maßgabe dieser Beiträge zu beteiligen; soweit möglich haben die Arbeitnehmer ihre Vertretung aus dem Personal des Arbeitgebers zu wählen.

Das Stiftungsvermögen darf in der Regel in dem den Forderungen der Arbeitnehmer gemäß den Artikeln 15–17 des Freizügigkeitsgesetzes vom 17. Dezember 1993 entsprechenden Verhältnis nicht in einer Forderung gegen den Arbeitgeber bestehen, es sei denn, sie werde sichergestellt.

Die Begünstigten können auf Ausrichtung von Leistungen der Stiftung klagen, wenn sie Beiträge an diese entrichtet haben oder wenn ihnen nach den Stiftungsbestimmungen ein Rechtsanspruch auf Leistungen zusteht.

Für Personalfürsorgestiftungen, die auf dem Gebiet der Alters-, Hinterlassenen- und Invalidenvorsorge tätig sind, gelten überdies die folgenden Bestimmungen des Bundesgesetzes über die berufliche Alters-, Hinterlassenen- und Invalidenvorsorge: Artikel 52 betreffend die Verantwortlichkeit, Artikel 53 betreffend die Kontrolle, die Artikel 61 und 62 betreffend die Aufsicht sowie die Artikel 73 und 74 betreffend die Rechtspflege.

Abs. 4: SR 831.42. Abs. 6: BVG SR 831.40

Zweiter Teil
Das Familienrecht

Erste Abteilung
Das Eherecht

Dritter Titel
Die Eheschließung

1. Abschnitt
Das Verlöbnis

A. Verlobung

Das Verlöbnis wird durch Eheversprechen begründet. **90**
 Unmündige oder entmündigte Personen werden ohne die Genehmigung der gesetzlichen Vertreter durch ihre Verlobung nicht verpflichtet
Abs. 1: 96ff., 120ff. BGE 83 II 490. Abs. 2: 14, 369ff.

B. Wirkung des Verlöbnisses

I. Ausschluß der Klage auf Eingehung der Ehe

Aus dem Verlöbnis entsteht keine Klage auf Eingehung der Ehe. **91**
 Eine Vertragsstrafe, die für den Fall des Verlöbnisbruches festgesetzt ist, kann nicht eingeklagt werden.
Abs. 2: OR 160ff.

II. Folgen des Verlöbnisbruches

1. Schadenersatz

Bricht ein Verlobter ohne wichtige Gründe das Verlöbnis, oder wird **92** es aus einem Grunde, an dem er selbst schuld ist, von ihm oder dem andern Verlobten aufgehoben, so hat er diesem, dessen Eltern oder dritten Personen, die an Stelle der Eltern gehandelt haben, für die Veranstaltungen, die mit Hinsicht auf die Eheschließung in guten Treuen getroffen worden sind, einen angemessenen Ersatz zu leisten.
OR 41ff. Veranstaltungen: BGE 79 II 2.

2. Genugtuung

Erleidet durch den Verlöbnisbruch ein Verlobter ohne sein Ver- **93** schulden eine schwere Verletzung in seinen persönlichen Verhältnissen, so kann ihm der Richter bei Schuld des andern Verlobten eine Geldsumme als Genugtuung zusprechen.

Dieser Anspruch ist nicht übertragbar, geht aber auf die Erben über, wenn er zur Zeit des Erbganges anerkannt oder eingeklagt ist.
Natur des Anspruchs: BGE 41 II 338; 56 II 331. Abs. 2: 28 II.

III. Rückerstattung der Geschenke

94 Geschenke, die Verlobte einander gemacht haben, können bei Aufhebung des Verlöbnisses zurückgefordert werden.

Sind die Geschenke nicht mehr vorhanden, so erfolgt die Auseinandersetzung nach den Vorschriften über die ungerechtfertigte Bereicherung.

Wird das Verlöbnis durch den Tod eines Verlobten aufgelöst, so ist jede Rückforderung ausgeschlossen.
Al. 2: OR 62 ff.

IV. Verjährung

95 Die Ansprüche aus dem Verlöbnis verjähren mit Ablauf eines Jahres nach der Auflösung.
OR 127 ff.

2. Abschnitt
Ehefähigkeit und Ehehindernisse

A. Ehefähigkeit

I. Ehemündigkeit

96 Um eine Ehe eingehen zu können, müssen die Braut und der Bräutigam mindestens 18 Jahre alt sein.
BV 54. IPRG 43 f. Abkommen zur Regelung des Geltungsbereiches der Gesetze auf dem Gebiete der Eheschließung vom 12. Juni 1902, Anhang IIa. Übereinkommen über die Ausstellung von Ehefähigkeitszeugnissen vom 5. Sept. 1980 (AS 1990 S. 904).

II. Urteilsfähigkeit

97 Um eine Ehe eingehen zu können, müssen die Verlobten urteilsfähig sein.

Geisteskranke sind in keinem Falle ehefähig.
BGE 48 II 179; 73 I 170; 78 II 196; 109 II 273.

1. Abteilung. Das Eherecht   98–100

III. Einwilligung der Vertreter

1. Bei unmündigen Personen

Aufgehoben. **98**

2. Bei entmündigten Personen

Entmündigte Personen können eine Ehe nur mit Einwilligung des **99** Vormundes eingehen.

Gegen die Weigerung des Vormundes kann der Entmündigte bei den vormundschaftlichen Behörden Beschwerde erheben.

Die Weiterziehung an das Bundesgericht bleibt vorbehalten.

19 II, 105, 369 ff. BV 54. BGE 50 II 214; 106 II 177. Keine allgemeine Einwilligung: BGE 67 II 1.

B. Ehehindernisse

I. Verwandtschaft

Die Eheschließung ist verboten: **100**

1. zwischen Verwandten in gerader Linie, zwischen voll- und halbbürtigen Geschwistern und zwischen Oheim und Nichte, Neffe und Tante, seien sie einander durch Abstammung oder durch Adoption verwandt.

2. zwischen Schwiegereltern und Schwiegerkindern und zwischen Stiefeltern und Stiefkindern, auch wenn die Ehe, die das Verhältnis begründet hat, für ungültig erklärt oder durch Tod oder Scheidung aufgelöst worden ist.

Die Regierung des Wohnsitzkantons kann, wenn schwerwiegende Rücksichten es rechtfertigen, die Eheschließung zwischen Adoptivverwandten gestatten, ausgenommen zwischen denen in gerader Linie.

Die Adoption hebt das Ehehindernis der Verwandtschaft und der Schwägerschaft zwischen dem Adoptivkind und seinen Nachkommen einerseits und seiner angestammten Familie anderseits nicht auf.

IPRG 45.

II. Frühere Ehe

1. Beweis der Auflösung

a) Im allgemeinen

101 Wer eine neue Ehe eingehen will, hat den Nachweis zu erbringen, daß seine frühere Ehe für ungültig erklärt oder durch Tod oder Scheidung aufgelöst worden ist.
120ff., 137ff. SchlT 2; 59/7c. BGE 106 II 180; 110 II 5.

b) Bei Verschollenheit

102 Ist ein Ehegatte für verschollen erklärt, so kann der andere Ehegatte eine neue Ehe nur eingehen, wenn die frühere Ehe gerichtlich aufgelöst worden ist.

Er kann die Auflösung der Ehe zugleich mit der Verschollenerklärung oder in besonderem Verfahren verlangen.

Für das Verfahren gelten die gleichen Vorschriften wie bei der Scheidung.
35ff.

2. Wartefrist

a) Für Frauen

103 Witwen und Frauen, deren Ehe aufgelöst oder für ungültig erklärt worden ist, dürfen vor Ablauf von dreihundert Tagen nach der Auflösung oder Ungültigerklärung der früheren Ehe eine neue Ehe nicht eingehen.

Tritt eine Geburt ein, so endigt die Wartefrist.

Außerdem kann der Richter die Frist abkürzen, wenn eine Schwangerschaft der Frau aus der früheren Ehe ausgeschlossen ist, sowie wenn geschiedene Ehegatten sich wieder miteinander verheiraten.
Abs. 1: 120ff., 130, 137ff., 252.

b) Für Geschiedene

104 Ein geschiedener Ehegatte darf während der ihm auferlegten Wartefrist eine neue Ehe nicht eingehen.

Wenn geschiedene Ehegatten sich wieder miteinander verheiraten, so kann der Richter diese Frist abkürzen.
Abs. 1: 107ff., 130, 150.

3. Abschnitt
Verkündung und Trauung

A. Verkündung

I. Form des Gesuches

105 Um die Verkündung zu erwirken, müssen die Verlobten ihr Eheversprechen beim Zivilstandsbeamten anmelden.

Die Anmeldung erfolgt durch die Verlobten persönlich oder mit einer schriftlichen Erklärung, in der die Unterschriften amtlich beglaubigt sind.

Dem Gesuche sind beizufügen: die Geburtsscheine der Verlobten sowie gegebenen Falles die schriftliche Einwilligung der Eltern oder des Vormundes und der Totenschein des Ehegatten aus früherer Ehe oder das richterliche Urteil über deren Ungültigerklärung oder Scheidung.

Anhang III Art. 148 ff, Abs. 1: 39 ff.; 90 ff. SchlT 55, 59/7c–f.

II. Ort des Gesuches und der Verkündung

106 Das Gesuch um Verkündung ist beim Zivilstandsbeamten am Wohnsitze des Bräutigams anzubringen.

Ist jedoch der Bräutigam ein Schweizer, der im Auslande wohnt, so kann das Gesuch beim Zivilstandsbeamten seines Heimatortes angebracht werden.

Die Verkündung erfolgt durch die Zivilstandsämter des Wohnsitzes und des Heimatortes beider Brautleute.

Anhang III Art. 149. BGE 116 II 497. Abs. 2: 22 ff.

III. Abweisung des Gesuches

107 Die Verkündung wird verweigert, wenn die Anmeldung nicht richtig erfolgt, wenn eines der Verlobten nicht ehefähig ist oder wenn ein gesetzliches Ehehindernis vorliegt.

97. Anh. II Art. 151. SchlT 59/7c.

B. Einspruch

I. Einspruchsrecht

108 Während der Verkündungsfrist kann jedermann, der ein Interesse hat, Einspruch gegen die Eheschließung erheben, unter Berufung auf den Mangel der Ehefähigkeit eines der Verlobten oder auf ein gesetzliches Ehehindernis.

Der Einspruch ist bei einem der verkündenden Zivilstandsbeamten schriftlich anzubringen.

Ein Einspruch, der weder den Mangel der Ehefähigkeit noch ein gesetzliches Ehehindernis betrifft, wird vom Zivilstandsbeamten ohne weiteres zurückgewiesen.

Anhang III Art. 155. Abs. 1: 96ff., 100f., 112.

II. Einspruch von Amtes wegen

109 Steht der beabsichtigten Ehe ein Nichtigkeitsgrund entgegen, so ist der Einspruch durch die zuständige Behörde von Amtes wegen zu erheben.

96ff., 100ff., 120. Frist: BGE 69 I 60.

III. Verfahren

1. Mitteilung des Einspruches

110 Ist ein Einspruch erhoben worden, so hat der Zivilstandsbeamte, der das Verkündungsbegehren entgegengenommen hat, nach Ablauf der Verkündungsfrist den Verlobten sofort davon Kenntnis zu geben.

Wird der Einspruch von einem der Verlobten nicht anerkannt, so ist dem Einsprecher sofort davon Kenntnis zu geben.

Anhang III Art. 158. Abs. 1: 112.

2. Entscheidung über den Einspruch

111 Will der Einsprecher den Einspruch aufrechterhalten, so hat er bei dem Richter des Ortes, wo das Verkündungsbegehren angebracht worden ist, auf Untersagung des Eheabschlusses zu klagen.

Eheeinspruchsklage. 106. Anhang III Art. 159.
Scheinehe: BGE 77 II 4.

3. Fristen

112 Die Fristen für die Anmeldung des Einspruches, für die Verweigerung der Anerkennung sowie für die Erhebung der Klage auf Untersagung des Eheabschlusses betragen zehn Tage.

Sie beginnen mit dem Tage, an dem die Verkündung erfolgt, der Einspruch den Verlobten mitgeteilt oder die Verweigerung der Anerkennung dem Einsprecher eröffnet worden ist.
Abs. 1: 108, 110.

C. Trauung

I. Voraussetzungen

1. Zuständigkeit des Beamten

Sofern ein Einspruch nicht vorliegt oder der angebrachte Einspruch beim Richter nicht anhängig gemacht oder abgewiesen worden ist, hat auf Verlangen der Brautleute der Zivilstandsbeamte des Ortes, wo das Verkündungsbegehren angebracht worden ist, die Trauung vorzunehmen oder den Verkündschein auszustellen.

Der Verkündschein ermächtigt die Verlobten, sich während der folgenden sechs Monate bei einem beliebigen schweizerischen Zivilstandsbeamten trauen zu lassen.
SchlT 59/7e. Anhang III Art. 160 ff., 144 ff., 170. Abs. 1: 106, 131.

2. Verweigerung der Trauung

Der Zivilstandsbeamte hat die Vornahme der Trauung zu verweigern, sobald ein Grund vorliegt, aus dem die Verkündung verweigert werden muß.

Nach Ablauf von sechs Monaten verliert die Verkündung ihre Wirkung.
Abs. 1: 107. Abs. 2: 113.

3. Trauung ohne Verkündung

Besteht wegen Erkrankung eines der Verlobten die Gefahr, daß bei Beobachtung der Verkündungsfristen die Ehe nicht mehr geschlossen werden könnte, so darf die Aufsichtsbehörde den Zivilstandsbeamten ermächtigen, die Trauung unter Abkürzung der Fristen oder ohne Verkündung vorzunehmen.
112. Nottrauung, Anhang III 164.

II. Trauhandlung

1. Öffentlichkeit

Die Trauung erfolgt öffentlich in dem Trauungslokal vor zwei mündigen Zeugen.

Außerhalb des Trauungslokales ist die Trauung nur dann statthaft, wenn durch ärztliches Zeugnis festgestellt wird, daß der Bräutigam oder die Braut wegen Krankheit verhindert ist, auf dem Amte zu erscheinen.

Anhang III 163 ff. Abs. 1: 14.

2. Form der Trauung

117 Der Zivilstandsbeamte richtet an den Bräutigam und an die Braut die Frage, ob sie die Ehe miteinander eingehen wollen.

Nach Bejahung dieser Frage erklärt der Zivilstandsbeamte, daß durch diese beidseitige Zustimmung die Ehe kraft des Gesetzes geschlossen sei.

131. Anhang III Art. 165.

III. Eheschein und kirchliche Feier

118 Den Ehegatten wird sofort nach der Trauung vom Zivilstandsbeamten ein Eheschein ausgestellt.

Die kirchliche Trauungsfeierlichkeit darf ohne Vorweisung des Ehescheines nicht vorgenommen werden.

Im übrigen bleibt die kirchliche Ehe als solche von den Bestimmungen dieses Gesetzes unberührt.

BV 49, 54, 58. Abkommen Anhang II a Art. 5 II. Anhang III Art. 176. Abs. 2: Anhang III 166.

D. Verordnungen

119 Der Bundesrat und im Umfang ihrer Zuständigkeit die kantonalen Behörden werden über die Verkündung, die Trauung und die Führung der Eheregister die nähern Vorschriften aufstellen.

105 ff., 113 ff. Anhang III.

4. Abschnitt
Die Ungültigkeit der geschlossenen Ehe

A. Nichtigkeit

I. Nichtigkeitsgründe

Eine Ehe ist nichtig:
1. wenn zur Zeit der Eheschließung einer der Ehegatten schon verheiratet ist,
2. wenn zur Zeit der Eheschließung einer der Ehegatten geisteskrank oder aus einem dauernden Grunde nicht urteilsfähig ist,
3. wenn die Eheschließung wegen Verwandtschaft oder Schwägerschaft unter den Ehegatten verboten ist,
4. (aufgehoben)

BGE 48 II 183. Ziff. 1: 101. Ziff. 2: 97. BGE 77 II 105. Ziff. 3: 20, 100.
Scheinehe: BGE 75 II 2; 77 II 4. Vgl. BüG Art. 56; BGE 113 II 472.

II. Pflicht und Recht zur Klage

Die Klage auf Nichtigerklärung ist von der zuständigen Behörde des Kantons von Amtes wegen zu erheben.

Überdies kann sie von jedermann, der ein Interesse hat, namentlich auch von der Heimat- oder Wohnsitzgemeinde, erhoben werden.

135. Anhang IV 30 Abs. 3. Abs. 2, Interesse: BGE 60 II 5; 66 II 226; 92 II 217.

III. Beschränkung und Ausschluß der Klage

Nach Auflösung der Ehe wird die Nichtigkeit in den Fällen von Artikel 120, Ziffern 1 bis 3 nicht mehr von Amtes wegen verfolgt, es kann aber jedermann, der ein Interesse hat, die Nichtigerklärung verlangen.

Ist die Urteilsunfähigkeit oder die Geisteskrankheit eines Ehegatten gehoben, so kann die Nichtigerklärung nur noch von dem einen oder andern Ehegatten verlangt werden.

Ist im Falle der Eheschließung einer schon verheirateten Person der andere Ehegatte in gutem Glauben gewesen und die frühere Ehe seither aufgehoben worden, so ist die Nichtigerklärung ausgeschlossen.

Abs. 2: 97. BGE 78 II 197. Abs. 3: 101.

B. Anfechtbarkeit

I. Klage des Ehegatten

1. Urteilsunfähigkeit

123 Ein Ehegatte kann die Ehe anfechten, wenn er bei der Trauung aus einem vorübergehenden Grunde nicht urteilsfähig gewesen ist.
16, 97, 120.

2. Irrtum

124 Ein Ehegatte kann die Ehe anfechten:
1. wenn er aus Irrtum sich hat trauen lassen, sei es, daß er die Trauhandlungen selbst oder daß er die Trauung mit der angetrauten Person nicht gewollt hat.
2. wenn er zur Eheschließung bestimmt worden ist durch einen Irrtum über Eigenschaften des andern Ehegatten, die von solcher Bedeutung sind, daß ihm ohne ihr Vorhandensein die eheliche Gemeinschaft nicht zugemutet werden darf.
134. Ziff. 2: BGE 95 II 209.

3. Betrug

125 Ein Ehegatte kann die Ehe anfechten:
1. wenn er durch den andern oder mit dessen Vorwissen durch einen Dritten arglistig über die Ehrenhaftigkeit des andern Ehegatten getäuscht und dadurch zur Eheschließung bestimmt worden ist.
2. wenn ihm eine Krankheit verheimlicht worden ist, die die Gesundheit des Klägers oder der Nachkommen in hohem Maße gefährdet.

4. Drohung

126 Ein Ehegatte kann die Ehe anfechten, wenn er zur Eheschließung nur eingewilligt hat infolge der Drohung mit einer nahen und erheblichen Gefahr für das Leben, die Gesundheit oder die Ehre seiner selbst oder einer ihm naheverbundenen Person.

5. Verjährung der Klage

127 Die Anfechtungsklage verjährt mit Ablauf von sechs Monaten, nachdem der Anfechtungsgrund entdeckt worden ist oder der Einfluß der Drohung aufgehört hat, und in jedem Falle mit Ablauf von fünf Jahren seit der Eheschließung.
OR 127 ff. Verzeihung: BGE 54 II 355.

II. Klage der Eltern oder des Vormundes

128 Ist eine nicht ehefähige oder unmündige oder entmündigte Person ohne die Einwilligung der Eltern oder des Vormundes getraut worden, so kann die Ehe von Vater oder Mutter oder von dem Vormunde angefochten werden.

Eine Ungültigerklärung darf jedoch nicht mehr erfolgen, wenn inzwischen der Ehegatte ehefähig oder mündig oder wenn die Frau schwanger geworden ist.

C. Ausschluß der Ungültigkeit

I. Ehe im Falle der Kindesannahme

129 Aufgehoben. Siehe Art. 100 Abs. II und Art. 120 Ziff. 3.

II. Verletzung der Wartefrist

130 Ist eine neue Ehe vor Ablauf der gesetzlichen oder vom Richter auferlegten Wartefrist eingegangen worden, so kann sie aus diesem Grunde nicht für ungültig erklärt werden.
103/4, 150.

III. Verletzung von Formvorschriften

131 Wegen Nichtbeobachtung der gesetzlichen Formvorschriften kann eine vor dem Zivilstandsbeamten geschlossene Ehe nicht für ungültig erklärt werden.
105 ff.

D. Ungültigerklärung

I. Bedeutung

132 Die Ungültigkeit einer Ehe wird erst wirksam, nachdem der Richter die Ungültigerklärung ausgesprochen hat.

Bis zu diesem Urteil hat die Ehe, selbst wenn sie an einem Nichtigkeitsgrund leidet, die Wirkungen einer gültigen Ehe.
Abs. 1: 120 f. Abs. 2: 159 ff., BGE 60 II 7.

II. Folgen

1. Für die Kinder

133 Wird eine Ehe für ungültig erklärt, so gilt der Ehemann gleichwohl als Vater der Kinder selbst dann, wenn weder er noch die Mutter gutgläubig waren.

Das Verhältnis zwischen den Kindern und den Eltern wird nach den gleichen Vorschriften geordnet wie bei der Scheidung.
Abs. 1: 252ff., 457ff. Abs. 2: 156f.

2. Für die Ehegatten

134 Wird die Ehe für ungültig erklärt, so behält die Frau, die sich bei der Trauung in gutem Glauben befunden hat, das durch die Heirat erworbene Kantons- und Gemeindebürgerrecht.

Der Ehegatte, der seinen Namen geändert hat, behält den bei der Heirat erworbenen Familiennamen, sofern er nicht binnen sechs Monaten, nachdem das Urteil rechtskräftig geworden ist, gegenüber dem Zivilstandsbeamten erklärt, daß er den angestammten Namen oder den Namen, den er vor der Heirat trug, wieder führen will.

Für die güterrechtliche Auseinandersetzung sowie die Ansprüche der Ehegatten auf Entschädigung, Unterhalt oder Genugtuung gelten die gleichen Vorschriften wie bei der Scheidung.
Abs. 3: 137ff.

E. Vererblichkeit

135 Das Recht, die Ungültigerklärung einer Ehe zu verlangen, ist unvererblich.

Die Erben des Klägers können jedoch die erhobene Klage fortsetzen.

F. Zuständigkeit und Verfahren

136 Die Ungültigerklärung einer Ehe steht mit Hinsicht auf die Zuständigkeit des Richters und das Verfahren unter den gleichen Vorschriften wie die Scheidung.
144f., 158; BGE 84 II 499.

Vierter Titel
Die Ehescheidung*

A. Scheidungsgründe

I. Ehebruch

137 Hat ein Ehegatte einen Ehebruch begangen, so kann der andere Ehegatte auf Scheidung klagen.

Die Klage verjährt mit dem Ablauf von sechs Monaten, nachdem der klageberechtigte Ehegatte von dem Scheidungsgrunde Kenntnis erhalten hat, und in jedem Falle mit Ablauf von fünf Jahren seit dem Ehebruch.

Keine Klage hat der Ehegatte, der dem Ehebruch zugestimmt oder ihn verziehen hat.

104, 150. Kausalität: BGE 98 II 161. Beweis: BGE 81 II 486. Verhältnis zu 142: BGE 54 II 2; 68 II 65. Bei Trennung: BGE 47 II 377. Abs. 1: BGE 98 II 161. Abs. 2, Verwirkungsfrist: BGE 84 II 595. Abs. 3: BGE 50 II 324; 53 II 440; 81 II 2; 95 II 509. StGB 214.

II. Nachstellung nach dem Leben, Mißhandlung und Ehrenkränkung

138 Hat ein Ehegatte dem Leben des andern nachgestellt, oder ihn schwer mißhandelt, oder ihm eine schwere Ehrenkränkung zugefügt, so kann dieser auf Scheidung klagen.

Die Klage verjährt mit Ablauf von sechs Monaten, seitdem der Verletzte den Scheidungsgrund kennt, und in jedem Falle mit Ablauf von fünf Jahren seit dessen Eintritt.

Keine Klage hat der Ehegatte, der dem Schuldigen verziehen hat.

Abs. 1, Kränkung: BGE 69 II 351. Abs. 2: 7. Abs. 3: BGE 50 II 324.

III. Verbrechen und unehrenhafter Lebenswandel

139 Hat ein Ehegatte ein entehrendes Verbrechen begangen oder führt er einen so unehrenhaften Lebenswandel, daß die Fortsetzung der ehelichen Gemeinschaft dem andern Ehegatten nicht zugemutet werden darf, so kann dieser jederzeit auf Scheidung klagen.

141. Verzeihung: BGE 53 II 196.

---

* In Revision

IV. Verlassung

140 Hat ein Ehegatte den andern böswillig verlassen oder ist er ohne wichtigen Grund nicht zum ehelichen Wohnsitz zurückgekehrt, so kann der andere Ehegatte, solange dieser Zustand dauert, auf Scheidung klagen, wenn die Abwesenheit wenigstens zwei Jahre gewährt hat.

Auf das Begehren des Klageberechtigten hat der Richter den abwesenden Ehegatten, nötigenfalls öffentlich, aufzufordern, binnen sechs Monaten zurückzukehren.

Die Klage darf erst nach Ablauf dieser weitern Frist angebracht werden.

4. 159, 171. Verhältnis zu 142: BGE 53 II 100; 85 II 225.

V. Geisteskrankheit

141 Ist ein Ehegatte in einen solchen Zustand von Geisteskrankheit verfallen, daß dem andern die Fortsetzung der ehelichen Gemeinschaft nicht zugemutet werden darf, und wird die Krankheit nach dreijähriger Dauer von Sachverständigen für unheilbar erklärt, so kann der andere Ehegatte jederzeit auf Scheidung klagen.

Schuld: BGE 50 II 427. Dauer: BGE 80 II 185. Unterhaltsbeitrag: BGE 67 II 4.

VI. Zerrüttung des ehelichen Verhältnisses

142 Ist eine so tiefe Zerrüttung des ehelichen Verhältnisses eingetreten, daß den Ehegatten die Fortsetzung der ehelichen Gemeinschaft nicht zugemutet werden darf, so kann jeder Ehegatte auf Scheidung klagen.

Ist die tiefe Zerrüttung vorwiegend der Schuld des einen zuzuschreiben, so kann nur der andere Ehegatte auf Scheidung klagen.

137. Zerrüttung: BGE 52 II 318; 53 II 100; 71 II 1, 2; 79 II 340. Schuld: BGE 50 II 427; 84 II 337; 87 II 4, 279. Versöhnung: BGE 39 II 183; 53 II 440. Einverständnis: BGE 84 II 337. Abs. 2: 104 II 145; 108 II 503; 109 II 363; 118 II 20 (Rechtsmißbrauch?).

B. Klage

I. Inhalt der Klage

143 Die Klage geht entweder auf Scheidung der Ehe oder auf Trennung der Ehegatten.

Prozeßfähigkeit: BGE 78 II 101. Tod einer Partei: BGE 76 II 254.

II. Zuständigkeit

144 Für die Klage ist der Richter am Wohnsitze des klagenden Ehegatten zuständig.

23 ff., 102, 136, 140, IPRG 59 f. Anh. IIa. BGE 115 II 120. Getrenntleben: BGE 54 I 115; 66 II 16; 68 II 183; 69 II 274; 85 II 299, 90 II 216. Abänderung: BGE 104 II 289. Flüchtling: BGE 105 II 1.

III. Vorsorgliche Maßnahmen

145 Ist die Klage eingereicht, so kann jeder Ehegatte für die Dauer des Prozesses den gemeinsamen Haushalt aufheben.

Der Richter trifft die nötigen vorsorglichen Maßnahmen, namentlich in bezug auf die Wohnung und den Unterhalt der Familie, die güterrechtlichen Verhältnisse und die Obhut über die Kinder.

159 ff., 175 ff., 281, 315a. IPRG 62. BGE 91 II 74; 109 II 180; 114 II 13; 114 II 393; 115 II 201; 115 II 424; 118 II 378; 119 II 193; 120 III 67.

C. Urteil

I. Scheidung oder Trennung

146 Wenn ein Scheidungsgrund nachgewiesen ist, so hat der Richter entweder die Scheidung oder die Trennung auszusprechen.

Wird nur auf Trennung geklagt, so kann die Scheidung nicht ausgesprochen werden.

Wird auf Scheidung geklagt, so kann nur dann auf Trennung erkannt werden, wenn Aussicht auf die Wiedervereinigung der Ehegatten vorhanden ist.

Abs. 2, Bedeutung: BGE 54 II 3. Abs. 3, Aussicht: BGE 55 II 159. Umwandlung der Klage: BGE 77 II 289.

II. Dauer der Trennung

147 Die Trennung wird entweder auf ein bis drei Jahre oder auf unbestimmte Zeit ausgesprochen.

Nach Ablauf der bestimmten Zeit fällt die Trennung dahin, und es kann ein jeder Ehegatte, wenn eine Wiedervereinigung nicht erfolgt ist, die Scheidung verlangen.

Hat die auf unbestimmte Zeit ausgesprochene Trennung drei Jahre gedauert, so kann jeder Ehegatte, wenn eine Wiedervereinigung nicht erfolgt ist, die Scheidung oder die Aufhebung der Trennung verlangen.

Abs. 2: BGE 85 II 3.

III. Urteil nach Ablauf der Trennung

148 Wird nach Ablauf der bestimmten Trennungszeit oder, wenn die Trennung auf unbestimmte Zeit ausgesprochen wurde, nach Ablauf von drei Jahren die Scheidung auch nur von einem Ehegatten verlangt, so muß sie ausgesprochen werden, es sei denn, daß sie auf Tatsachen gegründet werde, die ausschließlich den nunmehr die Scheidung verlangenden Ehegatten als schuldig erscheinen lassen.

Die Scheidung ist indessen auch in diesem Falle auszusprechen, wenn der andere Ehegatte die Wiedervereinigung verweigert.

Im übrigen erfolgt das Urteil auf Grund der im früheren Verfahren ermittelten und der seither eingetretenen Verhältnisse.

Schuld: BGE 43 II 463; 69 II 355; 81 II 483; 84 II 412; 85 II 67; 114 II 113.

IV. Stellung des geschiedenen Ehegatten

149 Die geschiedene Frau behält das durch die Heirat erworbene Kantons- und Gemeindebürgerrecht.

Der Ehegatte, der seinen Namen geändert hat, behält den bei der Heirat erworbenen Familiennamen, sofern er nicht binnen sechs Monaten, nachdem das Urteil rechtskräftig geworden ist, gegenüber dem Zivilstandsbeamten erklärt, daß er den angestammten Namen oder den Namen, den er vor der Heirat trug, wieder führen will.

V. Wartefrist

150 Wird die Ehe geschieden, so ist im Urteil dem schuldigen Ehegatten die Eingehung einer neuen Ehe auf ein bis zwei Jahre und im Falle der Scheidung wegen Ehebruchs auf ein bis drei Jahre zu untersagen.

Die Dauer einer vorausgegangenen gerichtlichen Trennung wird in diese Frist eingerechnet.

103, 147. Eheverbot. BGE 74 II 7; 84 II 337; 107 II 395.

VI. Leistungen bei Scheidung

1. Entschädigung und Genugtuung

151 Werden durch die Scheidung die Vermögensrechte oder die Anwartschaften für den schuldlosen Ehegatten beeinträchtigt, so hat ihm der schuldige Ehegatte eine angemessene Entschädigung zu entrichten.

Liegt in den Umständen, die zur Scheidung geführt haben, für den schuldlosen Ehegatten eine schwere Verletzung der persönlichen

Verhältnisse, so kann ihm der Richter eine Geldsumme als Genugtuung zusprechen.

Schuld: BGE 71 II 51; 88 II 140; 90 II 71; 99 II 129. Abs. 1, Bemessung: BGE 79 II 131; 105 II 166; 114 II 117; 115 II 6; 117 II 519. Sachentschädigung: BGE 80 II 188. Abs. 2: 28 II, OR 49; BGE 84 II 416. Änderung: BGE 67 II 8; 79 II 136; 80 II 188; 104 II 237; 117 II 211, 359; 118 II 228. Sicherstellung: BGE 107 II 396. Dauer: BGE 109 II 184; 115 II 427. Anwartschaft: BGE 116 II 101, 103.

2. Unterhalt

152 Gerät ein schuldloser Ehegatte durch die Scheidung in große Bedürftigkeit, so kann der andere Ehegatte, auch wenn er an der Scheidung nicht schuld ist, zu einem seinen Vermögensverhältnissen entsprechenden Beitrag an dessen Unterhalt verpflichtet werden.

Schuld, spätere Änderung s. Art. 151 Anm. BGE 68 II 6; 98 II 9. 114 II 10; 117 II 13.

3. Rente

153 Wird als Entschädigung, Genugtuung oder Unterhaltsbeitrag durch das Urteil oder durch Vereinbarung eine Rente festgesetzt, so hört die Pflicht zu ihrer Entrichtung auf, wenn der berechtigte Ehegatte sich wieder verheiratet.

Eine wegen Bedürftigkeit ausgesetzte Rente wird auf Verlangen des pflichtigen Ehegatten aufgehoben oder herabgesetzt, wenn die Bedürftigkeit nicht mehr besteht oder in erheblichem Maße abgenommen hat, sowie wenn die Vermögensverhältnisse des Pflichtigen der Höhe der Rente nicht mehr entsprechen.

S. Art. 151 Anm. und BGE 51 II 16. Abs. 1: Vereinbarung: BGE 81 II 591. Konkubinat: BGE 104 II 154; 106 II 1; 109 II 188; 114 II 295; 116 II 394. Indexierung: BGE 100 II 245. Abs. 2: BGE 115 II 309. Vgl. AHVG (SR 831.10) 23 Abs. 2. Vgl. Freizügigkeitsgesetz v. 17. Dez. 1993, Art. 22.

VII. Güterrechtliche Auseinandersetzung

1. Bei Scheidung

154 Für die güterrechtliche Auseinandersetzung gelten die besonderen Bestimmungen über das Güterrecht.

Geschiedene Ehegatten haben zueinander kein gesetzliches Erbrecht und können aus Verfügungen von Todes wegen, die sie vor der Scheidung errichtet haben, keine Ansprüche erheben.

Abs. 1: 181 ff.

2. Bei Trennung

155 Mit der Trennung tritt von Gesetzes wegen Gütertrennung ein.

247 ff.

VIII. Elternrechte

1. Ermessen des Richters

156 Über die Gestaltung der Elternrechte und der persönlichen Beziehungen der Eltern zu den Kindern trifft der Richter bei Scheidung oder Trennung die nötigen Verfügungen nach Anhörung der Eltern und nötigenfalls der Vormundschaftsbehörde.

Der persönliche Verkehr des Ehegatten mit den Kindern, die ihm entzogen werden, und der Beitrag, den er an die Kosten ihres Unterhalts zu entrichten hat, werden nach den Bestimmungen über die Wirkungen des Kindesverhältnisses geregelt; der Unterhaltsbeitrag kann auch über die Mündigkeit hinaus festgelegt werden.

296 ff., 315a. Abs. 1: BGE 47 II 381; 62 II 203; 85 II 229; 96 II 69; 111 II 225; 112 II 381; 114 II 200 (an Vater); 115 II 317; 117 II 353, 523; 119 II 201; 120 II 177. Abs. 2: 270 ff.; BGE 49 I 509; 61 II 216; 77 II 112, 211; 98 II 257 (Indexierung); 107 II 301; 109 II 371; 112 II 199. Anh. II l, m.

2. Änderung der Verhältnisse

157 Verändern sich die Verhältnisse infolge von Heirat, Wegzug, Tod eines der Eltern oder aus andern Gründen, so hat der Richter auf Begehren der Vormundschaftsbehörde oder von Vater oder Mutter die erforderlichen Anordnungen zu treffen.

156, 286, 315a Abs. 3. BGE 48 II 305; 53 II 194; 85 II 15; 108 II 375.

D. Scheidungsverfahren

158 Das Scheidungsverfahren wird durch das kantonale Prozeßrecht geordnet unter Vorbehalt folgender Vorschriften:

1. Der Richter darf Tatsachen, die zur Begründung einer Klage auf Scheidung oder Trennung dienen, nur dann als erwiesen annehmen, wenn er sich von deren Vorhandensein überzeugt hat.

2. Der Eid oder das Gelöbnis an Eides Statt darf als Beweismittel zur Erwahrung solcher Tatsachen den Parteien weder zugeschoben noch auferlegt werden.

3. Parteierklärungen irgendwelcher Art sind für den Richter nicht verbindlich.

4. Dem Richter steht die freie Beweiswürdigung zu.

5. Vereinbarungen über die Nebenfolgen der Scheidung oder Trennung bedürfen zur Rechtsgültigkeit der Genehmigung durch den Richter.

Ziff. 3: BGE 51 II 116; 93 II 156. Ziff. 5: 151 ff.; BGE 60 II 170; 61 II 225; 71 II 135; 81 II 590; 84 II 145; 102 II 65; 107 II 10; 117 II 218. Anhang IIa.

Fünfter Titel
Die Wirkungen der Ehe im allgemeinen[*]

A. Eheliche Gemeinschaft; Rechte und Pflichten der Ehegatten

Durch die Trauung werden die Ehegatten zur ehelichen Gemeinschaft verbunden. **159**

Sie verpflichten sich gegenseitig, das Wohl der Gemeinschaft in einträchtigem Zusammenwirken zu wahren und für die Kinder gemeinsam zu sorgen.

Sie schulden einander Treue und Beistand.

B. Familienname

Der Name des Ehemannes ist der Familienname der Ehegatten. **160**

Die Braut kann jedoch gegenüber dem Zivilstandsbeamten erklären, sie wolle ihren bisherigen Namen dem Familiennamen voranstellen.

Trägt sie bereits einen solchen Doppelnamen, so kann sie lediglich den ersten Namen voranstellen.

Vgl. 30 Abs. 2.

C. Bürgerrecht

Die Ehefrau erhält das Kantons- und Gemeindebürgerrecht des **161** Ehemannes, ohne das Kantons- und Gemeindebürgerrecht zu verlieren, das sie als ledig hatte.

BGE: 114 II 404. Zum Schweizerbürgerrecht vgl. BüG.

D. Eheliche Wohnung

Die Ehegatten bestimmen gemeinsam die eheliche Wohnung. **162**

---

[*] Inkrafttreten: 1. Jan. 1988. Vgl. die Übergangsbestimmungen SchlT Art. 8–11, ferner Anh. IX.

E. Unterhalt der Familie

I. Im allgemeinen

163 Die Ehegatten sorgen gemeinsam, ein jeder nach seinen Kräften, für den gebührenden Unterhalt der Familie.

Sie verständigen sich über den Beitrag, den jeder von ihnen leistet, namentlich durch Geldzahlungen, Besorgen des Haushaltes, Betreuen der Kinder oder durch Mithilfe im Beruf oder Gewerbe des andern.

Dabei berücksichtigen sie die Bedürfnisse der ehelichen Gemeinschaft und ihre persönlichen Umstände.
IPRG 49, BGE 114 II 26. Abs. 2: BGE 114 II 301; 116 IV 4.

II. Betrag zur freien Verfügung

164 Der Ehegatte, der den Haushalt besorgt, die Kinder betreut oder dem andern im Beruf oder Gewerbe hilft, hat Anspruch darauf, daß der andere ihm regelmäßig einen angemessenen Betrag zur freien Verfügung ausrichtet.

Bei der Festsetzung des Betrages sind eigene Einkünfte des berechtigten Ehegatten und eine verantwortungsbewußte Vorsorge für Familie, Beruf oder Gewerbe zu berücksichtigen.

III. Außerordentliche Beiträge eines Ehegatten

165 Hat ein Ehegatte im Beruf oder Gewerbe des andern erheblich mehr mitgearbeitet, als sein Beitrag an den Unterhalt der Familie verlangt, so hat er dafür Anspruch auf angemessene Entschädigung.

Dies gilt auch, wenn ein Ehegatte aus seinem Einkommen oder Vermögen an den Unterhalt der Familie bedeutend mehr beigetragen hat, als er verpflichtet war.

Ein Ehegatte kann aber keine Entschädigung fordern, wenn er seinen außerordentlichen Beitrag aufgrund eines Arbeits-, Darlehens- oder Gesellschaftsvertrages oder eines andern Rechtsverhältnisses geleistet hat.

F. Vertretung der ehelichen Gemeinschaft

166 Jeder Ehegatte vertritt während des Zusammenlebens die eheliche Gemeinschaft für die laufenden Bedürfnisse der Familie.

Für die übrigen Bedürfnisse der Familie kann ein Ehegatte die eheliche Gemeinschaft nur vertreten:

1. wenn er vom andern oder vom Richter dazu ermächtigt worden ist;
2. wenn das Interesse der ehelichen Gemeinschaft keinen Aufschub des Geschäftes duldet und der andere Ehegatte wegen Krankheit, Abwesenheit oder ähnlichen Gründen nicht zustimmen kann.

Jeder Ehegatte verpflichtet sich durch seine Handlungen persönlich und, soweit diese nicht für Dritte erkennbar über die Vertretungsbefugnis hinausgehen, solidarisch auch den andern Ehegatten.

Abs. 3: BGE 119 V 16 (Sozialversicherung).

G. Beruf und Gewerbe der Ehegatten

167 Bei der Wahl und Ausübung seines Berufes oder Gewerbes nimmt jeder Ehegatte auf den andern und das Wohl der ehelichen Gemeinschaft Rücksicht.

H. Rechtsgeschäfte der Ehegatten

I. Im allgemeinen

168 Jeder Ehegatte kann mit dem andern oder mit Dritten Rechtsgeschäfte abschließen, sofern das Gesetz nichts anderes bestimmt.

II. Wohnung der Familie

169 Ein Ehegatte kann nur mit der ausdrücklichen Zustimmung des andern einen Mietvertrag kündigen, das Haus oder die Wohnung der Familie veräußern oder durch andere Rechtsgeschäfte die Rechte an den Wohnräumen der Familie beschränken.

Kann der Ehegatte diese Zustimmung nicht einholen oder wird sie ihm ohne triftigen Grund verweigert, so kann er den Richter anrufen.

OR 266m, 273a. BGE 114 II 396, 402; 118 II 489; 119 III 100 (Betreibung).

J. Auskunftspflicht

170 Jeder Ehegatte kann vom andern Auskunft über dessen Einkommen, Vermögen und Schulden verlangen.

Auf sein Begehren kann der Richter den andern Ehegatten oder Dritte verpflichten, die erforderlichen Auskünfte zu erteilen und die notwendigen Urkunden vorzulegen.

Vorbehalten bleibt das Berufsgeheimnis der Rechtsanwälte, Notare, Ärzte, Geistlichen und ihrer Hilfspersonen.

StGB Art. 321.

K. Schutz der ehelichen Gemeinschaft

I. Beratungsstellen

171 Die Kantone sorgen dafür, daß sich die Ehegatten bei Eheschwierigkeiten gemeinsam oder einzeln an Ehe- oder Familienberatungsstellen wenden können.

II. Richterliche Maßnahmen

1. Im allgemeinen

172 Erfüllt ein Ehegatte seine Pflichten gegenüber der Familie nicht oder sind die Ehegatten in einer für die eheliche Gemeinschaft wichtigen Angelegenheit uneinig, so können sie gemeinsam oder einzeln den Richter um Vermittlung anrufen.

Der Richter mahnt die Ehegatten an ihre Pflichten und versucht, sie zu versöhnen; er kann mit ihrem Einverständnis Sachverständige beiziehen oder sie an eine Ehe- oder Familienberatungsstelle weisen.

Wenn nötig trifft der Richter auf Begehren eines Ehegatten die vom Gesetz vorgesehenen Maßnahmen.

Abs. 3: BGE 114 II 18.

2. Während des Zusammenlebens

a) Geldleistungen

173 Auf Begehren eines Ehegatten setzt der Richter die Geldbeiträge an den Unterhalt der Familie fest.

Ebenso setzt er auf Begehren eines Ehegatten den Betrag für den Ehegatten fest, der den Haushalt besorgt, die Kinder betreut oder dem andern im Beruf oder Gewerbe hilft.

Die Leistungen können für die Zukunft und für das Jahr vor Einreichung des Begehrens gefordert werden.

b) Entzug der Vertretungsbefugnis

174 Überschreitet ein Ehegatte seine Befugnis zur Vertretung der ehelichen Gemeinschaft oder erweist er sich als unfähig, sie auszuüben, so kann ihm der Richter auf Begehren des andern die Vertretungsbefugnis ganz oder teilweise entziehen.

Der Ehegatte, der das Begehren stellt, darf Dritten den Entzug nur durch persönliche Mitteilung bekanntgeben.

Gutgläubigen Dritten gegenüber ist der Entzug nur wirksam, wenn er auf Anordnung des Richters veröffentlicht worden ist.

3. Aufhebung des gemeinsamen Haushaltes

a)   Gründe

175 Ein Ehegatte ist berechtigt, den gemeinsamen Haushalt für solange aufzuheben, als seine Persönlichkeit, seine wirtschaftliche Sicherheit oder das Wohl der Familie durch das Zusammenleben ernstlich gefährdet ist.

b)   Regelung des Getrenntlebens

176 Ist die Aufhebung des gemeinsamen Haushaltes begründet, so muß der Richter auf Begehren eines Ehegatten:
1. die Geldbeiträge, die der eine Ehegatte dem andern schuldet, festsetzen;
2. die Benützung der Wohnung und des Hausrates regeln;
3. die Gütertrennung anordnen, wenn es die Umstände rechtfertigen.

Diese Begehren kann ein Ehegatte auch stellen, wenn das Zusammenleben unmöglich ist, namentlich weil der andere es grundlos ablehnt.

Haben die Ehegatten unmündige Kinder, so trifft der Richter nach den Bestimmungen über die Wirkungen des Kindesverhältnisses die nötigen Maßnahmen.

Abs. 1 Ziff. 1: BGE 114 II 26; 117 II 16. Abs. 1 Ziff. 2: BGE 114 II 18. Abs. 3: 252 ff.

4. Anweisungen an die Schuldner

177 Erfüllt ein Ehegatte seine Unterhaltspflicht gegenüber der Familie nicht, so kann der Richter dessen Schuldner anweisen, ihre Zahlungen ganz oder teilweise dem andern Ehegatten zu leisten.

5. Beschränkungen der Verfügungsbefugnis

178 Soweit es die Sicherung der wirtschaftlichen Grundlagen der Familie oder die Erfüllung einer vermögensrechtlichen Verpflichtung aus der ehelichen Gemeinschaft erfordert, kann der Richter auf Begehren eines Ehegatten die Verfügung über bestimmte Vermögenswerte von dessen Zustimmung abhängig machen.

Der Richter trifft die geeigneten sichernden Maßnahmen.

Untersagt er einem Ehegatten, über ein Grundstück zu verfügen, läßt er dies von Amtes wegen im Grundbuch anmerken.

Abs. 3: Anh. V 78.

6. Veränderung der Verhältnisse

179 Verändern sich die Verhältnisse, so paßt der Richter auf Begehren eines Ehegatten die Maßnahmen an oder hebt sie auf, wenn ihr Grund weggefallen ist.

Nehmen die Ehegatten das Zusammenleben wieder auf, so fallen die für das Getrenntleben angeordneten Maßnahmen mit Ausnahme der Gütertrennung dahin.

7. Zuständigkeit

180 Zuständig für Eheschutzmaßnahmen ist der Richter am Wohnsitz eines Ehegatten.

Haben die Ehegatten verschiedenen Wohnsitz und verlangen beide Eheschutzmaßnahmen, so ist der Richter zuständig, der zuerst angerufen wird.

Für die Änderung, Ergänzung oder Aufhebung der getroffenen Maßnahmen ist der Richter am bisherigen Gerichtsstand zuständig oder, wenn kein Ehegatte seinen Wohnsitz mehr dort hat, der Richter am neuen Wohnsitz eines Ehegatten.

IPRG 46, 50.

Sechster Titel
Das Güterrecht der Ehegatten*

Erster Abschnitt
Allgemeine Vorschriften

A. Ordentlicher Güterstand

181 Die Ehegatten unterstehen den Vorschriften über die Errungenschaftsbeteiligung, sofern sie nicht durch Ehevertrag etwas anderes vereinbaren oder der außerordentliche Güterstand eingetreten ist.

B. Ehevertrag

I. Inhalt des Vertrages

182 Ein Ehevertrag kann vor oder nach der Heirat geschlossen werden.
Die Brautleute oder Ehegatten können ihren Güterstand nur innerhalb der gesetzlichen Schranken wählen, aufheben oder ändern.

II. Vertragsfähigkeit

183 Wer einen Ehevertrag schließen will, muß urteilsfähig sein.
Unmündige oder Entmündigte brauchen die Zustimmung ihres gesetzlichen Vertreters.
Abs. 1: 16.

III. Form des Vertrages

184 Der Ehevertrag muß öffentlich beurkundet und von den vertragsschließenden Personen sowie gegebenenfalls vom gesetzlichen Vertreter unterzeichnet werden.
SchlT 55. IPRG 56.

---

* Inkrafttreten: 1. Jan. 1988. Vgl. die Übergangsbestimmungen SchlT Art. 8–11. Bisheriges Recht der Güterverbindung: Anh. IX.

C. Außerordentlicher Güterstand

I. Auf Begehren eines Ehegatten

1. Anordnung

185 Die Gütertrennung wird auf Begehren eines Ehegatten vom Richter angeordnet, wenn ein wichtiger Grund dafür vorliegt.
  Ein wichtiger Grund liegt namentlich vor:
  1. wenn der andere Ehegatte überschuldet ist oder sein Anteil am Gesamtgut gepfändet wird;
  2. wenn der andere Ehegatte die Interessen des Gesuchstellers oder der Gemeinschaft gefährdet;
  3. wenn der andere Ehegatte in ungerechtfertigter Weise die erforderliche Zustimmung zu einer Verfügung über Gesamtgut verweigert;
  4. wenn der andere Ehegatte dem Gesuchsteller die Auskunft über sein Einkommen, sein Vermögen und seine Schulden oder über das Gesamtgut verweigert;
  5. wenn der andere Ehegatte dauernd urteilsunfähig ist.
  Ist ein Ehegatte dauernd urteilsunfähig, so kann sein gesetzlicher Vertreter auch aus diesem Grund die Anordnung der Gütertrennung verlangen.
Abs. 2 Ziff. 5: 16.

2. Zuständigkeit

186 Zuständig ist der Richter am Wohnsitz eines Ehegatten.

3. Aufhebung

187 Die Ehegatten können jederzeit durch Ehevertrag wieder ihren früheren oder einen andern Güterstand vereinbaren.
  Ist der Grund der Gütertrennung weggefallen, so kann der Richter auf Begehren eines Ehegatten die Wiederherstellung des früheren Güterstandes anordnen.

II. Bei Konkurs und Pfändung

1. Bei Konkurs

188 Wird über einen Ehegatten, der in Gütergemeinschaft lebt, der Konkurs eröffnet, so tritt von Gesetzes wegen Gütertrennung ein.
SchKG 159 ff.

2. Bei Pfändung

a) Anordnung

189 Ist ein Ehegatte, der in Gütergemeinschaft lebt, für eine Eigenschuld betrieben und sein Anteil am Gesamtgut gepfändet worden, so kann die Aufsichtsbehörde in Betreibungssachen beim Richter die Anordnung der Gütertrennung verlangen.
SchKG 13, 67 ff.

b) Zuständigkeit

190 Das Begehren richtet sich gegen beide Ehegatten.
Zuständig ist der Richter am Wohnsitz des Schuldners.

3. Aufhebung

191 Sind die Gläubiger befriedigt, so kann der Richter auf Begehren eines Ehegatten die Wiederherstellung der Gütergemeinschaft anordnen.
Die Ehegatten können durch Ehevertrag Errungenschaftsbeteiligung vereinbaren.

III. Güterrechtliche Auseinandersetzung

192 Tritt Gütertrennung ein, so gelten für die güterrechtliche Auseinandersetzung die Bestimmungen des bisherigen Güterstandes, sofern das Gesetz nichts anderes bestimmt.

D. Schutz der Gläubiger

193 Durch Begründung oder Änderung des Güterstandes oder durch güterrechtliche Auseinandersetzungen kann ein Vermögen, aus dem bis anhin die Gläubiger eines Ehegatten oder der Gemeinschaft Befriedigung verlangen konnten, dieser Haftung nicht entzogen werden.
Ist ein solches Vermögen auf einen Ehegatten übergegangen, so hat er die Schulden zu bezahlen, kann sich aber von dieser Haftung so weit befreien, als er nachweist, daß das empfangene Vermögen hiezu nicht ausreicht.

E. Zuständigkeit für Klagen über die güterrechtliche Auseinandersetzung

194 Für Klagen über die güterrechtliche Auseinandersetzung unter den Ehegatten oder ihren Erben ist zuständig:

1. bei Auflösung des Güterstandes durch Tod der Richter am letzten Wohnsitz des Verstorbenen;
2. bei Scheidung, Trennung, Ungültigerklärung der Ehe oder gerichtlicher Gütertrennung der Richter am hiefür geltenden Gerichtsstand;
3. in den übrigen Fällen der Richter am Wohnsitz des beklagten Ehegatten.

IPRG 51.

F. Verwaltung des Vermögens eines Ehegatten durch den andern

195 Hat ein Ehegatte dem andern ausdrücklich oder stillschweigend die Verwaltung seines Vermögens überlassen, so gelten die Bestimmungen über den Auftrag, sofern nichts anderes vereinbart ist.

Die Bestimmungen über die Tilgung von Schulden zwischen Ehegatten bleiben vorbehalten.

Abs. 1: OR 394 ff.

G. Inventar

195a Jeder Ehegatte kann jederzeit vom andern verlangen, daß er bei der Aufnahme eines Inventars ihrer Vermögenswerte mit öffentlicher Urkunde mitwirkt.

Ein solches Inventar wird als richtig vermutet, wenn es binnen eines Jahres seit Einbringen der Vermögenswerte errichtet wurde.

Abs. 1: SchlT 55.

Zweiter Abschnitt
Der ordentliche Güterstand der Errungenschaftsbeteiligung

A. Eigentumsverhältnisse

I. Zusammensetzung

Der Güterstand der Errungenschaftsbeteiligung umfaßt die Errungenschaft und das Eigengut jedes Ehegatten.

II. Errungenschaft

Errungenschaft sind die Vermögenswerte, die ein Ehegatte während der Dauer des Güterstandes entgeltlich erwirbt.
  Die Errungenschaft eines Ehegatten umfaßt insbesondere:
  1. seinen Arbeitserwerb;
  2. die Leistungen von Personalfürsorgeeinrichtungen, Sozialversicherungen und Sozialfürsorgeeinrichtungen;
  3. die Entschädigungen wegen Arbeitsunfähigkeit;
  4. die Erträge seines Eigengutes;
  5. Ersatzanschaffungen für Errungenschaft.

III. Eigengut

1. Nach Gesetz

Eigengut sind von Gesetzes wegen:
  1. die Gegenstände, die einem Ehegatten ausschließlich zum persönlichen Gebrauch dienen;
  2. die Vermögenswerte, die einem Ehegatten zu Beginn des Güterstandes gehören oder ihm später durch Erbgang oder sonstwie unentgeltlich zufallen;
  3. Genugtuungsansprüche;
  4. Ersatzanschaffungen für Eigengut.

2. Nach Ehevertrag

Die Ehegatten können durch Ehevertrag Vermögenswerte der Errungenschaft, die für die Ausübung eines Berufes oder den Betrieb eines Gewerbes bestimmt sind, zu Eigengut erklären.
  Überdies können die Ehegatten durch Ehevertrag vereinbaren, daß Erträge aus dem Eigengut nicht in die Errungenschaft fallen.

IV. Beweis

200 Wer behauptet, ein bestimmter Vermögenswert sei Eigentum des einen oder andern Ehegatten, muß dies beweisen.

Kann dieser Beweis nicht erbracht werden, so wird Miteigentum beider Ehegatten angenommen.

Alles Vermögen eines Ehegatten gilt bis zum Beweis des Gegenteils als Errungenschaft.

B. Verwaltung, Nutzung und Verfügung

201 Innerhalb der gesetzlichen Schranken verwaltet und nutzt jeder Ehegatte seine Errungenschaft und sein Eigengut und verfügt darüber.

Steht ein Vermögenswert im Miteigentum beider Ehegatten, so kann kein Ehegatte ohne die Zustimmung des andern über seinen Anteil verfügen, sofern nichts anderes vereinbart ist.

C. Haftung gegenüber Dritten

202 Jeder Ehegatte haftet für seine Schulden mit seinem gesamten Vermögen.

D. Schulden zwischen Ehegatten

203 Der Güterstand hat keinen Einfluß auf die Fälligkeit von Schulden zwischen Ehegatten.

Bereitet indessen die Zahlung von Geldschulden oder die Erstattung geschuldeter Sachen dem verpflichteten Ehegatten ernstliche Schwierigkeiten, welche die eheliche Gemeinschaft gefährden, so kann er verlangen, daß ihm Fristen eingeräumt werden; die Forderung ist sicherzustellen, wenn es die Umstände rechtfertigen.

E. Auflösung des Güterstandes und Auseinandersetzung

I. Zeitpunkt der Auflösung

204 Der Güterstand wird mit dem Tod eines Ehegatten oder mit der Vereinbarung eines andern Güterstandes aufgelöst.

Bei Scheidung, Trennung, Ungültigerklärung der Ehe oder gerichtlicher Anordnung der Gütertrennung wird die Auflösung des

Güterstandes auf den Tag zurückbezogen, an dem das Begehren eingereicht worden ist.

II. Rücknahme von Vermögenswerten und Regelung der Schulden

1. Im allgemeinen

205 Jeder Ehegatte nimmt seine Vermögenswerte zurück, die sich im Besitz des andern Ehegatten befinden.

Steht ein Vermögenswert im Miteigentum und weist ein Ehegatte ein überwiegendes Interesse nach, so kann er neben den übrigen gesetzlichen Maßnahmen verlangen, daß ihm dieser Vermögenswert gegen Entschädigung des andern Ehegatten ungeteilt zugewiesen wird.

Die Ehegatten regeln ihre gegenseitigen Schulden.

Abs. 2: BGE 119 II 197.

2. Mehrwertanteil des Ehegatten

206 Hat ein Ehegatte zum Erwerb, zur Verbesserung oder zur Erhaltung von Vermögensgegenständen des andern ohne entsprechende Gegenleistung beigetragen und besteht im Zeitpunkt der Auseinandersetzung ein Mehrwert, so entspricht seine Forderung dem Anteil seines Beitrages und wird nach dem gegenwärtigen Wert der Vermögensgegenstände berechnet; ist dagegen ein Minderwert eingetreten, so entspricht die Forderung dem ursprünglichen Beitrag.

Ist einer dieser Vermögensgegenstände vorher veräußert worden, so berechnet sich die Forderung nach dem bei der Veräußerung erzielten Erlös und wird sofort fällig.

Die Ehegatten können durch schriftliche Vereinbarung den Mehrwertanteil ausschließen oder ändern.

III. Berechnung des Vorschlages jedes Ehegatten

1. Ausscheidung der Errungenschaft und des Eigengutes

207 Errungenschaft und Eigengut jedes Ehegatten werden nach ihrem Bestand im Zeitpunkt der Auflösung des Güterstandes ausgeschieden.

Die Kapitalleistung, die ein Ehegatte von einer Vorsorgeeinrichtung oder wegen Arbeitsunfähigkeit erhalten hat, wird im Betrag des Kapitalwertes der Rente, die dem Ehegatten bei Auflösung des Güterstandes zustünde, dem Eigengut zugerechnet.

2. Hinzurechnung

208 Zur Errungenschaft hinzugerechnet werden:
1. unentgeltliche Zuwendungen, die ein Ehegatte während der letzten fünf Jahre vor Auflösung des Güterstandes ohne Zustimmung des andern Ehegatten gemacht hat, ausgenommen die üblichen Gelegenheitsgeschenke;
2. Vermögensentäußerungen, die ein Ehegatte während der Dauer des Güterstandes vorgenommen hat, um den Beteiligungsanspruch des andern zu schmälern.

Bei Streitigkeiten über solche Zuwendungen oder Entäußerungen kann das Urteil dem begünstigten Dritten entgegengehalten werden, wenn ihm der Streit verkündet worden ist.

BGE 118 II 27.

3. Ersatzforderungen zwischen Errungenschaft und Eigengut

209 Sind Schulden der Errungenschaft aus dem Eigengut oder Schulden des Eigengutes aus der Errungenschaft eines Ehegatten bezahlt worden, so besteht bei der güterrechtlichen Auseinandersetzung eine Ersatzforderung.

Eine Schuld belastet die Vermögensmasse, mit welcher sie sachlich zusammenhängt, im Zweifel aber die Errungenschaft.

Haben Mittel der einen Vermögensmasse zum Erwerb, zur Verbesserung oder zur Erhaltung von Vermögensgegenständen der andern beigetragen und ist ein Mehr- oder ein Minderwert eingetreten, so entspricht die Ersatzforderung dem Anteil des Beitrages und wird nach dem Wert der Vermögensgegenstände im Zeitpunkt der Auseinandersetzung oder der Veräußerung berechnet.

4. Vorschlag

210 Was vom Gesamtwert der Errungenschaft, einschließlich der hinzugerechneten Vermögenswerte und der Ersatzforderungen, nach Abzug der auf ihr lastenden Schulden verbleibt, bildet den Vorschlag.

Ein Rückschlag wird nicht berücksichtigt.

IV. Wertbestimmung

1. Verkehrswert

211 Bei der güterrechtlichen Auseinandersetzung sind die Vermögensgegenstände zu ihrem Verkehrswert einzusetzen.

2. Ertragswert

a) Im allgemeinen

Ein landwirtschaftliches Gewerbe, das ein Ehegatte als Eigentümer **212** selber weiterbewirtschaftet oder für das der überlebende Ehegatte oder ein Nachkomme begründet Anspruch auf ungeteilte Zuweisung erhebt, ist bei Berechnung des Mehrwertanteils und der Beteiligungsforderung zum Ertragswert einzusetzen.

Der Eigentümer des landwirtschaftlichen Gewerbes oder seine Erben können gegenüber dem andern Ehegatten als Mehrwertanteil oder als Beteiligungsforderung nur den Betrag geltend machen, den sie bei Anrechnung des Gewerbes zum Verkehrswert erhielten.

Die erbrechtlichen Bestimmungen über die Bewertung und über den Anteil der Miterben am Gewinn gelten sinngemäß.

Abs. 3: 619.

b) Besondere Umstände

Der Anrechnungswert kann angemessen erhöht werden, wenn be- **213** sondere Umstände es rechtfertigen.

Als besondere Umstände gelten insbesondere die Unterhaltsbedürfnisse des überlebenden Ehegatten, der Ankaufspreis des landwirtschaftlichen Gewerbes einschließlich der Investitionen oder die Vermögensverhältnisse des Ehegatten, dem das landwirtschaftliche Gewerbe gehört.

3. Maßgebender Zeitpunkt

Maßgebend für den Wert der bei der Auflösung des Güterstandes **214** vorhandenen Errungenschaft ist der Zeitpunkt der Auseinandersetzung.

Für Vermögenswerte, die zur Errungenschaft hinzugerechnet werden, ist der Zeitpunkt maßgebend, in dem sie veräußert worden sind.

V. Beteiligung am Vorschlag

1. Nach Gesetz

Jedem Ehegatten oder seinen Erben steht die Hälfte des Vorschla- **215** ges des andern zu.

Die Forderungen werden verrechnet.

2. Nach Vertrag

a) Im allgemeinen

216 Durch Ehevertrag kann eine andere Beteiligung am Vorschlag vereinbart werden.

Solche Vereinbarungen dürfen die Pflichtteilsansprüche der nichtgemeinsamen Kinder und deren Nachkommen nicht beeinträchtigen.

Abs. 2: 470 ff.

b) Bei Scheidung, Trennung, Ungültigerklärung der Ehe oder gerichtlicher Gütertrennung

217 Bei Scheidung, Trennung, Ungültigerklärung der Ehe oder gerichtlicher Anordnung der Gütertrennung gelten Vereinbarungen über die Änderung der gesetzlichen Beteiligung am Vorschlag nur, wenn der Ehevertrag dies ausdrücklich vorsieht.

VI. Bezahlung der Beteiligungsforderung und des Mehrwertanteils

1. Zahlungsaufschub

218 Bringt die sofortige Bezahlung der Beteiligungsforderung und des Mehrwertanteils den verpflichteten Ehegatten in ernstliche Schwierigkeiten, so kann er verlangen, daß ihm Zahlungsfristen eingeräumt werden.

Die Beteiligungsforderung und der Mehrwertanteil sind, soweit die Parteien nichts anderes vereinbaren, vom Abschluß der Auseinandersetzung an zu verzinsen und, wenn es die Umstände rechtfertigen, sicherzustellen.

2. Wohnung und Hausrat

219 Damit der überlebende Ehegatte seine bisherige Lebensweise beibehalten kann, wird ihm auf sein Verlangen am Haus oder an der Wohnung, worin die Ehegatten gelebt haben und die dem verstorbenen Ehegatten gehört hat, die Nutznießung oder ein Wohnrecht auf Anrechnung zugeteilt; vorbehalten bleibt eine andere ehevertragliche Regelung.

Unter den gleichen Voraussetzungen kann er die Zuteilung des Eigentums am Hausrat verlangen.

Wo die Umstände es rechtfertigen, kann auf Verlangen des überlebenden Ehegatten oder der andern gesetzlichen Erben des Verstorbenen statt der Nutznießung oder des Wohnrechts das Eigentum am Haus oder an der Wohnung eingeräumt werden.

An Räumlichkeiten, in denen der Erblasser einen Beruf ausübte oder ein Gewerbe betrieb und die ein Nachkomme zu dessen Weiterführung benötigt, kann der überlebende Ehegatte diese Rechte nicht beanspruchen; die Vorschriften des bäuerlichen Erbrechts bleiben vorbehalten.

Abs. 1: 745, 776. Abs. 4: 620 ff.

3. Klage gegen Dritte

Deckt das Vermögen des verpflichteten Ehegatten oder seine Erbschaft bei der güterrechtlichen Auseinandersetzung die Beteiligungsforderung nicht, so können der berechtigte Ehegatte oder seine Erben Zuwendungen, die der Errungenschaft hinzuzurechnen sind, bis zur Höhe des Fehlbetrages bei den begünstigten Dritten einfordern.

Das Klagerecht erlischt ein Jahr, nachdem der Ehegatte oder seine Erben von der Verletzung ihrer Rechte Kenntnis erhalten haben, in jedem Fall aber zehn Jahre nach der Auflösung des Güterstandes.

Im übrigen gelten sinngemäß die Bestimmungen über die erbrechtliche Herabsetzungsklage, ausgenommen diejenigen über den Gerichtsstand.

Abs. 3: 522 ff.

Dritter Abschnitt
Die Gütergemeinschaft

A. Eigentumsverhältnisse

I. Zusammensetzung

221 Der Güterstand der Gütergemeinschaft umfaßt das Gesamtgut und das Eigengut jedes Ehegatten.

II. Gesamtgut

1. Allgemeine Gütergemeinschaft

222 Die allgemeine Gütergemeinschaft vereinigt das Vermögen und die Einkünfte der Ehegatten zu einem Gesamtgut, mit Ausnahme der Gegenstände, die von Gesetzes wegen Eigengut sind.

Das Gesamtgut gehört beiden Ehegatten ungeteilt.

Kein Ehegatte kann über seinen Anteil am Gesamtgut verfügen.

Abs. 1: 225 Abs. 2.

2. Beschränkte Gütergemeinschaften

a) Errungenschaftsgemeinschaft

223 Die Ehegatten können durch Ehevertrag die Gemeinschaft auf die Errungenschaft beschränken.

Die Erträge des Eigengutes fallen in das Gesamtgut.

b) Andere Gütergemeinschaften

224 Die Ehegatten können durch Ehevertrag bestimmte Vermögenswerte oder Arten von Vermögenswerten, wie Grundstücke, den Arbeitserwerb eines Ehegatten oder Vermögenswerte, mit denen dieser einen Beruf ausübt oder ein Gewerbe betreibt, von der Gemeinschaft ausschließen.

Sofern nichts anderes vereinbart ist, fallen die Erträge dieser Vermögenswerte nicht in das Gesamtgut.

III. Eigengut

Eigengut entsteht durch Ehevertrag, durch Zuwendung Dritter oder von Gesetzes wegen.

Von Gesetzes wegen umfaßt das Eigengut jedes Ehegatten die Gegenstände, die ihm ausschließlich zum persönlichen Gebrauch dienen, sowie die Genugtuungsansprüche.

Was ein Ehegatte als Pflichtteil zu beanspruchen hat, kann ihm von seinen Verwandten nicht als Eigengut zugewendet werden, sofern der Ehevertrag vorsieht, daß diese Vermögenswerte Gesamtgut sind.

IV. Beweis

Alle Vermögenswerte gelten als Gesamtgut, solange nicht bewiesen ist, daß sie Eigengut eines Ehegatten sind.

B. Verwaltung und Verfügung

I. Gesamtgut

1. Ordentliche Verwaltung

Die Ehegatten verwalten das Gesamtgut im Interesse der ehelichen Gemeinschaft.

Jeder Ehegatte kann in den Schranken der ordentlichen Verwaltung die Gemeinschaft verpflichten und über das Gesamtgut verfügen.

2. Außerordentliche Verwaltung

Die Ehegatten können außer für die ordentliche Verwaltung nur gemeinsam oder der eine nur mit Einwilligung des andern die Gemeinschaft verpflichten und über das Gesamtgut verfügen.

Dritte dürfen diese Einwilligung voraussetzen, sofern sie nicht wissen oder wissen sollten, daß sie fehlt.

Die Bestimmungen über die Vertretung der ehelichen Gemeinschaft bleiben vorbehalten.

Abs. 3: 166.

3. Beruf oder Gewerbe der Gemeinschaft

Übt ein Ehegatte mit Zustimmung des andern mit Mitteln des Gesamtgutes allein einen Beruf aus oder betreibt er allein ein Gewerbe, so kann er alle Rechtsgeschäfte vornehmen, die diese Tätigkeiten mit sich bringen.

4. Ausschlagung und Annahme von Erbschaften

230 Ohne Zustimmung des andern kann ein Ehegatte weder eine Erbschaft, die ins Gesamtgut fallen würde, ausschlagen noch eine überschuldete Erbschaft annehmen.

Kann der Ehegatte diese Zustimmung nicht einholen oder wird sie ihm ohne triftigen Grund verweigert, so kann er den Richter an seinem Wohnsitz anrufen.

5. Verantwortlichkeit und Verwaltungskosten

231 Für Handlungen, die das Gesamtgut betreffen, ist jeder Ehegatte bei Auflösung des Güterstandes gleich einem Beauftragten verantwortlich.

Die Kosten der Verwaltung werden dem Gesamtgut belastet.
Abs. 1: OR 398f.

II. Eigengut

232 Innerhalb der gesetzlichen Schranken verwaltet jeder Ehegatte sein Eigengut und verfügt darüber.

Fallen die Erträge in das Eigengut, werden die Kosten der Verwaltung diesem belastet.

C. Haftung gegenüber Dritten

I. Vollschulden

233 Jeder Ehegatte haftet mit seinem Eigengut und dem Gesamtgut:

1. für Schulden, die er in Ausübung seiner Befugnisse zur Vertretung der ehelichen Gemeinschaft oder zur Verwaltung des Gesamtgutes eingeht;

2. für Schulden, die er in Ausübung eines Berufes oder Gewerbes eingeht, sofern für diese Mittel des Gesamtgutes verwendet werden oder deren Erträge ins Gesamtgut fallen;

3. für Schulden, für die auch der andere Ehegatte persönlich einzustehen hat;

4. für Schulden, bei welchen die Ehegatten mit dem Dritten vereinbart haben, daß das Gesamtgut neben dem Eigengut des Schuldners haftet.

II. Eigenschulden

234 Für alle übrigen Schulden haftet ein Ehegatte nur mit seinem Eigengut und der Hälfte des Wertes des Gesamtgutes.

Vorbehalten bleiben die Ansprüche wegen Bereicherung der Gemeinschaft.

Abs. 2: OR 62ff.

D. Schulden zwischen Ehegatten

235 Der Güterstand hat keinen Einfluß auf die Fälligkeit von Schulden zwischen Ehegatten.

Bereitet indessen die Zahlung von Geldschulden oder die Erstattung geschuldeter Sachen dem verpflichteten Ehegatten ernstliche Schwierigkeiten, welche die eheliche Gemeinschaft gefährden, so kann er verlangen, daß ihm Fristen eingeräumt werden; die Forderung ist sicherzustellen, wenn es die Umstände rechtfertigen.

E. Auflösung des Güterstandes und Auseinandersetzung

I. Zeitpunkt der Auflösung

236 Der Güterstand wird mit dem Tod eines Ehegatten, mit der Vereinbarung eines andern Güterstandes oder mit der Konkurseröffnung über einen Ehegatten aufgelöst.

Bei Scheidung, Trennung, Ungültigerklärung der Ehe oder gerichtlicher Anordnung der Gütertrennung wird die Auflösung des Güterstandes auf den Tag zurückbezogen, an dem das Begehren eingereicht worden ist.

Für die Zusammensetzung des Gesamtgutes und des Eigengutes ist der Zeitpunkt der Auflösung des Güterstandes maßgebend.

II. Zuweisung zum Eigengut

237 Die Kapitalleistung, die ein Ehegatte von einer Vorsorgeeinrichtung oder wegen Arbeitsunfähigkeit erhalten hat und die Gesamtgut geworden ist, wird im Betrag des Kapitalwertes der Rente, die dem Ehegatten bei Auflösung des Güterstandes zustünde, dem Eigengut zugerechnet.

III. Ersatzforderungen zwischen Gesamtgut und Eigengut

238 Bei der güterrechtlichen Auseinandersetzung bestehen zwischen dem Gesamtgut und dem Eigengut jedes Ehegatten Ersatzforderungen, wenn Schulden, die die eine Vermögensmasse belasten, mit Mitteln der andern bezahlt worden sind.

Eine Schuld belastet die Vermögensmasse, mit welcher sie zusammenhängt, im Zweifel aber das Gesamtgut.

IV. Mehrwertanteil

239 Hat das Eigengut eines Ehegatten oder das Gesamtgut zum Erwerb, zur Verbesserung oder zur Erhaltung eines Vermögensgegenstandes einer andern Vermögensmasse beigetragen, so gelten sinngemäß die Bestimmungen über den Mehrwertanteil bei der Errungenschaftsbeteiligung.
206.

V. Wertbestimmung

240 Maßgebend für den Wert des bei Auflösung des Güterstandes vorhandenen Gesamtgutes ist der Zeitpunkt der Auseinandersetzung.

VI. Teilung

1. Bei Tod oder Vereinbarung eines andern Güterstandes

241 Wird die Gütergemeinschaft durch Tod eines Ehegatten oder Vereinbarung eines andern Güterstandes aufgelöst, so steht jedem Ehegatten oder seinen Erben die Hälfte des Gesamtgutes zu.

Durch Ehevertrag kann eine andere Teilung vereinbart werden.

Solche Vereinbarungen dürfen die Pflichtteilansprüche der Nachkommen nicht beeinträchtigen.
Abs. 3: 470 ff.

2. In den übrigen Fällen

242 Bei Scheidung, Trennung, Ungültigerklärung der Ehe oder Eintritt der gesetzlichen oder gerichtlichen Gütertrennung nimmt jeder Ehegatte vom Gesamtgut zurück, was unter der Errungenschaftsbeteiligung sein Eigengut wäre.

Das übrige Gesamtgut fällt den Ehegatten je zur Hälfte zu.

Vereinbarungen über die Änderung der gesetzlichen Teilung gelten nur, wenn der Ehevertrag dies ausdrücklich vorsieht.

VII. Durchführung der Teilung

1. Eigengut

Wird die Gütergemeinschaft durch Tod eines Ehegatten aufgelöst, **243**
so kann der überlebende Ehegatte verlangen, daß ihm auf Anrechnung überlassen wird, was unter der Errungenschaftsbeteiligung sein Eigengut wäre.

2. Wohnung und Hausrat

Gehören das Haus oder die Wohnung, worin die Ehegatten gelebt **244**
haben, oder Hausratsgegenstände zum Gesamtgut, so kann der überlebende Ehegatte verlangen, daß ihm das Eigentum daran auf Anrechnung zugeteilt wird.

Wo die Umstände es rechtfertigen, kann auf Verlangen des überlebenden Ehegatten oder der andern gesetzlichen Erben des Verstorbenen statt des Eigentums die Nutznießung oder ein Wohnrecht eingeräumt werden.

Wird die Gütergemeinschaft nicht durch Tod aufgelöst, kann jeder Ehegatte diese Begehren stellen, wenn er ein überwiegendes Interesse nachweist.

Abs. 2: 745, 776.

3. Andere Vermögenswerte

Weist ein Ehegatte ein überwiegendes Interesse nach, so kann er **245**
verlangen, daß ihm auch andere Vermögenswerte auf Anrechnung zugeteilt werden.

4. Andere Teilungsvorschriften

Im übrigen gelten die Bestimmungen über die Teilung von Miteigen- **246**
tum und die Durchführung der Erbteilung sinngemäß.

650, 602 ff.

Vierter Abschnitt
Die Gütertrennung

A. Verwaltung, Nutzung und Verfügung

I. Im allgemeinen

247 Innerhalb der gesetzlichen Schranken verwaltet und nutzt jeder Ehegatte sein Vermögen und verfügt darüber.

II. Beweis

248 Wer behauptet, ein bestimmter Vermögenswert sei Eigentum des einen oder andern Ehegatten, muß dies beweisen.

Kann dieser Beweis nicht erbracht werden, so wird Miteigentum beider Ehegatten angenommen.

Abs. 2: 930/1; BGE 117 II 124.

B. Haftung gegenüber Dritten

249 Jeder Ehegatte haftet für seine Schulden mit seinem gesamten Vermögen.

C. Schulden zwischen Ehegatten

250 Der Güterstand hat keinen Einfluß auf die Fälligkeit von Schulden zwischen Ehegatten.

Bereitet indessen die Zahlung von Geldschulden oder die Erstattung geschuldeter Sachen dem verpflichteten Ehegatten ernstliche Schwierigkeiten, welche die eheliche Gemeinschaft gefährden, so kann er verlangen, daß ihm Fristen eingeräumt werden; die Forderung ist sicherzustellen, wenn es die Umstände rechtfertigen.

D. Zuweisung bei Miteigentum

251 Steht ein Vermögenswert im Miteigentum und weist ein Ehegatte ein überwiegendes Interesse nach, so kann er bei Auflösung des Güterstandes neben den übrigen gesetzlichen Maßnahmen verlangen, daß ihm dieser Vermögenswert gegen Entschädigung des andern Ehegatten ungeteilt zugewiesen wird.

Zweite Abteilung
Die Verwandtschaft

Siebenter Titel
Die Entstehung des Kindesverhältnisses

1. Abschnitt
Allgemeine Bestimmungen

A. Entstehung des Kindesverhältnisses im allgemeinen

252 Das Kindesverhältnis entsteht zwischen dem Kind und der Mutter mit der Geburt.

Zwischen dem Kind und dem Vater wird es kraft der Ehe der Mutter begründet oder durch Anerkennung oder durch den Richter festgestellt.

Außerdem entsteht das Kindesverhältnis durch Adoption.

Vgl. internationales Übereinkommen über die Feststellung der mütterlichen Abstammung außerhalb der Ehe geborener Kinder, vom 12. Sept. 1962, SR 0.211.222.1. Abs. 3: 264 ff.

B. Feststellung und Anfechtung des Kindesverhältnisses

I. Zuständigkeit

253 Die Klage auf Feststellung oder Anfechtung des Kindesverhältnisses ist beim Richter am Wohnsitz einer Partei zur Zeit der Geburt oder der Klage zu erheben.

IPRG 66 ff.

II. Verfahren

254 Das Verfahren zur Feststellung oder Anfechtung des Kindesverhältnisses wird durch das kantonale Prozeßrecht geordnet unter Vorbehalt folgender Vorschriften:

1. Der Richter erforscht den Sachverhalt von Amtes wegen und würdigt die Beweise nach freier Überzeugung.
2. Die Parteien und Dritte haben an Untersuchungen mitzuwirken, die zur Aufklärung der Abstammung nötig und ohne Gefahr für die Gesundheit sind.

Anh. I 8d/e. Ziff. 1: BGE 109 II 195, 291.

2. Abschnitt
Die Vaterschaft des Ehemannes

A. Vermutung

255 Ist ein Kind während der Ehe oder vor Ablauf von dreihundert Tagen seit Auflösung der Ehe geboren, so gilt der Ehemann als Vater.

Bei späterer Geburt gilt diese Vermutung nur, wenn das Kind vor Auflösung der Ehe gezeugt worden ist.

Ist der Ehemann für verschollen erklärt worden, so beginnt die Frist von dreihundert Tagen mit dem Zeitpunkt der Todesgefahr oder der letzten Nachricht.

Anhang I 8. Abs. 3: 35 ff.

B. Anfechtung

I. Klagerecht

256 Die Vermutung der Vaterschaft kann beim Richter angefochten werden:

1. vom Ehemann;
2. vom Kind, wenn während seiner Unmündigkeit der gemeinsame Haushalt der Ehegatten aufgehört hat.

Die Klage des Ehemannes richtet sich gegen das Kind und die Mutter, die Klage des Kindes gegen den Ehemann und die Mutter.

Der Ehemann hat keine Klage, wenn er der Zeugung durch einen Dritten zugestimmt hat.

II. Klagegrund

1. Bei Zeugung während der Ehe

256a Ist ein Kind während der Ehe gezeugt worden, so hat der Kläger nachzuweisen, daß der Ehemann nicht der Vater ist.

Ist das Kind frühestens hundertachtzig Tage nach Abschluß und spätestens dreihundert Tage nach Auflösung der Ehe geboren, so wird vermutet, daß es während der Ehe gezeugt worden sei.

2. Bei Zeugung vor der Ehe oder während Aufhebung des Haushaltes

256 b Ist ein Kind vor Abschluß der Ehe oder zu einer Zeit gezeugt worden, da der gemeinsame Haushalt aufgehoben war, so ist die Anfechtung nicht weiter zu begründen.

Die Vaterschaft des Ehemannes wird jedoch auch in diesem Fall vermutet, wenn glaubhaft gemacht wird, daß er um die Zeit der Empfängnis der Mutter beigewohnt hat.

Abs. 2: BGE 69 II 216; 83 II 176.

III. Klagefrist

256 c Der Ehemann hat die Klage binnen Jahresfrist einzureichen, seitdem er die Geburt und die Tatsache erfahren hat, daß er nicht der Vater ist oder daß ein Dritter der Mutter um die Zeit der Empfängnis beigewohnt hat, in jedem Fall aber vor Ablauf von fünf Jahren seit der Geburt.

Die Klage des Kindes ist spätestens ein Jahr nach Erreichen des Mündigkeitsalters zu erheben.

Nach Ablauf der Frist wird eine Anfechtung zugelassen, wenn die Verspätung mit wichtigen Gründen entschuldigt wird.

Abs. 2: 14ff. Übergangsrecht: SchlT 12d.

C. Zusammentreffen zweier Vermutungen

257 Ist ein Kind vor Ablauf von dreihundert Tagen seit Auflösung der Ehe der Mutter geboren und hat diese inzwischen eine neue Ehe geschlossen, so gilt der zweite Ehemann als Vater.

Wird diese Vermutung beseitigt, so gilt der erste Ehemann als Vater.

D. Klage der Eltern

258 Ist der Ehemann vor Ablauf der Klagefrist gestorben oder urteilsunfähig geworden, so kann die Anfechtungsklage von seinem Vater oder seiner Mutter erhoben werden.

Die Bestimmungen über die Anfechtung durch den Ehemann finden entsprechende Anwendung.

Die einjährige Klagefrist beginnt frühestens mit der Kenntnis des Todes oder der Urteilsunfähigkeit des Ehemannes.

E. Heirat der Eltern

259 Heiraten die Eltern einander, so finden auf das vorher geborene Kind die Bestimmungen über das während der Ehe geborene entsprechende Anwendung, sobald die Vaterschaft des Ehemannes durch Anerkennung oder Urteil festgestellt ist.

Die Anerkennung kann angefochten werden:

1. von der Mutter;
2. vom Kind, oder nach seinem Tode von den Nachkommen, wenn während seiner Unmündigkeit der gemeinsame Haushalt der Ehegatten aufgehört hat oder die Anerkennung erst nach Vollendung seines zwölften Altersjahres ausgesprochen worden ist;
3. von der Heimat- oder Wohnsitzgemeinde des Ehemannes;
4. vom Ehemann.

Die Vorschriften über die Anfechtung der Anerkennung finden entsprechende Anwendung.

Abs. 1: Legitimation.

3. Abschnitt

Anerkennung und Vaterschaftsurteil

A. Anerkennung

I. Zulässigkeit und Form

260 Besteht das Kindesverhältnis nur zur Mutter, so kann der Vater das Kind anerkennen.

Ist der Anerkennende unmündig oder entmündigt, so ist die Zustimmung seiner Eltern oder seines Vormundes notwendig.

Die Anerkennung erfolgt durch Erklärung vor dem Zivilstandsbeamten oder durch letztwillige Verfügung oder, wenn eine Klage auf Feststellung der Vaterschaft hängig ist, vor dem Richter.

IPRG 71 ff. BGE 77 II 99. Anh. III 102 ff. Abs. 3: BGE 108 II 88.

II. Anfechtung

1. Klagerecht

260a Die Anerkennung kann von jedermann, der ein Interesse hat, beim Richter angefochten werden, namentlich von der Mutter, vom Kind und nach seinem Tode von den Nachkommen sowie von der Heimat- oder Wohnsitzgemeinde des Anerkennenden.

Dem Anerkennenden steht diese Klage nur zu, wenn er das Kind unter dem Einfluß einer Drohung mit einer nahen und erheblichen Gefahr für das Leben, die Gesundheit, die Ehre oder das Vermögen seiner selbst oder einer ihm nahestehenden Person oder in einem Irrtum über seine Vaterschaft anerkannt hat.

Die Klage richtet sich gegen den Anerkennenden und das Kind, soweit diese nicht selber klagen.

BGE 75 II 179.

2. Klagegrund

Der Kläger hat zu beweisen, daß der Anerkennende nicht der Vater des Kindes ist. **260b**

Mutter und Kind haben diesen Beweis jedoch nur zu erbringen, wenn der Anerkennende glaubhaft macht, daß er der Mutter um die Zeit der Empfängnis beigewohnt habe.

3. Klagefrist

Die Klage ist binnen Jahresfrist einzureichen, seitdem der Kläger von der Anerkennung und von der Tatsache Kenntnis erhielt, daß der Anerkennende nicht der Vater ist oder daß ein Dritter der Mutter um die Zeit der Empfängnis beigewohnt hat, oder seitdem er den Irrtum entdeckte oder seitdem die Drohung wegfiel, in jedem Fall aber vor Ablauf von fünf Jahren seit der Anerkennung. **260c**

Die Klage des Kindes kann in jedem Fall bis zum Ablauf eines Jahres seit Erreichen des Mündigkeitsalters erhoben werden.

Nach Ablauf der Frist wird eine Anfechtung zugelassen, wenn die Verspätung mit wichtigen Gründen entschuldigt wird.

B. Vaterschaftsklage

I. Klagerecht

Sowohl die Mutter als das Kind können auf Feststellung des Kindesverhältnisses zwischen dem Kind und dem Vater klagen. **261**

Die Klage richtet sich gegen den Vater oder, wenn er gestorben ist, nacheinander gegen seine Nachkommen, Eltern oder Geschwister oder, wenn solche fehlen, gegen die zuständige Behörde seines letzten Wohnsitzes.

Ist der Vater gestorben, so wird seiner Ehefrau zur Wahrung ihrer Interessen die Einreichung der Klage vom Richter mitgeteilt.

II. Vermutung

262 Hat der Beklagte in der Zeit vom dreihundertsten bis zum hundertachtzigsten Tag vor der Geburt des Kindes der Mutter beigewohnt, so wird seine Vaterschaft vermutet.

Diese Vermutung gilt auch, wenn das Kind vor dem dreihundertsten oder nach dem hundertachtzigsten Tag vor der Geburt gezeugt worden ist und der Beklagte der Mutter um die Zeit der Empfängnis beigewohnt hat.

Die Vermutung fällt weg, wenn der Beklagte nachweist, daß seine Vaterschaft ausgeschlossen oder weniger wahrscheinlich ist als die eines Dritten.

Blutprobe BGE 83 II 103; 84 II 670; 86 II 133, 312, 320; 90 II 151. Anthropologisch-erbbiologisches Gutachten: BGE 90 II 221; 91 II 159. Serologisches Gutachten: BGE 96 II 314; 97 II 193; 112 II 14.

III. Klagefrist

263 Die Klage kann vor oder nach der Niederkunft angebracht werden, ist aber einzureichen:

1. von der Mutter vor Ablauf eines Jahres seit der Geburt;
2. vom Kind vor Ablauf eines Jahres seit Erreichen des Mündigkeitsalters.

Besteht schon ein Kindesverhältnis zu einem andern Mann, so kann die Klage in jedem Fall innerhalb eines Jahres seit dem Tag, da es beseitigt ist, angebracht werden.

Nach Ablauf der Frist wird eine Klage zugelassen, wenn die Verspätung mit wichtigen Gründen entschuldigt wird.

BGE 72 II 326; 83 II 98. Übergangsrecht: SchlT 13f.

4. Abschnitt
Die Adoption*

A. Adoption Unmündiger

I. Allgemeine Voraussetzungen

264 Ein Kind darf adoptiert werden, wenn ihm die künftigen Adoptiveltern während wenigstens zweier Jahre Pflege und Erziehung erwiesen haben und nach den gesamten Umständen zu erwarten ist, die Begründung eines Kindesverhältnisses diene seinem Wohl, ohne andere Kinder der Adoptiveltern in unbilliger Weise zurückzusetzen.

BGE 111 II 230 (Frist); 119 II 1.

II. Gemeinschaftliche Adoption

264a Ehegatten können nur gemeinschaftlich adoptieren; anderen Personen ist die gemeinschaftliche Adoption nicht gestattet.

Die Ehegatten müssen fünf Jahre verheiratet sein oder das fünfunddreißigste Altersjahr zurückgelegt haben.

Ein Ehegatte darf jedoch das Kind des andern adoptieren, wenn er zwei Jahre verheiratet gewesen ist oder das fünfunddreißigste Altersjahr zurückgelegt hat.

III. Einzeladoption

264b Eine unverheiratete Person darf allein adoptieren, wenn sie das fünfunddreißigste Altersjahr zurückgelegt hat.

Eine verheiratete Person, die das fünfunddreißigste Altersjahr zurückgelegt hat, darf allein adoptieren, wenn sich die gemeinschaftliche Adoption als unmöglich erweist, weil der Ehegatte dauernd urteilsunfähig oder seit mehr als zwei Jahren mit unbekanntem Aufenthalt abwesend ist, oder wenn die Ehe seit mehr als drei Jahren gerichtlich getrennt ist.

IV. Alter und Zustimmung des Kindes

265 Das Kind muß wenigstens sechzehn Jahre jünger sein als die Adoptiveltern.

---

* Zum Übergang vom alten zum neuen Recht: s. SchlT 12a–c. S. Anhang II e und k.

Ist das Kind urteilsfähig, so ist zur Adoption seine Zustimmung notwendig.

Ist es bevormundet, so kann, auch wenn es urteilsfähig ist, die Adoption nur mit Zustimmung der vormundschaftlichen Aufsichtsbehörde erfolgen.

V. Zustimmung der Eltern

1. Form

265 a Die Adoption bedarf der Zustimmung des Vaters und der Mutter des Kindes.

Die Zustimmung ist bei der Vormundschaftsbehörde am Wohnsitz oder Aufenthaltsort der Eltern oder des Kindes mündlich oder schriftlich zu erklären und im Protokoll vorzumerken.

Sie ist gültig, selbst wenn die künftigen Adoptiveltern nicht genannt oder noch nicht bestimmt sind.

2. Zeitpunkt

265 b Die Zustimmung darf nicht vor Ablauf von sechs Wochen seit der Geburt des Kindes erteilt werden.

Sie kann binnen sechs Wochen seit ihrer Entgegennahme widerrufen werden.

Wird sie nach einem Widerruf erneuert, so ist sie endgültig.

3. Absehen von der Zustimmung

a) Voraussetzungen

265 c Von der Zustimmung eines Elternteils kann abgesehen werden,

1. wenn er unbekannt, mit unbekanntem Aufenthalt länger abwesend oder dauernd urteilsunfähig ist,
2. wenn er sich um das Kind nicht ernstlich gekümmert hat.

BGE 112 II 296. Ziff. 2: BGE 107 II 18; 108 II 523; 113 II 381.

b) Entscheid

265 d Wird das Kind zum Zwecke späterer Adoption untergebracht und fehlt die Zustimmung eines Elternteils, so entscheidet die Vormundschaftsbehörde am Wohnsitz des Kindes, auf Gesuch einer Vermittlungsstelle oder der Adoptiveltern und in der Regel vor Beginn der Unterbringung, ob von dieser Zustimmung abzusehen sei.

In den andern Fällen ist hierüber anläßlich der Adoption zu entscheiden.

Wird von der Zustimmung eines Elternteils abgesehen, weil er sich um das Kind nicht ernstlich gekümmert hat, so ist ihm der Entscheid schriftlich mitzuteilen.

B. Adoption Mündiger und Entmündigter

266 Fehlen Nachkommen, so darf eine mündige oder entmündigte Person adoptiert werden,

1. wenn sie infolge körperlicher oder geistiger Gebrechen dauernd hilfsbedürftig ist und die Adoptiveltern ihr während wenigstens fünf Jahren Pflege erwiesen haben,
2. wenn ihr während ihrer Unmündigkeit die Adoptiveltern wenigstens fünf Jahre lang Pflege und Erziehung erwiesen haben,
3. wenn andere wichtige Gründe vorliegen und die zu adoptierende Person während wenigstens fünf Jahren mit den Adoptiveltern in Hausgemeinschaft gelebt hat.

Eine verheiratete Person kann nur mit Zustimmung ihres Ehegatten adoptiert werden.

Im übrigen finden die Bestimmungen über die Adoption Unmündiger entsprechende Anwendung.

Abs. 1 Ziff. 2: BGE 101 II 7. Abs. 3: BGE 102 II 79.

C. Wirkung

I. Im allgemeinen

267 Das Adoptivkind erhält die Rechtsstellung eines Kindes der Adoptiveltern.

Das bisherige Kindesverhältnis erlischt; vorbehalten bleibt es zum Elternteil, der mit dem Adoptierenden verheiratet ist.

Bei der Adoption kann dem Kind ein neuer Vorname gegeben werden.

II. Heimat

267a Das unmündige Kind erhält anstelle seines bisherigen das Kantons- und Gemeindebürgerrecht der Adoptiveltern.

D. Verfahren

I. Im allgemeinen

268 Die Adoption wird von der zuständigen kantonalen Behörde am Wohnsitz der Adoptiveltern ausgesprochen.

Ist das Adoptionsgesuch eingereicht, so hindert Tod oder Eintritt der Urteilsunfähigkeit des Adoptierenden die Adoption nicht, sofern deren Voraussetzungen im übrigen nicht berührt werden.

Wird das Kind nach Einreichung des Gesuches mündig, so bleiben die Bestimmungen über die Adoption Unmündiger anwendbar, wenn deren Voraussetzungen vorher erfüllt waren.

IPRG 75ff.

II. Untersuchung

268a Die Adoption darf erst nach umfassender Untersuchung aller wesentlichen Umstände, nötigenfalls unter Beizug von Sachverständigen, ausgesprochen werden.

Namentlich sind die Persönlichkeit und die Gesundheit der Adoptiveltern und des Adoptivkindes, ihre gegenseitige Beziehung, die erzieherische Eignung, die wirtschaftliche Lage, die Beweggründe und die Familienverhältnisse der Adoptiveltern sowie die Entwicklung des Pflegeverhältnisses abzuklären.

Haben die Adoptiveltern Nachkommen, so ist deren Einstellung zur Adoption zu würdigen.

BGE 107 II 18.

III. Adoptionsgeheimnis

268b Die Adoptiveltern dürfen ohne ihre Zustimmung den Eltern des Kindes nicht bekanntgegeben werden.

E. Anfechtung

I. Gründe

1. Fehlen der Zustimmung

269 Ist eine Zustimmung ohne gesetzlichen Grund nicht eingeholt worden, so können die Zustimmungsberechtigten die Adoption beim Richter anfechten, sofern dadurch das Wohl des Kindes nicht ernstlich beeinträchtigt wird.

2. Andere Mängel

Leidet die Adoption an anderen schwerwiegenden Mängeln, so kann jedermann, der ein Interesse hat, namentlich auch die Heimat- oder Wohnsitzgemeinde, sie anfechten.

Die Anfechtung ist jedoch ausgeschlossen, wenn der Mangel inzwischen behoben ist oder ausschließlich Verfahrensvorschriften betrifft.

269a

Den Eltern steht diese Klage jedoch nicht zu, wenn sie den Entscheid ans Bundesgericht weiterziehen können.

II. Klagefrist

Die Klage ist binnen sechs Monaten seit Entdeckung des Anfechtungsgrundes und in jedem Falle binnen zwei Jahren seit der Adoption zu erheben.

269b

F. Adoptivkindervermittlung

Die Kantone üben die Aufsicht über die Vermittlung von Kindern zur spätern Adoption aus.

Wer diese Vermittlung berufsmäßig oder im Zusammenhang mit seinem Berufe betreibt, bedarf einer Bewilligung; die Vermittlung durch vormundschaftliche Organe bleibt vorbehalten.

Der Bundesrat erläßt die Ausführungsvorschriften.

269c

Abs. 3: VO über die Adoptionsvermittlung vom 28. März 1973, SR 211.221.36.

Achter Titel
Die Wirkungen des Kindesverhältnisses

1. Abschnitt
Die Gemeinschaft der Eltern und Kinder

A. Familienname

270 Sind die Eltern miteinander verheiratet, so erhält das Kind ihren Familiennamen.

Sind sie nicht miteinander verheiratet, so erhält das Kind den Namen der Mutter, oder, wenn diese infolge früherer Eheschließung einen Doppelnamen führt, den ersten Namen.

B. Heimat

271 Sind die Eltern miteinander verheiratet, so erhält das Kind das Kantons- und Gemeindebürgerrecht des Vaters.

Sind sie nicht miteinander verheiratet, so erhält das Kind das Kantons- und Gemeindebürgerrecht der Mutter.

Erwirbt das Kind unverheirateter Eltern durch Namensänderung den Familiennamen des Vaters, weil es unter seiner elterlichen Gewalt aufwächst, so erhält es das Kantons- und Gemeindebürgerrecht des Vaters.
Zum Schweizerbürgerrecht vgl. BüG.

C. Beistand und Gemeinschaft

272 Eltern und Kinder sind einander allen Beistand, alle Rücksicht und Achtung schuldig, die das Wohl der Gemeinschaft erfordert.
BGE 76 II 271.

D. Persönlicher Verkehr

I. Eltern

1. Grundsatz

Die Eltern haben Anspruch auf angemessenen persönlichen Verkehr mit dem unmündigen Kind, das nicht unter ihrer elterlichen Gewalt oder Obhut steht.
BGE 118 II 392.

273

2. Schranken

Der Vater und die Mutter haben alles zu unterlassen, was das Verhältnis des Kindes zum andern Elternteil beeinträchtigt oder die Aufgabe des Erziehers erschwert.

274

Wird das Wohl des Kindes durch den persönlichen Verkehr gefährdet, üben die Eltern ihn pflichtwidrig aus, haben sie sich nicht ernsthaft um das Kind gekümmert oder liegen andere wichtige Gründe vor, so kann ihnen das Recht auf persönlichen Verkehr verweigert oder entzogen werden.

Haben die Eltern der Adoption ihres Kindes zugestimmt oder kann von ihrer Zustimmung abgesehen werden, so erlischt das Recht auf persönlichen Verkehr, sobald das Kind zum Zwecke künftiger Adoption untergebracht wird.
Abs. 2: BGE 107 II 301; 118 II 22. Abs. 3: 265a.

II. Dritte

Liegen außerordentliche Umstände vor, so kann der Anspruch auf persönlichen Verkehr auch andern Personen, insbesondere Verwandten, eingeräumt werden, sofern dies dem Wohle des Kindes dient.

274a

Die für die Eltern aufgestellten Schranken des Besuchsrechtes gelten sinngemäß.

III. Zuständigkeit

Für Anordnungen über den persönlichen Verkehr ist die Vormundschaftsbehörde am Wohnsitz des Kindes zuständig.

275

Vorbehalten bleibt die Zuständigkeit des Richters nach den Bestimmungen über die Ehescheidung und den Schutz der ehelichen Gemeinschaft.

Bestehen noch keine Anordnungen, so kann der persönliche Ver-

kehr nicht gegen den Willen der Person ausgeübt werden, welcher die elterliche Gewalt oder Obhut zusteht.
IPRG 79 ff. Abs. 2: 156, 170.

2. Abschnitt
Die Unterhaltspflicht der Eltern

A. Gegenstand und Umfang

276 Die Eltern haben für den Unterhalt des Kindes aufzukommen, inbegriffen die Kosten von Erziehung, Ausbildung und Kindesschutzmaßnahmen.

Der Unterhalt wird durch Pflege und Erziehung oder, wenn das Kind nicht unter der Obhut der Eltern steht, durch Geldzahlung geleistet.

Die Eltern sind von der Unterhaltspflicht in dem Maß befreit, als dem Kinde zugemutet werden kann, den Unterhalt aus seinem Arbeitserwerb oder andern Mitteln zu bestreiten.
BGE 110 II 8.

B. Dauer

277 Die Unterhaltspflicht der Eltern dauert bis zur Mündigkeit des Kindes.

Hat es dann noch keine angemessene Ausbildung, so haben die Eltern, soweit es ihnen nach den gesamten Umständen zugemutet werden darf, für seinen Unterhalt aufzukommen, bis eine entsprechende Ausbildung ordentlicherweise abgeschlossen werden kann.
Abs. 2: BGE 104 II 293; 107 II 406, 465; 109 III 371; 112 II 199; 113 II 374; 114 II 205; 115 II 123; 117 II 127, 372; 118 II 97.

C. Verheiratete Eltern

278 Während der Ehe tragen die Eltern die Kosten des Unterhaltes nach den Bestimmungen des Eherechts.

Jeder Ehegatte hat dem andern in der Erfüllung der Unterhaltspflicht gegenüber vorehelichen Kindern in angemessener Weise beizustehen.

D. Klage

I. Klagerecht und Zuständigkeit

279 Das Kind kann gegen den Vater oder die Mutter oder gegen beide klagen auf Leistung des Unterhalts für die Zukunft und für ein Jahr vor Klageerhebung.

Zuständig ist der Richter am Wohnsitz des Klägers oder des Beklagten.

Vorbehalten bleibt die Zuständigkeit des Richters nach den Bestimmungen über die Feststellung des Kindesverhältnisses, die Ehescheidung und den Schutz der ehelichen Gemeinschaft.

Abs. 2: BGE 99 II 363.

II. Verfahren

280 Die Kantone haben für Streitigkeiten über die Unterhaltspflicht ein einfaches und rasches Verfahren vorzusehen.

Der Richter erforscht den Sachverhalt von Amtes wegen und würdigt die Beweise nach freier Überzeugung.

Die Unterhaltsklage kann mit der Vaterschaftsklage verbunden werden.

III. Vorsorgliche Maßregeln

1. Im allgemeinen

281 Ist die Klage eingereicht, so trifft der Richter auf Begehren des Klägers für die Dauer des Prozesses die nötigen vorsorglichen Maßregeln.

Steht das Kindesverhältnis fest, so kann der Beklagte verpflichtet werden, angemessene Beiträge zu hinterlegen oder vorläufig zu zahlen.

Die Hinterlegung erfolgt durch Zahlung an eine vom Richter bezeichnete Kasse.

BGE 117 II 127.

2. Vor der Feststellung der Vaterschaft

a) Hinterlegung

282 Ist die Unterhaltsklage zusammen mit der Vaterschaftsklage eingereicht worden und die Vaterschaft glaubhaft gemacht, so hat der Beklagte auf Begehren des Klägers schon vor dem Urteil die Entbindungskosten und angemessene Beiträge an den Unterhalt von Mutter und Kind zu hinterlegen.

BGE 109 II 199; 117 II 374.

b) Vorläufige Zahlung

283 Ist die Vaterschaft zu vermuten und wird die Vermutung durch die ohne Verzug verfügbaren Beweismittel nicht zerstört, so hat der Beklagte auf Begehren des Klägers schon vor dem Urteil angemessene Beiträge an den Unterhalt des Kindes zu zahlen.

3. Zuständigkeit

284 Über die Hinterlegung, die vorläufige Zahlung, die Auszahlung hinterlegter Beiträge und die Rückerstattung vorläufiger Zahlungen entscheidet der für die Beurteilung der Klage zuständige Richter.

IV. Bemessung des Unterhaltsbeitrages

285 Der Unterhaltsbeitrag soll den Bedürfnissen des Kindes sowie der Lebensstellung und Leistungsfähigkeit der Eltern entsprechen und außerdem Vermögen und Einkünfte des Kindes berücksichtigen.

Kinderzulagen, Sozialversicherungsrenten und ähnliche für den Unterhalt des Kindes bestimmte Leistungen, die dem Unterhaltspflichtigen zustehen, sind zusätzlich zum Unterhaltsbeitrag zu zahlen, soweit der Richter es nicht anders bestimmt.

Der Unterhaltsbeitrag ist zum voraus auf die Termine zu entrichten, die der Richter festsetzt.

Abs. 1: BGE 116 II 110. Abs. 2: BGE 14 II 123.

V. Veränderung der Verhältnisse

286 Der Richter kann anordnen, daß der Unterhaltsbeitrag sich bei bestimmten Veränderungen der Bedürfnisse des Kindes oder der Leistungsfähigkeit der Eltern oder der Lebenskosten ohne weiteres erhöht oder vermindert.

Bei erheblicher Veränderung der Verhältnisse setzt der Richter den Unterhaltsbeitrag auf Antrag eines Elternteils oder des Kindes neu fest oder hebt ihn auf.

E. Verträge über die Unterhaltspflicht

I. Periodische Leistungen

287 Unterhaltsverträge werden für das Kind erst mit der Genehmigung durch die Vormundschaftsbehörde verbindlich.

Vertraglich festgelegte Unterhaltsbeiträge können geändert werden, soweit dies nicht mit Genehmigung der vormundschaftlichen Aufsichtsbehörde ausgeschlossen worden ist.

Wird der Vertrag in einem gerichtlichen Verfahren geschlossen, so ist für die Genehmigung der Richter zuständig.
Abs. 1: BGE 113 II 113.

II. Abfindung

Die Abfindung des Kindes für seinen Unterhaltsanspruch kann vereinbart werden, wenn sein Interesse es rechtfertigt. **288**

Die Vereinbarung wird für das Kind erst verbindlich,

1. wenn die vormundschaftliche Aufsichtsbehörde, oder bei Abschluß in einem gerichtlichen Verfahren, der Richter die Genehmigung erteilt hat, und

2. wenn die Abfindungssumme an die dabei bezeichnete Stelle entrichtet worden ist.

F. Erfüllung

I. Gläubiger

Der Anspruch auf Unterhaltsbeiträge steht dem Kind zu und wird durch Leistung an dessen gesetzlichen Vertreter erfüllt. **289**

Kommt jedoch das Gemeinwesen für den Unterhalt auf, so geht der Unterhaltsanspruch mit allen Rechten auf das Gemeinwesen über.
Abs. 2: BGE 106 III 18.

II. Vollstreckung

1. Geeignete Hilfe

Erfüllt der Vater oder die Mutter die Unterhaltspflicht nicht, so hat die Vormundschaftsbehörde oder eine andere vom kantonalen Recht bezeichnete Stelle auf Gesuch dem anderen Elternteil bei der Vollstreckung des Unterhaltsanspruches in geeigneter Weise und unentgeltlich zu helfen. **290**
BGE 109 Ia 72.

2. Anweisungen an die Schuldner

Wenn die Eltern die Sorge für das Kind vernachlässigen, kann der Richter ihre Schuldner anweisen, die Zahlungen ganz oder zum Teil an den gesetzlichen Vertreter des Kindes zu leisten. **291**
BGE 110 II 10.

III. Sicherstellung

292 Vernachlässigen die Eltern beharrlich die Erfüllung ihrer Unterhaltspflicht, oder ist anzunehmen, daß sie Anstalten zur Flucht treffen oder ihr Vermögen verschleudern oder beiseite schaffen, so kann der Richter sie verpflichten, für die künftigen Unterhaltsbeiträge angemessene Sicherheit zu leisten.

G. Öffentliches Recht

293 Das öffentliche Recht bestimmt, unter Vorbehalt der Unterstützungspflicht der Verwandten, wer die Kosten des Unterhaltes zu tragen hat, wenn weder die Eltern noch das Kind sie bestreiten können.

Außerdem regelt das öffentliche Recht die Ausrichtung von Vorschüssen für den Unterhalt des Kindes, wenn die Eltern ihrer Unterhaltspflicht nicht nachkommen.

Abs. 1: 328.

H. Pflegeeltern

294 Pflegeeltern haben Anspruch auf ein angemessenes Pflegegeld, sofern nichts Abweichendes vereinbart ist oder sich eindeutig aus den Umständen ergibt.

Unentgeltlichkeit ist zu vermuten, wenn Kinder von nahen Verwandten oder zum Zweck späterer Adoption aufgenommen werden.

307, 316.

J. Ansprüche der unverheirateten Mutter

295 Die Mutter kann spätestens bis ein Jahr nach der Geburt bei dem für die Vaterschaftsklage zuständigen Richter gegen den Vater oder dessen Erbe auf Ersatz klagen:

1. für die Entbindungskosten;

2. für die Kosten des Unterhaltes während mindestens vier Wochen vor und mindestens acht Wochen nach der Geburt;

3. für andere infolge der Schwangerschaft oder der Entbindung notwendig gewordene Auslagen unter Einschluß der ersten Ausstattung des Kindes.

Aus Billigkeit kann der Richter teilweisen oder vollständigen Ersatz der entsprechenden Kosten zusprechen, wenn die Schwangerschaft vorzeitig beendigt wird.

Leistungen Dritter, auf welche die Mutter nach Gesetz oder Vertrag Anspruch hat, sind anzurechnen, soweit es die Umstände rechtfertigen.
BGE 82 II 193.

3. Abschnitt
Die elterliche Gewalt

A. Voraussetzungen

I. Im allgemeinen

Die Kinder stehen, solange sie unmündig sind, unter der elterlichen Gewalt. **296**

Unmündige und Entmündigte haben keine elterliche Gewalt.
Anh. I 9.

II. Verheiratete Eltern

Während der Ehe üben die Eltern die elterliche Gewalt gemeinsam aus. **297**

Wird der gemeinsame Haushalt aufgehoben oder die Ehe getrennt, so kann der Richter die elterliche Gewalt einem Ehegatten allein zuteilen.

Nach dem Tode eines Ehegatten steht die elterliche Gewalt dem überlebenden Ehegatten und bei Scheidung dem Ehegatten zu, dem die Kinder anvertraut werden.
Abs. 1: 331. Abs. 2: 170, 146 ff. Abs. 3: BGE 117 II 523.

III. Unverheiratete Eltern

Sind die Eltern nicht verheiratet, so steht die elterliche Gewalt der Mutter zu. **298**

Ist die Mutter unmündig, entmündigt oder gestorben oder ist ihr die elterliche Gewalt entzogen, so bestellt die Vormundschaftsbehörde dem Kind einen Vormund oder überträgt die elterliche Gewalt dem Vater, je nachdem, was das Wohl des Kindes erfordert.

IV. Stiefeltern

Jeder Ehegatte hat dem andern in der Ausübung der elterlichen Gewalt gegenüber dessen Kindern in angemessener Weise beizustehen und ihn zu vertreten, wenn es die Umstände erfordern. **299**

V. Pflegeeltern

300 Wird ein Kind Dritten zur Pflege anvertraut, so vertreten sie, unter Vorbehalt abweichender Anordnungen, die Eltern in der Ausübung der elterlichen Gewalt, soweit es zur gehörigen Erfüllung ihrer Aufgabe angezeigt ist.

Vor wichtigen Entscheidungen sollen die Pflegeeltern angehört werden.

B. Inhalt

I. Im allgemeinen

301 Die Eltern leiten im Blick auf das Wohl des Kindes seine Pflege und Erziehung und treffen unter Vorbehalt seiner eigenen Handlungsfähigkeit die nötigen Entscheidungen.

Das Kind schuldet den Eltern Gehorsam; die Eltern gewähren dem Kind die seiner Reife entsprechende Freiheit der Lebensgestaltung und nehmen in wichtigen Angelegenheiten, soweit tunlich, auf seine Meinung Rücksicht.

Das Kind darf ohne Einwilligung der Eltern die häusliche Gemeinschaft nicht verlassen; es darf ihnen auch nicht widerrechtlich entzogen werden.

Die Eltern geben dem Kind den Vornamen.

BGE 76 II 214. Abs. 4: Anh. III 69 Abs. 2; BGE 116 II 504; 118 II 243.

II. Erziehung

302 Die Eltern haben das Kind ihren Verhältnissen entsprechend zu erziehen und seine körperliche, geistige und sittliche Entfaltung zu fördern und zu schützen.

Sie haben dem Kind, insbesondere auch dem körperlich oder geistig gebrechlichen, eine angemessene, seinen Fähigkeiten und Neigungen soweit möglich entsprechende allgemeine und berufliche Ausbildung zu verschaffen.

Zu diesem Zweck sollen sie in geeigneter Weise mit der Schule und, wo es die Umstände erfordern, mit der öffentlichen und gemeinnützigen Jugendhilfe zusammenarbeiten.

Abs. 2: BGE 107 II 465.

III. Religiöse Erziehung

303 Über die religiöse Erziehung verfügen die Eltern. Ein Vertrag, der diese Befugnis beschränkt, ist ungültig.

Hat ein Kind das sechzehnte Altersjahr zurückgelegt, so entscheidet es selbständig über sein religiöses Bekenntnis.

BGE 79 II 344.

IV. Vertretung

1. Dritten gegenüber

a) Im allgemeinen

304 Die Eltern haben von Gesetzes wegen die Vertretung des Kindes gegenüber Dritten im Umfang der ihnen zustehenden elterlichen Gewalt.

Sind die Eltern verheiratet, so dürfen gutgläubige Dritte voraussetzen, daß jeder Elternteil im Einvernehmen mit dem andern handelt.

Die Bestimmungen über die Vertretung des Bevormundeten finden entsprechende Anwendung mit Ausschluß der Vorschriften über die Mitwirkung der vormundschaftlichen Behörden.

BGE 45 II 121.

b) Handlungsfähigkeit des Kindes

305 Das Kind hat unter der elterlichen Gewalt die gleiche beschränkte Handlungsfähigkeit wie eine bevormundete Person.

Für Verpflichtungen des Kindes haftet sein Vermögen ohne Rücksicht auf die elterlichen Vermögensrechte.

Abs. 1: 410 ff.

2. Innerhalb der Gemeinschaft

306 Kinder unter elterlicher Gewalt können, wenn sie urteilsfähig sind, unter Zustimmung der Eltern für die Gemeinschaft handeln, verpflichten damit aber nicht sich selbst, sondern die Eltern.

Haben die Eltern in einer Angelegenheit Interessen, die denen des Kindes widersprechen, so finden die Bestimmungen über die Vertretungsbeistandschaft Anwendung.

Abs. 2: 392 ff.

C. Kindesschutz

I. Geeignete Maßnahmen

307 Ist das Wohl des Kindes gefährdet und sorgen die Eltern nicht von sich aus für Abhilfe oder sind sie dazu außerstande, so trifft die Vormundschaftsbehörde die geeigneten Maßnahmen zum Schutz des Kindes.

Die Vormundschaftsbehörde ist dazu auch gegenüber Kindern verpflichtet, die bei Pflegeeltern untergebracht sind oder sonst außerhalb der häuslichen Gemeinschaft der Eltern leben.

Sie kann insbesondere die Eltern, die Pflegeeltern oder das Kind ermahnen, ihnen bestimmte Weisungen für die Pflege, Erziehung oder Ausbildung erteilen und eine geeignete Person oder Stelle bestimmen, der Einblick und Auskunft zu geben ist.

II. Beistandschaft

1. Im allgemeinen

308 Erfordern es die Verhältnisse, so ernennt die Vormundschaftsbehörde dem Kind einen Beistand, der die Eltern in ihrer Sorge um das Kind mit Rat und Tat unterstützt.

Sie kann dem Beistand besondere Befugnisse übertragen, namentlich die Vertretung des Kindes bei der Wahrung seines Unterhaltsanspruches und anderer Rechte und die Überwachung des persönlichen Verkehrs.

Die elterliche Gewalt kann entsprechend beschränkt werden.
392ff. Abs. 2: BGE 108 II 372; 111 II 2; 118 II 241.

2. Feststellung der Vaterschaft

309 Sobald eine unverheiratete Frau während der Schwangerschaft die Vormundschaftsbehörde darum ersucht oder diese von der Niederkunft Kenntnis erhält, wird dem Kind ein Beistand ernannt, der für die Feststellung des Kindesverhältnisses zum Vater zu sorgen und die Mutter in der nach den Umständen gebotenen Weise zu beraten und zu betreuen hat.

Die gleiche Anordnung trifft die Vormundschaftsbehörde, wenn ein Kindesverhältnis infolge Anfechtung beseitigt worden ist.

Ist das Kindesverhältnis festgestellt oder die Vaterschaftsklage binnen zwei Jahren seit der Geburt nicht erhoben worden, so hat die Vormundschaftsbehörde auf Antrag des Beistandes darüber zu entscheiden, ob die Beistandschaft aufzuheben oder andere Kindesschutzmaßnahmen anzuordnen seien.

392 ff. Abs. 1: BGE 107 II 312.

III. Aufhebung der elterlichen Obhut

Kann der Gefährdung des Kindes nicht anders begegnet werden, so hat die Vormundschaftsbehörde es den Eltern oder, wenn es sich bei Dritten befindet, diesen wegzunehmen und in angemessener Weise unterzubringen.

Die gleiche Anordnung trifft die Vormundschaftsbehörde auf Begehren der Eltern oder des Kindes, wenn das Verhältnis so schwer gestört ist, daß das Verbleiben des Kindes im gemeinsamen Haushalt unzumutbar geworden ist und nach den Umständen nicht anders geholfen werden kann.

Hat ein Kind längere Zeit bei Pflegeeltern gelebt, so kann die Vormundschaftsbehörde den Eltern seine Rücknahme untersagen, wenn diese die Entwicklung des Kindes ernstlich zu gefährden droht.

Abs. 3: BGE 111 II 119.

IV. Entziehung der elterlichen Gewalt

1. Durch die vormundschaftliche Aufsichtsbehörde

Sind andere Kindesschutzmaßnahmen erfolglos geblieben oder erscheinen sie von vornherein als ungenügend, so entzieht die vormundschaftliche Aufsichtsbehörde die elterliche Gewalt:

1. wenn die Eltern wegen Unerfahrenheit, Krankheit, Gebrechen, Ortsabwesenheit oder ähnlichen Gründen außerstande sind, die elterliche Gewalt pflichtgemäß auszuüben;
2. wenn die Eltern sich um das Kind nicht ernstlich gekümmert oder ihre Pflichten gegenüber dem Kinde gröblich verletzt haben.

Wird beiden Eltern die Gewalt entzogen, so erhalten die Kinder einen Vormund.

Die Entziehung ist, wenn nicht ausdrücklich das Gegenteil angeordnet wird, gegenüber allen, auch den später geborenen Kindern wirksam.

Abs. 1 Ziff. 1: BGE 118 II 9. Abs. 2: 379 ff.

2. Durch die Vormundschaftsbehörde

Die Vormundschaftsbehörde entzieht die elterliche Gewalt:
1. wenn die Eltern aus wichtigen Gründen darum nachsuchen;

2. wenn sie in eine künftige Adoption des Kindes durch ungenannte Dritte eingewilligt haben.

V. Änderung der Verhältnisse

313 Verändern sich die Verhältnisse, so sind die Maßnahmen zum Schutz des Kindes der neuen Lage anzupassen.

Die elterliche Gewalt darf in keinem Fall vor Ablauf eines Jahres nach ihrer Entziehung wiederhergestellt werden.
BGE 77 II 108.

VI. Verfahren

1. Im allgemeinen

314 Das Verfahren wird durch das kantonale Recht geordnet unter Vorbehalt folgender Vorschriften:

1. Ist die vormundschaftliche Aufsichtsbehörde keine richterliche Behörde, so bleibt gegen die Entziehung der elterlichen Gewalt der Weiterzug an eine kantonale richterliche Behörde vorbehalten.

2. Hat eine Beschwerde gegen eine Kindesschutzmaßnahme aufschiebende Wirkung, so kann ihr diese von der anordnenden oder von der Beschwerdeinstanz entzogen werden.
Anh. II d.

2. Bei fürsorgerischer Freiheitsentziehung

314a Wird das Kind von einer Behörde in einer Anstalt untergebracht, so gelten die Vorschriften über die gerichtliche Beurteilung und das Verfahren bei fürsorgerischer Freiheitsentziehung gegenüber mündigen oder entmündigten Personen sinngemäß.

Hat das Kind das sechzehnte Altersjahr noch nicht zurückgelegt, so kann es nicht selber gerichtliche Beurteilung verlangen.

Für die Fälle, in denen Gefahr im Verzuge liegt oder das Kind psychisch krank ist, können die Kantone die Zuständigkeit zur Unterbringung in einer Anstalt außer der Vormundschaftsbehörde auch andern geeigneten Stellen einräumen.
397a ff.

VII. Zuständigkeit

1. Der vormundschaftlichen Behörden

315 Die Kindesschutzmaßnahmen werden von den vormundschaftlichen Behörden am Wohnsitz des Kindes angeordnet.

Lebt das Kind bei Pflegeeltern oder sonst außerhalb der häuslichen Gemeinschaft der Eltern oder liegt Gefahr im Verzug, so sind auch die Behörden am Ort zuständig, wo sich das Kind aufhält.

Trifft die Behörde am Aufenthaltsort eine Kindesschutzmaßnahme, so benachrichtigt sie die Wohnsitzbehörde.

2. Des Richters

Hat der Richter nach den Bestimmungen über die Ehescheidung die **315a** Elternrechte und die persönlichen Beziehungen der Eltern zu den Kindern zu gestalten, so trifft er auch die nötigen Kindesschutzmaßnahmen und betraut die vormundschaftlichen Behörden mit der Vollziehung.

Vorbehalten bleibt die Zuständigkeit der vormundschaftlichen Behörden:

1. wenn das Kindesschutzverfahren vor dem Scheidungsverfahren durchgeführt oder eingeleitet worden ist;

2. wenn die zum Schutz des Kindes sofort nötigen vorsorglichen Maßnahmen vom Richter voraussichtlich nicht rechtzeitig getroffen werden können.

Verändern sich die Verhältnisse nach dem Urteil, so können die vormundschaftlichen Behörden die vom Richter getroffenen Kindesschutzmaßnahmen in bezug auf einen Elternteil ändern, sofern dadurch die Stellung des andern nicht unmittelbar berührt wird.

156/7. Abs. 3: BGE 108 II 375; 112 II 16.

VIII. Pflegekinderaufsicht

Wer Pflegekinder aufnimmt, bedarf einer Bewilligung der Vor- **316** mundschaftsbehörde oder einer andern vom kantonalen Recht bezeichneten Stelle seines Wohnsitzes und steht unter deren Aufsicht.

Der Bundesrat erläßt Ausführungsvorschriften.

Abs. 2: VO vom 19. Okt. 1977 über die Aufnahme von Pflegekindern (SR 211.222.338). BGE 116 II 238.

IX. Zusammenarbeit in der Jugendhilfe

Die Kantone sichern durch geeignete Vorschriften die zweckmäßige **317** Zusammenarbeit der Behörden und Stellen auf dem Gebiet des zivilrechtlichen Kindesschutzes, des Jugendstrafrechts und der übrigen Jugendhilfe.

4. Abschnitt
Das Kindesvermögen

A. Verwaltung

318 Die Eltern haben, solange ihnen die elterliche Gewalt zusteht, das Recht und die Pflicht, das Kindesvermögen zu verwalten.

Steht die elterliche Gewalt nur einem Elternteil zu, so hat dieser der Vormundschaftsbehörde ein Inventar über das Kindesvermögen einzureichen.

Erachtet es die Vormundschaftsbehörde nach Art und Größe des Kindesvermögens und nach den persönlichen Verhältnissen der Eltern für angezeigt, so ordnet sie die periodische Rechnungsstellung und Berichterstattung an.

BGE 45 II 121.

B. Verwendung der Erträge

319 Die Eltern dürfen die Erträge des Kindesvermögens für Unterhalt, Erziehung und Ausbildung des Kindes und, soweit es der Billigkeit entspricht, auch für die Bedürfnisse des Haushaltes verwenden.

Ein Überschuß fällt ins Kindesvermögen.

C. Anzehrung des Kindesvermögens

320 Abfindungen, Schadenersatz und ähnliche Leistungen dürfen in Teilbeträgen entsprechend den laufenden Bedürfnissen für den Unterhalt des Kindes verbraucht werden.

Erweist es sich für die Bestreitung der Kosten des Unterhalts, der Erziehung oder der Ausbildung als notwendig, so kann die Vormundschaftsbehörde den Eltern gestatten, auch das übrige Kindesvermögen in bestimmten Beträgen anzugreifen.

D. Freies Kindesvermögen

I. Zuwendungen

321 Die Eltern dürfen Erträge des Kindesvermögens nicht verbrauchen, wenn es dem Kind mit dieser ausdrücklichen Auflage oder unter der Bestimmung zinstragender Anlage oder als Spargeld zugewendet worden ist.

2. Abteilung. Die Verwandtschaft

Die Verwaltung durch die Eltern ist nur dann ausgeschlossen, wenn dies bei der Zuwendung ausdrücklich bestimmt wird.

Abs. 2: BGE 63 II 5.

II. Pflichtteil

Durch Verfügung von Todes wegen kann auch der Pflichtteil des **322** Kindes von der elterlichen Verwaltung ausgenommen werden.

Überträgt der Erblasser die Verwaltung einem Dritten, so kann die Vormundschaftsbehörde diesen zur periodischen Rechnungsstellung und Berichterstattung anhalten.

471 Ziff. 1.

III. Arbeitserwerb, Berufs- und Gewerbevermögen

Was das Kind durch eigene Arbeit erwirbt und was es von den Eltern **323** aus seinem Vermögen zur Ausübung eines Berufes oder eines eigenen Gewerbes herausbekommt, steht unter seiner Verwaltung und Nutzung.

Lebt das Kind mit den Eltern in häuslicher Gemeinschaft, so können sie verlangen, daß es einen angemessenen Beitrag an seinen Unterhalt leistet.

Abs. 1: BGE 106 III 8; 112 II 102.

E. Schutz des Kindesvermögens

I. Geeignete Maßnahmen

Ist die sorgfältige Verwaltung nicht hinreichend gewährleistet, so **324** trifft die Vormundschaftsbehörde die geeigneten Maßnahmen zum Schutz des Kindesvermögens.

Sie kann namentlich Weisungen für die Verwaltung erteilen und, wenn die periodische Rechnungsstellung und Berichterstattung nicht ausreichen, die Hinterlegung oder Sicherheitsleistung anordnen.

Auf das Verfahren und die Zuständigkeit finden die Bestimmungen über den Kindesschutz entsprechende Anwendung.

II. Entziehung der Verwaltung

Kann der Gefährdung des Kindesvermögens auf andere Weise nicht **325** begegnet werden, so überträgt die Vormundschaftsbehörde die Verwaltung einem Beistand.

Die Vormundschaftsbehörde trifft die gleiche Anordnung, wenn Kindesvermögen, das nicht von den Eltern verwaltet wird, gefährdet ist.

Ist zu befürchten, daß die Erträge oder die für den Verbrauch bestimmten oder freigegebenen Beträge des Kindesvermögens nicht bestimmungsgemäß verwendet werden, so kann die Vormundschaftsbehörde auch deren Verwaltung einem Beistand übertragen.

F. Ende der Verwaltung

I. Rückerstattung

326 Nach dem Aufhören der elterlichen Gewalt oder Verwaltung haben die Eltern das Kindesvermögen auf Grund einer Abrechnung an das mündige Kind oder an den Vormund oder Beistand des Kindes herauszugeben.

II. Verantwortlichkeit

327 Für die Rückleistung sind die Eltern gleich einem Beauftragten verantwortlich.

Für das, was sie in guten Treuen veräußert haben, ist der Erlös zu erstatten.

Für die Beträge, die sie befugtermaßen für das Kind oder den Haushalt verwendet haben, schulden sie keinen Ersatz.

Abs. 1: OR 394 ff.

Neunter Titel
Die Familiengemeinschaft

1. Abschnitt
Die Unterstützungspflicht

A. Unterstützungspflichtige

328 Verwandte in auf- und absteigender Linie und Geschwister sind gegenseitig verpflichtet, einander zu unterstützen, sobald sie ohne diesen Beistand in Not geraten würden.

Geschwister können aber nur dann zur Unterstützung herangezogen werden, wenn sie sich in günstigen Verhältnissen befinden.

Die Unterhaltspflicht der Eltern und des Ehegatten bleibt vorbehalten.

20, 276 ff. BGE 106 II 287. Verhältnis zu 159 f.: BGE 82 III 113. Naturalleistung: BGE 44 II 330. Verschulden: BGE 62 II 14. StGB 217.

B. Umfang und Geltendmachung des Anspruches

329 Der Anspruch auf Unterstützung ist gegen die Pflichtigen in der Reihenfolge ihrer Erbberechtigung geltend zu machen und geht auf die Leistung, die zum Lebensunterhalt des Bedürftigen erforderlich und den Verhältnissen des Pflichtigen angemessen ist.

Erscheint die Heranziehung eines Pflichtigen wegen besonderer Umstände als unbillig, so kann der Richter die Unterstützungspflicht ermäßigen oder aufheben.

Die Bestimmungen über die Unterhaltsklage des Kindes und über den Übergang seines Unterhaltsanspruches auf das Gemeinwesen finden entsprechende Anwendung.

Abs. 1: 457 ff. BGE 78 II 3, 329. Abs. 3: BG vom 24. Juni 1977 über die Zuständigkeit für die Unterstützung Bedürftiger (SR 851.1).

C. Unterhalt von Findelkindern

330 Findelkinder werden von der Gemeinde unterhalten, in der sie eingebürgert worden sind.

Wird die Abstammung eines Findelkindes festgestellt, so kann diese Gemeinde die unterstützungspflichtigen Verwandten und in letzter Linie das unterstützungspflichtige Gemeinwesen zum Ersatz der Auslagen anhalten, die sein Unterhalt ihr verursacht hat.

46 II, 47. Anhang III Art. 72. Abs. 2: 328.

2. Abschnitt

Die Hausgewalt

A. Voraussetzung

331 Haben Personen, die in gemeinsamem Haushalte leben, nach Vorschrift des Gesetzes oder nach Vereinbarung oder Herkommen ein Familienhaupt, so steht diesem die Hausgewalt zu.

Die Hausgewalt erstreckt sich auf alle Personen, die als Verwandte und Verschwägerte oder auf Grund eines Vertragsverhältnisses als Arbeitnehmer oder in ähnlicher Stellung in dem gemeinsamen Haushalte leben.

Abs. 1: 160, 274, 297 Abs. 1. Abs. 2: 20f.

B. Wirkung

I. Hausordnung und Fürsorge

332 Die Ordnung, der die Hausgenossen unterstellt sind, hat auf die Interessen aller Beteiligten in billiger Weise Rücksicht zu nehmen.

Insbesondere soll den Hausgenossen für ihre Ausbildung, ihre Berufsarbeit und für die Pflege der religiösen Bedürfnisse die nötige Freiheit gewährt werden.

Die von den Hausgenossen eingebrachten Sachen hat das Familienhaupt mit der gleichen Sorgfalt zu verwahren und gegen Schaden sicherzustellen wie die eigenen.

OR 339, 344, 349, 524. BG über die Berufsbildung vom 20. Sept. 1963, SR 412.10.

II. Verantwortlichkeit

333 Verursacht ein unmündiger oder entmündigter, ein geistesschwacher oder geisteskranker Hausgenosse einen Schaden, so ist das Familienhaupt dafür haftbar, insofern es nicht darzutun vermag, daß es das übliche und durch die Umstände gebotene Maß von Sorgfalt in der Beaufsichtigung beobachtet hat.

Das Familienhaupt ist verpflichtet, dafür zu sorgen, daß aus dem

2. Abteilung. Die Verwandtschaft

Zustande eines geisteskranken oder geistesschwachen Hausgenossen weder für diesen selbst noch für andere Gefahr oder Schaden erwächst.

Nötigenfalls soll es bei der zuständigen Behörde zwecks Anordnung der erforderlichen Vorkehrungen Anzeige machen.

14, 369 ff. OR 55, 101. Umfang der Sorgfaltspflicht: BGE 79 II 263 (jurist. Person), 353; 103 II 24.

III. Forderung der Kinder und Großkinder

1. Voraussetzungen

Mündige Kinder oder Großkinder, die ihren Eltern oder Großeltern **334** in gemeinsamem Haushalt ihre Arbeit oder ihre Einkünfte zugewendet haben, können hiefür eine angemessene Entschädigung verlangen.

Im Streitfalle entscheidet der Richter über die Höhe der Entschädigung, ihre Sicherung und die Art und Weise der Bezahlung.

319, 603. SchKG 110/1. Lidlohn. BGE 110 II 389.

2. Geltendmachung

Die den Kindern oder Großkindern zustehende Entschädigung **334** kann mit dem Tode des Schuldners geltend gemacht werden. _{bis}

Schon zu Lebzeiten des Schuldners kann sie geltend gemacht werden, wenn gegen ihn eine Pfändung erfolgt oder über ihn der Konkurs eröffnet wird, wenn der gemeinsame Haushalt aufgehoben wird oder wenn der Betrieb in andere Hände übergeht.

Sie unterliegt keiner Verjährung, muß aber spätestens bei der Teilung der Erbschaft des Schuldners geltend gemacht werden.

3. Abschnitt

Das Familienvermögen

A. Familienstiftungen

Ein Vermögen kann mit einer Familie dadurch verbunden werden, **335** daß zur Bestreitung der Kosten der Erziehung, Ausstattung oder Unterstützung von Familienangehörigen oder zu ähnlichen Zwekken eine Familienstiftung nach den Regeln des Personenrechts oder des Erbrechts errichtet wird.

Die Errichtung von Familienfideikommissen ist nicht mehr gestattet.

Abs. 1: 52, 80 (Anm.), 87/8 (Anm.). Abs. 2: BGE 67 III 13; 93 II 439.

B. Gemeinderschaften

I. Begründung

1. Befugnis

336 Ein Vermögen kann mit einer Familie dadurch verbunden werden, daß Verwandte entweder eine Erbschaft ganz oder zum Teil als Gemeinderschaftsgut fortbestehen lassen, oder daß sie Vermögen zu einer Gemeinderschaft zusammenlegen.
622/3.

2. Form

337 Der Vertrag über die Begründung einer Gemeinderschaft bedarf zu seiner Gültigkeit der öffentlichen Beurkundung und der Unterschrift aller Gemeinder oder ihrer Vertreter.
622, SchlT 55.

II. Dauer

338 Die Gemeinderschaft kann auf bestimmte oder unbestimmte Zeit geschlossen werden.

Ist sie auf unbestimmte Zeit geschlossen, so kann sie jeder Gemeinder auf sechs Monate kündigen.

Bei landwirtschaftlichem Betriebe des Gesamtgutes ist eine Kündigung nur auf einen dem Ortsgebrauch entsprechenden Frühjahrs- oder Herbsttermin zulässig.
Abs. 3: 344. OR 290.

III. Wirkung

1. Art der Gemeinschaft

339 Die Gemeinderschaft verbindet die Gemeinde zu gemeinsamer wirtschaftlicher Tätigkeit.

Sie sind mangels anderer Anordnung zu gleichen Rechten an der Gemeinderschaft beteiligt.

Sie können während der Gemeinderschaft weder eine Teilung beanspruchen noch über ihre Gemeinschaftsanteile verfügen.
Abs. 3: 653.

2. Leitung und Vertretung

a)   Im allgemeinen

340 Die Angelegenheiten der Gemeinderschaft werden von allen Gemeindern gemeinsam geordnet.

Jeder von ihnen kann ohne Mitwirkung der übrigen gewöhnliche Verwaltungshandlungen vornehmen.

Abs. 2: 647 II.

b)   Befugnis des Hauptes

341 Die Gemeinder können eines der Glieder als Haupt der Gemeinderschaft bezeichnen.

Das Haupt der Gemeinderschaft hat die Vertretung im Umfang ihrer Angelegenheiten und leitet deren wirtschaftliche Tätigkeit.

Die Ausschließung der andern von der Vertretung ist jedoch gutgläubigen Dritten gegenüber nur dann wirksam, wenn der Vertreter im Handelsregister eingetragen ist.

Abs. 3: VO Handelsreg. 107.

3. Gemeinschaftsgut und persönliches Vermögen

342 Die Vermögenswerte der Gemeinderschaft stehen im Gesamteigentum aller Gemeinder.

Für die Schulden haften die Gemeinder solidarisch.

Was ein einzelner Gemeinder neben dem Gemeinschaftsgut an Vermögen besitzt oder während der Gemeinderschaft durch Erbgang oder auf andere Weise unentgeltlich für sich allein erwirbt, ist, wenn es nicht anders verabredet wird, sein persönliches Vermögen.

652. Abs. 2: OR 143ff.

IV. Aufhebung

1. Gründe

343 Die Aufhebung der Gemeinderschaft erfolgt:
  1. nach Vereinbarung oder Kündigung,
  2. mit Ablauf der Zeit, für die eine Gemeinderschaft begründet worden ist, insofern sie nicht stillschweigend fortgesetzt wird,
  3. wenn der gepfändete Anteil eines Gemeinders am Gemeinschaftsgute zur Verwertung gelangt ist,
  4. wenn ein Gemeinder in Konkurs geraten ist,
  5. auf Verlangen eines Gemeinders aus wichtigen Gründen.

Ziff. 4: SchKG 132.

2. Kündigung, Zahlungsunfähigkeit, Heirat

344 Kündigt ein Gemeinder die Gemeinderschaft, oder ist einer der Gemeinder in Konkurs geraten, oder gelangt der gepfändete Anteil eines Gemeinders zur Verwertung, so können die übrigen die Gemeinderschaft miteinander fortsetzen, indem sie den Ausscheidenden oder seine Gläubiger abfinden.

Verheiratet sich ein Gemeinder, so kann er ohne Kündigung die Abfindung beanspruchen.

3. Tod eines Gemeinders

345 Stirbt ein Gemeinder, so können die Erben, die nicht in der Gemeinderschaft stehen, nur die Abfindung beanspruchen.

Hinterläßt er erbberechtigte Nachkommen, so können diese mit Zustimmung der übrigen Gemeinder an Stelle des Erblassers in die Gemeinderschaft eintreten.

4. Teilungsregel

346 Eine Teilung des Gemeinschaftsgutes oder die Abfindung eines ausscheidenden Gemeinders findet nach der Vermögenslage statt, wie sie beim Eintritt des Aufhebungsgrundes vorhanden ist.

Ihre Durchführung darf nicht zur Unzeit verlangt werden.
651, 654.

V. Ertragsgemeinderschaft

1. Inhalt

347 Die Gemeinder können die Bewirtschaftung des Gemeinschaftsgutes und die Vertretung einem einzigen unter ihnen übertragen, mit der Bestimmung, daß dieser jedem der Gemeinder jährlich einen Anteil vom Reingewinn zu entrichten hat.

Dieser Anteil ist, wenn keine andere Abrede getroffen wird, nach dem Durchschnittsertrage des Gemeinschaftsgutes für eine angemessene längere Periode in billiger Weise festzusetzen, unter Berücksichtigung der Leistungen des Übernehmers.
622/3.

2. Besondere Aufhebungsgründe

348 Wird das Gemeinschaftsgut von dem Übernehmer nicht ordentlich bewirtschaftet, oder kommt dieser seinen Verpflichtungen gegenüber den Gemeindern nicht nach, so kann die Gemeinderschaft aufgehoben werden.

Auf Verlangen eines Gemeinders kann der Richter aus wichtigen Gründen dessen Eintritt in die Wirtschaft des Übernehmers verfügen, unter Berücksichtigung der Vorschriften über die erbrechtliche Teilung.

Im übrigen steht die Ertragsgemeinschaft unter den Regeln der Gemeinderschaft mit gemeinsamer Wirtschaft.

Abs. 1: 347. Abs. 2: 622ff. Abs. 3: 339ff.

C. Heimstätten

I. Befugnis der Kantone

349 Die Kantone sind befugt, die Begründung von Familienheimstätten zu gestatten und unter Beobachtung der nachfolgenden Bestimmungen näher zu ordnen.

II. Begründung

1. Voraussetzung im Gegenstand

350 Zur Heimstätte kann ein landwirtschaftliches oder ein einem andern Gewerbe dienendes Gut oder ein Wohnhaus samt Zugehör unter folgenden Voraussetzungen erklärt werden.

Das Gut oder Haus darf nicht größer sein, als erforderlich ist, um einer Familie ohne Rücksicht auf die grundpfändliche Belastung oder auf das sonstige Vermögen des Eigentümers ihren ordentlichen Unterhalt zu gewähren oder ihr als Wohnung zu dienen.

Der Eigentümer oder dessen Familie muß selbst das Gut bewirtschaften, das Gewerbe betreiben oder das Haus bewohnen, sofern nicht aus wichtigen Gründen die zuständige Behörde vorübergehend eine Ausnahme gestattet.

Abs. 3: 4. SchlT 54.

2. Verfahren und Form

a) Auskündung

351 Der Errichtung muß eine amtliche Auskündung vorausgehen, durch die die Gläubiger, sowie andere Personen, die sich durch die Gründung der Heimstätte in ihren Rechten verletzt erachten, zur Anmeldung ihres Einspruches aufgefordert werden.

Den Grundpfandgläubigern ist von der Auskündung besondere Mitteilung zu machen.

Abs. 2: 793ff.

b) Wahrung der Rechte Dritter

352 Entspricht das Gut oder Haus den Erfordernissen der Heimstätten und werden durch die Errichtung keine Rechte Dritter verletzt, so genehmigt die Behörde die Errichtung.

Hat ein Gläubiger Einspruch erhoben, so darf die Heimstätte nicht errichtet werden.

Der Schuldner ist jedoch befugt, nicht zustimmende Gläubiger durch Zahlung zu befriedigen, ohne an eine Kündigungsfrist gebunden zu sein.

Abs. 3: 844.

c) Grundbucheintrag

353 Rechtsgültig wird die Errichtung einer Heimstätte durch Eintragung in das Grundbuch, die von Amtes wegen zu veröffentlichen ist.

960 Ziff. 3, 970 III.

III. Wirkung

1. Verfügungsbeschränkungen

354 Auf ein Gut oder Haus, das zur Heimstätte geworden ist, dürfen keine neuen Grundpfänder gelegt werden.

Der Eigentümer darf es weder veräußern noch vermieten oder verpachten.

Die Zwangsvollstreckung gegen die Heimstätte und ihre Zugehör ist unter Vorbehalt der Zwangsverwaltung ausgeschlossen.

Abs. 1: 793 ff., 960 Z. 3, 965.

2. Aufnahme von Blutsverwandten

355 Die zuständige Behörde kann dem Eigentümer die Pflicht auferlegen, seine Verwandten in aufsteigender und absteigender Linie und seine Geschwister in die Heimstätte aufzunehmen, sofern sie der Aufnahme dringend bedürfen und ihrer nicht unwürdig sind.

3. Bei Zahlungsunfähigkeit

356 Wird der Eigentümer zahlungsunfähig, so erhält das Gut oder Haus einen besonderen Verwalter, der unter Aufrechterhaltung des Zweckes der Heimstätte die Interessen der Gläubiger zu wahren hat.

Die Befriedigung der Gläubiger erfolgt in der Reihenfolge des Datums ihrer Verlustscheine und gemäß der konkursrechtlichen Rangordnung.

SchKG 115, 143bis, 149, 219, 260bis, 265.

IV. Aufhebung

1. Beim Tode

Stirbt der Eigentümer, so kann die Heimstätte nur unter der Voraussetzung weiter bestehen, daß für deren Übernahme seitens der Erben durch Verfügung von Todes wegen eine bindende Ordnung geschaffen worden ist.

Liegt eine solche Ordnung nicht vor, so wird der Eintrag im Grundbuch nach dem Tode des Eigentümers gelöscht.

Abs. 2: 964.

2. Bei Lebzeiten

Der Eigentümer kann die Heimstätte bei seinen Lebzeiten aufheben.

Er hat zu diesem Zwecke bei der zuständigen Behörde ein Gesuch um Löschung des Eintrages im Grundbuch einzureichen, das zu veröffentlichen ist.

Wird kein berechtigter Einspruch erhoben, so ist die Löschung zu bewilligen.

V. Kantonale Ausführungsvorschriften

Aufgehoben.

Dritte Abteilung
Die Vormundschaft

Zehnter Titel
Die allgemeine Ordnung der Vormundschaft

1. Abschnitt
Die vormundschaftlichen Organe

A. Im allgemeinen

360 Vormundschaftliche Organe sind: die vormundschaftlichen Behörden, der Vormund und der Beistand.
376ff., 392ff.

B. Vormundschaftliche Behörden

I. Staatliche Organe

361 Vormundschaftliche Behörden sind: die Vormundschaftsbehörde und die Aufsichtsbehörde.

Die Kantone bestimmen diese Behörden und ordnen, wo zwei Instanzen der Aufsichtsbehörde vorgesehen sind, die Zuständigkeit dieser Instanzen.

II. Familienvormundschaft

1. Zulässigkeit und Bedeutung

362 Eine Familienvormundschaft kann ausnahmsweise für die Fälle gestattet werden, wo die Interessen des Bevormundeten wegen Fortführung eines Gewerbes, einer Gesellschaft und dergleichen es rechtfertigen.

Sie besteht darin, daß die Befugnisse und Pflichten und die Verantwortlichkeit der Vormundschaftsbehörde auf einen Familienrat übertragen werden.

2. Anordnung

363 Die Familienvormundschaft wird auf Antrag von zwei nahen handlungsfähigen Verwandten oder auf Antrag eines nahen Verwandten

und des Ehegatten des Bevormundeten durch Beschluß der Aufsichtsbehörde angeordnet.
17, 20, 361/2.

3. Familienrat

364 Der Familienrat wird von der Aufsichtsbehörde aus wenigstens drei zur Besorgung einer Vormundschaft geeigneten Verwandten des Bevormundeten auf je vier Jahre zusammengesetzt.

Der Ehegatte des Bevormundeten kann dem Familienrat angehören.
379, 382 II.

4. Sicherheitsleistung

365 Die Mitglieder des Familienrates haben für die richtige Erfüllung ihrer Pflichten Sicherheit zu leisten.

Ohne diese Sicherstellung darf eine Familienvormundschaft nicht angeordnet werden.
426 f.

5. Aufhebung

366 Die Aufsichtsbehörde kann die Familienvormundschaft jederzeit aufheben, wenn der Familienrat seine Pflicht nicht erfüllt oder wenn die Interessen des Bevormundeten es erfordern.
431 f.

C. Vormund und Beistand

367 Der Vormund hat die gesamten persönlichen und vermögensrechtlichen Interessen des unmündigen oder entmündigten Bevormundeten zu wahren und ist dessen Vertreter.

Der Beistand ist für einzelne Geschäfte eingesetzt oder mit Vermögensverwaltung betraut.

Für den Beistand gelten, soweit keine besondern Vorschriften aufgestellt sind, die Bestimmungen dieses Gesetzes über den Vormund.
Abs. 1: 405 ff. Abs. 2, 3: 417 f., 392 f., 762, 823.

2. Abschnitt
Die Bevormundungsfälle

A. Unmündigkeit

Unter Vormundschaft gehört jede unmündige Person, die sich nicht **368** unter der elterlichen Gewalt befindet.

Die Zivilstandsbeamten, Verwaltungsbehörden und Gerichte haben der zuständigen Behörde Anzeige zu machen, sobald sie in ihrer Amtstätigkeit von dem Eintritt eines solchen Bevormundungsfalles Kenntnis erhalten.

Abs. 1: 14/5, 311. Abs. 2: 361 II. BGE 79 II 267.

B. Unfähigkeit Mündiger

I. Geisteskrankheit und Geistesschwäche

Unter Vormundschaft gehört jede mündige Person, die infolge von **369** Geisteskrankheit oder Geistesschwäche ihre Angelegenheiten nicht zu besorgen vermag, zu ihrem Schutze dauernd des Beistandes und der Fürsorge bedarf oder die Sicherheit anderer gefährdet.

Die Verwaltungsbehörden und Gerichte haben der zuständigen Behörde Anzeige zu machen, sobald sie in ihrer Amtstätigkeit von dem Eintritt eines solchen Bevormundungsfalles Kenntnis erhalten.

Abs. 1: 16, 395. BGE 82 II 279. Anh. IIb.

II. Verschwendung, Trunksucht, lasterhafter Lebenswandel, Mißwirtschaft

Unter Vormundschaft gehört jede mündige Person, die durch Ver- **370** schwendung, Trunksucht, lasterhaften Lebenswandel oder durch die Art und Weise ihrer Vermögensverwaltung sich oder ihre Familie der Gefahr eines Notstandes oder der Verarmung aussetzt, zu ihrem Schutze dauernd des Beistandes und der Fürsorge bedarf oder die Sicherheit anderer gefährdet.

Trunksucht: BGE 39 II 513. Vermögensverwaltung: BGE 40 II 13; 82 II 279. Gefährdung: BGE 69 II 18; 83 II 274. Mißwirtschaft: BGE 108 II 92.

III. Freiheitsstrafe

371 Unter Vormundschaft gehört jede mündige Person, die zu einer Freiheitsstrafe von einem Jahr oder darüber verurteilt worden ist.

Die Strafvollzugsbehörde hat, sobald ein solcher Verurteilter seine Strafe antritt, der zuständigen Behörde Mitteilung zu machen.

BGE 78 II 406; 84 II 679; 91 II 170; 104 II 12; 114 II 210 (Drogenrehabilitationszentrum).

IV. Eigenes Begehren

372 Einer mündigen Person kann auf ihr Begehren ein Vormund gegeben werden, wenn sie dartut, daß sie infolge von Altersschwäche oder andern Gebrechen oder von Unerfahrenheit ihre Angelegenheiten nicht gehörig zu besorgen vermag.

BGE 78 II 7; 99 II 15; 106 II 298.

C. Verfahren

I. Im allgemeinen

373 Die Kantone bestimmen die für die Entmündigung zuständigen Behörden und das Verfahren.

Die Weiterziehung an das Bundesgericht bleibt vorbehalten.

II. Anhörung und Begutachtung

374 Wegen Verschwendung, Trunksucht, lasterhaften Lebenswandels oder der Art und Weise ihrer Vermögensverwaltung darf eine Person nicht entmündigt werden, ohne daß sie vorher angehört worden ist.

Die Entmündigung wegen Geisteskrankheit oder Geistesschwäche darf nur nach Einholung des Gutachtens von Sachverständigen erfolgen, das sich auch über die Zulässigkeit einer vorgängigen Anhörung des zu Entmündigenden auszusprechen hat.

BGE 117 II 132. Abs. 1: 12, 17, 370; BGE 96 II 15. Abs. 2: 369. BGE 84 II 146.

III. Veröffentlichung

375 Ist ein Mündiger bevormundet, so muß die Bevormundung, sobald sie rechtskräftig geworden ist, wenigstens einmal in einem amtlichen Blatte seines Wohnsitzes und seiner Heimat veröffentlicht werden.

Die Aufsichtsbehörde kann ausnahmsweise eine Verschiebung der Veröffentlichung bewilligen, solange der Geisteskranke, Geistesschwache oder Trunksüchtige in einer Anstalt untergebracht ist.

Vor der Veröffentlichung kann die Bevormundung gutgläubigen Dritten nicht entgegengehalten werden.

Abs. 1: 22 ff. Wirkung: BGE 57 II 390.

3. Abschnitt
Die Zuständigkeit

A. Bevormundung am Wohnsitze

376 Die Bevormundung erfolgt am Wohnsitze der zu bevormundenden Person.

Die Kantone sind berechtigt, für ihre im Kanton wohnenden Bürger die vormundschaftlichen Behörden der Heimat als zuständig zu erklären, insofern auch die Armenunterstützung ganz oder teilweise der Heimatgemeinde obliegt.

22 ff. Anh. I 10 ff. IPRG 85.

B. Wechsel des Wohnsitzes

377 Ein Wechsel des Wohnsitzes kann nur mit Zustimmung der Vormundschaftsbehörde stattfinden.

Ist er erfolgt, so geht die Vormundschaft auf die Behörde des neuen Wohnsitzes über.

Die Bevormundung ist in diesem Falle am neuen Wohnsitze zu veröffentlichen.

BGE 81 I 51; 86 II 288.

C. Rechte des Heimatkantons

378 Die Vormundschaftsbehörde der Heimat ist befugt, die Bevormundung von Angehörigen, die in einem andern Kanton ihren Wohnsitz haben, bei der Wohnsitzbehörde zu beantragen.

Sie kann zur Wahrung der Interessen eines Angehörigen, der in einem andern Kanton bevormundet werden sollte oder bevormundet ist, bei der zuständigen Behörde Beschwerde führen.

Wenn über die religiöse Erziehung eines bevormundeten Unmündigen eine Verfügung zu treffen ist, so hat die Behörde des Wohnsitzes die Weisung der heimatlichen Vormundschaftsbehörde einzuholen und zu befolgen.

Abs. 3: 277, 405.

4. Abschnitt
Die Bestellung des Vormundes

A. Voraussetzungen

I. Im allgemeinen

379 Als Vormund hat die Vormundschaftsbehörde eine mündige Person zu wählen, die zu diesem Amte geeignet erscheint.

Bei besondern Umständen können mehrere Personen gewählt werden, die das Amt gemeinsam oder auf Grund einer amtlichen Ausscheidung der Befugnisse führen.

Die gemeinsame Führung einer Vormundschaft kann jedoch mehreren Personen nur mit ihrem Einverständnis übertragen werden.

II. Vorrecht der Verwandten und des Ehegatten

380 Sprechen keine wichtigen Gründe dagegen, so hat die Behörde einem tauglichen nahen Verwandten oder dem Ehegatten des zu Bevormundenden bei der Wahl den Vorzug zu geben, unter Berücksichtigung der persönlichen Verhältnisse und der Nähe des Wohnsitzes.
297.

III. Wünsche des Bevormundeten und der Eltern

381 Hat die zu bevormundende Person oder deren Vater oder Mutter jemand als den Vormund ihres Vertrauens bezeichnet, so soll dieser Bezeichnung, wenn nicht wichtige Gründe dagegen sprechen, Folge geleistet werden.

IV. Allgemeine Pflicht zur Übernahme

382 Zur Übernahme des Amtes sind verpflichtet die männlichen Verwandten und der Ehemann der zu bevormundenden Person sowie alle in bürgerlichen Ehren stehenden Männer, die in dem Vormundschaftskreise wohnen.

Die Pflicht zur Übernahme des Amtes besteht nicht, wenn der Vormund durch den Familienrat ernannt wird.
Abs. 2: 362ff.

V. Ablehnungsgründe

383 Die Übernahme des Amtes können ablehnen:
1. wer das sechzigste Altersjahr zurückgelegt hat,
2. wer wegen körperlicher Gebrechen das Amt nur mit Mühe führen könnte,
3. wer über mehr als vier Kinder die elterliche Gewalt ausübt,
4. wer bereits eine besonders zeitraubende oder zwei andere Vormundschaften besorgt,
5. die Mitglieder des Bundesrates, der Kanzler der Eidgenossenschaft und die Mitglieder des Bundesgerichtes,
6. die von den Kantonen bezeichneten Beamten und Mitglieder kantonaler Behörden.

Ziff. 3: 273 ff.

VI. Ausschließungsgründe

384 Zu dem Amte sind nicht wählbar:
1. wer selbst bevormundet ist,
2. wer nicht im Besitz der bürgerlichen Ehren und Rechte steht oder einen unehrenhaften Lebenswandel führt,
3. wer Interessen hat, die in erheblicher Weise denjenigen der zu bevormundenden Person widerstreiten, oder wer mit ihr verfeindet ist,
4. die Mitglieder der beteiligten vormundschaftlichen Behörden, solange andere taugliche Personen vorhanden sind.

388 II. Ziff. 2: 382 I, 503 I. Ziff. 4: 361.

B. Ordnung der Wahl

I. Ernennung des Vormundes

385 Die Vormundschaftsbehörde hat mit aller Beförderung den Vormund zu bestellen.

Das Entmündigungsverfahren kann nötigenfalls schon eingeleitet werden, bevor der zu Bevormundende das Mündigkeitsalter erreicht hat.

Wenn mündige Kinder entmündigt werden, so tritt an Stelle der Vormundschaft in der Regel die elterliche Gewalt.

Abs. 2: 373 ff., 14 I. Abs. 3: 296 ff.

II. Vorläufige Fürsorge

386 Wird es vor der Wahl notwendig, vormundschaftliche Geschäfte zu besorgen, so trifft die Vormundschaftsbehörde von sich aus die erforderlichen Maßregeln.

Sie kann insbesondere die vorläufige Entziehung der Handlungsfähigkeit aussprechen und eine Vertretung anordnen.
Eine solche Maßregel ist zu veröffentlichen.
SchKG 47 II. Abs. 2: 17; BGE 113 II 386.

III. Mitteilung und Veröffentlichung

387 Dem Gewählten wird unverzüglich seine Ernennung schriftlich mitgeteilt.

Zugleich wird die Wahl im Falle der Auskündung der Bevormundung in einem amtlichen Blatte des Wohnsitzes und der Heimat veröffentlicht.

IV. Ablehnung und Anfechtung

1. Geltendmachung

388 Der Gewählte kann binnen zehn Tagen nach Mitteilung der Wahl einen Ablehnungsgrund geltend machen.

Außerdem kann jedermann, der ein Interesse hat, die Wahl binnen zehn Tagen, nachdem er von ihr Kenntnis erhalten hat, als gesetzwidrig anfechten.

Wird von der Vormundschaftsbehörde die Ablehnung oder Anfechtung als begründet anerkannt, so trifft sie eine neue Wahl, andernfalls unterbreitet sie die Angelegenheit mit ihrem Berichte der Aufsichtsbehörde zur Entscheidung.
Abs. 1: 383.

2. Vorläufige Pflicht des Gewählten

389 Der Gewählte ist trotz der Ablehnung oder Anfechtung bei seiner Verantwortlichkeit verpflichtet, die Vormundschaft zu führen, bis er des Amtes enthoben wird.

3. Entscheidung

390 Von der Entscheidung macht die Aufsichtsbehörde sowohl dem Gewählten als der Vormundschaftsbehörde Anzeige.

Wird der Gewählte entlassen, so trifft die Vormundschaftsbehörde unverweilt eine neue Wahl.

V. Übergabe des Amtes

391 Ist die Wahl endgültig getroffen, so erfolgt die Übergabe des Amtes an den Vormund durch die Vormundschaftsbehörde.

5. Abschnitt
Die Beistandschaft

A. Fälle der Beistandschaft

I. Vertretung

392 Auf Ansuchen eines Beteiligten oder von Amtes wegen ernennt die Vormundschaftsbehörde einen Beistand da, wo das Gesetz es besonders vorsieht, sowie in folgenden Fällen:

1. wenn eine mündige Person in einer dringenden Angelegenheit infolge von Krankheit, Abwesenheit oder dergleichen weder selbst zu handeln, noch einen Vertreter zu bezeichnen vermag,
2. wenn der gesetzliche Vertreter einer unmündigen oder entmündigten Person in einer Angelegenheit Interessen hat, die denen des Vertretenen widersprechen,
3. wenn der gesetzliche Vertreter an der Vertretung verhindert ist.

Abs. 1: 282, 297, 762, 823. Ziff. 1: 14/5. OR 32 ff. Ziff. 2: 306, 407; BGE 107 II 105.

II. Vermögensverwaltung

1. Kraft Gesetzes

393 Fehlt einem Vermögen die nötige Verwaltung, so hat die Vormundschaftsbehörde das Erforderliche anzuordnen und namentlich in folgenden Fällen einen Beistand zu ernennen:

1. bei längerer Abwesenheit einer Person mit unbekanntem Aufenthalt,
2. bei Unfähigkeit einer Person, die Verwaltung ihres Vermögens selbst zu besorgen oder einen Vertreter zu bestellen, falls nicht die Vormundschaft anzuordnen ist,
3. bei Ungewißheit der Erbfolge und zur Wahrung der Interessen des Kindes vor der Geburt,
4. bei einer Körperschaft oder Stiftung, solange die erforderlichen Organe mangeln und nicht auf andere Weise für die Verwaltung gesorgt ist,
5. bei öffentlicher Sammlung von Geldern für wohltätige und andere dem öffentlichen Wohle dienende Zwecke, solange für die Verwaltung oder Verwendung nicht gesorgt ist.

417 ff. Anh. I 11. BGE 78 II 337, 374; 80 II 17, 198. Ziff. 1: 546/8, 553/4, Ziff. 2: 374. Ziff. 3: 555, 31, 544. Ziff. 4: 60 ff.

2. Auf eigenes Begehren

394 Einer mündigen Person kann auf ihr Begehren ein Beistand gegeben werden, wenn die Voraussetzungen der Bevormundung auf eigenes Begehren vorliegen.

372. Umfang, Aufhebung: BGE 71 II 19.

III. Beschränkung der Handlungsfähigkeit

395 Wenn für die Entmündigung einer Person kein genügender Grund vorliegt, gleichwohl aber zu ihrem Schutze eine Beschränkung der Handlungsfähigkeit als notwendig erscheint, so kann ihr ein Beirat gegeben werden, dessen Mitwirkung für folgende Fälle erforderlich ist:
 1. Prozeßführung und Abschluß von Vergleichen,
 2. Kauf, Verkauf, Verpfändung und andere dingliche Belastung von Grundstücken,
 3. Kauf, Verkauf und Verpfändung von Wertpapieren,
 4. Bauten, die über die gewöhnlichen Verwaltungshandlungen hinausgehen,
 5. Gewährung und Aufnahme von Darlehen,
 6. Entgegennahme von Kapitalzahlungen,
 7. Schenkungen,
 8. Eingehung wechselrechtlicher Verbindlichkeiten,
 9. Eingehung von Bürgschaften.

Unter den gleichen Voraussetzungen kann die Verwaltung des Vermögens dem Schutzbedürftigen entzogen werden, während er über die Erträgnisse die freie Verfügung behält.

417, 439 Anm. BGE 81 II 268; 82 II 206; 89 II 179; 96 II 369; 113 II 228. Verantwortlichkeit: BGE 85 II 466.

B. Zuständigkeit

396 Die Vertretung durch einen Beistand wird für die der Beistandschaft bedürftige Person von der Vormundschaftsbehörde ihres Wohnsitzes angeordnet.

Die Anordnung einer Vermögensverwaltung erfolgt durch die Vormundschaftsbehörde des Ortes, wo das Vermögen in seinem Hauptbestandteil verwaltet worden oder der zu vertretenden Person zugefallen ist.

Der Heimatgemeinde stehen zur Wahrung der Interessen ihrer Angehörigen die gleichen Befugnisse zu wie bei der Vormundschaft.

BGE 81 II 98; 82 II 208.

C. Bestellung des Beistandes

397 Für das Verfahren gelten die gleichen Vorschriften wie bei der Bevormundung.

Die Ernennung wird nur veröffentlicht, wenn es der Vormundschaftsbehörde als zweckmäßig erscheint.

Abs. 1: 385 ff. Abs. 2: 387.

6. Abschnitt
Die fürsorgerische Freiheitsentziehung

A. Voraussetzungen

397a Eine mündige oder entmündigte Person darf wegen Geisteskrankheit, Geistesschwäche, Trunksucht, anderen Suchterkrankungen oder schwerer Verwahrlosung in einer geeigneten Anstalt untergebracht oder zurückbehalten werden, wenn ihr die nötige persönliche Fürsorge nicht anders erwiesen werden kann.

Dabei ist auch die Belastung zu berücksichtigen, welche die Person für ihre Umgebung bedeutet.

Die betroffene Person muß entlassen werden, sobald ihr Zustand es erlaubt.

Abs. 1: BGE 112 II 486; 118 II 248. In Revision (betr. Drogensucht).

B. Zuständigkeit

397b Zuständig für den Entscheid ist eine vormundschaftliche Behörde am Wohnsitz oder, wenn Gefahr im Verzuge liegt, eine vormundschaftliche Behörde am Aufenthaltsort der betroffenen Person.

Für die Fälle, in denen Gefahr im Verzuge liegt oder die Person psychisch krank ist, können die Kantone diese Zuständigkeit außerdem andern geeigneten Stellen einräumen.

Hat eine vormundschaftliche Behörde die Unterbringung oder Zurückbehaltung angeordnet, so befindet sie auch über die Entlassung; in den andern Fällen entscheidet darüber die Anstalt.

C. Mitteilungspflicht

397c Die vormundschaftliche Behörde am Aufenthaltsort und die andern vom kantonalen Recht bezeichneten Stellen benachrichtigen die vormundschaftliche Behörde am Wohnsitz, wenn sie eine entmündigte Person in einer Anstalt unterbringen oder zurückbehalten oder wenn sie für eine mündige Person weitere vormundschaftliche Maßnahmen als notwendig erachten.

D. Gerichtliche Beurteilung

397d Die betroffene oder eine ihr nahestehende Person kann gegen den Entscheid innert zehn Tagen nach der Mitteilung schriftlich den Richter anrufen.

Dieses Recht besteht auch bei Abweisung eines Entlassungsgesuches.

BGE 112 II 104.

E. Verfahren in den Kantonen

I. Im allgemeinen

397e Das Verfahren wird durch das kantonale Recht geordnet mit folgenden Vorbehalten:

1. Bei jedem Entscheid muß die betroffene Person über die Gründe der Anordnung unterrichtet und schriftlich darauf aufmerksam gemacht werden, daß sie den Richter anrufen kann.

2. Jeder, der in eine Anstalt eintritt, muß sofort schriftlich darüber unterrichtet werden, daß er bei Zurückbehaltung oder bei Abweisung eines Entlassungsgesuches den Richter anrufen kann.

3. Ein Begehren um gerichtliche Beurteilung ist unverzüglich an den zuständigen Richter weiterzuleiten.

4. Die Stelle, welche die Einweisung angeordnet hat, oder der Richter kann dem Begehren um gerichtliche Beurteilung aufschiebende Wirkung erteilen.

5. Bei psychisch Kranken darf nur unter Beizug von Sachverständigen entschieden werden; ist dies in einem gerichtlichen Verfahren bereits einmal erfolgt, so können obere Gerichte darauf verzichten.

Ziff. 5: BGE 110 II 122; 118 II 249.

II. Vor Gericht

397f Der Richter entscheidet in einem einfachen und raschen Verfahren.

Er bestellt der betroffenen Person wenn nötig einen Rechtsbeistand.

Der Richter erster Instanz muß diese Person mündlich einvernehmen.

Abs. 2: BGE 107 II 314; 113 II 392. Abs. 3: BGE 110 II 122; 115 II 129; 116 II 406.

Elfter Titel
Die Führung der Vormundschaft

1. Abschnitt
Das Amt des Vormundes

A. Übernahme des Amtes

I. Inventaraufnahme

Bei Übernahme der Vormundschaft ist über das zu verwaltende Vermögen durch den Vormund und einen Vertreter der Vormundschaftsbehörde ein Inventar aufzunehmen.

Ist der Bevormundete urteilsfähig, so wird er, soweit tunlich, zur Inventaraufnahme zugezogen.

Wo die Umstände es rechtfertigen, kann die Aufsichtsbehörde auf Antrag des Vormundes und der Vormundschaftsbehörde die Aufnahme eines öffentlichen Inventars anordnen, das für die Gläubiger die gleiche Wirkung hat wie das öffentliche Inventar des Erbrechts.

Abs. 2: 16. Abs. 3: 580ff.

II. Verwahrung von Wertsachen

Wertschriften, Kostbarkeiten, wichtige Dokumente und dergleichen sind, soweit es die Verwaltung des Mündelvermögens gestattet, unter Aufsicht der Vormundschaftsbehörde an sicherem Orte aufzubewahren.

III. Veräußerung von beweglichen Sachen

Andere bewegliche Gegenstände sind, soweit es die Interessen der Bevormundeten erheischen, nach Weisung der Vormundschaftsbehörde öffentlich zu versteigern oder aus freier Hand zu veräußern.

Gegenstände, die für die Familie oder den Bevormundeten persönlich einen besondern Wert haben, sollen wenn immer möglich nicht veräußert werden.

IV. Anlage von Barschaft

1. Pflicht zur Anlage

401 Bares Geld hat der Vormund, soweit er dessen nicht für den Bevormundeten bedarf, beförderlich in einer von der Vormundschaftsbehörde oder durch kantonale Verordnung hiefür bezeichneten Kasse oder in Werttiteln, die von der Vormundschaftsbehörde nach Prüfung ihrer Sicherheit genehmigt werden, zinstragend anzulegen.

Unterläßt der Vormund diese Anlage länger als einen Monat, so wird er selbst zinspflichtig.

Abs. 1, Anlage: BGE 70 II 82; 78 II 343.

2. Umwandlung von Kapitalanlagen

402 Kapitalanlagen, die nicht genügende Sicherheit bieten, sind durch sichere Anlagen zu ersetzen.

Die Umwandlung soll aber nicht zur Unzeit, sondern unter Wahrung der Interessen des Bevormundeten vorgenommen werden.

V. Geschäft und Gewerbe

403 Findet sich in dem Vermögen ein Geschäft, ein Gewerbe oder dergleichen, so hat die Vormundschaftsbehörde die nötigen Weisungen zur Liquidation oder zur Weiterführung zu erteilen.

422 Ziff. 3. OR 545 Ziff. 3.

VI. Grundstücke

404 Die Veräußerung von Grundstücken erfolgt nach Weisung der Vormundschaftsbehörde und ist nur in den Fällen zu gestatten, wo die Interessen des Bevormundeten es erfordern.

Die Veräußerung erfolgt durch öffentliche Versteigerung, unter Vorbehalt der Genehmigung des Zuschlags durch die Vormundschaftsbehörde, die beförderlich zu entscheiden hat.

Ausnahmsweise kann mit Genehmigung der Aufsichtsbehörde der Verkauf aus freier Hand stattfinden.

Miteigentum: BGE 80 II 376. Haftung: BGE 74 II 78.

B. Fürsorge und Vertretung

I. Fürsorge für die Person

1. Bei Unmündigkeit

a) Im allgemeinen

405 Ist der Bevormundete unmündig, so hat der Vormund die Pflicht, für dessen Unterhalt und Erziehung das Angemessene anzuordnen.

Zu diesem Zwecke stehen ihm die gleichen Rechte zu wie den Eltern, unter Vorbehalt der Mitwirkung der vormundschaftlichen Behörden.

Abs. 2: 275 ff.

b) Bei fürsorgerischer Freiheitsentziehung

405a Über die Unterbringung des Unmündigen in einer Anstalt entscheidet auf Antrag des Vormundes die Vormundschaftsbehörde oder, wenn Gefahr im Verzuge liegt, auch der Vormund.

Im übrigen gelten die Vorschriften über die Zuständigkeit, die gerichtliche Beurteilung und das Verfahren bei fürsorgerischer Freiheitsentziehung gegenüber mündigen oder entmündigten Personen sinngemäß.

Hat das Kind das sechzehnte Altersjahr noch nicht zurückgelegt, so kann es nicht selber gerichtliche Beurteilung verlangen.

397a ff.

2. Bei Entmündigung

406 Steht der Bevormundete im Mündigkeitsalter, so erstreckt sich die Fürsorge auf den Schutz und Beistand in allen persönlichen Angelegenheiten.

Liegt Gefahr im Verzuge, so kann der Vormund nach den Bestimmungen über die fürsorgerische Freiheitsentziehung die Unterbringung oder Zurückbehaltung in einer Anstalt anordnen.

Bedeutung: BGE 83 II 185.

II. Vertretung

1. Im allgemeinen

407 Der Vormund vertritt den Bevormundeten in allen rechtlichen Angelegenheiten, unter Vorbehalt der Mitwirkung der vormundschaftlichen Behörden.

2. Verbotene Geschäfte

408 Zu Lasten des Bevormundeten dürfen keine Bürgschaften eingegangen, keine erheblichen Schenkungen vorgenommen und keine Stiftungen errichtet werden.
OR 240 II, 492 ff., 239 ff.

3. Mitwirkung des Bevormundeten

409 Ist der Bevormundete urteilsfähig und wenigstens sechzehn Jahre alt, so hat ihn der Vormund bei wichtigen Angelegenheiten, soweit tunlich, vor der Entscheidung um seine Ansicht zu befragen.

Die Zustimmung des Bevormundeten befreit den Vormund nicht von seiner Verantwortlichkeit.
Abs. 1: 16, 413 III. Abs. 2: 426 ff.

4. Eigenes Handeln

a) Zustimmung des Vormundes

410 Ist der Bevormundete urteilsfähig, so kann er Verpflichtungen eingehen oder Rechte aufgeben, sobald der Vormund ausdrücklich oder stillschweigend zum voraus seine Zustimmung gegeben hat oder nachträglich das Geschäft genehmigt.

Der andere Teil wird frei, wenn die Genehmigung nicht innerhalb einer angemessenen Frist erfolgt, die er selber ansetzt oder durch den Richter ansetzen läßt.
Abs. 1: 16. Genehmigung: BGE 75 II 340.

b) Mangel der Zustimmung

411 Erfolgt die Genehmigung des Vormundes nicht, so kann jeder Teil die vollzogenen Leistungen zurückfordern, der Bevormundete haftet jedoch nur insoweit, als die Leistung in seinem Nutzen verwendet wurde, oder als er zur Zeit der Rückforderung noch bereichert ist oder sich böswillig der Bereicherung entäußert hat.

Hat der Bevormundete den andern Teil zu der irrtümlichen Annahme seiner Handlungsfähigkeit verleitet, so ist er ihm für den verursachten Schaden verantwortlich.
OR 39 ff., 62 ff. BGE 79 II 358.

5. Beruf oder Gewerbe

412 Der Bevormundete, dem die Vormundschaftsbehörde den selbständigen Betrieb eines Berufes oder Gewerbes ausdrücklich oder stillschweigend gestattet, kann alle Geschäfte vornehmen, die zu dem

C. Vermögensverwaltung

I. Pflicht zur Verwaltung und Rechnungsführung

Der Vormund hat das Vermögen des Bevormundeten sorgfältig zu verwalten.

Er hat über die Verwaltung Rechnung zu führen und diese der Vormundschaftsbehörde in den von ihr angesetzten Perioden, mindestens aber alle zwei Jahre, zur Prüfung vorzulegen.

Ist der Bevormundete urteilsfähig und wenigstens sechzehn Jahre alt, so soll er, soweit tunlich, zur Rechnungsablegung zugezogen werden.

Abs. 2: 423. Abs. 3: 16, 409 I.

II. Freies Vermögen

Was einem Bevormundeten zur freien Verwendung zugewiesen wird, oder was er mit Einwilligung des Vormundes durch eigene Arbeit erwirbt, kann er frei verwalten.

323.

D. Amtsdauer

Die Vormundschaft wird in der Regel auf zwei Jahre übertragen.

Nach Ablauf der Amtsdauer kann der Vormund je auf weitere zwei Jahre mit einfacher Bestätigung im Amte bleiben.

Nach Ablauf von vier Jahren ist er befugt, die Weiterführung der Vormundschaft abzulehnen.

E. Entschädigung des Vormundes

Der Vormund hat Anspruch auf eine Entschädigung, die aus dem Vermögen des Bevormundeten entrichtet und von der Vormundschaftsbehörde für jede Rechnungsperiode nach der Mühe, die die Verwaltung verursacht, und nach dem Ertrage des Vermögens festgesetzt wird.

2. Abschnitt

Das Amt des Beistandes

A. Stellung des Beistandes

417 Die Beistandschaft hat unter Vorbehalt der Bestimmungen über die Mitwirkung eines Beirates auf die Handlungsfähigkeit der verbeiständeten Personen keinen Einfluß.

Die Amtsdauer und die Entschädigung werden von der Vormundschaftsbehörde festgestellt.

Abs. 1: 12ff., 395, 439. Abs. 2: BGE 116 II 399.

B. Inhalt der Beistandschaft

I. Für ein einzelnes Geschäft

418 Wird dem Beistand die Besorgung einer einzelnen Angelegenheit übertragen, so hat er die Anweisungen der Vormundschaftsbehörde genau zu beobachten.

392.

II. Für Vermögensverwaltung

419 Wird dem Beistand die Verwaltung oder Überwachung eines Vermögens übertragen, so hat er sich auf die Verwaltung und die Fürsorge für die Erhaltung des Vermögens zu beschränken.

Verfügungen, die darüber hinausgehen, darf er nur auf Grund besonderer Ermächtigung vornehmen, die ihm der Vertretene selbst oder, wenn dieser hiezu nicht fähig ist, die Vormundschaftsbehörde erteilt.

Abs. 1: 393. Umfang: BGE 80 II 17.

3. Abschnitt
Die Mitwirkung der vormundschaftlichen Behörden

A. Beschwerden

Gegen die Handlungen des Vormundes kann der Bevormundete, der urteilsfähig ist, sowie jedermann, der ein Interesse hat, bei der Vormundschaftsbehörde Beschwerde führen.

Gegen die Beschlüsse der Vormundschaftsbehörde kann binnen zehn Tagen nach deren Mitteilung bei der Aufsichtsbehörde Beschwerde geführt werden.

Abs. 1: 16. Abs. 2: BGE 110 Ia 117.

B. Zustimmung

I. Der Vormundschaftsbehörde

Die Zustimmung der Vormundschaftsbehörde wird für folgende Fälle gefordert:

1. Kauf, Verkauf, Verpfändung und andere dingliche Belastung von Grundstücken,
2. Kauf, Verkauf und Verpfändung anderer Vermögenswerte, sobald diese Geschäfte nicht unter die Führung der gewöhnlichen Verwaltung und Bewirtschaftung fallen,
3. Bauten, die über die gewöhnlichen Verwaltungshandlungen hinausgehen,
4. Gewährung und Aufnahme von Darlehen,
5. Eingehung wechselrechtlicher Verbindlichkeiten,
6. Pachtverträge, sobald sie auf ein Jahr oder länger, und Mietverträge über Räumlichkeiten, sobald sie auf wenigstens drei Jahre abgeschlossen werden,
7. Ermächtigung des Bevormundeten zum selbständigen Betrieb eines Berufes oder Gewerbes,
8. Prozeßführung, Abschluß eines Vergleichs, eines Schiedsvertrages oder eines Nachlaßvertrages, unter Vorbehalt der vorläufigen Verfügungen des Vormundes in dringenden Fällen,
9. Eheverträge und Erbteilungsverträge,
10. Erklärung der Zahlungsunfähigkeit,
11. Versicherungsverträge auf das Leben des Bevormundeten,
12. Verträge über die berufliche Ausbildung des Bevormundeten,

13. (Aufgehoben. Siehe 397a ff.)
14. Verlegung des Wohnsitzes des Bevormundeten.

BGE 64 II 408. Ziff. 1: BGE 102 II 376. Ziff. 2: 400. Ziff. 4: BGE 70 II 84. Ziff. 7: 412. Ziff. 8: SchKG 293 ff. Scheidungsklage: BGE 68 II 146. Ziff. 9: 179, 634. Ziff. 10: SchKG 191. Ziff. 14: 377.

II. Der Aufsichtsbehörde

422 Die Zustimmung der Aufsichtsbehörde wird, nachdem die Beschlußfassung der Vormundschaftsbehörde vorausgegangen ist, für folgende Fälle gefordert:
   1. Adoption eines Bevormundeten oder durch einen Bevormundeten,
   2. Erwerb eines Bürgerrechtes oder Verzicht auf ein solches,
   3. Übernahme oder Liquidation eines Geschäftes, Eintritt in eine Gesellschaft mit persönlicher Haftung oder erheblicher Kapitalbeteiligung,
   4. Leibgedings-, Leibrenten- und Verpfründungsverträge,
   5. Annahme oder Ausschlagung einer Erbschaft und Abschluß eines Erbvertrages,
   6. Mündigerklärung,
   7. Verträge zwischen Mündel und Vormund.

Vgl. 404 Abs. 3. Ziff. 1: 264 ff. Ziff. 2: vgl. BüG, Art. 34. Ziff. 4: OR 516 ff. Ziff. 5: 560 ff., 512. Ziff. 6: 15.

C. Prüfung von Berichten und Rechnungen

423 Die Vormundschaftsbehörde prüft die periodischen Berichte und Rechnungen des Vormundes und verlangt, wo es ihr notwendig erscheint, deren Ergänzung und Berichtigung.

Sie erteilt oder verweigert die Genehmigung der Berichte und Rechnungen und trifft nötigenfalls die für die Wahrung der Interessen des Mündels angezeigten Maßregeln.

Die Kantone können der Aufsichtsbehörde eine Nachprüfung und die Genehmigung übertragen.

Abs. 1: 413, 451.

D. Bedeutung der Zustimmung

424 Ist ein Geschäft ohne die vom Gesetze verlangte Zustimmung der zuständigen vormundschaftlichen Behörde für den Bevormundeten abgeschlossen worden, so hat es für ihn nur die Wirkung eines ohne Zustimmung seines Vertreters von ihm selbst abgeschlossenen Geschäftes.

411.

E. Kantonale Verordnungen

Die Kantone haben die Mitwirkung der Behörden auf dem Wege der **425** Verordnung näher zu regeln.

Sie haben namentlich Bestimmungen aufzustellen über die Anlage und Verwahrung des Mündelvermögens, sowie die Art der Rechnungsführung und Rechnungsstellung und der Berichterstattung.

Diese Erlasse bedürfen zu ihrer Gültigkeit der Genehmigung des Bundesrates.

4. Abschnitt

Die Verantwortlichkeit der vormundschaftlichen Organe

A. Im allgemeinen

I. Vormund und Behörden

Der Vormund und die Mitglieder der vormundschaftlichen Behör- **426** den haben bei der Ausübung ihres Amtes die Regeln einer sorgfältigen Verwaltung zu beobachten und haften für den Schaden, den sie absichtlich oder fahrlässig verschulden.

454. OR 41 ff., 97 ff. Umfang: BGE 53 II 365; 57 II 3; 78 II 342; 115 II 15.

II. Gemeinden, Kreise und Kanton

Wird der Schaden durch den Vormund oder die Mitglieder der vor- **427** mundschaftlichen Behörden nicht gedeckt, so haftet für den Ausfall der Kanton.

Es bleibt jedoch den Kantonen vorbehalten, hinter dem Vormund und der Vormundschaftsbehörde vorerst die beteiligten Gemeinden oder Kreise haften zu lassen.

B. Voraussetzung

I. Betreffend die Mitglieder einer Behörde

428 Wird die vormundschaftliche Behörde aus der Führung der Vormundschaft verantwortlich, so ist ein jedes Mitglied haftbar, soweit es nicht nachweisen kann, daß ihm kein Verschulden zur Last fällt.

Jedes der haftbaren Mitglieder trägt den Schaden für seinen Anteil.

II. Im Verhältnis der Organe untereinander

429 Sind der Vormund und die Mitglieder der Vormundschaftsbehörde zugleich haftbar, so haften letztere nur für das, was vom Vormund nicht erhältlich ist.

Sind die Mitglieder der Aufsichtsbehörde und diejenigen der Vormundschaftsbehörde zugleich haftbar, so haften die erstern nur für das, was von den letztern nicht erhältlich ist.

Aus Arglist haften alle verantwortlichen Personen unmittelbar und solidarisch.

361, 422.

C. Fürsorgerische Freiheitsentziehung

429 a Wer durch eine widerrechtliche Freiheitsentziehung verletzt wird, hat Anspruch auf Schadenersatz und, wo die Schwere der Verletzung es rechtfertigt, auf Genugtuung.

Haftbar ist der Kanton unter Vorbehalt des Rückgriffs gegen die Personen, welche die Verletzung absichtlich oder grobfahrlässig verursacht haben.

BGE 118 II 254. Frist: BGE 116 II 407.

D. Geltendmachung

430 Über die Verantwortlichkeitsklage gegen den Vormund und die Mitglieder der vormundschaftlichen Behörden, sowie gegen die Gemeinden oder Kreise und den Kanton entscheidet der Richter.

Die Klage aus der Verantwortlichkeit darf nicht von der vorgängigen Prüfung durch eine Verwaltungsbehörde abhängig gemacht werden.

Abs. 1: 426/7, 454.

Zwölfter Titel
Das Ende der Vormundschaft

1. Abschnitt
Das Ende der Bevormundung

A. Bei Unmündigen

431 Die Vormundschaft über eine unmündige Person hört mit dem Zeitpunkt auf, da die Mündigkeit eintritt.

368, 14.

B. Bei Verurteilten

432 Die Vormundschaft über eine zu Freiheitsstrafe verurteilte Person hört auf mit der Beendigung der Haft.

Die zeitweilige oder bedingte Entlassung hebt die Vormundschaft nicht auf.

Abs. 1: 371.

C. Bei andern Bevormundeten

I. Voraussetzung der Aufhebung

433 Die Vormundschaft über andere Personen endigt mit der Aufhebung durch die zuständige Behörde.

Die Behörde ist zu dieser Aufhebung verpflichtet, sobald ein Grund zur Bevormundung nicht mehr besteht.

Der Bevormundete sowie jedermann, der ein Interesse hat, kann die Aufhebung der Vormundschaft beantragen.

369 ff. Abs. 3, Interesse: BGE 68 II 195; 87 II 130.

II. Verfahren

1. Im allgemeinen

434 Die Ordnung des Verfahrens erfolgt durch die Kantone.

Die Weiterziehung an das Bundesgericht bleibt vorbehalten.

BGE 117 II 379.

2. Veröffentlichung

435 Wurde die Entmündigung veröffentlicht, so ist auch die Aufhebung zu veröffentlichen.

Die Wiedererlangung der Handlungsfähigkeit hängt von der Veröffentlichung ab.

Abs. 1: 375. Abs. 2: 12 ff.

3. Bei Geisteskrankheit

436 Die Aufhebung einer wegen Geisteskrankheit oder Geistesschwäche angeordneten Vormundschaft darf nur erfolgen, nachdem das Gutachten von Sachverständigen eingeholt und festgestellt ist, daß der Bevormundungsgrund nicht mehr besteht.

369, 374 II. BGE 81 II 263.

4. Bei Verschwendung, Trunksucht, lasterhaftem Lebenswandel, Mißwirtschaft

437 Die Aufhebung einer wegen Verschwendung, Trunksucht, lasterhaften Lebenswandels oder wegen der Art und Weise der Vermögensverwaltung angeordneten Vormundschaft darf der Bevormundete nur dann beantragen, wenn er seit mindestens einem Jahre mit Hinsicht auf den Bevormundungsgrund nicht mehr Anlaß zu Beschwerden gegeben hat.

370.

5. Bei eigenem Begehren

438 Die Aufhebung einer auf eigenes Begehren des Bevormundeten angeordneten Vormundschaft darf nur erfolgen, wenn der Grund des Begehrens dahingefallen ist.

372. BGE 78 II 7.

D. Im Falle der Beistandschaft

I. Im allgemeinen

439 Die Vertretung durch den Beistand hört auf mit der Erledigung der Angelegenheit, für die er bestellt worden ist.

Die Vermögensverwaltung hört auf, sobald der Grund, aus dem sie angeordnet wurde, weggefallen und der Beistand entlassen ist.

Die Beistandschaft des Beirates endigt mit der Aufhebung durch die zuständige Behörde nach den Vorschriften über die Aufhebung der Vormundschaft.

Abs. 1: 392. Abs. 2: 393. Abs. 3: 395, 433 ff. BGE 71 II 19.

II. Veröffentlichung

440 Das Aufhören der Beistandschaft ist in einem amtlichen Blatt zu veröffentlichen, wenn deren Anordnung veröffentlicht wurde oder die Vormundschaftsbehörde es sonst für angezeigt erachtet.

397.

2. Abschnitt

Das Ende des vormundschaftlichen Amtes

A. Handlungsunfähigkeit, Tod

441 Das Amt des Vormundes hört mit dem Zeitpunkt auf, da er handlungsunfähig wird oder stirbt.

17.

B. Entlassung, Nichtwiederwahl

I. Ablauf der Amtsdauer

442 Das Amt des Vormundes hört auf mit Ablauf der Zeit, für die er bestellt worden ist, sofern er nicht bestätigt wird.

415.

II. Eintritt von Ausschließungs- oder Ablehnungsgründen

443 Tritt während der Vormundschaft ein Ausschließungsgrund ein, so hat der Vormund das Amt niederzulegen.

Tritt ein Ablehnungsgrund ein, so kann der Vormund in der Regel die Entlassung vor Ablauf der Amtsdauer nicht verlangen.

Abs. 1: 384. Abs. 2: 383.

III. Pflicht zur Weiterführung

444 Der Vormund ist verpflichtet, die notwendigen Geschäfte der Vormundschaft weiterzuführen, bis sein Nachfolger das Amt übernommen hat.
405 ff.

C. Amtsenthebung

I. Gründe

445 Macht sich der Vormund einer groben Nachlässigkeit oder eines Mißbrauchs seiner amtlichen Befugnisse schuldig, begeht er eine Handlung, die ihn der Vertrauensstellung unwürdig erscheinen läßt, oder wird er zahlungsunfähig, so ist er von der Vormundschaftsbehörde seines Amtes zu entheben.

Genügt er seinen vormundschaftlichen Pflichten nicht, so kann ihn die Vormundschaftsbehörde, auch wenn ihn kein Verschulden trifft, aus dem Amte entlassen, sobald die Interessen des Bevormundeten gefährdet sind.

II. Verfahren

1. Auf Antrag und von Amtes wegen

446 Die Amtsenthebung kann sowohl von dem Bevormundeten, der urteilsfähig ist, als auch von jedermann, der ein Interesse hat, beantragt werden.

Wird der Vormundschaftsbehörde auf anderem Wege ein Enthebungsgrund bekannt, so hat sie von Amtes wegen zur Enthebung zu schreiten.
Abs. 1: 16.

2. Untersuchung und Bestrafung

447 Vor der Enthebung hat die Vormundschaftsbehörde die Umstände des Falles zu untersuchen und den Vormund anzuhören.

Bei geringen Unregelmäßigkeiten kann die Enthebung bloß angedroht und dem Vormund eine Buße bis auf hundert Franken auferlegt werden.

3. Vorläufige Maßregeln

448 Ist Gefahr im Verzuge, so kann die Vormundschaftsbehörde den Vormund vorläufig im Amte einstellen und nötigenfalls seine Verhaftung und die Beschlagnahme seines Vermögens veranlassen.

3. Abteilung. Die Vormundschaft

4. Weitere Maßregeln

Neben der Amtsenthebung und der Verhängung von Strafen hat die Vormundschaftsbehörde die zur Sicherung des Bevormundeten nötigen Maßregeln zu treffen.

5. Beschwerde

Gegen die Verfügungen der Vormundschaftsbehörde kann die Entscheidung der Aufsichtsbehörde angerufen werden.

3. Abschnitt
Die Folgen der Beendigung

A. Schlußrechnung und Vermögensübergabe

Geht das vormundschaftliche Amt zu Ende, so hat der Vormund der Vormundschaftsbehörde einen Schlußbericht zu erstatten und eine Schlußrechnung einzureichen sowie das Vermögen zur Übergabe an den Bevormundeten, an dessen Erben oder an den Amtsnachfolger bereitzuhalten.

B. Prüfung des Schlußberichts und der Schlußrechnung

Der Schlußbericht und die Schlußrechnung werden durch die vormundschaftlichen Behörden in gleicher Weise geprüft und genehmigt, wie die periodische Berichterstattung und Rechnungsstellung.
423.

C. Entlassung des Vormundes

Sind der Schlußbericht und die Schlußrechnung genehmigt und das Mündelvermögen dem Bevormundeten, dessen Erben oder dem Amtsnachfolger zur Verfügung gestellt, so spricht die Vormundschaftsbehörde die Entlassung des Vormundes aus.

Die Schlußrechnung ist dem Bevormundeten, dessen Erben oder dem neuen Vormunde zuzustellen unter Hinweis auf die Bestimmungen über die Geltendmachung der Verantwortlichkeit.

Gleichzeitig ist ihnen von der Entlassung des Vormundes oder von der Verweigerung der Genehmigung der Schlußrechnung Mitteilung zu machen.
Abs. 2: 426 ff.

D. Geltendmachung der Verantwortlichkeit

I. Ordentliche Verjährung

454 Die Verantwortlichkeitsklage gegenüber dem Vormund und den unmittelbar haftbaren Mitgliedern der vormundschaftlichen Behörden verjährt mit Ablauf eines Jahres nach Zustellung der Schlußrechnung.

Gegenüber den Mitgliedern der vormundschaftlichen Behörden, die nicht unmittelbar haftbar sind, sowie gegenüber den Gemeinden oder Kreisen und dem Kanton verjährt die Klage mit Ablauf eines Jahres, nachdem sie erhoben werden konnte.

Die Verjährung der Klage gegen die Mitglieder der vormundschaftlichen Behörden, gegen die Gemeinden oder Kreise oder den Kanton beginnt in keinem Falle vor dem Aufhören der Vormundschaft.

Abs. 1: 426, 451. Abs. 2: 427, 429. Abs. 3: 431 ff.; Beginn: BGE 76 II 185.

II. Außerordentliche Verjährung

455 Liegt ein Rechnungsfehler vor oder konnte ein Verantwortlichkeitsgrund erst nach Beginn der ordentlichen Verjährungsfrist entdeckt werden, so verjährt die Verantwortlichkeitsklage mit Ablauf eines Jahres, nachdem der Fehler oder der Verantwortlichkeitsgrund entdeckt worden ist, in jedem Falle aber mit Ablauf von zehn Jahren seit Beginn der ordentlichen Verjährungsfrist.

Wird die Verantwortlichkeitsklage aus einer strafbaren Handlung hergeleitet, so kann sie auch nach Ablauf dieser Fristen noch so lange geltend gemacht werden, als die Strafklage nicht verjährt ist.
454.

E. Vorrecht der Ersatzforderung

456 Bei der Pfändung und im Konkurse des Vormundes oder der Mitglieder der vormundschaftlichen Behörden hat die Ersatzforderung des Bevormundeten ein Vorrecht nach Schuldbetreibungs- und Konkursrecht.
SchKG 219.

Dritter Teil
Das Erbrecht

Anhang I Art. 22 ff.

Dritter Teil
Das Erbteil

Erste Abteilung
Die Erben

Dreizehnter Titel
Die gesetzlichen Erben

A. Verwandte Erben

I. Nachkommen

457 Die nächsten Erben eines Erblassers sind seine Nachkommen.
Die Kinder erben zu gleichen Teilen.
An die Stelle vorverstorbener Kinder treten ihre Nachkommen, und zwar in allen Graden nach Stämmen.
Abs. 1: 133, 226 II, 461, 465.

II. Elterlicher Stamm

458 Hinterläßt der Erblasser keine Nachkommen, so gelangt die Erbschaft an den Stamm der Eltern.
Vater und Mutter erben nach Hälften.
An die Stelle von Vater oder Mutter, die vorverstorben sind, treten ihre Nachkommen, und zwar in allen Graden nach Stämmen.
Fehlt es an Nachkommen auf einer Seite, so fällt die ganze Erbschaft an die Erben der andern Seite.
Abs. 3: 20.

III. Großelterlicher Stamm

459 Hinterläßt der Erblasser weder Nachkommen noch Erben des elterlichen Stammes, so gelangt die Erbschaft an den Stamm der Großeltern.
Überleben die Großeltern der väterlichen und die der mütterlichen Seite den Erblasser, so erben sie auf jeder Seite zu gleichen Teilen.
An die Stelle eines vorverstorbenen Großvaters oder einer vorverstorbenen Großmutter treten ihre Nachkommen, und zwar in allen Graden nach Stämmen.
Ist der Großvater oder die Großmutter auf der väterlichen oder der mütterlichen Seite vorverstorben, und fehlt es auch an Nachkommen des Vorverstorbenen, so fällt die ganze Hälfte an die vorhandenen Erben der gleichen Seite.

Fehlt es an Erben der väterlichen oder der mütterlichen Seite, so fällt die ganze Erbschaft an die Erben der andern Seite.
Abs. 3: 20.

IV. Umfang der Erbberechtigung

460 Mit dem Stamm der Großeltern hört die Erbberechtigung der Verwandten auf.

V. Außereheliche Verwandte

461 Aufgehoben.

B. Überlebender Ehegatte

462 Der überlebende Ehegatte erhält:
 1. wenn er mit Nachkommen zu teilen hat, die Hälfte der Erbschaft;
 2. wenn er mit Erben des elterlichen Stammes zu teilen hat, drei Viertel der Erbschaft;
 3. wenn auch keine Erben des elterlichen Stammes vorhanden sind, die ganze Erbschaft.

463 Aufgehoben per 1. Januar 1988.

464 Aufgehoben per 1. Januar 1988.

C. Angenommene Kinder

465 Aufgehoben. S. Art. 267 Abs. I.

D. Gemeinwesen

466 Hinterläßt der Erblasser keine Erben, so fällt die Erbschaft an den Kanton, in dem der Erblasser den letzten Wohnsitz gehabt hat, oder an die Gemeinde, die von der Gesetzgebung dieses Kantons als berechtigt bezeichnet wird.

1. Abteilung. Die Erben

Vierzehnter Titel
Die Verfügung von Todes wegen

1. Abschnitt
Die Verfügungsfähigkeit

A. Letztwillige Verfügung

467 Wer urteilsfähig ist und das achtzehnte Altersjahr zurückgelegt hat, ist befugt, unter Beobachtung der gesetzlichen Schranken und Formen über sein Vermögen letztwillig zu verfügen.

Testierfähigkeit. 16, 481. BGE 117 II 231. IPRG 94.

B. Erbvertrag

468 Zur Abschließung eines Erbvertrages bedarf der Erblasser der Mündigkeit.

14, 15, 494 ff.

C. Mangelhafter Wille

469 Verfügungen, die der Erblasser unter dem Einfluß von Irrtum, arglistiger Täuschung, Drohung oder Zwang errichtet hat, sind ungültig.

Sie erlangen jedoch Gültigkeit, wenn sie der Erblasser nicht binnen Jahresfrist aufhebt, nachdem er von dem Irrtum oder von der Täuschung Kenntnis erhalten hat oder der Einfluß von Zwang oder Drohung weggefallen ist.

Enthält eine Verfügung einen offenbaren Irrtum in bezug auf Personen oder Sachen, und läßt sich der wirkliche Wille des Erblassers mit Bestimmtheit feststellen, so ist die Verfügung in diesem Sinne richtigzustellen.

519. OR 23 ff. Irrtum: BGE 75 II 284; 83 II 493; 94 II 140; 119 II 208. Abs. 3: BGE 72 II 231.

2. Abschnitt
Die Verfügungsfreiheit

A. Verfügbarer Teil

I. Umfang der Verfügungsbefugnis

470 Wer Nachkommen, Eltern oder den Ehegatten als seine nächsten Erben hinterläßt, kann bis zu deren Pflichtteil über sein Vermögen von Todes wegen verfügen.

Wer keine der genannten Erben hinterläßt, kann über sein ganzes Vermögen von Todes wegen verfügen.

II. Pflichtteil

471 Der Pflichtteil beträgt:
1. für einen Nachkommen drei Viertel des gesetzlichen Erbanspruches,
2. für jedes der Eltern die Hälfte,
3. für den überlebenden Ehegatten die Hälfte.

SchlT 59 II. Ziff. 1: 457, 322. Ziff. 2, 3: 458. Ziff. 4: 226, 467 ff., 473, BGE 70 II 147.

III. Vorbehalt kantonalen Rechtes

472 Aufgehoben per 1. Januar 1988.

IV. Begünstigung des Ehegatten

473 Der Erblasser kann dem überlebenden Ehegatten durch Verfügung von Todes wegen gegenüber den gemeinsamen und den während der Ehe gezeugten nicht gemeinsamen Kindern und deren Nachkommen die Nutznießung an dem ganzen ihnen zufallenden Teil der Erbschaft zuwenden.

Diese Nutznießung tritt an die Stelle des dem Ehegatten neben diesen Nachkommen zustehenden gesetzlichen Erbrechts.

Im Falle der Wiederverheiratung entfällt die Nutznießung auf jenem Teil der Erbschaft, der im Zeitpunkt des Erbganges nach den ordentlichen Bestimmungen über den Pflichtteil der Nachkommen nicht hätte mit der Nutznießung belastet werden können.

Abs. 1: 745 ff. Abs. 2: 462 I. BGE 51 II 56.

V. Berechnung des verfügbaren Teils

1. Schuldenabzug

Der verfügbare Teil berechnet sich nach dem Stande des Vermögens zur Zeit des Todes des Erblassers. **474**

Bei der Berechnung sind die Schulden des Erblassers, die Auslagen für das Begräbnis, für die Siegelung und Inventaraufnahme, sowie die Ansprüche der Hausgenossen auf Unterhalt während eines Monats von der Erbschaft abzuziehen.

Tragweite: BGE 80 II 201. Abs. 2: 552 f., 606.

2. Zuwendungen unter Lebenden

Die Zuwendungen unter Lebenden werden insoweit zum Vermögen hinzugerechnet, als sie der Herabsetzungsklage unterstellt sind. **475**

527/8, 626. BGE 76 II 191.

3. Versicherungsansprüche

Ist ein auf den Tod des Erblassers gestellter Versicherungsanspruch mit Verfügung unter Lebenden oder von Todes wegen zugunsten eines Dritten begründet oder bei Lebzeiten des Erblassers unentgeltlich auf einen Dritten übertragen worden, so wird der Rückkaufswert des Versicherungsanspruches im Zeitpunkt des Todes des Erblassers zu dessen Vermögen gerechnet. **476**

VVG, 76 ff., 90 ff.

B. Enterbung

I. Gründe

Der Erblasser ist befugt, durch Verfügung von Todes wegen einem Erben den Pflichtteil zu entziehen: **477**

1. wenn der Erbe gegen den Erblasser oder gegen eine diesem nahe verbundene Person ein schweres Verbrechen begangen hat,

2. wenn er gegenüber dem Erblasser oder einem von dessen Angehörigen die ihm obliegenden familienrechtlichen Pflichten schwer verletzt hat.

OR 249. BGE 76 II 271. Ziff. 2: 159 ff., 268 II, 271 ff., 314 ff.; BGE 72 II 340; 73 II 211; 76 II 269; 106 II 304.

II. Wirkung

478 Der Enterbte kann weder an der Erbschaft teilnehmen noch die Herabsetzungsklage geltend machen.

Der Anteil des Enterbten fällt, sofern der Erblasser nicht anders verfügt hat, an die gesetzlichen Erben des Erblassers, wie wenn der Enterbte den Erbfall nicht erlebt hätte.

Die Nachkommen des Enterbten behalten ihr Pflichtteilsrecht, wie wenn der Enterbte den Erbfall nicht erlebt hätte.

Abs. 1: 560f., 522ff. Abs. 3: 471 Ziff. 1, 541.

III. Beweislast

479 Eine Enterbung ist nur dann gültig, wenn der Erblasser den Enterbungsgrund in seiner Verfügung angegeben hat.

Ficht der Enterbte die Enterbung wegen Unrichtigkeit dieser Angabe an, so hat der Erbe oder Bedachte, der aus der Enterbung Vorteil zieht, deren Richtigkeit zu beweisen.

Kann dieser Nachweis nicht erbracht werden oder ist ein Enterbungsgrund nicht angegeben, so wird die Verfügung insoweit aufrechterhalten, als sich dies mit dem Pflichtteil des Enterbten verträgt, es sei denn, daß der Erblasser die Verfügung in einem offenbaren Irrtum über den Enterbungsgrund getroffen hat.

Abs. 1: BGE 73 II 211.

IV. Enterbung eines Zahlungsunfähigen

480 Bestehen gegen einen Nachkommen des Erblassers Verlustscheine, so kann ihm der Erblasser die Hälfte seines Pflichtteils entziehen, wenn er diese den vorhandenen und später geborenen Kindern desselben zuwendet.

Diese Enterbung fällt jedoch auf Begehren des Enterbten dahin, wenn bei der Eröffnung des Erbganges Verlustscheine nicht mehr bestehen oder wenn deren Gesamtbetrag einen Vierteil des Erbteils nicht übersteigt.

Abs. 1: SchKG 149, 265, 471 Ziff. 1.

3. Abschnitt
Die Verfügungsarten

A. Im allgemeinen

Der Erblasser kann in den Schranken der Verfügungsfreiheit über **481** sein Vermögen mit letztwilliger Verfügung oder mit Erbvertrag ganz oder teilweise verfügen.

Der Teil, über den er nicht verfügt hat, fällt an die gesetzlichen Erben.

470ff., 498ff., 512ff. Abs. 2: 457ff. Auslegung: BGE 52 II 432; 56 II 14; 89 II 191; 90 II 480. Korrespektives Testament: BGE 89 II 285.

B. Auflagen und Bedingungen

Der Erblasser kann seinen Verfügungen Auflagen oder Bedingun- **482** gen anfügen, deren Vollziehung, sobald die Verfügung zur Ausführung gelangt ist, jedermann verlangen darf, der an ihnen ein Interesse hat.

Unsittliche oder rechtswidrige Auflagen und Bedingungen machen die Verfügung ungültig.

Sind sie lediglich für andere Personen lästig, oder sind sie unsinnig, so werden sie als nicht vorhanden betrachtet.

Abs. 1: OR 151ff. BGE 101 II 25. Abs. 2: 519 Ziff. 3; BGE 87 II 358. Auflage, höchstpersönlicher Charakter: BGE 81 II 30.

C. Erbeinsetzung

Der Erblasser kann für die ganze Erbschaft oder für einen Bruchteil **483** einen oder mehrere Erben einsetzen.

Als Erbeinsetzung ist jede Verfügung zu betrachten, nach der ein Bedachter die Erbschaft insgesamt oder zu einem Bruchteil erhalten soll.

D. Vermächtnis

I. Inhalt

Der Erblasser kann einem Bedachten, ohne ihn als Erben einzu- **484** setzen, einen Vermögensvorteil als Vermächtnis zuwenden.

Er kann ihm eine einzelne Erbschaftssache oder die Nutznießung an der Erbschaft im ganzen oder zu einem Teile vermachen oder die Erben oder Vermächtnisnehmer beauftragen, ihm Leistungen aus dem Werte der Erbschaft zu machen oder ihn von Verbindlichkeiten zu befreien.

Vermacht der Erblasser eine bestimmte Sache, so wird der Beschwerte, wenn sich diese in der Erbschaft nicht vorfindet und kein anderer Wille des Erblassers aus der Verfügung ersichtlich ist, nicht verpflichtet.

543, 601. Voraussetzung: BGE 81 II 28. Schenkung auf den Todesfall: OR 245 II. BGE 45 II 145; 75 II 186; 108 II 278. Abs. 2: 745 ff., 473.

II. Verpflichtung des Beschwerten

485 Die Sache ist dem Bedachten in dem Zustande und in der Beschaffenheit, mit Schaden und mit Zuwachs, frei oder belastet auszuliefern, wie sie sich zur Zeit der Eröffnung des Erbganges vorfindet.

Für Aufwendungen, die der Beschwerte seit der Eröffnung des Erbganges auf die Sache gemacht hat, sowie für Verschlechterungen, die seither eingetreten sind, steht er in den Rechten und Pflichten eines Geschäftsführers ohne Auftrag.

Abs. 2: OR 419 ff.

III. Verhältnis zur Erbschaft

486 Übersteigen die Vermächtnisse den Betrag der Erbschaft oder der Zuwendung an den Beschwerten oder den verfügbaren Teil, so kann ihre verhältnismäßige Herabsetzung verlangt werden.

Erleben die Beschwerten den Tod des Erblassers nicht, oder sind sie erbunwürdig, oder erklären sie die Ausschlagung, so bleiben die Vermächtnisse gleichwohl in Kraft.

Hat der Erblasser ein Vermächtnis zugunsten eines der gesetzlichen oder eingesetzten Erben aufgestellt, so kann dieser es auch dann beanspruchen, wenn er die Erbschaft ausschlägt.

Abs. 1: 522. Abs. 2: 540, 566 ff. Abs. 3: 457 ff., 483, 566.

E. Ersatzverfügung

487 Der Erblasser kann in seiner Verfügung eine oder mehrere Personen bezeichnen, denen die Erbschaft oder das Vermächtnis für den Fall des Vorabsterbens oder der Ausschlagung des Erben oder Vermächtnisnehmers zufallen soll.

566 ff., 577.

F. Nacherbeneinsetzung

I. Bezeichnung des Nacherben

488 Der Erblasser ist befugt, in seiner Verfügung den eingesetzten Erben als Vorerben zu verpflichten, die Erbschaft einem andern als Nacherben auszuliefern.

Dem Nacherben kann eine solche Pflicht nicht auferlegt werden.
Die gleichen Bestimmungen gelten für das Vermächtnis.
531, 545.

II. Zeitpunkt der Auslieferung

489 Als Zeitpunkt der Auslieferung ist, wenn die Verfügung es nicht anders bestimmt, der Tod des Vorerben zu betrachten.

Wird ein anderer Zeitpunkt genannt, und ist dieser zur Zeit des Todes des Vorerben noch nicht eingetreten, so geht die Erbschaft gegen Sicherstellung auf die Erben des Vorerben über.

Kann der Zeitpunkt aus irgendeinem Grunde nicht mehr eintreten, so fällt die Erbschaft vorbehaltlos an die Erben des Vorerben.

III. Sicherungsmittel

490 In allen Fällen der Nacherbeneinsetzung hat die zuständige Behörde die Aufnahme eines Inventars anzuordnen.

Die Auslieferung der Erbschaft an den Vorerben erfolgt, sofern ihn der Erblasser nicht ausdrücklich von dieser Pflicht befreit hat, nur gegen Sicherstellung, die bei Grundstücken durch Vormerkung der Auslieferungspflicht im Grundbuch geleistet werden kann.

Vermag der Vorerbe diese Sicherstellung nicht zu leisten, oder gefährdet er die Anwartschaft des Nacherben, so ist die Erbschaftsverwaltung anzuordnen.
Abs. 1, 553; BGE 60 II 25. Abs. 2: 960 Ziff. 3. BGE 100 II 92. Abs. 3: 554 ff.

IV. Rechtsstellung

1. Des Vorerben

491 Der Vorerbe erwirbt die Erbschaft wie ein anderer eingesetzter Erbe.

Er wird Eigentümer der Erbschaft unter der Pflicht zur Auslieferung.
Abs. 1: 560 ff.

2. Des Nacherben

492 Der Nacherbe erwirbt die Erbschaft des Erblassers, wenn er den für die Auslieferung bestimmten Zeitpunkt erlebt hat.

Erlebt er diesen Zeitpunkt nicht, so verbleibt die Erbschaft, wenn der Erblasser nicht anders verfügt hat, dem Vorerben.

Erlebt der Vorerbe den Tod des Erblassers nicht, oder ist er erbunwürdig, oder schlägt er die Erbschaft aus, so fällt sie an den Nacherben.

Abs. 1: 560. Abs. 3: 540, 566 ff.

G. Stiftungen

493 Der Erblasser ist befugt, den verfügbaren Teil seines Vermögens ganz oder teilweise für irgendeinen Zweck als Stiftung zu widmen.

Die Stiftung ist jedoch nur dann gültig, wenn sie den gesetzlichen Vorschriften entspricht.

80 ff., 335.

H. Erbverträge

I. Erbeinsetzungs- und Vermächtnisvertrag

494 Der Erblasser kann sich durch Erbvertrag einem andern gegenüber verpflichten, ihm oder einem Dritten seine Erbschaft oder ein Vermächtnis zu hinterlassen.

Er kann über sein Vermögen frei verfügen.

Verfügungen von Todes wegen oder Schenkungen, die mit seinen Verpflichtungen aus dem Erbvertrag nicht vereinbar sind, unterliegen jedoch der Anfechtung.

468, 512, 522, 534 ff. OR 521 Abs. 2. Rechtsgeschäft unter Lebenden: BGE 74 I 331; 84 II 250. Abs. 3: OR 245 Abs. 2. BGE 70 II 261.

II. Erbverzicht

1. Bedeutung

495 Der Erblasser kann mit einem Erben einen Erbverzichtvertrag oder Erbauskauf abschließen.

Der Verzichtende fällt beim Erbgang außer Betracht.

Wo der Vertrag nicht etwas anderes anordnet, wirkt der Erbverzicht auch gegenüber den Nachkommen des Verzichtenden.

535, 636.

2. Lediger Anfall

496 Sind im Erbvertrag bestimmte Erben an Stelle des Verzichtenden eingesetzt, so fällt der Verzicht dahin, wenn diese die Erbschaft aus irgendeinem Grunde nicht erwerben.

Ist der Verzicht zugunsten von Miterben erfolgt, so wird vermutet, daß er nur gegenüber den Erben des Stammes, der sich vom nächsten ihnen gemeinsamen Vorfahren ableitet, ausgesprochen sei und gegenüber entfernteren Erben nicht bestehe.

3. Rechte der Erbschaftsgläubiger

497 Ist der Erblasser zur Zeit der Eröffnung des Erbganges zahlungsunfähig, und werden seine Gläubiger von den Erben nicht befriedigt, so können der Verzichtende und seine Erben insoweit in Anspruch genommen werden, als sie für den Erbverzicht innerhalb der letzten fünf Jahre vor dem Tode des Erblassers aus dessen Vermögen eine Gegenleistung erhalten haben und hieraus zur Zeit des Erbganges noch bereichert sind.

4. Abschnitt

Die Verfügungsformen

A. Letztwillige Verfügungen

I. Errichtung

1. Im allgemeinen

498 Der Erblasser kann eine letztwillige Verfügung entweder mit öffentlicher Beurkundung oder eigenhändig durch mündliche Erklärung errichten.

Testament. SchlT 55. IPRG 93. Internat. Übereinkommen vom 5. Okt. 1961 über das auf die Form letztwilliger Verfügungen anzuwendende Recht; SR 0.211.312.1.

2. Öffentliche Verfügung

a) Errichtungsform

499 Die öffentliche letztwillige Verfügung erfolgt unter Mitwirkung von zwei Zeugen vor dem Beamten, Notar oder einer anderen Urkundsperson, die nach kantonalem Recht mit diesen Geschäften betraut sind.

b) Mitwirkung des Beamten

500 Der Erblasser hat dem Beamten seinen Willen mitzuteilen, worauf dieser die Urkunde aufsetzt oder aufsetzen läßt und dem Erblasser zu lesen gibt.

Die Urkunde ist vom Erblasser zu unterschreiben.

Der Beamte hat die Urkunde zu datieren und ebenfalls zu unterschreiben.

Abs. 1, Mitteilung: BGE 63 II 359. Abs. 2: OR 14/5; (Handzeichen?) BGE 45 II 137.

c) Mitwirkung der Zeugen

501 Der Erblasser hat unmittelbar nach der Datierung und Unterzeichnung den zwei Zeugen in Gegenwart des Beamten zu erklären, daß er die Urkunde gelesen habe und daß sie seine letztwillige Verfügung enthalte.

Die Zeugen haben auf der Urkunde mit ihrer Unterschrift zu bestätigen, daß der Erblasser vor ihnen diese Erklärung abgegeben und daß er sich nach ihrer Wahrnehmung dabei im Zustande der Verfügungsfähigkeit befunden habe.

Es ist nicht erforderlich, daß die Zeugen vom Inhalt der Urkunde Kenntnis erhalten.

Abs. 2: 467. BGE 50 II 116.

d) Errichtung ohne Lesen und Unterschrift des Erblassers

502 Wenn der Erblasser die Urkunde nicht selbst liest und unterschreibt, so hat sie ihm der Beamte in Gegenwart der beiden Zeugen vorzulesen, und der Erblasser hat daraufhin zu erklären, die Urkunde enthalte seine Verfügung.

Die Zeugen haben in diesem Falle nicht nur die Erklärung des Erblassers und ihre Wahrnehmung über seine Verfügungsfähigkeit zu bezeugen, sondern auch mit ihrer Unterschrift zu bestätigen, daß die Urkunde in ihrer Gegenwart dem Erblasser vom Beamten vorgelesen worden sei.

Abs. 1: BGE 66 II 90; 118 II 273. Abs. 2: 501 II.

e) Mitwirkende Personen

503 Personen, die nicht handlungsfähig sind, die sich infolge eines strafgerichtlichen Urteils nicht im Besitz der bürgerlichen Ehren und Rechte befinden, oder die des Schreibens und Lesens unkundig sind, sowie die Verwandten in gerader Linie und Geschwister des Erblassers und deren Ehegatten und der Ehegatte des Erblassers selbst können bei der Errichtung der öffentlichen Verfügung weder als beurkundender Beamter noch als Zeugen mitwirken.

Der beurkundende Beamte und die Zeugen sowie die Blutsverwandten in gerader Linie und die Geschwister oder Ehegatten dieser Personen dürfen in der Verfügung nicht bedacht werden.

Abs. 1: 13, 20, 384 Ziff. 2.

f) *Aufbewahrung der Verfügung*

504 Die Kantone haben dafür zu sorgen, daß die mit der Beurkundung betrauten Beamten die Verfügungen im Original oder in einer Abschrift entweder selbst aufbewahren oder einer Amtsstelle zur Aufbewahrung übergeben.

505 II.

3. Eigenhändige Verfügung

505 Die eigenhändige letztwillige Verfügung ist vom Erblasser von Anfang bis zu Ende mit Einschluß der Angabe von Ort, Jahr, Monat und Tag der Errichtung von Hand niederzuschreiben, sowie mit seiner Unterschrift zu versehen.

Die Kantone haben dafür zu sorgen, daß solche Verfügungen offen oder verschlossen einer Amtsstelle zur Aufbewahrung übergeben werden können.

536. BGE 49 II 10; 57 II 16; 64 II 409; 70 II 10; 73 II 210; 78 II 121; 80 II 305; 95 II 1; 98 II 73; 116 II 117 und 117 II 239 (Datum); 117 II 145 und 117 II 246 (Ort).

4. Mündliche Verfügung

a) *Verfügung*

506 Ist der Erblasser infolge außerordentlicher Umstände, wie nahe Todesgefahr, Verkehrssperre, Epidemien oder Kriegsereignisse, verhindert, sich einer der andern Errichtungsformen zu bedienen, so ist er befugt, eine mündliche letztwillige Verfügung zu errichten.

Zu diesem Zwecke hat er seinen letzten Willen vor zwei Zeugen zu erklären und sie zu beauftragen, seiner Verfügung die nötige Beurkundung zu verschaffen.

Für die Zeugen gelten die gleichen Ausschließungsvorschriften wie bei der öffentlichen Verfügung.

BGE 45 II 529; 77 II 218. Abs. 2: BGE 104 II 68.

b) *Beurkundung*

507 Die mündliche Verfügung ist sofort von einem der Zeugen unter Angabe von Ort, Jahr, Monat und Tag der Errichtung in Schrift zu verfassen, von beiden Zeugen zu unterschreiben und hierauf mit der Erklärung, daß der Erblasser ihnen im Zustande der Verfügungsfähigkeit unter den obwaltenden besonderen Umständen diesen seinen letzten Willen mitgeteilt habe, ohne Verzug bei einer Gerichtsbehörde niederzulegen.

Die beiden Zeugen können statt dessen die Verfügung mit der gleichen Erklärung bei einer Gerichtsbehörde zu Protokoll geben.

Errichtet der Erblasser die mündliche Verfügung im Militärdienst, so kann ein Offizier mit Hauptmanns- oder höherem Rang die Gerichtsbehörde ersetzen.

c)   Verlust der Gültigkeit

508 Wird es dem Erblasser nachträglich möglich, sich einer der andern Verfügungsformen zu bedienen, so verliert nach vierzehn Tagen, von diesem Zeitpunkt an gerechnet, die mündliche Verfügung ihre Gültigkeit.

II.   Widerruf und Vernichtung

1.   Widerruf

509 Der Erblasser kann seine letztwillige Verfügung jederzeit in einer der Formen widerrufen, die für die Errichtung vorgeschrieben sind.

Der Widerruf kann die Verfügung ganz oder zum Teil beschlagen.

154 Abs. 3. BGE 78 II 351; 116 II 411.

2.   Vernichtung

510 Der Erblasser kann seine letztwillige Verfügung dadurch widerrufen, daß er die Urkunde vernichtet.

Wird die Urkunde durch Zufall oder aus Verschulden anderer vernichtet, so verliert die Verfügung unter Vorbehalt der Ansprüche auf Schadenersatz gleichfalls ihre Gültigkeit, insofern ihr Inhalt nicht genau und vollständig festgestellt werden kann.

Abs. 1: BGE 83 II 504; Streichungen: BGE 78 II 351; 116 II 411. Abs. 2: OR 41 ff.

3.   Spätere Verfügung

511 Errichtet der Erblasser eine letztwillige Verfügung, ohne eine früher errichtete ausdrücklich aufzuheben, so tritt sie an die Stelle der frühern Verfügung, soweit sie sich nicht zweifellos als deren bloße Ergänzung darstellt.

Ebenso wird eine letztwillige Verfügung über eine bestimmte Sache dadurch aufgehoben, daß der Erblasser über die Sache nachher eine Verfügung trifft, die mit jener nicht vereinbar ist.

484 III. BGE 67 II 97; 73 II 150; 79 II 39; 82 II 515; 91 II 264.

B. Erbverträge

I. Errichtung

512 Der Erbvertrag bedarf zu seiner Gültigkeit der Form der öffentlichen letztwilligen Verfügung.

Die Vertragschließenden haben gleichzeitig dem Beamten ihren Willen zu erklären und die Urkunde vor ihm und den zwei Zeugen zu unterschreiben.

494, 499 ff. Abs. 2: OR 15. BGE 76 II 276; 93 II 228; 112 II 23.

II. Aufhebung

1. Unter Lebenden

a) Durch Vertrag und letztwillige Verfügung

513 Der Erbvertrag kann von den Vertragschließenden jederzeit durch schriftliche Übereinkunft aufgehoben werden.

Der Erblasser kann einseitig einen Erbeinsetzungs- oder Vermächtnisvertrag aufheben, wenn sich der Erbe oder Bedachte nach dem Abschluß des Vertrages dem Erblasser gegenüber eines Verhaltens schuldig macht, das einen Enterbungsgrund darstellt.

Die einseitige Aufhebung hat in einer der Formen zu erfolgen, die für die Errichtung der letztwilligen Verfügungen vorgeschrieben sind.

Abs. 2: 477. Abs. 3: BGE 64 II 338.

b) Durch Rücktritt vom Vertrag

514 Wer auf Grund eines Erbvertrages Leistungen unter Lebenden zu fordern hat, kann, wenn sie nicht vertragsgemäß erfüllt oder sichergestellt werden, nach den Bestimmungen des Obligationenrechtes den Rücktritt erklären.

OR 107 ff.

2. Vorabsterben des Erben

515 Erlebt der Erbe oder Vermächtnisnehmer den Tod des Erblassers nicht, so fällt der Vertrag dahin.

Ist der Erblasser zur Zeit des Todes des Erben aus dem Vertrage bereichert, so können die Erben des Verstorbenen, wenn es nicht anders bestimmt ist, diese Bereicherung herausverlangen.

7. OR 62 ff.

C. Verfügungsbeschränkung

516 Tritt für den Erblasser nach Errichtung einer Verfügung von Todes wegen eine Beschränkung der Verfügungsfreiheit ein, so wird die Verfügung nicht aufgehoben, wohl aber der Herabsetzungsklage unterstellt.

470, 522 ff.

5. Abschnitt

Die Willensvollstrecker

A. Erteilung des Auftrages

517 Der Erblasser kann in einer letztwilligen Verfügung eine oder mehrere handlungsfähige Personen mit der Vollstreckung seines Willens beauftragen.

Dieser Auftrag ist ihnen von Amtes wegen mitzuteilen, und sie haben sich binnen vierzehn Tagen, von dieser Mitteilung an gerechnet, über die Annahme des Auftrages zu erklären, wobei ihr Stillschweigen als Annahme gilt.

Sie haben Anspruch auf angemessene Vergütung für ihre Tätigkeit.

Abs. 1: 13 ff. Abs. 2: BGE 78 II 127. Rechtsstellung: BGE 84 II 327; 85 II 599; 86 II 359; 90 II 371, 379.

B. Inhalt des Auftrages

518 Die Willensvollstrecker stehen, soweit der Erblasser nichts anderes verfügt, in den Rechten und Pflichten des amtlichen Erbschaftsverwalters.

Sie haben den Willen des Erblassers zu vertreten und gelten insbesondere als beauftragt, die Erbschaft zu verwalten, die Schulden des Erblassers zu bezahlen, die Vermächtnisse auszurichten und die Teilung nach den vom Erblasser getroffenen Anordnungen oder nach Vorschrift des Gesetzes auszuführen.

Sind mehrere Willensvollstrecker bestellt, so stehen ihnen diese Befugnisse unter Vorbehalt einer anderen Anordnung des Erblassers gemeinsam zu.

Abs. 1: 554 f., 595 ff. BGE 48 II 310; 81 II 31; 90 II 379; 116 II 131. Abs. 2: 610 ff.

6. Abschnitt

Die Ungültigkeit und Herabsetzung der Verfügungen

A. Ungültigkeitsklage

I. Bei Verfügungsunfähigkeit, mangelhaftem Willen, Rechtswidrigkeit und Unsittlichkeit

519 Eine Verfügung von Todes wegen wird auf erhobene Klage für ungültig erklärt:

1. wenn sie vom Erblasser zu einer Zeit errichtet worden ist, da er nicht verfügungsfähig war,
2. wenn sie aus mangelhaftem Willen hervorgegangen ist,
3. wenn ihr Inhalt oder eine ihr angefügte Bedingung unsittlich oder rechtswidrig ist.

Die Ungültigkeitsklage kann von jedermann erhoben werden, der als Erbe oder Bedachter ein Interesse daran hat, daß die Verfügung für ungültig erklärt werde.

467 ff. Abs. 1 Ziff. 1: BGE 117 II 231; Ziff. 3: 482, OR 157. BGE 81 II 34.

II. Bei Formmangel

520 Leidet die Verfügung an einem Formmangel, so wird sie auf erhobene Klage für ungültig erklärt.

Liegt die Formwidrigkeit in der Mitwirkung von Personen, die selber oder deren Angehörige in der Verfügung bedacht sind, so werden nur diese Zuwendungen für ungültig erklärt.

Für das Recht zur Klage gelten die gleichen Vorschriften wie im Falle der Verfügungsunfähigkeit.

Abs. 1: 498 ff. Abs. 2: 503. Abs. 3: 519.

III. Verjährung

521 Die Ungültigkeitsklage verjährt mit Ablauf eines Jahres, von dem Zeitpunkt an gerechnet, da der Kläger von der Verfügung und dem Ungültigkeitsgrund Kenntnis erhalten hat, und in jedem Falle mit Ablauf von zehn Jahren, vom Tage der Eröffnung der Verfügung an gerechnet.

Gegenüber einem bösgläubigen Bedachten verjährt sie im Falle der Verfügungsunfähigkeit des Erblassers oder der Rechtswidrigkeit oder Unsittlichkeit unter allen Umständen erst mit dem Ablauf von dreißig Jahren.

Einredeweise kann die Ungültigkeit einer Verfügung jederzeit geltend gemacht werden.

533, 556ff. BGE 81 II 27. Abs. 1: BGE 98 II 176.

B. Herabsetzungsklage

I. Voraussetzungen

1. Im allgemeinen

522 Hat der Erblasser seine Verfügungsbefugnis überschritten, so können die Erben, die nicht dem Werte nach ihren Pflichtteil erhalten, die Herabsetzung der Verfügung auf das erlaubte Maß verlangen.

Enthält die Verfügung Bestimmungen über die Teile der gesetzlichen Erben, so sind sie, wenn kein anderer Wille des Erblassers aus der Verfügung ersichtlich ist, als bloße Teilungsvorschriften aufzufassen.

470 ff., 608. BGE 67 II 101; 70 II 147; 71 II 150; 85 II 607.

2. Begünstigung der Pflichtteilsberechtigten

523 Enthält eine Verfügung von Todes wegen Zuwendungen an mehrere pflichtteilsberechtigte Erben im Sinne einer Begünstigung, so findet bei Überschreitung der Verfügungsbefugnis unter den Miterben eine Herabsetzung im Verhältnis der Beträge statt, die ihnen über ihren Pflichtteil hinaus zugewendet sind.

3. Rechte der Gläubiger

524 Die Konkursverwaltung eines Erben oder dessen Gläubiger, die zur Zeit des Erbganges Verlustscheine besitzen, können, wenn der Erblasser den verfügbaren Teil zum Nachteil des Erben überschritten hat und dieser auf ihre Aufforderung hin die Herabsetzungsklage nicht anhebt, innerhalb der dem Erben gegebenen Frist die Herabsetzung verlangen, soweit dies zu ihrer Deckung erforderlich ist.

Die gleiche Befugnis besteht auch gegenüber einer Enterbung, die der Enterbte nicht anficht.

Abs. 1: 560; BGE 71 III 99; SchKG 149, 265. Abs. 2: 477 ff.

II. Wirkungen

1. Herabsetzung im allgemeinen

525 Die Herabsetzung erfolgt für alle eingesetzten Erben und Bedachten im gleichen Verhältnis, soweit nicht aus der Verfügung ein anderer Wille des Erblassers ersichtlich ist.

Wird die Zuwendung an einen Bedachten, der zugleich mit Vermächtnissen beschwert ist, herabgesetzt, so kann er unter dem gleichen Vorbehalt verlangen, daß auch diese Vermächtnisse verhältnismäßig herabgesetzt werden.

2. Vermächtnis einer einzelnen Sache

526 Gelangt das Vermächtnis einer einzelnen Sache, die ohne Schädigung ihres Wertes nicht geteilt werden kann, zur Herabsetzung, so kann der Bedachte entweder gegen Vergütung des Mehrbetrages die Sache selbst oder anstatt der Sache den verfügbaren Betrag beanspruchen.

3. Bei Verfügungen unter Lebenden

a) Fälle

527 Der Herabsetzung unterliegen wie die Verfügungen von Todes wegen:

1. die Zuwendungen auf Anrechnung an den Erbteil, als Heiratsgut, Ausstattung oder Vermögensabtretung, wenn sie nicht der Ausgleichung unterworfen sind,
2. die Erbabfindungen und Auskaufsbeträge,
3. die Schenkungen, die der Erblasser frei widerrufen konnte, oder die er während der letzten fünf Jahre vor seinem Tode ausgerichtet hat, mit Ausnahme der üblichen Gelegenheitsgeschenke.
4. die Entäußerung von Vermögenswerten, die der Erblasser offenbar zum Zwecke der Umgehung der Verfügungsbeschränkung vorgenommen hat.

475, 495, 537 Abs. 2, 626, Anhang I 27. OR 249 ff. BGE 50 II 454; 76 II 191; 110 II 228. Ziff. 1: BGE 98 II 353.

b) Rückleistung

528 Wer sich in gutem Glauben befindet, ist zu Rückleistungen nur insoweit verbunden, als er zur Zeit des Erbganges aus dem Rechtsgeschäfte mit dem Erblasser noch bereichert ist.

Muß sich der durch Erbvertrag Bedachte eine Herabsetzung ge-

fallen lassen, so ist er befugt, von der dem Erblasser gemachten Gegenleistung einen entsprechenden Betrag zurückzufordern.
3. OR 62ff. BGE 110 II 228.

4. Versicherungsansprüche

529 Versicherungsansprüche auf den Tod des Erblassers, die durch Verfügung unter Lebenden oder von Todes wegen zugunsten eines Dritten begründet oder bei Lebzeiten des Erblassers unentgeltlich auf einen Dritten übertragen worden sind, unterliegen der Herabsetzung mit ihrem Rückkaufswert.

5. Bei Nutznießung und Renten

530 Hat der Erblasser seine Erbschaft mit Nutznießungsansprüchen und Renten derart beschwert, daß deren Kapitalwert nach der mutmaßlichen Dauer der Leistungspflicht den verfügbaren Teil der Erbschaft übersteigt, so können die Erben entweder eine verhältnismäßige Herabsetzung der Ansprüche oder, unter Überlassung des verfügbaren Teiles der Erbschaft an die Bedachten, deren Ablösung verlangen.

6. Bei Nacherbeneinsetzung

531 Eine Nacherbeneinsetzung ist gegenüber einem pflichtteilsberechtigten Erben im Umfange des Pflichtteils ungültig.
471, 488ff. BGE 75 II 193.

III. Durchführung

532 Der Herabsetzung unterliegen in erster Linie die Verfügungen von Todes wegen und sodann die Zuwendungen unter Lebenden, und zwar diese in der Weise, daß die spätern vor den frühern herabgesetzt werden, bis der Pflichtteil hergestellt ist.
Versicherungen: BGE 71 II 152.

IV. Verjährung

533 Die Herabsetzungsklage verjährt mit Ablauf eines Jahres von dem Zeitpunkt an gerechnet, da die Erben von der Verletzung ihrer Rechte Kenntnis erhalten haben, und in jedem Fall mit Ablauf von zehn Jahren, die bei den letztwilligen Verfügungen von dem Zeitpunkte der Eröffnung, bei den andern Zuwendungen aber vom Tode des Erblassers an gerechnet werden.

Ist durch Ungültigerklärung einer spätern Verfügung eine frühere gültig geworden, so beginnen die Fristen mit diesem Zeitpunkte.

Einredeweise kann der Herabsetzungsanspruch jederzeit geltend gemacht werden.
511, 556 ff. BGE 58 II 404; 78 II 11; 85 II 603; 86 II 343; 98 II 176.

7. Abschnitt
Klagen aus Erbverträgen

A. Ansprüche bei Ausrichtung zu Lebzeiten des Erblassers

534 Überträgt der Erblasser sein Vermögen bei Lebzeiten auf den Vertragserben, so kann dieser ein öffentliches Inventar aufnehmen lassen.

Hat der Erblasser nicht alles Vermögen übertragen oder nach der Übertragung Vermögen erworben, so bezieht sich der Vertrag unter Vorbehalt einer andern Anordnung nur auf das übertragene Vermögen.

Soweit die Übergabe bei Lebzeiten stattgefunden hat, gehen Rechte und Pflichten aus dem Vertrag unter Vorbehalt einer anderen Anordnung auf die Erben des eingesetzten Erben über.

B. Ausgleichung beim Erbverzicht

I. Herabsetzung

535 Hat der Erblasser dem verzichtenden Erben bei Lebzeiten Leistungen gemacht, die den verfügbaren Teil seiner Erbschaft übersteigen, so können die Miterben die Herabsetzung verlangen.

Der Herabsetzung unterliegt die Verfügung jedoch nur für den Betrag, um den sie den Pflichtteil des Verzichtenden übersteigt.

Die Anrechnung der Leistungen erfolgt nach den gleichen Vorschriften wie bei der Ausgleichung.
495. Abs. 1: 470 ff., 522 ff. Abs. 3: 628 ff.

II. Rückleistung

536 Wird der Verzichtende auf Grund der Herabsetzung zu einer Rückleistung an die Erbschaft verpflichtet, so hat er die Wahl, entweder diese Rückleistung auf sich zu nehmen oder die ganze Leistung in die Teilung einzuwerfen und an dieser teilzunehmen, als ob er nicht verzichtet hätte.

Zweite Abteilung
Der Erbgang

2. Abteilung. Der Erbgang

Fünfzehnter Titel
Die Eröffnung des Erbganges

A. Voraussetzung auf Seite des Erblassers

Der Erbgang wird durch den Tod des Erblassers eröffnet.

Insoweit den Zuwendungen und Teilungen, die bei Lebzeiten des Erblassers erfolgt sind, erbrechtliche Bedeutung zukommt, werden sie nach dem Stande der Erbschaft berücksichtigt, wie er beim Tode des Erblassers vorhanden ist.

Abs. 1: 32 ff., 38. Abs. 2: 474, 527, 626 II. Anh. I 22. BGE 110 II 228.

B. Ort der Eröffnung und Gerichtsstand

Die Eröffnung des Erbganges erfolgt für die Gesamtheit des Vermögens am letzten Wohnsitze des Erblassers.

Die Klagen auf Ungültigerklärung oder Herabsetzung einer Verfügung des Erblassers, sowie auf Herausgabe oder Teilung der Erbschaft sind beim Richter dieses Wohnsitzes anzubringen.

IPRG 86 ff. Abs. 2: 519, 552, 598, 604. BGE 72 I 177; 81 II 326, 501; 117 II 26.

C. Voraussetzungen auf Seite des Erben

I. Fähigkeit

1. Rechtsfähigkeit

Jedermann ist fähig, Erbe zu sein und aus Verfügungen von Todes wegen zu erwerben, sobald er nicht nach Vorschrift des Gesetzes erbunfähig ist.

Zuwendungen mit Zweckbestimmung an eine Mehrheit von Personen insgesamt werden, wenn dieser das Recht der Persönlichkeit nicht zukommt, von allen Zugehörigen unter der vom Erblasser aufgestellten Zweckbestimmung erworben oder gelten, wo dieses nicht angeht, als Stiftung.

Abs. 1: 11, 540 ff. Abs. 2: 52, 80 ff. BGE 100 II 98.

2. Erbunwürdigkeit

a)   Gründe

540 Unwürdig, Erbe zu sein oder aus einer Verfügung von Todes wegen irgend etwas zu erwerben, ist:

   1. wer vorsätzlich und rechtswidrig den Tod des Erblassers herbeigeführt oder herbeizuführen versucht hat,

   2. wer den Erblasser vorsätzlich und rechtswidrig in einen Zustand bleibender Verfügungsunfähigkeit gebracht hat,

   3. wer den Erblasser durch Arglist, Zwang oder Drohung dazu gebracht oder daran verhindert hat, eine Verfügung von Todes wegen zu errichten oder zu widerrufen,

   4. wer eine Verfügung von Todes wegen vorsätzlich und rechtswidrig unter Umständen, die dem Erblasser deren Erneuerung nicht mehr ermöglichten, beseitigt oder ungültig gemacht hat.

   Durch Verzeihung des Erblassers wird die Erbunwürdigkeit aufgehoben.

Ziff. 1: BGE 74 II 206. Abs. 2: BGE 73 II 215.

b)   Wirkung auf Nachkommen

541 Die Unfähigkeit besteht nur für den Unwürdigen selbst.

   Seine Nachkommen beerben den Erblasser, wie wenn er vor dem Erblasser gestorben wäre.

Abs. 2: 478, 572.

II.   Erleben des Erbganges

1.   Als Erbe

542 Um die Erbschaft erwerben zu können, muß der Erbe den Erbgang in erbfähigem Zustand erleben.

   Stirbt ein Erbe, nachdem er den Erbgang erlebt hat, so vererbt sich sein Recht an der Erbschaft auf seine Erben.

Abs. 2: 560, 569, BGE 75 II 201.

2.   Als Vermächtnisnehmer

543 Der Vermächtnisnehmer erwirbt den Anspruch auf das Vermächtnis, wenn er den Erbgang in erbfähigem Zustand erlebt hat.

   Stirbt er vor dem Erblasser, so fällt sein Vermächtnis, wenn kein anderer Wille aus der Verfügung nachgewiesen werden kann, zugunsten desjenigen weg, der zur Ausrichtung verpflichtet gewesen wäre.

Abs. 2: 486, 562, 577.

3. Das Kind vor der Geburt

544 Das Kind ist vom Zeitpunkt der Empfängnis an unter dem Vorbehalt erbfähig, daß es lebendig geboren wird.

Wird es tot geboren, so fällt es für den Erbgang außer Betracht.

31, 393 Z. 3, 605. Anh. III 66, 74.

4. Nacherben

545 Auf dem Wege der Nacherbeneinsetzung oder des Nachvermächtnisses kann die Erbschaft oder eine Erbschaftssache einer Person zugewendet werden, die zur Zeit des Erbfalles noch nicht lebt.

Ist kein Vorerbe genannt, so gelten die gesetzlichen Erben als Vorerben.

488, 531. BGE 68 II 155.

D. Verschollenheit

I. Beerbung eines Verschollenen

1. Erbgang gegen Sicherstellung

546 Wird jemand für verschollen erklärt, so haben die Erben oder Bedachten vor der Auslieferung der Erbschaft für die Rückgabe des Vermögens an besser Berechtigte oder an den Verschollenen selbst Sicherheit zu leisten.

Diese Sicherheit ist im Falle des Verschwindens in hoher Todesgefahr auf fünf Jahre und im Falle der nachrichtlosen Abwesenheit auf fünfzehn Jahre zu leisten, in keinem Falle aber länger als bis zu dem Tage, an dem der Verschollene hundert Jahre alt wäre.

Die fünf Jahre werden vom Zeitpunkte der Auslieferung der Erbschaft und die fünfzehn Jahre von der letzten Nachricht an gerechnet.

Abs. 1: 35 ff.

2. Aufhebung der Verschollenheit und Rückerstattung

547 Kehrt der Verschollene zurück, oder machen besser Berechtigte ihre Ansprüche geltend, so haben die Eingewiesenen die Erbschaft nach den Besitzesregeln herauszugeben.

Den besser Berechtigten haften sie, wenn sie in gutem Glauben sind, nur während der Frist der Erbschaftsklage.

Abs. 1: 938 ff. Abs. 2: 600.

II. Erbrecht des Verschollenen

548 Kann für den Zeitpunkt des Erbganges Leben oder Tod eines Erben nicht nachgewiesen werden, weil dieser verschwunden ist, so wird sein Anteil unter amtliche Verwaltung gestellt.

Die Personen, denen bei Nichtvorhandensein des Verschwundenen sein Erbteil zugefallen wäre, haben das Recht, ein Jahr seit dem Verschwinden in hoher Todesgefahr oder fünf Jahre seit der letzten Nachricht über den Verschwundenen beim Richter um die Verschollenerklärung und, nachdem diese erfolgt ist, um die Aushändigung des Anteils nachzusuchen.

Die Auslieferung des Anteils erfolgt nach den Vorschriften über die Auslieferung an die Erben eines Verschollenen.

III. Verhältnis der beiden Fälle zueinander

549 Haben die Erben des Verschollenen die Einweisung in sein Vermögen bereits erwirkt, so können sich seine Miterben, wenn ihm eine Erbschaft anfällt, hierauf berufen und die angefallenen Vermögenswerte herausverlangen, ohne daß es einer neuen Verschollenerklärung bedarf.

Ebenso können die Erben des Verschollenen sich auf die Verschollenerklärung berufen, die von seinen Miterben erwirkt worden ist.

IV. Verfahren von Amtes wegen

550 Stand das Vermögen oder der Erbteil eines Verschwundenen während zehn Jahren in amtlicher Verwaltung, oder hätte dieser ein Alter von hundert Jahren erreicht, so wird auf Verlangen der zuständigen Behörde die Verschollenerklärung von Amtes wegen durchgeführt.

Melden sich alsdann innerhalb der Auskündungsfrist keine Berechtigten, so fallen die Vermögenswerte an das erbberechtigte Gemeinwesen oder, wenn der Verschollene niemals in der Schweiz gewohnt hat, an den Heimatkanton.

Gegenüber dem Verschollenen selbst und den besser Berechtigten besteht die gleiche Pflicht zur Rückerstattung wie für die eingewiesenen Erben.

Abs. 1: 554. Abs. 2: 466. Abs. 3: 547.

Sechzehnter Titel
Die Wirkungen des Erbganges

1. Abschnitt
Die Sicherungsmaßregeln

A. Im allgemeinen

551 Die zuständige Behörde am letzten Wohnsitze des Erblassers hat von Amtes wegen die zur Sicherung des Erbganges nötigen Maßregeln zu treffen.

Solche Maßregeln sind insbesondere in den vom Gesetze vorgesehenen Fällen die Siegelung der Erbschaft, die Aufnahme des Inventars, die Anordnung der Erbschaftsverwaltung und die Eröffnung der letztwilligen Verfügungen.

Ist ein Erblasser nicht an seinem Wohnsitze gestorben, so macht die Behörde des Sterbeortes derjenigen des Wohnortes hievon Mitteilung und trifft die nötigen Maßregeln zur Sicherung der Vermögenswerte, die der Erblasser am Orte des Todes hinterlassen hat.
Abs. 3: SchlT 54.

B. Siegelung der Erbschaft

552 Die Siegelung der Erbschaft wird in den Fällen angeordnet, für die das kantonale Recht sie vorsieht.

C. Inventar

553 Die Aufnahme eines Inventars wird angeordnet:

1. wenn ein Erbe zu bevormunden ist oder unter Vormundschaft steht,
2. wenn ein Erbe dauernd und ohne Vertretung abwesend ist,
3. wenn einer der Erben sie verlangt.

Sie erfolgt nach den Vorschriften des kantonalen Rechtes und ist in der Regel binnen zwei Monaten seit dem Tode des Erblassers durchzuführen.

Die Aufnahme eines Inventars kann durch die kantonale Gesetzgebung für weitere Fälle vorgeschrieben werden.
568. BGE 118 II 264. Ziff. 1: 368 ff.

D. Erbschaftsverwaltung

I. Im allgemeinen

554 Die Erbschaftsverwaltung wird angeordnet:
  1. wenn ein Erbe dauernd und ohne Vertretung abwesend ist, sofern es seine Interessen erfordern,
  2. wenn keiner der Ansprecher sein Erbrecht genügend nachzuweisen vermag oder das Vorhandensein eines Erben ungewiß ist,
  3. wenn nicht alle Erben des Erblassers bekannt sind,
  4. wo das Gesetz sie für besondere Fälle vorsieht.

Hat der Erblasser einen Willensvollstrecker bezeichnet, so ist diesem die Verwaltung zu übergeben.

Stirbt eine bevormundete Person, so liegt, wenn keine andere Anordnung getroffen wird, die Erbschaftsverwaltung dem Vormunde ob.
Abs. 1: BGE 79 II 116. Ziff. 4: 490, 548, 556. Abs. 2: BGE 42 II 342; 77 II 125.

II. Bei unbekannten Erben

555 Ist die Behörde im ungewissen, ob der Erblasser Erben hinterlassen hat oder nicht, oder ob ihr alle Erben bekannt sind, so sind die Berechtigten in angemessener Weise öffentlich aufzufordern, sich binnen Jahresfrist zum Erbgange zu melden.

Erfolgt während dieser Frist keine Anmeldung und sind der Behörde keine Erben bekannt, so fällt die Erbschaft unter Vorbehalt der Erbschaftsklage an das erbberechtigte Gemeinwesen.
Abs. 1: 393 Ziff. 3. Abs. 2: 466, 550, 592.

E. Eröffnung der letztwilligen Verfügung

I. Pflicht zur Einlieferung

556 Findet sich beim Tode des Erblassers eine letztwillige Verfügung vor, so ist sie der Behörde unverweilt einzuliefern, und zwar auch dann, wenn sie als ungültig erachtet wird.

Der Beamte, bei dem die Verfügung protokolliert oder hinterlegt ist, sowie jedermann, der eine Verfügung in Verwahrung genommen oder unter den Sachen des Erblassers vorgefunden hat, ist bei

2. Abteilung. Der Erbgang

persönlicher Verantwortlichkeit verbunden, dieser Pflicht nachzukommen, sobald er vom Tode des Erblassers Kenntnis erhalten hat.

Nach der Einlieferung hat die Behörde, soweit tunlich nach Anhörung der Beteiligten, entweder die Erbschaft einstweilen den gesetzlichen Erben zu überlassen oder die Erbschaftsverwaltung anzuordnen.

Abs. 2: 504ff. Abs. 3: 554/5. Kantonale Gebühren: BGE 73 I 383.

II. Eröffnung

557 Die Verfügung des Erblassers muß binnen Monatsfrist nach der Einlieferung von der zuständigen Behörde eröffnet werden.

Zu der Eröffnung werden die Erben, soweit sie den Behörden bekannt sind, vorgeladen.

Hinterläßt der Erblasser mehr als eine Verfügung, so sind sie alle der Behörde einzuliefern und von ihr zu eröffnen.

Bedeutung: BGE 81 II 324.

III. Mitteilung an die Beteiligten

558 Alle an der Erbschaft Beteiligten erhalten auf Kosten der Erbschaft eine Abschrift der eröffneten Verfügung, soweit diese sie angeht.

An Bedachte unbekannten Aufenthalts erfolgt die Mitteilung durch eine angemessene öffentliche Auskündung.

IV. Auslieferung der Erbschaft

559 Nach Ablauf eines Monats seit der Mitteilung an die Beteiligten wird den eingesetzten Erben, wenn die gesetzlichen Erben oder die aus einer frühern Verfügung Bedachten nicht ausdrücklich deren Berechtigung bestritten haben, auf ihr Verlangen von der Behörde eine Bescheinigung darüber ausgestellt, daß sie unter Vorbehalt der Ungültigkeitsklage und der Erbschaftsklage als Erben anerkannt seien.

Zugleich wird gegebenen Falles der Erbschaftsverwalter angewiesen, ihnen die Erbschaft auszuliefern.

Erbschein. 483, 494, 519ff., 598ff., 554f.

2. Abschnitt
Der Erwerb der Erbschaft

A. Erwerb

I. Erben

560 Die Erben erwerben die Erbschaft als Ganzes mit dem Tode des Erblassers kraft Gesetzes.

Mit Vorbehalt der gesetzlichen Ausnahmen gehen die Forderungen, das Eigentum, die beschränkten dinglichen Rechte und der Besitz des Erblassers ohne weiteres auf sie über, und die Schulden des Erblassers werden zu persönlichen Schulden der Erben.

Der Erwerb der eingesetzten Erben wird auf den Zeitpunkt der Eröffnung des Erbganges zurückbezogen, und es haben die gesetzlichen Erben ihnen die Erbschaft nach den Besitzesregeln herauszugeben.

602. Fiduziarisches Eigentum: BGE 81 II 230. Abs. 2: 322, 639, 656, 749, 776; BGE 104 II 337. Abs. 3: 919 ff.

II. Nutznießungsberechtigte

561 Aufgehoben.

III. Vermächtnisnehmer

1. Erwerb

562 Die Vermächtnisnehmer haben gegen die Beschwerten oder, wenn solche nicht besonders genannt sind, gegen die gesetzlichen oder eingesetzten Erben einen persönlichen Anspruch.

Wenn aus der Verfügung nichts anderes hervorgeht, so wird der Anspruch fällig, sobald der Beschwerte die Erbschaft angenommen hat oder sie nicht mehr ausschlagen kann.

Kommen die Erben ihrer Verpflichtung nicht nach, so können sie zur Auslieferung der vermachten Erbschaftssachen, oder wenn irgendeine Handlung den Gegenstand der Verfügung bildet, zu Schadenersatz angehalten werden.

Abs. 1: 543, 656, 714. Abs. 2: 567, 571, 588 II. Abs. 3: OR 97 ff.

2. Gegenstand

563 Ist dem Bedachten eine Nutznießung oder eine Rente oder eine andere zeitlich wiederkehrende Leistung vermacht, so bestimmt sich sein Anspruch, wo es nicht anders angeordnet ist, nach den Vorschriften des Sachen- und Obligationenrechtes.

Ist ein Versicherungsanspruch auf den Tod des Erblassers vermacht, so kann ihn der Bedachte unmittelbar geltend machen.

Abs. 1: 745ff., 782ff., OR 516ff. Abs. 2: 476.

3. Verhältnis von Gläubiger und Vermächtnisnehmer

564 Die Gläubiger des Erblassers gehen mit ihren Ansprüchen den Vermächtnisnehmern vor.

Die Gläubiger des Erben stehen, wenn dieser die Erbschaft vorbehaltlos erworben hat, den Gläubigern des Erblassers gleich.

4. Herabsetzung

565 Zahlen die Erben nach Ausrichtung der Vermächtnisse Erbschaftsschulden, von denen sie vorher keine Kenntnis hatten, so sind sie befugt, die Vermächtnisnehmer insoweit zu einer verhältnismäßigen Rückleistung anzuhalten, als sie die Herabsetzung der Vermächtnisse hätten beanspruchen können.

Die Vermächtnisnehmer können jedoch höchstens im Umfange der zur Zeit der Rückforderung noch vorhandenen Bereicherung in Anspruch genommen werden.

Abs. 2: OR 64.

B. Ausschlagung

I. Erklärung

1. Befugnis

566 Die gesetzlichen und die eingesetzten Erben haben die Befugnis, die Erbschaft, die ihnen zugefallen ist, auszuschlagen.

Ist die Zahlungsunfähigkeit des Erblassers im Zeitpunkt seines Todes amtlich festgestellt oder offenkundig, so wird die Ausschlagung vermutet.

204, 218. Abs. 2: BGE 88 II 309.

2. Befristung

a) Im allgemeinen

567 Die Frist zur Ausschlagung beträgt drei Monate.

Sie beginnt für die gesetzlichen Erben, soweit sie nicht nachweisbar erst später von dem Erbfall Kenntnis erhalten haben, mit dem Zeitpunkte, da ihnen der Tod des Erblassers bekannt geworden, und für die eingesetzten Erben mit dem Zeitpunkte, da ihnen die amtliche Mitteilung von der Verfügung des Erblassers zugekommen ist.
588.

b) Bei Inventaraufnahme

568 Ist ein Inventar als Sicherungsmaßregel aufgenommen worden, so beginnt die Frist zur Ausschlagung für alle Erben mit dem Tage, an dem die Behörde ihnen von dem Abschlusse des Inventars Kenntnis gegeben hat.
553.

3. Übergang der Ausschlagungsbefugnis

569 Stirbt ein Erbe vor der Ausschlagung oder Annahme der Erbschaft, so geht die Befugnis zur Ausschlagung auf seine Erben über.

Die Frist zur Ausschlagung beginnt für diese Erben mit dem Zeitpunkte, da sie von dem Anfall der Erbschaft an ihren Erblasser Kenntnis erhalten, und endigt frühestens mit dem Ablauf der Frist, die ihnen gegenüber ihrem eignen Erblasser für die Ausschlagung gegeben ist.

Schlagen die Erben aus und gelangt die Erbschaft an andere Erben, die vorher nicht berechtigt waren, so beginnt für diese die Frist mit dem Zeitpunkte, da sie von der Ausschlagung Kenntnis erhalten haben.

4. Form

570 Die Ausschlagung ist von dem Erben bei der zuständigen Behörde mündlich oder schriftlich zu erklären.

Sie muß unbedingt und vorbehaltlos geschehen.

Die Behörde hat über diese Ausschlagung ein Protokoll zu führen.

II. Verwirkung der Ausschlagungsbefugnis

571 Erklärt der Erbe während der angesetzten Frist die Ausschlagung nicht, so hat er die Erbschaft vorbehaltlos erworben.

Hat ein Erbe sich vor Ablauf der Frist in die Angelegenheiten der

Erbschaft eingemischt oder Handlungen vorgenommen, die nicht durch die bloße Verwaltung der Erbschaft und durch den Fortgang der Geschäfte des Erblassers gefordert waren, oder hat er Erbschaftssachen sich angeeignet oder verheimlicht, so kann er die Erbschaft nicht mehr ausschlagen.

Einmischung: BGE 70 II 205.

III. Ausschlagung eines Miterben

572 Hinterläßt der Erblasser keine Verfügung von Todes wegen und schlägt einer unter mehreren Erben die Erbschaft aus, so vererbt sich sein Anteil, wie wenn er den Erbfall nicht erlebt hätte.

Hinterläßt der Erblasser eine Verfügung von Todes wegen, so gelangt der Anteil, den ein eingesetzter Erbe ausschlägt, wenn kein anderer Wille des Erblassers aus der Verfügung ersichtlich ist, an dessen nächsten gesetzlichen Erben.

IV. Ausschlagung aller nächsten Erben

1. Im allgemeinen

573 Wird die Erbschaft von allen nächsten gesetzlichen Erben ausgeschlagen, so gelangt sie zur Liquidation durch das Konkursamt.

Ergibt sich in der Liquidation nach Deckung der Schulden ein Überschuß, so wird dieser den Berechtigten überlassen, wie wenn keine Ausschlagung stattgefunden hätte.

457 ff., 597.

2. Befugnis des überlebenden Ehegatten

574 Haben die Nachkommen die Erbschaft ausgeschlagen, so wird der überlebende Ehegatte von der Behörde hievon in Kenntnis gesetzt und kann binnen Monatsfrist die Annahme erklären.

3. Ausschlagung zugunsten nachfolgender Erben

575 Die Erben können bei der Ausschlagung verlangen, daß die auf sie folgenden Erben noch angefragt werden, bevor die Erbschaft liquidiert wird.

In diesem Falle ist seitens der Behörde den folgenden Erben von der Ausschlagung der vorgehenden Kenntnis zu geben, und wenn darauf jene Erben nicht binnen Monatsfrist die Annahme der Erbschaft erklären, so ist sie auch von ihnen ausgeschlagen.

Abs. 1: 573. Abs. 2: 588.

V. Fristverlängerung

576 Aus wichtigen Gründen kann die zuständige Behörde den gesetzlichen und den eingesetzten Erben eine Fristverlängerung gewähren oder eine neue Frist ansetzen.
567, 574, BGE 114 II 220.

VI. Ausschlagung eines Vermächtnisses

577 Schlägt ein Vermächtnisnehmer das Vermächtnis aus, so fällt es zugunsten des Beschwerten weg, wenn kein anderer Wille des Erblassers aus der Verfügung ersichtlich ist.

VII. Sicherung für die Gläubiger des Erben

578 Hat ein überschuldeter Erbe die Erbschaft zu dem Zwecke ausgeschlagen, daß sie seinen Gläubigern entzogen bleibe, so können diese oder die Konkursverwaltung die Ausschlagung binnen sechs Monaten anfechten, wenn ihre Forderungen nicht sichergestellt werden.

Wird ihre Anfechtung gutgeheißen, so gelangt die Erbschaft zur amtlichen Liquidation.

Ein Überschuß dient in erster Linie zur Befriedigung der anfechtenden Gläubiger und fällt nach Deckung der übrigen Schulden an die Erben, zu deren Gunsten ausgeschlagen wurde.
Abs. 2: 593 ff.

VIII. Haftung im Falle der Ausschlagung

579 Schlagen die Erben eines zahlungsunfähigen Erblassers die Erbschaft aus, so haften sie dessen Gläubigern gleichwohl insoweit, als sie vom Erblasser innerhalb der letzten fünf Jahre vor seinem Tode Vermögenswerte empfangen haben, die bei der Erbteilung der Ausgleichung unterworfen sein würden.

Die landesübliche Ausstattung bei der Verheiratung sowie die Kosten der Erziehung und Ausbildung werden von dieser Haftung nicht getroffen.

Gutgläubige Erben haften nur, soweit sie noch bereichert sind.
626 ff., 631. BGE 116 II 253. Abs. 3: BGE 67 III 184.

2. Abteilung. Der Erbgang 580–582

3. Abschnitt
Das öffentliche Inventar

A. Voraussetzung

580 Jeder Erbe, der die Befugnis hat, die Erbschaft auszuschlagen, ist berechtigt, ein öffentliches Inventar zu verlangen.

Das Begehren muß binnen Monatsfrist in der gleichen Form wie die Ausschlagung bei der zuständigen Behörde angebracht werden.

Wird es von einem Erben gestellt, so gilt es auch für die übrigen.
Abs. 2: 570.

B. Verfahren

I. Inventar

581 Das öffentliche Inventar wird durch die zuständige Behörde nach den Vorschriften des kantonalen Rechtes errichtet und besteht in der Anlegung eines Verzeichnisses der Vermögenswerte und Schulden der Erbschaft, wobei alle Inventarstücke mit einer Schätzung zu versehen sind.

Wer über die Vermögensverhältnisse des Erblassers Auskunft geben kann, ist bei seiner Verantwortlichkeit verpflichtet, der Behörde alle von ihr verlangten Aufschlüsse zu erteilen.

Insbesondere haben die Erben der Behörde die ihnen bekannten Schulden des Erblassers mitzuteilen.
Abs. 3: BGE 79 II 364.

II. Rechnungsruf

582 Mit der Aufnahme des Inventars verbindet die Behörde einen Rechnungsruf, durch den auf dem Wege angemessener öffentlicher Auskündung die Gläubiger und Schuldner des Erblassers mit Einschluß der Bürgschaftsgläubiger aufgefordert werden, binnen einer bestimmten Frist ihre Forderungen und Schulden anzumelden.

Die Gläubiger sind dabei auf die Folgen der Nichtanmeldung aufmerksam zu machen.

Die Frist ist auf mindestens einen Monat, vom Tage der ersten Auskündung an gerechnet, anzusetzen.
Abs. 1: 591. BGE 79 II 364. Abs. 2: 590.

III. Aufnahme von Amtes wegen

583 Forderungen und Schulden, die aus öffentlichen Büchern oder aus den Papieren des Erblassers ersichtlich sind, werden von Amtes wegen in das Inventar aufgenommen.

Die Aufnahme ist den Schuldnern und Gläubigern anzuzeigen.

IV. Ergebnis

584 Nach Ablauf der Auskündungsfrist wird das Inventar geschlossen und hierauf während wenigstens eines Monats zur Einsicht der Beteiligten aufgelegt.

Die Kosten werden von der Erbschaft und, wo diese nicht ausreicht, von den Erben getragen, die das Inventar verlangt haben.

Abs. 1: 582 III.

C. Verhältnis der Erben während des Inventars

I. Verwaltung

585 Während der Dauer des Inventars dürfen nur die notwendigen Verwaltungshandlungen vorgenommen werden.

Gestattet die Behörde die Fortsetzung des Geschäfts des Erblassers durch einen Erben, so sind dessen Miterben befugt, Sicherstellung zu verlangen.

II. Betreibung, Prozesse, Verjährung

586 Die Betreibung für die Schulden des Erblassers ist während der Dauer des Inventars ausgeschlossen.

Eine Verjährung läuft nicht.

Prozesse können mit Ausnahme von dringenden Fällen weder fortgesetzt noch angehoben werden.

D. Wirkung

I. Frist zur Erklärung

587 Nach Abschluß des Inventars wird jeder Erbe aufgefordert, sich binnen Monatsfrist über den Erwerb der Erbschaft zu erklären.

Wo die Umstände es rechtfertigen, kann die zuständige Behörde zur Einholung von Schätzungen, zur Erledigung von streitigen Ansprüchen und dergleichen eine weitere Frist einräumen.

II. Erklärung

Der Erbe kann während der angesetzten Frist ausschlagen oder die amtliche Liquidation verlangen oder die Erbschaft unter öffentlichem Inventar oder vorbehaltlos annehmen. **588**

Gibt er keine Erklärung ab, so hat er die Erbschaft unter öffentlichem Inventar angenommen.

Abs. 1: 593 ff.

III. Folgen der Annahme unter öffentlichem Inventar

1. Haftung nach Inventar

Übernimmt ein Erbe die Erbschaft unter öffentlichem Inventar, so gehen die Schulden des Erblassers, die im Inventar verzeichnet sind, und die Vermögenswerte auf ihn über. **589**

Der Erwerb der Erbschaft mit Rechten und Pflichten wird auf den Zeitpunkt der Eröffnung des Erbganges zurückbezogen.

Für die Schulden, die im Inventar verzeichnet sind, haftet der Erbe sowohl mit der Erbschaft als mit seinem eigenen Vermögen.

Abs. 2: 537.

2. Haftung außer Inventar

Den Gläubigern des Erblassers, deren Forderungen aus dem Grunde nicht in das Inventar aufgenommen worden sind, weil sie deren Anmeldung versäumt haben, sind die Erben weder persönlich noch mit der Erbschaft haftbar. **590**

Haben die Gläubiger ohne eigene Schuld die Anmeldung zum Inventar unterlassen, oder sind deren Forderungen trotz Anmeldung in das Verzeichnis nicht aufgenommen worden, so haftet der Erbe, soweit er aus der Erbschaft bereichert ist.

In allen Fällen können die Gläubiger ihre Forderungen geltend machen, soweit sie durch Pfandrecht an Erbschaftssachen gedeckt sind.

BGE 110 II 228. Öffentlichrechtliche Forderungen: BGE 102 Ia 483. Abs. 1: BGE 113 II 118. Abs. 2: BGE 72 II 15; 79 II 365.

E. Haftung für Bürgschaftsschulden

Bürgschaftsschulden des Erblassers werden im Inventar besonders aufgezeichnet und können gegen den Erben, auch wenn er die Erbschaft annimmt, nur bis zu dem Betrage geltend gemacht werden, **591**

der bei der konkursmäßigen Tilgung aller Schulden aus der Erbschaft auf die Bürgschaftsschulden fallen würde.
SchKG 219f.

F. Erwerb durch das Gemeinwesen

592 Fällt eine Erbschaft an das Gemeinwesen, so wird von Amtes wegen ein Rechnungsruf vorgenommen, und es haftet das Gemeinwesen für die Schulden der Erbschaft nur im Umfange der Vermögenswerte, die es aus der Erbschaft erworben hat.
555 II.

4. Abschnitt
Die amtliche Liquidation

A. Voraussetzung

I. Begehren eines Erben

593 Jeder Erbe ist befugt, anstatt die Erbschaft auszuschlagen oder unter öffentlichem Inventar anzunehmen, die amtliche Liquidation zu verlangen.

Solange jedoch ein Miterbe die Annahme erklärt, kann dem Begehren keine Folge gegeben werden.

Im Falle der amtlichen Liquidation werden die Erben für die Schulden der Erbschaft nicht haftbar.
Abs. 1: 566, 588.

II. Begehren der Gläubiger des Erblassers

594 Haben die Gläubiger des Erblassers begründete Besorgnis, daß ihre Forderungen nicht bezahlt werden, und werden sie auf ihr Begehren nicht befriedigt oder sichergestellt, so können sie binnen drei Monaten, vom Tode des Erblassers oder der Eröffnung der Verfügung an gerechnet, die amtliche Liquidation der Erbschaft verlangen.

Die Vermächtnisnehmer können unter der gleichen Voraussetzung zu ihrer Sicherstellung vorsorgliche Maßregeln verlangen.
Abs. 2: 551.

B. Verfahren

I. Verwaltung

Die amtliche Liquidation wird von der zuständigen Behörde oder in deren Auftrag von einem oder mehreren Erbschaftsverwaltern durchgeführt.

Sie beginnt mit der Aufnahme eines Inventars, womit ein Rechnungsruf verbunden wird.

Der Erbschaftsverwalter steht unter der Aufsicht der Behörde, und die Erben sind befugt, bei dieser gegen die von ihm beabsichtigten oder getroffenen Maßregeln Beschwerde zu erheben.

Abs. 1: 538. Abs. 2: 581/2.

595

II. Ordentliche Liquidation

Zum Zwecke der Liquidation sind die laufenden Geschäfte des Erblassers zu beendigen, seine Verpflichtungen zu erfüllen, seine Forderungen einzuziehen, die Vermächtnisse nach Möglichkeit auszurichten, die Rechte und Pflichten des Erblassers, soweit nötig, gerichtlich festzustellen und sein Vermögen zu versilbern.

Die Veräußerung von Grundstücken des Erblassers erfolgt durch öffentliche Versteigerung und darf nur mit Zustimmung aller Erben aus freier Hand stattfinden.

Die Erben können verlangen, daß ihnen die Sachen und Gelder der Erbschaft, die für die Liquidation entbehrlich sind, schon während derselben ganz oder teilweise ausgeliefert werden.

Abs. 2: OR 229 ff.

596

III. Konkursamtliche Liquidation

Ist die Erbschaft überschuldet, so erfolgt die Liquidation durch das Konkursamt nach den Vorschriften des Konkursrechtes.

SchKG 221 ff.

597

5. Abschnitt
Die Erbschaftsklage

A. Voraussetzung

598 Wer auf eine Erbschaft oder auf Erbschaftssachen als gesetzlicher oder eingesetzter Erbe ein besseres Recht zu haben glaubt als der Besitzer, ist befugt, sein Recht mit der Erbschaftsklage geltend zu machen.

Der Richter trifft auf Verlangen des Klägers die zu dessen Sicherung erforderlichen Maßregeln, wie Anordnung von Sicherstellung oder Ermächtigung zu einer Vormerkung im Grundbuch.
538 II. Umfang: BGE 41 II 26. Abs. 2: 960; BGE 91 II 327.

B. Wirkung

599 Wird die Klage gutgeheißen, so hat der Besitzer die Erbschaft oder die Erbschaftssachen nach den Besitzesregeln an den Kläger herauszugeben.

Auf die Ersitzung an Erbschaftssachen kann sich der Beklagte gegenüber der Erbschaftsklage nicht berufen.
Abs. 1: 938 ff. Abs. 2: 661 ff., 728.

C. Verjährung

600 Die Erbschaftsklage verjährt gegenüber einem gutgläubigen Beklagten mit Ablauf eines Jahres, von dem Zeitpunkte an gerechnet, da der Kläger von dem Besitz des Beklagten und von seinem eigenen bessern Recht Kenntnis erhalten hat, in allen Fällen aber mit dem Ablauf von zehn Jahren, vom Tode des Erblassers oder dem Zeitpunkte der Eröffnung seiner letztwilligen Verfügung an gerechnet.

Gegenüber einem bösgläubigen Beklagten beträgt die Verjährungsfrist stets dreißig Jahre.
3, 521, 557. BGE 75 II 292.

D. Klage der Vermächtnisnehmer

601 Die Klage des Vermächtnisnehmers verjährt mit dem Ablauf von zehn Jahren, von der Mitteilung der Verfügung oder vom Zeitpunkt an gerechnet, auf den das Vermächtnis später fällig wird.
558, 562.

Siebenzehnter Titel
Die Teilung der Erbschaft

1. Abschnitt
Die Gemeinschaft vor der Teilung

A. Wirkung des Erbganges

I. Erbengemeinschaft

602 Beerben mehrere Erben den Erblasser, so besteht unter ihnen, bis die Erbschaft geteilt wird, infolge des Erbganges eine Gemeinschaft aller Rechte und Pflichten der Erbschaft.

Sie werden Gesamteigentümer der Erbschaftsgegenstände und verfügen unter Vorbehalt der vertraglichen oder gesetzlichen Vertretungs- und Verwaltungsbefugnisse über die Rechte der Erbschaft gemeinsam.

Auf Begehren eines Miterben kann die zuständige Behörde für die Erbengemeinschaft bis zur Teilung eine Vertretung bestellen.

542, 560. Abs. 1: 652 ff. Abs. 2: 279 ff., 407 ff. BGE 74 II 216; 93 II 14.

II. Haftung der Erben

603 Für die Schulden des Erblassers werden die Erben solidarisch haftbar.

Die angemessene Entschädigung, die den Kindern oder Großkindern für Zuwendungen an den mit dem Erblasser gemeinsam geführten Haushalt geschuldet wird, ist zu den Erbschaftsschulden zu rechnen, soweit dadurch nicht eine Überschuldung der Erbschaft entsteht.

334 f., 639. OR 143 ff. BGE 72 II 159; 86 II 337; 93 II 13.

B. Teilungsanspruch

604 Jeder Miterbe kann zu beliebiger Zeit die Teilung der Erbschaft verlangen, soweit er nicht durch Vertrag oder Vorschrift des Gesetzes zur Gemeinschaft verpflichtet ist.

Auf Ansuchen eines Erben kann der Richter vorübergehend eine Verschiebung der Teilung der Erbschaft oder einzelner Erbschaftssachen anordnen, wenn deren sofortige Vornahme den Wert der Erbschaft erheblich schädigen würde.

Den Miterben eines zahlungsunfähigen Erben steht die Befugnis zu, zur Sicherung ihrer Ansprüche sofort nach dem Erbgange vorsorgliche Maßregeln zu verlangen.
336 ff., 538 II, 622 ff. Abs. 1: BGE 61 II 164. Abs. 3: 551. BGE 86 II 458; 96 II 329.

C. Verschiebung der Teilung

605 Ist beim Erbgang auf ein noch nicht geborenes Kind Rücksicht zu nehmen, so muß die Teilung bis zum Zeitpunkte seiner Geburt verschoben werden.

Ebensolange hat die Mutter, soweit dies für ihren Unterhalt erforderlich ist, Anspruch auf den Genuß am Gemeinschaftsvermögen.
Abs. 1: 393 Z. 3, 544.

D. Anspruch der Hausgenossen

606 Erben, die zur Zeit des Todes des Erblassers in dessen Haushaltung ihren Unterhalt erhalten haben, können verlangen, daß ihnen nach dem Tode des Erblassers der Unterhalt noch während eines Monats auf Kosten der Erbschaft zuteil werde.
474 II.

2. Abschnitt
Die Teilungsart

A. Im allgemeinen

607 Gesetzliche Erben haben sowohl unter sich als mit eingesetzten Erben nach den gleichen Grundsätzen zu teilen.

Sie können, wo es nicht anders angeordnet ist, die Teilung frei vereinbaren.

Miterben, die sich im Besitze von Erbschaftssachen befinden oder Schuldner des Erblassers sind, haben hierüber bei der Teilung genauen Aufschluß zu geben.
634.

B. Ordnung der Teilung

I. Verfügung des Erblassers

Der Erblasser ist befugt, durch Verfügung von Todes wegen seinen **608** Erben Vorschriften über die Teilung und Bildung der Teile zu machen.

Unter Vorbehalt der Ausgleichung bei einer Ungleichheit der Teile, die der Erblasser nicht beabsichtigt hat, sind diese Vorschriften für die Erben verbindlich.

Ist nicht ein anderer Wille des Erblassers aus der Verfügung ersichtlich, so gilt die Zuweisung einer Erbschaftssache an einen Erben als eine bloße Teilungsvorschrift und nicht als Vermächtnis.

Abs. 1: 498ff. Abs. 3: 522 I. BGE 100 II 444.

II. Mitwirkung der Behörde

Auf Verlangen eines Gläubigers, der den Anspruch eines Erben auf **609** eine angefallene Erbschaft erworben oder gepfändet hat, oder der gegen ihn Verlustscheine besitzt, hat die Behörde an Stelle dieses Erben bei der Teilung mitzuwirken.

Dem kantonalen Recht bleibt es vorbehalten, noch für weitere Fälle eine amtliche Mitwirkung bei der Teilung vorzusehen.

635. Abs. 1: BGE 68 II 74; 110 III 46. Abs. 2: BGE 62 II 130.

C. Durchführung der Teilung

I. Gleichberechtigung der Erben

Die Erben haben bei der Teilung, wenn keine andern Vorschriften **610** Platz greifen, alle den gleichen Anspruch auf die Gegenstände der Erbschaft.

Sie haben einander über ihr Verhältnis zum Erblasser alles mitzuteilen, was für die gleichmäßige und gerechte Verteilung der Erbschaft in Berücksichtigung fällt.

Jeder Miterbe kann verlangen, daß die Schulden des Erblassers vor der Teilung der Erbschaft getilgt oder sichergestellt werden.

II. Bildung von Losen

Die Erben bilden aus den Erbschaftssachen so viele Teile oder Lose, **611** als Erben oder Erbstämme sind.

Können sie sich nicht einigen, so hat auf Verlangen eines der Erben die zuständige Behörde unter Berücksichtigung des Ortsgebrauches, der persönlichen Verhältnisse und der Wünsche der Mehrheit der Miterben die Lose zu bilden.

Die Verteilung der Lose erfolgt nach Vereinbarung oder durch Losziehung unter den Erben.

Bedeutung: BGE 78 II 409. Abs. 2: 5, 634.

III. Zuweisung und Verkauf einzelner Sachen

612 Eine Erbschaftssache, die durch Teilung an ihrem Werte wesentlich verlieren würde, soll einem der Erben ungeteilt zugewiesen werden.

Können die Erben sich über die Teilung oder Zuweisung einer Sache nicht einigen, so ist die Sache zu verkaufen und der Erlös zu teilen.

Auf Verlangen eines Erben hat der Verkauf auf dem Wege der Versteigerung stattzufinden, wobei, wenn die Erben sich nicht einigen, die zuständige Behörde entscheidet, ob die Versteigerung öffentlich oder nur unter den Erben stattfinden soll.

Verhältnis zu 611: BGE 78 II 409. Abs. 3: 651, OR 229ff.

IV. Zuweisung der Wohnung und des Hausrates an den überlebenden Ehegatten

612a Befinden sich das Haus oder die Wohnung, worin die Ehegatten gelebt haben, oder Hausratsgegenstände in der Erbschaft, so kann der überlebende Ehegatte verlangen, daß ihm das Eigentum daran auf Anrechnung zugeteilt wird.

Wo die Umstände es rechtfertigen, kann auf Verlangen des überlebenden Ehegatten oder der andern gesetzlichen Erben des Verstorbenen statt des Eigentums die Nutznießung oder ein Wohnrecht eingeräumt werden.

An Räumlichkeiten, in denen der Erblasser einen Beruf ausübte oder ein Gewerbe betrieb und die ein Nachkomme zu dessen Weiterführung benötigt, kann der überlebende Ehegatte diese Rechte nicht beanspruchen; die Vorschriften des bäuerlichen Erbrechts bleiben vorbehalten.

Abs. 2: 745, 776. BGE 119 II 323. Abs. 3: 620ff.

D. Besondere Gegenstände

I. Zusammengehörende Sachen, Familienschriften

613 Gegenstände, die ihrer Natur nach zusammengehören, sollen, wenn einer der Erben gegen die Teilung Einspruch erhebt, nicht voneinander getrennt werden.

Familienschriften und Gegenstände, die für die Familie einen besonderen Erinnerungswert haben, sollen, sobald ein Erbe widerspricht, nicht veräußert werden.

Können sich die Erben nicht einigen, so entscheidet die zuständige Behörde über die Veräußerung oder die Zuweisung mit oder ohne Anrechnung, unter Berücksichtigung des Ortsgebrauches und, wo ein solcher nicht besteht, der persönlichen Verhältnisse der Erben.

612 Anm. Abs. 3: 5.

I.bis Landwirtschaftliches Inventar

613a Stirbt der Pächter eines landwirtschaftlichen Gewerbes und führt einer seiner Erben die Pacht allein weiter, so kann dieser verlangen, daß ihm das gesamte Inventar (Vieh, Gerätschaften, Vorräte usw.) unter Anrechnung auf seinen Erbteil zum Nutzwert zugewiesen wird.

II. Forderungen des Erblassers an Erben

614 Forderungen, die der Erblasser an einen der Erben gehabt hat, sind bei der Teilung diesem anzurechnen.

III. Verpfändete Erbschaftssachen

615 Erhält ein Erbe bei der Teilung eine Erbschaftssache, die für Schulden des Erblassers verpfändet ist, so wird ihm auch die Pfandschuld überbunden.

IV. Grundstücke

616 Aufgehoben.

1. Übernahme

a) Anrechnungswert

617 Grundstücke sind den Erben zu dem Wert anzurechnen, der ihnen im Zeitpunkte der Teilung zukommt.

b)   Schatzungsverfahren

618 Können sich die Erben über den Anrechnungswert nicht verständigen, so wird er durch amtlich bestellte Sachverständige endgültig festgestellt.

V.   Landwirtschaftliche Gewerbe und Grundstücke

619 Für die Übernahme und Anrechnung von landwirtschaftlichen Gewerben und Grundstücken gilt das Bundesgesetz vom 4. Oktober 1991 über das bäuerliche Bodenrecht.
Anh. Ia.

619bis –625bis Aufgehoben.

3. Abschnitt
Die Ausgleichung

A.   Ausgleichungspflicht der Erben

626 Die gesetzlichen Erben sind gegenseitig verpflichtet, alles zur Ausgleichung zu bringen, was ihnen der Erblasser bei Lebzeiten auf Anrechnung an ihren Erbanteil zugewendet hat.

Was der Erblasser seinen Nachkommen als Heiratsgut, Ausstattung oder durch Vermögensabtretung, Schulderlaß und dergleichen zugewendet hat, steht, sofern der Erblasser nicht ausdrücklich das Gegenteil verfügt, unter der Ausgleichungspflicht.
Abs. 1: 527 Z. 1, BGE 70 II 23; 76 II 197. Abs. 2: BGE 69 II 73; 84 II 343; 89 II 72; 97 II 211; 118 II 282.

B.   Ausgleichung bei Wegfallen von Erben

627 Fällt ein Erbe vor oder nach dem Erbgang weg, so geht seine Ausgleichspflicht auf die Erben über, die an seine Stelle treten.

Nachkommen eines Erben sind in bezug auf die Zuwendungen, die dieser erhalten hat, auch dann zur Ausgleichung verpflichtet, wenn die Zuwendungen nicht auf sie übergegangen sind.

2. Abteilung. Der Erbgang

C. Berechnungsart

I. Einwerfung oder Anrechnung

Die Erben haben die Wahl, die Ausgleichung durch Einwerfung in Natur oder durch Anrechnung dem Werte nach vorzunehmen, und zwar auch dann, wenn die Zuwendungen den Betrag des Erbanteiles übersteigen.

Vorbehalten bleiben abweichende Anordnungen des Erblassers, sowie die Ansprüche der Miterben auf Herabsetzung der Zuwendungen.

Abs. 1: 535. Abs. 2: 522 ff.

II. Verhältnis zum Erbanteil

Übersteigen die Zuwendungen den Betrag eines Erbanteiles, so ist der Überschuß unter Vorbehalt des Herabsetzungsanspruches der Miterben nicht auszugleichen, wenn nachweisbar der Erblasser den Erben damit begünstigen wollte.

Diese Begünstigung wird vermutet bei den Ausstattungen, die den Nachkommen bei ihrer Verheiratung in üblichem Umfange zugewendet worden sind.

522 ff., 608.

III. Ausgleichungswert

Die Ausgleichung erfolgt nach dem Werte der Zuwendungen zur Zeit des Erbganges oder, wenn die Sache vorher veräußert worden ist, nach dem dafür erzielten Erlös.

Verwendungen und Schaden sowie bezogene Früchte sind unter den Erben nach den Besitzesregeln in Anschlag zu bringen.

Abs. 1: 537. Abs. 2: 938 ff.

D. Erziehungskosten

Die Auslagen des Erblassers für die Erziehung und Ausbildung einzelner Kinder sind, wenn kein anderer Wille des Erblassers nachgewiesen wird, der Ausgleichungspflicht nur insoweit unterworfen, als sie das übliche Maß übersteigen.

Kindern, die noch in der Ausbildung stehen oder die gebrechlich sind, ist bei der Teilung ein angemessener Vorausbezug einzuräumen.

302. BGE 76 II 214.

E. Gelegenheitsgeschenke

632 Übliche Gelegenheitsgeschenke stehen nicht unter der Ausgleichungspflicht.
BGE 76 II 194.

F. Ausgleichung von Zuwendungen an die häusliche Gemeinschaft

633 Aufgehoben (s. Art. 334).

4. Abschnitt
Abschluß und Wirkung der Teilung

A. Abschluß des Vertrages

I. Teilungsvertrag

634 Die Teilung wird für die Erben verbindlich mit der Aufstellung und Entgegennahme der Lose oder mit dem Abschluß des Teilungsvertrages.

Der Teilungsvertrag bedarf zu seiner Gültigkeit der schriftlichen Form.
607 II, 611. Abs. 2: OR 12 ff: BGE 118 II 395. Liegenschaften: BGE 83 II 367; 86 II 351.

II. Vertrag über angefallene Erbanteile

635 Verträge unter den Miterben über Abtretung der Erbanteile bedürfen zu ihrer Gültigkeit der schriftlichen Form.

Werden sie von einem Erben mit einem Dritten abgeschlossen, so geben sie diesem kein Recht auf Mitwirkung bei der Teilung, sondern nur einen Anspruch auf den Anteil, der dem Erben aus der Teilung zugewiesen wird.
Abs. 1: OR 12 ff. BGE 102 Ib 321; 118 II 514 (IPR). Abs. 2: BGE 87 II 223.

III. Verträge vor dem Erbgang

636 Verträge, die ein Erbe über eine noch nicht angefallene Erbschaft ohne Mitwirkung und Zustimmung des Erblassers mit einem Miterben oder einem Dritten abschließt, sind nicht verbindlich.

B. Haftung der Miterben unter sich

I. Gewährleistung

637 Nach Abschluß der Teilung haften die Miterben einander für die Erbschaftssachen wie Käufer und Verkäufer.

Sie haben einander den Bestand der Forderungen, die ihnen bei der Teilung zugewiesen werden, zu gewährleisten und haften einander, soweit es sich nicht um Wertpapiere mit Kurswert handelt, für die Zahlungsfähigkeit des Schuldners im angerechneten Forderungsbetrag wie einfache Bürgen.

Die Klage aus der Gewährleistungspflicht verjährt mit Ablauf eines Jahres nach der Teilung oder nach dem Zeitpunkt, auf den die Forderungen später fällig werden.

OR 171, 192ff.

II. Anfechtung der Teilung

638 Die Anfechtung des Teilungsvertrages erfolgt nach den Vorschriften über die Anfechtung der Verträge im allgemeinen.

7. OR 23ff. BGE 84 II 690.

C. Haftung gegenüber Dritten

I. Solidarische Haftung

639 Für die Schulden des Erblassers sind die Erben den Gläubigern gern auch nach der Teilung solidarisch und mit ihrem ganzen Vermögen haftbar, solange die Gläubiger in eine Teilung oder Übernahme der Schulden nicht ausdrücklich oder stillschweigend eingewilligt haben.

Die solidare Haftung der Miterben verjährt mit Ablauf von fünf Jahren nach der Teilung oder nach dem Zeitpunkt, auf den die Forderung später fällig geworden ist.

560, 603. OR 143.

II. Rückgriff auf die Miterben

640 Hat ein Erbe eine Schuld des Erblassers bezahlt, die ihm bei der Teilung nicht zugewiesen worden ist, oder hat er von einer Schuld mehr bezahlt, als er übernommen, so ist er befugt, auf seine Miterben Rückgriff zu nehmen.

Dieser Rückgriff richtet sich zunächst gegen den, der die bezahlte Schuld bei der Teilung übernommen hat.

Im übrigen haben die Erben mangels anderer Abrede die Schulden unter sich im Verhältnis der Erbanteile zu tragen.

Vierter Teil
Das Sachenrecht

Vierter Teil

Das Sachenrecht

Erste Abteilung
Das Eigentum

Achtzehnter Titel
Allgemeine Bestimmungen

A. Inhalt des Eigentums

641 Wer Eigentümer einer Sache ist, kann in den Schranken der Rechtsordnung über sie nach seinem Belieben verfügen.

Er hat das Recht, sie von jedem, der sie ihm vorenthält, herauszuverlangen und jede ungerechtfertigte Einwirkung abzuwehren.

Abs. 1: 2, 6, 667 ff.; 713. Fiduziarisches Eigentum: BGE 39 II 809; 72 I 338; 85 II 99; 86 II 225.

B. Umfang des Eigentums

I. Bestandteile

642 Wer Eigentümer einer Sache ist, hat das Eigentum an allen ihren Bestandteilen.

Bestandteil einer Sache ist alles, was nach der am Orte üblichen Auffassung zu ihrem Bestande gehört und ohne ihre Zerstörung, Beschädigung oder Veränderung nicht abgetrennt werden kann.

Abs. 2: 5 II. BGE 76 II 28.

II. Natürliche Früchte

643 Wer Eigentümer einer Sache ist, hat das Eigentum auch an ihren natürlichen Früchten.

Natürliche Früchte sind die zeitlich wiederkehrenden Erzeugnisse und die Erträgnisse, die nach der üblichen Auffassung von einer Sache ihrer Bestimmung gemäß gewonnen werden.

Bis zur Trennung sind die natürlichen Früchte Bestandteil der Sache.

Abs. 2: 5 II. Jagd: 667 Anm.

III. Zugehör

1. Umschreibung

644 Die Verfügung über eine Sache bezieht sich, wenn keine Ausnahme gemacht wird, auch auf ihre Zugehör.

Zugehör sind die beweglichen Sachen, die nach der am Orte üblichen Auffassung oder nach dem klaren Willen des Eigentümers der Hauptsache dauernd für deren Bewirtschaftung, Benutzung oder Verwahrung bestimmt und durch Verbindung, Anpassung oder auf andere Weise in die Beziehung zur Hauptsache gebracht sind, in der sie ihr zu dienen haben.

Ist eine Sache Zugehör, so vermag eine vorübergehende Trennung von der Hauptsache ihr diese Eigenschaft nicht zu nehmen.

Abs. 1: 805, 892. Abs. 2: 5. BGE 80 II 231.

2. Ausschluß

645 Zugehör sind niemals solche beweglichen Sachen, die dem Besitzer der Hauptsache nur zum vorübergehenden Gebrauche oder zum Verbrauche dienen, oder die zu der Eigenart der Hauptsache in keiner Beziehung stehen, sowie solche, die nur zur Aufbewahrung oder zum Verkauf oder zur Vermietung mit der Hauptsache in Verbindung gebracht sind.

C. Gemeinschaftliches Eigentum

I. Miteigentum

1. Verhältnis der Miteigentümer

646 Haben mehrere Personen eine Sache nach Bruchteilen und ohne äußerliche Abteilung in ihrem Eigentum, so sind sie Miteigentümer.

Ist es nicht anders festgestellt, so sind sie Miteigentümer zu gleichen Teilen.

Jeder Miteigentümer hat für seinen Anteil die Rechte und Pflichten eines Eigentümers, und es kann dieser Anteil von ihm veräußert und verpfändet und von seinen Gläubigern gepfändet werden.

Abs. 1: 670, 727. Abs. 3: 682, 800. VZG 23 ff.

2. Nutzungs- und Verwaltungsordnung

647 Die Miteigentümer können eine von den gesetzlichen Bestimmungen abweichende Nutzungs- und Verwaltungsordnung vereinbaren und im Grundbuch anmerken lassen.

Nicht aufheben oder beschränken können sie die jedem Miteigentümer zustehenden Befugnisse:

1. zu verlangen, daß die für die Erhaltung des Wertes und der Gebrauchsfähigkeit der Sache notwendigen Verwaltungshandlungen durchgeführt und nötigenfalls vom Richter angeordnet werden;

1. Abteilung. Das Eigentum

2. von sich aus auf Kosten aller Miteigentümer die Maßnahmen zu ergreifen, die sofort getroffen werden müssen, um die Sache vor drohendem oder wachsendem Schaden zu bewahren.

3. Gewöhnliche Verwaltungshandlungen

Zu den gewöhnlichen Verwaltungshandlungen ist jeder Miteigentümer befugt, insbesondere zur Vornahme von Ausbesserungen, Anbau- und Erntearbeiten, zur kurzfristigen Verwahrung und Aufsicht sowie zum Abschluß der dazu dienenden Verträge und zur Ausübung der Befugnisse, die sich aus ihnen und aus den Miet-, Pacht- und Werkverträgen ergeben, einschließlich der Bezahlung und Entgegennahme von Geldbeträgen für die Gesamtheit. **647 a**

Mit Zustimmung der Mehrheit aller Miteigentümer kann die Zuständigkeit zu diesen Verwaltungshandlungen unter Vorbehalt der Bestimmungen des Gesetzes über die notwendigen und dringlichen Maßnahmen anders geregelt werden.

4. Wichtigere Verwaltungshandlungen

Mit Zustimmung der Mehrheit aller Miteigentümer, die zugleich den größeren Teil der Sache vertritt, können wichtigere Verwaltungshandlungen durchgeführt werden, insbesondere die Änderung der Kulturart oder Benutzungsweise, der Abschluß und die Auflösung von Miet- und Pachtverträgen, die Beteiligung an Bodenverbesserungen und die Bestellung eines Verwalters, dessen Zuständigkeit nicht auf gewöhnliche Verwaltungshandlungen beschränkt ist. **647 b**

Vorbehalten bleiben die Bestimmungen über die notwendigen baulichen Maßnahmen.

5. Bauliche Maßnahmen

a) Notwendige

Unterhalts-, Wiederherstellungs- und Erneuerungsarbeiten, die für die Erhaltung des Wertes und der Gebrauchsfähigkeit der Sache nötig sind, können mit Zustimmung der Mehrheit aller Miteigentümer ausgeführt werden, soweit sie nicht als gewöhnliche Verwaltungshandlungen von jedem einzelnen vorgenommen werden dürfen. **647 c**

b) Nützliche

Erneuerungs- und Umbauarbeiten, die eine Wertsteigerung oder Verbesserung der Wirtschaftlichkeit oder Gebrauchsfähigkeit der **647 d**

Sache bezwecken, bedürfen der Zustimmung der Mehrheit aller Miteigentümer, die zugleich den größeren Teil der Sache vertritt.

Änderungen, die einem Miteigentümer den Gebrauch oder die Benutzung der Sache zum bisherigen Zweck erheblich und dauernd erschweren oder unwirtschaftlich machen, können nicht ohne seine Zustimmung durchgeführt werden.

Verlangt die Änderung von einem Miteigentümer Aufwendungen, die ihm nicht zumutbar sind, insbesondere weil sie in einem Mißverhältnis zum Vermögenswert seines Anteils stehen, so kann sie ohne seine Zustimmung nur durchgeführt werden, wenn die übrigen Miteigentümer seinen Kostenanteil auf sich nehmen, soweit er den ihm zumutbaren Betrag übersteigt.

c)   *Der Verschönerung und Bequemlichkeit dienende*

647e Bauarbeiten, die lediglich der Verschönerung, der Ansehnlichkeit der Sache oder der Bequemlichkeit im Gebrauch dienen, dürfen nur mit Zustimmung aller Miteigentümer ausgeführt werden.

Werden solche Arbeiten mit Zustimmung der Mehrheit aller Miteigentümer, die zugleich den größeren Teil der Sache vertritt, angeordnet, so können sie auch gegen den Willen eines nicht zustimmenden Miteigentümers ausgeführt werden, sofern dieser durch sie in seinem Nutzungs- und Gebrauchsrecht nicht dauernd beeinträchtigt wird, und die übrigen Miteigentümer ihm für eine bloß vorübergehende Beeinträchtigung Ersatz leisten und seinen Kostenanteil übernehmen.

6.   Verfügung über die Sache

648 Jeder Miteigentümer ist befugt, die Sache insoweit zu vertreten, zu gebrauchen und zu nutzen, als es mit den Rechten der andern verträglich ist.

Zur Veräußerung oder Belastung der Sache sowie zur Veränderung ihrer Zweckbestimmung bedarf es der Übereinstimmung aller Miteigentümer, soweit diese nicht einstimmig eine andere Ordnung vereinbart haben.

Bestehen Grundpfandrechte oder Grundlasten an Miteigentumsanteilen, so können die Miteigentümer die Sache selbst nicht mehr mit solchen Rechten belasten.

Abs. 3: BGE 113 II 157.

7.   Tragung der Kosten und Lasten

649 Die Verwaltungskosten, Steuern und anderen Lasten, die aus dem

Miteigentum erwachsen oder auf der gemeinschaftlichen Sache ruhen, werden von den Miteigentümern, wo es nicht anders bestimmt ist, im Verhältnis ihrer Anteile getragen.

Hat ein Miteigentümer solche Ausgaben über diesen Anteil hinaus getragen, so kann er von den anderen nach dem gleichen Verhältnis Ersatz verlangen.

Abs. 1: BGE 119 II 404. Abs. 2: BGE 119 II 330 (Verjährung).

8. Eintritt des Erwerbers eines Anteils

649 a Die von den Miteigentümern vereinbarte Nutzungs- und Verwaltungsordnung und die von ihnen gefaßten Verwaltungsbeschlüsse sowie die richterlichen Urteile und Verfügungen sind auch für den Rechtsnachfolger eines Miteigentümers und für den Erwerber eines dinglichen Rechtes an einem Miteigentumsanteil verbindlich.

BGE 110 Ia 106.

9. Ausschluß aus der Gemeinschaft

a)   Miteigentümer

649 b Der Miteigentümer kann durch richterliches Urteil aus der Gemeinschaft ausgeschlossen werden, wenn durch sein Verhalten oder das Verhalten von Personen, denen er den Gebrauch der Sache überlassen oder für die er einzustehen hat, Verpflichtungen gegenüber allen oder einzelnen Mitberechtigten so schwer verletzt werden, daß diesen die Fortsetzung der Gemeinschaft nicht zugemutet werden kann.

Umfaßt die Gemeinschaft nur zwei Miteigentümer, so steht jedem das Klagerecht zu; im übrigen bedarf es zur Klage, wenn nichts anderes vereinbart ist, der Ermächtigung durch einen Mehrheitsbeschluß aller Miteigentümer mit Ausnahme des Beklagten.

Erkennt der Richter auf Ausschluß des Beklagten, so verurteilt er ihn zur Veräußerung seines Anteils und ordnet für den Fall, daß der Anteil nicht binnen der angesetzten Frist veräußert wird, dessen öffentliche Versteigerung nach den Vorschriften über die Zwangsverwertung von Grundstücken an unter Ausschluß der Bestimmungen über die Auflösung des Miteigentumsverhältnisses.

BGE 113 II 15. Abs. 3: VZG 78a.

b)   Andere Berechtigte

649 c Die Bestimmungen über den Ausschluß eines Miteigentümers sind auf den Nutznießer und auf den Inhaber eines anderen dinglichen oder vorgemerkten persönlichen Nutzungsrechtes an einem Miteigentumsanteil sinngemäß anwendbar.

10. Aufhebung

a) Anspruch auf Teilung

650 Jeder Miteigentümer hat das Recht, die Aufhebung des Miteigentums zu verlangen, wenn sie nicht durch ein Rechtsgeschäft, durch Aufteilung zu Stockwerkeigentum oder durch die Bestimmung der Sache für einen dauernden Zweck ausgeschlossen ist.

Die Aufhebung kann auf höchstens dreißig Jahre durch eine Vereinbarung ausgeschlossen werden, die für Grundstücke zu ihrer Gültigkeit der öffentlichen Beurkundung bedarf und im Grundbuch vorgemerkt werden kann.

Die Aufhebung darf nicht zur Unzeit verlangt werden.

b) Art der Teilung

651 Die Aufhebung erfolgt durch körperliche Teilung, durch Verkauf aus freier Hand oder auf dem Wege der Versteigerung mit Teilung des Erlöses oder durch Übertragung der ganzen Sache auf einen oder mehrere der Miteigentümer unter Auskauf der übrigen.

Können sich die Miteigentümer über die Art der Aufhebung nicht einigen, so wird nach Anordnung des Richters die Sache körperlich geteilt oder, wenn dies ohne wesentliche Verminderung ihres Wertes nicht möglich ist, öffentlich oder unter den Miteigentümern versteigert.

Mit der körperlichen Teilung kann bei ungleichen Teilen eine Ausgleichung der Teile in Geld verbunden werden.

682. OR 229ff. Abs. 2: BGE 77 II 239; 80 II 376. Bodenrecht: BGE 72 II 162; 102 II 176. Konkurs: Kreisschreiben des Bundesgerichts vom 1. Februar 1926 in BGE 52 III 56.

II. Gesamteigentum

1. Voraussetzung

652 Haben mehrere Personen, die durch Gesetzesvorschrift oder Vertrag zu einer Gemeinschaft verbunden sind, eine Sache kraft ihrer Gemeinschaft zu Eigentum, so sind sie Gesamteigentümer, und es geht das Recht eines jeden auf die ganze Sache.

215ff., 336ff., 602ff. OR 530ff., 552ff., 590ff. Verwertung: siehe SR 281.41.

2. Wirkung

653 Die Rechte und Pflichten der Gesamteigentümer richten sich nach den Regeln, unter denen ihre gesetzliche oder vertragsmäßige Gemeinschaft steht.

Besteht keine andere Vorschrift, so bedarf es zur Ausübung des Eigentums und insbesondere zur Verfügung über die Sache des einstimmigen Beschlusses aller Gesamteigentümer.

Solange die Gemeinschaft dauert, ist ein Recht auf Teilung oder die Verfügung über einen Bruchteil der Sache ausgeschlossen.
Abs. 3: 646 III, 650.

3. Aufhebung

Die Aufhebung erfolgt mit der Veräußerung der Sache oder dem Ende der Gemeinschaft. **654**

Die Teilung geschieht, wo es nicht anders bestimmt ist, nach den Vorschriften über das Miteigentum.
Abs. 2: 651.

III. Gemeinschaftliches Eigentum an landwirtschaftlichen Gewerben und Grundstücken

Für die Aufhebung von gemeinschaftlichem Eigentum an landwirtschaftlichen Gewerben und Grundstücken gilt zudem das Bundesgesetz vom 4. Oktober 1991 über das bäuerliche Bodenrecht. **654a**
Anh. Ia.

Neunzehnter Titel
Das Grundeigentum

1. Abschnitt
Gegenstand, Erwerb und Verlust des Grundeigentums

A. Gegenstand

655 Gegenstand des Grundeigentums sind die Grundstücke.

Grundstücke im Sinne dieses Gesetzes sind:
1. die Liegenschaften,
2. die in das Grundbuch aufgenommenen selbständigen und dauernden Rechte,
3. die Bergwerke,
4. die Miteigentumsanteile an Grundstücken.

Fischenz: BGE 97 II 25.

B. Erwerb

I. Eintragung

656 Zum Erwerb des Grundeigentums bedarf es der Eintragung in das Grundbuch.

Bei Aneignung, Erbgang, Enteignung, Zwangsvollstreckung oder richterlichem Urteil erlangt indessen der Erwerber schon vor der Eintragung das Eigentum, kann aber im Grundbuch erst dann über das Grundstück verfügen, wenn die Eintragung erfolgt ist.

Abs. 1: 970ff. Anh. V 11ff. VZG 66. OR 216ff., 229ff. ExprG 93ff. Beschränkung des Erwerbs für Personen im Ausland: BG über den Erwerb von Grundstücken durch Personen im Ausland, vom 16. Dezember 1983, SR 211.412.41, enthalten in gleicher Ausgabe des Obligationenrechts, Anhang VI. Zwangsverwertung s. VZG. Anh. Ia.

II. Erwerbsarten

1. Übertragung

657 Der Vertrag auf Eigentumsübertragung bedarf zu seiner Verbindlichkeit der öffentlichen Beurkundung.

Die Verfügung von Todes wegen und der Ehevertrag bedürfen der im Erbrecht und im ehelichen Güterrecht vorgeschriebenen Formen.

Abs. 1: SchlT 55. OR 216ff., 229ff. BGE 99 II 359 (Scheidungskonvention). «Fertigung»: BGE 52 II 83. Abs. 2: 179ff., 498ff., 634 Abs. II.

2. Aneignung

658 Die Aneignung eines im Grundbuch eingetragenen Grundstückes kann nur stattfinden, wenn dieses nach Ausweis des Grundbuches herrenlos ist.

Die Aneignung von Land, das nicht im Grundbuch aufgenommen ist, steht unter den Bestimmungen über die herrenlosen Sachen.

Abs. 2: 664, 944.

3. Bildung neuen Landes

659 Entsteht durch Anschwemmung, Anschüttung, Bodenverschiebung, Veränderungen im Lauf oder Stand eines öffentlichen Gewässers oder in anderer Weise aus herrenlosem Boden der Ausbeutung fähiges Land, so gehört es dem Kanton, in dessen Gebiet es liegt.

Es steht den Kantonen frei, solches Land den Anstößern zu überlassen.

Vermag jemand nachzuweisen, daß Bodenteile seinem Eigentum entrissen worden sind, so kann er sie binnen angemessener Frist zurückholen.

4. Bodenverschiebung

a) im allgemeinen

660 Bodenverschiebungen von einem Grundstück auf ein anderes bewirken keine Veränderung der Grenzen.

Bodenteile und andere Gegenstände, die hiebei von dem einen Grundstück auf das andere gelangt sind, unterliegen den Bestimmungen über die zugeführten Sachen oder die Sachverbindungen.

b) dauernde

660a Der Grundsatz, wonach Bodenverschiebungen keine Änderung der Grenzen bewirken, gilt nicht für Gebiete mit dauernden Bodenverschiebungen, wenn diese Gebiete vom Kanton als solche bezeichnet worden sind.

Bei der Bezeichnung der Gebiete ist die Beschaffenheit der betroffenen Grundstücke zu berücksichtigen.

Die Zugehörigkeit eines Grundstücks zu einem solchen Gebiet ist in geeigneter Weise den Beteiligten mitzuteilen und im Grundbuch anzumerken.

c) Neufestsetzung der Grenze

660b Wird eine Grenze wegen einer Bodenverschiebung unzweckmäßig, so kann jeder betroffene Grundeigentümer verlangen, daß sie neu festgesetzt wird.

Ein Mehr- oder Minderwert ist auszugleichen.

5. Ersitzung

a) Ordentliche Ersitzung

661 Ist jemand ungerechtfertigt im Grundbuch als Eigentümer eingetragen, so kann sein Eigentum, nachdem er das Grundstück in gutem Glauben zehn Jahre lang ununterbrochen und unangefochten besessen hat, nicht mehr angefochten werden.

Tabularersitzung. 3, 973 ff. Grundbucheintrag: BGE 50 II 121.

b) Außerordentliche Ersitzung

662 Besitzt jemand ein Grundstück, das nicht im Grundbuch aufgenommen ist, ununterbrochen und unangefochten während dreißig Jahren als sein Eigentum, so kann er verlangen, daß er als Eigentümer eingetragen werde.

Unter den gleichen Voraussetzungen steht dieses Recht dem Besitzer eines Grundstückes zu, dessen Eigentümer aus dem Grundbuch nicht ersichtlich ist oder bei Beginn der Ersitzungsfrist von dreißig Jahren tot oder für verschollen erklärt war.

Die Eintragung darf jedoch nur auf Verfügung des Richters erfolgen, nachdem binnen einer durch amtliche Auskündigung angesetzten Frist kein Einspruch erhoben oder der erfolgte Einspruch abgewiesen worden ist.

Abs. 2: 35. BGE 82 II 392; 114 II 33; 116 II 267. Abs. 3: BGE 110 II 20.

c) Fristen

663 Für die Berechnung der Fristen, die Unterbrechung und den Stillstand der Ersitzung finden die Vorschriften über die Verjährung von Forderungen entsprechende Anwendung.

OR 127 ff.

6. Herrenlose und öffentliche Sachen

664 Die herrenlosen und die öffentlichen Sachen stehen unter der Hoheit des Staates, in dessen Gebiet sie sich befinden.

An den öffentlichen Gewässern, sowie an dem der Kultur nicht fähigen Lande, wie Felsen und Schutthalden, Firnen und Gletschern, und den daraus entspringenden Quellen besteht unter Vorbehalt anderweitigen Nachweises kein Privateigentum.

Das kantonale Recht stellt über die Aneignung des herrenlosen Landes, die Ausbeutung und den Gemeingebrauch der öffentlichen Sachen, wie der Straßen und Plätze, Gewässer und Flußbetten, die erforderlichen Bestimmungen auf.

6 I, 944 I, 949 II. Bergbau: BGE 44 I 167; 63 II 297.

III. Recht auf Eintragung

665 Der Erwerbsgrund gibt dem Erwerber gegen den Eigentümer einen persönlichen Anspruch auf Eintragung und bei Weigerung des Eigentümers das Recht auf gerichtliche Zusprechung des Eigentums.

Bei Aneignung, Erbgang, Enteignung, Zwangsvollstreckung oder Urteil des Richters kann der Erwerber die Eintragung von sich aus erwirken.

Änderungen am Grundeigentum, die von Gesetzes wegen durch Gütergemeinschaft oder deren Auflösung eintreten, werden auf Anmeldung eines Ehegatten hin im Grundbuch eingetragen.

973. ExprG 93 ff.

C. Verlust

666 Das Grundeigentum geht unter mit der Löschung des Eintrages, sowie mit dem vollständigen Untergang des Grundstückes.

Der Zeitpunkt, auf den im Falle der Enteignung der Verlust eintritt, wird durch das Enteignungsrecht des Bundes und der Kantone bestimmt.

Abs. 1: 964. Abs. 2: ExprG 93 ff.

2. Abschnitt
Inhalt und Beschränkungen des Grundeigentums

A. Inhalt

I. Umfang

667 Das Eigentum an Grund und Boden erstreckt sich nach oben und unten auf den Luftraum und das Erdreich, soweit für die Ausübung des Eigentums ein Interesse besteht.

Es umfaßt unter Vorbehalt der gesetzlichen Schranken alle Bauten und Pflanzen, sowie die Quellen.

BG betr. die elektrischen Schwach- und Starkstromanlagen vom 24. Juni 1902, SR 734.0, Art. 42. BG über die Luftfahrt vom 21. Dezember 1948, SR 748.0. Bergbau: BGE 44 I 167. Pflanzenschutz: AS 1962 S. 205. Abs. 2: Akzessionsprinzip. 642, 674 ff. Luftraum: BGE 71 II 85; 103 II 96.

II. Abgrenzung

1. Art der Abgrenzung

668 Die Grenzen werden durch die Grundbuchpläne und durch die Abgrenzungen auf dem Grundstück selbst angegeben.

Widersprechen sich die bestehenden Grundbuchpläne und die Abgrenzungen, so wird die Richtigkeit der Grundbuchpläne vermutet.

Die Vermutung gilt nicht für die vom Kanton bezeichneten Gebiete mit Bodenverschiebungen.

950. Abs. 2: 9. BGE 80 II 380.

2. Abgrenzungspflicht

669 Jeder Grundeigentümer ist verpflichtet, auf das Begehren seines Nachbarn zur Feststellung einer ungewissen Grenze mitzuwirken, sei es bei Berichtigung der Grundbuchpläne oder bei Anbringung von Grenzzeichen.

Vermarkung. 702. S. ferner LandwG Art. 81.

3. Miteigentum an Vorrichtungen zur Abgrenzung

670 Stehen Vorrichtungen zur Abgrenzung zweier Grundstücke, wie Mauern, Hecken, Zäune, auf der Grenze, so wird Miteigentum der beiden Nachbarn vermutet.

646 ff. Brandmauer: BGE 59 II 223.

III. Bauten auf dem Grundstück

1. Boden und Baumaterial

a) Eigentumsverhältnis

671 Verwendet jemand zu einem Bau auf seinem Boden fremdes Material oder eigenes Material auf fremdem Boden, so wird es Bestandteil des Grundstückes.

Der Eigentümer des Materials ist jedoch, wenn die Verwendung ohne seinen Willen stattgefunden hat, berechtigt, auf Kosten des Grundeigentümers die Trennung des Materials und dessen Herausgabe zu verlangen, insoweit dies ohne unverhältnismäßige Schädigung möglich ist.

Unter der gleichen Voraussetzung kann der Grundeigentümer, wenn die Verwendung ohne seinen Willen stattgefunden hat, auf Kosten des Bauenden die Wegschaffung des Materials verlangen.

Abs. 1: 642. Rechtsnatur: BGE 81 II 436. Abs. 3: BGE 81 II 272.

b) Ersatz

672 Findet keine Trennung des Materials vom Boden statt, so hat der Grundeigentümer für das Material eine angemessene Entschädigung zu leisten.

Bei bösem Glauben des bauenden Grundeigentümers kann der Richter auf vollen Schadenersatz erkennen.

Bei bösem Glauben des bauenden Materialeigentümers kann er auch nur dasjenige zusprechen, was der Bau für den Grundeigentümer allermindestens wert ist.

BGE 81 II 435; 82 II 288; 99 II 131.

c) Zuweisung des Grundeigentums

673 Übersteigt der Wert des Baues offenbar den Wert des Bodens, so kann derjenige, der sich in gutem Glauben befindet, verlangen, daß das Eigentum an Bau und Boden gegen angemessene Entschädigung dem Materialeigentümer zugewiesen werde.

3. BGE 78 II 18; 81 II 274.

2. Überragende Bauten

674 Bauten und andere Vorrichtungen, die von einem Grundstücke auf ein anderes überragen, verbleiben Bestandteil des Grundstückes, von dem sie ausgehen, wenn dessen Eigentümer auf ihren Bestand ein dingliches Recht hat.

Das Recht auf den Überbau kann als Dienstbarkeit in das Grundbuch eingetragen werden.

Ist ein Überbau unberechtigt, und erhebt der Verletzte, trotzdem dies für ihn erkennbar geworden ist, nicht rechtzeitig Einspruch, so kann, wenn es die Umstände rechtfertigen, dem Überbauenden, der sich in gutem Glauben befindet, gegen angemessene Entschädigung das dingliche Recht auf den Überbau oder das Eigentum am Boden zugewiesen werden.

685 II. BGE 78 II 134. Abs. 2: 730ff. Abs. 3: BGE 95 II 7; 103 II 326.

3. Baurecht

675 Bauwerke und andere Vorrichtungen, die auf fremdem Boden eingegraben, aufgemauert oder sonstwie dauernd auf oder unter der Bodenfläche mit dem Grundstücke verbunden sind, können einen besonderen Eigentümer haben, wenn ihr Bestand als Dienstbarkeit in das Grundbuch eingetragen ist.

Die Bestellung eines Baurechtes an einzelnen Stockwerken eines Gebäudes ist ausgeschlossen.

Abs. 1: 731ff. Abs. 2: SchlT 45. Anhang V 114 I. S. Anm. nach 712 (Stockwerkeigentum). BGE 81 II 602. Abs. 2: 779aff.

4. Leitungen

676 Leitungen für Wasser, Gas, elektrische Kraft und dergleichen, die sich außerhalb des Grundstückes befinden, dem sie dienen, werden, wo es nicht anders geordnet ist, als Zugehör des Werkes, von dem sie ausgehen, und als Eigentum des Werkeigentümers betrachtet.

Soweit nicht das Nachbarrecht Anwendung findet, erfolgt die dingliche Belastung der fremden Grundstücke mit solchen Leitungen durch die Errichtung einer Dienstbarkeit.

Die Dienstbarkeit entsteht, wenn die Leitung nicht äußerlich wahrnehmbar ist, mit der Eintragung in das Grundbuch und in den andern Fällen mit der Erstellung der Leitung.

Abs. 1: 644ff. Abs. 2: 691ff., 730ff. Abs. 3: 731, 958 Ziff. 2.

5. Fahrnisbauten

677 Hütten, Buden, Baracken und dergleichen behalten, wenn sie ohne Absicht bleibender Verbindung auf fremdem Boden aufgerichtet sind, ihren besonderen Eigentümer.

Ihr Bestand wird nicht in das Grundbuch eingetragen.

BGE 105 II 264.

IV. Einpflanzungen auf dem Grundstück

678 Verwendet jemand fremde Pflanzen auf eigenem Grundstücke, oder eigene Pflanzen auf fremdem Grundstücke, so entstehen die gleichen Rechte und Pflichten wie beim Verwenden von Baumaterial oder bei Fahrnisbauten.

Die Bestellung einer dem Baurecht entsprechenden Dienstbarkeit auf Pflanzen und Waldungen ist ausgeschlossen.

Abs. 1: Fahrnispflanzen. 671/3. BGE 62 II 86. Abs. 2: 675. SchlT 20.

V. Verantwortlichkeit des Grundeigentümers

679 Wird jemand dadurch, daß ein Grundeigentümer sein Eigentumsrecht überschreitet, geschädigt oder mit Schaden bedroht, so kann er auf Beseitigung der Schädigung oder auf Schutz gegen drohenden Schaden und auf Schadenersatz klagen.

684, 701. OR 58/9. IPRG 99, 138. BGE 79 I 202 (öffentliche Sache); 81 II 442; 83 II 379; 88 II 262; 91 II 100; 183; 107 II 134; 109 II 418 (Verjährung); 111 II 236 (Dienstbarkeit).

B. Beschränkungen

I. Im allgemeinen

680 Die gesetzlichen Eigentumsbeschränkungen bestehen ohne Eintrag im Grundbuch.

Ihre Aufhebung oder Abänderung durch Rechtsgeschäft bedarf zur Gültigkeit der öffentlichen Beurkundung und der Eintragung in das Grundbuch.

Ausgeschlossen ist die Aufhebung oder Abänderung von Eigentumsbeschränkungen öffentlich-rechtlichen Charakters.

962. Anm. zu 656. BGE 116 II 419.

II. Veräußerungsbeschränkungen; gesetzliche Vorkaufsrechte

1. Grundsätze

681 Gesetzliche Vorkaufsrechte können auch bei der Zwangsversteigerung ausgeübt werden, aber nur an der Steigerung selbst und zu den Bedingungen, zu welchen das Grundstück dem Ersteiger zugeschlagen wird; im übrigen können die gesetzlichen Vorkaufsrechte unter den Voraussetzungen geltend gemacht werden, die für die vertraglichen Vorkaufsrechte gelten.

Das Vorkaufsrecht entfällt, wenn das Grundstück an eine Person veräußert wird, der ein Vorkaufsrecht im gleichen oder in einem vorderen Rang zusteht.

Gesetzliche Vorkaufsrechte können weder vererbt noch abgetreten werden. Sie gehen den vertraglichen Vorkaufsrechten vor.

2. Ausübung

681a Der Verkäufer muß die Vorkaufsberechtigten über den Abschluß und den Inhalt des Kaufvertrags in Kenntnis setzen.

Will der Vorkaufsberechtigte sein Recht ausüben, so muß er es innert dreier Monate seit Kenntnis von Abschluß und Inhalt des Vertrages geltend machen. Nach Ablauf von zwei Jahren seit der Eintragung des neuen Eigentümers in das Grundbuch kann das Recht nicht mehr geltend gemacht werden.

Der Vorkaufsberechtigte kann seinen Anspruch innert dieser Fristen gegenüber jedem Eigentümer des Grundstücks geltend machen.

3. Abänderung, Verzicht

681b Die Vereinbarung, mit welcher ein gesetzliches Vorkaufsrecht ausgeschlossen oder abgeändert wird, bedarf zu ihrer Gültigkeit der öffentlichen Beurkundung. Sie kann im Grundbuch vorgemerkt werden, wenn das Vorkaufsrecht dem jeweiligen Eigentümer eines andern Grundstücks zusteht.

Nach Eintritt des Vorkaufsfalls kann der Berechtigte schriftlich auf die Ausübung eines gesetzlichen Vorkaufsrechts verzichten.

4. Im Miteigentums- und im Baurechtsverhältnis

682 Miteigentümer haben ein Vorkaufsrecht gegenüber jedem Nichtmiteigentümer, der einen Anteil erwirbt. Machen mehrere Miteigentümer ihr Vorkaufsrecht geltend, so wird ihnen der Anteil im Verhältnis ihrer bisherigen Miteigentumsanteile zugewiesen.

Ein Vorkaufsrecht gegenüber jedem Erwerber haben auch der Eigentümer eines Grundstückes, das mit einem selbständigen und dauernden Baurecht belastet ist, an diesem Recht und der Inhaber dieses Rechts am belasteten Grundstück, soweit dieses durch die Ausübung seines Rechtes in Anspruch genommen wird.

Abs. 1: BGE 110 II 447; 115 II 331.

5. Vorkaufsrecht an landwirtschaftlichen Gewerben und Grundstücken

682a Für die Vorkaufsrechte an landwirtschaftlichen Gewerben und Grundstücken gilt zudem das Bundesgesetz vom 4. Oktober 1991 über das bäuerliche Bodenrecht.

Anh. Ia

1. Abteilung. Das Eigentum

Aufgehoben. **683**

III. Nachbarrecht

1. Art der Bewirtschaftung

Jedermann ist verpflichtet, bei der Ausübung seines Eigentums, wie **684** namentlich bei dem Betrieb eines Gewerbes auf seinem Grundstück, sich aller übermäßigen Einwirkung auf das Eigentum der Nachbarn zu enthalten.

Verboten sind insbesondere alle schädlichen und nach Lage und Beschaffenheit der Grundstücke oder nach Ortsgebrauch nicht gerechtfertigten Einwirkungen durch Rauch oder Ruß, lästige Dünste, Lärm oder Erschütterung.

Immission, 679. IPRG 99, 138. BGE 81 II 442; 83 II 387; 88 II 12; 101 II 248; 102 Ib 348; 109 II 304; 119 II 411; 120 II 15.

2. Graben und Bauen

a) Regel

Bei Grabungen und Bauten darf der Eigentümer die nachbarlichen **685** Grundstücke nicht dadurch schädigen, daß er ihr Erdreich in Bewegung bringt oder gefährdet oder vorhandene Vorrichtungen beeinträchtigt.

Auf Bauten, die den Vorschriften des Nachbarrechts zuwiderlaufen, finden die Bestimmungen betreffend überragende Bauten Anwendung.

Abs. 1, «Bauten»: BGE 41 II 218. Abs. 2: 674.

b) Kantonale Vorschriften

Die Kantone sind befugt, die Abstände festzusetzen, die bei Gra- **686** bungen und Bauten zu beobachten sind.

Es bleibt ihnen vorbehalten, weitere Bauvorschriften aufzustellen.

Abs. 2: 702. Schaden: BGE 82 II 399.

3. Pflanzen

a) Regel

Überragende Äste und eindringende Wurzeln kann der Nachbar, **687** wenn sie sein Eigentum schädigen und auf seine Beschwerde hin nicht binnen angemessener Frist beseitigt werden, kappen und für sich behalten.

Duldet ein Grundeigentümer das Überragen von Ästen auf bebauten oder überbauten Boden, so hat er ein Recht auf die an ihnen wachsenden Früchte (Anries).

Auf Waldgrundstücke, die aneinander grenzen, finden diese Vorschriften keine Anwendung.

b) Kantonale Vorschriften

688 Die Kantone sind befugt, für Anpflanzungen je nach der Art des Grundstückes und der Pflanzen bestimmte Abstände vom nachbarlichen Grundstück vorzuschreiben oder den Grundeigentümer zu verpflichten, das Übergreifen von Ästen oder Wurzeln fruchttragender Bäume zu gestatten und für diese Fälle das Anries zu regeln oder aufzuheben.

4. Wasserablauf

689 Jeder Grundeigentümer ist verpflichtet, das Wasser, das von dem oberhalb liegenden Grundstück natürlicherweise abfließt, aufzunehmen, wie namentlich Regenwasser, Schneeschmelze und Wasser von Quellen, die nicht gefaßt sind.

Keiner darf den natürlichen Ablauf zum Schaden des Nachbarn verändern.

Das für das untere Grundstück nötige Abwasser darf diesem nur insoweit entzogen werden, als es für das obere Grundstück unentbehrlich ist.

5. Entwässerungen

690 Bei Entwässerungen hat der Eigentümer des unterhalb liegenden Grundstückes das Wasser, das ihm schon vorher auf natürliche Weise zugeflossen ist, ohne Entschädigung abzunehmen.

Wird er durch die Zuleitung geschädigt, so kann er verlangen, daß der obere Eigentümer die Leitung auf eigene Kosten durch das untere Grundstück weiter führe.

6. Durchleitungen

a) Pflicht zur Duldung

691 Jeder Grundeigentümer ist gehalten, die Durchleitung von Brunnen, Drainierröhren, Gasröhren und dergleichen, sowie von elektrischen ober- oder unterirdischen Leitungen gegen vorgängigen vollen Ersatz des dadurch verursachten Schadens zu gestatten, insofern sich die Leitung ohne Inanspruchnahme seines Grundstückes gar nicht oder nur mit unverhältnismäßigen Kosten durchführen läßt.

1. Abteilung. Das Eigentum

Das Recht auf Durchleitung aus Nachbarrecht kann in den Fällen nicht beansprucht werden, in denen das kantonale Recht oder das Bundesrecht auf den Weg der Enteignung verweist.

Solche Durchleitungen werden, wenn es der Berechtigte verlangt, auf seine Kosten in das Grundbuch eingetragen.

Interesse: BGE 71 II 29. Abs. 2: s. zu 667. Schwebebahn: BGE 71 II 84.

b) Wahrung der Interessen des Belasteten

692 Der belastete Grundeigentümer hat Anspruch darauf, daß auf seine Interessen in billiger Weise Rücksicht genommen werde.

Wo außerordentliche Umstände es rechtfertigen, kann er bei oberirdischen Leitungen verlangen, daß ihm das Stück Land, über das diese Leitungen geführt werden sollen, in angemessenem Umfange gegen volle Entschädigung abgenommen werde.

c) Änderung der Verhältnisse

693 Ändern sich die Verhältnisse, so kann der Belastete eine seinen Interessen entsprechende Verlegung der Leitung verlangen.

Die Kosten der Verlegung hat in der Regel der Berechtigte zu tragen.

Wo besondere Umstände es rechtfertigen, kann jedoch ein angemessener Teil der Kosten dem Belasteten auferlegt werden.

742 III.

7. Wegrechte

a) Notweg

694 Hat ein Grundeigentümer keinen genügenden Weg von seinem Grundstück auf eine öffentliche Straße, so kann er beanspruchen, daß ihm die Nachbarn gegen volle Entschädigung einen Notweg einräumen.

Der Anspruch richtet sich in erster Linie gegen den Nachbarn, dem die Gewährung des Notweges der früheren Eigentums- und Wegeverhältnisse wegen am ehesten zugemutet werden darf, und im weiteren gegen denjenigen, für den der Notweg am wenigsten schädlich ist.

Bei der Festsetzung des Notweges ist auf die beidseitigen Interessen Rücksicht zu nehmen.

Schwebebahn: 691 Anm. BGE 85 II 396; 86 II 239; 93 II 167; 107 II 323; 110 II 125; 120 II 185.

b)   Andere Wegrechte

695 Den Kantonen bleibt es vorbehalten, über die Befugnis des Grundeigentümers, zum Zwecke der Bewirtschaftung oder Vornahme von Ausbesserungen und Bauten das nachbarliche Grundstück zu betreten, sowie über das Streck- oder Tretrecht, den Tränkweg, Winterweg, Brachweg, Holzlaß, Reistweg und dergleichen nähere Vorschriften aufzustellen.

740. BGE 104 II 166 (Bauten).

c)   Anmerkung im Grundbuch

696 Wegrechte, die das Gesetz unmittelbar begründet, bestehen ohne Eintragung zu Recht.

Sie werden jedoch, wenn sie von bleibendem Bestande sind, im Grundbuche angemerkt.

Abs. 1: 680 I. Abs. 2: Anhang V 79.

8.   Einfriedigung

697 Die Kosten der Einfriedigung eines Grundstückes trägt dessen Eigentümer, unter Vorbehalt der Bestimmungen über das Miteigentum an Grenzvorrichtungen.

In bezug auf die Pflicht und die Art der Einfriedigung bleibt das kantonale Recht vorbehalten.

670.

9.   Unterhaltspflicht

698 An die Kosten der Vorrichtungen zur Ausübung der nachbarrechtlichen Befugnisse haben die Grundeigentümer im Verhältnis ihres Interesses beizutragen.

IV.   Recht auf Zutritt und Abwehr

1.   Zutritt

699 Das Betreten von Wald und Weide und die Aneignung wildwachsender Beeren, Pilze und dergleichen sind in ortsüblichem Umfange jedermann gestattet, soweit nicht im Interesse der Kulturen seitens der zuständigen Behörde einzelne bestimmt umgrenzte Verbote erlassen werden.

Über das Betreten fremden Eigentums zur Ausübung von Jagd und Fischerei kann das kantonale Recht nähere Vorschriften aufstellen.

Abs. 1: 5; BGE 96 I 97. Kantonale Beschränkung: BGE 58 I 175; 109 I a 76. Abs. 2: 667 Anm.

1. Abteilung. Das Eigentum

2. Wegschaffung zugeführter Sachen und dergleichen

700 Werden Sachen durch Wasser, Wind, Lawinen oder andere Naturgewalt oder zufällige Ereignisse auf ein fremdes Grundstück gebracht, oder geraten Tiere, wie Groß- und Kleinvieh, Bienenschwärme, Geflügel und Fische, auf fremden Boden, so hat der Grundeigentümer dem Berechtigten deren Aufsuchung und Wegschaffung zu gestatten.

Für den hieraus entstehenden Schaden kann er Ersatz verlangen und hat hiefür an diesen Sachen ein Retentionsrecht.

Abs. 1: 719, 725. Abs. 2: 895 ff., OR 56. BGE 80 II 220.

3. Abwehr von Gefahr und Schaden

701 Kann jemand einen drohenden Schaden oder eine gegenwärtige Gefahr nur dadurch von sich oder andern abwenden, daß er in das Grundeigentum eines Dritten eingreift, so ist dieser verpflichtet, den Eingriff zu dulden, sobald Gefahr oder Schaden ungleich größer sind als die durch den Eingriff entstehende Beeinträchtigung.

Für den hieraus entstehenden Schaden ist angemessener Ersatz zu leisten.

Notstand. BGE 100 II 120.

V. Öffentlich-rechtliche Beschränkungen

1. Im allgemeinen

702 Dem Bunde, den Kantonen und den Gemeinden bleibt es vorbehalten, Beschränkungen des Grundeigentums zum allgemeinen Wohl aufzustellen, wie namentlich betreffend die Bau-, Feuer- und Gesundheitspolizei, das Forst- und Straßenwesen, den Reckweg, die Errichtung von Grenzmarken und Vermessungszeichen, die Bodenverbesserungen, die Zerstückelung der Güter, die Zusammenlegung von ländlichen Fluren und von Baugebiet, die Erhaltung von Altertümern und Naturdenkmälern, die Sicherung der Landschaften und Aussichtspunkte vor Verunstaltung und den Schutz von Heilquellen.

686. ExprG 9; 88 II 260.

2. Bodenverbesserungen

703 Können Bodenverbesserungen, wie Gewässerkorrektionen, Entwässerungen, Bewässerungen, Aufforstungen, Weganlagen, Güterzusammenlegungen und dergleichen, nur durch ein gemeinschaftliches Unternehmen ausgeführt werden und hat die Mehrheit der beteiligten Grundeigentümer, denen zugleich mehr als die Hälfte des beteiligten Bodens gehört, dem Unternehmen zugestimmt, so sind die übrigen Grundeigentümer zum Beitritt verpflichtet. Die an der Beschlußfassung nicht mitwirkenden Grundeigentümer gelten als zustimmend. Der Beitritt ist im Grundbuch anzumerken.

Die Kantone ordnen das Verfahren. Sie haben insbesondere für Güterzusammenlegungen eine einläßliche Ordnung zu treffen.

Die kantonale Gesetzgebung kann die Durchführung solcher Bodenverbesserungen noch weiter erleichtern und die entsprechenden Vorschriften auf Baugebiete und Gebiete mit dauernden Bodenverschiebungen anwendbar erklären.

LandwG 77 ff. 121. Anh. V 21, 49. BGE 99 I b 321.

C. Rechte an Quellen und Brunnen

I. Quelleneigentum und Quellenrecht

704 Quellen sind Bestandteile der Grundstücke und können nur zugleich mit dem Boden, dem sie entspringen, zu Eigentum erworben werden.

Das Recht an Quellen auf fremdem Boden wird als Dienstbarkeit durch Eintragung in das Grundbuch begründet.

Das Grundwasser ist den Quellen gleichgestellt.

Quelle, Grundwasser: BGE 65 II 57, 145; 68 II 19; 97 II 333; 106 II 311. Abs. 2: 780.

II. Ableitung von Quellen

705 Durch das kantonale Recht kann zur Wahrung des allgemeinen Wohles die Fortleitung von Quellen geordnet, beschränkt oder untersagt werden.

Ergeben sich hieraus Anstände unter Kantonen, so entscheidet darüber endgültig der Bundesrat.

III. Abgraben von Quellen

1. Schadenersatz

706 Werden Quellen und Brunnen, die in erheblicher Weise benutzt oder zum Zwecke der Verwertung gefaßt worden sind, zum Nachteil des Eigentümers oder Nutzungsberechtigten durch Bauten, Anlagen oder Vorkehrungen anderer Art abgegraben, beeinträchtigt oder verunreinigt, so kann dafür Schadenersatz verlangt werden.

1. Abteilung. Das Eigentum

Ist der Schaden weder absichtlich noch fahrlässig zugefügt oder trifft den Beschädigten selbst ein Verschulden, so bestimmt der Richter nach seinem Ermessen, ob, in welchem Umfange und in welcher Weise Ersatz zu leisten ist.

Schadenersatz: BGE 80 II 384.

2. Wiederherstellung

707 Werden Quellen und Brunnen, die für die Bewirtschaftung oder Bewohnung eines Grundstückes oder für Trinkwasserversorgungen unentbehrlich sind, abgegraben oder verunreinigt, so kann, soweit überhaupt möglich, die Wiederherstellung des früheren Zustandes verlangt werden.

In den andern Fällen kann diese Wiederherstellung nur verlangt werden, wo besondere Umstände sie rechtfertigen.

BGE 80 II 324, 386.

IV. Quellengemeinschaft

708 Bilden benachbarte Quellen verschiedener Eigentümer als Ausfluß eines gemeinsamen Sammelgebietes zusammen eine Quellengruppe, so kann jeder Eigentümer beantragen, daß sie gemeinschaftlich gefaßt und den Berechtigten im Verhältnis der bisherigen Quellenstärke zugeleitet werden.

Die Kosten der gemeinschaftlichen Anlage tragen die Berechtigten im Verhältnis ihres Interesses.

Widersetzt sich einer der Berechtigten, so ist jeder von ihnen zur ordnungsmäßigen Fassung und Ableitung seiner Quelle auch dann befugt, wenn die Stärke der anderen Quellen dadurch beeinträchtigt wird, und hat dafür nur insoweit Ersatz zu leisten, als seine Quelle durch die neuen Vorrichtungen verstärkt worden ist.

V. Benutzung von Quellen

709 Den Kantonen bleibt es vorbehalten, zu bestimmen, in welchem Umfange Quellen, Brunnen und Bäche, die sich im Privateigentum befinden, auch von den Nachbarn und von andern Personen zum Wasserholen, Tränken und dergleichen benutzt werden dürfen.

VI. Notbrunnen

710 Entbehrt ein Grundstück des für Haus und Hof notwendigen Wassers und läßt sich dieses ohne ganz unverhältnismäßige Mühe und Kosten nicht von anderswo herleiten, so kann der Eigentümer vom

Nachbarn, der ohne eigene Not ihm solches abzugeben vermag, gegen volle Entschädigung die Abtretung eines Anteils an Brunnen oder Quellen verlangen.

Bei der Festsetzung des Notbrunnens ist vorzugsweise auf das Interesse des zur Abgabe Verpflichteten Rücksicht zu nehmen.

Ändern sich die Verhältnisse, so kann eine Abänderung der getroffenen Ordnung verlangt werden.

VII. Pflicht zur Abtretung

1. Des Wassers

711 Sind Quellen, Brunnen oder Bäche ihrem Eigentümer von keinem oder im Verhältnis zu ihrer Verwertbarkeit von ganz geringem Nutzen, so kann vom Eigentümer verlangt werden, daß er sie gegen volle Entschädigung für Trinkwasserversorgungen, Hydrantenanlagen oder andere Unternehmungen des allgemeinen Wohles abtrete.

Diese Entschädigung kann in der Zuleitung von Wasser aus der neuen Anlage bestehen.

BGE 64 II 340.

2. Des Bodens

712 Eigentümer von Trinkwasserversorgungen können auf dem Wege der Enteignung die Abtretung des umliegenden Bodens verlangen, soweit es zum Schutz ihrer Quellen gegen Verunreinigung notwendig ist.

3. Abschnitt

Das Stockwerkeigentum

A. Inhalt und Gegenstand

I. Inhalt

712a Stockwerkeigentum ist der Miteigentumsanteil an einem Grundstück, der dem Miteigentümer das Sonderrecht gibt, bestimmte Teile eines Gebäudes ausschließlich zu benutzen und innen auszubauen.

Der Stockwerkeigentümer ist in der Verwaltung, Benutzung und baulichen Ausgestaltung seiner eigenen Räume frei, darf jedoch keinem anderen Stockwerkeigentümer die Ausübung des gleichen Rechtes erschweren und die gemeinschaftlichen Bauteile, Anlagen und Einrichtungen in keiner Weise beschädigen oder in ihrer Funktion und äußeren Erscheinung beeinträchtigen.

Er ist verpflichtet, seine Räume so zu unterhalten, wie es zur Erhaltung des Gebäudes in einwandfreiem Zustand und gutem Aussehen erforderlich ist.

Miteigentum: 646ff. Abs. 1: BGE 103 II 110.

II. Gegenstand

Gegenstand des Sonderrechts können einzelne Stockwerke oder Teile von Stockwerken sein, die als Wohnungen oder als Einheiten von Räumen zu geschäftlichen oder anderen Zwecken mit eigenem Zugang in sich abgeschlossen sein müssen, aber getrennte Nebenräume umfassen können.

Dem Stockwerkeigentümer können nicht zu Sonderrecht zugeschieden werden:

1. der Boden der Liegenschaft und das Baurecht, kraft dessen gegebenenfalls das Gebäude erstellt wird;
2. die Bauteile, die für den Bestand, die konstruktive Gliederung und Festigkeit des Gebäudes oder der Räume anderer Stockwerkeigentümer von Bedeutung sind oder die äußere Gestalt und das Aussehen des Gebäudes bestimmen;
3. die Anlagen und Einrichtungen, die auch den anderen Stockwerkeigentümern für die Benutzung ihrer Räume dienen.

Andere Bestandteile des Gebäudes können im Begründungsakt und in gleicher Form auch durch nachherige Vereinbarung der Stockwerkeigentümer als gemeinschaftlich erklärt werden; ist dies nicht geschehen, so gilt die Vermutung, daß sie zu Sonderrecht ausgeschieden sind.

BGE 106 II 11. Abs. 2 Ziff. 3: BGE 115 II 341.

III. Verfügung

Von Gesetzes wegen hat der Stockwerkeigentümer kein Vorkaufsrecht gegenüber jedem Dritten, der einen Anteil erwirbt, doch kann es im Begründungsakt oder durch nachherige Vereinbarung errichtet und im Grundbuch vorgemerkt werden.

In gleicher Weise kann bestimmt werden, daß die Veräußerung eines Stockwerkes, dessen Belastung mit einer Nutznießung oder einem Wohnrecht sowie die Vermietung nur rechtsgültig ist, wenn die übrigen Stockwerkeigentümer dagegen nicht auf Grund eines von ihnen gefaßten Beschlusses binnen 14 Tagen seit der ihnen gemachten Mitteilung Einsprache erhoben haben.

Die Einsprache ist unwirksam, wenn sie ohne wichtigen Grund erhoben worden ist, worüber auf Begehren des Einspruchsgegners der Richter im summarischen Verfahren entscheidet.

B. Begründung und Untergang

I. Begründungsakt

712d Das Stockwerkeigentum wird durch Eintragung im Grundbuch begründet.

Die Eintragung kann verlangt werden:

1. auf Grund eines Vertrages der Miteigentümer über die Ausgestaltung ihrer Anteile zu Stockwerkeigentum;

2. auf Grund einer Erklärung des Eigentümers der Liegenschaft oder des Inhabers eines selbständigen und dauernden Baurechts über die Bildung von Miteigentumsanteilen und deren Ausgestaltung zu Stockwerkeigentum.

Das Rechtsgeschäft bedarf zu seiner Gültigkeit der öffentlichen Beurkundung oder, wenn es eine Verfügung von Todes wegen oder ein Erbteilungsvertrag ist, der im Erbrecht vorgeschriebenen Form.

II. Wertquoten

712e Im Begründungsakt ist außer der räumlichen Ausscheidung der Anteil eines jeden Stockwerkes in Hundertsteln oder Tausendsteln des Wertes der Liegenschaft oder des Baurechts anzugeben.

Änderungen der Wertquoten bedürfen der Zustimmung aller unmittelbar Beteiligten und der Genehmigung der Versammlung der Stockwerkeigentümer; doch hat jeder Stockwerkeigentümer Anspruch auf Berichtigung, wenn seine Quote aus Irrtum unrichtig festgesetzt wurde oder infolge von baulichen Veränderungen des Gebäudes oder seiner Umgebung unrichtig geworden ist.

BGE 116 II 55.

III. Untergang

712f Das Stockwerkeigentum endigt mit dem Untergang der Liegenschaft oder des Baurechts und mit der Löschung im Grundbuch.

Die Löschung kann auf Grund einer Aufhebungsvereinbarung und ohne solche von einem Stockwerkeigentümer, der alle Anteile in seiner Hand vereinigt, verlangt werden, bedarf jedoch der Zustimmung der an den einzelnen Stockwerken dinglich berechtigten Personen, deren Rechte nicht ohne Nachteil auf das ganze Grundstück übertragen werden können.

Die Aufhebung kann von jedem Stockwerkeigentümer verlangt werden, wenn das Gebäude zu mehr als der Hälfte seines Wertes zerstört und der Wiederaufbau nicht ohne eine für ihn schwer tragbare Belastung durchführbar ist; doch können die Stockwerkeigentümer, welche die Gemeinschaft fortsetzen wollen, die Aufhebung durch Abfindung der übrigen abwenden.

C. Verwaltung und Benutzung

I. Die anwendbaren Bestimmungen

Für die Zuständigkeit zu Verwaltungshandlungen und baulichen Maßnahmen gelten die Bestimmungen über das Miteigentum.

Soweit diese Bestimmungen es nicht selber ausschließen, können sie durch eine andere Ordnung ersetzt werden, jedoch nur im Begründungsakt oder mit einstimmigem Beschluß aller Stockwerkeigentümer.

Im übrigen kann jeder Stockwerkeigentümer verlangen, daß ein Reglement über die Verwaltung und Benutzung aufgestellt und im Grundbuch angemerkt werde, das zu seiner Verbindlichkeit der Annahme durch Beschluß mit der Mehrheit der Stockwerkeigentümer, die zugleich zu mehr als der Hälfte anteilsberechtigt ist, bedarf und mit dieser Mehrheit, auch wenn es im Begründungsvertrag aufgestellt worden ist, geändert werden kann.

Abs. 3: BGE 111 II 330.

II. Gemeinschaftliche Kosten und Lasten

1. Bestand und Verteilung

Die Stockwerkeigentümer haben an die Lasten des gemeinschaftlichen Eigentums und an die Kosten der gemeinschaftlichen Verwaltung Beiträge nach Maßgabe ihrer Wertquoten zu leisten.

Solche Lasten und Kosten sind namentlich:

1. die Auslagen für den laufenden Unterhalt, für Reparaturen und Erneuerungen der gemeinschaftlichen Teile des Grundstückes und Gebäudes sowie der gemeinschaftlichen Anlagen und Einrichtungen;
2. die Kosten der Verwaltungstätigkeit einschließlich der Entschädigung des Verwalters;

3. die den Stockwerkeigentümern insgesamt auferlegten öffentlich-rechtlichen Beiträge und Steuern;

4. die Zins- und Amortisationszahlungen an Pfandgläubiger, denen die Liegenschaft haftet oder denen sich die Stockwerkeigentümer solidarisch verpflichtet haben.

Dienen bestimmte gemeinschaftliche Bauteile, Anlagen oder Einrichtungen einzelnen Stockwerkeinheiten nicht oder nur in ganz geringem Maße, so ist dies bei der Verteilung der Kosten zu berücksichtigen.

BGE 106 III 118 (Konkurs). Abs. 3: BGE 112 II 312.

2. Haftung für Beiträge

a) Gesetzliches Pfandrecht

712i Die Gemeinschaft hat für die auf die letzten drei Jahre entfallenden Beitragsforderungen Anspruch gegenüber jedem jeweiligen Stockwerkeigentümer auf Errichtung eines Pfandrechtes an dessen Anteil.

Die Eintragung kann vom Verwalter oder, wenn ein solcher nicht bestellt ist, von jedem dazu durch Mehrheitsbeschluß oder durch den Richter ermächtigten Stockwerkeigentümer und vom Gläubiger, für den die Beitragsforderung gepfändet ist, verlangt werden.

Im übrigen sind die Bestimmungen über die Errichtung des Bauhandwerkerpfandrechts sinngemäß anwendbar.

BGE 106 II 181.

b) Retentionsrecht

712k Die Gemeinschaft hat für die auf die letzten drei Jahre entfallenden Beitragsforderungen an den beweglichen Sachen, die sich in den Räumen eines Stockwerkeigentümers befinden und zu deren Einrichtung oder Benutzung gehören, ein Retentionsrecht wie ein Vermieter.

III. Handlungsfähigkeit der Gemeinschaft

712l Unter ihrem eigenen Namen erwirbt die Gemeinschaft das sich aus ihrer Verwaltungstätigkeit ergebende Vermögen, wie namentlich die Beitragsforderungen und die aus ihnen erzielten verfügbaren Mittel, wie den Erneuerungsfonds.

Die Gemeinschaft der Stockwerkeigentümer kann unter ihrem Namen klagen und betreiben sowie am Ort der gelegenen Sache beklagt und betrieben werden.

BGE 111 II 458; 114 II 239.

D. Organisation

I. Versammlung der Stockwerkeigentümer

1. Zuständigkeit und rechtliche Stellung

Außer den in andern Bestimmungen genannten hat die Versammlung der Stockwerkeigentümer insbesondere die folgenden Befugnisse:

1. in allen Verwaltungsangelegenheiten, die nicht dem Verwalter zustehen, zu entscheiden;
2. den Verwalter zu bestellen und die Aufsicht über dessen Tätigkeit zu führen;
3. einen Ausschuß oder einen Abgeordneten zu wählen, dem sie Verwaltungsangelegenheiten übertragen kann, wie namentlich die Aufgabe, dem Verwalter beratend zur Seite zu stehen, dessen Geschäftsführung zu prüfen und der Versammlung darüber Bericht zu erstatten und Antrag zu stellen;
4. jährlich den Kostenvoranschlag, die Rechnung und die Verteilung der Kosten unter den Eigentümern zu genehmigen;
5. über die Schaffung eines Erneuerungsfonds für Unterhalts- und Erneuerungsarbeiten zu befinden;
6. das Gebäude gegen Feuer und andere Gefahren zu versichern und die üblichen Haftpflichtversicherungen abzuschließen, ferner den Stockwerkeigentümer, der seine Räume mit außerordentlichen Aufwendungen baulich ausgestaltet hat, zur Leistung eines zusätzlichen Prämienanteils zu verpflichten, wenn er nicht eine Zusatzversicherung auf eigene Rechnung abschließt.

Soweit das Gesetz nicht besondere Bestimmungen enthält, finden auf die Versammlung der Stockwerkeigentümer und auf den Ausschuß die Vorschriften über die Organe des Vereins und über die Anfechtung von Vereinsbeschlüssen Anwendung.

Abs. 2: 64ff.

2. Einberufung und Leitung

Die Versammlung der Stockwerkeigentümer wird vom Verwalter einberufen und geleitet, wenn sie nicht anders beschlossen hat.

Die Beschlüsse sind zu protokollieren, und das Protokoll ist vom Verwalter oder von dem den Vorsitz führenden Stockwerkeigentümer aufzubewahren.

3. Ausübung des Stimmrechtes

712 o Mehrere Personen, denen ein Stockwerk gemeinschaftlich zusteht, haben nur eine Stimme, die sie durch einen Vertreter abgeben.

Ebenso haben sich der Eigentümer und der Nutznießer eines Stockwerkes über die Ausübung des Stimmrechtes zu verständigen, ansonst der Nutznießer in allen Fragen der Verwaltung mit Ausnahme der bloß nützlichen oder der Verschönerung und Bequemlichkeit dienenden baulichen Maßnahmen als stimmberechtigt gilt.

4. Beschlußfähigkeit

712 p Die Versammlung der Stockwerkeigentümer ist beschlußfähig, wenn die Hälfte aller Stockwerkeigentümer, die zugleich zur Hälfte anteilsberechtigt ist, mindestens aber zwei Stockwerkeigentümer, anwesend oder vertreten sind.

Für den Fall der ungenügenden Beteiligung ist eine zweite Versammlung einzuberufen, die nicht vor Ablauf von zehn Tagen seit der ersten stattfinden darf.

Die zweite Versammlung ist beschlußfähig, wenn der dritte Teil aller Stockwerkeigentümer, mindestens aber zwei, anwesend oder vertreten sind.

II. Der Verwalter

1. Bestellung

712 q Kommt die Bestellung des Verwalters durch die Versammlung der Stockwerkeigentümer nicht zustande, so kann jeder Stockwerkeigentümer die Ernennung des Verwalters durch den Richter verlangen.

Das gleiche Recht steht auch demjenigen zu, der ein berechtigtes Interesse daran hat, wie dem Pfandgläubiger und dem Versicherer.

2. Abberufung

712 r Durch Beschluß der Versammlung der Stockwerkeigentümer kann der Verwalter unter Vorbehalt allfälliger Entschädigungsansprüche jederzeit abberufen werden.

Lehnt die Versammlung der Stockwerkeigentümer die Abberufung des Verwalters unter Mißachtung wichtiger Gründe ab, so kann jeder Stockwerkeigentümer binnen Monatsfrist die richterliche Abberufung verlangen.

Ein Verwalter, der vom Richter eingesetzt wurde, kann ohne dessen Bewilligung vor Ablauf der Zeit, für die er eingesetzt ist, nicht abberufen werden.

3. Aufgaben

a)   Ausführung der Bestimmungen und Beschlüsse über die Verwaltung und Benutzung

Der Verwalter vollzieht alle Handlungen der gemeinschaftlichen **712s** Verwaltung gemäß den Vorschriften des Gesetzes und des Reglementes sowie gemäß den Beschlüssen der Versammlung der Stockwerkeigentümer und trifft von sich aus alle dringlichen Maßnahmen zur Abwehr oder Beseitigung von Schädigungen.

Er verteilt die gemeinschaftlichen Kosten und Lasten auf die einzelnen Stockwerkeigentümer, stellt ihnen Rechnung, zieht ihre Beiträge ein und besorgt die Verwaltung und bestimmungsgemäße Verwendung der vorhandenen Geldmittel.

Er wacht darüber, daß in der Ausübung der Sonderrechte und in der Benutzung der gemeinschaftlichen Teile des Grundstückes und Gebäudes sowie der gemeinschaftlichen Einrichtungen die Vorschriften des Gesetzes, des Reglementes und der Hausordnung befolgt werden.

b)   Vertretung nach außen

Der Verwalter vertritt in allen Angelegenheiten der gemeinschaft- **712t** lichen Verwaltung, die in den Bereich seiner gesetzlichen Aufgaben fallen, sowohl die Gemeinschaft als auch die Stockwerkeigentümer nach außen.

Zur Führung eines anzuhebenden oder vom Gegner eingeleiteten Zivilprozesses bedarf der Verwalter außerhalb des summarischen Verfahrens der vorgängigen Ermächtigung durch die Versammlung der Stockwerkeigentümer, unter Vorbehalt dringender Fälle, in denen die Ermächtigung nachgeholt werden kann.

An die Stockwerkeigentümer insgesamt gerichtete Erklärungen, Aufforderungen, Urteile und Verfügungen können durch Zustellung an den Verwalter an seinem Wohnsitz oder am Ort der gelegenen Sache wirksam mitgeteilt werden.

SchlT 20bis ff.

Zwanzigster Titel
Das Fahrniseigentum

A. Gegenstand

713 Gegenstand des Fahrniseigentums sind die ihrer Natur nach beweglichen körperlichen Sachen, sowie die Naturkräfte, die der rechtlichen Herrschaft unterworfen werden können und nicht zu den Grundstücken gehören.

655. BGE 89 I 122.

B. Erwerbsarten

I. Übertragung

1. Besitzübergang

714 Zur Übertragung des Fahrniseigentums bedarf es des Überganges des Besitzes auf den Erwerber.

Wer in gutem Glauben eine bewegliche Sache zu Eigentum übertragen erhält, wird, auch wenn der Veräußerer zur Eigentumsübertragung nicht befugt ist, deren Eigentümer, sobald er nach den Besitzesregeln im Besitze der Sache geschützt ist.

Abs. 1: Tradition. 922. Grundgeschäft: BGE 55 II 306; 84 III 153. Fiduziar. Eigentum s. 641 Anm. Übertragung eines Depots: BGE 84 III 153. SchiffsregisterG 31 ff. Seeschifffahrt 37. Abs. 2: 933 ff. OR 967. BG über das Luftfahrzeugbuch vom 7. Oktober 1959, SR 748.217.1.

2. Eigentumsvorbehalt

a) Im allgemeinen

715 Der Vorbehalt des Eigentums an einer dem Erwerber übertragenen beweglichen Sache ist nur dann wirksam, wenn er an dessen jeweiligem Wohnort in einem vom Betreibungsbeamten zu führenden öffentlichen Register eingetragen ist.

Beim Viehhandel ist jeder Eigentumsvorbehalt ausgeschlossen.

Anh. VI. IPRG 103. BGE 47 III 19; 58 II 353; 78 II 364; 106 II 197. OR 214, 227. Umgehung: BGE 86 IV 164. Abs. 2: 885.

1. Abteilung. Das Eigentum

b) *Bei Abzahlungsgeschäften*

716 Gegenstände, die mit Eigentumsvorbehalt übertragen worden sind, kann der Eigentümer nur unter der Bedingung zurückverlangen, daß er die vom Erwerber geleisteten Abzahlungen unter Abzug eines angemessenen Mietzinses und einer Entschädigung für Abnützung zurückerstattet.

OR 226 ff.

3. Erwerb ohne Besitz

717 Bleibt die Sache infolge eines besondern Rechtsverhältnisses beim Veräußerer, so ist der Eigentumsübergang Dritten gegenüber unwirksam, wenn damit ihre Benachteiligung oder eine Umgehung der Bestimmungen über das Faustpfand beabsichtigt worden ist.

Der Richter entscheidet hierüber nach seinem Ermessen.

Besitzeskonstitut. Sicherungsübereignung: 884, 924. BGE 41 III 446; 78 II 211, 414; 86 II 225; 88 II 77.

II. Aneignung

1. Herrenlose Sachen

718 Eine herrenlose Sache wird dadurch zu Eigentum erworben, daß jemand sie mit dem Willen, ihr Eigentümer zu werden, in Besitz nimmt.

Okkupation. 724 I.

2. Herrenlos werdende Tiere

719 Gefangene Tiere werden herrenlos, wenn sie die Freiheit wieder erlangen und ihr Eigentümer ihnen nicht unverzüglich und ununterbrochen nachforscht und sie wieder einzufangen bemüht ist.

Gezähmte Tiere werden herrenlos, sobald sie wieder in den Zustand der Wildheit geraten und nicht mehr zu ihrem Herrn zurückkehren.

Bienenschwärme werden dadurch, daß sie auf fremden Boden gelangen, nicht herrenlos.

700, 725.

III. Fund

1. Bekanntmachung, Nachfrage

720 Wer eine verlorene Sache findet, hat den Eigentümer davon zu benachrichtigen und, wenn er ihn nicht kennt, entweder der Polizei den

Fund anzuzeigen oder selbst für eine den Umständen angemessene Bekanntmachung und Nachfrage zu sorgen.

Zur Anzeige an die Polizei ist er verpflichtet, wenn der Wert der Sache offenbar zehn Franken übersteigt.

Wer eine Sache in einem bewohnten Hause oder in einer dem öffentlichen Gebrauch oder Verkehr dienenden Anstalt findet, hat sie dem Hausherrn, Mieter oder den mit der Aufsicht betrauten Personen abzuliefern.

934, 940 III. OR 419 ff. «Verlieren»: BGE 59 II 143; 85 IV 192.

2. Aufbewahrung, Versteigerung

721 Die gefundene Sache ist in angemessener Weise aufzubewahren.

Sie darf mit Genehmigung der zuständigen Behörde nach vorgängiger Auskündung öffentlich versteigert werden, wenn sie einen kostspieligen Unterhalt erfordert oder raschem Verderben ausgesetzt ist, oder wenn die Polizei oder eine öffentliche Anstalt sie schon länger als ein Jahr aufbewahrt hat.

Der Steigerungserlös tritt an die Stelle der Sache.

Abs. 2: 720. OR 229 ff.

3. Eigentumserwerb, Herausgabe

722 Wer seinen Pflichten als Finder nachkommt, erwirbt, wenn während fünf Jahren von der Bekanntmachung oder Anzeige an der Eigentümer nicht festgestellt werden kann, die Sache zu Eigentum.

Wird die Sache zurückgegeben, so hat der Finder Anspruch auf Ersatz aller Auslagen, sowie auf einen angemessenen Finderlohn.

Bei Fund in einem bewohnten Hause oder in einer dem öffentlichen Gebrauch oder Verkehr dienenden Anstalt wird der Hausherr, der Mieter oder die Anstalt als Finder betrachtet, hat aber keinen Finderlohn zu beanspruchen.

720, 934.

4. Schatz

723 Wird ein Wertgegenstand aufgefunden, von dem nach den Umständen mit Sicherheit anzunehmen ist, daß er seit langer Zeit vergraben oder verborgen war und keinen Eigentümer mehr hat, so wird er als Schatz angesehen.

Der Schatz fällt unter Vorbehalt der Bestimmung über Gegenstände von wissenschaftlichem Wert an den Eigentümer des Grundstückes oder der beweglichen Sache, in der er aufgefunden worden ist.

Der Finder hat Anspruch auf eine angemessene Vergütung, die jedoch die Hälfte des Wertes des Schatzes nicht übersteigen darf.
Abs. 2: 724. BGE 100 II 8. Abs. 3: OR 419 ff.

5. Wissenschaftliche Gegenstände

Werden herrenlose Naturkörper oder Altertümer von erheblichem wissenschaftlichen Wert aufgefunden, so gelangen sie in das Eigentum des Kantons, in dessen Gebiet sie gefunden worden sind. **724**

Der Eigentümer, in dessen Grundstück solche Gegenstände aufgefunden werden, ist verpflichtet, ihre Ausgrabung zu gestatten gegen Ersatz des dadurch verursachten Schadens.

Der Finder und im Falle des Schatzes auch der Eigentümer haben Anspruch auf eine angemessene Vergütung, die jedoch den Wert der Gegenstände nicht übersteigen soll.
Abs. 1: 718. Abs. 3: 723. OR 419 ff.

IV. Zuführung

Werden jemandem durch Wasser, Wind, Lawinen oder andere Naturgewalt oder zufällige Ereignisse bewegliche Sachen zugeführt, oder geraten fremde Tiere in seinen Gewahrsam, so hat er die Rechte und Pflichten eines Finders. **725**

Fliegt ein Bienenschwarm in einen fremden bevölkerten Bienenstock, so fällt er ohne Entschädigungspflicht dem Eigentümer dieses Stockes zu.
Abs. 1: 720 ff. Abs. 2: 700, 719.

V. Verarbeitung

Hat jemand eine fremde Sache verarbeitet oder umgebildet, so gehört die neue Sache, wenn die Arbeit kostbarer ist als der Stoff, dem Verarbeiter, andernfalls dem Eigentümer des Stoffes. **726**

Hat der Verarbeiter nicht in gutem Glauben gehandelt, so kann der Richter, auch wenn die Arbeit kostbarer ist, die neue Sache dem Eigentümer des Stoffes zusprechen.

Vorbehalten bleiben die Ansprüche auf Schadenersatz und aus Bereicherung.
Spezifikation. Abs. 3: OR 41 ff., 62 ff.

VI. Verbindung und Vermischung

Werden bewegliche Sachen verschiedener Eigentümer so miteinander vermischt oder verbunden, daß sie ohne wesentliche Beschädi- **727** gung oder unverhältnismäßige Arbeit und Auslagen nicht mehr getrennt werden können, so entsteht für die Beteiligten Miteigentum an der neuen Sache, und zwar nach dem Werte, den die einzelnen Teile zur Zeit der Verbindung haben.

Wird eine bewegliche Sache mit einer andern derart vermischt oder verbunden, daß sie als deren nebensächlicher Bestandteil erscheint, so gehört die ganze Sache dem Eigentümer des Hauptbestandteiles.

Vorbehalten bleiben die Ansprüche auf Schadenersatz und aus Bereicherung.

Abs. 1: 646ff. Geld: BGE 47 II 270. Abs. 3: OR 41ff., 62ff.

VII. Ersitzung

728 Hat jemand eine fremde bewegliche Sache ununterbrochen und unangefochten während fünf Jahren in gutem Glauben als Eigentum in seinem Besitze, so wird er durch Ersitzung Eigentümer.

Unfreiwilliger Verlust des Besitzes unterbricht die Ersitzung nicht, wenn der Besitzer binnen Jahresfrist oder mittelst einer während dieser Frist erhobenen Klage die Sache wieder erlangt.

Für die Berechnung der Fristen, die Unterbrechung und den Stillstand der Ersitzung finden die Vorschriften über die Verjährung von Forderungen entsprechende Anwendung.

599 II. SchiffsregisterG 33. Abs. 1: 3, 920/1. Abs. 3: OR 127ff.

C. Verlust

729 Das Fahrniseigentum geht, trotz Verlust des Besitzes, erst dadurch unter, daß der Eigentümer sein Recht aufgibt, oder daß in der Folge ein anderer das Eigentum erwirbt.

Dereliktion. 719.

Zweite Abteilung
Die beschränkten dinglichen Rechte

Einundzwanzigster Titel
Die Dienstbarkeiten und Grundlasten

1. Abschnitt
Die Grunddienstbarkeiten

A. Gegenstand

Ein Grundstück kann zum Vorteil eines andern Grundstückes in der **730** Weise belastet werden, daß sein Eigentümer sich bestimmte Eingriffe des Eigentümers dieses andern Grundstückes gefallen lassen muß oder zu dessen Gunsten nach gewissen Richtungen sein Eigentumsrecht nicht ausüben darf.

Eine Verpflichtung zur Vornahme von Handlungen kann mit der Grunddienstbarkeit nur nebensächlich verbunden sein.

Realservitut. Bedingungslos: BGE 87 I 316. Abs. 1: 655, 641, 680; BGE 113 II 506. Anhang V 86 II. Abs. 2: Dereliktion des Grundstückes: BGE 50 II 234.

B. Errichtung und Untergang

I. Errichtung

1. Eintragung

Zur Errichtung einer Grunddienstbarkeit bedarf es der Eintragung **731** in das Grundbuch.

Für Erwerb und Eintragung gelten, soweit es nicht anders geordnet ist, die Bestimmungen über das Grundeigentum.

Die Ersitzung ist nur zu Lasten von Grundstücken möglich, an denen das Eigentum ersessen werden kann.

Abs. 1: 958 Z. 2. 968, 661 f. Anhang V 35. Abs. 2: 656 ff. Abs. 3: 662; BGE 105 II 329; 114 II 318.

2. Vertrag

Der Vertrag über Errichtung einer Grunddienstbarkeit bedarf zu **732** seiner Gültigkeit der schriftlichen Form.
680 II. BGE 44 II 397. OR 12 ff.

3. Errichtung zu eigenen Lasten

733 Der Eigentümer ist befugt, auf seinem Grundstück zugunsten eines andern ihm gehörigen Grundstückes eine Dienstbarkeit zu errichten.
Eigentümerdienstbarkeit. Anhang V 20.

II. Untergang

1. Im allgemeinen

734 Jede Grunddienstbarkeit geht unter mit der Löschung des Eintrages, sowie mit dem vollständigen Untergang des belasteten oder des berechtigten Grundstückes.
964, 666.

2. Vereinigung

735 Wird der Berechtigte Eigentümer des belasteten Grundstückes, so kann er die Dienstbarkeit löschen lassen.

Solange die Löschung nicht erfolgt ist, bleibt die Dienstbarkeit als dingliches Recht bestehen.

3. Ablösung durch den Richter

736 Hat eine Dienstbarkeit für das berechtigte Grundstück alles Interesse verloren, so kann der Belastete ihre Löschung verlangen.

Ist ein Interesse des Berechtigten zwar noch vorhanden, aber im Vergleich zur Belastung von unverhältnismäßig geringer Bedeutung, so kann die Dienstbarkeit gegen Entschädigung ganz oder teilweise abgelöst werden.
SchlT 17 II. BGE 107 II 331. Abs. 2, Voraussetzung: BGE 79 II 57; 81 II 193.

C. Inhalt

I. Umfang

1. Im allgemeinen

737 Der Berechtigte ist befugt, alles zu tun, was zur Erhaltung und Ausübung der Dienstbarkeit nötig ist.

Er ist jedoch verpflichtet, sein Recht in möglichst schonender Weise auszuüben.

Der Belastete darf nichts vornehmen, was die Ausübung der Dienstbarkeit verhindert oder erschwert.
BGE 83 II 204. Abs. 3: BGE 113 II 151.

2. Abteilung. Die beschränkten dinglichen Rechte 738–742

2. Nach dem Eintrag

Soweit sich Rechte und Pflichten aus dem Eintrage deutlich ergeben, **738** ist dieser für den Inhalt der Dienstbarkeit maßgebend.

Im Rahmen des Eintrages kann sich der Inhalt der Dienstbarkeit aus ihrem Erwerbsgrund oder aus der Art ergeben, wie sie während längerer Zeit unangefochten und in gutem Glauben ausgeübt worden ist.

Gewerbe: BGE 85 II 184; 86 II 253. Rechtsmißbrauch: BGE 88 II 148. Abs. 2: BGE 108 II 542.

3. Bei verändertem Bedürfnis

Ändern sich die Bedürfnisse des berechtigten Grundstückes, so darf **739** dem Verpflichteten eine Mehrbelastung nicht zugemutet werden.

BGE 64 II 414; 87 II 86; 88 II 275; 117 II 536.

4. Nach kantonalem Recht und Ortsgebrauch

Der Inhalt der Wegrechte, wie Fußweg, gebahnter Weg, Fahrweg, **740** Zelgweg, Winterweg, Holzweg, ferner der Weiderechte, Holzungsrechte, Tränkerechte, Wässerungsrechte und dergleichen, wird, soweit sie für den einzelnen Fall nicht geordnet sind, durch das kantonale Recht und den Ortsgebrauch bestimmt.

II. Last des Unterhaltes

Gehört zur Ausübung der Dienstbarkeit eine Vorrichtung, so hat sie **741** der Berechtigte zu unterhalten.

Dient die Vorrichtung auch den Interessen des Belasteten, so tragen beide die Last des Unterhaltes nach Verhältnis ihrer Interessen.

III. Veränderungen der Belastung

1. Verlegung

Wird durch die Ausübung der Grunddienstbarkeit nur ein Teil des **742** Grundstückes in Anspruch genommen, so kann der Eigentümer, wenn er ein Interesse nachweist und die Kosten übernimmt, die Verlegung auf eine andere, für den Berechtigten nicht weniger geeignete Stelle verlangen.

Hiezu ist er auch dann befugt, wenn die Dienstbarkeit im Grundbuch auf eine bestimmte Stelle gelegt worden ist.

Auf die Verlegung von Leitungen werden im übrigen die nachbarrechtlichen Vorschriften angewendet.

Interesse: BGE 57 II 156. Abs. 3: 691.

2. Teilung

a) Des berechtigten Grundstückes

743 Wird das berechtigte Grundstück geteilt, so besteht in der Regel die Dienstbarkeit zugunsten aller Teile weiter.

Beschränkt sich die Ausübung der Dienstbarkeit jedoch nach den Umständen auf einen Teil, so kann der Belastete verlangen, daß sie in bezug auf die andern Teile gelöscht werde.

Der Grundbuchverwalter teilt dem Berechtigten das Begehren mit und nimmt die Löschung vor, wenn dieser binnen Monatsfrist nicht Einspruch erhebt.

Anh. V 85 f.

b) Des belasteten Grundstückes

744 Wird das belastete Grundstück geteilt, so besteht die Last in der Regel auf allen Teilen weiter.

Wenn jedoch die Dienstbarkeit auf einzelnen Teilen nicht ruht und nach den Umständen nicht ruhen kann, so ist jeder Eigentümer eines nicht belasteten Teiles berechtigt, zu verlangen, daß sie auf seinem Grundstücke gelöscht werde.

Der Grundbuchverwalter teilt dem Berechtigten das Begehren mit und nimmt die Löschung vor, wenn dieser binnen Monatsfrist nicht Einspruch erhebt.

2. Abschnitt

Nutznießung und andere Dienstbarkeiten

A. Nutznießung

I. Gegenstand

745 Die Nutznießung kann an beweglichen Sachen, an Grundstücken, an Rechten oder an einem Vermögen bestellt werden.

Sie verleiht dem Berechtigten, wo es nicht anders bestimmt ist, den vollen Genuß des Gegenstandes.

Abs. 1: 473, 655, 713, 766; BGE 116 II 281. Vermögen: BGE 86 II 460.

II. Entstehung

1. Im allgemeinen

Zur Bestellung einer Nutznießung ist bei beweglichen Sachen oder **746** Forderungen die Übertragung auf den Erwerber und bei Grundstükken die Eintragung in das Grundbuch erforderlich.

Für den Erwerb bei beweglichen Sachen und bei Grundstücken sowie für die Eintragung gelten, soweit es nicht anders geordnet ist, die Bestimmungen über das Eigentum.

714, 773, 656 ff., 958 Ziff. 2, 933. SchiffsregisterG 36. Seeschiffahrt 37.

2. Bei Gesetzesvorschrift

Aufgehoben per 1. Jan. 1988. **747**

III. Untergang

1. Gründe

Die Nutznießung geht unter mit dem vollständigen Untergang ihres **748** Gegenstandes und überdies bei Grundstücken mit der Löschung des Eintrages, wo dieser zur Bestellung notwendig war.

Andere Untergangsgründe, wie Zeitablauf, Verzicht oder Tod des Berechtigten, geben bei Grundstücken dem Eigentümer nur einen Anspruch auf Löschung des Eintrages.

Die gesetzliche Nutznießung hört auf mit dem Wegfall ihres Grundes.

463.

2. Dauer

Die Nutznießung endigt mit dem Tode des Berechtigten und für juri- **749** stische Personen mit deren Auflösung.

Sie kann jedoch für diese höchstens hundert Jahre dauern.

76 f., 88 f. OR 736 ff., 820 ff., 911 ff.

3. Ersatz bei Untergang

Der Eigentümer ist nicht verpflichtet, die untergegangene Sache **750** wieder herzustellen.

Stellt er sie her, so ist auch die Nutznießung wieder hergestellt.

Wird für die untergegangene Sache ein Ersatz geleistet, wie bei der Enteignung und der Versicherung, so besteht die Nutznießung an dem Ersatzgegenstande weiter.

ExprG Art. 16 ff.

4. Rückleistung

a) Pflicht

751 Ist die Nutznießung beendigt, so hat der Besitzer dem Eigentümer den Gegenstand zurückzugeben.

b) Verantwortlichkeit

752 Der Nutznießer haftet für den Untergang und den Minderwert der Sache, insofern er nicht nachweist, daß dieser Schaden ohne sein Verschulden eingetreten ist.

Aufgebrauchte Gegenstände, deren Verbrauch nicht zur Nutzung gehört, hat er zu ersetzen.

Den Minderwert der Gegenstände, der durch den ordnungsgemäßen Gebrauch der Sache eingetreten ist, hat er nicht zu ersetzen.

c) Verwendungen

753 Hat der Nutznießer Verwendungen gemacht oder Neuerungen vorgenommen, zu denen er nicht verpflichtet war, so kann er bei der Rückleistung Ersatz verlangen, wie ein Geschäftsführer ohne Auftrag.

Vorrichtungen, die er erstellt hat, für die ihm aber der Eigentümer keinen Ersatz leisten will, kann er wegnehmen, ist aber verpflichet, den vorigen Stand wieder herzustellen.
Abs. 1: OR 419 ff.

5. Verjährung der Ersatzansprüche

754 Die Ersatzansprüche des Eigentümers wegen Veränderung oder Wertverminderung der Sache, sowie die Ansprüche des Nutznießers auf Ersatz von Verwendungen oder auf Wegnahme von Vorrichtungen, verjähren mit Ablauf eines Jahres seit der Rückleistung der Sache.

IV. Inhalt

1. Rechte des Nutznießers

a) Im allgemeinen

755 Der Nutznießer hat das Recht auf den Besitz, den Gebrauch und die Nutzung der Sache.

Er besorgt deren Verwaltung.

2. Abteilung. Die beschränkten dinglichen Rechte 756–760

Bei der Ausübung dieses Rechtes hat er nach den Regeln einer sorgfältigen Wirtschaft zu verfahren.

Abs. 1: 926 ff.

b) Natürliche Früchte

Natürliche Früchte gehören dem Nutznießer, wenn sie während der **756** Zeit seiner Berechtigung reif geworden sind.

Wer das Feld bestellt, hat für seine Verwendungen gegen den, der die reifen Früchte erhält, einen Anspruch auf angemessene Entschädigung, die jedoch den Wert der reifen Früchte nicht übersteigen soll.

Bestandteile, die nicht Erzeugnisse oder Erträgnisse sind, verbleiben dem Eigentümer der Sache.

Abs. 1: 643. Abs. 3: 642.

c) Zinse

Zinse von Nutznießungskapitalien und andere periodische Leistun- **757** gen gehören dem Nutznießer von dem Tage an, da sein Recht beginnt, bis zu dem Zeitpunkte, da es aufhört, auch wenn sie erst später fällig werden.

d) Übertragbarkeit

Die Nutznießung kann, wenn es sich nicht um ein höchst persön- **758** liches Recht handelt, zur Ausübung auf einen andern übertragen werden.

Der Eigentümer ist befugt, seine Rechte diesem gegenüber unmittelbar geltend zu machen.

201, 292. BGE 51 III 220.

2. Rechte des Eigentümers

a) Aufsicht

Der Eigentümer kann gegen jeden widerrechtlichen oder der Sache **759** nicht angemessenen Gebrauch Einspruch erheben.

b) Sicherstellung

Der Eigentümer ist befugt, von dem Nutznießer Sicherheit zu ver- **760** langen, sobald er eine Gefährdung seiner Rechte nachweist.

Ohne diesen Nachweis und schon vor der Übergabe der Sache kann er Sicherheit verlangen, wenn verbrauchbare Sachen oder Wertpapiere den Gegenstand der Nutznießung bilden.

Für die Sicherstellung bei Wertpapieren genügt deren Hinterlegung.
772/3.

c) Sicherstellung bei Schenkung und gesetzlicher Nutznießung

761 Der Anspruch auf Sicherstellung besteht nicht gegenüber demjenigen, der den Gegenstand dem Eigentümer unter Vorbehalt der Nutznießung geschenkt hat.

Bei der gesetzlichen Nutznießung steht der Anspruch unter der besonderen Ordnung des Rechtsverhältnisses.
Abs. 2: 201, 292, 462, 464. BGE 82 II 101.

d) Folge der Nichtleistung der Sicherheit

762 Leistet der Nutznießer während einer ihm hiefür angesetzten angemessenen Frist die Sicherheit nicht oder läßt er trotz Einspruches des Eigentümers von einem widerrechtlichen Gebrauch der Sache nicht ab, so hat der Richter ihm den Besitz des Gegenstandes bis auf weiteres zu entziehen und eine Beistandschaft anzuordnen.
392.

3. Inventarpflicht

763 Der Eigentümer und der Nutznießer haben das Recht, jederzeit zu verlangen, daß über die Gegenstände der Nutznießung auf gemeinsame Kosten ein Inventar mit öffentlicher Beurkundung aufgenommen werde.

4. Lasten

a) Erhaltung der Sache

764 Der Nutznießer hat den Gegenstand in seinem Bestande zu erhalten und Ausbesserungen und Erneuerungen, die zum gewöhnlichen Unterhalte gehören, von sich aus vorzunehmen.

Werden wichtigere Arbeiten oder Vorkehrungen zum Schutze des Gegenstandes nötig, so hat der Nutznießer den Eigentümer davon zu benachrichtigen und ihre Vornahme zu gestatten.

Schafft der Eigentümer nicht Abhilfe, so ist der Nutznießer befugt, auf Kosten des Eigentümers sich selbst zu helfen.

b) Unterhalt und Bewirtschaftung

765 Die Auslagen für den gewöhnlichen Unterhalt und die Bewirtschaftung der Sache, die Zinse für die darauf haftenden Kapitalschulden,

2. Abteilung. Die beschränkten dinglichen Rechte

sowie die Steuern und Abgaben trägt im Verhältnisse zu der Dauer seiner Berechtigung der Nutznießer.

Werden die Steuern und Abgaben beim Eigentümer erhoben, so hat ihm der Nutznießer in dem gleichen Umfange Ersatz zu leisten.

Alle andern Lasten trägt der Eigentümer, er darf aber, falls der Nutznießer ihm auf Verlangen die nötigen Geldmittel nicht unentgeltlich vorschießt, Gegenstände der Nutznießung hiefür verwerten.

c)   Zinspflicht bei Nutznießung an einem Vermögen

766 Steht ein Vermögen in Nutznießung, so hat der Nutznießer die Kapitalschulden zu verzinsen, kann aber, wo die Umstände es rechtfertigen, verlangen, von dieser Zinspflicht dadurch befreit zu werden, daß nach Tilgung der Schulden die Nutznießung auf den verbleibenden Überschuß der Vermögenswerte beschränkt wird.

195, 201. BGE 81 II 91.

d)   Versicherung

767 Der Nutznießer hat den Gegenstand zugunsten des Eigentümers gegen Feuer und andere Gefahren zu versichern, soweit diese Versicherung nach ortsüblicher Auffassung zu den Pflichten einer sorgfältigen Wirtschaft gerechnet wird.

Die Versicherungsprämien hat in diesem Falle, sowie wenn eine bereits versicherte Sache in Nutznießung kommt, für die Zeit seiner Nutznießung der Nutznießer zu tragen.

V.   Besondere Fälle

1.   Grundstücke

a)   Früchte

768 Der Nutznießer eines Grundstückes hat darauf zu achten, daß es durch die Art der Nutznießung nicht über das gewöhnliche Maß in Anspruch genommen wird.

Soweit Früchte über dieses Maß hinaus bezogen worden sind, gehören sie dem Eigentümer.

b)   Wirtschaftliche Bestimmung

769 Der Nutznießer darf an der wirtschaftlichen Bestimmung des Grundstückes keine Veränderung vornehmen, die für den Eigentümer von erheblichem Nachteil sind.

Die Sache selbst darf er weder umgestalten noch wesentlich verändern.

Die Neuanlage von Steinbrüchen, Mergelgruben, Torfgräbereien und dergleichen ist ihm nur nach vorgängiger Anzeige an den Eigentümer und unter der Voraussetzung gestattet, daß die wirtschaftliche Bestimmung des Grundstückes dadurch nicht wesentlich verändert wird.

c) Wald

770 Ist ein Wald Gegenstand der Nutznießung, so kann der Nutznießer die Nutzung insoweit beanspruchen, als ein ordentlicher Wirtschaftsplan dies rechtfertigt.

Sowohl der Eigentümer als der Nutznießer können die Einhaltung eines Planes verlangen, der ihre Rechte nicht beeinträchtigt.

Erfolgt im Falle von Sturm, Schneeschaden, Brand, Insektenfraß oder aus andern Gründen eine erhebliche Übernutzung, so soll sie allmählich wieder eingespart oder der Wirtschaftsplan den neuen Verhältnissen angepaßt werden, der Erlös der Übernutzung aber wird zinstragend angelegt und dient zur Ausgleichung des Ausfalles.

d) Bergwerke

771 Auf die Nutznießung an Gegenständen, deren Nutzung in der Gewinnung von Bodenbestandteilen besteht, wie namentlich an Bergwerken, finden die Bestimmungen über die Nutznießung am Walde entsprechende Anwendung.
770.

2. Verbrauchbare und geschätzte Sachen

772 An verbrauchbaren Sachen erhält der Nutznießer, wenn es nicht anders bestimmt ist, das Eigentum, wird aber für den Wert, den sie bei Beginn der Nutznießung hatten, ersatzpflichtig.

Werden andere bewegliche Sachen unter einer Schätzung übergeben, so kann der Nutznießer, wenn es nicht anders bestimmt ist, frei über sie verfügen, wird aber, wenn er von diesem Rechte Gebrauch macht, ersatzpflichtig.

Der Ersatz kann bei landwirtschaftlichen Einrichtungen, Herden, Warenlagern und dergleichen in Gegenständen gleicher Art und Güte geleistet werden.
Abs. 1: 760 II.

3. Forderungen

a) Inhalt

773 Stehen Forderungen in Nutznießung, so kann der Nutznießer deren Ertrag einziehen.

Kündigungen an den Schuldner, sowie Verfügungen über Wertpapiere müssen vom Gläubiger und vom Nutznießer ausgehen, Kündigungen des Schuldners gegenüber beiden erfolgen.

Der Gläubiger und der Nutznießer haben gegeneinander ein Recht auf Zustimmung zu den Maßregeln, die im Falle der Gefährdung der Forderung zu einer sorgfältigen Verwaltung gehören.

b) Rückzahlungen und Neuanlage

774 Ist der Schuldner nicht ermächtigt, dem Gläubiger oder dem Nutznießer die Rückzahlung zu leisten, so hat er entweder an beide gemeinsam zu zahlen oder zu hinterlegen.

Der Gegenstand der Leistung, wie namentlich zurückbezahltes Kapital, unterliegt der Nutznießung.

Sowohl der Gläubiger als der Nutznießer haben Anspruch auf sichere und zinstragende Neuanlage der Kapitalien.

c) Recht auf Abtretung

775 Der Nutznießer hat das Recht, binnen drei Monaten nach Beginn der Nutznießung die Abtretung der seiner Nutznießung unterstellten Forderungen und Wertpapiere zu verlangen.

Erfolgt deren Abtretung, so wird er dem bisherigen Gläubiger für den Wert, den sie zur Zeit der Abtretung haben, ersatzpflichtig und hat in diesem Betrage Sicherheit zu leisten, insofern nicht hierauf verzichtet wird.

Der Übergang erfolgt, wenn kein Verzicht vorliegt, erst mit der Sicherstellung.

Abs. 2: 760.

B. Wohnrecht

I. Im allgemeinen

776 Das Wohnrecht besteht in der Befugnis, in einem Gebäude oder in einem Teile eines solchen Wohnung zu nehmen.

Es ist unübertragbar und unvererblich.

Es steht, soweit das Gesetz es nicht anders ordnet, unter den Bestimmungen über die Nutznießung.

745 ff. OR 521 ff. BGE 52 II 132; 82 II 338; 88 II 338; 106 II 329; 115 II 214.

II. Ansprüche des Wohnungsberechtigten

777 Das Wohnrecht wird im allgemeinen nach den persönlichen Bedürfnissen des Berechtigten bemessen.

Er darf aber, falls das Recht nicht ausdrücklich auf seine Person beschränkt ist, seine Familienangehörigen und Hausgenossen zu sich in die Wohnung aufnehmen.

Ist das Wohnrecht auf einen Teil eines Gebäudes beschränkt, so kann der Berechtigte die zum gemeinschaftlichen Gebrauch bestimmten Einrichtungen mitbenutzen.

III. Lasten

778 Steht dem Berechtigten ein ausschließliches Wohnrecht zu, so trägt er die Lasten des gewöhnlichen Unterhaltes.

Hat er nur ein Mitbenutzungsrecht, so fallen die Unterhaltskosten dem Eigentümer zu.

Abs. 1: BGE 115 II 344.

C. Baurecht

I. Gegenstand und Aufnahme in das Grundbuch

779 Ein Grundstück kann mit der Dienstbarkeit belastet werden, daß jemand das Recht erhält, auf oder unter der Bodenfläche ein Bauwerk zu errichten oder beizubehalten.

Dieses Recht ist, wenn es nicht anders vereinbart wird, übertragbar und vererblich.

Ist das Baurecht selbständig und dauernd, so kann es als Grundstück in das Grundbuch aufgenommen werden.

675, 943 Ziff. 2, 655 Ziff. 2. Anh. V 7, 9. BGE 72 I 236; 89 I 265.

II. Vertrag

779a Der Vertrag über die Begründung eines selbständigen und dauernden Baurechtes bedarf zu seiner Gültigkeit der öffentlichen Beurkundung.

III. Inhalt und Umfang

Die vertraglichen Bestimmungen über den Inhalt und Umfang des **779 b**
Baurechtes, wie namentlich über Lage, Gestalt, Ausdehnung und
Zweck der Bauten sowie über die Benutzung nicht überbauter Flächen, die mit seiner Ausübung in Anspruch genommen werden, sind
für jeden Erwerber des Baurechtes und des belasteten Grundstückes
verbindlich.

IV. Folgen des Ablaufs der Dauer

1. Heimfall

Geht das Baurecht unter, so fallen die bestehenden Bauwerke dem **779 c**
Grundeigentümer heim, indem sie zu Bestandteilen seines Grundstückes werden.

2. Entschädigung

Der Grundeigentümer hat dem bisherigen Bauberechtigten für die **779 d**
heimfallenden Bauwerke eine angemessene Entschädigung zu leisten, die jedoch den Gläubigern, denen das Baurecht verpfändet
war, für ihre noch bestehenden Forderungen haftet und ohne ihre
Zustimmung dem bisherigen Bauberechtigten nicht ausbezahlt werden darf.

Wird die Entschädigung nicht bezahlt oder sichergestellt, so kann
der bisherige Bauberechtigte oder ein Gläubiger, dem das Baurecht
verpfändet war, verlangen, daß an Stelle des gelöschten Baurechtes
ein Grundpfandrecht mit demselben Rang zur Sicherung der Entschädigungsforderung eingetragen werde.

Die Eintragung muß spätestens drei Monate nach dem Untergang
des Baurechtes erfolgen.

3. Vereinbarungen

Über die Höhe der Entschädigung und das Verfahren zu ihrer Fest- **779 e**
setzung sowie über die Aufhebung der Entschädigungspflicht und
über die Wiederherstellung des ursprünglichen Zustandes der Liegenschaft können Vereinbarungen in der Form, die für die Begründung des Baurechtes vorgeschrieben ist, getroffen und im Grundbuch vorgemerkt werden.

V. Vorzeitiger Heimfall

1. Voraussetzungen

779f Wenn der Bauberechtigte in grober Weise sein dingliches Recht überschreitet oder vertragliche Verpflichtungen verletzt, so kann der Grundeigentümer den vorzeitigen Heimfall herbeiführen, indem er die Übertragung des Baurechts mit allen Rechten und Lasten auf sich selber verlangt.

2. Ausübung des Heimfallsrechtes

779g Das Heimfallsrecht kann nur ausgeübt werden, wenn für die heimfallenden Bauwerke eine angemessene Entschädigung geleistet wird, bei deren Bemessung das schuldhafte Verhalten des Bauberechtigten als Herabsetzungsgrund berücksichtigt werden kann.

Die Übertragung des Baurechtes auf den Grundeigentümer erfolgt erst, wenn die Entschädigung bezahlt oder sichergestellt ist.

3. Andere Anwendungsfälle

779h Den Vorschriften über die Ausübung des Heimfallsrechtes unterliegt jedes Recht, das sich der Grundeigentümer zur vorzeitigen Aufhebung oder Rückübertragung des Baurechtes wegen Pflichtverletzung des Bauberechtigten vorbehalten hat.

VI. Haftung für den Baurechtszins

1. Anspruch auf Errichtung eines Pfandrechts

779i Zur Sicherung des Baurechtszinses hat der Grundeigentümer gegenüber dem jeweiligen Bauberechtigten Anspruch auf Errichtung eines Pfandrechtes an dem in das Grundbuch aufgenommenen Baurecht im Höchstbetrage von drei Jahresleistungen.

Ist die Gegenleistung nicht in gleichmäßigen Jahresleistungen festgesetzt, so besteht der Anspruch auf das gesetzliche Pfandrecht für den Betrag, der bei gleichmäßiger Verteilung auf drei Jahre entfällt.

2. Eintragung

779k Das Pfandrecht kann jederzeit eingetragen werden, solange das Baurecht besteht, und ist von der Löschung im Zwangsverwertungsverfahren ausgenommen.

2. Abteilung. Die beschränkten dinglichen Rechte — 779¹–781

Im übrigen sind die Bestimmungen über die Errichtung des Bauhandwerkerpfandrechtes sinngemäß anwendbar.

VII. Höchstdauer

Das Baurecht kann als selbständiges Recht auf höchstens hundert Jahre begründet werden. **779¹**

Es kann jederzeit in der für die Begründung vorgeschriebenen Form auf eine neue Dauer von höchstens hundert Jahren verlängert werden, doch ist eine zum voraus eingegangene Verpflichtung hiezu nicht verbindlich.

Art. 779a–l gemäß Bundesgesetz über die Änderung der Vorschriften des ZGB und des OR betr. das Baurecht und den Grundstückverkehr vom 19. März 1965 (AS 1965 S. 445 ff.).

D. Quellenrecht

Das Recht an einer Quelle auf fremdem Grundstück belastet das Quellengrundstück mit der Dienstbarkeit der Aneignung und Ableitung des Quellwassers. **780**

Es ist, wenn es nicht anders vereinbart ist, übertragbar und vererblich.

Ist das Quellenrecht selbständig und dauernd, so kann es als Grundstück in das Grundbuch aufgenommen werden.

704, 655 Ziff. 2, 943 Ziff. 2.

E. Andere Dienstbarkeiten

Dienstbarkeiten anderen Inhaltes können zugunsten einer beliebigen Person oder Gemeinschaft an Grundstücken bestellt werden, so oft diese in bestimmter Hinsicht jemandem zum Gebrauch dienen können, wie für die Abhaltung von Schießübungen oder für Weg und Steg. **781**

Sie sind, soweit es nicht anders vereinbart wird, unübertragbar, und es bestimmt sich ihr Inhalt nach den gewöhnlichen Bedürfnissen der Berechtigten.

Im übrigen stehen sie unter den Bestimmungen über die Grunddienstbarkeiten.

Personaldienstbarkeit. Grundlast: BGE 45 II 394. Abs. 3: 730 ff. Anhang V 7.

3. Abschnitt

Die Grundlasten

A. Gegenstand

782 Durch die Grundlast wird der jeweilige Eigentümer eines Grundstückes zu einer Leistung an einen Berechtigten verpflichtet, für die er ausschließlich mit dem Grundstücke haftet.

Als Berechtigter kann der jeweilige Eigentümer eines andern Grundstückes bezeichnet sein.

Unter Vorbehalt der Gült und der öffentlich-rechtlichen Grundlasten kann eine Grundlast nur eine Leistung zum Inhalt haben, die sich entweder aus der wirtschaftlichen Natur des belasteten Grundstückes ergibt, oder die für die wirtschaftlichen Bedürfnisse eines berechtigten Grundstückes bestimmt ist.

Abs. 1: 730 II. Abs. 3: 847 ff. Geldleistungen: BGE 53 II 386.

B. Errichtung und Untergang

I. Errichtung

1. Eintragung und Erwerbsart

783 Die Grundlast bedarf zu ihrer Errichtung der Eintragung in das Grundbuch.

Bei der Eintragung ist ein bestimmter Betrag als ihr Gesamtwert in Landesmünze anzugeben, und zwar bei zeitlich wiederkehrenden Leistungen mangels anderer Abrede der zwanzigfache Betrag der Jahresleistung.

Für Erwerb und Eintragung gelten, wo es nicht anders geordnet ist, die Bestimmungen über das Grundeigentum.

Abs. 1: 958 Ziff. II. Abs. 2: Anhang V 37.

2. Öffentlich-rechtliche Grundlasten

784 Öffentlich-rechtliche Grundlasten bedürfen, wo es nicht anders geordnet ist, keiner Eintragung in das Grundbuch.

Gibt das Gesetz dem Gläubiger nur einen Anspruch auf eine Grundlast, so entsteht diese erst mit der Eintragung in das Grundbuch.

783 I.

3. Bei Sicherungszwecken

785 Wird eine Grundlast zum Zwecke der Sicherung einer Geldforderung begründet, so steht sie unter den Bestimmungen über die Gült.
847 ff.

II. Untergang

1. Im allgemeinen

786 Die Grundlast geht unter mit der Löschung des Eintrages, sowie mit dem vollständigen Untergang des belasteten Grundstückes.

Aus Verzicht oder Ablösung oder aus andern Untergangsgründen erhält der Belastete gegenüber dem Berechtigten einen Anspruch auf Löschung des Eintrages.

2. Ablösung

a) *Durch den Gläubiger*

787 Der Berechtigte kann die Ablösung der Grundlast verlangen nach Abrede und ferner:

1. wenn das belastete Grundstück zerstückelt und dadurch das Recht des Gläubigers erheblich beeinträchtigt wird,
2. wenn der Eigentümer den Wert des Grundstückes vermindert und zum Ersatz dafür keine andern Sicherheiten bietet,
3. wenn der Schuldner mit drei Jahresleistungen im Rückstand ist.

Ziff. 3: 790 II, 791 II.

b) *Durch den Schuldner*

788 Der Schulder kann die Ablösung verlangen nach Abrede und ferner:

1. wenn der Vertrag, auf dem die Grundlast beruht, vom Berechtigten nicht innegehalten wird,
2. nach dreißigjährigem Bestande der Grundlast, und zwar auch dann, wenn eine längere Dauer oder die Unablösbarkeit verabredet worden ist.

Erfolgt die Ablösung nach dreißigjährigem Bestande, so hat ihr in allen Fällen eine Kündigung auf Jahresfrist voranzugehen.

Ausgeschlossen ist die Ablösung, wenn die Grundlast mit einer unablösbaren Grunddienstbarkeit verbunden ist.

Abs. 3: BGE 93 II 71.

c) Ablösungsbetrag

789 Die Ablösung erfolgt um den Betrag, der im Grundbuch als Gesamtwert der Grundlast eingetragen ist, unter Vorbehalt des Nachweises, daß die Grundlast in Wirklichkeit einen geringeren Wert hat.
783 II.

3. Verjährung

790 Die Grundlast ist keiner Verjährung unterworfen.
Die einzelne Leistung unterliegt der Verjährung von dem Zeitpunkte an, da sie zur persönlichen Schuld des Pflichtigen wird.
791 II. Abs. 2: OR 128 Ziff. 1.

C. Inhalt

I. Gläubigerrecht

791 Der Gläubiger der Grundlast hat keine persönliche Forderung gegen den Schuldner, sondern nur ein Recht auf Befriedigung aus dem Werte des belasteten Grundstückes.

Die einzelne Leistung wird jedoch mit Ablauf von drei Jahren seit Eintritt ihrer Fälligkeit zur persönlichen Schuld, für die das Grundstück nicht mehr haftet.

II. Schuldpflicht

792 Wechselt das Grundstück den Eigentümer, so wird der Erwerber ohne weiteres Schuldner der Grundlast.

Wird das belastete Grundstück zerstückelt, so treten für die Grundlast die gleichen Folgen ein wie bei der Gült.
Abs. 2: 852.

Zweiundzwanzigster Titel
Das Grundpfand

1. Abschnitt
Allgemeine Bestimmungen

A. Voraussetzungen

I. Arten

Das Grundpfand wird bestellt als Grundpfandverschreibung, als **793**
Schuldbrief oder als Gült.

Die Bestellung anderer Arten des Grundpfandes ist nicht gestattet.

824ff., 842ff.

II. Gestalt der Forderung

1. Betrag

Bei der Bestellung des Grundpfandes ist in allen Fällen ein bestimm- **794**
ter Betrag der Forderung in Landesmünze anzugeben.

Ist der Betrag der Forderung unbestimmt, so wird ein Höchstbetrag angegeben, bis zu dem das Grundstück für alle Ansprüche des Gläubigers haftet.

Abs. 1: OR 84. Abs. 2: 818. BGE 75 I 339.

2. Zinse

Die Zinspflicht kann innerhalb der gegen Mißbräuche im Zinswesen **795**
aufgestellten Schranken in beliebiger Weise festgesetzt werden.

Die kantonale Gesetzgebung kann den Höchstbetrag des Zinsfußes bestimmen, der für Forderungen zulässig ist, für die ein Grundstück zu Pfand gesetzt wird.

Abs. 1: OR 73 II.

III. Grundstück

1. Verpfändbarkeit

796 Das Grundpfand wird nur auf Grundstücke errichtet, die in das Grundbuch aufgenommen sind.

Die Kantone sind befugt, die Verpfändung von öffentlichem Grund und Boden, von Allmenden oder Weiden, die sich im Eigentum von Körperschaften befinden, sowie von damit verbundenen Nutzungsrechten besonderen Vorschriften zu unterstellen oder sie zu untersagen.

2. Bestimmtheit

a) Bei einem Grundstück

797 Bei der Errichtung des Grundpfandes ist das Grundstück, das verpfändet wird, bestimmt anzugeben.

Teile eines Grundstückes können, solange dessen Teilung im Grundbuch nicht erfolgt ist, nicht verpfändet werden.

b) Bei mehreren Grundstücken

798 Auf mehrere Grundstücke kann für eine Forderung ein Grundpfandrecht errichtet werden, wenn sie dem nämlichen Eigentümer gehören oder im Eigentum solidarisch verpflichteter Schuldner stehen.

In allen andern Fällen ist bei der Verpfändung mehrerer Grundstücke für die nämliche Forderung ein jedes von ihnen mit einem bestimmten Teilbetrag zu belasten.

Diese Belastung erfolgt, wenn es nicht anders vereinbart ist, nach dem Wertverhältnis der Grundstücke.

Gesamthypothek. Abs. 1: Anhang V 42, 44, 54; OR 143 ff.

3. Landwirtschaftliche Grundstücke

798a Für die Verpfändung von landwirtschaftlichen Grundstücken gilt zudem das Bundesgesetz vom 4. Oktober 1991 über das bäuerliche Bodenrecht.

Anh. Ia.

B. Errichtung und Untergang

I. Errichtung

1. Eintragung

Das Grundpfand entsteht unter Vorbehalt der gesetzlichen Ausnahmen mit der Eintragung in das Grundbuch. **799**

Der Vertrag auf Errichtung eines Grundpfandes bedarf zu seiner Verbindlichkeit der öffentlichen Beurkundung.

Abs. 1: 836 ff., 958 Ziff. 3, 965. Anhang V 40. Abs. 2: SchlT 55.

2. Bei gemeinschaftlichem Eigentum

Steht ein Grundstück in Miteigentum, so kann jeder Eigentümer seinen Anteil verpfänden. **800**

Steht ein Grundstück im Gesamteigentum, so kann es nur insgesamt und im Namen aller Eigentümer verpfändet werden.

Abs. 1: 646 ff. Abs. 2: 652 f. Anhang V 33 III.

II. Untergang

Das Grundpfand geht unter mit der Löschung des Eintrages sowie mit dem vollständigen Untergang des Grundstückes. **801**

Der Untergang infolge von Enteignung steht unter dem Enteignungsrecht des Bundes und der Kantone.

Abs. 1: 964. Abs. 2: 666. ExprG Art. 93 ff.

III. Grundpfänder bei Güterzusammenlegung

1. Verlegung der Pfandrechte

Bei Güterzusammenlegungen, die unter Mitwirkung oder Aufsicht öffentlicher Behörden durchgeführt werden, sind die Grundpfandrechte, die auf den abzutretenden Grundstücken lasten, im bisherigen Range auf die zum Ersatze zugewiesenen Grundstücke zu übertragen. **802**

Tritt ein Grundstück an die Stelle von mehreren einzelnen, die für verschiedene Forderungen verpfändet oder von denen nicht alle belastet sind, so werden die Pfandrechte unter tunlichster Wahrung ihres bisherigen Ranges auf das Grundstück in seinem neuen Umfange gelegt.

702.

2. Kündigung durch den Schuldner

803 Der Schuldner ist befugt, Pfandrechte auf Grundstücken, die in eine Güterzusammenlegung einbezogen sind, auf den Zeitpunkt der Durchführung dieser Unternehmung mit einer Kündigungsfrist von drei Monaten abzulösen.

3. Entschädigung in Geld

804 Wird für verpfändete Grundstücke eine Entschädigung in Geld entrichtet, so ist der Betrag an die Gläubiger nach ihrer Rangordnung, oder bei gleicher Rangordnung nach der Größe ihrer Forderung abzutragen.

An den Schuldner dürfen solche Beträge ohne Zustimmung der Gläubiger nicht ausbezahlt werden, sobald sie mehr als den zwanzigsten Teil der Pfandforderung betragen, oder sobald das neue Grundstück nicht mehr hinreichende Sicherheit darbietet.

C. Wirkung

I. Umfang der Pfandhaft

805 Das Grundpfandrecht belastet das Grundstück mit Einschluß aller Bestandteile und aller Zugehör.

Werden bei der Verpfändung Sachen als Zugehör ausdrücklich angeführt und im Grundbuch angemerkt, wie Maschinen und Hotelmobiliar, so gelten sie als Zugehör, solange nicht dargetan ist, daß ihnen diese Eigenschaft nach Vorschrift des Gesetzes nicht zukommen kann.

Vorbehalten bleiben die Rechte Dritter an der Zugehör.
644/5.

II. Miet- und Pachtzinse

806 Ist das verpfändete Grundstück vermietet oder verpachtet, so erstreckt sich die Pfandhaft auch auf die Miet- oder Pachtzinsforderungen, die seit Anhebung der Betreibung auf Verwertung des Grundpfandes oder seit der Eröffnung des Konkurses über den Schuldner bis zur Verwertung auflaufen.

Den Zinsschuldnern gegenüber ist diese Pfandhaft erst wirksam, nachdem ihnen von der Betreibung Mitteilung gemacht oder der Konkurs veröffentlicht worden ist.

Rechtsgeschäfte des Grundeigentümers über noch nicht verfallene Miet- oder Pachtzinsforderungen, sowie die Pfändung durch andere Gläubiger sind gegenüber einem Grundpfandgläubiger, der vor der Fälligkeit der Zinsforderung Betreibung auf Verwertung des Unterpfandes angehoben hat, nicht wirksam.

OR 275 II. Abs. 1: SchKG 151 ff. VZG 91 ff. BGE 77 III 121.

III. Verjährung

807 Forderungen, für die ein Grundpfand eingetragen ist, unterliegen keiner Verjährung.

IV. Sicherungsbefugnisse

1. Maßregeln bei Wertverminderung

a) Untersagung und Selbsthülfe

808 Vermindert der Eigentümer den Wert der Pfandsache, so kann ihm der Gläubiger durch den Richter jede weitere schädliche Einwirkung untersagen lassen.

Der Gläubiger kann vom Richter ermächtigt werden, die zweckdienlichen Vorkehrungen zu treffen, und kann solche auch ohne Ermächtigungen vornehmen, wenn Gefahr im Verzug ist.

Für die Kosten der Vorkehrungen kann er vom Eigentümer Ersatz verlangen und hat dafür an dem Grundstück ohne Eintragung in das Grundbuch ein Pfandrecht, das jeder eingetragenen Belastung vorgeht.

SchiffsregisterG 46. Abs. 3: 838 ff.

b) Sicherung, Wiederherstellung, Abzahlung

809 Ist eine Wertverminderung eingetreten, so kann der Gläubiger vom Schuldner die Sicherung seiner Ansprüche oder die Wiederherstellung des früheren Zustandes verlangen.

Droht die Gefahr einer Wertverminderung, so kann er die Sicherung verlangen.

Wird dem Verlangen innerhalb einer vom Richter angesetzten Frist nicht entsprochen, so kann der Gläubiger eine zu seiner Sicherung ausreichende Abzahlung der Schuld beanspruchen.

2. Unverschuldete Wertverminderung

810 Wertverminderungen, die ohne Verschulden des Eigentümers eintreten, geben dem Gläubiger nur insoweit ein Recht auf Sicherstellung oder Abzahlung, als der Eigentümer für den Schaden gedeckt wird.

Der Gläubiger kann jedoch Vorkehrungen zur Beseitigung oder Abwehr der Wertverminderung treffen und hat für deren Kosten an dem Grundstück ohne Schuldpflicht des Eigentümers und ohne Eintragung in das Grundbuch ein Pfandrecht, das jeder eingetragenen Belastung vorgeht.

3. Abtrennung kleiner Stücke

811 Wird ein Teil des Grundstückes, der auf weniger als den zwanzigsten Teil der Pfandforderung zu werten ist, veräußert, so kann der Gläubiger die Entlassung dieses Stückes aus der Pfandhaft nicht verweigern, sobald eine verhältnismäßige Abzahlung geleistet wird oder der Rest des Grundstückes ihm hinreichende Sicherheit bietet.

V. Weitere Belastung

812 Ein Verzicht des Eigentümers auf das Recht, weitere Lasten auf das verpfändete Grundstück zu legen, ist unverbindlich.

Wird nach der Errichtung des Grundpfandrechtes eine Dienstbarkeit oder Grundlast auf das Grundstück gelegt, ohne daß der Pfandgläubiger zugestimmt hat, so geht das Grundpfandrecht der späteren Belastung vor, und diese wird gelöscht, sobald bei der Pfandverwertung ihr Bestand den vorgehenden Pfandgläubiger schädigt.

Der aus der Dienstbarkeit oder Grundlast Berechtigte hat jedoch gegenüber nachfolgenden Eintragungen für den Wert der Belastung Anspruch auf vorgängige Befriedigung aus dem Erlöse.
Bedeutung: BGE 43 II 349. Abs. 2: 730, 782. SchKG 142. BGE 41 III 23; 81 III 62.

VI. Pfandstelle

1. Wirkung der Pfandstellen

813 Die pfandrechtliche Sicherung ist auf die Pfandstelle beschränkt, die bei der Eintragung angegeben wird.

Grundpfandrechte können in zweitem oder beliebigem Rang errichtet werden, sobald ein bestimmter Betrag als Vorgang bei der Eintragung vorbehalten wird.
Anhang V 48. SchiffsregisterG 47. Seeschiffahrt 37. Abs. 2: 817.

2. Pfandstellen untereinander

814 Sind Grundpfandrechte verschiedenen Ranges auf ein Grundstück errichtet, so hat bei Löschung eines Grundpfandes der nachfolgende Grundpfandgläubiger keinen Anspruch darauf, in die Lücke nachzurücken.

An Stelle des getilgten vorgehenden Grundpfandes darf ein anderes errichtet werden.

Vereinbarungen über das Nachrücken von Grundpfandgläubigern haben nur dann dingliche Wirkung, wenn sie vorgemerkt sind.
Anh. V 63. Abs. 3: BGE 71 I 462.

3. Leere Pfandstellen

815 Ist ein Grundpfandrecht ohne Vorhandensein eines vorgehenden in späterem Rang errichtet, hat der Schuldner über einen vorgehenden Pfandtitel nicht verfügt, oder beträgt die vorgehende Forderung weniger, als eingetragen ist, so wird bei der Pfandverwertung der Erlös aus dem Pfande ohne Rücksicht auf die leeren Pfandstellen den wirklichen Pfandgläubigern nach ihrem Range zugewiesen.

VII. Befriedigung aus dem Pfande

1. Art der Befriedigung

816 Der Gläubiger hat ein Recht darauf, im Falle der Nichtbefriedigung sich aus dem Erlöse des Grundstückes bezahlt zu machen.

Die Abrede, wonach das Grundpfand dem Gläubiger, wenn er nicht befriedigt wird, als Eigentum zufallen soll, ist ungültig.

Sind mehrere Grundstücke für die gleiche Forderung verpfändet, so ist die Betreibung auf Pfandverwertung gleichzeitig gegen alle zu richten, die Verwertung aber nach Anordnung des Betreibungsamtes nur soweit nötig durchzuführen.
Abs. 1: 891 I. Abs. 2: Verfallvertrag 894. Umgehung: BGE 56 II 449. Abs. 3: 798.

2. Verteilung des Erlöses

817 Der Erlös aus dem Verkaufe des Grundstückes wird unter die Grundpfandgläubiger nach ihrem Range verteilt.

Gläubiger gleichen Ranges haben unter sich Anspruch auf gleichmäßige Befriedigung.
813 ff., 972. SchKG 146, 157, 219.

3. Umfang der Sicherung

818 Das Grundpfandrecht bietet dem Gläubiger Sicherheit:
 1. für die Kapitalforderung,
 2. für die Kosten der Betreibung und die Verzugszinse,
 3. für drei zur Zeit der Konkurseröffnung oder des Pfandverwertungsbegehrens verfallene Jahreszinse und den seit dem letzten Zinstage laufenden Zins.

Der ursprünglich vereinbarte Zins darf nicht zum Nachteil nachgehender Grundpfandgläubiger über fünf von Hundert erhöht werden.

808, 810, 891. SchKG 157. VZG. Abs. 1 Ziff. 3: BGE 115 II 349.

4. Sicherung für erhaltene Auslagen

819 Hat der Pfandgläubiger zur Erhaltung der Pfandsache notwendige Auslagen gemacht, insbesondere die vom Eigentümer geschuldeten Versicherungsprämien bezahlt, so kann er hiefür ohne Eintragung in das Grundbuch die gleiche Sicherung beanspruchen wie für seine Pfandforderung.

808 III, 810 II.

VIII. Pfandrecht bei Bodenverbesserungen

1. Vorrang

820 Wird ein ländliches Grundstück durch eine Bodenverbesserung, die unter Mitwirkung öffentlicher Behörden zur Durchführung gelangt, im Werte erhöht, so kann der Eigentümer für seinen Kostenanteil zur Sicherung seines Gläubigers ein Pfandrecht in das Grundbuch eintragen lassen, das allen andern eingetragenen Belastungen vorgeht.

Wird eine solche Bodenverbesserung ohne staatliche Subvention durchgeführt, so kann der Eigentümer dieses Pfandrecht für höchstens zwei Dritteile seines Kostenanteiles eintragen lassen.

703. Anh. V 21, 49.

2. Tilgung der Schuld und des Pfandrechtes

821 Wird die Bodenverbesserung ohne staatliche Subvention durchgeführt, so ist die Pfandschuld durch Annuitäten von wenigstens fünf Prozent der eingetragenen Pfandsumme zu tilgen.

Das Pfandrecht erlischt für die Forderung und für jede Annuität nach Ablauf von drei Jahren seit Eintritt der Fälligkeit, und es rükken die nachfolgenden Pfandgläubiger nach.

IX. Anspruch auf die Versicherungssumme

822 Eine fällig gewordene Versicherungssumme darf nur mit Zustimmung aller Grundpfandgläubiger an den Eigentümer des versicherten Grundstückes ausbezahlt werden.

Gegen angemessene Sicherstellung ist sie jedoch dem Eigentümer zum Zwecke der Wiederherstellung des Unterpfandes herauszugeben.

Im übrigen bleiben die Vorschriften der Kantone über die Feuerversicherung vorbehalten.

X. Vertretung des Gläubigers

823 Ist der Name oder Wohnort eines Grundpfandgläubigers unbekannt, so kann in den Fällen, wo das Gesetz eine persönliche Betätigung des Gläubigers vorsieht und eine solche dringend erforderlich ist, auf Antrag des Schuldners oder anderer Beteiligter dem Gläubiger von der Vormundschaftsbehörde ein Beistand ernannt werden.

Zuständig ist die Vormundschaftsbehörde des Ortes, wo das Unterpfand liegt.

392, 361.

2. Abschnitt
Die Grundpfandverschreibung

A. Zweck und Gestalt

824 Durch die Grundpfandverschreibung kann eine beliebige, gegenwärtige oder zukünftige oder bloß mögliche Forderung pfandrechtlich sichergestellt werden.

Das verpfändete Grundstück braucht nicht Eigentum des Schuldners zu sein.

Hypothek. 842, 847. Inhaberpapiere: BGE 77 II 364.

B. Errichtung und Untergang

I. Errichtung

825 Die Grundpfandverschreibung wird auch bei Forderungen mit unbestimmtem oder wechselndem Betrage auf eine bestimmte Pfandstelle errichtet und behält ungeachtet aller Schwankungen ihren Rang nach dem Eintrag.

Über die errichtete Pfandverschreibung wird auf Verlangen des Gläubigers ein Auszug aus dem Grundbuch ausgestellt, dem jedoch nur die Eigenschaft eines Beweismittels und nicht eines Wertpapiers zukommt.

An Stelle dieses Beweismittels kann die Bescheinigung der Eintragung auf der Vertragsurkunde treten.
Anh. V 60.

II. Untergang

1. Recht auf Löschung

826 Ist die Forderung untergegangen, so kann der Eigentümer des belasteten Grundstückes vom Gläubiger verlangen, daß er die Löschung des Eintrages bewillige.
964.

2. Stellung des Eigentümers

827 Ist der Grundeigentümer nicht Schuldner der Pfandforderung, so kann er das Pfandrecht unter den gleichen Voraussetzungen ablösen, unter denen der Schuldner zur Tilgung der Forderung befugt ist.

Befriedigt er den Gläubiger, so geht das Forderungsrecht auf ihn über.
Abs. 1: 824 II, 845. Abs. 2: OR 110. BGE 85 III 106.

3. Einseitige Ablösung

a) Voraussetzung u. Geltendmachung

828 Das kantonale Recht kann den Erwerber eines Grundstückes, der nicht persönlich für die darauf lastenden Schulden haftbar ist, ermächtigen, solange keine Betreibung erfolgt ist, die Grundpfandrechte, wenn sie den Wert des Grundstückes übersteigen, abzulösen, indem er den Gläubigern den Erwerbspreis oder bei unentgeltlichem Erwerbe den Betrag herausbezahlt, auf den er das Grundstück wertet.

Er hat die beabsichtigte Ablösung den Gläubigern schriftlich mit halbjähriger Kündigung mitzuteilen.

Der Ablösungsbetrag wird unter die Gläubiger nach ihrem Range verteilt.
Purgation. Abs. 3: 972.

b) Öffentliche Versteigerung

829 Bei dieser Ablösung haben die Gläubiger das Recht, binnen Monatsfrist nach der Mitteilung des Erwerbers gegen Vorschuß der Kosten eine öffentliche Versteigerung des Unterpfandes zu verlangen, die nach öffentlicher Bekanntmachung binnen eines weitern Monats, nachdem sie verlangt wurde, vorzunehmen ist.

Wird hiebei ein höherer Preis erzielt, so gilt dieser als Ablösungsbetrag.

Die Kosten der Versteigerung hat im Falle der Erzielung eines höheren Preises der Erwerber, andernfalls der Gläubiger, der sie verlangt hat, zu tragen.

Abs. 1: OR 229 ff.

c)   Amtliche Schätzung

830 Das kantonale Recht kann an Stelle der öffentlichen Versteigerung eine amtliche Schätzung vorsehen, deren Betrag als Ablösungssumme zu gelten hat.

828 I.

4.   Kündigung

831 Eine Kündigung der Forderung durch den Gläubiger ist gegenüber dem Eigentümer der Pfandsache, der nicht Schuldner ist, nur dann wirksam, wenn sie gegenüber Schuldner und Eigentümer erfolgt.

827.

C.   Wirkung

I.   Eigentum und Schuldnerschaft

1.   Veräußerung

832 Wird das mit einer Grundpfandverschreibung belastete Grundstück veräußert, so bleibt die Haftung des Grundpfandes und des Schuldners, wenn es nicht anders verabredet ist, unverändert.

Hat aber der neue Eigentümer die Schuldpflicht für die Pfandforderung übernommen, so wird der frühere Schuldner frei, wenn der Gläubiger diesem gegenüber nicht binnen Jahresfrist schriftlich erklärt, ihn beibehalten zu wollen.

846, 969. Anh. V 66 ff. OR 175 ff.

2.   Zerstückelung

833 Wird ein Teil des mit einem Grundpfande belasteten Grundstückes oder eines von mehreren verpfändeten Grundstücken desselben Eigentümers veräußert, oder das Unterpfand zerstückelt, so ist die Pfandhaft mangels anderer Abrede derart zu verteilen, daß jeder der Teile nach seinem Werte verhältnismäßig belastet wird.

Will ein Gläubiger diese Verteilung nicht annehmen, so kann er binnen Monatsfrist, nachdem sie rechtskräftig geworden ist, verlangen, daß seine Pfandforderung innerhalb eines Jahres getilgt werde.

Haben die Erwerber die Schuldpflicht für die auf ihren Grundstücken lastenden Pfandforderungen übernommen, so wird der frühere Schuldner frei, wenn der Gläubiger diesem gegenüber nicht binnen Jahresfrist schriftlich erklärt, ihn beibehalten zu wollen.
798, 852. BGE 119 II 421. Abs. 1: BGE 114 II 324.

3. Anzeige der Schuldübernahme

834 Von der Übernahme der Schuld durch den Erwerber hat der Grundbuchverwalter dem Gläubiger Kenntnis zu geben.

Die Jahresfrist für die Erklärung des Gläubigers läuft von dieser Mitteilung an.

II. Übertragung der Forderung

835 Die Übertragung der Forderung, für die eine Grundpfandverschreibung errichtet ist, bedarf zu ihrer Gültigkeit keiner Eintragung in das Grundbuch.
OR 164 ff.

D. Gesetzliches Grundpfandrecht

I. Ohne Eintragung

836 Die gesetzlichen Pfandrechte des kantonalen Rechtes aus öffentlichrechtlichen oder andern für die Grundeigentümer allgemein verbindlichen Verhältnissen bedürfen, wo es nicht anders geordnet ist, zu ihrer Gültigkeit keiner Eintragung.
784. BGE 84 II 100; 110 II 236.

II. Mit Eintragung

1. Fälle

837 Der Anspruch auf Errichtung eines gesetzlichen Grundpfandes besteht:

1. für die Forderung des Verkäufers an dem verkauften Grundstück,

2. für die Forderung der Miterben und Gemeinder aus Teilung an den Grundstücken, die der Gemeinderschaft gehörten,

3. für die Forderungen der Handwerker oder Unternehmer, die zu Bauten oder andern Werken auf einem Grundstücke Material und Arbeit oder Arbeit allein geliefert haben, an diesem Grundstücke, sei es, daß sie den Grundeigentümer oder einen Unternehmer zum Schuldner haben.

2. Abteilung. Die beschränkten dinglichen Rechte   838–841

Auf diese gesetzlichen Grundpfandrechte kann der Berechtigte nicht zum voraus Verzicht leisten.

Ziff. 1: OR 211 ff. Ziff. 2: 621, 637. Ziff. 3: 839 ff. BGE 40 II 453; 65 II 1, 119 II 426 (Architekt?); 72 II 349; 81 II 281; 92 II 227; 103 II 33; 116 II 677 (Mieter). SchiffsregisterG 51. SeeschiffahrtG 38.

2. Verkäufer, Miterben und Gemeinder

838 Die Eintragung des Pfandrechtes des Verkäufers, der Miterben oder Gemeinder muß spätestens drei Monate nach der Übertragung des Eigentums erfolgen.

Fristbeginn: BGE 74 II 231.

3. Handwerker und Unternehmer

a)   Eintragung

839 Das Pfandrecht der Handwerker und Unternehmer kann von dem Zeitpunkte an, da sie sich zur Arbeitsleistung verpflichtet haben, in das Grundbuch eingetragen werden.

Die Eintragung hat bis spätestens drei Monate nach der Vollendung ihrer Arbeit zu geschehen.

Sie darf nur erfolgen, wenn die Forderung vom Eigentümer anerkannt oder gerichtlich festgestellt ist, und kann nicht verlangt werden, wenn der Eigentümer für die angemeldete Forderung hinreichende Sicherheit leistet.

961. Anh. V 11 ff. BGE 76 II 139; 95 II 31; 102 II 206. Abs. 2: BGE 106 II 123; 119 II 429. Abs. 3: BGE 110 II 34.

b)   Rang

840 Gelangen mehrere gesetzliche Pfandrechte der Handwerker und Unternehmer zur Eintragung, so haben sie, auch wenn sie von verschiedenem Datum sind, untereinander den gleichen Anspruch auf Befriedigung aus dem Pfande.

972. VZG 106.

c)   Vorrecht

841 Kommen die Forderungen der Handwerker und Unternehmer bei der Pfandverwertung zu Verlust, so ist der Ausfall aus dem den Wert des Bodens übersteigenden Verwertungsanteil der vorgehenden Pfandgläubiger zu ersetzen, sofern das Grundstück durch ihre Pfandrechte in einer für sie erkennbaren Weise zum Nachteil der Handwerker und Unternehmer belastet worden ist.

Veräußert der vorgehende Pfandgläubiger seinen Pfandtitel, so hat er den Handwerkern und Unternehmern für dasjenige, was ihnen dadurch entzogen wird, Ersatz zu leisten.

Sobald der Beginn des Werkes auf Anzeige eines Berechtigten im Grundbuch angemerkt ist, dürfen bis zum Ablauf der Eintragungsfrist Pfandrechte nur als Grundpfandverschreibungen eingetragen werden.

VZG 117. BGE 82 II 17; 86 II 149. Abs. 1: BGE 112 II 493; 115 II 136. Abs. 2: BGE 105 II 11. Abs. 3: 824. Anh. V 81.

3. Abschnitt
Schuldbrief und Gült

A. Schuldbrief

I. Zweck und Gestalt

842 Durch den Schuldbrief wird eine persönliche Forderung begründet, die grundpfändlich sichergestellt ist.

832, 845, 827 ff. Wertpapier: BGE 43 II 767.

II. Schätzung

843 Das kantonale Recht kann für die Errichtung von Schuldbriefen eine amtliche Schätzung des Grundstückes den Beteiligten zur Verfügung stellen oder allgemein vorschreiben.

Es kann vorschreiben, daß Schuldbriefe nur bis zum Betrage der Schätzung oder bis zu einem Bruchteil des Schätzungswertes errichtet werden dürfen.

EntschG 5, 84. Anh. X.

III. Kündigung

844 Der Schuldbrief kann, wenn es nicht anders bestimmt ist, vom Gläubiger und vom Schuldner je nur auf sechs Monate und auf die üblichen Zinstage gekündigt werden.

Das kantonale Recht kann einschränkende Bestimmungen über die Kündbarkeit der Schuldbriefe aufstellen.

IV. Stellung des Eigentümers

845 Die Stellung des Eigentümers der Pfandsache, der nicht Schuldner ist, bestimmt sich nach den Vorschriften über die Grundpfandverschreibung.

Die Einreden des Schuldners stehen beim Schuldbrief auch dem Eigentümer der Pfandsache zu.

827 ff.

2. Abteilung. Die beschränkten dinglichen Rechte 846–850

V. Veräußerung, Zerstückelung

846 Für die Folgen der Veräußerung und der Zerstückelung des Grundstückes gelten die Bestimmungen über die Grundpfandverschreibung.
832.

B. Gült

I. Zweck und Gestalt

847 Durch die Gült wird eine Forderung als Grundlast auf ein Grundstück gelegt.

Sie kann nur auf landwirtschaftliche Grundstücke, Wohnhäuser und Baugebiet errichtet werden.

Die Forderung besteht ohne jede persönliche Haftbarkeit des Schuldners, und ein Schuldgrund wird nicht angeführt.
Abs. 3: 910 II.

II. Belastungsgrenze

848 Eine Gült kann auf einem landwirtschaftlichen Grundstück bis zum Ertragswert errichtet werden.

Auf einem nichtlandwirtschaftlichen Grundstück kann eine Gült bis zu drei Fünfteln des Mittelwerts aus dem nichtlandwirtschaftlichen Ertragswert und dem Boden- und Bauwert errichtet werden; die maßgebenden Werte werden durch eine amtliche Schätzung ermittelt, die durch das kantonale Recht zu ordnen ist.

III. Haftung des Staates

849 Die Kantone sind dafür haftbar, daß die Schätzung mit aller erforderlichen Sorgfalt vorgenommen wird.

Sie haben ein Rückgriffsrecht auf die fehlbaren Beamten.
955.

IV. Ablösbarkeit

850 Der Eigentümer des mit Gülten belasteten Grundstückes hat das Recht, je auf Ende einer Periode von sechs Jahren mit vorausgehender Kündigung auf ein Jahr die Ablösung der Gült auch dann zu verlangen, wenn der Vertrag auf längere Zeit Unkündbarkeit angeordnet hat.

Der Gültgläubiger kann die Gültforderung außer in den vom Gesetz bestimmten Fällen nur je auf Ende einer Periode von fünfzehn Jahren mit vorausgehender jährlicher Kündigungsfrist ablösen.
Abs. 1: 788. Abs. 2: 624 II, 787. EntschG 93.

V. Schuldpflicht und Eigentum

851 Die Gült hat zum Schuldner den Eigentümer des belasteten Grundstückes.

Der Erwerber des Grundstückes wird unter Entlastung des bisherigen Eigentümers ohne weiteres Schuldner der Gültforderung.

Gültzinse werden von dem Zeitpunkte an zu persönlichen Schulden, wo das Grundstück nicht mehr für sie haftet.
Abs. 3: 818.

VI. Zerstückelung

852 Bei Zerstückelung eines mit einer Gült belasteten Grundstückes werden die Eigentümer der Teilstücke Gültschuldner.

Im übrigen erfolgt die Verlegung der Forderung auf die Teilstücke nach dem gleichen Verfahren, wie es für die Grundpfandverschreibung angeordnet ist.

Im Falle der Ablösung hat der Gläubiger binnen Monatsfrist, nachdem die Verlegung rechtskräftig geworden ist, auf ein Jahr zu kündigen.
Abs. 2: 833. Abs. 3: 87.

VII. Kantonale und Erbengülten

853 Für die Gülten, die unter dem kantonalen Rechte errichtet worden sind, insbesondere betreffend die Zinsbeschränkungen und die Bedeutung der Pfandstelle, sowie für die Erbengülten bleiben die besondern gesetzlichen Bestimmungen vorbehalten.
795, 813 ff., 624.

C. Gemeinsame Bestimmungen

I. Errichtung

1. Gestalt der Forderung

854 Schuldbrief und Gült dürfen weder Bedingungen noch Gegenleistung enthalten.
847 III, 872 ff.

2. Verhältnis zur ursprünglichen Forderung

855 Mit der Errichtung eines Schuldbriefes oder einer Gült wird das Schuldverhältnis, das der Errichtung zugrunde liegt, durch Neuerung getilgt.

Eine andere Abrede wirkt nur unter den Vertragsschließenden sowie gegenüber Dritten, die sich nicht in gutem Glauben befinden.

Abs. 1: OR 116. Abs. 2: 3, 824 II. BGE 119 III 105.

3. Eintragung und Pfandtitel

a) Notwendigkeit des Pfandtitels

856 Bei der Errichtung eines Schuldbriefes oder einer Gült wird neben der Eintragung ins Grundbuch stets ein Pfandtitel ausgestellt.

Die Eintragung hat schon vor der Ausstellung des Pfandtitels Schuldbrief- oder Gültwirkung.

Wertpapier. 868. Abs. 1: 9. Abs. 2: 972. Anhang V 53.

b) Ausfertigung des Pfandtitels

857 Schuldbrief und Gült werden durch den Grundbuchverwalter ausgestellt.

Sie bedürfen zu ihrer Gültigkeit der Unterschrift des Grundbuchverwalters.

Sie dürfen dem Gläubiger oder seinem Beauftragten nur mit ausdrücklicher Einwilligung des Schuldners und des Eigentümers des belasteten Grundstückes ausgehändigt werden.

Anhang V 53, 58.

c) Form des Pfandtitels

858 Die Formen des Schuldbriefes und der Gült werden durch Verordnung des Bundesrates festgestellt.

Anhang V Art. 53 ff.

4. Bezeichnung des Gläubigers

a) Bei der Ausfertigung

859 Als Gläubiger des Schuldbriefes wie der Gült kann eine bestimmte Person oder der Inhaber bezeichnet werden.

Die Ausstellung kann auch auf den Namen des Grundeigentümers erfolgen.

Inhaberpapier: 935, OR 978 ff. Abs. 2: Eigentümerhypothek.

b) Mit Stellvertretung

860 Bei der Errichtung eines Schuldbriefes oder einer Gült kann ein Bevollmächtigter bestellt werden, der die Zahlungen zu leisten und zu empfangen, Mitteilungen entgegenzunehmen, Pfandentlassungen zu gewähren und im allgemeinen die Rechte der Gläubiger wie des Schuldners und Eigentümers mit aller Sorgfalt und Unparteilichkeit zu wahren hat.

Der Name des Bevollmächtigten ist im Grundbuch und auf den Pfandtiteln anzumerken.

Fällt die Vollmacht dahin, so trifft der Richter, wenn die Beteiligten sich nicht vereinbaren, die nötigen Anordnungen.

Treuhänder. Anhang V 31 II, 51.

5. Zahlungsort

861 Bestimmt der Pfandtitel es nicht anders, so hat der Schuldner alle Zahlungen am Wohnort des Gläubigers zu leisten, und zwar auch dann, wenn der Titel auf den Inhaber lautet.

Ist der Wohnsitz des Gläubigers nicht bekannt oder zum Nachteil des Schuldners verlegt worden, so kann sich dieser durch Hinterlegung bei der zuständigen Behörde am eigenen Wohnsitze oder am früheren Wohnsitze des Gläubigers befreien.

Sind dem Titel Zinscoupons beigegeben, so ist die Zinszahlung nur an den Vorweiser des Coupons zu leisten.

Abs. 1: OR 74 Ziff. 1. Abs. 2: OR 74 III, 92, 96. Abs. 3: 904 II. OR 980, 987.

6. Zahlung nach Übertragung der Forderung

862 Bei Übertragung der Forderung kann der Schuldner, solange ihm keine Anzeige gemacht ist, Zinse und Annuitäten, für die keine Coupons bestehen, an den bisherigen Gläubiger entrichten, auch wenn der Titel auf den Inhaber lautet.

Die Abzahlung des Kapitals oder einer Kapitalrate dagegen kann er in allen Fällen wirksam nur an denjenigen leisten, der sich ihm gegenüber im Zeitpunkt der Zahlung als Gläubiger ausweist.

II. Untergang

1. Wegfall des Gläubigers

863 Ist kein Gläubiger vorhanden oder verzichtet der Gläubiger auf das Pfandrecht, so hat der Schuldner die Wahl, den Eintrag im Grundbuch löschen oder stehen zu lassen.

Er ist befugt, den Pfandtitel weiter zu verwerten.

964, 976.

2. Löschung

864 Schuldbrief und Gült dürfen im Grundbuch nicht gelöscht werden, bevor der Pfandtitel entkräftet oder durch den Richter für kraftlos erklärt worden ist.

VZG 69, 102, 130.

III. Rechte des Gläubigers

1. Schutz des guten Glaubens

a) Auf Grund des Eintrages

865 Die Forderung aus Schuldbrief oder Gült besteht dem Eintrage gemäß für jedermann zu Recht, der sich in gutem Glauben auf das Grundbuch verlassen hat.

3, 973, 855. BGE 71 III 156.

b) Auf Grund des Pfandtitels

866 Der formrichtig als Schuldbrief oder Gült erstellte Pfandtitel besteht seinem Wortlaute gemäß für jedermann zu Recht, der sich in gutem Glauben auf die Urkunde verlassen hat.

Wertpapier. 3. SchlT 22, 46. OR 979. BGE 107 II 440.

c) Verhältnis des Titels zum Eintrag

867 Ist der Wortlaut eines Schuldbriefes oder einer Gült nicht dem Eintrag entsprechend oder ein Eintrag nicht vorhanden, so ist das Grundbuch maßgebend.

Der gutgläubige Erwerber des Titels hat jedoch nach den Vorschriften über das Grundbuch Anspruch auf Schadenersatz.

Abs. 1: 973, 975. Abs. 2: 955.

2. Geltendmachung

868 Die Forderung aus Schuldbrief oder Gült kann sowohl, wenn der Titel auf einen bestimmten Namen, als wenn er auf den Inhaber lautet, nur in Verbindung mit dem Besitz des Pfandtitels veräußert, verpfändet oder überhaupt geltend gemacht werden.

Vorbehalten bleibt die Geltendmachung der Forderung in den Fällen, wo die Kraftloserklärung des Titels erfolgt oder ein Titel noch gar nicht ausgestellt worden ist.

Abs. 1: 901. Abs. 2: 870.

3. Übertragung

869 Zur Übertragung der Forderung aus Schuldbrief oder Gült bedarf es in allen Fällen der Übergabe des Pfandtitels an den Erwerber.

Lautet der Titel auf einen bestimmten Namen, so bedarf es außerdem der Anmerkung der Übertragung auf dem Titel, unter Angabe des Erwerbers.

Abs. 1: 714, 919. Abs. 2, Indossament: BGE 50 II 340, 81 II 115 b.

IV. Kraftloserklärung

1. Bei Verlust

870 Ist ein Pfandtitel oder Zinscoupon abhanden gekommen oder ohne Tilgungsabsicht vernichtet worden, so wird er durch den Richter für kraftlos erklärt und der Schuldner zur Zahlung verpflichtet, oder es wird für die noch nicht fällige Forderung ein neuer Titel oder Coupon ausgefertigt.

Die Kraftloserklärung erfolgt mit Auskündung auf ein Jahr nach den Vorschriften über die Amortisation der Inhaberpapiere.

In gleicher Weise kann der Schuldner die Kraftloserklärung verlangen, wenn ein abbezahlter Titel vermißt wird.

Abs. 2: OR 971 ff., 981 ff.

2. Aufrufung des Gläubigers

871 Ist der Gläubiger eines Schuldbriefes oder einer Gült seit zehn Jahren unbekannt und sind während dieser Zeit keine Zinse gefordert worden, so kann der Eigentümer des verpfändeten Grundstücks verlangen, daß der Gläubiger nach den Bestimmungen über die Verschollenerklärung durch den Richter öffentlich aufgefordert werde, sich zu melden.

Meldet sich der Gläubiger nicht, und ergibt die Untersuchung mit hoher Wahrscheinlichkeit, daß die Forderung nicht mehr zu Recht besteht, so wird der Titel durch den Richter für kraftlos erklärt und die Pfandstelle frei.

Abs. 1: 36/7.

V. Einreden des Schuldners

872 Der Schuldner kann nur solche Einreden geltend machen, die sich entweder auf den Eintrag oder auf die Urkunde beziehen oder ihm persönlich gegen den ihn belangenden Gläubiger zustehen.

854. OR 979. Persönliche Einrede: BGE 70 II 154.

VI. Herausgabe des Pfandtitels bei Zahlung

873 Der Gläubiger hat dem Schuldner auf sein Verlangen bei der vollständigen Zahlung den Pfandtitel unentkräftet herauszugeben.

VII. Änderungen im Rechtsverhältnis

874 Erleidet das Rechtsverhältnis eine Änderung, wie namentlich bei Abzahlung an die Schuld, Schulderleichterung oder Pfandentlassung, so hat der Schuldner das Recht, sie im Grundbuch eintragen zu lassen.

Der Grundbuchverwalter hat diese Änderung auf dem Titel anzumerken.

Ohne diese Eintragung kann jeder gutgläubige Erwerber des Titels die Wirkung der Änderung im Rechtsverhältnis von sich ablehnen, mit Ausnahme der Abzahlungen, die mit in dem Titel vorgeschriebenen Annuitäten stattfinden.

Abs. 2: Anhang V 68. Abs. 3: 867, 872.

4. Abschnitt
Ausgabe von Anleihenstiteln mit Grundpfandrecht

A. Obligationen für Anleihen mit Pfandrecht

875 Anleihensobligationen, die auf den Namen der Gläubiger oder auf den Inhaber lauten, können mit einem Grundpfand sichergestellt werden:

1. durch Errichtung einer Grundpfandverschreibung oder eines Schuldbriefes für das ganze Anleihen und die Bezeichnung eines Stellvertreters für die Gläubiger und den Schuldner,

2. durch die Errichtung eines Grundpfandrechtes für das ganze Anleihen zugunsten der Ausgabestelle und Bestellung eines Pfandrechtes an dieser Grundpfandforderung für die Obligationsgläubiger.

OR 1156 ff. Ziff. 1: 824 ff., 842 ff. BGE 84 II 353. Ziff. 2: 900. Schiffsregister G 93.

B. Ausgabe von Schuldbriefen und Gülten in Serien

I. Im allgemeinen

876 Die Schuldbriefe und Gülten, die in Serien ausgegeben werden, stehen unter Vorbehalt der nachfolgenden Vorschriften unter dem allgemeinen Schuldbrief- und Gültrecht.
842 ff. Anhang V 52, 59, 68 III.

II. Gestalt

877 Die Titel lauten auf hundert oder ein Vielfaches von hundert Franken.

Alle Titel einer Serie tragen fortlaufende Nummern und haben die gleiche Form.

Werden die Titel nicht vom Grundeigentümer selbst ausgegeben, so muß die Ausgabestelle als Vertreter des Gläubigers und des Schuldners bezeichnet werden.
Anhang V 59. Abs. 3: 860.

III. Amortisation

878 Dem Zinsbetrag, den der Schuldner zu entrichten hat, kann ein Betrag beigefügt werden, der zur allmählichen Tilgung der Serie verwendet wird.

Der jährliche Tilgungsbetrag muß einer gewissen Zahl von Titeln entsprechen.

IV. Eintragung

879 Die Titel werden im Grundbuch mit einem Eintrag für das ganze Anleihen unter Angabe der Anzahl der Titel eingetragen.

Ausnahmsweise kann bei einer kleinen Anzahl von Titeln jeder einzelne Titel eingetragen werden.

V. Wirkung

1. Ausgabestelle

880 Die Ausgabestelle kann, auch wo sie als Vertreter bestellt ist, an den Schuldbedingungen keine Veränderungen vornehmen, die nicht bei der Ausgabe vorbehalten worden sind.

2. Rückzahlung

a) *Tilgungsplan*

881 Die Rückzahlung der Titel erfolgt nach dem Tilgungsplan, der bei der Ausgabe aufgestellt worden ist oder von der Ausgabestelle kraft der bei der Ausgabe erhaltenen Vollmacht aufgestellt wird.

Gelangt ein Titel zur Rückzahlung, so wird sein Betrag dem Gläubiger entrichtet und der Titel getilgt.

Eine Löschung des Eintrages darf, wenn es nicht anders vereinbart wird, erst erfolgen, nachdem der Schuldner den Verpflichtungen, auf die der Eintrag lautet, vollständig nachgekommen ist und den Titel samt den Coupons eingeliefert oder für die nicht eingelieferten Coupons die entsprechenden Beträge hinterlegt hat.

b) *Aufsicht*

882 Der Eigentümer oder die Ausgabestelle ist verpflichtet, die Auslosungen dem Tilgungsplan gemäß vorzunehmen und die abbezahlten Titel zu tilgen.

Bei Gülten haben die Kantone die Vornahme dieser Auslosungen und Tilgungen amtlich überwachen zu lassen.

c) *Verwendung der Rückzahlungen*

883 Rückzahlungen sind in allen Fällen bei der nächsten Auslosung zur Tilgung von Pfandtiteln zu verwenden.

Dreiundzwanzigster Titel
Das Fahrnispfand

1. Abschnitt
Faustpfand und Retentionsrecht

A. Faustpfand

I. Bestellung

1. Besitz des Gläubigers

884 Fahrnis kann, wo das Gesetz keine Ausnahme macht, nur dadurch verpfändet werden, daß dem Pfandgläubiger der Besitz an der Pfandsache übertragen wird.

Der gutgläubige Empfänger der Pfandsache erhält das Pfandrecht, soweit nicht Dritten Rechte aus früherem Besitze zustehen, auch dann, wenn der Verpfänder nicht befugt war, über die Sache zu verfügen.

Das Pfandrecht ist nicht begründet, solange der Verpfänder die ausschließliche Gewalt über die Sache behält.

Abs. 1: 717, 922 ff. Zukünftige Forderung: BGE 51 II 276. Abs. 2: BGE 83 II 132. Abs. 3: BGE 43 II 20; 58 III 124; 80 I 236, 119 II 326 (fiduziarisch). SchiffsregisterG 38 ff. SeeschiffahrtG 37. BG über das Luftfahrzeugbuch vom 7. Oktober 1959, SR 748.217.1. Abkommen v. 19. Juni 1948 über die internationale Anerkennung von Rechten an Luftfahrzeugen, SR 0.748.217.1.

2. Viehverpfändung

885 Zur Sicherung von Forderungen von Geldinstituten und Genossenschaften, die von der zuständigen Behörde ihres Wohnsitzkantons ermächtigt sind, solche Geschäfte abzuschließen, kann ein Pfandrecht an Vieh ohne Übertragung des Besitzers bestellt werden durch Eintragung in ein Verschreibungsprotokoll und Anzeige an das Betreibungsamt.

Der Bundesrat regelt die Führung des Protokolls.

Für die Eintragungen im Protokoll und die damit verbundenen Verrichtungen können die Kantone Gebühren erheben; sie bezeich-

2. Abteilung. Die beschränkten dinglichen Rechte 886–890

nen die Kreise, in denen die Protokolle geführt werden, und die Beamten, die mit deren Führung betraut sind.
715 II. Anh. VII. BGE 71 III 132.

3. Nachverpfändung

886 Ein nachgehendes Faustpfand wird dadurch bestellt, daß der Faustpfandgläubiger schriftlich von der Nachverpfändung benachrichtigt oder angewiesen wird, nach seiner Befriedigung das Pfand an den nachfolgenden Gläubiger herauszugeben.
903. Inhaberpapiere: BGE 66 II 22.

4. Verpfändung durch den Pfandgläubiger

887 Der Gläubiger kann die Pfandsache nur mit Zustimmung des Verpfänders weiter verpfänden.
890 II.

II. Untergang

1. Besitzesverlust

888 Das Faustpfandrecht geht unter, sobald der Gläubiger die Pfandsache nicht mehr besitzt und auch von dritten Besitzern nicht zurückverlangen kann.

Es hat keine Wirkung, solange sich das Pfand mit Willen des Gläubigers in der ausschließlichen Gewalt des Verpfänders befindet.
926 ff., 934, 936.

2. Rückgabepflicht

889 Ist das Pfandrecht infolge der Tilgung der Forderung oder aus anderem Grunde untergegangen, so hat der Gläubiger die Pfandsache an den Berechtigten herauszugeben.

Vor seiner vollen Befriedigung ist er nicht verpflichtet, das Pfand ganz oder zum Teil herauszugeben.
Berechtigter: BGE 72 II 353.

3. Haftung des Gläubigers

890 Der Gläubiger haftet für den aus der Wertverminderung oder aus dem Untergang der verpfändeten Sache entstandenen Schaden, sofern er nicht nachweist, daß dieser ohne sein Verschulden eingetreten ist.

Hat der Gläubiger das Pfand eigenmächtig veräußert oder weiter verpfändet, so haftet er für allen hieraus entstandenen Schaden.

III. Wirkung

1. Rechte des Gläubigers

891 Der Gläubiger hat im Falle der Nichtbefriedigung ein Recht darauf, sich aus dem Erlös des Pfandes bezahlt zu machen.

Das Pfandrecht bietet ihm Sicherheit für die Forderung mit Einschluß der Vertragszinse, der Betreibungskosten und der Verzugszinse.

816, 818. SchKG 151 ff. BGE 77 III 3; 81 III 58; 118 II 112.

2. Umfang der Pfandhaft

892 Das Pfandrecht belastet die Pfandsache mit Einschluß der Zugehör.

Die natürlichen Früchte der Pfandsache hat der Gläubiger, wenn es nicht anders verabredet ist, an Eigentümer herauszugeben, sobald sie aufhören, Bestandteil der Sache zu sein.

Früchte, die zur Zeit der Pfandverwertung Bestandteil der Pfandsache sind, unterliegen der Pfandhaft.

Abs. 1: 664 f. VVG 57. Abs. 2: 642.

3. Rang der Pfandrechte

893 Haften mehrere Pfandrechte auf der gleichen Sache, so werden die Gläubiger nach ihrem Range befriedigt.

Der Rang der Pfandrechte wird durch die Zeit ihrer Errichtung bestimmt.

Abs. 1: 817.

4. Verfallsvertrag

894 Jede Abrede, wonach die Pfandsache dem Gläubiger, wenn er nicht befriedigt wird, als Eigentum zufallen soll, ist ungültig.

816 II. OR 20.

B. Retentionsrecht

I. Voraussetzungen

895 Bewegliche Sachen und Wertpapiere, die sich mit Willen des Schuldners im Besitze des Gläubigers befinden, kann dieser bis zur Befriedigung für seine Forderung zurückbehalten, wenn die Forderung fällig ist und ihrer Natur nach mit dem Gegenstande der Retention in Zusammenhang steht.

2. Abteilung. Die beschränkten dinglichen Rechte **896–898**

Unter Kaufleuten besteht dieser Zusammenhang, sobald der Besitz sowohl als die Forderung aus ihrem geschäftlichen Verkehr herrühren.

Der Gläubiger hat das Retentionsrecht, soweit nicht Dritten Rechte aus früherem Besitze zustehen, auch dann, wenn die Sache, die er in gutem Glauben empfangen hat, nicht dem Schuldner gehört.

OR 272 ff., 401, 434, 451, 485, 491. BGE 80 II 113 (Abtretung). Abs. 1: BGE 65 II 153; 86 II 361; 115 IV 207 (Sachentziehung i.S. StGB 143?). Abs. 2: 78 II 142 E. 1.

II. Ausnahmen

An Sachen, deren Natur eine Verwertung nicht zuläßt, kann das **896** Retentionsrecht nicht ausgeübt werden.

Ebenso ist die Retention ausgeschlossen, wenn ihr eine vom Gläubiger übernommene Verpflichtung oder eine vom Schuldner vor oder bei der Übergabe der Sache erteilte Vorschrift oder die öffentliche Ordnung entgegensteht.

Abs. 2: SchKG 92. SchiffsregisterG 53. SeeschiffahrtG 37.

III. Bei Zahlungsunfähigkeit

Bei Zahlungsunfähigkeit des Schuldners hat der Gläubiger das **897** Retentionsrecht auch dann, wenn seine Forderung nicht fällig ist.

Ist die Zahlungsunfähigkeit erst nach der Übergabe der Sache eingetreten oder dem Gläubiger bekannt geworden, so kann dieser die Retention auch dann ausüben, wenn ihr eine von ihm vorher übernommene Verpflichtung oder eine besondere Vorschrift des Schuldners entgegensteht.

Abs. 1: OR 83.

IV. Wirkung

Kommt der Schuldner seiner Verpflichtung nicht nach, so kann der **898** Gläubiger, wenn er nicht hinreichend sichergestellt wird, die zurückbehaltene Sache nach vorgängiger Benachrichtigung des Schuldners wie ein Faustpfand verwerten.

Zur Verwertung zurückbehaltener Namenpapiere hat in Vertretung des Schuldners der Betreibungs- oder der Konkursbeamte das Erforderliche vorzunehmen.

SchKG 151 ff., 283.

2. Abschnitt
Das Pfandrecht an Forderungen und andern Rechten

A. Im allgemeinen

899 Forderungen und andere Rechte können verpfändet werden, wenn sie übertragbar sind.

Das Pfandrecht an ihnen steht, wo es nicht anders geordnet ist, unter den Bestimmungen über das Faustpfand.

IPRG 105 f. Abs. 1: OR 164. Abs. 2: 884 ff.

B. Errichtung

I. Bei Forderungen mit oder ohne Schuldschein

900 Zur Verpfändung einer Forderung, für die keine Urkunde oder nur ein Schuldschein besteht, bedarf es der schriftlichen Abfassung des Pfandvertrages und gegebenenfalls der Übergabe des Schuldscheines.

Der Pfandgläubiger und der Verpfänder können den Schuldner von der Pfandbestellung benachrichtigen.

Zur Verpfändung anderer Rechte bedarf es neben einem schriftlichen Pfandvertrag der Beobachtung der Form, die für die Übertragung vorgesehen ist.

Abs. 1: OR 12 ff.

II. Bei Wertpapieren

901 Bei Inhaberpapieren genügt zur Verpfändung die Übertragung der Urkunde an den Pfandgläubiger.

Bei andern Wertpapieren bedarf es der Übergabe der Urkunde in Verbindung mit einem Indossament oder mit einer Abtretungserklärung.

868. OR 967 ff., 165. BGE 61 II 330; 75 I 184; 81 II 113, 340; 115 II 149.

III. Bei Warenpapieren

902 Bestehen für Waren Wertpapiere, die sie vertreten, so wird durch Verpfändung der Wertpapiere ein Pfandrecht an der Ware bestellt.

Besteht neben einem Warenpapier noch ein besonderer Pfandschein (Warrant), so genügt zur Pfandbestellung die Verpfändung

des Pfandscheines, sobald auf dem Warenpapier selbst die Verpfändung mit Forderungsbetrag und Verfalltag eingetragen ist.
OR 482, 1153 ff.

IV. Nachverpfändung

903 Ein nachgehendes Forderungspfandrecht ist nur gültig, wenn der vorgehende Pfandgläubiger vom Gläubiger der Forderung oder vom nachgehenden Pfandgläubiger von der Nachverpfändung schriftlich benachrichtigt wird.
886. BGE 72 II 353; 81 II 342.

C. Wirkung

I. Umfang der Pfandhaft

904 Beim Pfandrecht an einer verzinslichen Forderung oder an einer Forderung mit andern zeitlich wiederkehrenden Nebenleistungen, wie Dividenden, gilt, wenn es nicht anders vereinbart ist, nur der laufende Anspruch als mitverpfändet, und der Gläubiger hat keinen Anspruch auf die verfallenen Leistungen.

Bestehen jedoch besondere Papiere für solche Nebenrechte, so gelten diese, wenn es nicht anders vereinbart ist, insoweit für mitverpfändet, als das Pfandrecht an ihnen formrichtig bestellt ist.
Abs. 1: «Laufende» Zinsen: BGE 41 III 455; 71 III 157. Abs. 2: 901.

II. Vertretung verpfändeter Aktien

905 Verpfändete Aktien werden in der Generalversammlung durch die Aktionäre und nicht durch die Pfandgläubiger vertreten.
OR 689 V.

III. Verwaltung und Abzahlung

906 Erfordert die sorgfältige Verwaltung die Kündigung und Einziehung der verpfändeten Forderung, so darf deren Gläubiger sie vornehmen und der Pfandgläubiger verlangen, daß sie vorgenommen werde.

Zahlungen darf der Schuldner, sobald er von der Verpfändung benachrichtigt ist, an den einen nur mit Einwilligung des andern entrichten.

Wo diese fehlt, hat er den geschuldeten Betrag zu hinterlegen.

3. Abschnitt
Das Versatzpfand

A. Versatzanstalt

I. Erteilung der Gewerbebefugnis

907 Wer das Pfandleihgewerbe betreiben will, bedarf hiezu einer Bewilligung der kantonalen Regierung.

Die Kantone können bestimmen, daß diese Bewilligung nur an öffentliche Anstalten des Kantons oder der Gemeinden, sowie an gemeinnützige Unternehmungen erteilt werden soll.

Die Kantone können von den Anstalten Gebühren erheben.

II. Dauer

908 Die Bewilligung wird an private Anstalten nur auf eine bestimmte Zeit erteilt, kann aber erneuert werden.

Sie kann jederzeit widerrufen werden, wenn die Anstalt die Bestimmungen, denen ihr Betrieb unterstellt ist, nicht beobachtet.

B. Versatzpfandrecht

I. Errichtung

909 Das Versatzpfand wird dadurch begründet, daß der Pfandgegenstand der Anstalt übergeben und hiefür ein Versatzschein ausgestellt wird.

II. Wirkung

1. Verkauf des Pfandes

910 Ist das Pfand auf den vereinbarten Termin nicht ausgelöst worden, so kann die Anstalt nach vorgängiger öffentlicher Aufforderung zur Einlösung den Pfandgegenstand amtlich verkaufen lassen.

Eine persönliche Forderung kann die Anstalt nicht geltend machen.

2. Recht auf den Überschuß

911 Ergibt sich aus dem Kauferlös ein Überschuß über die Pfandsumme, so hat der Berechtigte Anspruch auf dessen Herausgabe.

Mehrere Forderungen gegen denselben Schuldner dürfen bei Berechnung des Überschusses als ein Ganzes behandelt werden.

Der Anspruch auf den Überschuß verjährt in fünf Jahren nach dem Verkauf der Sache.

III. Auslösung des Pfandes

1. Recht auf Auslösung

912 Das Pfand kann von dem Berechtigten gegen Rückgabe des Versatzscheines ausgelöst werden, solange der Verkauf nicht stattgefunden hat.

Kann er den Schein nicht beibringen, so ist er nach Eintritt der Fälligkeit zur Auslösung des Pfandes befugt, wenn er sich über sein Recht ausweist.

Diese Befugnis steht dem Berechtigten nach Ablauf von sechs Monaten seit der Fälligkeit auch dann zu, wenn die Anstalt sich ausdrücklich vorbehalten hat, das Pfand nur gegen Rückgabe des Scheines auszulösen.

2. Rechte der Anstalt

913 Die Anstalt ist berechtigt, bei jeder Auslösung den Zins für den ganzen laufenden Monat zu verlangen.

Hat die Anstalt sich ausdrücklich vorbehalten, das Pfand gegen Rückgabe des Scheines an jedermann herauszugeben, so ist sie zu dieser Herausgabe befugt, solange sie nicht weiß oder wissen sollte, daß der Inhaber auf unredliche Weise in den Besitz des Scheines gelangt ist.

C. Kauf auf Rückkauf

914 Der gewerbsmäßige Kauf auf Rückkauf wird dem Versatzpfand gleichgestellt.

D. Ordnung des Gewerbes

915 Die Kantone können zur Ordnung des Pfandleihgewerbes Vorschriften aufstellen.

4. Abschnitt
Die Pfandbriefe

916/8 Aufgehoben, s. Anh. VIII Art. 52 II.

Dritte Abteilung
Besitz und Grundbuch

Vierundzwanzigster Titel
Der Besitz

A. Begriff und Arten

I. Begriff

919 Wer die tatsächliche Gewalt über eine Sache hat, ist ihr Besitzer.

Dem Sachbesitz wird bei Grunddienstbarkeiten und Grundlasten die tatsächliche Ausübung des Rechtes gleichgestellt.

Juristische Person: BGE 81 II 343. Besitzdiener: BGE 75 II 129 E. 6. Rechtsschutz: BGE 85 II 280.

II. Selbständiger und unselbständiger Besitz

920 Hat ein Besitzer die Sache einem andern zu einem beschränkten dinglichen oder einem persönlichen Recht übertragen, so sind sie beide Besitzer.

Wer eine Sache als Eigentümer besitzt, hat selbständigen, der andere unselbständigen Besitz.

III. Vorübergehende Unterbrechung

921 Eine ihrer Natur nach vorübergehende Verhinderung oder Unterlassung der Ausübung der tatsächlichen Gewalt hebt den Besitz nicht auf.

B. Übertragung

I. Unter Anwesenden

922 Der Besitz wird übertragen durch die Übergabe der Sache selbst, oder der Mittel, die dem Empfänger die Gewalt über die Sache verschaffen.

Die Übergabe ist vollzogen, sobald sich der Empfänger mit Willen des bisherigen Besitzers in der Lage befindet, die Gewalt über die Sache auszuüben.

884 Abs. 3.

II. Unter Abwesenden

923 Geschieht die Übergabe unter Abwesenden, so ist sie mit der Übergabe der Sache an den Empfänger oder dessen Stellvertreter vollzogen.

7. OR 32 ff.

III. Ohne Übergabe

924 Ohne Übergabe kann der Besitz einer Sache erworben werden, wenn ein Dritter oder der Veräußerer selbst auf Grund eines besonderen Rechtsverhältnisses im Besitz der Sache verbleibt.

Gegenüber dem Dritten ist dieser Besitzesübergang erst dann wirksam, wenn ihm der Veräußerer davon Anzeige gemacht hat.

Der Dritte kann dem Erwerber die Herausgabe aus den gleichen Gründen verweigern, aus denen er sie dem Veräußerer hätte verweigern können.

Besitzanweisung, Konstitut. Abs. 1: 717, 884; BGE 112 II 113. Abs. 3. BGE 53 II 380; 77 II 130.

IV. Bei Warenpapieren

925 Werden für Waren, die einem Frachtführer oder einem Lagerhaus übergeben sind, Wertpapiere ausgestellt, die sie vertreten, so gilt die Übertragung einer solchen Urkunde als Übertragung der Ware selbst.

Steht jedoch dem gutgläubigen Empfänger des Warenpapiers ein gutgläubiger Empfänger der Ware gegenüber, so geht dieser jenem vor.

482, 486 Abs. 2, 965, 1152 ff.

C. Bedeutung

I. Besitzesschutz

1. Abwehr von Angriffen

926 Jeder Besitzer darf sich verbotener Eigenmacht mit Gewalt erwehren.

Er darf sich, wenn ihm die Sache durch Gewalt oder heimlich entzogen wird, sofort des Grundstückes durch Vertreibung des Täters wieder bemächtigen und die bewegliche Sache dem auf frischer Tat betroffenen und unmittelbar verfolgten Täter wieder abnehmen.

Er hat sich dabei jeder nach den Umständen nicht gerechtfertigten Gewalt zu enthalten.
Selbsthilfe. Kantonales Recht: BGE 83 II 144.

2. Klage aus Besitzesentziehung

927 Wer einem andern eine Sache durch verbotene Eigenmacht entzogen hat, ist verpflichtet, sie zurückzugeben, auch wenn er ein besseres Recht auf die Sache behauptet.

Wenn der Beklagte sofort sein besseres Recht nachweist und auf Grund desselben dem Kläger die Sache wieder abverlangen könnte, so kann er die Rückgabe verweigern.

Die Klage geht auf Rückgabe der Sache und Schadenersatz.
Abs. 1: 921, 934. Abs. 3: OR 41 ff.

3. Klage aus Besitzesstörung

928 Wird der Besitz durch verbotene Eigenmacht gestört, so kann der Besitzer gegen den Störenden Klage erheben, auch wenn dieser ein Recht zu haben behauptet.

Die Klage geht auf Beseitigung der Störung, Unterlassung fernerer Störung und Schadenersatz.
Abs. 1: 684. Abs. 2: OR 41 ff.

4. Zulässigkeit und Verjährung der Klage

929 Die Klage aus verbotener Eigenmacht ist nur zulässig, wenn der Besitzer sofort, nachdem ihm der Eingriff und der Täter bekannt geworden sind, die Sache zurückfordert oder Beseitigung der Störung verlangt.

Die Klage verjährt nach Ablauf eines Jahres, das mit der Entziehung oder Störung zu laufen beginnt, auch wenn der Besitzer erst später von dem Eingriff und dem Täter Kenntnis erhalten hat.
Abs. 2: OR 129 ff.

II. Rechtsschutz

1. Vermutung des Eigentums

930 Vom Besitzer einer beweglichen Sache wird vermutet, daß er ihr Eigentümer ist.

Für jeden früheren Besitzer besteht die Vermutung, daß er in der Zeit seines Besitzes Eigentümer der Sache gewesen sei.
BGE 52 II 50; 54 II 245; 84 II 261, 513.

2. Vermutung bei unselbständigem Besitz

931 Besitzt jemand eine bewegliche Sache, ohne Eigentümer sein zu wollen, so kann er die Vermutung des Eigentums dessen geltend machen, von dem er sie in gutem Glauben empfangen hat.

Besitzt jemand eine bewegliche Sache mit dem Anspruche eines beschränkten dinglichen oder eines persönlichen Rechtes, so wird der Bestand dieses Rechtes vermutet, er kann aber demjenigen gegenüber, von dem er die Sache erhalten hat, diese Vermutung nicht geltend machen.

Abs. 1: 3.

3. Klage gegen den Besitzer

932 Der Besitzer einer beweglichen Sache kann sich gegenüber jeder Klage auf die Vermutung zugunsten seines besseren Rechtes berufen, unter Vorbehalt der Bestimmungen über eigenmächtige Entziehung oder Störung des Besitzes.

927, 936.

4. Verfügungs- und Rückforderungsrecht

a) *Bei anvertrauten Sachen*

933 Wer eine bewegliche Sache in gutem Glauben zu Eigentum oder zu einem beschränkten dinglichen Recht übertragen erhält, ist in seinem Erwerbe auch dann zu schützen, wenn sie dem Veräusserer ohne jede Ermächtigung zur Übertragung anvertraut worden war.

3, 714. BGE 80 II 237 (anvertraut); 81 II 342; 100 II 8.

b) *Bei abhanden gekommenen Sachen*

934 Der Besitzer, dem eine bewegliche Sache gestohlen wird oder verloren geht oder sonst wider seinen Willen abhanden kommt, kann sie während fünf Jahren jedem Empfänger abfordern.

Ist die Sache öffentlich versteigert oder auf dem Markt oder durch einen Kaufmann, der mit Waren der gleichen Art handelt, übertragen worden, so kann sie dem ersten und jedem spätern gutgläubigen Empfänger nur gegen Vergütung des von ihm bezahlten Preises abgefordert werden.

Die Rückleistung erfolgt im übrigen nach den Vorschriften über die Ansprüche des gutgläubigen Besitzers.

722, 927, 940. OR 1072, 1095, 1112. BGE 71 II 93; 80 II 241; 113 II 397.

c) Bei Geld und Inhaberpapieren

935 Geld und Inhaberpapiere können, auch wenn sie dem Besitzer gegen seinen Willen abhanden gekommen sind, dem gutgläubigen Empfänger nicht abgefordert werden.

3, 934. OR 978 ff. Bösgläubiger Erwerb von Geld: BGE 47 II 270.

d) Bei bösem Glauben

936 Wer den Besitz einer beweglichen Sache nicht in gutem Glauben erworben hat, kann von dem früheren Besitzer jederzeit auf Herausgabe belangt werden.

Hatte jedoch auch der frühere Besitzer nicht in gutem Glauben erworben, so kann er einem spätern Besitzer die Sache nicht abfordern.

3, 714, 940. Einreden: BGE 84 II 259.

5. Vermutung bei Grundstücken

937 Hinsichtlich der in das Grundbuch aufgenommenen Grundstücke besteht eine Vermutung des Rechtes und eine Klage aus dem Besitze nur für denjenigen, der eingetragen ist.

Wer jedoch über das Grundstück die tatsächliche Gewalt hat, kann wegen eigenmächtiger Entziehung oder Störung des Besitzes Klage erheben.

9, 970 III, 973. Abs. 2: 926 ff.

III. Verantwortlichkeit

1. Gutgläubiger Besitzer

a) Nutzung

938 Wer eine Sache in gutem Glauben besitzt, wird dadurch, daß er sie einem vermuteten Rechte gemäß gebraucht und nutzt, dem Berechtigten nicht ersatzpflichtig.

Was hiebei untergeht oder Schaden leidet, braucht er nicht zu ersetzen.

3, 722, 934. BGE 84 II 378.

b) Ersatzforderungen

939 Verlangt der Berechtigte die Auslieferung der Sache, so kann der gutgläubige Besitzer für die notwendigen und nützlichen Verwendungen Ersatz beanspruchen und die Auslieferung bis zur Ersatzleistung verweigern.

Für andere Verwendungen kann er keinen Ersatz verlangen, darf aber, wenn ihm ein solcher nicht angeboten wird, vor der Rückgabe der Sache, was er verwendet hat, wieder wegnehmen, soweit dies ohne Beschädigung der Sache selbst geschehen kann.

Die vom Besitzer bezogenen Früchte sind auf die Forderung für die Verwendungen anzurechnen.

Abs. 1: 3. Abs. 3: 643.

2. Bösgläubiger Besitzer

940 Wer eine Sache in bösem Glauben besitzt, muß sie dem Berechtigten herausgeben und für allen durch die Vorenthaltung verursachten Schaden, sowie für die bezogenen oder versäumten Früchte Ersatz leisten.

Für Verwendungen hat er eine Forderung nur, wenn solche auch für den Berechtigten notwendig gewesen wären.

Solange der Besitzer nicht weiß, an wen er die Sache herausgeben soll, haftet er nur für den Schaden, den er verschuldet hat.

643, 934: BGE 79 II 61; 84 II 254; 120 II 191.

IV. Ersitzung

941 Der zur Ersitzung berechtigte Besitzer darf sich den Besitz seines Vorgängers anrechnen, insofern auch dessen Besitz zur Ersitzung tauglich gewesen ist.

661, 728.

Fünfundzwanzigster Titel
Das Grundbuch

A. Einrichtung

I. Bestand

1. Im allgemeinen

Über die Rechte an den Grundstücken wird ein Grundbuch geführt. **942**
 Das Grundbuch besteht aus dem Hauptbuch und den das Hauptbuch ergänzenden Plänen, Liegenschaftsverzeichnissen, Belegen, Liegenschaftsbeschreibungen und dem Tagebuche.
SchlT 43. Anh. V. OR 216 ff. SchiffsregisterG 1 ff., 31 ff. SeeschiffahrtG 37.

2. Aufnahme

a) Gegenstand

Als Grundstücke werden in das Grundbuch aufgenommen: **943**
 1. die Liegenschaften,
 2. die selbständigen und dauernden Rechte an Grundstücken,
 3. die Bergwerke,
 4. die Miteigentumsanteile an Grundstücken.
Über die Voraussetzungen und über die Art der Aufnahme der selbständigen und dauernden Rechte, der Bergwerke und der Miteigentumsanteile an Grundstücken setzt eine Verordnung des Bundesrates das Nähere fest.

b) Ausnahmen

Die nicht im Privateigentum stehenden und die dem öffentlichen **944** Gebrauche dienenden Grundstücke werden in das Grundbuch nur aufgenommen, wenn dingliche Rechte daran zur Eintragung gebracht werden sollen oder die Kantone deren Aufnahme vorschreiben.
 Verwandelt sich ein aufgenommenes Grundstück in ein solches, das nicht aufzunehmen ist, so wird es vom Grundbuch ausgeschlossen.
664.

3. Bücher

a) Hauptbuch

945 Jedes Grundstück erhält im Hauptbuch ein eigenes Blatt und eine eigene Nummer.

Das Verfahren, das bei Teilung eines Grundstückes oder bei Vereinigung mehrerer zu beobachten ist, wird durch eine Verordnung des Bundesrates festgelegt.

b) Grundbuchblatt

946 Auf jedem Blatt werden in besonderen Abteilungen eingetragen:
  1. das Eigentum,
  2. die Dienstbarkeiten und Grundlasten, die mit dem Grundstück verbunden sind, oder die darauf ruhen,
  3. die Pfandrechte, mit denen er belastet ist.

Die Zugehör wird auf Begehren des Eigentümers angemerkt und darf, wenn dies erfolgt ist, nur mit Zustimmung aller aus dem Grundbuche ersichtlichen Berechtigten gestrichen werden.

c) Kollektivblätter

947 Mit Einwilligung des Eigentümers können mehrere Grundstücke, auch wenn sie nicht unter sich zusammenhangen, auf ein einziges Blatt genommen werden.

Diese Eintragungen auf diesem Blatt gelten mit Ausnahme der Grunddienstbarkeiten für alle Grundstücke gemeinsam.

Der Eigentümer kann jederzeit die Ausscheidung einzelner Grundstücke aus einem Kollektivblatte verlangen, unter Vorbehalt der daran bestehenden Rechte.

d) Tagebuch, Belege

948 Die Anmeldungen zur Eintragung in das Grundbuch werden nach ihrer zeitlichen Reihenfolge ohne Aufschub in das Tagebuch eingeschrieben, unter Angabe der anmeldenden Person und ihres Begehrens.

Die Belege, auf deren Vorlegung hin die Eintragungen vorgenommen werden, sind zweckmäßig zu ordnen und aufzubewahren.

An die Stelle der Belege kann in den Kantonen, die eine öffentliche Beurkundung durch den Grundbuchverwalter vornehmen lassen, ein Urkundenprotokoll treten, dessen Einschreibungen die öffentliche Beurkundung herstellen.

BGE 112 II 322. Abs. 1: BGE 115 II 221.

4. Verordnungen

949 Der Bundesrat stellt die Formulare für das Grundbuch auf, erläßt die nötigen Verordnungen und kann zur Regelung des Grundbuchwesens die Führung von Hilfsregistern vorschreiben.

Die Kantone sind ermächtigt, über die Eintragung der dinglichen Rechte an Grundstücken, die dem kantonalen Rechte unterstellt bleiben, besondere Vorschriften aufzustellen, die jedoch zu ihrer Gültigkeit der Genehmigung des Bundesrates bedürfen.

Anhang V, VZG.

4bis. Andere technische Hilfsmittel

949a Der Bundesrat kann einen Kanton ermächtigen, das Grundbuch mit elektronischer Datenverarbeitung zu führen.

Der Bundesrat bestimmt die Voraussetzungen und legt die Anforderungen an eine solche Grundbuchführung fest.

5. Grundbuchpläne

950 Die Aufnahme und Beschreibung der einzelnen Grundstücke im Grundbuch erfolgt auf Grund eines Planes, der in der Regel auf einer amtlichen Vermessung beruht.

Der Bundesrat bestimmt, nach welchen Grundsätzen die Pläne anzulegen sind.

II. Grundbuchführung

1. Kreise

a) Zugehörigkeit

951 Zur Führung des Grundbuches werden Kreise gebildet.

Die Grundstücke werden in das Grundbuch des Kreises aufgenommen, in dem sie liegen.

b) Grundstücke in mehreren Kreisen

952 Liegt ein Grundstück in mehreren Kreisen, so ist es in jedem Kreise in das Grundbuch aufzunehmen, mit Verweisung auf das Grundbuch der übrigen Kreise.

Die Anmeldungen und rechtsbegründenden Eintragungen erfolgen in dem Grundbuche des Kreises, in dem der größere Teil des Grundstückes liegt.

Die Eintragungen in diesem Grundbuch sind den andern Ämtern vom Grundbuchverwalter mitzuteilen.

2. Grundbuchämter

953 Die Einrichtung der Grundbuchämter, die Umschreibung der Kreise, die Ernennung und Besoldung der Beamten, sowie die Ordnung der Aufsicht erfolgt durch die Kantone.

Die kantonalen Vorschriften, ausgenommen jene über die Ernennung und die Besoldung der Beamten, bedürfen der Genehmigung des Bundes.

3. Gebühren

954 Für die Eintragungen in das Grundbuch und für die damit verbundenen Vermessungsarbeiten dürfen die Kantone Gebühren erheben.

Für Eintragungen, die mit Bodenverbesserungen oder mit Bodenaustausch zum Zwecke der Abrundung landwirtschaftlicher Betriebe zusammenhangen, dürfen keine Gebühren erhoben werden.
BGE 82 I 284.

III. Grundbuchbeamte

1. Haftbarkeit

955 Die Kantone sind für allen Schaden verantwortlich, der aus der Führung des Grundbuches entsteht.

Sie haben Rückgriff auf die Beamten und Angestellten der Grundbuchverwaltung, sowie die Organe der unmittelbaren Aufsicht, denen ein Verschulden zur Last fällt.

Sie können von den Beamten und Angestellten Sicherstellung verlangen.
OR 61. Kausalhaftung: BGE 57 II 569. Abs. 1: BGE 110 II 37; 119 II 216 (Verjährung).

2. Aufsicht

956 Die Amtsführung des Grundbuchverwalters unterliegt einer regelmäßigen Aufsicht.

Beschwerden gegen seine Amtsführung und Anstände bezüglich der eingereichten oder einzureichenden Belege und Erklärungen werden, sofern nicht gerichtliche Anfechtung vorgesehen ist, von der kantonalen Aufsichtsbehörde entschieden.

Für die Weiterziehung dieser Entscheidungen an die Bundesbehörden wird eine besondere Regelung vorbehalten.
Anhang V 102 ff. 115. Zuständigkeit: BGE 86 I 120.

3. Ordnungsstrafen

957 Amtspflichtverletzungen der Beamten und Angestellten der Grundbuchverwaltung werden von der kantonalen Aufsichtsbehörde mit Ordnungsstrafe geahndet.

Die Ordnungsstrafe besteht in Verweis, in Buße bis zu tausend Franken und bei schweren Fällen in Amtsentsetzung.

Vorbehalten bleibt die strafgerichtliche Verfolgung.

Anhang V 115.

B. Eintragung

I. Grundbucheinträge

1. Eigentum und dingliche Rechte

958 In das Grundbuch werden folgende Rechte an Grundstücken eingetragen:
1. das Eigentum,
2. die Dienstbarkeiten und Grundlasten,
3. die Pfandrechte.

2. Vorbemerkungen

a) Persönliche Rechte

959 Persönliche Rechte können im Grundbuche vorgemerkt werden, wenn deren Vormerkung durch das Gesetz ausdrücklich vorgesehen ist, wie bei Vor- und Rückkauf, Kaufsrecht, Pacht und Miete.

Sie erhalten durch die Vormerkung Wirkung gegenüber jedem später erworbenen Rechte.

619, 683, 814 Al. 3. Anhang V 70, OR 216, 247, 260, 282. EGG 6ff. Wirkung: BGE 75 I 188; 83 II 14; 85 II 488; 102 III 20. Mietvertrag: BGE 119 II 16.

b) Verfügungsbeschränkungen

960 Verfügungsbeschränkungen können für einzelne Grundstücke vorgemerkt werden:

1. auf Grund einer amtlichen Anordnung zur Sicherung streitiger oder vollziehbarer Ansprüche,
2. auf Grund einer Pfändung, eines Konkurserkenntnisses oder einer Nachlaßstundung,
3. auf Grund eines Rechtsgeschäftes, für das diese Vormerkung im Gesetz vorgesehen ist, wie für die Heimstätten und die Anwartschaft des Nacherben.

Die Verfügungsbeschränkungen erhalten durch die Vormerkung Wirkung gegenüber jedem später erworbenen Rechte.
Anh. V 73f. Ziff. 1: BGE 104 II 170. Ziff. 3: 349f., 490. BGE 103 II 1.

c) Vorläufige Eintragung

961 Vorläufige Eintragungen können vorgemerkt werden:
  1. zur Sicherung behaupteter dinglicher Rechte,
  2. im Falle der vom Gesetze zugelassenen Ergänzung des Ausweises.

Sie geschehen mit Einwilligung aller Beteiligten oder auf Anordnung des Richters mit der Folge, daß das Recht für den Fall seiner spätern Feststellung vom Zeitpunkte der Vormerkung an dinglich wirksam wird.

Über das Begehren entscheidet der Richter in schnellem Verfahren und bewilligt, nachdem der Ansprecher seine Berechtigung glaubhaft gemacht hat, die Vormerkung, indem er deren Wirkung zeitlich und sachlich genau feststellt und nötigenfalls zur gerichtlichen Geltendmachung der Ansprüche eine Frist ansetzt.
Anhang V 22. 75f. Ziff. 2: 966 II. Abs. 3: BGE 112 II 496.

d) Eintragung nachgehender Rechte

961 a Eine Vormerkung hindert die Eintragung eines im Rang nachgehenden Rechts nicht.

II. Öffentlich-rechtliche Beschränkungen

962 Die Kantone können vorschreiben, daß öffentlich-rechtliche Beschränkungen, wie Baulinien und dergleichen, im Grundbuch anzumerken sind.

Diese Vorschriften bedürfen zu ihrer Gültigkeit der Genehmigung des Bundesrates.
680.

III. Voraussetzung der Eintragung

1. Anmeldungen

a) Bei Eintragungen

963 Die Eintragungen erfolgen auf Grund einer schriftlichen Erklärung des Eigentümers des Grundstückes, auf das sich die Verfügung bezieht.

Keiner Erklärung des Eigentümers bedarf es, wenn der Erwerber

3. Abteilung. Besitz und Grundbuch 964–967

sich auf eine Gesetzesvorschrift, auf ein rechtskräftiges Urteil oder eine dem Urteil gleichwertige Urkunde zu berufen vermag.

Die mit der öffentlichen Beurkundung beauftragten Beamten können durch die Kantone angewiesen werden, die von ihnen beurkundeten Geschäfte zur Eintragung anzumelden.

Abs. 3: SchlT 55. Anh. V 11 ff. Vormerkungen: BGE 86 I 129.

b) Bei Löschungen

964 Zur Löschung oder Abänderung eines Eintrages bedarf es einer schriftlichen Erklärung der aus dem Eintrage berechtigten Personen.

Diese Erklärung kann mit der Unterzeichnung im Tagebuch abgegeben werden.

Anh. V 61. Verzicht: BGE 69 II 228. Berechtigte: BGE 82 I 37.

2. Ausweise

a) Gültiger Ausweis

965 Grundbuchliche Verfügungen, wie Eintragung, Änderung, Löschung, dürfen in allen Fällen nur auf Grund eines Ausweises über das Verfügungsrecht und den Rechtsgrund vorgenommen werden.

Der Ausweis über das Verfügungsrecht liegt in dem Nachweise, daß der Gesuchsteller die nach Maßgabe des Grundbuches verfügungsberechtigte Person ist oder von dieser eine Vollmacht erhalten hat.

Der Ausweis über den Rechtsgrund liegt in dem Nachweise, daß die für dessen Gültigkeit erforderliche Form erfüllt ist.

BGE 112 II 26.

b) Ergänzung des Ausweises

966 Werden die Ausweise für eine grundbuchliche Verfügung nicht beigebracht, so ist die Anmeldung abzuweisen.

Wenn jedoch der Rechtsgrund hergestellt ist und es sich nur um eine Ergänzung des Ausweises über das Verfügungsrecht handelt, so kann mit Einwilligung des Eigentümers oder auf richterliche Verfügung eine vorläufige Eintragung stattfinden.

IV. Art der Eintragung

1. Im allgemeinen

967 Die Eintragungen im Hauptbuche finden nach der Reihenfolge statt, in der die Anmeldungen angebracht oder die Beurkundungen oder Erklärungen vor dem Grundbuchverwalter unterzeichnet worden sind.

Über alle Eintragungen wird den Beteiligten auf ihr Verlangen ein Auszug ausgefertigt.

Die Form der Eintragung und der Löschung, sowie der Auszüge wird durch eine Verordnung des Bundesrates festgestellt.

Abs. 1: 945. Abs. 2: 825. Anhang V 25 ff., 60 f.

2. Bei Dienstbarkeiten

968 Die Eintragung und Löschung der Grunddienstbarkeiten erfolgt auf dem Blatt des berechtigten und des belasteten Grundstückes.

V. Anzeigepflicht

969 Der Grundbuchverwalter hat den Beteiligten von den grundbuchlichen Verfügungen, die ohne ihr Wissen erfolgen, Anzeige zu machen; insbesondere teilt er den Berechtigten, deren Vorkaufsrecht im Grundbuch vorgemerkt ist oder von Gesetzes wegen besteht und aus dem Grundbuch hervorgeht, den Erwerb des Eigentums durch einen Dritten mit.

Die Fristen, die für die Anfechtung solcher Verfügungen aufgestellt sind, nehmen ihren Anfang mit der Zustellung dieser Anzeige.

Abs. 2, Fristen: BGE 56 II 172. Bundesbeschluß über... die Veröffentlichung von Eigentumsübertragungen von Grundstücken, SR 211.437.1.

C. Öffentlichkeit des Grundbuches

I. Auskunftserteilung und Einsichtnahme

970 Jedermann ist berechtigt, darüber Auskunft zu erhalten, wer als Eigentümer eines Grundstücks im Grundbuch eingetragen ist.

Wer ein Interesse glaubhaft macht, hat Anspruch darauf, daß ihm Einsicht in das Grundbuch gewährt oder daß ihm daraus ein Auszug erstellt wird.

Die Einwendung, daß jemand eine Grundbucheintragung nicht gekannt habe, ist ausgeschlossen.

Anhang V 105 ff. Abs. 2: 946, 948; BGE 59 I 253; 109 II 208; 111 II 48; 112 Ib 482; 117 II 151.

II. Veröffentlichungen

970a Die Kantone veröffentlichen innert angemessener Frist den Erwerb des Eigentums an Grundstücken. Der Erwerb durch Erbgang wird nicht veröffentlicht.

3. Abteilung. Besitz und Grundbuch 971–972

Die Veröffentlichung umfaßt:
a) die Nummer, die Fläche, die Art und die Ortsbezeichnung des Grundstücks sowie die Art der in der Liegenschaftsbeschreibung aufgeführten Gebäude;
b) die Namen und den Wohnort oder den Sitz der Personen, die das Eigentum veräußern, und derjenigen, die es erwerben;
c) das Datum des Eigentumerwerbs durch den Veräußerer;
d) bei Miteigentum den Anteil und bei Stockwerkeigentum die Wertquote.

Die Kantone können die Veröffentlichung weiterer Angaben, namentlich der Gegenleistung, vorsehen und auf die Veröffentlichung des Erwerbs kleiner Flächen sowie geringfügiger Anteile oder Wertquoten verzichten. Im Falle einer Erbteilung, eines Erbvorbezugs, eines Ehevertrags oder einer güterrechtlichen Auseinandersetzung dürfen nur die Angaben nach Absatz 2 veröffentlicht werden.

D. Wirkung

I. Bedeutung der Nichteintragung

Soweit für die Begründung eines dinglichen Rechtes die Eintragung **971** in das Grundbuch vorgesehen ist, besteht dieses Recht als dingliches nur, wenn es aus dem Grundbuche ersichtlich ist.

Im Rahmen des Eintrages kann der Inhalt eines Rechtes durch die Belege oder auf andere Weise nachgewiesen werden.

II. Bedeutung der Eintragung

1. Im allgemeinen

Die dinglichen Rechte entstehen und erhalten ihren Rang und ihr **972** Datum durch die Eintragung in das Hauptbuch.

Ihre Wirkung wird auf den Zeitpunkt der Einschreibung in das Tagebuch zurückbezogen, vorausgesetzt, daß die gesetzlichen Ausweise der Anmeldung beigefügt oder bei den vorläufigen Eintragungen nachträglich rechtzeitig beigebracht werden.

Wo nach kantonalem Recht die öffentliche Beurkundung durch den Grundbuchverwalter vermittelst Einschreibung in das Urkundenprotokoll erfolgt, tritt diese an die Stelle der Einschreibung in das Tagebuch.

9, 937; BGE 115 II 221. Abs. 2: Anhang V 26. Abs. 2: BGE 112 II 322. Abs. 3: 948 II.

2. Gegenüber gutgläubigen Dritten

973 Wer sich in gutem Glauben auf einen Eintrag im Grundbuch verlassen und daraufhin Eigentum oder andere dingliche Rechte erworben hat, ist in diesem Erwerbe zu schützen.

Diese Bestimmung gilt nicht für Grenzen von Grundstücken in den vom Kanton bezeichneten Gebieten mit Bodenverschiebungen.

3, 9, 665. Abs. 1: Umfang: BGE 44 II 467; 88 II 425. Beweis: BGE 42 III 246. Guter Glaube: BGE 82 II 112; 109 II 102.

3. Gegenüber bösgläubigen Dritten

974 Ist der Eintrag eines dinglichen Rechtes ungerechtfertigt, so kann sich der Dritte, der den Mangel kennt oder kennen sollte, auf den Eintrag nicht berufen.

Ungerechtfertigt ist der Eintrag, der ohne Rechtsgrund oder aus einem unverbindlichen Rechtsgeschäft erfolgt ist.

Wer durch einen solchen Eintrag in einem dinglichen Recht verletzt ist, kann sich unmittelbar gegenüber dem bösgläubigen Dritten auf die Mangelhaftigkeit des Eintrages berufen.

Sicherungsübereignung an Grundstücken: 717 Anm. Abs. 1: BGE 107 II 440.

E. Aufhebung und Veränderung der Einträge

I. Bei ungerechtfertigtem Eintrag

975 Ist der Eintrag eines dinglichen Rechtes ungerechtfertigt, oder ein richtiger Eintrag in ungerechtfertigter Weise gelöscht oder verändert worden, so kann jedermann, der dadurch in seinen dinglichen Rechten verletzt ist, auf Löschung oder Abänderung des Eintrages klagen.

Vorbehalten bleiben die von gutgläubigen Dritten durch Eintragung erworbenen dinglichen Rechte und die Ansprüche auf Schadenersatz.

Legitimation: BGE 84 II 192. Verjährung: BGE 50 II 121. Abs. 2: 973.

II. Bei Untergang des eingetragenen Rechtes

976 Hat eine Eintragung jede rechtliche Bedeutung verloren, so kann der Belastete deren Löschung verlangen; der Grundbuchverwalter kann die Löschung auch von Amtes wegen vornehmen.

Entspricht der Grundbuchverwalter dem Begehren oder nimmt er die Löschung von Amtes wegen vor, so teilt er dies den Beteiligten mit.

3. Abteilung. Besitz und Grundbuch

Wer durch die Löschung in seinen Rechten verletzt wird, kann auf Wiedereintragung klagen.

III. Berichtigungen

Berichtigungen darf der Grundbuchverwalter ohne schriftliche Einwilligung der Beteiligten nur auf Verfügung des Richters vornehmen.

Statt einer Berichtigung kann der unrichtige Eintrag gelöscht und ein neuer Eintrag erwirkt werden.

Die Berichtigung bloßer Schreibfehler erfolgt von Amtes wegen nach Maßgabe einer hierüber vom Bundesrate zu erlassenden Verordnung.

Anhang V 98 ff. BGE 117 II 43.

Schlußtitel
Anwendungs- und Einführungsbestimmungen

1. Abschnitt
Die Anwendung bisherigen und neuen Rechtes

A. Allgemeine Bestimmungen

I. Regel der Nichtrückwirkung

1 Die rechtlichen Wirkungen von Tatsachen, die vor dem Inkrafttreten dieses Gesetzes eingetreten sind, werden auch nachher gemäß den Bestimmungen des eidgenössischen oder kantonalen Rechtes beurteilt, die zur Zeit des Eintrittes dieser Tatsachen gegolten haben.

Demgemäß unterliegen die vor diesem Zeitpunkte vorgenommenen Handlungen in bezug auf ihre rechtliche Verbindlichkeit und ihre rechtlichen Folgen auch in Zukunft den bei ihrer Vornahme geltend gewesenen Bestimmungen.

Die nach diesem Zeitpunkte eingetretenen Tatsachen dagegen werden, soweit das Gesetz eine Ausnahme nicht vorgesehen hat, nach dem neuen Rechte beurteilt.

II. Rückwirkung

1. Öffentliche Ordnung und Sittlichkeit

2 Die Bestimmungen dieses Gesetzes, die um der öffentlichen Ordnung und Sittlichkeit willen aufgestellt sind, finden mit dessen Inkrafttreten auf alle Tatsachen Anwendung, soweit das Gesetz eine Ausnahme nicht vorgesehen hat.

Demgemäß finden Vorschriften des bisherigen Rechtes, die nach der Auffassung des neuen Rechtes der öffentlichen Ordnung oder Sittlichkeit widersprechen, nach dessen Inkrafttreten keine Anwendung mehr.

Ordre public: BGE 41 II 141; 45 II 46; 84 II 183.

2. Inhalt der Rechtsverhältnisse kraft Gesetzes

Rechtsverhältnisse, deren Inhalt unabhängig vom Willen der Beteiligten durch das Gesetz umschrieben wird, sind nach dem Inkrafttreten dieses Gesetzes nach dem neuen Rechte zu beurteilen, auch wenn sie vor diesem Zeitpunkte begründet worden sind.
Dienstbarkeit: BGE 64 II 411.

3. Nicht erworbene Rechte

Tatsachen, die zwar unter der Herrschaft des bisherigen Rechtes eingetreten sind, durch die aber zur Zeit des Inkrafttretens des neuen Rechtes ein rechtlich geschützter Anspruch nicht begründet gewesen ist, stehen nach diesem Zeitpunkt in bezug auf ihre Wirkung unter dem neuen Recht.

B. Personenrecht

I. Handlungsfähigkeit

Die Handlungsfähigkeit wird in allen Fällen nach den Bestimmungen dieses Gesetzes beurteilt.

Wer indessen nach dem bisherigen Rechte zur Zeit des Inkrafttretens dieses Gesetzes handlungsfähig gewesen ist, nach den Bestimmungen des neuen Rechtes aber nicht handlungsfähig wäre, wird auch nach diesem Zeitpunkte als handlungsfähig anerkannt.
12 ff.

II. Verschollenheit

Die Verschollenerklärung steht nach dem Inkrafttreten dieses Gesetzes unter den Bestimmungen des neuen Rechtes.

Die Todes- oder Abwesenheitserklärungen des bisherigen Rechtes haben nach dem Inkrafttreten dieses Gesetzes die gleichen Wirkungen wie die Verschollenerklärung des neuen Rechtes, wobei aber die vor diesem Zeitpunkte nach bisherigem Recht eingetretenen Folgen, wie Erbgang oder Auflösung der Ehe, bestehen bleiben.

Ein zur Zeit des Inkrafttretens des neuen Rechtes schwebendes Verfahren wird unter Anrechnung der abgelaufenen Zeit nach den Bestimmungen dieses Gesetzes neu begonnen oder auf Antrag der Beteiligten nach dem bisherigen Verfahren und unter Beobachtung der bisherigen Fristen zu Ende geführt.
Abs. 1: 35 ff.

III. Juristische Personen

7 Personenverbände und Anstalten oder Stiftungen, die unter dem bisherigen Recht die Persönlichkeit erlangt haben, behalten sie unter dem neuen Rechte bei, auch wenn sie nach dessen Bestimmungen die Persönlichkeit nicht erlangt hätten.

Die bereits bestehenden juristischen Personen, für deren Entstehung nach der Vorschrift dieses Gesetzes die Eintragung in das öffentliche Register erforderlich ist, müssen jedoch diese Eintragung, auch wenn sie nach dem bisherigen Rechte nicht vorgesehen war, binnen fünf Jahren nach dem Inkrafttreten des neuen Rechtes nachholen und werden nach Ablauf dieser Frist ohne Eintragung nicht mehr als juristische Personen anerkannt.

Der Inhalt der Persönlichkeit bestimmt sich für alle juristischen Personen, sobald dieses Gesetz in Kraft getreten ist, nach dem neuen Recht.

Abs. 1: 52 ff. Abs. 2: 52. Abs. 3: 53 ff., 64 ff., 83 ff.

C. Familienrecht

I. Eheschließung, Scheidung und Wirkungen der Ehe im allgemeinen

1. Grundsatz

8 Für die Eheschließung, die Scheidung und die Wirkungen der Ehe im allgemeinen gilt das neue Recht, sobald das Bundesgesetz vom 5. Oktober 1984 in Kraft getreten ist.

Eheschließungen und Ehescheidungen, die unter dem bisherigen Rechte rechtsgültig geworden sind, bleiben anerkannt.

Ehen, die nach dem bisherigen Recht nicht gültig wären, können, sobald das neue Recht in Kraft getreten ist, nur nach dessen Bestimmungen für ungültig erklärt werden, wobei jedoch die vor diesem Zeitpunkt abgelaufene Zeit bei den Fristbestimmungen angerechnet wird.

Artikel 120 Ziffer 4 dieses Gesetzes in der Fassung vom 29. September 1952 gilt weiterhin für Ehen, die vor Inkrafttreten der Änderung vom 23. März 1990 des Bundesgesetzes über Erwerb und Verlust des Schweizer Bürgerrechts geschlossen worden sind.

Abs. 1: 1. Jan. 1988. 90 ff., 137 ff., 159 ff. Abs. 3: 120 ff.

2. Name

Die Frau, die sich unter dem bisherigen Recht verheiratet hat, kann **8a** binnen Jahresfrist seit Inkrafttreten des neuen Rechts gegenüber dem Zivilstandsbeamten erklären, sie stelle den Namen, den sie vor der Heirat trug, dem Familiennamen voran.
BGE 115 II 193.

3. Bürgerrecht

Die Schweizerin, die sich unter dem bisherigen Recht verheiratet **8b** hat, kann binnen Jahresfrist seit Inkrafttreten des neuen Rechts gegenüber der zuständigen Behörde ihres ehemaligen Heimatkantons erklären, sie nehme das Bürgerrecht, das sie als ledig hatte, wieder an.
BGE 114 II 404; 116 II 657.

II. Güterrecht der vor 1. Januar 1912 geschlossenen Ehen

Für die güterrechtlichen Wirkungen der Ehen, die vor dem 1. Januar **9** 1912 geschlossen worden sind, gelten die an diesem Tag in Kraft getretenen Bestimmungen des Zivilgesetzbuches über die Anwendung bisherigen und neuen Rechts.

IIbis. Güterrecht der nach 1. Januar 1912 geschlossenen Ehen

1. Im allgemeinen

Für die Ehen, die beim Inkrafttreten des Bundesgesetzes vom 5. Ok- **9a** tober 1984 bestehen, gilt das neue Recht, soweit nichts anderes bestimmt ist.

Für die güterrechtlichen Wirkungen der Ehen, die vor Inkrafttreten des Bundesgesetzes vom 5. Oktober 1984 aufgelöst worden sind, gilt das bisherige Recht.
Abs. 1: 1. Jan. 1988.

2. Wechsel von der Güterverbindung zur Errungenschaftsbeteiligung

a) Änderung der Vermögensmassen

Für Ehegatten, die bisher unter dem Güterstand der Güterverbin- **9b** dung gestanden haben, gelten im Verhältnis untereinander und gegenüber Dritten die Vorschriften über die Errungenschaftsbeteiligung.

Die Vermögenswerte jedes Ehegatten werden sein Eigengut oder seine Errungenschaft gemäß den Vorschriften über die Errungenschaftsbeteiligung; durch Ehevertrag begründetes Sondergut wird Eigengut.

Die Frau nimmt ihr eingebrachtes Gut, das ins Eigentum des Mannes übergegangen ist, in ihr Eigentum zurück oder macht hierfür eine Ersatzforderung geltend.

b)   Vorrecht

9c Die bisherigen Bestimmungen über die Ersatzforderungen der Ehefrau für das eingebrachte und nicht mehr vorhandene Frauengut bei Konkurs und Pfändung von Vermögenswerten des Ehemannes bleiben nach Inkrafttreten des neuen Rechts noch zehn Jahre anwendbar.

Inkrafttreten: 1. Jan. 1988.

c)   Güterrechtliche Auseinandersetzung unter dem neuen Recht

9d Nach Inkrafttreten des neuen Rechts richtet sich die güterrechtliche Auseinandersetzung unter den Ehegatten für die ganze Dauer des früheren und des neuen ordentlichen Güterstandes nach den Vorschriften über die Errungenschaftsbeteiligung, es sei denn, die Ehegatten haben im Zeitpunkt des Inkrafttretens des neuen Rechts die güterrechtliche Auseinandersetzung nach den Bestimmungen über die Güterverbindung bereits abgeschlossen.

Vor Inkrafttreten des neuen Rechts kann jeder Ehegatte dem andern schriftlich bekanntgeben, daß der bisherige Güterstand der Güterverbindung nach den Bestimmungen des früheren Rechts aufgelöst werden müsse.

Wird der Güterstand aufgelöst, weil eine vor dem Inkrafttreten des neuen Rechts erhobene Klage gutgeheißen worden ist, so richtet sich die güterrechtliche Auseinandersetzung nach dem bisherigen Recht.

Abs. 2: Spätestens bis 31. Dez. 1987.

3.   Beibehaltung der Güterverbindung

9e Ehegatten, die unter dem ordentlichen Güterstand der Güterverbindung stehen, ohne diesen Güterstand eheverträglich geändert zu haben, können bis spätestens ein Jahr nach Inkrafttreten des neuen Rechts durch Einreichung einer gemeinsamen schriftlichen Erklärung beim Güterrechtsregisteramt an ihrem Wohnsitz vereinbaren, die Güterverbindung beizubehalten; das Güterrechtsregisteramt führt ein Verzeichnis der Beibehaltserklärungen, das jedermann einsehen kann.

Schlußtitel. Anwendungs- und Einführungsbestimmungen 9f–10b

Dritten kann der Güterstand nur entgegengehalten werden, wenn sie ihn kennen oder kennen sollten.

Für das Sondergut der Ehegatten gelten inskünftig die neuen Vorschriften über die Gütertrennung.

<small>Abs. 1: Also bis 31. Dez. 1988. Gesetzestext zur Güterverbindung s. Anh. IX. Güterrechtsregister: Anh. IV.</small>

4. Beibehaltung der gesetzlichen oder gerichtlichen Gütertrennung

Ist von Gesetzes wegen oder auf Anordnung des Richters Gütertrennung eingetreten, so gelten für die Ehegatten die neuen Bestimmungen über die Gütertrennung. **9f**

5. Ehevertrag

a) Im allgemeinen

Haben die Ehegatten nach den Bestimmungen des Zivilgesetzbuches einen Ehevertrag abgeschlossen, so gilt dieser Ehevertrag weiter, und ihr gesamter Güterstand bleibt unter Vorbehalt der Bestimmungen dieses Titels über das Sondergut, die Rechtskraft gegenüber Dritten und über die vertragliche Gütertrennung den bisherigen Bestimmungen unterstellt. **10**

Für das Sondergut der Ehegatten gelten inskünftig die neuen Vorschriften über die Gütertrennung.

Vereinbarungen über die Vor- und Rückschlagsbeteiligung bei der Güterverbindung dürfen die Pflichtteilsansprüche der nichtgemeinsamen Kinder und deren Nachkommen nicht beeinträchtigen.

<small>Abs. 3: BGE 115 II 321.</small>

b) Rechtskraft gegenüber Dritten

Dritten kann der Güterstand nur entgegengehalten werden, wenn sie ihn kennen oder kennen sollten. **10a**

Hat der Ehevertrag keine Rechtskraft gegenüber Dritten, so gelten im Verhältnis zu ihnen fortan die Bestimmungen über die Errungenschaftsbeteiligung.

c) Unterstellung unter das neue Recht

Ehegatten, die unter Güterverbindung stehen, diesen Güterstand aber ehevertraglich geändert haben, können bis spätestens ein Jahr nach Inkrafttreten des neuen Rechts durch Einreichung einer gemeinsamen schriftlichen Erklärung beim Güterrechtsregisteramt an **10b** ihrem Wohnsitz vereinbaren, ihre Rechtsverhältnisse dem neuen ordentlichen Güterstand der Errungenschaftsbeteiligung zu unterstellen.

In diesem Falle gilt die vertragliche Beteiligung am Vorschlag inskünftig für die Gesamtsumme des Vorschlages beider Ehegatten, sofern nicht durch Ehevertrag etwas anderes vereinbart wird.

Abs. 1: Also bis 31. Dez. 1988. Güterrechtsregister: Anh. IV.

d) *Vertragliche Gütertrennung nach bisherigem Recht*

10c Haben die Ehegatten unter dem bisherigen Recht Gütertrennung vereinbart, so gelten für sie inskünftig die neuen Bestimmungen über die Gütertrennung.

e) *Im Hinblick auf das Inkrafttreten des neuen Rechts abgeschlossene Eheverträge*

10d Eheverträge, die vor dem Inkrafttreten des Bundesgesetzes vom 5. Oktober 1984 geschlossen werden, aber erst unter dem neuen Recht ihre Wirkungen entfalten sollen, bedürfen nicht der Genehmigung der Vormundschaftsbehörde.

Inkrafttreten: 1. Jan. 1988.

f) *Güterrechtsregister*

10e Mit Inkrafttreten des Bundesgesetzes vom 5. Oktober 1984 werden keine neuen Eintragungen im Güterrechtsregister mehr vorgenommen.

Das Recht, ins Register Einsicht zu nehmen, bleibt gewahrt.

Güterrechtsregister: Anh. VI. Inkrafttreten: 1. Jan. 1988.

6. Tilgung von Schulden bei der güterrechtlichen Auseinandersetzung

11 Bereitet bei einer güterrechtlichen Auseinandersetzung im Zusammenhang mit dem Inkrafttreten des neuen Rechts die Zahlung von Geldschulden oder die Erstattung geschuldeter Sachen dem verpflichteten Ehegatten ernstliche Schwierigkeiten, so kann er verlangen, daß ihm Zahlungsfristen eingeräumt werden; die Forderung ist sicherzustellen, wenn es die Umstände rechtfertigen.

7. Schutz der Gläubiger

11a Ändert sich das eheliche Güterrecht mit dem Inkrafttreten des Bundesgesetzes vom 5. Oktober 1984, so gelten für die Haftung die Be-

stimmungen über den Schutz der Gläubiger bei Änderung des Güterstandes.
Inkrafttreten: 1. Jan. 1988.

III. Das Kindesverhältnis im allgemeinen

12 Entstehung und Wirkungen des Kindesverhältnisses stehen, sobald dieses Gesetz in Kraft getreten ist, unter dem neuen Recht; der Familienname und das Bürgerrecht, die nach bisherigem Recht erworben wurden, bleiben erhalten.

Befinden sich Kinder, die nach dem neuen Recht von Gesetzes wegen unter der elterlichen Gewalt stehen, bei seinem Inkrafttreten unter Vormundschaft, so tritt spätestens mit Ablauf eines Jahres nach diesem Zeitpunkt an deren Stelle die elterliche Gewalt, sofern nicht nach den Bestimmungen über die Entziehung der elterlichen Gewalt das Gegenteil angeordnet worden ist.

Eine unter dem bisherigen Recht durch behördliche Verfügung erfolgte Übertragung oder Entziehung der elterlichen Gewalt bleibt auch nach Inkrafttreten des neuen Rechts wirksam.

IIIbis. Adoption

1. Fortdauer des bisherigen Rechts

12a Die Adoption, die vor Inkrafttreten der neuen Bestimmungen des Bundesgesetzes vom 30. Juni 1972 über die Änderung des Zivilgesetzbuches ausgesprochen worden ist, steht weiterhin unter dem am 1. Januar 1912 in Kraft getretenen Recht; Zustimmungen, die nach diesem Recht gültig erteilt worden sind, bleiben in jedem Falle wirksam.

Personen, die beim Inkrafttreten des Bundesgesetzes vom 7. Oktober 1994 noch nicht 20 Jahre alt sind, können auch nach Eintritt der Mündigkeit noch nach den Bestimmungen über die Unmündigen adoptiert werden, sofern das Gesuch innerhalb von zwei Jahren seit Inkrafttreten des Bundesgesetzes und vor dem 20. Geburtstag eingereicht wird.
Inkrafttreten: Abs. 1: 1. April 1973; Abs. 2: ca. 1. Jan. 1995.

2. Unterstellung unter das neue Recht

12b Eine nach dem bisherigen Recht ausgesprochene Adoption einer unmündigen Person kann auf gemeinsames Begehren der Adoptiveltern und des Adoptivkindes binnen fünf Jahren nach Inkrafttreten der neuen Bestimmungen diesen unterstellt werden.

Der Eintritt der Mündigkeit des Adoptivkindes steht diesem Begehren nicht entgegen.

Anwendbar sind die neuen Bestimmungen über das Verfahren; die Zustimmung der Eltern ist nicht erforderlich.

3. Adoption mündiger oder entmündigter Personen

12c Eine mündige oder entmündigte Person kann nach den neuen Bestimmungen über die Adoption Unmündiger adoptiert werden, wenn das bisherige Recht die Adoption während ihrer Unmündigkeit nicht zugelassen hat, die Voraussetzungen des neuen Rechts aber damals erfüllt gewesen wären.

Die Vorschriften des bisherigen und des neuen Rechts über die Zustimmung der Eltern zur Adoption Unmündiger finden jedoch keine Anwendung.

Das Gesuch ist binnen fünf Jahren seit Inkrafttreten der neuen Bestimmungen zu stellen.

IIIter. Anfechtung der Ehelicherklärung

12d Für die Anfechtung einer unter dem bisherigen Recht erfolgten Ehelicherklärung gelten sinngemäß die Bestimmungen des neuen Rechts über die Anfechtung einer Anerkennung nach der Heirat der Eltern.

IV. Vaterschaftsklage

1. Hängige Klagen

13 Eine beim Inkrafttreten des neuen Rechts hängige Klage wird nach dem neuen Recht beurteilt.

Die Wirkungen bis zum Inkrafttreten des neuen Rechts bestimmen sich nach dem bisherigen Recht.

2. Neue Klagen

13a Ist vor Inkrafttreten des neuen Rechts durch gerichtliche Entscheidung oder durch Vertrag eine Verpflichtung des Vaters zu Vermögensleistungen begründet worden und hat das Kind beim Inkrafttreten des neuen Rechts das zehnte Altersjahr noch nicht vollendet, so kann es binnen zwei Jahren nach den Bestimmungen des neuen Rechts auf Feststellung des Kindesverhältnisses klagen.

Beweist der Beklagte, daß seine Vaterschaft ausgeschlossen oder weniger wahrscheinlich ist als diejenige eines Dritten, so erlischt der Anspruch auf künftigen Unterhalt.

Schlußtitel. Anwendungs- und Einführungsbestimmungen **13b–15**

IVbis. Frist für die Feststellung und die Anfechtung des Kindesverhältnisses

Wer durch das Inkrafttreten des Bundesgesetzes vom 7. Oktober **13b**
1994 mündig wird, kann in jedem Fall noch während eines Jahres
eine Klage auf Feststellung oder Anfechtung des Kindesverhältnisses einreichen.
Inkrafttreten: ca. 1. Jan. 1995.

IVter. Unterhaltsbeiträge

Unterhaltsbeiträge, die vor dem Inkrafttreten des Bundesgesetzes **13c**
vom 7. Oktober 1994 bis zur Mündigkeit festgelegt worden sind, werden bis zur Vollendung des 20. Altersjahres geschuldet.
Inkrafttreten: ca. 1. Jan. 1995.

V. Vormundschaft

Die Vormundschaft steht, sobald dieses Gesetz in Kraft getreten ist, **14**
unter den Bestimmungen des neuen Rechtes.

Eine vor diesem Zeitpunkt eingetretene Bevormundung bleibt
bestehen, ist aber durch die vormundschaftlichen Behörden mit dem
neuen Rechte in Einklang zu bringen.

Bevormundungen, die nach bisherigem Rechte eingetreten sind,
nach dem neuen Rechte aber nicht zulässig sein würden, sind aufzuheben, bleiben aber bis zum Zeitpunkte der Aufhebung in Kraft.
Abs. 1: 360&ff.

VI. Fürsorgerische Freiheitsentziehung

Sobald die Gesetzesänderung vom 6. Oktober 1978 in Kraft ist, steht **14a**
die fürsorgerische Freiheitsentziehung unter dem neuen Recht.

Wer sich zu diesem Zeitpunkt in einer Anstalt befindet, ist binnen
eines Monats über sein Recht, den Richter anzurufen, zu unterrichten.
Abs. 1: Inkrafttreten: 1. Januar 1981.

D. Erbrecht

I. Erbe und Erbgang

Die erbrechtlichen Verhältnisse und die mit ihnen nach kantonalem **15**
Rechte untrennbar verknüpften güterrechtlichen Wirkungen des
Todes eines Vaters, einer Mutter oder eines Ehegatten werden,

wenn der Erblasser vor dem Inkrafttreten dieses Gesetzes gestorben ist, auch nach diesem Zeitpunkt durch das bisherige Recht bestimmt.

Diese Vorschrift bezieht sich sowohl auf die Erben als auf den Erbgang.

Umfang: BGE 43 II 150. Abs. 2: 457 ff., 537 ff.

II. Verfügung von Todes wegen

16 Eine vor dem Inkrafttreten dieses Gesetzes erfolgte Errichtung oder Aufhebung einer Verfügung von Todes wegen kann, wenn sie nach dem Rechte, das zur Zeit ihrer Errichtung gegolten hat, von einem verfügungsfähigen Erblasser errichtet worden ist, nicht deshalb angefochten werden, weil der Erblasser nach dem Inkrafttreten des neuen Rechtes gestorben ist und nach dessen Bestimmungen nicht verfügungsfähig gewesen wäre.

Eine letztwillige Verfügung kann wegen eines Formmangels nicht angefochten werden, wenn die Formvorschriften beobachtet sind, die zur Zeit der Errichtung oder des Todes gegolten haben.

Die Anfechtung wegen Überschreitung der Verfügungsfreiheit oder wegen der Art der Verfügung richtet sich bei allen Verfügungen von Todes wegen nach den Bestimmungen des neuen Rechtes, wenn der Erblasser nach dessen Inkrafttreten gestorben ist.

Abs. 1: 67 f. Abs. 3: 470 ff., 481 ff., 519 ff.

E. Sachenrecht

I. Dingliche Rechte im allgemeinen

17 Die beim Inkrafttreten dieses Gesetzes bestehenden dinglichen Rechte bleiben unter Vorbehalt der Vorschriften über das Grundbuch auch unter dem neuen Rechte anerkannt.

In bezug auf ihren Inhalt stehen jedoch das Eigentum und die beschränkten dinglichen Rechte nach dem Inkrafttreten des Gesetzes, soweit es eine Ausnahme nicht vorsieht, unter dem neuen Rechte.

Wäre ihre Errichtung nach dem neuen Rechte nicht mehr möglich, so bleiben sie unter dem bisherigen Recht.

Stockwerkeigentum: BGE 75 II 134. SchlT Art. 45.

II. Anspruch auf Eintragung im Grundbuch

18 Die vor dem Inkrafttreten dieses Gesetzes begründeten Ansprüche auf Errichtung eines dinglichen Rechtes werden als rechtskräftig an-

Schlußtitel. Anwendungs- und Einführungsbestimmungen 19–20ter

erkannt, wenn sie der Form des bisherigen oder des neuen Rechtes entsprechen.

Die Verordnung betreffend Grundbuchführung bestimmt, welche Ausweise für die Eintragung solcher Ansprüche erforderlich sind.

Der vor dem Inkrafttreten dieses Gesetzes durch Rechtsgeschäft festgesetzte Inhalt eines dinglichen Verhältnisses bleibt auch unter dem neuen Recht anerkannt, soweit er nicht mit diesem unverträglich ist.

Abs. 2: Anhang V 113. Abs. 3: 816, 894. BGE 70 II 44.

III. Ersitzung

Die Ersitzung richtet sich von dem Inkrafttreten dieses Gesetzes an nach dem neuen Rechte. **19**

Hat jedoch eine Ersitzung, die auch dem neuen Rechte entspricht, unter dem bisherigen Rechte begonnen, so wird die bis zum Inkrafttreten dieses Gesetzes abgelaufene Zeit an die Ersitzungsfrist verhältnismäßig angerechnet.

Abs. 1: 622f., 728, 731, 941.

IV. Besondere Eigentumsrechte

1. Bäume auf fremdem Boden

Die bestehenden Eigentumsrechte an Bäumen auf fremdem Boden werden auch weiterhin nach kantonalem Rechte anerkannt. **20**

Die Kantone sind befugt, diese Verhältnisse zu beschränken oder aufzuheben.

678.

2. Stockwerkeigentum

a) Ursprüngliches

Das vom früheren kantonalen Recht beherrschte Stockwerkeigentum ist den neuen Vorschriften dieses Gesetzes unterstellt, auch wenn die Stockwerke oder Stockwerkteile nicht als Wohnungen oder Geschäftsraumeinheiten in sich abgeschlossen sind. **20bis**

BGE 116 II 63.

b) Umgewandeltes

Die Kantone können auch Stockwerkeigentum, das in Formen des am 1. Januar 1912 in Kraft getretenen Rechtes in das Grundbuch ein- **20ter** getragen worden ist, den neuen Vorschriften über das Stockwerkeigentum unterstellen.

Die Unterstellung wird wirksam mit der entsprechenden Änderung der Einträge im Grundbuch.

c)   Bereinigung der Grundbücher

20^quater Die Kantone können zur Durchführung der Unterstellung des umgewandelten Stockwerkeigentums unter die neuen Vorschriften und zur Eintragung des bestehenden eigentlichen Stockwerkeigentums die Bereinigung der Grundbücher anordnen und dafür besondere Verfahrensvorschriften erlassen.

V.   Grunddienstbarkeiten

21 Die vor dem Inkrafttreten dieses Gesetzes entstandenen Grunddienstbarkeiten bleiben nach der Einführung des Grundbuches auch ohne Eintragung in Kraft, können aber, solange sie nicht eingetragen sind, gutgläubigen Dritten gegenüber nicht geltend gemacht werden.

730 ff., 971. BGE 82 II 110.

VI.   Grundpfandrechte

1.   Anerkennung der bestehenden Pfandtitel

22 Die zur Zeit des Inkrafttretens dieses Gesetzes bestehenden Pfandtitel bleiben in Kraft, ohne daß deren Anpassung an das neue Recht zu erfolgen hat.

Den Kantonen bleibt es jedoch vorbehalten, eine Neuausfertigung der bestehenden Pfandtitel auf der Grundlage des neuen Rechtes mit bestimmten Fristen vorzuschreiben.

Abs. 2: 825, 856 ff.

2.   Errichtung von Pfandrechten

23 Neue Grundpfandrechte können nach dem Inkrafttreten dieses Gesetzes nur noch in den von diesen anerkannten Arten errichtet werden.

Für deren Errichtung bleiben bis zur Einführung des Grundbuches die bisherigen kantonal-rechtlichen Formen in Kraft.

Abs. 1: 793 II.

3. Tilgung von Titeln

Die Tilgung und Umänderung der Titel, die Pfandentlassung und **24** dergleichen stehen nach dem Inkrafttreten des neuen Rechtes unter dessen Vorschriften.

Bis zur Einführung des Grundbuches bestimmen sich jedoch die Formen nach kantonalem Rechte.

Abs. 1: 870 ff.

4. Umfang der Pfandhaft

Der Umfang der Pfandhaft bestimmt sich für alle Grundpfandrechte **25** nach dem neuen Rechte.

Hat jedoch der Gläubiger vermöge besonderer Abrede gewisse Gegenstände in rechtsgültiger Weise mit dem Grundstück verpfändet erhalten, so bleibt das Pfandrecht an diesen in Kraft, auch wenn sie nach dem neuen Rechte nicht mitverpfändet sein würden.

Abs. 1: 805 ff.

5. Rechte und Pflichten aus dem Grundpfand

a) Im allgemeinen

Die Rechte und Pflichten des Gläubigers und des Schuldners beur- **26** teilen sich, soweit es sich um Vertragsabwicklungen handelt, für die zur Zeit des Inkrafttretens dieses Gesetzes vorhandenen Pfandrechte nach dem bisherigen Rechte.

In bezug auf die von Gesetzes wegen eintretenden und vertraglich nicht abzuändernden Wirkungen gilt von diesem Zeitpunkte an auch für die schon bestehenden Pfandrechte das neue Recht.

Erstreckt sich das Pfandrecht auf mehrere Grundstücke, so bleibt die Pfandhaft nach bisherigem Rechte bestehen.

b) Sicherungsrechte

Die Rechte des Pfandgläubigers während des bestehenden Verhält- **27** nisses, wie namentlich die Sicherungsrechte, und ebenso die Rechte des Schuldners stehen für alle Pfandrechte vom Zeitpunkte des Inkrafttretens dieses Gesetzes an unter dem neuen Recht.

808 ff., 812, 816 ff., 853.

c) Kündigung, Übertragung

Die Kündbarkeit der Pfandforderungen und die Übertragung der **28** Pfandtitel werden bei den Pfandrechten, die zur Zeit des Inkrafttretens dieses Gesetzes bereits errichtet sind, nach dem bisherigen

Rechte beurteilt, unter Vorbehalt der zwingenden Vorschriften des neuen Rechtes.

788, 803.

6. Rang

29 Der Rang der Pfandrechte bestimmt sich bis zur Aufnahme der Grundstücke in das Grundbuch nach bisherigem Rechte.

Vom Zeitpunkte der Einführung des Grundbuches an richtet sich der Rang der Gläubiger nach dem Grundbuchrechte dieses Gesetzes.

972.

7. Pfandstelle

30 In bezug auf die feste Pfandstelle oder ein Recht des Gläubigers auf Ein- oder Nachrücken gilt mit der Einführung des Grundbuches und jedenfalls nach Ablauf von fünf Jahren seit dem Inkrafttreten dieses Gesetzes das neue Recht, unter Vorbehalt der für den Gläubiger bestehenden besondern Ansprüche.

Die Kantone können weitere Übergangsbestimmungen aufstellen.

Abs. 1: 813ff.

8. Einschränkung nach dem Schätzungswert

a) Im allgemeinen

31 Die Vorschriften dieses Gesetzes über die Beschränkung der Errichtung von Pfandrechten nach dem Schätzungswerte der Pfandsache finden nur auf die künftig zu errichtenden Grundpfandrechte Anwendung.

Pfandstellen, die unter dem bisherigen Rechte in gültiger Weise belastet worden sind, bleiben unter dem neuen bis zu ihrer Löschung gewahrt, und es können die bestehenden Pfandrechte auf diesen Pfandstellen erneuert werden ohne Rücksicht auf die beschränkenden Vorschriften des neuen Rechtes.

843, 848.

b) Fortdauer des bisherigen Rechtes

32 Die Vorschriften des bisherigen Rechtes über die Belastungsgrenze bleiben für die Errichtung von Schuldbriefen in Kraft, solange die Kantone nicht neue Bestimmungen darüber aufstellen.

Außerdem bleiben sie bis zu ihrer Aufhebung durch die Kantone auch in Anwendung für die Errichtung vertragsmäßiger Grundpfandverschreibungen auf ländlichen Grundstücken.

843.

Schlußtitel. Anwendungs- und Einführungsbestimmungen 33–36

9. Gleichstellung bisheriger Pfandarten mit solchen des neuen Rechtes

Die kantonalen Einführungsgesetze können feststellen, daß im allgemeinen oder in bestimmter Beziehung eine Grundpfandart des bisherigen Rechtes einer solchen des neuen Rechtes gleichzuhalten sei. **33**

Soweit dies geschieht, finden die Bestimmungen dieses Gesetzes mit dessen Inkrafttreten auch Anwendung auf solche kantonale Pfandrechte.

VII. Fahrnispfandrechte

1. Formvorschriften

Fahrnispfandrechte können vom Zeitpunkt des Inkrafttretens dieses Gesetzes an nur in den von diesem vorgesehenen Formen errichtet werden. **34**

Soweit vor diesem Zeitpunkt ein Fahrnispfand in anderer Form errichtet worden ist, erlischt es mit Ablauf von sechs Monaten, die bei Fälligkeit der Forderung mit dem Inkrafttreten des neuen Rechtes und bei späterer Fälligkeit mit deren Eintritt oder mit dem Zeitpunkte zu laufen beginnen, auf den die Kündigung zulässig ist.
884ff.

2. Wirkung

Die Wirkungen des Fahrnispfandrechtes, die Rechte und Pflichten des Pfandgläubigers, des Verpfänders und des Pfandschuldners richten sich vom Zeitpunkte des Inkrafttretens dieses Gesetzes an nach dem neuen Rechte, auch wenn das Pfandrecht schon vorher entstanden ist. **35**

Ein vor dem Inkrafttreten dieses Gesetzes geschlossener Verfallsvertrag verliert mit diesem Zeitpunkte seine Gültigkeit.
891&ff., 904&ff., 910&ff.

VIII. Retentionsrecht

Das Retentionsrecht dieses Gesetzes erstreckt sich auch auf solche Sachen, die vor dessen Inkrafttreten in die Verfügungsgewalt des Gläubigers gekommen sind. **36**

Es steht dem Gläubiger auch für solche Forderungen zu, die vor diesem Zeitpunkt entstanden sind.

Früher entstandene Retentionsrechte unterliegen bezüglich ihrer Wirksamkeit den Bestimmungen dieses Gesetzes.
895&ff.

IX. Besitz

37 Der Besitz steht mit dem Inkrafttreten dieses Gesetzes unter dem neuen Rechte.
919ff.

X. Grundbuch

1. Anlegung des Grundbuches

38 Der Bundesrat wird nach Verständigung mit den Kantonen den allgemeinen Plan über die Anlegung des Grundbuches und die Vermessung festsetzen.

Die bereits vorhandenen grundbuchlichen Einrichtungen und Vermessungswerke sollen, soweit möglich, als Bestandteile der neuen Grundbuchordnung beibehalten werden.
950.

2. Vermessung

a) Kosten

39 Die Kosten der Vermessung sind in der Hauptsache vom Bunde zu tragen.

Diese Bestimmung findet auf alle Vermessungen mit Beginn des Jahres 1907 Anwendung.

Die nähere Ordnung der Kostentragung wird endgültig durch die Bundesversammlung aufgestellt.

b) Verhältnis zum Grundbuch

40 In der Regel soll die Vermessung der Anlegung des Grundbuches vorangehen.

Mit Einwilligung des Bundesrates kann jedoch das Grundbuch schon vorher angelegt werden, wenn genügende Liegenschaftsverzeichnisse vorhanden sind.
Abs. 1: 950. Abs. 2: 942.

c) Zeit der Durchführung

41 In bezug auf die Zeit der Vermessung ist auf die Verhältnisse der Kantone und auf das Interesse der verschiedenen Gebiete angemessene Rücksicht zu nehmen.

Die Vermessung und die Einführung des Grundbuches kann für die einzelnen Bezirke eines Kantons nacheinander erfolgen.

d) Art der Vermessung

Der Bundesrat hat die Art der Vermessung nach Anhörung der Kantone für die einzelnen Gebiete festzustellen. **42**

Über Gebiete, für die eine genauere Vermessung nicht erforderlich ist, wie Wälder und Weiden von beträchtlicher Ausdehnung, soll eine vereinfachte Planaufnahme angeordnet werden.

3. Eintragung der dinglichen Rechte

a) Verfahren

Bei der Einführung des Grundbuches sollen die dinglichen Rechte, die bereits bestehen, zur Eintragung gebracht werden. **43**

Zu diesem Zwecke ist eine öffentliche Aufforderung zur Anmeldung und Eintragung dieser Rechte zu erlassen.

Die nach bisherigem Rechte in öffentlichen Büchern eingetragenen dinglichen Rechte werden, soweit sie nach neuem Rechte begründet werden können, von Amtes wegen in das Grundbuch eingetragen.

Abs. 1: 958. Abs. 3: SchlT 17 III.

b) Folge der Nichteintragung

Die dinglichen Rechte des bisherigen Rechtes, die nicht eingetragen werden, behalten zwar ihre Gültigkeit, können aber Dritten, die sich in gutem Glauben auf das Grundbuch verlassen, nicht entgegengehalten werden. **44**

Der Gesetzgebung des Bundes oder der Kantone bleibt es vorbehalten, alle im Grundbuche nicht eingetragenen dinglichen Rechte auf einen bestimmten Zeitpunkt nach vorausgehender Auskündung für aufgehoben zu erklären.

4. Behandlung aufgehobener Rechte

Dingliche Rechte, die nach dem Grundbuchrecht nicht mehr begründet werden können, wie Eigentum an Bäumen auf fremdem Boden, Nutzungspfandrechte und dergleichen, werden im Grundbuche nicht eingetragen, sind aber in zweckdienlicher Weise anzumerken. **45**

Sind sie aus irgendwelchem Grunde untergegangen, so können sie nicht neu begründet werden.

958. Oben Art. 17, 20bis ff. Dingliches Recht: BGE 85 II 617.

5. Verschiebung der Einführung des Grundbuches

46 Die Einführung des Grundbuches nach den Vorschriften dieses Gesetzes kann mit Ermächtigung des Bundesrates durch die Kantone verschoben werden, sobald die kantonalen Formvorschriften, mit oder ohne Ergänzungen, als genügend erscheinen, um die Wirkung des Grundbuches im Sinne des neuen Rechtes zu gewährleisten.

Dabei ist genau festzustellen, mit welchen Formen des kantonalen Rechtes die vom neuen Rechte angeordneten Wirkungen verbunden sein sollen.

971&ff.

6. Einführung des Sachenrechtes vor dem Grundbuch

47 Das Sachenrecht dieses Gesetzes tritt im allgemeinen in Kraft, auch ohne daß die Grundbücher angelegt worden sind.

7. Wirkung kantonaler Formen

48 Die Kantone können mit dem Inkrafttreten des Sachenrechtes und vor der Einführung des Grundbuches die Formen, wie Fertigung, Eintragung im Grund-, Pfand- und Servitutenregister, bezeichnen, denen sofort Grundbuchwirkung zukommen soll.

Diese Formen können mit der Wirkung ausgestattet werden, daß auch ohne und vor Einführung des Grundbuches in bezug auf Entstehung, Übertragung, Umänderung und Untergang der dinglichen Rechte die Grundbuchwirkung mit ihnen verbunden ist.

Dagegen besteht, solange nicht das Grundbuch selbst eingeführt oder eine andere Einrichtung ihm gleichgestellt ist, eine Grundbuchwirkung zugunsten des gutgläubigen Dritten nicht.

Abs. 1: 911 ff. Abs. 3: 973.

F. Verjährung

49 Wo eine Verjährung von fünf oder mehr Jahren neu eingeführt ist, wird der abgelaufene Zeitraum einer vor dem Inkrafttreten dieses Gesetzes begonnenen Verjährung angerechnet, wobei jedoch zur Vollendung der Verjährung noch mindestens zwei Jahre seit diesem Zeitpunkte ablaufen müssen.

Kürzere, durch dieses Gesetz bestimmte Fristen der Verjährung oder der Verwirkung fangen erst mit dem Inkrafttreten dieses Gesetzes zu laufen an.

Im übrigen gelten für die Verjährung von diesem Zeitpunkte an die Bestimmungen des neuen Rechtes.

Abs. 3: OR 127 ff. BGE 66 II 161.

G. Vertragsformen

50 Verträge, die vor dem Inkrafttreten dieses Gesetzes abgeschlossen worden sind, behalten ihre Gültigkeit, auch wenn ihre Form den Vorschriften des neuen Rechtes nicht entspricht.

OR 11&ff.

2. Abschnitt
Einführungs- und Übergangsbestimmungen

A. Aufhebung des kantonalen Zivilrechtes

51 Mit dem Inkrafttreten dieses Gesetzes sind die zivilrechtlichen Bestimmungen der Kantone aufgehoben, soweit nicht bundesrechtlich etwas anderes vorgesehen ist.

5, 6, 472, 659, 795.

B. Ergänzende kantonale Anordnungen

I. Recht und Pflicht der Kantone

52 Die Kantone treffen die zur Ergänzung dieses Gesetzes vorgesehenen Anordnungen, wie namentlich in bezug auf die Zuständigkeit der Behörden und die Einrichtung der Zivilstands-, Vormundschafts- und Grundbuchämter.

Soweit das neue Recht zu seiner Ausführung notwendig der Ergänzung durch kantonale Anordnungen bedarf, sind die Kantone verpflichtet, solche aufzustellen, und können sie vorläufig auf dem Verordnungswege erlassen.

Die kantonalen Anordnungen zum Verwandtschafts-, Vormundschafts- und Registerrecht sowie über die Errichtung öffentlicher Urkunden bedürfen der Genehmigung des Bundes.

Kantonale Anordnungen zu den übrigen Bestimmungen des Zivilgesetzbuches bedürfen nur dann einer Genehmigung, wenn sie im Anschluß an eine Änderung des Bundesrechts erlassen werden.

40, 361, 376, 425, 434, 953.

II. Ersatzverordnungen des Bundes

53 Hat ein Kanton die notwendigen Anordnungen nicht rechtzeitig getroffen, so erläßt der Bundesrat vorläufig die erforderlichen Verordnungen an Stelle des Kantons unter Anzeige an die Bundesversammlung.

Macht ein Kanton in einer Sache, die einer ergänzenden Verordnung nicht notwendig bedarf, von seiner Befugnis keinen Gebrauch, so verbleibt es bei den Vorschriften dieses Gesetzes.

Abs. 1: BV 84 Ziff. 8. Abs. 2: 376, 423, 552, 609, 616.

C. Bezeichnung der zuständigen Behörden

54 Wo dieses Gesetz von einer zuständigen Behörde spricht, bestimmen die Kantone, welche bereits vorhandene oder erst zu schaffende Behörde zuständig sein soll.

Wo das Gesetz nicht ausdrücklich entweder vom Richter oder von einer Verwaltungsbehörde spricht, können die Kantone entweder eine richterliche oder eine Verwaltungsbehörde als zuständig bezeichnen.

Das Verfahren vor der zuständigen Behörde ordnen die Kantone.

D. Öffentliche Beurkundung

55 Die Kantone bestimmen, in welcher Weise auf ihrem Gebiete die öffentliche Beurkundung hergestellt wird.

Sie haben für die Errichtung von öffentlichen Urkunden in fremder Sprache ordnende Bestimmungen aufzustellen.

Abs. 1: BGE 47 II 383; 73 I 370; 84 II 640.

E. Wasserrechtsverleihungen

56 Bis zum Erlaß einer bundesrechtlichen Ordnung gilt für die Wasserrechtsverleihungen folgende Bestimmung:

Die Wasserrechtsverleihungen an öffentlichen Gewässern können, sobald sie auf wenigstens dreißig Jahre oder auf unbestimmte Zeit ausgestellt und nicht als Dienstbarkeit mit einem herrschenden Grundstück verbunden sind, als selbständige und dauernde Rechte in das Grundbuch aufgenommen werden.

Anhang V 8. Art. 59 des BG vom 22. Dezember 1916 über die Nutzbarmachung der Wasserkräfte, SR 721.80. Abs. 2: 781, 655, 943.

Schlußtitel. Anwendungs- und Einführungsbestimmungen

F. Sicherung der Sparkasseneinlagen

Aufgehoben durch BG über die Banken und Sparkassen vom 8. November 1934, Art. 53, Abs. 1, lit b.

Art. 57

J. Schuldbetreibung und Konkurs

Durch die UeB (Ziff. 1) zum Obligationenrecht vom 30. März 1911 wurden die ursprünglichen Art. 58 und 59 aufgehoben. Die ursprünglichen Art. 60 und 61 wurden zu Art. 58 und 59.

Das Bundesgesetz über Schuldbetreibung und Konkurs vom 11. April 1889 wird mit dem Inkrafttreten dieses Gesetzes abgeändert wie folgt: ...

Art. 58

K. Anwendung schweizerischen und fremden Rechtes

(Obsolet durch IPRG)

Art. 59

L. Aufhebung von Bundeszivilrecht

Mit dem Inkrafttreten dieses Gesetzes sind die damit im Widerspruch stehenden zivilrechtlichen Bestimmungen des Bundes aufgehoben.

Art. 60

Insbesondere sind aufgehoben:

Das Bundesgesetz betreffend Feststellung und Beurkundung des Zivilstandes und die Ehe, vom 24. Dezember 1874.

Das Bundesgesetz betreffend die persönliche Handlungsfähigkeit, vom 22. Juni 1881.

Das Bundesgesetz über das Obligationenrecht, vom 14. Juni 1881.

In Geltung bleiben die Spezialgesetze betreffend das Eisenbahn-, Dampfschiff-, Post-, Telegraphen- und Telephonrecht, die Verpfändung und Zwangsliquidation der Eisenbahnen, diejenigen betreffend die Fabrikarbeit und die Haftbarkeit aus Fabrikbetrieb und aus andern Unternehmungen, sowie alle Bundesgesetze über Gegenstände des Obligationenrechts, die neben dem Bundesgesetz über das Obligationenrecht erlassen worden sind.

M. Schlußbestimmung

61 Dieses Gesetz tritt mit dem 1. Januar 1912 in Kraft.

Der Bundesrat ist unter Zustimmung der Bundesversammlung befugt, einzelne Bestimmungen schon früher in Kraft zu setzen.

Anhang

Anhang I

Bundesgesetz
über das Internationale Privatrecht (IPRG)

(vom 18. Dezember 1987, SR 291; Auszug)

1. Kapitel
Gemeinsame Bestimmungen

1. Abschnitt
Geltungsbereich

Dieses Gesetz regelt im internationalen Verhältnis: **1**
a) die Zuständigkeit der schweizerischen Gerichte oder Behörden;
b) das anzuwendende Recht;
c) die Voraussetzungen der Anerkennung und Vollstreckung ausländischer Entscheidungen;
d) den Konkurs und den Nachlaßvertrag;
e) die Schiedsgerichtsbarkeit.
Völkerrechtliche Verträge sind vorbehalten.
Abs. 2: BGE 116 II 9.

2. Abschnitt
Zuständigkeit

I. Im allgemeinen

Sieht dieses Gesetz keine besondere Zuständigkeit vor, so sind die **2** schweizerischen Gerichte oder Behörden am Wohnsitz des Beklagten zuständig.

II. Notzuständigkeit

3 Sieht dieses Gesetz keine Zuständigkeit in der Schweiz vor und ist ein Verfahren im Ausland nicht möglich oder unzumutbar, so sind die schweizerischen Gerichte oder Behörden am Ort zuständig, mit dem der Sachverhalt einen genügenden Zusammenhang aufweist.

III. Arrestprosequierung

4 Sieht dieses Gesetz keine andere Zuständigkeit in der Schweiz vor, so kann die Klage auf Prosequierung des Arrestes am schweizerischen Arrestort erhoben werden.
BGE 117 II 90; 119 II 66.

IV. Gerichtsstandsvereinbarung

5 Für einen bestehenden oder für einen zukünftigen Rechtsstreit über vermögensrechtliche Ansprüche aus einem bestimmten Rechtsverhältnis können die Parteien einen Gerichtsstand vereinbaren. Die Vereinbarung kann schriftlich, durch Telegramm, Telex, Telefax oder in einer anderen Form der Übermittlung, die den Nachweis der Vereinbarung durch Text ermöglicht, erfolgen. Geht aus der Vereinbarung nichts anderes hervor, so ist das vereinbarte Gericht ausschließlich zuständig.

Die Gerichtsstandsvereinbarung ist unwirksam, wenn einer Partei ein Gerichtsstand des schweizerischen Rechts mißbräuchlich entzogen wird.

Das vereinbarte Gericht darf seine Zuständigkeit nicht ablehnen:
a) wenn eine Partei ihren Wohnsitz, ihren gewöhnlichen Aufenthalt oder eine Niederlassung im Kanton des vereinbarten Gerichts hat, oder
b) wenn nach diesem Gesetz auf den Streitgegenstand schweizerisches Recht anzuwenden ist.

V. Einlassung

6 In vermögensrechtlichen Streitigkeiten begründet die vorbehaltlose Einlassung die Zuständigkeit des angerufenen schweizerischen Gerichtes, sofern dieses nach Artikel 5 Absatz 3 seine Zuständigkeit nicht ablehnen kann.
BGE 119 II 167.

VI. Schiedsvereinbarung

7 Haben die Parteien über eine schiedsfähige Streitsache eine Schiedsvereinbarung getroffen, so lehnt das angerufene schweizerische Gericht seine Zuständigkeit ab, es sei denn:

a) der Beklagte habe sich vorbehaltlos auf das Verfahren eingelassen;

b) das Gericht stelle fest, die Schiedsvereinbarung sei hinfällig, unwirksam oder nicht erfüllbar, oder

c) das Schiedsgericht könne nicht bestellt werden aus Gründen, für die der im Schiedsverfahren Beklagte offensichtlich einzustehen hat.

VII. Widerklage

Das Gericht, bei dem die Hauptklage hängig ist, beurteilt auch die Widerklage, sofern zwischen Haupt- und Widerklage ein sachlicher Zusammenhang besteht.

8

VIII. Rechtshängigkeit

Ist eine Klage über denselben Gegenstand zwischen denselben Parteien zuerst im Ausland hängig gemacht worden, so setzt das schweizerische Gericht das Verfahren aus, wenn zu erwarten ist, daß das ausländische Gericht in angemessener Frist eine Entscheidung fällt, die in der Schweiz anerkennbar ist.

9

Zur Feststellung, wann eine Klage in der Schweiz hängig gemacht worden ist, ist der Zeitpunkt der ersten, für die Klageeinleitung notwendigen Verfahrensverhandlung maßgebend. Als solche genügt die Einleitung des Sühneverfahrens.

Das schweizerische Gericht weist die Klage zurück, sobald ihm eine ausländische Entscheidung vorgelegt wird, die in der Schweiz anerkannt werden kann.

Abs. 1: BGE 118 II 188.

IX. Vorsorgliche Maßnahmen

Die schweizerischen Gerichte oder Behörden können vorsorgliche Maßnahmen treffen, auch wenn sie für die Entscheidung in der Sache selbst nicht zuständig sind.

10

X. Rechtshilfehandlungen

Rechtshilfehandlungen werden in der Schweiz nach dem Recht des Kantons durchgeführt, in dem sie vorgenommen werden.

11

Auf Begehren der ersuchenden Behörde können auch ausländische Verfahrensformen angewendet oder berücksichtigt werden, wenn es für die Durchsetzung eines Rechtsanspruchs im Ausland notwendig ist und nicht wichtige Gründe auf seiten des Betroffenen entgegenstehen.

Die schweizerischen Gerichte oder Behörden können Urkunden

nach einer Form des ausländischen Rechts ausstellen oder einem Gesuchsteller die eidesstattliche Erklärung abnehmen, wenn eine Form nach schweizerischem Recht im Ausland nicht anerkannt wird und deshalb ein schützenswerter Rechtsanspruch dort nicht durchgesetzt werden könnte.

XI. Fristen

12 Hat eine Person im Ausland vor schweizerischen Gerichten oder Behörden eine Frist zu wahren, so genügt es für die Wahrung von Fristen, wenn die Eingabe am letzten Tag der Frist bei einer schweizerischen diplomatischen oder konsularischen Vertretung eintrifft.

3. Abschnitt
Anwendbares Recht

I. Umfang der Verweisung

13 Die Verweisung dieses Gesetzes auf ein ausländisches Recht umfaßt alle Bestimmungen, die nach diesem Recht auf den Sachverhalt anwendbar sind. Die Anwendbarkeit einer Bestimmung des ausländischen Rechts ist nicht allein dadurch ausgeschlossen, daß ihr ein öffentlichrechtlicher Charakter zugeschrieben wird.

II. Rück- und Weiterverweisung

14 Sieht das anwendbare Recht eine Rückverweisung auf das schweizerische Recht oder eine Weiterverweisung auf ein anderes ausländisches Recht vor, so ist sie zu beachten, wenn dieses Gesetz sie vorsieht.

In Fragen des Personen- oder Familienstandes ist die Rückverweisung auf das schweizerische Recht zu beachten.

III. Ausnahmeklausel

15 Das Recht, auf das dieses Gesetz verweist, ist ausnahmsweise nicht anwendbar, wenn nach den gesamten Umständen offensichtlich ist, daß der Sachverhalt mit diesem Recht in nur geringem, mit einem anderen Recht jedoch in viel engerem Zusammenhang steht.

Diese Bestimmung ist nicht anwendbar, wenn eine Rechtswahl vorliegt.

Abs. 1: BGE 118 II 79.

IV. Feststellung ausländischen Rechts

16 Der Inhalt des anzuwendenden ausländischen Rechts ist von Amtes wegen festzustellen. Dazu kann die Mitwirkung der Parteien verlangt werden. Bei vermögensrechtlichen Ansprüchen kann der Nachweis den Parteien überbunden werden.

Ist der Inhalt des anzuwendenden ausländischen Rechts nicht feststellbar, so ist schweizerisches Recht anzuwenden.

V. Vorbehaltsklausel

17 Die Anwendung von Bestimmungen eines ausländischen Rechts ist ausgeschlossen, wenn sie zu einem Ergebnis führen würde, das mit dem schweizerischen Ordre public unvereinbar ist.

VI. Zwingende Anwendung des schweizerischen Rechts

18 Vorbehalten bleiben Bestimmungen des schweizerischen Rechts, die wegen ihres besonderen Zweckes, unabhängig von dem durch dieses Gesetz bezeichneten Recht, zwingend anzuwenden sind.

VII. Berücksichtigung zwingender Bestimmungen eines ausländischen Rechts

19 Anstelle des Rechts, das durch dieses Gesetz bezeichnet wird, kann die Bestimmung eines andern Rechts, die zwingend angewandt sein will, berücksichtigt werden, wenn nach schweizerischer Rechtsauffassung schützenswerte und offensichtlich überwiegende Interessen einer Partei es gebieten und der Sachverhalt mit jenem Recht einen engen Zusammenhang aufweist.

Ob eine solche Bestimmung zu berücksichtigen ist, beurteilt sich nach ihrem Zweck und den daraus sich ergebenden Folgen für eine nach schweizerischer Rechtsauffassung sachgerechte Entscheidung.

4. Abschnitt
Wohnsitz, Sitz und Staatsangehörigkeit

I. Wohnsitz, gewöhnlicher Aufenthalt und Niederlassung einer natürlichen Person

20 Im Sinne dieses Gesetzes hat eine natürliche Person:
   a) ihren Wohnsitz in dem Staat, in dem sie sich mit der Absicht dauernden Verbleibens aufhält;
   b) ihren gewöhnlichen Aufenthalt in dem Staat, in dem sie während längerer Zeit lebt, selbst wenn diese Zeit zum vornherein befristet ist;
   c) ihre Niederlassung in dem Staat, in dem sich der Mittelpunkt ihrer geschäftlichen Tätigkeit befindet.

Niemand kann an mehreren Orten zugleich Wohnsitz haben. Hat eine Person nirgends einen Wohnsitz, so tritt der gewöhnliche Aufenthalt an die Stelle des Wohnsitzes. Die Bestimmungen des Zivilgesetzbuches über Wohnsitz und Aufenthalt sind nicht anwendbar.

BGE 119 II 167 (Wohnsitz).

II. Sitz und Niederlassung von Gesellschaften

21 Bei Gesellschaften gilt der Sitz als Wohnsitz.

Als Sitz einer Gesellschaft gilt der in den Statuten oder im Gesellschaftsvertrag bezeichnete Ort. Fehlt eine solche Bezeichnung, so gilt als Sitz der Ort, an dem die Gesellschaft tatsächlich verwaltet wird.

Die Niederlassung einer Gesellschaft befindet sich in dem Staat, in dem sie ihren Sitz oder eine Zweigniederlassung hat.

III. Staatsangehörigkeit

22 Die Staatsangehörigkeit einer natürlichen Person bestimmt sich nach dem Recht des Staates, zu dem die Staatsangehörigkeit in Frage steht.

IV. Mehrfache Staatsangehörigkeit

23 Besitzt eine Person neben der schweizerischen eine andere Staatsangehörigkeit, so ist für die Begründung eines Heimatgerichtsstandes ausschließlich die schweizerische Staatsangehörigkeit maßgebend.

Besitzt eine Person mehrere Staatsangehörigkeiten, so ist, soweit dieses Gesetz nichts anderes vorsieht, für die Bestimmung des anwendbaren Rechts die Angehörigkeit zu dem Staat maßgebend, mit dem die Person am engsten verbunden ist.

Ist die Staatsangehörigkeit einer Person Voraussetzung für die Anerkennung einer ausländischen Entscheidung in der Schweiz, so genügt die Beachtung einer ihrer Staatsangehörigkeiten.

V. Staatenlose und Flüchtlinge

24 Eine Person gilt als staatenlos, wenn ihr diese Eigenschaft im Sinne des New Yorker Übereinkommens vom 28. September 1954 über die Rechtsstellung der Staatenlosen zukommt oder wenn ihre Beziehung zum Heimatstaat so gelockert ist, daß dies einer Staatenlosigkeit gleichkommt.

Eine Person gilt als Flüchtling, wenn ihr diese Eigenschaft im Sinne des Asylgesetzes vom 5. Oktober 1979 zukommt.

Ist dieses Gesetz auf Staatenlose oder Flüchtlinge anzuwenden, so gilt der Wohnsitz an Stelle der Staatsangehörigkeit.

Abs. 1: SR 0.142.40. Abs. 2: SR 142.31.

5. Abschnitt
Anerkennung und Vollstreckung ausländischer Entscheidungen

I. Anerkennung

1. Grundsatz

25 Eine ausländische Entscheidung wird in der Schweiz anerkannt:

a) wenn die Zuständigkeit der Gerichte oder Behörden des Staates, in dem die Entscheidung ergangen ist, begründet war;

b) wenn gegen die Entscheidung kein ordentliches Rechtsmittel mehr geltend gemacht werden kann oder wenn sie endgültig ist, und

c) wenn kein Verweigerungsgrund im Sinne von Artikel 27 vorliegt.

2. Zuständigkeit ausländischer Behörden

26 Die Zuständigkeit ausländischer Behörden ist begründet:

a) wenn eine Bestimmung dieses Gesetzes sie vorsieht oder, falls eine solche fehlt, wenn der Beklagte seinen Wohnsitz im Urteilsstaat hatte;

b) wenn in vermögensrechtlichen Streitigkeiten die Parteien sich durch eine nach diesem Gesetz gültige Vereinbarung der Zuständigkeit der Behörde unterworfen haben, welche die Entscheidung getroffen hat;

c) wenn sich der Beklagte in einer vermögensrechtlichen Streitigkeit vorbehaltlos auf den Rechtsstreit eingelassen hat;

d) wenn im Falle einer Widerklage die Behörde, die die Entscheidung getroffen hat, für die Hauptklage zuständig war und zwischen Haupt- und Widerklage ein sachlicher Zusammenhang besteht.

3. Verweigerungsgründe

27 Eine im Ausland ergangene Entscheidung wird in der Schweiz nicht anerkannt, wenn die Anerkennung mit dem schweizerischen Ordre public offensichtlich unvereinbar wäre.

Eine im Ausland ergangene Entscheidung wird ebenfalls nicht anerkannt, wenn eine Partei nachweist:

a) daß sie weder nach dem Recht an ihrem Wohnsitz noch nach dem am gewöhnlichen Aufenthalt gehörig geladen wurde, es sei denn, sie habe sich vorbehaltlos auf das Verfahren eingelassen;

b) daß die Entscheidung unter Verletzung wesentlicher Grundsätze des schweizerischen Verfahrensrechts zustande gekommen ist, insbesondere daß ihr das rechtliche Gehör verweigert worden ist;

c) daß ein Rechtsstreit zwischen denselben Parteien und über denselben Gegenstand zuerst in der Schweiz eingeleitet oder in der Schweiz entschieden worden ist oder daß er in einem Drittstaat früher entschieden worden ist und dieser Entscheid in der Schweiz anerkannt werden kann.

Im übrigen darf die Entscheidung in der Sache selbst nicht nachgeprüft werden.

Abs. 2 lit. b: BGE 116 II 625.

II. Vollstreckung

28 Eine nach den Artikeln 25–27 anerkannte Entscheidung wird auf Begehren der interessierten Partei für vollstreckbar erklärt.

III. Verfahren

29 Das Begehren auf Anerkennung oder Vollstreckung ist an die zuständige Behörde des Kantons zu richten, in dem die ausländische Entscheidung geltend gemacht wird. Dem Begehen sind beizulegen:

a) eine vollständige und beglaubigte Ausfertigung der Entscheidung;

b) eine Bestätigung, daß gegen die Entscheidung kein ordentliches Rechtsmittel mehr geltend gemacht werden kann oder daß sie endgültig ist, und

c) im Falle eines Abwesenheitsurteils eine Urkunde, aus der hervorgeht, daß die unterlegene Partei gehörig und so rechtzeitig geladen worden ist, daß sie die Möglichkeit gehabt hatte, sich zu verteidigen.

Im Anerkennungs- und Vollstreckungsverfahren ist die Partei, die sich dem Begehren widersetzt, anzuhören; sie kann ihre Beweismittel geltend machen.

Wird eine Entscheidung vorfrageweise geltend gemacht, so kann die angerufene Behörde selber über die Anerkennung entscheiden.

IV. Gerichtlicher Vergleich

Die Artikel 25–29 gelten auch für den gerichtlichen Vergleich, sofern er in dem Staat, in dem er abgeschlossen worden ist, einer gerichtlichen Entscheidung gleichgestellt wird. **30**

V. Freiwillige Gerichtsbarkeit

Die Artikel 25–29 gelten sinngemäß für die Anerkennung und Vollstreckung einer Entscheidung oder einer Urkunde der freiwilligen Gerichtsbarkeit. **31**

VI. Eintragung in die Zivilstandsregister

Eine ausländische Entscheidung oder Urkunde über den Zivilstand wird aufgrund einer Verfügung der kantonalen Aufsichtsbehörde in die Zivilstandsregister eingetragen. **32**

Die Eintragung wird bewilligt, wenn die Voraussetzungen der Artikel 25–27 erfüllt sind.

Die betroffenen Personen sind vor der Eintragung anzuhören, wenn nicht feststeht, daß im ausländischen Urteilsstaat die verfahrensmäßigen Rechte der Parteien hinreichend gewahrt worden sind.

2. Kapitel
Natürliche Personen

I. Grundsatz

33 Sieht dieses Gesetz nichts anderes vor, so sind für personenrechtliche Verhältnisse die schweizerischen Gerichte oder Behörden am Wohnsitz zuständig; sie wenden das Recht am Wohnsitz an.

Für Ansprüche aus Persönlichkeitsverletzung gelten die Bestimmungen dieses Gesetzes über unerlaubte Handlungen (Art. 129 ff.).

II. Rechtsfähigkeit

34 Die Rechtsfähigkeit untersteht schweizerischem Recht.

Beginn und Ende der Persönlichkeit unterstehen dem Recht des Rechtsverhältnisses, das die Rechtsfähigkeit voraussetzt.

III. Handlungsfähigkeit

1. Grundsatz

35 Die Handlungsfähigkeit untersteht dem Recht am Wohnsitz. Ein Wechsel des Wohnsitzes berührt die einmal erworbene Handlungsfähigkeit nicht.

2. Verkehrsschutz

36 Wer ein Rechtsgeschäft vorgenommen hat, obwohl er nach dem Recht an seinem Wohnsitz handlungsunfähig war, kann sich auf seine Handlungsunfähigkeit nicht berufen, wenn er nach dem Recht des Staates, in dem er das Rechtsgeschäft vorgenommen hat, handlungsunfähig gewesen wäre, es sei denn, die andere Partei habe seine Handlungsunfähigkeit gekannt oder hätte sie kennen müssen.

Diese Bestimmung ist auf familien- und erbrechtliche Rechtsgeschäfte sowie auf Rechtsgeschäfte über dingliche Rechte an Grundstücken nicht anwendbar.

IV. Name

1. Grundsatz

Der Name einer Person mit Wohnsitz in der Schweiz untersteht schweizerischem Recht; der Name einer Person mit Wohnsitz im Ausland untersteht dem Recht, auf welches das Kollisionsrecht des Wohnsitzstaates verweist. **37**

Eine Person kann jedoch verlangen, daß ihr Name dem Heimatrecht untersteht.

Abs. 1: BGE 116 II 202.

2. Namensänderung

Für eine Namensänderung sind die schweizerischen Behörden am Wohnsitz des Gesuchstellers zuständig. **38**

Ein Schweizerbürger ohne Wohnsitz in der Schweiz kann bei der Behörde seines Heimatkantons eine Namensänderung verlangen.

Voraussetzungen und Wirkungen der Namensänderung unterstehen schweizerischem Recht.

3. Namensänderung im Ausland

Eine im Ausland erfolgte Namensänderung wird in der Schweiz anerkannt, wenn sie im Wohnsitz- oder im Heimatstaat des Gesuchstellers gültig ist. **39**

4. Eintragung in die Zivilstandsregister

Der Name wird nach den schweizerischen Grundsätzen über die Registerführung in die Zivilstandsregister eingetragen. **40**

V. Verschollenerklärung

1. Zuständigkeit und anwendbares Recht

Für die Verschollenerklärung sind die schweizerischen Gerichte oder Behörden am letzten bekannten Wohnsitz der verschwundenen Person zuständig. **41**

Die schweizerischen Gerichte oder Behörden sind überdies für eine Verschollenerklärung zuständig, wenn hierfür ein schützenswertes Interesse besteht.

Voraussetzungen und Wirkungen der Verschollenerklärung unterstehen schweizerischem Recht.

2. Verschollen- und Todeserklärung im Ausland

42 Eine im Ausland ausgesprochene Verschollen- oder Todeserklärung wird in der Schweiz anerkannt, wenn sie im Staat des letzten bekannten Wohnsitzes oder im Heimatstaat der verschwundenen Person ergangen ist.

3. Kapitel
Eherecht

1. Abschnitt
Eheschließung

I. Zuständigkeit

43 Die schweizerischen Behörden sind für die Eheschließung zuständig, wenn die Braut oder der Bräutigam in der Schweiz Wohnsitz oder das Schweizerbürgerrecht hat.

Ausländischen Brautleuten ohne Wohnsitz in der Schweiz kann durch die zuständige Behörde die Eheschließung in der Schweiz auch bewilligt werden, wenn die Ehe im Wohnsitz- oder im Heimatstaat beider Brautleute anerkannt wird.

Die Bewilligung darf nicht allein deshalb verweigert werden, weil eine in der Schweiz ausgesprochene oder anerkannte Scheidung im Ausland nicht anerkannt wird.

II. Anwendbares Recht

44 Die materiell-rechtlichen Voraussetzungen der Eheschließung in der Schweiz unterstehen schweizerischem Recht.

Sind die Voraussetzungen nach schweizerischem Recht nicht erfüllt, so kann die Ehe zwischen Ausländern geschlossen werden, wenn sie den Voraussetzungen des Heimatrechts eines der Brautleute entspricht.

Die Form der Eheschließung in der Schweiz untersteht schweizerischem Recht.

III. Eheschließung im Ausland

Eine im Ausland gültig geschlossene Ehe wird in der Schweiz anerkannt. **45**

Sind Braut oder Bräutigam Schweizerbürger oder haben beide Wohnsitz in der Schweiz, so wird die im Ausland geschlossene Ehe anerkannt, wenn der Abschluß nicht in der offenbaren Absicht ins Ausland verlegt worden ist, Nichtigkeitsgründe des schweizerischen Rechts zu umgehen.

Abs. 1: BGE 119 II 264.

IV. Mündigkeit

Unmündige mit Wohnsitz in der Schweiz werden mit der Eheschließung in der Schweiz oder mit der Anerkennung der im Ausland geschlossenen Ehe mündig. **45a**

2. Abschnitt
Wirkungen der Ehe im allgemeinen

I. Zuständigkeit

1. Grundsatz

Für Klagen oder Maßnahmen betreffend die ehelichen Rechte und Pflichten sind die schweizerischen Gerichte oder Behörden am Wohnsitz oder, wenn ein solcher fehlt, diejenigen am gewöhnlichen Aufenthalt eines der Ehegatten zuständig. **46**

2. Heimatzuständigkeit

Haben die Ehegatten weder Wohnsitz noch gewöhnlichen Aufenthalt in der Schweiz und ist einer von ihnen Schweizerbürger, so sind für Klagen oder Maßnahmen betreffend die ehelichen Rechte und Pflichten die Gerichte oder Behörden am Heimatort zuständig, wenn es unmöglich oder unzumutbar ist, die Klage oder das Begehren am Wohnsitz oder am gewöhnlichen Aufenthalt eines der Ehegatten zu erheben. **47**

II. Anwendbares Recht

1. Grundsatz

48 Die ehelichen Rechte und Pflichten unterstehen dem Recht des Staates, in dem die Ehegatten ihren Wohnsitz haben.

Haben die Ehegatten ihren Wohnsitz nicht im gleichen Staat, so unterstehen die ehelichen Rechte und Pflichten dem Recht des Wohnsitzstaates, mit dem der Sachverhalt in engerem Zusammenhang steht.

Sind nach Artikel 47 die schweizerischen Gerichte oder Behörden am Heimatort zuständig, so wenden sie schweizerisches Recht an.

2. Unterhaltspflicht

49 Für die Unterhaltspflicht zwischen Ehegatten gilt das Haager Übereinkommen vom 2. Oktober 1973 über das auf die Unterhaltspflichten anzuwendende Recht.
SR 0.211.213.01.

III. Ausländische Entscheidungen oder Maßnahmen

50 Ausländische Entscheidungen oder Maßnahmen über die ehelichen Rechte und Pflichten werden in der Schweiz anerkannt, wenn sie im Staat des Wohnsitzes oder des gewöhnlichen Aufenthaltes eines der Ehegatten ergangen sind.

3. Abschnitt

Ehegüterrecht

I. Zuständigkeit

51 Für Klagen oder Maßnahmen betreffend die güterrechtlichen Verhältnisse sind zuständig:

a) für die güterrechtliche Auseinandersetzung im Falle des Todes eines Ehegatten die schweizerischen Gerichte oder Behörden, die für die erbrechtliche Auseinandersetzung zuständig sind (Art. 86–89);

b) für die güterrechtliche Auseinandersetzung im Falle einer gerichtlichen Auflösung oder Trennung der Ehe die schweizerischen Gerichte, die hierfür zuständig sind (Art. 59, 60, 63, 64);

c) in den übrigen Fällen die schweizerischen Gerichte oder Behörden, die für Klagen oder Maßnahmen betreffend die Wirkungen der Ehe zuständig sind (Art. 46, 47).

II. Anwendbares Recht

1. Rechtswahl

a) Grundsatz

52 Die güterrechtlichen Verhältnisse unterstehen dem von den Ehegatten gewählten Recht.

Die Ehegatten können wählen zwischen dem Recht des Staates, in dem beide ihren Wohnsitz haben oder nach der Eheschließung haben werden, und dem Recht eines ihrer Heimatstaaten. Artikel 23 Absatz 2 ist nicht anwendbar.

b) Modalitäten

53 Die Rechtswahl muß schriftlich vereinbart sein oder sich eindeutig aus dem Ehevertrag ergeben. Im übrigen untersteht sie dem gewählten Recht.

Die Rechtswahl kann jederzeit getroffen oder geändert werden. Wird sie nach Abschluß der Ehe getroffen, so wirkt sie, wenn die Parteien nichts anderes vereinbaren, auf den Zeitpunkt der Eheschließung zurück.

Das gewählte Recht bleibt anwendbar, bis die Ehegatten ein anderes Recht wählen oder die Rechtswahl aufheben.

2. Fehlen einer Rechtswahl

a) Grundsatz

54 Haben die Ehegatten keine Rechtswahl getroffen, so unterstehen die güterrechtlichen Verhältnisse:

a) dem Recht des Staates, in dem beide gleichzeitig ihren Wohnsitz haben, oder, wenn dies nicht der Fall ist,

b) dem Recht des Staates, in dem beide Ehegatten zuletzt gleichzeitig ihren Wohnsitz hatten.

Hatten die Ehegatten nie gleichzeitig Wohnsitz im gleichen Staat, so ist ihr gemeinsames Heimatrecht anwendbar.

Hatten die Ehegatten nie gleichzeitig Wohnsitz im gleichen Staat und haben sie auch keine gemeinsame Staatsangehörigkeit, so gilt die Gütertrennung des schweizerischen Rechts.

b) Wandelbarkeit und Rückwirkung bei Wohnsitzwechsel

55 Verlegen die Ehegatten ihren Wohnsitz von einem Staat in einen anderen, so ist das Recht des neuen Wohnsitzstaates rückwirkend auf den Zeitpunkt der Eheschließung anzuwenden. Die Ehegatten können durch schriftliche Vereinbarung die Rückwirkung ausschließen.

Der Wohnsitzwechsel hat keine Wirkung auf das anzuwendende Recht, wenn die Parteien die Weitergeltung des früheren Rechts schriftlich vereinbart haben oder wenn zwischen ihnen ein Ehevertrag besteht.

3. Form des Ehevertrages

56 Der Ehevertrag ist formgültig, wenn er dem auf den Ehevertrag anwendbaren Recht oder dem Recht am Abschlußort entspricht.

4. Rechtsverhältnisse mit Dritten

57 Die Wirkungen des Güterstandes auf das Rechtsverhältnis zwischen einem Ehegatten und einem Dritten unterstehen dem Recht des Staates, in dem dieser Ehegatte im Zeitpunkt der Entstehung des Rechtsverhältnisses seinen Wohnsitz hat.

Hat der Dritte im Zeitpunkt der Entstehung des Rechtsverhältnisses das Recht, dem die güterrechtlichen Verhältnisse unterstanden, gekannt oder hätte er es kennen müssen, so ist dieses anzuwenden.

III. Ausländische Entscheidungen

58 Ausländische Entscheidungen über güterrechtliche Verhältnisse werden in der Schweiz anerkannt:

a) wenn sie im Wohnsitzstaat des beklagten Ehegatten ergangen sind oder wenn sie dort anerkannt werden;

b) wenn sie im Wohnsitzstaat des klagenden Ehegatten ergangen sind oder dort anerkannt werden, vorausgesetzt, der beklagte Ehegatte hatte seinen Wohnsitz nicht in der Schweiz;

c) wenn sie im Staat, dessen Recht nach diesem Gesetz anwendbar ist, ergangen sind oder wenn sie dort anerkannt werden, oder

d) wenn sie Grundstücke betreffen und am Ort der gelegenen Sache ergangen sind oder dort anerkannt werden.

Für Entscheidungen über güterrechtliche Verhältnisse, die im Zusammenhang mit Maßnahmen zum Schutz der ehelichen Gemeinschaft oder infolge Tod, Nichtigerklärung, Scheidung oder Trennung ergangen sind, richtet sich die Anerkennung nach den Bestimmungen dieses Gesetzes über das Ehe-, Ehescheidungs- oder Erbrecht (Art. 50, 65 und 96).

4. Abschnitt

Scheidung und Trennung

I. Zuständigkeit

1. Grundsatz

Für Klagen auf Scheidung oder Trennung sind zuständig: **59**
a) die schweizerischen Gerichte am Wohnsitz des Beklagten;
b) die schweizerischen Gerichte am Wohnsitz des Klägers, wenn dieser sich seit einem Jahr in der Schweiz aufhält oder wenn er Schweizerbürger ist.

BGE 119 II 64.

2. Heimatzuständigkeit

Haben die Ehegatten keinen Wohnsitz in der Schweiz und ist einer von **60** ihnen Schweizerbürger, so sind die Gerichte am Heimatort für Klagen auf Scheidung oder Trennung der Ehe zuständig, wenn es unmöglich oder unzumutbar ist, die Klage am Wohnsitz eines der Ehegatten zu erheben.

II. Anwendbares Recht

Scheidung und Trennung unterstehen schweizerischem Recht. **61**

Haben die Ehegatten eine gemeinsame ausländische Staatsangehörigkeit und hat nur einer von ihnen Wohnsitz in der Schweiz, so ist ihr gemeinsames Heimatrecht anzuwenden.

Ist die Scheidung nach dem gemeinsamen ausländischen Heimatrecht nicht oder nur unter außerordentlich strengen Bedingungen zulässig, so ist schweizerisches Recht anzuwenden, wenn einer der Ehegatten auch Schweizerbürger ist oder sich seit zwei Jahren in der Schweiz aufhält.

Sind nach Artikel 60 die schweizerischen Gerichte am Heimatort zuständig, so wenden sie schweizerisches Recht an.

Abs. 2: BGE 118 II 79, 83.

III. Vorsorgliche Maßnahmen

Das schweizerische Gericht, bei dem eine Scheidungs- oder Trennungs- **62** klage hängig ist, kann vorsorgliche Maßnahmen treffen, sofern seine Unzuständigkeit zur Beurteilung der Klage nicht offensichtlich ist oder nicht rechtskräftig festgestellt wurde.

Die vorsorglichen Maßnahmen unterstehen schweizerischem Recht. Die Bestimmungen dieses Gesetzes über die Unterhaltspflicht der Ehegatten (Art. 49), die Wirkungen des Kindesverhältnisses (Art. 82 und 83) und den Minderjährigenschutz (Art. 85) sind vorbehalten.

IV. Nebenfolgen

63 Die für Klagen auf Scheidung oder Trennung zuständigen schweizerischen Gerichte sind auch für die Regelung der Nebenfolgen zuständig.

Die Nebenfolgen der Scheidung oder Trennung unterstehen dem auf die Scheidung anzuwendenden Recht. Die Bestimmungen dieses Gesetzes über den Namen (Art. 37–40), die Unterhaltspflicht der Ehegatten (Art. 49), das eheliche Güterrecht (Art. 52–57), die Wirkungen des Kindesverhältnisses (Art. 82 und 83) und den Minderjährigenschutz (Art. 85) sind vorbehalten.

V. Ergänzung oder Abänderung einer Entscheidung

64 Die schweizerischen Gerichte sind für Klagen auf Ergänzung oder Abänderung von Entscheidungen über die Scheidung oder die Trennung zuständig, wenn sie diese selbst ausgesprochen haben oder wenn sie nach Artikel 59 oder 60 zuständig sind. Die Bestimmungen dieses Gesetzes über den Minderjährigenschutz (Art. 85) sind vorbehalten.

Die Ergänzung oder Abänderung eines Trennungs- oder Scheidungsurteils untersteht dem auf die Scheidung anwendbaren Recht. Die Bestimmungen dieses Gesetzes über den Namen (Art. 37–40), die Unterhaltspflicht der Ehegatten (Art. 49), das eheliche Güterrecht (Art. 52–57), die Wirkungen des Kindesverhältnisses (Art. 82 und 83) und den Minderjährigenschutz (Art. 85) sind vorbehalten.
BGE 116 II 97.

VI. Ausländische Entscheidungen

65 Ausländische Entscheidungen über die Scheidung oder Trennung werden in der Schweiz anerkannt, wenn sie im Staat des Wohnsitzes, des gewöhnlichen Aufenthalts oder im Heimatstaat eines Ehegatten ergangen sind oder wenn sie in einem dieser Staaten anerkannt werden.

Ist jedoch die Entscheidung in einem Staat ergangen, dem kein oder nur der klagende Ehegatte angehört, so wird sie in der Schweiz nur anerkannt:

a) wenn im Zeitpunkt der Klageeinleitung wenigstens ein Ehegatte in diesem Staat Wohnsitz oder gewöhnlichen Aufenthalt hatte und der beklagte Ehegatte seinen Wohnsitz nicht in der Schweiz hatte;

b) wenn der beklagte Ehegatte sich der Zuständigkeit des ausländischen Gerichts vorbehaltlos unterworfen hat, oder

c) wenn der beklagte Ehegatte mit der Anerkennung der Entscheidung in der Schweiz einverstanden ist.

4. Kapitel
Kindesrecht

1. Abschnitt
Entstehung des Kindesverhältnisses durch Abstammung

I. Zuständigkeit

1. Grundsatz

Für Klagen auf Feststellung oder Anfechtung des Kindesverhältnisses **66** sind die schweizerischen Gerichte am gewöhnlichen Aufenthalt des Kindes oder am Wohnsitz der Mutter oder des Vaters zuständig.

2. Heimatzuständigkeit

Haben die Eltern keinen Wohnsitz und das Kind keinen gewöhnlichen **67** Aufenthalt in der Schweiz, so sind die Gerichte am schweizerischen Heimatort der Mutter oder des Vaters für Klagen auf Feststellung oder Anfechtung des Kindesverhältnisses zuständig, wenn es unmöglich oder unzumutbar ist, die Klage am Wohnsitz der Mutter oder des Vaters oder am gewöhnlichen Aufenthalt des Kindes zu erheben.

II. Anwendbares Recht

1. Grundsatz

Die Entstehung des Kindesverhältnisses sowie dessen Feststellung oder **68** Anfechtung unterstehen dem Recht am gewöhnlichen Aufenthalt des Kindes.

Haben jedoch weder die Mutter noch der Vater Wohnsitz im Staat des gewöhnlichen Aufenthaltes des Kindes, besitzen aber die Eltern und das Kind die gleiche Staatsangehörigkeit, so ist ihr gemeinsames Heimatrecht anzuwenden.

2. Maßgeblicher Zeitpunkt

69 Für die Bestimmung des auf die Entstehung, Feststellung oder Anfechtung des Kindesverhältnisses anwendbaren Rechts ist der Zeitpunkt der Geburt maßgebend.

Bei gerichtlicher Feststellung oder Anfechtung des Kindesverhältnisses ist jedoch der Zeitpunkt der Klageerhebung maßgebend, wenn ein überwiegendes Interesse des Kindes es erfordert.

Abs. 1: BGE 118 II 468.

III. Ausländische Entscheidungen

70 Ausländische Entscheidungen betreffend die Feststellung oder Anfechtung des Kindesverhältnisses werden in der Schweiz anerkannt, wenn sie im Staat des gewöhnlichen Aufenthaltes des Kindes, in dessen Heimatstaat oder im Wohnsitz- oder im Heimatstaat der Mutter oder des Vaters ergangen sind.

2. Abschnitt

Anerkennung

I. Zuständigkeit

71 Für die Entgegennahme der Anerkennung sind die schweizerischen Behörden am Geburtsort oder am gewöhnlichen Aufenthalt des Kindes, sowie die Behörden am Wohnsitz oder am Heimatort der Mutter oder des Vaters zuständig.

Erfolgt die Anerkennung im Rahmen eines gerichtlichen Verfahrens, in dem die Abstammung rechtserheblich ist, so kann auch der mit der Klage befaßte Richter die Anerkennung entgegennehmen.

Für die Anfechtung der Anerkennung sind die gleichen Gerichte zuständig wie für die Feststellung oder Anfechtung des Kindesverhältnisses (Art. 66 und 67).

II. Anwendbares Recht

72 Die Anerkennung in der Schweiz kann nach dem Recht am gewöhnlichen Aufenthalt des Kindes, nach dessen Heimatrecht, nach dem Recht am Wohnsitz oder nach dem Heimatrecht der Mutter oder des Vaters erfolgen. Maßgebend ist der Zeitpunkt der Anerkennung.

Die Form der Anerkennung in der Schweiz untersteht schweizerischem Recht.

Die Anfechtung der Anerkennung untersteht schweizerischem Recht.

III. Ausländische Anerkennung und Anfechtung der Anerkennung

73 Die im Ausland erfolgte Anerkennung eines Kindes wird in der Schweiz anerkannt, wenn sie nach dem Recht am gewöhnlichen Aufenthalt des Kindes, nach dessen Heimatrecht, nach dem Recht am Wohnsitz oder nach dem Heimatrecht der Mutter oder des Vaters gültig ist.

Ausländische Entscheidungen über die Anfechtung einer Anerkennung werden in der Schweiz anerkannt, wenn sie in einem der in Absatz 1 genannten Staaten ergangen sind.

IV. Legitimation

74 Für die Anerkennung einer im Ausland erfolgten Legitimation gilt Artikel 73 sinngemäß.

3. Abschnitt

Adoption

I. Zuständigkeit

1. Grundsatz

75 Die schweizerischen Gerichte oder Behörden am Wohnsitz der adoptierenden Person oder der adoptierenden Ehegatten sind zuständig, die Adoption auszusprechen.

Für die Anfechtung der Adoption sind die gleichen Gerichte zuständig wie für die Feststellung oder die Anfechtung des Kindesverhältnisses (Art. 66 und 67).

2. Heimatzuständigkeit

76 Haben die adoptierende Person oder die adoptierenden Ehegatten keinen Wohnsitz in der Schweiz und ist einer von ihnen Schweizer Bürger, so sind die Gerichte oder Behörden am Heimatort für die Adoption zuständig, wenn es unmöglich oder unzumutbar ist, die Adoption an ihrem Wohnsitz durchzuführen.

II. Anwendbares Recht

77 Die Voraussetzungen der Adoption in der Schweiz unterstehen schweizerischem Recht.

Zeigt sich, daß eine Adoption im Wohnsitz- oder im Heimatstaat der adoptierenden Person oder der adoptierenden Ehegatten nicht anerkannt und dem Kind daraus ein schwerwiegender Nachteil erwachsen würde, so berücksichtigt die Behörde auch die Voraussetzungen des Rechts des betreffenden Staates. Erscheint die Anerkennung auch dann nicht als gesichert, so darf die Adoption nicht ausgesprochen werden.

Die Anfechtung einer in der Schweiz ausgesprochenen Adoption untersteht schweizerischem Recht. Eine im Ausland ausgesprochene Adoption kann in der Schweiz nur angefochten werden, wenn auch ein Anfechtungsgrund nach schweizerischem Recht vorliegt.

III. Ausländische Adoptionen und ähnliche Akte

78 Ausländische Adoptionen werden in der Schweiz anerkannt, wenn sie im Staat des Wohnsitzes oder im Heimatstaat der adoptierenden Person oder der adoptierenden Ehegatten ausgesprochen worden sind.

Ausländische Adoptionen oder ähnliche Akte, die von einem Kindesverhältnis im Sinne des schweizerischen Rechts wesentlich abweichende Wirkungen haben, werden in der Schweiz nur mit den Wirkungen anerkannt, die ihnen im Staat der Begründung zukommen.
BGE 117 II 340; 120 II 87.

4. Abschnitt
Wirkungen des Kindesverhältnisses

I. Zuständigkeit

1. Grundsatz

79 Für Klagen betreffend die Beziehungen zwischen Eltern und Kind, insbesondere betreffend den Unterhalt des Kindes, sind die schweizerischen Gerichte am gewöhnlichen Aufenthalt des Kindes oder am Wohnsitz oder, wenn ein solcher fehlt, am gewöhnlichen Aufenthalt des beklagten Elternteils zuständig.

Die Bestimmungen dieses Gesetzes über den Namen (Art. 33, 37–40), den Schutz Minderjähriger (Art. 85) und das Erbrecht (Art. 86–89) sind vorbehalten.

2. Heimatzuständigkeit

80 Hat weder das Kind noch der beklagte Elternteil Wohnsitz oder gewöhnlichen Aufenthalt in der Schweiz und ist einer von ihnen Schweizer Bürger, so sind die Gerichte am Heimatort zuständig.

3. Ansprüche Dritter

81 Die nach Artikel 79 und 80 zuständigen schweizerischen Gerichte entscheiden ebenfalls:

a) über Ansprüche von Behörden, die für den Unterhalt des Kindes Vorschuß geleistet haben;

b) über Ansprüche der Mutter auf Unterhalt und Ersatz der durch die Geburt entstandenen Kosten.

II. Anwendbares Recht

1. Grundsatz

82 Die Beziehungen zwischen Eltern und Kind unterstehen dem Recht am gewöhnlichen Aufenthalt des Kindes.

Haben jedoch weder die Mutter noch der Vater Wohnsitz im Staat des gewöhnlichen Aufenthaltes des Kindes, besitzen aber die Eltern und das Kind die gleiche Staatsangehörigkeit, so ist ihr gemeinsames Heimatrecht anzuwenden.

Die Bestimmungen dieses Gesetzes über den Namen (Art. 33, 37–40), den Schutz Minderjähriger (Art. 85) und das Erbrecht (Art. 90–95) sind vorbehalten.

2. Unterhaltspflicht

83 Für die Unterhaltspflicht zwischen Eltern und Kind gilt das Haager Übereinkommen vom 2. Oktober 1973 über das auf Unterhaltspflichten anzuwendende Recht.

Soweit das Übereinkommen die Ansprüche der Mutter auf Unterhalt und Ersatz der durch die Geburt entstandenen Kosten nicht regelt, gilt es sinngemäß.

SR 0.211.213.01.

III. Ausländische Entscheidungen

84 Ausländische Entscheidungen betreffend die Beziehungen zwischen Eltern und Kind werden in der Schweiz anerkannt, wenn sie im Staat ergangen sind, in dem das Kind seinen gewöhnlichen Aufenthalt oder der beklagte Elternteil seinen Wohnsitz oder gewöhnlichen Aufenthalt hat.

Die Bestimmungen dieses Gesetzes über den Namen (Art. 39), den Schutz Minderjähriger (Art. 85) und das Erbrecht (Art. 96) sind vorbehalten.

5. Kapitel
Vormundschaft und andere Schutzmaßnahmen

85 Für den Schutz von Minderjährigen gilt in bezug auf die Zuständigkeit der schweizerischen Gerichte oder Behörden, das anwendbare Recht und die Anerkennung ausländischer Entscheidungen oder Maßnahmen das Haager Übereinkommen vom 5. Oktober 1961 über die Zuständigkeit der Behörden und das anzuwendende Recht auf dem Gebiet des Schutzes von Minderjährigen.

Das Übereinkommen gilt sinngemäß für Volljährige oder für Personen, die nur nach schweizerischem Recht minderjährig sind, sowie für Personen, die ihren gewöhnlichen Aufenthalt nicht in einem der Vertragsstaaten haben.

Die schweizerischen Gerichte oder Behörden sind außerdem zuständig, wenn es für den Schutz einer Person oder deren Vermögen unerläßlich ist.

SR 0.211.231.01. BGE 118 II 184.

6. Kapitel
Erbrecht

I. Zuständigkeit

1. Grundsatz

86 Für das Nachlaßverfahren und die erbrechtlichen Streitigkeiten sind die schweizerischen Gerichte oder Behörden am letzten Wohnsitz des Erblassers zuständig.

Vorbehalten ist die Zuständigkeit des Staates, der für Grundstücke auf seinem Gebiet die ausschließliche Zuständigkeit vorsieht.

2. Heimatzuständigkeit

87 War der Erblasser Schweizer Bürger mit letztem Wohnsitz im Ausland, so sind die schweizerischen Gerichte oder Behörden am Heimatort zuständig, soweit sich die ausländische Behörde mit seinem Nachlaß nicht befaßt.

Sie sind stets zuständig, wenn ein Schweizer Bürger mit letztem Wohnsitz im Ausland sein in der Schweiz gelegenes Vermögen oder seinen gesamten Nachlaß durch letztwillige Verfügung oder Erbvertrag der schweizerischen Zuständigkeit oder dem schweizerischen Recht unterstellt hat. Artikel 86 Absatz 2 ist vorbehalten.

3. Zuständigkeit am Ort der gelegenen Sache

88 War der Erblasser Ausländer mit letztem Wohnsitz im Ausland, so sind die schweizerischen Gerichte oder Behörden am Ort der gelegenen Sache für den in der Schweiz gelegenen Nachlaß zuständig, soweit sich die ausländischen Behörden damit nicht befassen.

Befindet sich Vermögen an mehreren Orten, so sind die zuerst angerufenen schweizerischen Gerichte oder Behörden zuständig.

4. Sichernde Maßnahmen

89 Hinterläßt der Erblasser mit letztem Wohnsitz im Ausland Vermögen in der Schweiz, so ordnen die schweizerischen Behörden am Ort der gelegenen Sache die zum einstweiligen Schutz der Vermögenswerte notwendigen Maßnahmen an.

II. Anwendbares Recht

1. Letzter Wohnsitz in der Schweiz

90 Der Nachlaß einer Person mit letztem Wohnsitz in der Schweiz untersteht schweizerischem Recht.

Ein Ausländer kann jedoch durch letztwillige Verfügung oder Erbvertrag den Nachlaß einem seiner Heimatrechte unterstellen. Diese Unterstellung fällt dahin, wenn er im Zeitpunkt des Todes diesem Staat nicht mehr angehört hat oder wenn er Schweizerbürger geworden ist.

2. Letzter Wohnsitz im Ausland

91 Der Nachlaß einer Person mit letztem Wohnsitz im Ausland untersteht dem Recht, auf welches das Kollisionsrecht des Wohnsitzstaates verweist.

Soweit nach Artikel 87 die schweizerischen Gerichte oder Behörden am Heimatort zuständig sind, untersteht der Nachlaß eines Schweizers mit letztem Wohnsitz im Ausland schweizerischem Recht, es sei denn, der Erblasser habe in der letztwilligen Verfügung oder im Erbvertrag ausdrücklich das Recht an seinem letzten Wohnsitz vorbehalten.

3. Umfang des Erbstatuts und Nachlaßabwicklung

92 Das auf den Nachlaß anwendbare Recht bestimmt, was zum Nachlaß gehört, wer in welchem Umfang daran berechtigt ist, wer die Schulden des Nachlasses trägt, welche Rechtsbehelfe und Maßnahmen zulässig sind und unter welchen Voraussetzungen sie angerufen werden können.

Die Durchführung der einzelnen Maßnahmen richtet sich nach dem Recht am Ort der zuständigen Behörde. Diesem Recht unterstehen namentlich die sichernden Maßnahmen und die Nachlaßabwicklung mit Einschluß der Willensvollstreckung.

4. Form

93 Für die Form der letztwilligen Verfügung gilt das Haager Übereinkommen vom 5. Oktober 1961 über das auf die Form letztwilliger Verfügungen anwendbare Recht.

Dieses Übereinkommen gilt sinngemäß auch für die Form anderer Verfügungen von Todes wegen.
SR 0.211.312.I.

5. Verfügungsfähigkeit

94 Eine Person kann von Todes wegen verfügen, wenn sie im Zeitpunkt der Verfügung nach dem Recht am Wohnsitz oder am gewöhnlichen Aufenthalt oder nach dem Recht eines ihrer Heimatstaaten verfügungsfähig ist.

6. Erbverträge und gegenseitige Verfügungen von Todes wegen

95 Der Erbvertrag untersteht dem Recht am Wohnsitz des Erblassers zur Zeit des Vertragsabschlusses.

Unterstellt ein Erblasser im Vertrag den ganzen Nachlaß seinem Heimatrecht, so tritt dieses an die Stelle des Wohnsitzrechts.

Gegenseitige Verfügungen von Todes wegen müssen dem Wohnsitzrecht jedes Verfügenden oder dem von ihnen gewählten gemeinsamen Heimatrecht entsprechen.

Vorbehalten bleiben die Bestimmungen dieses Gesetzes über die Form und die Verfügungsfähigkeit (Art. 93 und 94).

III. Ausländische Entscheidungen, Maßnahmen, Urkunden und Rechte

96 Ausländische Entscheidungen, Maßnahmen und Urkunden, die den Nachlaß betreffen, sowie Rechte aus einem im Ausland eröffneten Nachlaß werden in der Schweiz anerkannt:

a) wenn sie im Staat des letzten Wohnsitzes des Erblassers oder im Staat, dessen Recht er gewählt hat, getroffen, ausgestellt oder festgestellt worden sind oder wenn sie in einem dieser Staaten anerkannt werden, oder

b) wenn sie Grundstücke betreffen und in dem Staat, in dem sie liegen, getroffen, ausgestellt oder festgestellt worden sind oder wenn sie dort anerkannt werden.

Beansprucht ein Staat für die in seinem Gebiet liegenden Grundstücke des Erblassers die ausschließliche Zuständigkeit, so werden nur dessen Entscheidungen, Maßnahmen und Urkunden anerkannt.

Sichernde Maßnahmen des Staates, in dem Vermögen des Erblassers liegt, werden in der Schweiz anerkannt.

7. Kapitel
Sachenrecht

I. Zuständigkeit

1. Grundstücke

97 Für Klagen betreffend dingliche Rechte an Grundstücken in der Schweiz sind die Gerichte am Ort der gelegenen Sache ausschließlich zuständig.

2. Bewegliche Sachen

98 Für Klagen betreffend dingliche Rechte an beweglichen Sachen sind die schweizerischen Gerichte am Wohnsitz oder, wenn ein solcher fehlt, diejenigen am gewöhnlichen Aufenthalt des Beklagten zuständig.

Hat der Beklagte in der Schweiz weder Wohnsitz noch gewöhnlichen Aufenthalt, so sind die schweizerischen Gerichte am Ort der gelegenen Sache zuständig.

II. Anwendbares Recht

1. Grundstücke

99 Dingliche Rechte an Grundstücken unterstehen dem Recht am Ort der gelegenen Sache.

Für Ansprüche aus Immissionen, die von einem Grundstück ausgehen, gelten die Bestimmungen dieses Gesetzes über unerlaubte Handlungen (Art. 138).

2. Bewegliche Sachen

a) Grundsatz

100 Erwerb und Verlust dinglicher Rechte an beweglichen Sachen unterstehen dem Recht des Staates, in dem die Sache im Zeitpunkt des Vorgangs, aus dem der Erwerb oder der Verlust hergeleitet wird, liegt.

Inhalt und Ausübung dinglicher Rechte an beweglichen Sachen unterstehen dem Recht am Ort der gelegenen Sache.

a)   Sachen im Transit

101 Rechtsgeschäftlicher Erwerb und Verlust dinglicher Rechte an Sachen im Transit unterstehen dem Recht des Bestimmungsstaates.

c)   Sachen, die in die Schweiz gelangen

102 Gelangt eine bewegliche Sache in die Schweiz und ist der Erwerb oder der Verlust eines dinglichen Rechts an ihr nicht bereits im Ausland erfolgt, so gelten die im Ausland eingetretenen Vorgänge als in der Schweiz erfolgt.

Gelangt eine bewegliche Sache in die Schweiz und ist an ihr im Ausland ein Eigentumsvorbehalt gültig begründet worden, der den Anforderungen des schweizerischen Rechts nicht genügt, so bleibt der Eigentumsvorbehalt in der Schweiz noch während drei Monaten gültig.

Dem gutgläubigen Dritten kann der Bestand eines solchen Eigentumsvorbehalts nicht entgegengehalten werden.

d)   Eigentumsvorbehalt an Sachen, die ausgeführt werden

103 Der Eigentumsvorbehalt an einer zur Ausfuhr bestimmten beweglichen Sache untersteht dem Recht des Bestimmungsstaates.

e)   Rechtswahl

104 Die Parteien können den Erwerb und den Verlust dinglicher Rechte an beweglichen Sachen dem Recht des Abgangs- oder des Bestimmungsstaates oder dem Recht unterstellen, dem das zugrundeliegende Rechtsgeschäft untersteht.

Die Rechtswahl kann Dritten nicht entgegengehalten werden.

3.   Besondere Regeln

a)   Verpfändung von Forderungen, Wertpapieren und anderen Rechten

105 Die Verpfändung von Forderungen, Wertpapieren und anderen Rechten untersteht dem von den Parteien gewählten Recht. Die Rechtswahl kann Dritten nicht entgegengehalten werden.

Fehlt eine Rechtswahl, so untersteht die Verpfändung von Forderungen und Wertpapieren dem Recht am gewöhnlichen Aufenthalt des Pfandgläubigers; die Verpfändung anderer Rechte untersteht dem auf diese anwendbaren Recht.

Dem Schuldner kann nur das Recht entgegengehalten werden, dem das verpfändete Recht untersteht.

b)   Warenpapiere

106 Das in einem Warenpapier bezeichnete Recht bestimmt, ob das Papier die Ware vertritt. Ist im Papier kein Recht bezeichnet, so gilt das Recht des Staates, in dem der Aussteller seine Niederlassung hat.

Vertritt ein Papier die Ware, so unterstehen die dinglichen Rechte am Papier und an der Ware dem Recht, das auf das Warenpapier als bewegliche Sache anwendbar ist.

Machen verschiedene Parteien dingliche Rechte an der Ware geltend, die einen unmittelbar, die anderen aufgrund eines Warenpapiers, so entscheidet über den Vorrang das auf die Ware selbst anwendbare Recht.

c)   Transportmittel

107 Die Bestimmungen anderer Gesetze über dingliche Rechte an Schiffen, Luftfahrzeugen und anderen Transportmitteln sind vorbehalten.
Vgl. ZGB Art. 714 Anm.

III.   Ausländische Entscheidungen

108 Ausländische Entscheidungen über dingliche Rechte an Grundstücken werden in der Schweiz anerkannt, wenn sie im Staat, in dem sie liegen, ergangen sind oder wenn sie dort anerkannt werden.

Ausländische Entscheidungen über dingliche Rechte an beweglichen Sachen werden in der Schweiz anerkannt:

a) wenn sie im Staat ergangen sind, in dem der Beklagte seinen Wohnsitz hat;

b) wenn sie im Staat, in dem die Sache liegt, ergangen sind, sofern der Beklagte dort seinen gewöhnlichen Aufenthalt hatte, oder

c) wenn sie im Staat ergangen sind, in dem sich der vereinbarte Gerichtsstand befindet.

8. Kapitel
Immaterialgüterrecht

(Art. 109–111)

9. Kapitel
Obligationenrecht

1. Abschnitt:
Verträge

I. Zuständigkeit

1. Grundsatz

Für Klagen aus Vertrag sind die schweizerischen Gerichte am Wohnsitz **112** des Beklagten oder, wenn ein solcher fehlt, diejenigen an seinem gewöhnlichen Aufenthalt zuständig.

Für Klagen aufgrund der Tätigkeit einer Niederlassung in der Schweiz sind überdies die Gerichte am Ort der Niederlassung zuständig.

2. Erfüllungsort

Hat der Beklagte weder Wohnsitz oder gewöhnlichen Aufenthalt, noch **113** eine Niederlassung in der Schweiz, ist aber die Leistung in der Schweiz zu erbringen, so kann beim schweizerischen Gericht am Erfüllungsort geklagt werden.

3. Verträge mit Konsumenten

Für die Klagen eines Konsumenten aus einem Vertrag, der den Voraus- **114** setzungen von Artikel 120 Absatz 1 entspricht, sind nach Wahl des Konsumenten die schweizerischen Gerichte zuständig:

 a) am Wohnsitz oder am gewöhnlichen Aufenthalt des Konsumenten, oder

 b) am Wohnsitz des Anbieters oder, wenn ein solcher fehlt, an dessen gewöhnlichem Aufenthalt.

Der Konsument kann nicht zum voraus auf den Gerichtsstand an seinem Wohnsitz oder an seinem gewöhnlichen Aufenthalt verzichten.

4. Arbeitsverträge

Für Klagen aus Arbeitsvertrag sind die schweizerischen Gerichte am **115** Wohnsitz des Beklagten oder am Ort zuständig, wo der Arbeitnehmer gewöhnlich seine Arbeit verrichtet.

Für Klagen des Arbeitnehmers sind überdies die schweizerischen Gerichte an seinem Wohnsitz oder an seinem gewöhnlichen Aufenthalt zuständig.

II. Anwendbares Recht

1. Im allgemeinen

a) Rechtswahl

116 Der Vertrag untersteht dem von den Parteien gewählten Recht.

Die Rechtswahl muß ausdrücklich sein oder sich eindeutig aus dem Vertrag oder aus den Umständen ergeben. Im übrigen untersteht sie dem gewählten Recht.

Die Rechtswahl kann jederzeit getroffen oder geändert werden. Wird sie nach Vertragsabschluß getroffen oder geändert, so wirkt sie auf den Zeitpunkt des Vertragsabschlusses zurück. Die Rechte Dritter sind vorbehalten.

Abs. 2: BGE 119 II 173.

b) Fehlen einer Rechtswahl

117 Bei Fehlen einer Rechtswahl untersteht der Vertrag dem Recht des Staates, mit dem er am engsten zusammenhängt.

Es wird vermutet, der engste Zusammenhang bestehe mit dem Staat, in dem die Partei, welche die charakteristische Leistung erbringen soll, ihren gewöhnlichen Aufenthalt hat oder, wenn sie den Vertrag aufgrund einer beruflichen oder gewerblichen Tätigkeit geschlossen hat, in dem sich ihre Niederlassung befindet.

Als charakteristische Leistung gilt namentlich:
a) bei Veräußerungsverträgen die Leistung des Veräußerers;
b) bei Gebrauchsüberlassungsverträgen die Leistung der Partei, die eine Sache oder ein Recht zum Gebrauch überläßt;
c) bei Auftrag, Werkvertrag und ähnlichen Dienstleistungsverträgen die Dienstleistung;
d) bei Verwahrungsverträgen die Leistung des Verwahrers;
e) bei Garantie- oder Bürgschaftsverträgen die Leistung des Garanten oder des Bürgen.

Abs. 3 lit. c: BGE 119 II 173 (Akkreditiv).

2. Im besonderen

a) Kauf beweglicher körperlicher Sachen

118 Für den Kauf beweglicher körperlicher Sachen gilt das Haager Übereinkommen vom 15. Juni 1955 betreffend das auf internationale

Kaufverträge über bewegliche körperliche Sachen anzuwendende Recht.

Artikel 120 ist vorbehalten.

<small>Abs. 1: SR 0.221.211.4. Vgl. aber auch das Übereinkommen der Vereinten Nationen vom 11. April 1980 über Verträge über den internationalen Warenkauf (BBl 1989 III 953).</small>

b)   Grundstücke

119 Verträge über Grundstücke oder deren Gebrauch unterstehen dem Recht des Staates, in dem sich die Grundstücke befinden.

Eine Rechtswahl ist zulässig.

Die Form untersteht dem Recht des Staates, in dem sich das Grundstück befindet, es sei denn, dieses Recht lasse die Anwendung eines anderen Rechts zu. Für ein Grundstück in der Schweiz richtet sich die Form nach schweizerischem Recht.

c)   Verträge mit Konsumenten

120 Verträge über Leistungen des üblichen Verbrauchs, die für den persönlichen oder familiären Gebrauch des Konsumenten bestimmt sind und nicht im Zusammenhang mit der beruflichen oder gewerblichen Tätigkeit des Konsumenten stehen, unterstehen dem Recht des Staates, in dem der Konsument seinen gewöhnlichen Aufenthalt hat:

a) wenn der Anbieter die Bestellung in diesem Staat entgegengenommen hat;

b) wenn in diesem Staat dem Vertragsabschluß ein Angebot oder eine Werbung vorausgegangen ist und der Konsument in diesem Staat die zum Vertragsabschluß erforderlichen Rechtshandlungen vorgenommen hat, oder

c) wenn der Anbieter den Konsumenten veranlaßt hat, sich ins Ausland zu begeben und seine Bestellung dort abzugeben.

Eine Rechtswahl ist ausgeschlossen.

d)   Arbeitsverträge

121 Der Arbeitsvertrag untersteht dem Recht des Staates, in dem der Arbeitnehmer gewöhnlich seine Arbeit verrichtet.

Verrichtet der Arbeitnehmer seine Arbeit gewöhnlich in mehreren Staaten, so untersteht der Arbeitsvertrag dem Recht des Staates, in dem sich die Niederlassung oder, wenn eine solche fehlt, der Wohnsitz oder der gewöhnliche Aufenthalt des Arbeitgebers befindet.

Die Parteien können den Arbeitsvertrag dem Recht des Staates unterstellen, in dem der Arbeitnehmer seinen gewöhnlichen Aufenthalt hat oder in dem der Arbeitgeber seine Niederlassung, seinen Wohnsitz oder seinen gewöhnlichen Aufenthalt hat.

c)   Verträge über Immaterialgüterrechte

122 Verträge über Immaterialgüterrechte unterstehen dem Recht des Staates, in dem derjenige, der das Immaterialgüterrecht überträgt oder die Benutzung an ihm einräumt, seinen gewöhnlichen Aufenthalt hat.

Eine Rechtswahl ist zulässig.

Verträge zwischen Arbeitgebern und Arbeitnehmern über Rechte an Immaterialgütern, die der Arbeitnehmer im Rahmen der Erfüllung des Arbeitsvertrages geschaffen hat, unterstehen dem auf den Arbeitsvertrag anwendbaren Recht.

3.   Gemeinsame Bestimmungen

a)   Schweigen auf einen Antrag

123 Schweigt eine Partei auf einen Antrag zum Abschluß eines Vertrages, so kann sie sich für die Wirkungen des Schweigens auf das Recht des Staates berufen, in dem sie ihren gewöhnlichen Aufenthalt hat.

b)   Form

124 Der Vertrag ist formgültig, wenn er dem auf den Vertrag anwendbaren Recht oder dem Recht am Abschlußort entspricht.

Befinden sich die Parteien im Zeitpunkt des Vertragsabschlusses in verschiedenen Staaten, so genügt es, wenn die Form dem Recht eines dieser Staaten entspricht.

Schreibt das auf den Vertrag anwendbare Recht die Beachtung einer Form zum Schutz einer Partei vor, so richtet sich die Formgültigkeit ausschließlich nach diesem Recht, es sei denn, dieses lasse die Anwendung eines anderen Rechts zu.

c)   Erfüllungs- und Untersuchungsmodalitäten

125 Erfüllungs- und Untersuchungsmodalitäten unterstehen dem Recht des Staates, in dem sie tatsächlich erfolgen.

d)   Stellvertretung

126 Bei rechtsgeschäftlicher Vertretung untersteht das Verhältnis zwischen dem Vertretenen und dem Vertreter dem auf ihren Vertrag anwendbaren Recht.

Die Voraussetzungen, unter denen eine Handlung des Vertreters den Vertretenen gegenüber dem Dritten verpflichtet, unterstehen dem Recht des Staates, in dem der Vertreter seine Niederlassung hat oder, wenn eine solche fehlt oder für den Dritten nicht erkennbar ist, dem Recht des Staates, in dem der Vertreter im Einzelfall hauptsächlich handelt.

Steht der Vertreter in einem Arbeitsverhältnis zum Vertretenen und besitzt er keine eigene Geschäftsniederlassung, so befindet sich der Ort seiner Niederlassung am Sitz des Vertretenen.

Das nach Absatz 2 anwendbare Recht gilt auch für das Verhältnis zwischen dem nicht ermächtigten Vertreter und dem Dritten.

2. Abschnitt

Ungerechtfertigte Bereicherung

I. Zuständigkeit

127 Für Klagen aus ungerechtfertigter Bereicherung sind die schweizerischen Gerichte am Wohnsitz des Beklagten oder, wenn ein solcher fehlt, diejenigen an seinem gewöhnlichen Aufenthalt oder am Ort seiner Niederlassung zuständig.

II. Anwendbares Recht

128 Ansprüche aus ungerechtfertigter Bereicherung unterstehen dem Recht, dem das bestehende oder das vermeintliche Rechtsverhältnis unterstellt ist, aufgrund dessen die Bereicherung stattgefunden hat.

Besteht kein Rechtsverhältnis, so unterstehen die Ansprüche aus ungerechtfertigter Bereicherung dem Recht des Staates, in dem die Bereicherung eingetreten ist; die Parteien können vereinbaren, daß das Recht am Gerichtsort anzuwenden ist.

3. Abschnitt

Unerlaubte Handlungen

I. Zuständigkeit

1. Grundsatz

129 Für Klagen aus unerlaubter Handlung sind die schweizerischen Gerichte am Wohnsitz des Beklagten oder, wenn ein solcher fehlt, diejenigen an seinem gewöhnlichen Aufenthalt oder am Ort seiner Niederlassung zuständig.

Hat der Beklagte weder Wohnsitz oder gewöhnlichen Aufenthalt, noch eine Niederlassung in der Schweiz, so kann beim schweizerischen Gericht am Handlungs- oder am Erfolgsort geklagt werden.

Können mehrere Beklagte in der Schweiz belangt werden und stützen sich die Ansprüche im wesentlichen auf die gleichen Tatsachen und Rechtsgründe, so kann bei jedem zuständigen Richter gegen alle geklagt werden; der zuerst angerufene Richter ist ausschließlich zuständig.

2. Im besonderen

130 Ist durch eine Kernanlage oder beim Transport von Kernmaterialien Schaden verursacht worden, so sind die schweizerischen Gerichte des Ortes zuständig, an dem das schädigende Ereignis eingetreten ist.

Kann dieser Ort nicht ermittelt werden, so sind:

a) wenn der Inhaber einer Kernanlage haftet, die schweizerischen Gerichte des Ortes zuständig, in dem die Kernanlage gelegen ist;

b) wenn der Inhaber einer Transportbewilligung haftet, die schweizerischen Gerichte des Ortes zuständig, an dem der Inhaber der Transportbewilligung seinen Wohnsitz oder sein Gerichtsdomizil hat.

Klagen zur Durchsetzung des Auskunftsrechts gegen den Inhaber einer Datensammlung können bei den in Artikel 129 genannten Gerichten oder bei den schweizerischen Gerichten am Ort, wo die Datensammlung geführt oder verwendet wird, eingereicht werden.

3. Unmittelbares Forderungsrecht

131 Für Klagen aufgrund eines unmittelbaren Forderungsrechts gegen den Haftpflichtversicherer sind die schweizerischen Gerichte am Ort der Niederlassung des Versicherers oder diejenigen am Handlungs- oder am Erfolgsort zuständig.

II. Anwendbares Recht

1. Im allgemeinen

a) Rechtswahl

132 Die Parteien können nach Eintritt des schädigenden Ereignisses stets vereinbaren, daß das Recht am Gerichtsort anzuwenden ist.

b) Fehlen einer Rechtswahl

133 Haben Schädiger und Geschädigter ihren gewöhnlichen Aufenthalt im gleichen Staat, so unterstehen Ansprüche aus unerlaubter Handlung dem Recht dieses Staates.

Haben Schädiger und Geschädigter ihren gewöhnlichen Aufenthalt nicht im gleichen Staat, so ist das Recht des Staates anzuwenden, in dem die unerlaubte Handlung begangen worden ist. Tritt der Erfolg nicht in dem Staat ein, in dem die unerlaubte Handlung begangen worden ist, so ist das Recht des Staates anzuwenden, in dem der Erfolg eintritt, wenn der Schädiger mit dem Eintritt des Erfolges in diesem Staat rechnen mußte.

Wird durch eine unerlaubte Handlung ein zwischen Schädiger und Geschädigtem bestehendes Rechtsverhältnis verletzt, so unterstehen Ansprüche aus unerlaubter Handlung, ungeachtet der Absätze 1 und 2, dem Recht, dem das vorbestehende Rechtsverhältnis unterstellt ist.

2. Im besonderen

a) Straßenverkehrsunfälle

Für Ansprüche aus Straßenverkehrsunfällen gilt das Haager Übereinkommen vom 4. Mai 1971 über das auf Straßenverkehrsunfälle anwendbare Recht.
SR 0.741.31.

b) Produktemängel

Ansprüche aus Mängeln oder mangelhafter Beschreibung eines Produktes unterstehen nach Wahl des Geschädigten:

a) dem Recht des Staates, in dem der Schädiger seine Niederlassung oder, wenn eine solche fehlt, seinen gewöhnlichen Aufenthalt hat, oder

b) dem Recht des Staates, in dem das Produkt erworben worden ist, sofern der Schädiger nicht nachweist, daß es in diesem Staat ohne sein Einverständnis in den Handel gelangt ist.

Unterstehen Ansprüche aus Mängeln oder mangelhafter Beschreibung eines Produktes ausländischem Recht, so können in der Schweiz keine weitergehenden Leistungen zugesprochen werden, als nach schweizerischem Recht für einen solchen Schaden zuzusprechen wären.

c) Unlauterer Wettbewerb

Ansprüche aus unlauterem Wettbewerb unterstehen dem Recht des Staates, auf dessen Markt die unlautere Handlung ihre Wirkung entfaltet.

Richtet sich die Rechtsverletzung ausschließlich gegen betriebliche Interessen des Geschädigten, so ist das Recht des Staates anzuwenden, in dem sich die betroffene Niederlassung befindet.

Artikel 133 Absatz 3 ist vorbehalten.

d) Wettbewerbsbehinderung

137 Ansprüche aus Wettbewerbsbehinderung unterstehen dem Recht des Staates, auf dessen Markt der Geschädigte von der Behinderung unmittelbar betroffen ist.

Unterstehen Ansprüche aus Wettbewerbsbehinderung ausländischem Recht, so können in der Schweiz keine weitergehenden Leistungen zugesprochen werden, als nach schweizerischem Recht für eine unzulässige Wettbewerbsbehinderung zuzusprechen wären.

e) Immissionen

138 Ansprüche aus schädigenden Einwirkungen, die von einem Grundstück ausgehen, unterstehen nach Wahl des Geschädigten dem Recht des Staates, in dem das Grundstück liegt, oder dem Recht des Staates, in dem der Erfolg einer Einwirkung eintritt.

f) Persönlichkeitsverletzung

139 Ansprüche aus Verletzung der Persönlichkeit durch Medien, insbesondere durch Presse, Radio, Fernsehen, oder durch andere Informationsmittel in der Öffentlichkeit unterstehen nach Wahl des Geschädigten:

a) dem Recht des Staates, in dem der Geschädigte seinen gewöhnlichen Aufenthalt hat, sofern der Schädiger mit dem Eintritt des Erfolges in diesem Staat rechnen mußte;

b) dem Recht des Staates, in dem der Urheber der Verletzung seine Niederlassung oder seinen gewöhnlichen Aufenthalt hat, oder

c) dem Recht des Staates, in dem der Erfolg der verletzenden Handlung eintritt, sofern der Schädiger mit dem Eintritt des Erfolges in diesem Staat rechnen mußte.

Das Gegendarstellungsrecht gegenüber periodisch erscheinenden Medien richtet sich ausschließlich nach dem Recht des Staates, in dem das Druckerzeugnis erschienen ist oder von dem aus die Radio- oder Fernsehmeldung verbreitet wurde.

Absatz 1 ist auch anwendbar auf Ansprüche aus Verletzung der Persönlichkeit durch das Bearbeiten von Personendaten sowie aus Beeinträchtigung des Rechts auf Auskunft über Personendaten.

3. Besondere Bestimmungen

a) Mehrfache Haftpflichtige

140 Sind mehrere Personen an einer unerlaubten Handlung beteiligt, so ist für jede von ihnen das anwendbare Recht gesondert zu bestimmen, unabhängig von der Art ihrer Beteiligung.

b)   Unmittelbares Forderungsrecht

141 Der Geschädigte kann seinen Anspruch direkt gegen den Versicherer des Haftpflichtigen geltend machen, wenn das auf die unerlaubte Handlung oder auf den Versicherungsvertrag anwendbare Recht es vorsieht.

4.   Geltungsbereich

142 Das auf die unerlaubte Handlung anwendbare Recht bestimmt insbesondere die Deliktsfähigkeit, die Voraussetzungen und den Umfang der Haftung sowie die Person des Haftpflichtigen.

Sicherheits- und Verhaltensvorschriften am Ort der Handlung sind zu berücksichtigen.

4. Abschnitt
Gemeinsame Bestimmungen

I.   Mehrheit von Schuldnern

1.   Ansprüche gegen mehrere Schuldner

143 Hat der Gläubiger Ansprüche gegen mehrere Schuldner, so unterstehen die Rechtsfolgen daraus dem Recht, dem das Rechtsverhältnis zwischen dem Gläubiger und dem in Anspruch genommenen Schuldner unterstellt ist.

2.   Rückgriff zwischen Schuldnern

144 Ein Schuldner kann auf einen anderen Schuldner unmittelbar oder durch Eintritt in die Rechtsstellung des Gläubigers insoweit Rückgriff nehmen, als es die Rechte zulassen, denen die entsprechenden Schulden unterstehen.

Die Durchführung des Rückgriffs untersteht dem gleichen Recht wie die Schuld des Rückgriffsverpflichteten. Fragen, die nur das Verhältnis zwischen Gläubiger und Rückgriffsberechtigtem betreffen, unterstehen dem Recht, das auf die Schuld des Rückgriffsberechtigten anwendbar ist.

Ob einer Einrichtung, die öffentliche Aufgaben wahrnimmt, ein Rückgriffsrecht zusteht, bestimmt sich nach dem auf diese Einrichtung anwendbaren Recht. Für die Zulässigkeit und die Durchführung des Rückgriffes gelten die Absätze 1 und 2.

II. Übergang einer Forderung

1. Abtretung durch Vertrag

145 Die Abtretung einer Forderung durch Vertrag untersteht dem von den Parteien gewählten Recht oder, wenn ein solches fehlt, dem auf die Forderung anzuwendenden Recht. Die Rechtswahl ist gegenüber dem Schuldner ohne dessen Zustimmung unwirksam.

Für die Abtretung einer Forderung des Arbeitnehmers ist die Rechtswahl nur insoweit wirksam, als Artikel 121 Absatz 3 sie für den Arbeitsvertrag zuläßt.

Die Form der Abtretung untersteht ausschließlich dem auf den Abtretungsvertrag anwendbaren Recht.

Fragen, die nur das Verhältnis zwischen den Parteien des Abtretungsvertrages betreffen, unterstehen dem Recht, welches auf das der Abtretung zugrundeliegende Rechtsverhältnis anwendbar ist.

2. Übergang kraft Gesetzes

146 Der Übergang einer Forderung kraft Gesetzes untersteht dem Recht des zugrundeliegenden Rechtsverhältnisses zwischen altem und neuem Gläubiger oder, wenn ein solches fehlt, dem Recht der Forderung.

Vorbehalten sind die Bestimmungen des Rechts der Forderung, die den Schuldner schützen.

III. Währung

147 Was unter einer Währung zu verstehen ist, bestimmt das Recht des Staates, dessen Währung in Frage steht.

Die Wirkungen einer Währung auf die Höhe einer Schuld unterstehen dem Recht, das auf die Schuld anwendbar ist.

In welcher Währung zu zahlen ist, richtet sich nach dem Recht des Staates, in dem die Zahlung zu erfolgen hat.

IV. Verjährung und Erlöschen einer Forderung

148 Verjährung und Erlöschen einer Forderung unterstehen dem auf die Forderung anwendbaren Recht.

Bei der Verrechnung untersteht das Erlöschen dem Recht der Forderung, deren Tilgung mit der Verrechnung bezweckt ist.

Die Neuerung, der Erlaß- und der Verrechnungsvertrag richten sich nach den Bestimmungen dieses Gesetzes über das auf Verträge anwendbare Recht (Art. 116 ff.).

5. Abschnitt
Ausländische Entscheidungen

149 Ausländische Entscheidungen über obligationenrechtliche Ansprüche werden in der Schweiz anerkannt, wenn sie im Staat ergangen sind:
a) in dem der Beklagte seinen Wohnsitz hatte, oder
b) in dem der Beklagte seinen gewöhnlichen Aufenthalt hatte und die Ansprüche mit einer Tätigkeit an diesem Ort zusammenhängen.

Eine ausländische Entscheidung wird ferner anerkannt:
a) wenn sie eine vertragliche Leistung betrifft, im Staat der Erfüllung dieser Leistung ergangen ist und der Beklagte seinen Wohnsitz nicht in der Schweiz hatte;
b) wenn sie Ansprüche aus Verträgen mit Konsumenten betrifft und am Wohnsitz oder am gewöhnlichen Aufenthalt des Konsumenten ergangen ist, und die Voraussetzungen von Artikel 120 Absatz 1 erfüllt sind;
c) wenn sie Ansprüche aus einem Arbeitsvertrag betrifft, am Arbeits- oder Betriebsort ergangen ist und der Arbeitnehmer seinen Wohnsitz nicht in der Schweiz hatte;
d) wenn sie Ansprüche aus dem Betrieb einer Niederlassung betrifft und am Sitz dieser Niederlassung ergangen ist;
e) wenn sie Ansprüche aus ungerechtfertigter Bereicherung betrifft, am Handlungs- oder am Erfolgsort ergangen ist und der Beklagte seinen Wohnsitz nicht in der Schweiz hatte, oder
f) wenn sie Ansprüche aus unerlaubter Handlung betrifft, am Handlungs- oder am Erfolgsort ergangen ist und der Beklagte seinen Wohnsitz nicht in der Schweiz hatte.

10. Kapitel
Gesellschaftsrecht

I. Begriffe

150 Als Gesellschaften im Sinne dieses Gesetzes gelten organisierte Personenzusammenschlüsse und organisierte Vermögenseinheiten.

Für einfache Gesellschaften, die sich keine Organisation gegeben haben, gilt das auf Verträge anwendbare Recht (Art. 116 ff.).

II. Zuständigkeit

1. Grundsatz

151 In gesellschaftsrechtlichen Streitigkeiten sind die schweizerischen Gerichte am Sitz der Gesellschaft zuständig für Klagen gegen die Gesellschaft, die Gesellschafter oder die aus gesellschaftsrechtlicher Verantwortlichkeit haftenden Personen.

Für Klagen gegen einen Gesellschafter oder gegen eine aus gesellschaftsrechtlicher Verantwortlichkeit haftende Person sind auch die schweizerischen Gerichte am Wohnsitz oder, wenn ein solcher fehlt, diejenigen am gewöhnlichen Aufenthalt des Beklagten zuständig.

Für Klagen aus Verantwortlichkeit infolge öffentlicher Ausgabe von Beteiligungspapieren und Anleihen sind außerdem die schweizerischen Gerichte am Ausgabeort zuständig. Diese Zuständigkeit kann durch eine Gerichtsstandsvereinbarung nicht ausgeschlossen werden.

2. Haftung für ausländische Gesellschaften

152 Für Klagen gegen die nach Artikel 159 haftenden Personen oder gegen die ausländische Gesellschaft, für die sie handeln, sind zuständig:

a) die schweizerischen Gerichte am Wohnsitz oder, wenn ein solcher fehlt, diejenigen am gewöhnlichen Aufenthalt des Beklagten, oder

b) die schweizerischen Gerichte am Ort, an dem die Gesellschaft tatsächlich verwaltet wird.

3. Schutzmaßnahmen

153 Für Maßnahmen zum Schutze des in der Schweiz gelegenen Vermögens von Gesellschaften mit Sitz im Ausland sind die schweizerischen Gerichte oder Behörden am Ort des zu schützenden Vermögenswertes zuständig.

III. Anwendbares Recht

1. Grundsatz

154 Gesellschaften unterstehen dem Recht des Staates, nach dessen Vorschriften sie organisiert sind, wenn sie die darin vorgeschriebenen Publizitäts- oder Registrierungsvorschriften dieses Rechts erfüllen oder, falls solche Vorschriften nicht bestehen, wenn sie sich nach dem Recht dieses Staates organisiert haben.

Erfüllt eine Gesellschaft diese Voraussetzungen nicht, so untersteht sie dem Recht des Staates, in dem sie tatsächlich verwaltet wird.
Abs. 1: BGE 117 II 494.

2. Umfang

155 Unter Vorbehalt der Artikel 156–161 bestimmt das auf die Gesellschaft anwendbare Recht insbesondere:
 a) die Rechtsnatur;
 b) die Entstehung und den Untergang;
 c) die Rechts- und Handlungsfähigkeit;
 d) den Namen oder die Firma;
 e) die Organisation;
 f) die internen Beziehungen, namentlich diejenigen zwischen der Gesellschaft und ihren Mitgliedern;
 g) die Haftung aus Verletzung gesellschaftsrechtlicher Vorschriften;
 h) die Haftung für ihre Schulden;
 i) die Vertretung der aufgrund ihrer Organisation handelnden Personen.

IV. Sonderanknüpfungen

1. Ansprüche aus öffentlicher Ausgabe von Beteiligungspapieren und Anleihen

156 Ansprüche aus öffentlicher Ausgabe von Beteiligungspapieren und Anleihen aufgrund von Prospekten, Zirkularen und ähnlichen Bekanntmachungen können nach dem auf die Gesellschaft anwendbaren Recht oder nach dem Recht des Staates geltend gemacht werden, in dem die Ausgabe erfolgt ist.

2. Namens- und Firmenschutz

157 Wird in der Schweiz der Name oder die Firma einer im schweizerischen Handelsregister eingetragenen Gesellschaft verletzt, so richtet sich deren Schutz nach schweizerischem Recht.

Ist eine Gesellschaft nicht im schweizerischen Handelsregister eingetragen, so richtet sich der Schutz ihres Namens oder ihrer Firma nach dem auf unlauteren Wettbewerb (Art. 136) oder nach dem auf die Persönlichkeitsverletzung anwendbaren Recht (Art. 132, 133 und 139).

3. Beschränkung der Vertretungsbefugnis

158 Eine Gesellschaft kann sich nicht auf die Beschränkung der Vertretungsbefugnis eines Organs oder eines Vertreters berufen, die dem

Recht des Staates des gewöhnlichen Aufenthalts oder der Niederlassung der anderen Partei unbekannt ist, es sei denn, die andere Partei habe diese Beschränkung gekannt oder hätte sie kennen müssen.

4. Haftung für ausländische Gesellschaften

159 Werden die Geschäfte einer Gesellschaft, die nach ausländischem Recht gegründet worden ist, in der Schweiz oder von der Schweiz aus geführt, so untersteht die Haftung der für sie handelnden Personen schweizerischem Recht.

V. Zweigniederlassung ausländischer Gesellschaften in der Schweiz

160 Eine Gesellschaft mit Sitz im Ausland kann in der Schweiz eine Zweigniederlassung haben. Diese untersteht schweizerischem Recht.

Die Vertretungsmacht einer solchen Zweigniederlassung richtet sich nach schweizerischem Recht. Mindestens eine zur Vertretung befugte Person muß in der Schweiz Wohnsitz haben und im Handelsregister eingetragen sein.

Der Bundesrat erläßt die näheren Vorschriften über die Pflicht zur Eintragung in das Handelsregister.

VI. Verlegung der Gesellschaft vom Ausland in die Schweiz

1. Grundsatz

161 Eine ausländische Gesellschaft kann sich ohne Liquidation und Neugründung dem schweizerischen Recht unterstellen, wenn das ausländische Recht es gestattet, die Gesellschaft die Voraussetzungen des ausländischen Rechts erfüllt und die Anpassung an eine schweizerische Rechtsform möglich ist.

Der Bundesrat kann die Unterstellung unter das schweizerische Recht auch ohne Berücksichtigung des ausländischen Rechts zulassen, insbesondere wenn erhebliche schweizerische Interessen es erfordern.

2. Maßgeblicher Zeitpunkt

162 Eine Gesellschaft, die nach schweizerischem Recht eintragungspflichtig ist, untersteht schweizerischem Recht, sobald sie nachweist, daß sie den Mittelpunkt der Geschäftstätigkeit in die Schweiz verlegt und sich dem schweizerischen Recht angepaßt hat.

Eine Gesellschaft, die nach schweizerischem Recht nicht eintragungspflichtig ist, untersteht dem schweizerischen Recht, sobald der

Wille, dem schweizerischen Recht zu unterstehen, deutlich erkennbar ist, eine genügende Beziehung zur Schweiz besteht und die Anpassung an das schweizerische Recht erfolgt ist.

Eine Kapitalgesellschaft hat vor der Eintragung durch einen Revisionsbericht einer vom Bundesrat hierzu ermächtigten Revisionsstelle nachzuweisen, daß ihr Grundkapital nach schweizerischem Recht gedeckt ist.

VII. Verlegung der Gesellschaft von der Schweiz ins Ausland

1. Grundsatz

163 Eine schweizerische Gesellschaft kann sich ohne Liquidation und Neugründung ausländischem Recht unterstellen, wenn sie nachweist:

a) daß die Voraussetzungen nach schweizerischem Recht erfüllt sind;

b) daß sie nach ausländischem Recht fortbesteht, und

c) daß sie unter Hinweis auf die bevorstehende Änderung des Gesellschaftsstatuts ihre Gläubiger öffentlich zur Anmeldung bestehender Ansprüche aufgefordert hat.

Die Bestimmungen über vorsorgliche Schutzmaßnahmen im Falle internationaler Konflikte im Sinne von Artikel 61 des Bundesgesetzes vom 8. Oktober 1982 über die wirtschaftliche Landesversorgung sind vorbehalten.

Abs. 2: SR 531.

2. Schulden der Gesellschaft

164 Eine im schweizerischen Handelsregister eingetragene Gesellschaft kann nur gelöscht werden, wenn glaubhaft gemacht wird, daß die Gläubiger befriedigt oder ihre Forderungen sichergestellt sind, oder wenn die Gläubiger mit der Löschung einverstanden sind.

Bis die Gläubiger befriedigt oder ihre Forderungen sichergestellt sind, kann die Gesellschaft für diese in der Schweiz betrieben werden.

VIII. Ausländische Entscheidungen

165 Ausländische Entscheidungen über gesellschaftsrechtliche Ansprüche werden in der Schweiz anerkannt, wenn sie im Staat ergangen sind:

a) in dem die Gesellschaft ihren Sitz hat, oder wenn sie dort anerkannt werden und der Beklagte seinen Wohnsitz nicht in der Schweiz hatte, oder

b) in dem der Beklagte seinen Wohnsitz oder seinen gewöhnlichen Aufenthalt hat.

Ausländische Entscheidungen über Ansprüche aus öffentlicher Ausgabe von Beteiligungspapieren und Anleihen aufgrund von Prospekten, Zirkularen und ähnlichen Bekanntmachungen werden in der Schweiz anerkannt, wenn sie im Staat ergangen sind, in dem der Ausgabeort der Beteiligungspapiere oder Anleihen liegt und der Beklagte seinen Wohnsitz nicht in der Schweiz hatte.

11. Kapitel
Konkurs und Nachlaßvertrag

(Art. 166–175)

12. Kapitel
Internationale Schiedsgerichtsbarkeit

(Art. 176–194)

13. Kapitel
Schlußbestimmungen

1. Abschnitt
Aufhebung und Änderung des geltenden Bundesrechts

...

2. Abschnitt
Übergangsbestimmungen

I. Nichtrückwirkung

Die rechtlichen Wirkungen von Sachverhalten oder Rechtsvorgängen, die vor Inkrafttreten dieses Gesetzes entstanden und abgeschlossen sind, beurteilen sich nach bisherigem Recht.

Die rechtlichen Wirkungen von Sachverhalten oder Rechtsvorgängen, die vor Inkrafttreten dieses Gesetzes entstanden, aber auf Dauer angelegt sind, beurteilen sich nach bisherigem Recht. Mit dem Inkrafttreten dieses Gesetzes richtet sich die Wirkung nach neuem Recht.

II. Übergangsrecht

1. Zuständigkeit

Für Klagen oder Begehren, die beim Inkrafttreten dieses Gesetzes hängig sind, bleiben die angerufenen schweizerischen Gerichte oder Behörden zuständig, auch wenn nach diesem Gesetz ihre Zuständigkeit nicht mehr begründet ist.

Klagen oder Begehren, die vor dem Inkrafttreten dieses Gesetzes von schweizerischen Gerichten oder Behörden mangels Zuständigkeit zurückgewiesen wurden, können nach Inkrafttreten dieses Gesetzes erneut erhoben werden, wenn nach diesem Gesetz eine Zuständigkeit begründet ist und der Rechtsanspruch noch geltend gemacht werden kann.

2. Anwendbares Recht

198 Für Klagen oder Begehren, die beim Inkrafttreten dieses Gesetzes in erster Instanz hängig sind, bestimmt sich das anwendbare Recht nach diesem Gesetz.

3. Anerkennung und Vollstreckung ausländischer Entscheidungen

199 Für Begehren auf Anerkennung oder Vollstreckung ausländischer Entscheide, die beim Inkrafttreten dieses Gesetzes hängig sind, richten sich die Voraussetzungen der Anerkennung oder Vollstreckung nach diesem Gesetz.

3. Abschnitt
Referendum und Inkrafttreten

200 Dieses Gesetz untersteht dem fakultativen Referendum.
Der Bundesrat bestimmt das Inkrafttreten.
In Kraft getreten am 1. Januar 1989.

Anhang I a

Bundesgesetz
über das bäuerliche Bodenrecht (BGBB)
(vom 4. Oktober 1991, SR 211.412.11)

1. Titel
Allgemeine Bestimmungen

1. Kapitel
Zweck, Gegenstand und Geltungsbereich

1. Abschnitt
Zweck und Gegenstand

Dieses Gesetz bezweckt: **1**
 a) das bäuerliche Grundeigentum zu fördern und namentlich Familienbetriebe als Grundlage eines gesunden Bauernstandes und einer leistungsfähigen, auf eine nachhaltige Bodenbewirtschaftung ausgerichteten Landwirtschaft zu erhalten und ihre Struktur zu verbessern;
 b) die Stellung des Selbstbewirtschafters einschließlich diejenige des Pächters beim Erwerb landwirtschaftlicher Gewerbe und Grundstücke zu stärken;
 c) übersetzte Preise für landwirtschaftlichen Boden zu bekämpfen.

Das Gesetz enthält Bestimmungen über:
 a) den Erwerb von landwirtschaftlichen Gewerben und Grundstücken;
 b) die Verpfändung von landwirtschaftlichen Grundstücken;
 c) die Teilung landwirtschaftlicher Gewerbe und die Zerstückelung landwirtschaftlicher Grundstücke.

2. Abschnitt
Geltungsbereich

Allgemeiner Geltungsbereich

2 Dieses Gesetz gilt für einzelne oder zu einem landwirtschaftlichen Gewerbe gehörende landwirtschaftliche Grundstücke, die außerhalb einer Bauzone im Sinne des Bundesgesetzes vom 22. Juni 1979 über die Raumplanung liegen und für welche die landwirtschaftliche Nutzung zulässig ist.

Das Gesetz gilt ferner für:
   a) Grundstücke und Grundstücksteile mit landwirtschaftlichen Gebäuden und Anlagen, einschließlich angemessenem Umschwung, die in einer Bauzone liegen und zu einem landwirtschaftlichen Gewerbe gehören;
   b) Waldgrundstücke, die zu einem landwirtschaftlichen Gewerbe gehören;
   c) Grundstücke, die teilweise innerhalb einer Bauzone liegen, solange sie nicht entsprechend den Nutzungszonen aufgeteilt sind;
   d) Grundstücke mit gemischter Nutzung, die nicht in einen landwirtschaftlichen und einen nichtlandwirtschaftlichen Teil aufgeteilt sind.

Das Gesetz gilt nicht für kleine Grundstücke von weniger als 10 Aren Rebland oder 25 Aren anderem Land, die nicht zu einem landwirtschaftlichen Gewerbe gehören.

Abs. 1: SR 700.

3 Besonderer Geltungsbereich

Für Miteigentumsanteile an landwirtschaftlichen Grundstücken gelten die Bestimmungen dieses Gesetzes über die landwirtschaftlichen Grundstücke, soweit das Gesetz nichts anderes vorsieht.

Für Grundstücke, die zu einem nichtlandwirtschaftlichen Nebengewerbe gehören, das mit einem landwirtschaftlichen Gewerbe eng verbunden ist, gelten die Artikel 15 Absatz 2 und 51 Absatz 2.

Die Bestimmungen dieses Gesetzes über den Gewinnanspruch gelten für alle Gewerbe und Grundstücke, die der Veräußerer zur landwirtschaftlichen Nutzung erworben hat.

Die Bestimmungen über die Grenzverbesserungen (Art. 57) und die Maßnahmen zur Verhütung der Überschuldung (Art. 73–79) gelten auch für kleine Grundstücke (Art. 2 Abs. 3).

Besondere Bestimmungen für landwirtschaftliche Gewerbe

4 Für Grundstücke, die für sich allein oder zusammen mit andern Grundstücken ein landwirtschaftliches Gewerbe bilden, gelten die besonderen Bestimmungen dieses Gesetzes über die landwirtschaftlichen Gewerbe.

Die Bestimmungen über die landwirtschaftlichen Gewerbe gelten auch für eine Mehrheitsbeteiligung an einer juristischen Person, deren Aktiven zur Hauptsache aus einem landwirtschaftlichen Gewerbe bestehen.

Die Bestimmungen über landwirtschaftliche Gewerbe gelten nicht für landwirtschaftliche Grundstücke, die:

a) zu einem landwirtschaftlichen Gewerbe gemäß Artikel 8 gehören;

b) mit Genehmigung der Bewilligungsbehörde vom landwirtschaftlichen Gewerbe abgetrennt werden dürfen.

Vorbehalte kantonalen Rechts

5 Die Kantone können:

a) landwirtschaftliche Betriebe, welche die Voraussetzungen von Artikel 7 nicht erfüllen, den Bestimmungen über die landwirtschaftlichen Gewerbe unterstellen;

b) die Anwendung dieses Gesetzes auf Anteils- und Nutzungsrechte an Allmenden, Alpen, Wald und Weiden, die im Eigentum von Allmendgenossenschaften, Alpgenossenschaften, Waldkorporationen oder ähnlichen Körperschaften stehen, ausschließen, es sei denn, diese Rechte gehören zu einem landwirtschaftlichen Gewerbe, für das die Bestimmungen dieses Gesetzes über die landwirtschaftlichen Gewerbe gelten.

2. Kapitel
Begriffe

Landwirtschaftliches Grundstück

6 Als landwirtschaftlich gilt ein Grundstück, das für die landwirtschaftliche oder gartenbauliche Nutzung geeignet ist.

Als landwirtschaftliche Grundstücke gelten auch Anteils- und Nutzungsrechte an Allmenden, Alpen, Wald und Weiden, die im Eigentum von Allmendgenossenschaften, Alpgenossenschaften, Waldkorporationen oder ähnlichen Körperschaften stehen.

Landwirtschaftliches Gewerbe; im allgemeinen

7 Als landwirtschaftliches Gewerbe gilt eine Gesamtheit von landwirtschaftlichen Grundstücken, Bauten und Anlagen, die als Grundlage der landwirtschaftlichen Produktion dient und die mindestens die halbe Arbeitskraft einer bäuerlichen Familie beansprucht.

Unter den gleichen Voraussetzungen gelten auch Betriebe des produzierenden Gartenbaus als landwirtschaftliches Gewerbe.

Bei der Beurteilung, ob ein landwirtschaftliches Gewerbe vorliegt, sind diejenigen Grundstücke zu berücksichtigen, die diesem Gesetz unterstellt sind (Art. 2).

Zudem sind zu berücksichtigen:
 a) die örtlichen Verhältnisse;
 b) die Möglichkeit, fehlende betriebsnotwendige Gebäude zu erstellen oder vorhandene umzubauen, instandzustellen oder zu ersetzen, wenn die entsprechenden Aufwendungen für den Betrieb tragbar sind;
 c) die für längere Dauer zugepachteten Grundstücke.

Ein gemischtes Gewerbe gilt als landwirtschaftliches Gewerbe, wenn es überwiegend landwirtschaftlichen Charakter hat.

Parzellenweise verpachtete Gewerbe

8 Die Bestimmungen über die einzelnen landwirtschaftlichen Grundstücke finden auf ein landwirtschaftliches Gewerbe Anwendung, wenn es seit mehr als sechs Jahren rechtmäßig ganz oder weitgehend parzellenweise verpachtet ist und diese Verpachtung im Sinne von Artikel 31 Absatz 2 Buchstaben e und f des Bundesgesetzes vom 4. Oktober 1985 über die landwirtschaftliche Pacht weder vorübergehenden Charakter hat noch aus persönlichen Gründen erfolgt ist.
SR 221.213.2

Selbstbewirtschafter

9 Selbstbewirtschafter ist, wer den landwirtschaftlichen Boden selber bearbeitet und das landwirtschaftliche Gewerbe persönlich leitet.

Für die Selbstbewirtschaftung geeignet ist, wer die Fähigkeiten besitzt, die nach landesüblicher Vorstellung notwendig sind, um den landwirtschaftlichen Boden selber zu bearbeiten und ein landwirtschaftliches Gewerbe persönlich zu leiten.

Ertragswert

10 Der Ertragswert entspricht dem Kapital, das mit dem Ertrag eines landwirtschaftlichen Gewerbes oder Grundstücks bei landesüblicher Bewirtschaftung zum durchschnittlichen Zinssatz für erste Hypotheken verzinst werden kann. Für die Feststellung des Ertrags und des Zinssatzes ist auf das Mittel mehrerer Jahre (Bemessungsperiode) abzustellen.

Der Bundesrat regelt die Art der Berechnung, die Bemessungsperiode und die Einzelheiten der Schätzung.

Abs. 2: VBB v. 4. Okt. 1993 (SR 211.412.110)

2. Titel
Privatrechtliche Beschränkungen des Verkehrs mit landwirtschaftlichen Gewerben und Grundstücken

1. Kapitel
Erbteilung

1. Abschnitt
Im allgemeinen

Anspruch auf Zuweisung eines landwirtschaftlichen Gewerbes

Befindet sich in der Erbschaft ein landwirtschaftliches Gewerbe, so kann jeder Erbe verlangen, daß ihm dieses in der Erbteilung zugewiesen wird, wenn er es selber bewirtschaften will und dafür als geeignet erscheint.

Verlangt kein Erbe die Zuweisung zur Selbstbewirtschaftung oder erscheint derjenige, der die Zuweisung verlangt, als ungeeignet, so kann jeder pflichtteilsgeschützte Erbe die Zuweisung verlangen.

Wird das landwirtschaftliche Gewerbe einem andern Erben als dem überlebenden Ehegatten zugewiesen, so kann dieser verlangen, daß ihm auf Anrechnung an seine Ansprüche die Nutznießung an einer Wohnung oder ein Wohnrecht eingeräumt wird, wenn es die Umstände zulassen. Die Ehegatten können diesen Anspruch durch einen öffentlich beurkundeten Vertrag ändern oder ausschließen.

Aufschiebung der Erbteilung

12 Hinterläßt der Erblasser als Erben unmündige Nachkommen, so müssen die Erben die Erbengemeinschaft weiterbestehen lassen, bis entschieden werden kann, ob ein Nachkomme das landwirtschaftliche Gewerbe zur Selbstbewirtschaftung übernimmt.

Erfüllt jedoch im Zeitpunkt des Erbgangs ein gesetzlicher Erbe die Voraussetzungen zur Selbstbewirtschaftung, so ist das Gewerbe diesem zuzuweisen.

Ist das landwirtschaftliche Gewerbe auf längere Zeit verpachtet und will es ein Erbe zur Selbstbewirtschaftung übernehmen, so kann er verlangen, daß der Entscheid über die Zuweisung bis spätestens ein Jahr vor Ablauf des Pachtvertrages aufgeschoben wird.

Anspruch auf Zuweisung von Miteigentumsanteilen

13 Befindet sich in der Erbschaft ein Miteigentumsanteil an einem landwirtschaftlichen Gewerbe, so kann jeder Erbe unter den Voraussetzungen, unter denen er die Zuweisung des Gewerbes verlangen könnte, die Zuweisung des Miteigentumsanteils daran beanspruchen.

Anspruch auf Zuweisung bei Gesamteigentum

14 Befindet sich in der Erbschaft eine vererbliche Beteiligung an einem Gesamthandsverhältnis, so kann jeder Erbe unter den Voraussetzungen, unter denen er die Zuweisung des landwirtschaftlichen Gewerbes geltend machen könnte, verlangen, daß er an Stelle des Verstorbenen Gesamthänder wird.

Befindet sich in der Erbschaft eine Beteiligung an einem Gesamthandsverhältnis und wird dieses durch den Tod eines Gesamthänders aufgelöst, so kann jeder Erbe unter den Voraussetzungen, unter denen er die Zuweisung des landwirtschaftlichen Gewerbes geltend machen könnte, verlangen, daß er an Stelle des Verstorbenen an der Liquidation des Gesamthandsverhältnisses mitwirkt.

Betriebsinventar, nichtlandwirtschaftliches Nebengewerbe

15 Der Erbe, der die Zuweisung des landwirtschaftlichen Gewerbes zur Selbstbewirtschaftung geltend macht, kann zudem verlangen, daß ihm das Betriebsinventar (Vieh, Gerätschaften, Vorräte usw.) zugewiesen wird.

Ist mit einem landwirtschaftlichen Gewerbe ein nichtlandwirtschaftliches Nebengewerbe eng verbunden, so kann der Erbe, der einen Anspruch auf Zuweisung geltend macht, die Zuweisung beider Gewerbe verlangen.

Teilung des Gewerbes

Gestattet das landwirtschaftliche Gewerbe nach Umfang und Beschaffenheit die Aufteilung in zwei oder mehrere Gewerbe, die einer bäuerlichen Familie eine gute Existenz bieten, so darf das Gewerbe mit Genehmigung der Bewilligungsbehörde in dieser Weise aufgeteilt werden (Art. 60 Bst. b).

Einen Anspruch auf Aufteilung haben nur Erben, welche die landwirtschaftlichen Gewerbe selber bewirtschaften wollen und dafür als geeignet erscheinen.

Anrechnung an den Erbteil

Das landwirtschaftliche Gewerbe wird dem selbstbewirtschaftenden Erben zum Ertragswert an den Erbteil angerechnet.

Das Betriebsinventar ist zum Nutzwert und das nichtlandwirtschaftliche Nebengewerbe zum Verkehrswert anzurechnen.

Erhöhung des Anrechnungswerts

Ergibt sich bei der Anrechnung zum Ertragswert ein Überschuß an Erbschaftspassiven, so wird der Anrechnungswert entsprechend erhöht, höchstens aber bis zum Verkehrswert.

Die Miterben können ferner eine angemessene Erhöhung des Anrechnungswerts verlangen, wenn besondere Umstände es rechtfertigen.

Als besondere Umstände gelten namentlich der höhere Ankaufswert des Gewerbes oder erhebliche Investitionen, die der Erblasser in den letzten zehn Jahren vor seinem Tod getätigt hat.

Verfügungen des Erblassers bei mehreren übernahmewilligen Erben

Erfüllen mehrere Erben die Voraussetzungen für die Zuweisung des landwirtschaftlichen Gewerbes, so kann der Erblasser durch letztwillige Verfügung oder durch Erbvertrag einen von ihnen als Übernehmer bezeichnen.

Der Erblasser kann einem pflichtteilsgeschützten Erben, der das Gewerbe selber bewirtschaften will und dafür als geeignet erscheint, den Anspruch auf Zuweisung nicht entziehen zugunsten eines Erben, der das Gewerbe nicht selber bewirtschaften will oder dafür nicht als geeignet erscheint, oder zugunsten eines eingesetzten Erben.

Vorbehalten bleiben die Enterbung und der Erbverzicht.

Abs. 3: ZGB Art. 477 ff., 495 ff.

Fehlen einer Verfügung

20 Hat der Erblasser keinen Erben als Übernehmer bezeichnet, so geht der Zuweisungsanspruch eines pflichtteilgeschützten Erben demjenigen eines anderen Erben vor.

Im übrigen sind die persönlichen Verhältnisse des Erben für die Zuweisung maßgebend.

Anspruch auf Zuweisung eines landwirtschaftlichen Grundstücks

21 Befindet sich in der Erbschaft ein landwirtschaftliches Grundstück, das nicht zu einem landwirtschaftlichen Gewerbe gehört, so kann ein Erbe dessen Zuweisung zum doppelten Ertragswert verlangen, wenn er Eigentümer eines landwirtschaftlichen Gewerbes ist oder über ein solches wirtschaftlich verfügt und das Grundstück im ortsüblichen Bewirtschaftungsbereich dieses Gewerbes liegt.

Die Bestimmungen über die Erhöhung des Anrechnungswerts bei landwirtschaftlichen Gewerben und die Beschränkung der Verfügungsfreiheit gelten sinngemäß.

Wegfall des Zuweisungsanspruchs

22 Ein Anspruch auf Zuweisung eines landwirtschaftlichen Gewerbes oder Grundstückes steht dem Erben nicht zu, wenn er bereits Eigentümer eines landwirtschaftlichen Gewerbes ist, das einer bäuerlichen Familie eine überdurchschnittlich gute Existenz bietet, oder wenn er wirtschaftlich über ein solches Gewerbe verfügt.

Sicherung der Selbstbewirtschaftung; Veräußerungsverbot

23 Wird in der Erbteilung ein landwirtschaftliches Gewerbe einem Erben zur Selbstbewirtschaftung zugewiesen, so darf er es während zehn Jahren nur mit Zustimmung der Miterben veräußern.

Keine Zustimmung ist nötig, wenn:

a) ein Nachkomme das landwirtschaftliche Gewerbe erwirbt, der es selber bewirtschaften will und dafür als geeignet erscheint;

b) der Erbe das landwirtschaftliche Gewerbe dem Gemeinwesen zur Erfüllung einer öffentlichen Aufgabe gemäß Artikel 65 veräußert oder wenn es ihm zwangsweise entzogen wird;

c) der Erbe mit Genehmigung der Bewilligungsbehörde einzelne landwirtschaftliche Grundstücke oder Grundstücksteile veräußert (Art. 60).

Sicherung der Selbstbewirtschaftung; Kaufsrecht

Gibt ein Erbe oder sein Nachkomme, an den das landwirtschaftliche Gewerbe übertragen worden ist, innert zehn Jahren die Selbstbewirtschaftung endgültig auf, so hat jeder Miterbe, der das landwirtschaftliche Gewerbe selber bewirtschaften will und dafür als geeignet erscheint, ein Kaufsrecht.

Der Erbe, gegenüber dem das Kaufsrecht ausgeübt wird, hat Anspruch auf den Preis, zu dem ihm das landwirtschaftliche Gewerbe in der Erbteilung angerechnet worden ist. Er hat zudem Anspruch auf Entschädigung für die wertvermehrenden Aufwendungen; diese sind zum Zeitwert zu berechnen.

Das Kaufsrecht ist vererblich, aber nicht übertragbar. Es erlischt drei Monate, nachdem der Kaufsberechtigte von der Aufgabe der Selbstbewirtschaftung Kenntnis erhalten hat, spätestens aber zwei Jahre nachdem die Selbstbewirtschaftung aufgegeben worden ist.

Das Kaufsrecht kann nicht geltend gemacht werden, wenn:

a) ein Nachkomme das landwirtschaftliche Gewerbe zur Selbstbewirtschaftung übernehmen will und dafür als geeignet erscheint;

b) der Erbe stirbt und einer seiner Erben das landwirtschaftliche Gewerbe zur Selbstbewirtschaftung übernehmen will und dafür als geeignet erscheint;

c) der Erbe das landwirtschaftliche Gewerbe dem Gemeinwesen zur Erfüllung einer öffentlichen Aufgabe gemäß Artikel 65 veräußert oder wenn es ihm zwangsweise entzogen wird;

d) der Erbe mit Genehmigung der Bewilligungsbehörde einzelne landwirtschaftliche Grundstücke oder Grundstücksteile veräußert (Art. 60).

Wird die Selbstbewirtschaftung wegen Unfall oder Krankheit aufgegeben und hat der Eigentümer unmündige Nachkommen, so kann das Kaufsrecht solange nicht geltend gemacht werden, bis entschieden werden kann, ob ein Nachkomme das landwirtschaftliche Gewerbe zur Selbstbewirtschaftung übernehmen kann.

OR 216ff.

2. Abschnitt

Kaufrecht von Verwandten

Grundsatz

25 Befindet sich in der Erbschaft ein landwirtschaftliches Gewerbe, so steht, sofern sie geeignete Selbstbewirtschafter sind, ein Kaufrecht zu:
 a) jedem Nachkommen, der nicht Erbe ist;
 b) jedem Geschwister und Geschwisterkind, das nicht Erbe ist, aber beim Verkauf des landwirtschaftlichen Gewerbes ein Vorkaufsrecht geltend machen könnte.
Artikel 11 Absatz 3 gilt sinngemäß.

Konkurrenz mit erbrechtlichem Zuweisungsanspruch

26 Das Kaufrecht kann nicht geltend gemacht werden, wenn:
 a) das landwirtschaftliche Gewerbe bei der Erbteilung einem gesetzlichen Erben zugewiesen wird, der es selber bewirtschaften will und dafür als geeignet erscheint;
 b) die Erbengemeinschaft das landwirtschaftliche Gewerbe einem Nachkommen des Verstorbenen überträgt, der es selber bewirtschaften will und dafür als geeignet erscheint, oder
 c) das Gewerbe während 25 Jahren im Eigentum des Verstorbenen war.
Konkurriert das Kaufrecht mit einem erbrechtlichen Zuweisungsanspruch nach Artikel 11 Absatz 1, so sind die persönlichen Verhältnisse für die Zuweisung maßgebend.
Hinterläßt der Erblasser unmündige Nachkommen, so kann das Kaufrecht solange nicht geltend gemacht werden, bis entschieden werden kann, ob ein Nachkomme das Gewerbe zur Selbstbewirtschaftung übernehmen kann.

Voraussetzungen und Bedingungen

27 Das Kaufrecht kann unter den Voraussetzungen und zu den Bedingungen ausgeübt werden, die für das Vorkaufsrecht gelten.
Reicht der Preis, der für die Ausübung des Kaufrechts nach den Bestimmungen über das Vorkaufsrecht zu zahlen ist, nicht aus, um die Erbschaftspassiven zu decken, so wird der Übernahmepreis entsprechend erhöht, höchstens aber bis zum Verkehrswert.

3. Abschnitt

Gewinnanspruch der Miterben

Grundsatz

28 Wird einem Erben bei der Erbteilung ein landwirtschaftliches Gewerbe oder Grundstück zu einem Anrechnungswert unter dem Verkehrswert zugewiesen, so hat jeder Miterbe bei einer Veräußerung Anspruch auf den seiner Erbquote entsprechenden Anteil am Gewinn.

Jeder Miterbe kann seinen Anspruch selbständig geltend machen. Dieser ist vererblich und übertragbar.

Der Anspruch besteht nur, wenn der Erbe das landwirtschaftliche Gewerbe oder Grundstück innert 25 Jahren seit dem Erwerb veräußert.

Veräußerung

29 Als Veräußerung im Sinne von Artikel 28 gelten:

a) der Verkauf und jedes andere Rechtsgeschäft, das wirtschaftlich einem Verkauf gleichkommt;

b) die Enteignung;

c) die Zuweisung zu einer Bauzone, außer sie betreffe ein landwirtschaftliches Grundstück, das dem bäuerlichen Bodenrecht unterstellt bleibt (Art. 2 Abs. 2 Bst. a);

d) der Übergang von einer landwirtschaftlichen zu einer nichtlandwirtschaftlichen Nutzung (Zweckentfremdung).

Maßgebend für den Zeitpunkt der Veräußerung sind:

a) der Abschluß des Vertrags, mit dem sich der Veräußerer zur Eigentumsübertragung verpflichtet;

b) die Einleitung des Enteignungsverfahrens;

c) die Einleitung des Verfahrens für die Zuweisung eines landwirtschaftlichen Grundstücks zu einer Bauzone;

d) bei Zweckentfremdung das Geschäft, mit welchem dem Berechtigten die nichtlandwirtschaftliche Nutzung erlaubt wird, oder die Handlung des Eigentümers, welche die Nutzungsänderung bewirkt.

Fälligkeit

30 Der Gewinnanspruch wird fällig:

a) bei Verkauf oder Enteignung mit der Fälligkeit der Gegenleistung, die der Verkäufer oder Enteignete fordern kann;

b) bei Zuweisung eines landwirtschaftlichen Grundstücks zu einer Bauzone im Zeitpunkt der Veräußerung oder der Nutzung als Bauland, spätestens aber nach 15 Jahren seit der rechtskräftigen Einzonung;

c) bei Zweckentfremdung, die der Eigentümer veranlaßt, mit der Handlung, welche die Zweckentfremdung bewirkt.

Gewinn

31 Der Gewinn entspricht der Differenz zwischen dem Veräußerungs- und dem Anrechnungswert. Wertvermehrende Aufwendungen am landwirtschaftlichen Gewerbe oder Grundstück kann der Erbe zum Zeitwert abziehen.

Bei Zuweisung eines landwirtschaftlichen Grundstücks zu einer Bauzone wird für die Bemessung des Gewinns auf den mutmaßlichen Verkehrswert abgestellt, wenn innert 15 Jahren keine Veräußerung erfolgt.

Bei der Zweckentfremdung beträgt der Gewinn das Zwanzigfache des tatsächlichen oder möglichen jährlichen Ertrags der nichtlandwirtschaftlichen Nutzung.

Der Erbe kann für jedes volle Jahr, während dessen das landwirtschaftliche Gewerbe oder Grundstück in seinem Eigentum stand, zwei Hundertstel vom Gewinn abziehen (Besitzesdauerabzug).

Sofern dies für den Veräußerer günstiger ist, wird der Gewinnberechnung an Stelle des Besitzesdauerabzugs ein erhöhter Anrechnungswert zugrunde gelegt. Der Anrechnungswert wird um den Prozentsatz erhöht, um den der Ertragswert infolge Änderung der Bemessungsgrundlagen zugenommen hat.

Abzug für Realersatz

32 Erwirbt der Erbe in der Schweiz Ersatzgrundstücke, um darauf sein bisher betriebenes landwirtschaftliches Gewerbe weiterzuführen, oder erwirbt er als Ersatz für das veräußerte Gewerbe ein anderes landwirtschaftliches Gewerbe in der Schweiz, so darf er vom Veräußerungspreis den Erwerbspreis für einen ertragsmäßig gleichwertigen Ersatz abziehen. Der dabei bezahlte Preis darf nicht übersetzt sein (Art. 66).

Ein Abzug ist nur dann zulässig, wenn der Kauf in den zwei Jahren vor oder nach der Veräußerung oder innerhalb fünf Jahren nach der Enteignung stattgefunden hat.

Der Gewinnanspruch der Miterben bleibt erhalten, wenn die restlichen Grundstücke oder die Ersatzgrundstücke veräußert werden.

Abzug für Ausbesserung und für Ersatz von Bauten und Anlagen

33 Der Erbe kann vom Veräußerungspreis ferner den Betrag für die notwendige Ausbesserung einer landwirtschaftlichen Baute oder Anlage abziehen, sofern das Grundstück, auf dem sie sich befindet, aus der gleichen Erbschaft stammt und in seinem Eigentum bleibt.

Berücksichtigt werden der Betrag, der im Zeitpunkt der Veräußerung nötig ist, und jener, den der Eigentümer in den letzten fünf Jahren vor der Veräußerung aufgewendet hat.

Erstellt der Erbe ersatzweise eine neue Baute oder Anlage, um damit den Weiterbestand der landwirtschaftlichen Nutzung zu sichern, so kann er vom Veräußerungspreis den für die Erstellung aufgewendeten Betrag abziehen.

Veräußert der Erbe später das Grundstück, auf dem sich die ausgebesserte oder neuerstellte Baute oder Anlage befindet, so darf er diesen Betrag nicht ein zweites Mal abziehen.

Sicherung des Gewinnanspruchs

34 Ein Miterbe kann seinen Gewinnanspruch durch Errichtung eines Grundpfandes (Grundpfandverschreibung) am zugewiesenen Gewerbe oder Grundstück gemäß den folgenden Bestimmungen sichern lassen.

Der Berechtigte kann jederzeit, spätestens aber bis zum Zeitpunkt der Veräußerung des Gewerbes oder Grundstücks eine vorläufige Eintragung des Pfandrechts ohne Angabe des Pfandbetrags im Grundbuch vormerken lassen. Die vorläufige Eintragung bewirkt, daß das Recht für den Fall einer späteren Feststellung vom Zeitpunkt der Vormerkung an dinglich wirksam wird.

Die Vormerkung erfolgt auf einseitiges Begehren des Berechtigten. Der Grundbuchverwalter macht dem Eigentümer von der erfolgten Vormerkung Mitteilung.
ZGB 793 ff.

Die vorläufige Eintragung fällt dahin, wenn der Miterbe nicht innert dreier Monate seit Kenntnis der Veräußerung des Gewerbes oder Grundstücks die definitive Eintragung des Pfandrechts verlangt. Im übrigen gelten die Bestimmungen des Zivilgesetzbuches über das Pfandrecht der Handwerker und Unternehmer.
Abs. 4: ZGB 839 ff.

Aufhebung oder Änderung des Gewinnanspruchs

35 Der gesetzliche Gewinnanspruch kann durch schriftliche Vereinbarung aufgehoben oder geändert werden.

2. Kapitel

Aufhebung von vertraglich begründetem gemeinschaftlichem Eigentum

Zuweisungsanspruch; Grundsatz

36 Wird vertraglich begründetes Gesamteigentum oder Miteigentum an einem landwirtschaftlichen Gewerbe aufgelöst, so kann jeder Mit- oder Gesamteigentümer verlangen, daß ihm das landwirtschaftliche Gewerbe zugewiesen wird, wenn er es selber bewirtschaften will und dafür als geeignet erscheint.

Wird vertraglich begründetes Gesamteigentum oder Miteigentum an einem landwirtschaftlichen Grundstück aufgelöst, so kann jeder Mit- oder Gesamteigentümer dessen Zuweisung verlangen, wenn:
 a) er Eigentümer eines landwirtschaftlichen Gewerbes ist oder über ein solches wirtschaftlich verfügt;
 b) das Grundstück im ortsüblichen Bewirtschaftungsbereich dieses Gewerbes liegt.

Zum Schutz des Ehegatten bleiben die Artikel 242 oder 243 des Zivilgesetzbuches vorbehalten.

Anrechnungswert

37 Bei der Auflösung von Mit- oder Gesamteigentum wird das landwirtschaftliche Gewerbe zum Ertragswert und das landwirtschaftliche Grundstück zum doppelten Ertragswert angerechnet. Für die Erhöhung des Anrechnungswertes gelten die Bestimmungen über die Erhöhung des Übernahmepreises beim Vorkaufsrecht sinngemäß (Art. 52).

Bei der Auflösung von Mit- oder Gesamteigentum unter Ehegatten, die dem Güterstand der Errungenschaftsbeteiligung unterstehen, bleibt Artikel 213 des Zivilgesetzbuches über die Erhöhung des Ertragswerts vorbehalten.

Bei der Auflösung einer Gütergemeinschaft kann der Anrechnungswert angemessen erhöht werden, wenn die besonderen Umstände nach Artikel 213 des Zivilgesetzbuches dies rechtfertigen.

Die Mit- oder Gesamteigentümer, denen das landwirtschaftliche Gewerbe oder Grundstück nicht zugewiesen worden ist, haben bei einer späteren Veräußerung Anspruch auf den Gewinn nach den Bestimmungen über den Gewinnanspruch der Miterben.

Anwendung erbrechtlicher Bestimmungen

38 Die erbrechtlichen Bestimmungen über den Zuweisungsanspruch bei mehreren übernahmewilligen Erben (Art. 20 Abs. 2), den Wegfall des Zuweisungsanspruchs (Art. 22) und über die Sicherung der Selbstbewirtschaftung (Art. 23 und 24) gelten sinngemäß.

Aufhebung und Abänderung

39 Vereinbarungen über den Anrechnungswert und die Aufhebung oder die Abänderung des Zuweisungesanspruchs bedürfen der öffentlichen Beurkundung. Sie können im Falle von Miteigentum im Grundbuch vorgemerkt werden.

3. Kapitel
Veräußerungsverträge

1. Abschnitt
Allgemeine Verfügungsbeschränkungen bei Veräußerungen

Zustimmung des Ehegatten

40 Der Eigentümer kann ein landwirtschaftliches Gewerbe, das er zusammen mit seinem Ehegatten bewirtschaftet, oder einen Miteigentumsanteil daran nur mit Zustimmung des Ehegatten veräußern.

Kann er diese Zustimmung nicht einholen oder wird sie ihm ohne triftigen Grund verweigert, so kann er den Richter anrufen.

Zum Schutz der Wohnung der Familie bleibt Artikel 169 des Zivilgesetzbuches vorbehalten.

Vertraglicher Gewinnanspruch und vertragliches Rückkaufsrecht

41 Die Vertragsparteien können vereinbaren, daß der Veräußerer eines landwirtschaftlichen Gewerbes oder Grundstücks Anspruch auf den Gewinn hat, wenn diese weiterveräußert werden. Dieser Anspruch untersteht den Bestimmungen über den Gewinnanspruch der Miterben, sofern die Parteien nichts anderes vereinbart haben.

Wird ein landwirtschaftliches Gewerbe oder Grundstück zu einem Preis unter dem Verkehrswert veräußert, ohne daß ein Gewinnanspruch vereinbart worden ist, so bleiben zum Schutz der Erben die Bestimmungen über die Ausgleichung und die Herabsetzung (Art. 626–632 und Art. 522–533 ZGB) vorbehalten. Die Klage auf Herabsetzung und Ausgleichung verjährt nicht, solange der Gewinn nicht fällig ist (Art. 30).

Der Veräußerer kann mit dem Erwerber für den Fall, daß dieser die Selbstbewirtschaftung aufgibt, ein Rückkaufsrecht vereinbaren. Stirbt der Veräußerer und gibt der Erwerber die Selbstbewirtschaftung auf, so kann jeder Erbe, der das Gewerbe selbst bewirtschaften will und dafür als geeignet erscheint, das Rückkaufsrecht selbständig geltend machen.

2. Abschnitt

Vorkaufsrecht der Verwandten

Gegenstand und Rangordnung

42 Wird ein landwirtschaftliches Gewerbe veräußert, so haben daran die nachgenannten Verwandten des Veräußerers ein Vorkaufsrecht in folgender Rangordnung, wenn sie es selber bewirtschaften wollen und dafür als geeignet erscheinen:

1. jeder Nachkomme;
2. jedes Geschwister und Geschwisterkind, wenn der Veräußerer das Gewerbe vor weniger als 25 Jahren ganz oder zum größten Teil von den Eltern oder aus deren Nachlaß erworben hat.

Wird ein landwirtschaftliches Grundstück veräußert, so hat jeder Nachkomme des Veräußerers ein Vorkaufsrecht daran, wenn er Eigentümer eines landwirtschaftlichen Gewerbes ist oder wirtschaftlich über ein solches verfügt und das Grundstück im ortsüblichen Bewirtschaftungsbereich dieses Gewerbes liegt.

Kein Vorkaufsrecht steht demjenigen zu, gegen den der Veräußerer Gründe geltend macht, die eine Enterbung rechtfertigen.

Abs. 3: ZGB 477ff.

Vorkaufsfall

43 Ein Verwandter kann das Vorkaufsrecht auch dann geltend machen, wenn ein landwirtschaftliches Gewerbe oder Grundstück:

a) in eine Gütergemeinschaft, eine Gesellschaft, eine Genossenschaft oder eine andere Körperschaft eingebracht wird;

b) unentgeltlich übertragen wird;
c) an einen anderen Verwandten oder an den Ehegatten veräußert wird.

Übernahmepreis

44 Die Berechtigten können das Vorkaufsrecht an einem landwirtschaftlichen Gewerbe zum Ertragswert und an einem landwirtschaftlichen Grundstück zum doppelten Ertragswert geltend machen.

Gemeinschaftliches Eigentum

45 Wird ein landwirtschaftliches Gewerbe oder Grundstück, an dem gemeinschaftliches Eigentum (Mit- oder Gesamteigentum) besteht, veräußert, so kann das Vorkaufsrecht auch ausgeübt werden, wenn das Verwandtschaftsverhältnis, welches das Vorkaufsrecht begründet, nur zu einem der Gesamt- oder Miteigentümer besteht.

Berechtigte im gleichen Rang

46 Machen mehrere Berechtigte im gleichen Rang ein Vorkaufsrecht geltend, so kann der Veräußerer denjenigen bezeichnen, der in den Kaufvertrag eintreten soll.

Verzichtet der Veräußerer darauf, so sind die persönlichen Verhältnisse der Berechtigten für die Zuweisung eines landwirtschaftlichen Gewerbes maßgebend.

3. Abschnitt
Vorkaufsrecht des Pächters

Gegenstand

47 Wird ein landwirtschaftliches Gewerbe veräußert, so hat der Pächter ein Vorkaufsrecht, wenn:

a) er es selber bewirtschaften will und dafür als geeignet erscheint und

b) die gesetzliche Mindestpachtdauer nach den Bestimmungen des Bundesgesetzes vom 4. Oktober 1985 über die landwirtschaftliche Pacht abgelaufen ist.

Wird ein landwirtschaftliches Grundstück veräußert, so hat der Pächter ein Vorkaufsrecht, wenn:

a) die gesetzliche Mindestpachtdauer nach den Bestimmungen des Bundesgesetzes vom 4. Oktober 1985 über die landwirtschaftliche Pacht abgelaufen ist und

b) der Pächter Eigentümer eines landwirtschaftlichen Gewerbes ist oder wirtschaftlich über ein solches verfügt und das gepachtete Grundstück im ortsüblichen Bewirtschaftungsbereich dieses Gewerbes liegt.

Das Vorkaufsrecht der Verwandten geht demjenigen des Pächters vor.

SR 221.213.2

Zwingendes Recht

48 Der Pächter kann nicht vor Eintritt des Verkaufsfalls auf sein gesetzliches Vorkaufsrecht verzichten.

4. Abschnitt

Vorkaufsrecht an Miteigentumsanteilen

49 Wird ein Miteigentumsanteil an einem landwirtschaftlichen Gewerbe veräußert, so haben daran in folgender Rangordnung ein Vorkaufsrecht:

1. jeder Miteigentümer, der das Gewerbe selber bewirtschaften will und dafür als geeignet erscheint;

2. jeder Nachkomme, jedes Geschwister und Geschwisterkind sowie der Pächter, unter den Voraussetzungen, zu den Bedingungen und in der Rangfolge, die für das Vorkaufsrecht an einem landwirtschaftlichen Gewerbe gelten;

3. jeder andere Miteigentümer nach Artikel 682 des Zivilgesetzbuches.

Wird ein Miteigentumsanteil an einem landwirtschaftlichen Grundstück veräußert, so haben daran in folgender Rangordnung ein Vorkaufsrecht:

1. jeder Miteigentümer, der bereits Eigentümer eines landwirtschaftlichen Gewerbes ist oder über ein solches wirtschaftlich verfügt und das Grundstück im ortsüblichen Bewirtschaftungsbereich dieses Gewerbes liegt;

2. jeder Nachkomme und Pächter, unter den Voraussetzungen, zu den Bedingungen und in der Rangfolge, die für das Vorkaufsrecht an einem landwirtschaftlichen Grundstück gelten;

3. jeder andere Miteigentümer nach Artikel 682 des Zivilgesetzbuches.

Der Miteigentümer, der ein landwirtschaftliches Gewerbe zur Selbstbewirtschaftung oder ein landwirtschaftliches Grundstück im ortsüblichen Bewirtschaftungsbereich des Gewerbes beansprucht, kann das Vorkaufsrecht geltend machen an einem landwirtschaftlichen Gewerbe zum Ertragswert und an einem landwirtschaftlichen Grundstück zum doppelten Ertragswert.

5. Abschnitt

Gemeinsame Bestimmungen zu den bundesrechtlichen Vorkaufsrechten

Wegfall des Vorkaufsrechts

50 Das Vorkaufsrecht an einem landwirtschaftlichen Gewerbe oder Grundstück kann nicht geltend gemacht werden, wenn der Ansprecher bereits Eigentümer eines landwirtschaftlichen Gewerbes ist, das einer bäuerlichen Familie eine überdurchschnittlich gute Existenz bietet, oder wenn er wirtschaftlich über ein solches Gewerbe verfügt.

Umfang des Vorkaufsrechts, Übernahmepreis

51 Hat der Veräusserer das Betriebsinventar (Vieh, Gerätschaften, Vorräte usw.) mitverkauft, so kann er erklären, daß er dieses vom Verkauf ganz oder teilweise ausnehme, wenn das Vorkaufsrecht ausgeübt wird.

Ist mit einem landwirtschaftlichen Gewerbe ein nichtlandwirtschaftliches Nebengewerbe eng verbunden, so kann der Vorkaufsberechtigte die Zuweisung beider Gewerbe verlangen.

Als Übernahmepreis für das Betriebsinventar und das nichtlandwirtschaftliche Nebengewerbe gilt der Anrechnungswert in der Erbteilung (Art. 17 Abs. 2).

Erhöhung des Übernahmepreises

52 Der Veräusserer kann eine angemessene Erhöhung des Übernahmepreises verlangen, wenn besondere Umstände es rechtfertigen.

Als besondere Umstände gelten namentlich der höhere Ankaufswert des Gewerbes und alle erheblichen Investitionen, die in den letzten zehn Jahren vor der Veräusserung getätigt worden sind.

Der Übernahmepreis entspricht in jedem Fall mindestens den Grundpfandschulden.

Gewinnanspruch des Veräußerers

53 Hat der Eigentümer ein landwirtschaftliches Gewerbe oder Grundstück durch Ausübung eines gesetzlichen Vorkaufsrechts unter dem Verkehrswert erworben und veräußert er es weiter, so hat der Veräußerer, gegen den das Vorkaufsrecht ausgeübt wurde, Anspruch auf den Gewinn.

Die Bestimmungen über den Gewinnanspruch der Miterben gelten sinngemäß.

Sicherung der Selbstbewirtschaftung; Veräußerungsverbot

54 Hat ein Eigentümer ein landwirtschaftliches Gewerbe durch Ausübung eines Vorkaufsrechts zur Selbstbewirtschaftung erworben, so darf er es während zehn Jahren nur mit Zustimmung des Verkäufers veräußern.

Keine Zustimmung ist nötig, wenn:

a) ein Nachkomme das landwirtschaftliche Gewerbe erwirbt, der es selber bewirtschaften will und dafür als geeignet erscheint;

b) der Eigentümer das landwirtschaftliche Gewerbe dem Gemeinwesen zur Erfüllung einer öffentlichen Aufgabe gemäß Artikel 65 veräußert oder wenn es ihm zwangsweise entzogen wird;

c) der Eigentümer mit Genehmigung der Bewilligungsbehörde einzelne Grundstücke oder Grundstücksteile veräußert (Art. 60).

Sicherung der Selbstbewirtschaftung; Rückkaufsrecht

55 Gibt ein Eigentümer oder sein Nachkomme, an den das Gewerbe übertragen worden ist, innert zehn Jahren die Selbstbewirtschaftung endgültig auf, so hat der Verkäufer, gegen den das Vorkaufsrecht ausgeübt worden ist, ein Rückkaufsrecht.

Das Rückkaufsrecht ist vererblich, aber nicht übertragbar. Ein Erbe, der das landwirtschaftliche Gewerbe selber bewirtschaften will und dafür als geeignet erscheint, kann das Rückkaufsrecht selbständig geltend machen.

Wird das Rückkaufsrecht ausgeübt, so hat der Eigentümer Anspruch auf den Preis, zu dem er das landwirtschaftliche Gewerbe übernommen hat. Er hat zudem Anspruch auf Entschädigung für die wertvermehrenden Aufwendungen; diese sind zum Zeitwert zu berechnen.

Das Rückkaufsrecht erlischt drei Monate, nachdem der Berechtigte von der Aufgabe der Selbstbewirtschaftung Kenntnis erhalten hat, spätestens aber zwei Jahre, nachdem die Selbstbewirtschaftung aufgegeben worden ist.

Das Rückkaufsrecht kann nicht geltend gemacht werden, wenn:

a) ein Nachkomme des Eigentümers das landwirtschaftliche Gewerbe zur Selbstbewirtschaftung übernehmen will und dafür als geeignet erscheint;

b) der Eigentümer stirbt und ein Erbe das landwirtschaftliche Gewerbe zur Selbstbewirtschaftung übernehmen will, der dafür als geeignet erscheint;

c) der Eigentümer das landwirtschaftliche Gewerbe dem Gemeinwesen zur Erfüllung einer öffentlichen Aufgabe gemäß Artikel 65 veräußert oder wenn es ihm zwangsweise entzogen wird;

d) der Eigentümer mit Genehmigung der Bewilligungsbehörde einzelne Grundstücke oder Grundstücksteile veräußert (Art. 60).

Hinterläßt der Eigentümer unmündige Nachkommen, so kann das Rückkaufsrecht solange nicht geltend gemacht werden, bis feststeht, ob ein Nachkomme das Gewerbe zur Selbstbewirtschaftung übernehmen kann.

6. Abschnitt

Kantonale Vorkaufsrechte

Die Kantone können Vorkaufsrechte vorsehen:

a) an landwirtschaftlichen Grundstücken für Körperschaften, die zum Zwecke von Bodenverbesserungen gegründet worden sind, sofern das Grundstück in ihrem Beizugsgebiet liegt und der Erwerb dem Zweck der Körperschaft dient;

b) an privaten Allmenden, Alpen und Weiden für Gemeinden, Allmend- und Alpgenossenschaften und ähnliche Körperschaften ihres Gebiets;

c) an Nutzungs- und Anteilsrechten an einer Allmende, Alp oder Weide für Körperschaften wie Allmend- oder Alpgenossenschaften, die Eigentümer dieser Allmende, Alp oder Weide sind.

Die gesetzlichen Vorkaufsrechte des Bundesrechts gehen den kantonalen Vorkaufsrechten vor. Die Kantone regeln die Rangfolge der von ihnen eingeführten Vorkaufsrechte.

7. Abschnitt

Grenzverbesserungen

57 Die Eigentümer benachbarter landwirtschaftlicher Grundstücke müssen bei der Verbesserung unzweckmäßiger Grenzen mitwirken.

Sie können einen Landabtausch im erforderlichen Umfang oder die Abtretung bis höchstens fünf Aren fordern, wenn dadurch die Grenze eine wesentliche Verbesserung erfährt.

3. Titel

Öffentlichrechtliche Beschränkungen des Verkehrs mit landwirtschaftlichen Gewerben und Grundstücken

1. Kapitel

Realteilung landwirtschaftlicher Gewerbe und Zerstückelung landwirtschaftlicher Grundstücke

Realteilungs- und Zerstückelungsverbot

58 Von landwirtschaftlichen Gewerben dürfen nicht einzelne Grundstücke oder Grundstücksteile abgetrennt werden (Realteilungsverbot).

Landwirtschaftliche Grundstücke dürfen nicht in Teilstücke unter 25 Aren aufgeteilt werden (Zerstückelungsverbot). Für Rebgrundstücke beträgt diese Mindestfläche 10 Aren. Die Kantone können größere Mindestflächen festlegen.

Landwirtschaftliche Gewerbe und Grundstücke dürfen zudem nicht in Miteigentumsanteile von weniger als einem Zwölftel aufgeteilt werden.

Ausnahmen

59 Das Realteilungs- und das Zerstückelungsverbot gilt nicht für eine Abtrennung oder Teilung:

a) im Rahmen einer Bodenverbesserung, bei der eine Behörde mitwirkt;

b) zum Zweck einer Grenzverbesserung (Art. 57) oder einer Grenzbereinigung bei der Erstellung eines Werks;
c) infolge einer Enteignung oder eines freihändigen Verkaufs, wenn dem Verkäufer die Enteignung angedroht wird;
d) bei einer Zwangsvollstreckung.

Bewilligung von Ausnahmen

Die kantonale Bewilligungsbehörde bewilligt Ausnahmen vom Realteilungs- und Zerstückelungsverbot, wenn: **60**
a) das landwirtschaftliche Gewerbe oder Grundstück in einen Teil innerhalb und in einen Teil außerhalb des Geltungsbereiches dieses Gesetzes aufgeteilt wird;
b) das landwirtschaftliche Gewerbe auch nach der Aufteilung oder der Abtrennung eines Grundstücks oder Grundstücksteils einer bäuerlichen Familie noch eine gute landwirtschaftliche Existenz bietet;
c) ertragsmäßig annähernd gleichwertige Grundstücke oder Grundstücksteile getauscht werden;
c) der abzutrennende Teil der einmaligen Arrondierung eines nichtlandwirtschaftlichen Grundstücks außerhalb der Bauzone dient. Das nichtlandwirtschaftliche Grundstück darf dadurch höchstens um 1000 m^2 vergrößert werden.

2. Kapitel
Erwerb von landwirtschaftlichen Gewerben und Grundstücken

Grundsatz

Wer ein landwirtschaftliches Gewerbe oder Grundstück erwerben will, braucht dazu eine Bewilligung. **61**

Die Bewilligung wird erteilt, wenn kein Verweigerungsgrund vorliegt.

Als Erwerb gilt die Eigentumsübertragung sowie jedes andere Rechtsgeschäft, das wirtschaftlich einer Eigentumsübertragung gleichkommt.

Ausnahmen

62 Keiner Bewilligung bedarf der Erwerb:
- a) durch Erbgang und durch erbrechtliche Zuweisung;
- b) durch einen Nachkommen, den Ehegatten, die Eltern, ein Geschwister oder Geschwisterkind des Veräußerers;
- c) durch einen Mit- oder Gesamteigentümer;
- d) durch die Ausübung eines gesetzlichen Kaufs- oder Rückkaufsrechts;
- e) im Rahmen einer Enteignung oder einer Bodenverbesserung, bei der eine Behörde mitwirkt;
- f) zum Zweck der Grenzbereinigung.

Verweigerungsgründe

63 Die Bewilligung zum Erwerb eines landwirtschaftlichen Gewerbes oder Grundstücks wird verweigert, wenn:
- a) der Erwerber nicht Selbstbewirtschafter ist;
- b) ein übersetzter Preis vereinbart wurde;
- c) der Erwerber rechtlich oder wirtschaftlich bereits über mehr landwirtschaftliche Grundstücke verfügt, als für eine überdurchschnittlich gute Existenz einer bäuerlichen Familie nötig sind;
- d) das zu erwerbende Grundstück außerhalb des ortsüblichen Bewirtschaftungsbereichs des Gewerbes des Erwerbers liegt.

Ausnahmen vom Prinzip der Selbstbewirtschaftung

64 Bei fehlender Selbstbewirtschaftung ist die Bewilligung zu erteilen, wenn der Erwerber einen wichtigen Grund nachweist, namentlich wenn:
- a) der Erwerb dazu dient, ein Gewerbe, das seit langem als Ganzes verpachtet ist, als Pachtbetrieb zu erhalten, einen Pachtbetrieb zu arrondieren oder einen Versuchs- oder Schulbetrieb zu errichten oder zu erhalten;
- b) der Erwerber über eine rechtskräftige Bewilligung für eine nach Artikel 24 des Bundesgesetzes vom 22. Juni 1979 über die Raumplanung zulässige nichtlandwirtschaftliche Nutzung des Bodens verfügt;
- c) der Erwerb im Hinblick auf einen nach dem Raumplanungsrecht zulässigen Abbau von Bodenschätzen erfolgt und die Fläche nicht größer ist, als es der Bedarf des Unternehmens an einer sinnvollen Rohstoffreserve oder an Realersatzland für eine Fläche im Abbaugebiet, je für längstens 15 Jahre, erkennen läßt. Wird das Land nicht innert 15 Jahren seit dem Erwerb bestimmungsgemäß verwendet, so muß es nach den Vorschriften dieses Gesetzes veräußert werden. Das gleiche gilt nach erfolgter Rekultivierung;

d) das landwirtschaftliche Gewerbe oder Grundstück in einer Schutzzone liegt und der Erwerber den Boden zum Zwecke dieses Schutzes erwirbt;

e) mit dem Erwerb die schutzwürdige Umgebung einer historischen Stätte, Baute oder Anlage oder ein Objekt des Naturschutzes erhalten werden soll;

f) trotz öffentlicher Ausschreibung zu einem nicht übersetzten Preis (Art. 66) kein Angebot eines Selbstbewirtschafters vorliegt.

Die Bewilligung kann mit Auflagen erteilt werden.

Abs. 1 lit. b: SR 700

Erwerb durch das Gemeinwesen

65 Der Erwerb durch das Gemeinwesen oder dessen Anstalten ist zu bewilligen, wenn er:

a) zur Erfüllung einer nach Plänen des Raumplanungsrechts vorgesehenen öffentlichen Aufgabe benötigt wird;

b) als Realersatz bei Erstellung eines nach Plänen des Raumplanungsrechts vorgesehenen Werkes dient und ein eidgenössisches oder kantonales Gesetz die Leistung von Realersatz vorschreibt oder erlaubt.

Die Verweigerungsgründe von Artikel 63 gelten nicht im Falle von Absatz 1 Buchstabe a.

Übersetzter Erwerbspreis

66 Der Erwerbspreis gilt als übersetzt, wenn er die Preise für vergleichbare landwirtschaftliche Gewerbe oder Grundstücke in der betreffenden Gegend im Mittel der letzten fünf Jahre um mehr als 5 Prozent übersteigt.

Zwangsversteigerung

67 Bei einer Zwangsversteigerung muß der Ersteigerer die Bewilligung vorlegen oder die Kosten für eine neue Versteigerung hinterlegen und innert zehn Tagen nach erfolgtem Zuschlag ein Bewilligungsgesuch einreichen.

Reicht der Ersteigerer kein Gesuch ein oder wird die Bewilligung verweigert, so hebt die Steigerungsbehörde den Zuschlag auf und ordnet eine neue Versteigerung an.

Der erste Ersteigerer haftet für die Kosten einer erneuten Versteigerung.

Zulässiger Preis bei Zwangsversteigerung

68 Wird ein landwirtschaftliches Gewerbe oder Grundstück in einer Zwangsversteigerung verwertet, so legt die Bewilligungsbehörde auf Ersuchen der Steigerungsbehörde den zulässigen Preis fest.

Wird der zulässige Preis von mehr als einer Person geboten, so entscheidet das Los über den Zuschlag.

Unzulässigkeit freiwilliger Versteigerung

69 Landwirtschaftliche Gewerbe und Grundstücke dürfen nicht freiwillig versteigert werden.

3. Kapitel
Zivil- und verwaltungsrechtliche Folgen

Nichtige Rechtsgeschäfte

70 Rechtsgeschäfte, die den Verboten der Realteilung und der Zerstückelung von Grundstücken (Art. 58) oder den Bestimmungen über den Erwerb von landwirtschaftlichen Gewerben und Grundstücken (Art. 61–69) zuwiderlaufen oder deren Umgehung bezwecken, sind nichtig.

Widerruf der Bewilligung

71 Die Bewilligungsbehörde widerruft ihren Entscheid, wenn der Erwerber ihn durch falsche Angaben erschlichen hat.

Sind seit der Eintragung des Rechtsgeschäfts im Grundbuch mehr als zehn Jahre vergangen, so kann der Entscheid nicht mehr widerrufen werden.

Berichtigung des Grundbuchs

72 Ist ein nichtiges Geschäft im Grundbuch eingetragen worden, so ordnet die Bewilligungsbehörde die Berichtigung des Grundbuchs an, nachdem sie ihren Entscheid widerrufen hat (Art. 71).

Erfährt der Grundbuchverwalter nachträglich, daß ein Geschäft der Bewilligungspflicht unterliegt, so macht er die Bewilligungsbehörde darauf aufmerksam.

Sind seit der Eintragung des Rechtsgeschäfts mehr als zehn Jahre vergangen, so ist eine Berichtigung des Grundbuchs gemäß Absatz 1 nicht mehr möglich.

Eine Berichtigung des Grundbuchs ist ferner ausgeschlossen, wenn dadurch Rechte gutgläubiger Dritter (Art. 973 ZGB) verletzt würden. Die Bewilligungsbehörde erkundigt sich vor ihrem Entscheid beim Grundbuchverwalter darüber, ob solche Rechte bestehen.

4. Titel
Maßnahmen zur Verhütung der Überschuldung

Belastungsgrenze

73 Landwirtschaftliche Grundstücke dürfen nur bis zur Belastungsgrenze mit Grundpfandrechten belastet werden. Die Belastungsgrenze entspricht dem um 35 Prozent erhöhten Ertragswert.

Die Belastungsgrenze muß beachtet werden für:
a) die Errichtung eines Grundpfandrechts;
b) die Bestellung eines Faustpfandes an einem Grundpfandtitel;
c) die Wiederbelehnung eines abbezahlten Grundpfandtitels, über den der Eigentümer verfügen kann (Eigentümerschuldbrief).

Maßgebend für die Beurteilung, ob die Belastungsgrenze erreicht wird, ist die Summe der im Grundbuch eingetragenen, vorgemerkten und angemerkten Grundpfandrechte. Nicht mitgezählt werden die Grundpfandrechte, die zur Sicherung von Darlehen dienen, die nach dem Bundesgesetz vom 23. März 1962 über die Investitionskredite und Betriebshilfe in der Landwirtschaft gewährt oder verbürgt werden.

Abs. 3: SR 914.1

Gesamtpfandrechte

74 Wird für eine Forderung ein Grundpfand auf mehreren Grundstücken errichtet (Gesamtpfand; Art. 798 Abs. 1 ZGB), so darf jedes Grundstück bis zum Betrag belastet werden, der der Summe der Belastungsgrenzen der verpfändeten Grundstücke entspricht.

Die Errichtung eines Gesamtpfandrechtes auf Grundstücken, die diesem Gesetz unterstehen, und solchen, die diesem Gesetz nicht unterstehen, ist nicht zulässig.

Ausnahmen von der Belastungsgrenze

75 Keine Belastungsgrenze besteht für:

a) die gesetzlichen Grundpfandrechte nach den Artikeln 808 und 810 des Zivilgesetzbuches sowie die gesetzlichen Grundpfandrechte nach kantonalem öffentlichen Recht (Art. 836 ZGB);

b) Grundpfandrechte für Bodenverbesserungen (Art. 820 und 821 ZGB);

c) Grundpfandrechte zur Sicherung von Darlehen, die nach dem Bundesgesetz vom 23. März 1962 über Investitionskredite und Betriebshilfe in der Landwirtschaft gewährt oder verbürgt werden;

d) Grundpfandrechte zur Sicherung von Darlehen, die der Bund oder ein Kanton aufgrund der Gesetzgebung über die Wohnbauförderung gewährt oder verbürgt, soweit die Wohnungen den Bedürfnissen des Betriebes dienen;

e) Grundpfandrechte in Form von Grundpfandverschreibungen zur Sicherung des Gewinnanspruchs der Miterben und des Veräußerers.

Vorläufige Eintragungen von Grundpfandrechten nach den Artikeln 837 und 961 Absatz 1 Ziffer 1 des Zivilgesetzbuches dürfen ungeachtet der Belastungsgrenze im Grundbuch vorgemerkt werden.

Durch Eintragung eines Grundpfandrechts nach Absatz 1 Buchstaben a und b werden bereits eingetragene Grundpfandrechte, die im Rang nachgehen, in ihrem Bestand nicht berührt.

Abs. 1, lit. c: SR 914.1

Überschreitung der Belastungsgrenze

76 Ein Grundpfandrecht, für das die Belastungsgrenze gilt und das diese überschreitet, darf nur zur Sicherung eines Darlehens errichtet werden, das:

a) eine vom Bund anerkannte Genossenschaft oder Stiftung des Privatrechts oder eine Institution des kantonalen öffentlichen Rechts dem Schuldner zinslos gewährt;

b) eine dritte Person dem Schuldner gewährt und das durch eine Genossenschaft, Stiftung oder Institution im Sinne von Buchstabe a verbürgt oder verzinst wird.

Die kantonale Behörde kann ein Darlehen von Dritten, das durch ein die Belastungsgrenze übersteigendes Pfandrecht gesichert wird, unter Beachtung der Vorschriften nach den Artikeln 77 und 78 bewilligen.

Der Grundbuchverwalter weist eine Anmeldung ab, die keine dieser Voraussetzungen erfüllt.

Gewährung von pfandgesicherten Darlehen

77 Ein Darlehen, das durch ein die Belastungsgrenze übersteigendes Pfandrecht gesichert wird, darf nur gewährt werden, wenn es:

a) dem Schuldner dazu dient, ein landwirtschaftliches Gewerbe oder Grundstück zu erwerben, zu erweitern, zu erhalten oder zu verbessern, oder notwendiges Betriebsinventar anzuschaffen oder zu erneuern, und

b) nicht zu einer für den Schuldner untragbaren Verschuldung führt.

Zur Beurteilung, ob das Darlehen tragbar bleibt, ist ein Betriebsbudget aufzustellen. Dabei müssen die gesamten Aufwendungen des Schuldners zur Verzinsung und Rückzahlung seiner Pfand- und Kurrentschulden berücksichtigt werden. In der Prüfung sind auch Darlehen einzubeziehen, die durch Pfandrechte gesichert sind, für welche die Belastungsgrenze nicht gilt.

Personen oder Institutionen, die das Darlehen verbürgen, verzinsen oder zinslos gewähren, und die Behörde, die das Darlehen überprüft hat, wachen darüber, daß es zum festgelegten Zweck verwendet wird. Die Person oder Institution, die das Darlehen verbürgt oder verzinst, und die Behörde, die das Darlehen überprüft hat, kann den Gläubiger verpflichten, das Darlehen zu kündigen, wenn es nicht seinem Zweck entsprechend verwendet wird.

Rückzahlungspflicht

78 Dient ein Darlehen dazu, ein landwirtschaftliches Grundstück zu erwerben, zu erweitern, zu erhalten oder zu verbessern, so muß der die Belastungsgrenze übersteigende Teil innert 25 Jahren zurückbezahlt werden. Liegen besondere Umstände vor, so kann der Gläubiger dem Schuldner eine längere Frist für die Rückzahlung des Darlehens gewähren oder ihn ganz von der Pflicht zur ratenweisen Rückzahlung befreien. Solche Erleichterungen dürfen nur mit der Zustimmung der Person oder Institution, die das Darlehen verbürgt oder verzinst, oder der Behörde, die es überprüft hat, gewährt werden.

Dient das Darlehen der Finanzierung von Betriebsinventar, so ist eine Rückzahlungsfrist festzusetzen, die der Abschreibungsdauer der finanzierten Sache entspricht.

Ist ein zurückbezahltes Darlehen durch einen Schuldbrief oder eine Gült gesichert und werden diese nicht als Sicherheit für ein neues Darlehen nach den Artikeln 76 und 77 verwendet, so muß der Gläubiger dafür sorgen, daß die Pfandsumme, soweit sie die Belastungsgrenze übersteigt, im Grundbuch und auf dem Pfandtitel geändert oder gelöscht wird. Personen oder Institutionen, die das Darlehen verbürgen oder verzinsen, und die Behörde, die es geprüft hat, sind berechtigt, zu diesem Zweck beim Grundbuchamt die Löschung zu beantragen.

Der Pfandtitel darf dem Schuldner nicht herausgegeben werden, bevor die Erfordernisse nach Absatz 3 erfüllt sind.

Anerkennung von Genossenschaften, Stiftungen und kantonalen Institutionen

79 Eine Genossenschaft oder Stiftung des Privatrechts wird anerkannt, wenn ihre Statuten:

a) vorsehen, Darlehen zu landwirtschaftlichen Zwecken unverzinslich zu gewähren oder solche Darlehen, wenn sie von Dritten gewährt werden, zu verbürgen oder zu verzinsen;

b) einen Höchstbetrag festlegen, für welchen dem einzelnen Schuldner solche Darlehen zinslos gewährt, verbürgt oder verzinst werden können;

c) ein Organ mit der Geschäftsführung betrauen, das sich aus sachkundigen Personen zusammensetzt;

d) die Ausrichtung ertragsabhängiger Leistungen wie Tantiemen an die Organe ausschließen;

e) vorsehen, daß das Anteilscheinkapital und andere Einlagen der Genossenschafter höchstens zum Zinssatz für erste Hypotheken verzinst werden dürfen;

f) vorsehen, daß ein Reinertrag für Rückstellungen und Reserven verwendet wird.

Das Eidgenössische Justiz- und Polizeidepartement entscheidet über die Anerkennung und veröffentlicht den Entscheid darüber im Bundesblatt.

Für die Anerkennung kantonaler Institutionen gelten sinngemäß die Bestimmungen über die Anerkennung von Genossenschaften und Stiftungen.

Die anerkannten Genossenschaften, Stiftungen und kantonalen Institutionen sind verpflichtet, dem Eidgenössischen Justiz- und Polizeidepartement regelmäßig über ihre Geschäftstätigkeit Bericht zu erstatten.

5. Titel
Verfahren, Rechtsschutz

1. Kapitel
Verfahrensvorschriften

1. Abschnitt
Allgemeine Bestimmungen

Zuständigkeit

Das Gesuch um Erteilung einer Bewilligung, Erlaß einer Feststellungsverfügung oder Schätzung des Ertragswerts ist bei der kantonalen Behörde einzureichen.

Liegt ein landwirtschaftliches Gewerbe in verschiedenen Kantonen, so ist für die Erteilung einer Bewilligung oder den Erlaß einer Feststellungsverfügung derjenige Kanton zuständig, in dem sich der wertvollere Teil befindet.

Behandlung durch den Grundbuchverwalter

Dem Grundbuchamt sind nebst der Urkunde über das Rechtsgeschäft die erforderliche Bewilligung oder Urkunden, aus denen hervorgeht, daß keine Bewilligung nötig ist, sowie gegebenenfalls der Entscheid über die Festsetzung der Belastungsgrenze einzureichen.

Ist offensichtlich, daß für das angemeldete Geschäft eine Bewilligung notwendig ist, und liegt eine solche nicht vor, so weist der Grundbuchverwalter die Anmeldung ab.

Besteht Ungewißheit darüber, ob für das angemeldete Geschäft eine Bewilligung notwendig ist, so schreibt der Grundbuchverwalter die Anmeldung im Tagebuch ein, schiebt jedoch den Entscheid über die Eintragung im Grundbuch auf, bis über die Bewilligungspflicht und allenfalls über das Gesuch entschieden ist.

Der Grundbuchverwalter setzt eine Frist von 30 Tagen zur Einreichung eines Gesuchs um einen Entscheid über die Bewilligungspflicht oder um Bewilligungserteilung. Läuft die Frist unbenutzt ab oder wird die Bewilligung verweigert, so weist er die Anmeldung ab.

Zivilrechtliche Klagen, Gerichtsstand

82 Klagen auf Übertragung von Eigentum an landwirtschaftlichen Gewerben oder Grundstücken und auf Eintragung oder Löschung von Grundpfandrechten an landwirtschaftlichen Grundstücken können auch am Ort der gelegenen Sache erhoben werden.

Für Klagen aus Erbrecht gilt Artikel 538 des Zivilgesetzbuches.

Bewilligungsverfahren

83 Das Gesuch um Erteilung einer Bewilligung ist bei der kantonalen Bewilligungsbehörde (Art. 90 Bst. a) einzureichen.

Diese teilt ihren Entscheid den Vertragsparteien, dem Grundbuchverwalter, der kantonalen Aufsichtsbehörde (Art. 90 Bst. b), dem Pächter sowie Kaufs-, Vorkaufs- oder Zuweisungsberechtigten mit.

Gegen die Verweigerung der Bewilligung können die Vertragsparteien, gegen die Erteilung der Bewilligung die kantonale Aufsichtsbehörde, der Pächter sowie Kaufs-, Vorkaufs- oder Zuweisungsberechtigte bei der kantonalen Beschwerdeinstanz (Art. 88) Beschwerde führen.

Feststellungsverfügung

84 Wer ein schutzwürdiges Interesse hat, kann von der Bewilligungsbehörde insbesondere feststellen lassen, ob:

a) ein landwirtschaftliches Gewerbe oder Grundstück dem Realteilungsverbot, dem Zerstückelungsverbot, dem Bewilligungsverfahren oder der Belastungsgrenze unterliegt;

b) der Erwerb eines landwirtschaftlichen Gewerbes oder Grundstücks bewilligt werden kann.

Änderung eines Nutzungsplanes

85 Wird bei der Überprüfung eines Nutzungsplans im Sinne von Artikel 21 Absatz 2 des Bundesgesetzes vom 22. Juni 1979 über die Raumplanung auch ein landwirtschaftliches Gewerbe oder Grundstück erfaßt, so kann ein hängiger Prozeß oder ein hängiges Verfahren auf Antrag eines Beteiligten bis zur Neufestsetzung der Nutzungszone, längstens aber für fünf Jahre, eingestellt werden.

SR 700

2. Abschnitt
Besondere Bestimmungen

Anmerkung im Grundbuch

Im Grundbuch sind anzumerken: **86**

a) landwirtschaftliche Grundstücke in der Bauzone, die diesem Gesetz unterstellt sind (Art. 2);

b) nichtlandwirtschaftliche Grundstücke außerhalb der Bauzone, die diesem Gesetz nicht unterstellt sind (Art. 2).

Der Bundesrat bestimmt die Ausnahmen von der Anmerkungspflicht und regelt die Voraussetzungen, unter denen eine Anmerkung von Amtes wegen gelöscht wird.

Abs. 2: VBB v. 4. Okt. 1993 (SR 211.412.110)

Schätzung des Ertragswerts

Der Ertragswert wird von einer Behörde von Amtes wegen oder auf **87** Antrag eines Berechtigten geschätzt. Bei geplanten Bauten oder Anlagen kann die Behörde eine vorläufige Schätzung vornehmen.

Der Ertragswert kann auch von einem Experten geschätzt werden; eine solche Schätzung ist verbindlich, wenn die Behörde sie genehmigt hat.

Die Schätzung des Ertragswerts können verlangen:

a) der Eigentümer und jeder seiner Erben;

b) jeder am betreffenden Grundstück oder Gewerbe nach diesem Gesetz Kaufs- oder Vorkaufsberechtigte, wenn er sein Recht ausüben könnte;

c) die Pfandgläubiger, Bürgen und Personen oder Institutionen nach Artikel 76, wenn sie ein pfandgesichertes Darlehen gewähren, verbürgen oder verzinsen oder wenn sich der Wert des Grundstücks oder Gewerbes infolge von Naturereignissen, Bodenverbesserungen, Vergrößerung oder Verminderung der Fläche, Neu- oder Umbauten, Abbruch oder Stillegung eines Gebäudes, Zweckentfremdung oder ähnlicher Umstände geändert hat.

Die Behörde teilt dem Eigentümer, dem Antragsteller und dem Grundbuchverwalter den neuen Ertragswert mit.

2. Kapitel

Rechtsschutz

Beschwerde an die kantonale Beschwerdeinstanz

88 Gegen eine Verfügung aufgrund dieses Gesetzes (Art. 80 Abs. 1 und Art. 87) kann innert 30 Tagen bei der kantonalen Beschwerdebehörde (Art. 90 Bst. f) Beschwerde erhoben werden.

Letztinstanzliche kantonale Entscheide sind dem Eidgenössischen Justiz- und Polizeidepartement mitzuteilen.

Verwaltungsgerichtsbeschwerde an das Bundesgericht

89 Letztinstanzliche kantonale Beschwerdeentscheide sowie Entscheide des Eidgenössischen Justiz- und Polizeidepartements über die Anerkennung von Genossenschaften, Stiftungen und kantonalen Institutionen nach den Bestimmungen über die Belastungsgrenze unterliegen der Verwaltungsgerichtsbeschwerde nach Artikel 97 des Bundesgesetzes über die Organisation der Bundesrechtspflege.
SR 173.110

6. Titel

Schlußbestimmungen

1. Kapitel

Vollzug

Zuständigkeit der Kantone

90 Die Kantone bezeichnen die Behörden, die zuständig sind:

a) eine Bewilligung nach den Artikeln 60, 63, 64 und 65 zu erteilen;

b) Entscheide der Bewilligungsbehörde gemäß Artikel 83 Absatz 3 anzufechten (Aufsichtsbehörde);

c) eine Bewilligung nach Artikel 76 Absatz 2 für Darlehen zu erteilen, mit denen die Belastungsgrenze überschritten werden darf;

d) eine Anmerkung nach Artikel 86 zu verlangen;
e) die Schätzung des Ertragswerts durchzuführen oder zu genehmigen (Art. 87);
f) über eine Beschwerde zu entscheiden (Beschwerdeinstanz).

Zuständigkeit des Bundes

91 Der Bundesrat erläßt die Vollzugsbestimmungen zu den Artikeln 10 Absatz 2 und 86 Absatz 2.

Kantonale Erlasse, die sich auf dieses Gesetz stützen, bedürfen der Genehmigung des Bundes.

Das Eidgenössische Justiz- und Polizeidepartement entscheidet über die Anerkennung von Genossenschaften und Stiftungen des Privatrechts und von kantonalen Institutionen im Sinne von Artikel 79.

VBB v. 4. Okt. 1993 (SR 211.412.110).

2. Kapitel
Änderung und Aufhebung von Bundesrecht

Änderung bisherigen Rechts: ...   **92**

Aufhebung bisherigen Rechts: ...   **93**

3. Kapitel
Übergangsrecht

Privatrecht

94 Die Erbteilung richtet sich nach dem Recht, das bei der Eröffnung des Erbgangs gegolten hat; wird das Teilungsbegehren nicht innert Jahresfrist seit Inkrafttreten dieses Gesetzes gestellt, so gilt in jedem Fall das neue Recht.

Vertraglich begründetes gemeinschaftliches Eigentum (Mit- oder

Gesamteigentum) wird nach altem Recht aufgehoben, wenn dies innert Jahresfrist seit Inkrafttreten dieses Gesetzes verlangt wird.

Ein bei Inkrafttreten dieses Gesetzes bereits bestehender gesetzlicher oder vertraglicher Gewinnanspruch behält auch unter dem neuen Recht seine Gültigkeit. Soweit vertraglich nichts Abweichendes vereinbart worden ist, richten sich jedoch Fälligkeit und Berechnung nach dem Recht, das im Zeitpunkt der Veräußerung gilt. Die Zuweisung eines landwirtschaftlichen Grundstücks zu einer Bauzone (Art. 29 Abs. 1 Bst. c) gilt nur dann als Veräußerung, wenn der Beschluß über die Einzonung nach Inkrafttreten dieses Gesetzes ergeht.

Für das Vorkaufsrecht an landwirtschaftlichen Gewerben und Grundstücken gilt das neue Recht, wenn der Vorkaufsfall nach dem Inkrafttreten dieses Gesetzes eingetreten ist.

Übrige Bestimmungen

95 Die Bestimmungen dieses Gesetzes über das Realteilungsverbot, das Zerstückelungsverbot, das Bewilligungsverfahren und die Belastungsgrenze gelten für alle Rechtsgeschäfte, die nach Inkrafttreten dieses Gesetzes beim Grundbuchamt angemeldet werden.

Bewilligungs- und Beschwerdeverfahren, die beim Inkrafttreten hängig sind, werden nach dem neuen Recht beurteilt, wenn das Rechtsgeschäft beim Inkrafttreten dieses Gesetzes noch nicht beim Grundbuchamt angemeldet war.

4. Kapitel

Referendum und Inkrafttreten

96 Dieses Gesetz untersteht dem fakultativen Referendum.
Der Bundesrat bestimmt das Inkrafttreten.
Abs. 2: 1. Januar 1994.

Anhang II

Internationale Übereinkünfte

a) Übereinkommen
über die Anerkennung von Ehescheidungen und Ehetrennungen

Abgeschlossen in Den Haag am 1. Juni 1970
In Kraft getreten für die Schweiz am 17. Juli 1976

Text siehe: SR 0.211.212.3

b) Übereinkommen
über das auf Unterhaltsverpflichtungen gegenüber Kindern anzuwendende Recht

Abgeschlossen in Den Haag am 24. Okt. 1956
Inkrafttreten für die Schweiz: 17. Jan. 1965

Text siehe: SR 0.211.221.431

c) Übereinkommen
über die Anerkennung und Vollstreckung von Entscheiden auf dem Gebiet der Unterhaltspflicht gegenüber Kindern

Abgeschlossen in Den Haag am 15. April 1958
Inkrafttreten für die Schweiz: 17. Jan. 1965

Text siehe: SR 0.211.221.432

d) Übereinkommen
über die Zuständigkeit der Behörden und das anzuwendende Recht auf dem Gebiet des Schutzes von Minderjährigen

Abgeschlossen in Den Haag am 5. Okt. 1961
Inkrafttreten für die Schweiz: 4. Febr. 1969

Text siehe: SR 0.211.231.01

e) Übereinkommen
über die Adoption von Kindern

Abgeschlossen in Straßburg am 24. April 1967
Inkrafttreten für die Schweiz: 1. April 1973

Text siehe: SR 0.211.221.310

f) Übereinkommen
über die Anerkennung und Vollstreckung von
Unterhaltsentscheidungen

Abgeschlossen in Den Haag am 2. Okt. 1973
Inkrafttreten für die Schweiz: 1. Aug. 1976

Text siehe: SR 0.211.213.02

g) Übereinkommen
über das auf Unterhaltspflichten* anzuwendende Recht

Abgeschlossen in Den Haag am 2. Okt. 1973
Inkrafttreten für die Schweiz: 1. Okt. 1977

Text siehe: SR 0.211.213.01

h) Übereinkommen
über die Geltendmachung von Unterhaltsansprüchen im Ausland

Abgeschlossen in New York am 20. Juni 1956
Inkrafttreten für die Schweiz: 4. Nov. 1977

Text siehe: SR 0.274.15

i) Europäisches Übereinkommen
über die Rechtsstellung der unehelichen Kinder

Abgeschlossen in Straßburg am 15. Okt. 1975
Inkrafttreten für die Schweiz: 11. Aug. 1978

Text siehe: SR 0.211.221.131

---

* gemeint: gegenüber Erwachsenen

k) Übereinkommen
über die behördliche Zuständigkeit, das anzuwendende Recht und die Anerkennung von Entscheidungen auf dem Gebiet der Annahme an Kindes Statt

Abgeschlossen in Den Haag am 15. Nov. 1965
Inkrafttreten für die Schweiz: 23. Okt. 1978

Text siehe: SR 0.211.221.315

l) Europäisches Übereinkommen
über die Anerkennung und Vollstreckung von Entscheidungen über das Sorgerecht für Kinder und die Wiederherstellung des Sorgerechts

Abgeschlossen in Luxemburg am 20. Mai 1980
Inkrafttreten für die Schweiz: 1. Jan. 1984

Text siehe: SR 0.211.230.01

m) Übereinkommen
über die zivilrechtlichen Aspekte internationaler Kindesentführung

Abgeschlossen in Den Haag am 25. Okt. 1980
Inkrafttreten für die Schweiz: 1. Jan. 1984

Text siehe: SR 0.211.230.02

n) Übereinkommen
über die gerichtliche Zuständigkeit und die Vollstreckung gerichtlicher Entscheidungen in Zivil- und Handelssachen

Abgeschlossen in Lugano am 16. Sept. 1988
Inkrafttreten für die Schweiz: 1. Jan. 1992
Text siehe: SR 0.275.11

Anhang III

Zivilstandsverordnung

(Vom 1. Juni 1953, SR 211.112.1)

Erster Abschnitt
Allgemeine Bestimmungen

I. Maßgebendes Recht

1. Bundesrecht

1 Der Erlaß der Vorschriften über das Zivilstandswesen ist Sache des Bundes, soweit die Befugnis dazu nicht den Kantonen übertragen ist.

2. Kantonales Recht

2 Die Kantone erlassen Vorschriften über die Organisation der Zivilstandsämter, das Dienstverhältnis der Zivilstandsbeamten und ihrer Stellvertreter, die Beaufsichtigung der Zivilstandsämter durch kantonale Behörden und die zulässigen Gebühren.

Wo diese Verordnung von der zuständigen Behörde spricht, wird diese vom Kanton bezeichnet (Art. 54, Abs. 1, SchlT z. ZGB).

Weitere Ausführungsvorschriften können die Kantone erlassen, soweit das Gesetz und diese Verordnung keine Regelung treffen.

Die kantonalen Vorschriften, ausgenommen jene über die Ernennung und die Besoldung der Zivilstandsbeamten, bedürfen der Genehmigung des Bundes (Art. 40 Abs. 2 ZGB).

II. Amtskreis und Amtssitz

3 Die Kantone umschreiben die Zivilstandskreise und bezeichnen den Amtssitz.

Von jeder Veränderung eines Amtskreises oder Verlegung eines Amtssitzes ist dem Bundesrat Kenntnis zu geben.

III. Voraussetzungen des Dienstbetriebes

1. Amtsräume

4 Die Kantone sind dafür besorgt, daß den Zivilstandsämtern ein würdiges Lokal für die Trauungen und zweckdienliche Räumlichkeiten zur Vornahme der übrigen zivilstandsamtlichen Verrichtungen zur Verfügung stehen.

Am Sitze des Zivilstandskreises soll an zweckmäßiger Stelle ein Anschlagkasten angebracht sein, wo die Verkündakte, gegen Beschädigung und Wegnahme geschützt, veröffentlicht werden.

2. Datensicherung

5 Die Kantone sorgen dafür, daß die Register, Belege und elektronischen Datenträger auf dem Zivilstandsamt sicher aufbewahrt werden, und treffen die erforderlichen Maßnahmen, damit diese im Falle der Gefahr in Sicherheit gebracht werden können. Sie sorgen insbesondere für den Schutz vor Feuer, Wasser und Einbruch.

Die Räume für die Aufbewahrung der von den Zivilstandsämtern abgegebenen Register und Belege (Art. 57) sollen den gleichen Anforderungen entsprechen; sie sollen sich nicht im gleichen Gebäude befinden, in dem ein Zivilstandsamt untergebracht ist.

Die Kantone sorgen durch Mikro-Verfilmung und Einlagerung des Filmgutes für die Sicherstellung der Eintragungen in den Zivilstandsregistern. Das Eidgenössische Justiz- und Polizeidepartement erläßt hiefür die erforderlichen Weisungen.

3. Materialien

6 Die Kantone sorgen dafür, daß die Zivilstandsämter mit den erforderlichen Materialien (Register, Formulare, Amtsstempel, gute Urkundentinte usw.) versehen sind und daß ihnen die für das Zivilstandswesen bestimmten amtlichen Veröffentlichungen regelmäßig zukommen.

Für die Register und Formulare sowie für die Papierqualität sind die Vorschriften des Bundesrates maßgebend.

Abs. II (Papier): SR 211.112.6.

4. Alte Register

7 Die Kantone sorgen dafür, daß die Zivilstandsämter im Besitz der Originale oder von Abschriften der wenigstens vom Jahre 1850 an für ihren Kreis geführten Zivilstandsregister und -kontrollen sind.

5. Geschäftszeit

8 Wo es im Interesse des Dienstes liegt, hat der Zivilstandsbeamte mit Zustimmung seiner Aufsichtsbehörde Geschäftsstunden zu bezeichnen und sie bekanntzumachen.

Trauungen sollen in größeren Ortschaften wenigstens an vier, in kleineren an zwei Tagen jeder Woche möglich sein.

6. Amtssprache

9 Der Kanton bestimmt, in welcher Amtssprache die Register zu führen sind.

Wenn sich die vor dem Zivilstandsbeamten handelnden Personen mit diesem sprachlich nicht verständigen können, so ist auf ihre Kosten ein Dolmetscher beizuziehen, was im Register zu erwähnen ist.

IV. Zivilstandsbeamte und Stellvertreter

1. Organisation

10 Für jeden Zivilstandskreis werden ein oder mehrere Zivilstandsbeamte gewählt. Werden in einem Kreis mehrere Zivilstandsbeamte bestellt, so ist einer von ihnen als Vorsteher des Amtes zu bezeichnen.

Für jeden Zivilstandskreis sind ein oder mehrere Stellvertreter zu wählen.

Sind sowohl der Zivilstandsbeamte als auch seine Stellvertreter verhindert, so bezeichnet die zuständige Behörde einen außerordentlichen Stellvertreter.

2. Wählbarkeit

11 Wählbar zum Zivilstandsbeamten oder zum Stellvertreter ist jeder handlungsfähige Schweizerbürger weltlichen Standes.

Die Kantone können weitere Wählbarkeitsvoraussetzungen aufstellen. Sie sorgen für die Ausbildung der im Zivilstandswesen tätigen Personen.

3. Ausstand

12 Der Zivilstandsbeamte oder der Stellvertreter darf nicht amten, wenn die Amtshandlung (Einschreibung, Beglaubigung, Trauhandlung usw.) betrifft: ihn selbst, Blutsverwandte in gerader Linie, Geschwister, Halbgeschwister oder Ehegatten dieser Personen, seinen Verlobten oder Personen, die zu ihm im Mündel- oder Adoptionsverhältnis stehen.

Zivilstandsverordnung

4. Prüfungspflicht

Bevor der Zivilstandsbeamte eine Amtshandlung vornimmt, prüft er von Amtes wegen seine Zuständigkeit.

Der Zivilstandsbeamte hat sich über die Identität der Personen, die vor ihm erscheinen und ihm nicht bekannt sind, zu vergewissern.

Der Anzeiger hat die erforderlichen Ausweise über die einzutragenden Tatsachen beizubringen. Ist er dazu nicht in der Lage, sind seine Angaben unvollständig oder erscheinen sie nicht als zuverlässig, so macht der Zivilstandsbeamte von Amtes wegen die nötigen Erhebungen, wenn erforderlich mit Hilfe seiner Aufsichtsbehörde.

BGE 80 I 429.

5. Beglaubigungspflicht

Der Zivilstandsbeamte hat, wenn er darum ersucht wird, die Unterschrift der Personen zu beglaubigen, die vor ihm Erklärungen in Zivilstandssachen abgegeben haben.

6. Amtsgeheimnis

Der Zivilstandsbeamte hat Stillschweigen zu beobachten über die bei der Ausübung seiner Amtspflicht gemachten Wahrnehmungen, mit Ausnahme der Zivilstandstatsachen, die gemäß Artikel 29, Absatz 5, veröffentlicht werden dürfen. Die Schweigepflicht erlischt mit der Beendigung der Amtstätigkeit nicht.

Der Zivilstandsbeamte darf Dritten vom Inhalt der Eintragungen nur nach Maßgabe des Artikels 29 dieser Verordnung Kenntnis geben.

7. Haftbarkeit

Der Zivilstandsbeamte ist persönlich für allen Schaden haftbar, den er selbst oder die von ihm ernannten Angestellten durch ihr Verschulden verursachen.

Wird der Schaden durch den haftbaren Beamten nicht gedeckt, so hat der Kanton den Ausfall zu tragen (Art. 42 ZGB).

V. Aufsicht

1. Aufsichtsbehörden

Das Zivilstandswesen untersteht der Aufsicht der vom Kanton bezeichneten Behörden.

Das Zivilstandswesen und seine Überwachung durch den Kanton sowie die Einrichtung der kantonalen Zivilstandsarchive unterliegen der Aufsicht des Eidgenössischen Justiz- und Polizeidepartements.

Der Bundesrat übt die Oberaufsicht über das Zivilstandswesen aus.

2. Inspektion und Berichterstattung

18 Die kantonalen Aufsichtsbehörden lassen alljährlich die Zivilstandsämter inspizieren.

Sie erstatten alljährlich dem Eidgenössischen Justiz- und Polizeidepartement über diese Inspektionen, über ihre eigene Tätigkeit im allgemeinen, über die von ihnen getroffenen wesentlichen Entscheidungen in Zivilstandssachen sowie über die Geschäftsführung ihrer Zivilstandsämter Bericht.

Das Eidgenössische Justiz- und Polizeidepartement läßt durch sein Amt für das Zivilstandswesen Inspektionen in den Kantonen vornehmen.

3. Beschwerden

a) *Amtshandlungen des Zivilstandsbeamten*

19 Gegen Amtshandlungen des Zivilstandsbeamten kann innert zehn Tagen seit Kenntnisnahme bei der kantonalen Aufsichtsbehörde Beschwerde geführt werden. Ebenso besteht ein Beschwerderecht bei Rechtsverweigerung oder Rechtsverzögerung.

Das Beschwerdeverfahren ist gebühren- und kostenfrei. Jedoch kann bei mißbräuchlicher Beschwerdeführung eine Spruchgebühr bis zu 100 Franken auferlegt werden.

Im Falle offenbarer Verletzung bestehender Vorschriften können dem fehlbaren Beamten die verursachten Kanzleikosten auferlegt werden. Die disziplinarische Bestrafung gemäß Artikel 181 bleibt vorbehalten.

b) *Entscheide der kantonalen Aufsichtsbehörde*

20 Gegen Entscheide der kantonalen Aufsichtsbehörde kann innert dreißig Tagen seit Eingang der schriftlichen Ausfertigung des Entscheides die Verwaltungsgerichtsbeschwerde an das Bundesgericht gemäß Artikel 97ff. des Bundesgesetzes vom 16. Dezember 1943 über die Organisation der Bundesrechtspflege erhoben werden.

4. Einschreiten von Amtes wegen

21 Die Aufsichtsbehörden des Kantons haben von Amtes wegen gegen die vorschriftswidrige Amtsführung der ihnen untergeordneten Amtsstellen einzuschreiten und die erforderlichen Maßnahmen, gegebenenfalls auf Kosten der Gemeinde, des Bezirks oder des Kantons, zu treffen.

Die gleichen Befugnisse stehen den Aufsichtsbehörden des Bundes zu, wenn die kantonale Aufsichtsbehörde trotz Aufforderung keine oder ungenügende Maßnahmen trifft.

Gegen eine von der unteren kantonalen Aufsichtsbehörde ergriffene Maßnahme kann an die obere kantonale Aufsichtsbehörde gelangt werden. Die Maßnahme oder der Entscheid der oberen kantonalen Aufsichtsbehörde kann an das Eidgenössische Justiz- und Polizeidepartement und letztinstanzlich an den Bundesrat weitergezogen werden. Artikel 19 findet sinngemäße Anwendung.

5. Entlassung und Nichtwiederwahl eines Zivilstandsbeamten

Zivilstandsbeamte oder ihre Stellvertreter, die sich zur Ausübung ihres Amtes als unfähig erwiesen haben oder die den Wählbarkeitsvoraussetzungen des Artikels 11 nicht mehr entsprechen, sind durch die kantonale Aufsichtsbehörde von Amtes wegen oder auf Verlangen der eidgenössischen Aufsichtsbehörde ihres Amtes zu entheben oder gegebenenfalls von der Wiederwahl auszuschließen.

6. Haftbarkeit der Aufsichtsbehörden

Die den Zivilstandsbeamten unmittelbar vorgesetzten Aufsichtsbehörden sind persönlich für allen Schaden verantwortlich, den sie durch ihr Verschulden verursachen.

Für die Haftbarkeit der Aufsichtsbehörden sind die Vorschriften maßgebend, die über die Verantwortlichkeit der vormundschaftlichen Behörden aufgestellt sind (Art. 42, Abs. 2, 426–430 ZGB).

VI. Amtsübergabe

1. Bei Wechsel in der Person des Zivilstandsbeamten

Beim Wechsel in der Person des Zivilstandsbeamten erfolgt die Amtsübergabe in Gegenwart des neuen und des bisherigen Zivilstandsbeamten oder dessen Stellvertreters durch einen Beauftragten der kantonalen Aufsichtsbehörde.

Über den Akt wird ein Protokoll aufgenommen, das über die dem neuen Beamten übergebenen Register und Belege, über die vorhandenen Dienstmaterialien und über den Stand der Registerführung Auskunft gibt.

Eine Ausfertigung des Protokolls geht an die kantonale Aufsichtsbehörde, eine zweite bleibt bei den Akten des Zivilstandsamts.

2. Bei Änderung des Zivilstandskreises

25 Bei Teilung oder Zusammenlegung von Zivilstandskreisen trifft die kantonale Aufsichtsbehörde die für den Amtsübergang erforderlichen Verfügungen. Über ihre Durchführung wird ein Protokoll aufgenommen, von dem je eine Ausfertigung den beteiligten Zivilstandsbeamten zuzustellen ist.

Die kantonale Aufsichtsbehörde sorgt dafür, daß die die Nachfolge übernehmenden Zivilstandsbeamten in den Besitz der Originale oder von Abschriften der Zivilstandsregister ihres Kreises gelangen.

VII. Zivilstandsdienst im Ausland

26 Der Bundesrat kann die diplomatischen und konsularischen Vertreter der Schweiz im Ausland allgemein oder für einzelne Fälle mit den Obliegenheiten eines Zivilstandsbeamten betrauen.

Aufsichtsbehörde und Beschwerdeinstanz ist in diesen Fällen einzig der Bundesrat.

An Bord schweiz. Seeschiffe: SeeschiffahrtG 56.

Zweiter Abschnitt
Die Registerführung

A. Register

I. Arten

27 Der Zivilstandsbeamte führt folgende Register:
  1. als Einzelregister:
     das Geburtsregister,
     das Todesregister,
     das Eheregister,
     das Anerkennungsregister;
  2. das Familienregister. Vorbehalten bleibt Artikel 113 Absätze 3 und 4.

Das Eidgenössische Amt für das Zivilstandswesen führt ein zentrales Verzeichnis der Adoptionen.

Den Kantonen bleibt das Recht vorbehalten, weitere Verzeichnisse vorzuschreiben.

II. Beweiskraft

28 Die in Artikel 27, Absatz 1, bezeichneten Register erbringen für die durch sie bezeugten Tatsachen vollen Beweis, solange nicht die Unrichtigkeit ihres Inhalts nachgewiesen ist (Art. 9 ZGB).

III. Einsichtnahme, Veröffentlichungen

29 Für Privatpersonen besteht kein Anspruch auf Einsicht in die Zivilstandsregister.

Den Aufsichtsbehörden und Gerichten steht das Recht zu, in die Register Einsicht zu nehmen. Die kantonale Aufsichtsbehörde kann andern Behörden und in Ausnahmefällen Privatpersonen diese Befugnis einräumen, wenn sie das Verlangen nach Einsichtnahme als begründet erachtet.

Über die in den Registern eingetragenen Tatsachen wird in Form des Auszuges, über das Nichtvorhandensein einer Eintragung in Form einer Bescheinigung Auskunft erteilt (Art. 138, Abs. 2).

Vorbehalten bleiben Bestätigungen, Ausweise und Mitteilungen (Art. 125 bis 128) in anderer Form, die gemäß besonderen Vorschriften dem Zivilstandsbeamten obliegen.

Das kantonale Recht kann die Veröffentlichung der Geburten (mit Ausnahme der Adoptionen), der Todesfälle, der Verkündigungen und der Trauungen zulassen. Ist dies der Fall, so dürfen einzelne Zivilstandsfälle von der Veröffentlichung nur mit Zustimmung der Aufsichtsbehörde ausgenommen werden; die Aufsichtsbehörde kann einzelnen Zivilstandsbeamten allgemein die Befugnis erteilen, solche Ausnahmen zu machen.

IV. Herausgabe

30 Es besteht kein Anspruch auf Herausgabe der Zivilstandsregister.

Die kantonale Aufsichtsbehörde kann ausnahmsweise die Herausgabe an Behörden bewilligen, wenn zwingende Gründe dies rechtfertigen.

V. Form

1. Ausfertigung und Sicherungsmaßnahmen

31 Die Register werden in einfacher Ausfertigung geführt.

Ist die sichere Aufbewahrung der Register (Art. 5) nicht gewährleistet, trifft die kantonale Aufsichtsbehörde die erforderlichen Sicherungsmaßnahmen.

2. Einband und Aufbewahrung

32 Die Register werden in Buchform oder mit Bewilligung der kantonalen Aufsichtsbehörde in Loseblattform und mit Maschinenschrift geführt.

Die in Loseblattform geführten Register werden in soliden Mappen aufbewahrt und nach Abschluß eines Bandes gebunden.

Blätter mit gelöschten Eintragungen dürfen aus dem Register nicht entfernt werden.

3. Numerierung

a) Seiten

33 Die Seiten eines Registerbandes werden vor Gebrauch fortlaufend numeriert.

Auf der Innenseite des Vorderdeckels oder auf dem Titelblatt wird bescheinigt, wie viele Seiten der Band enthält.

b) Bände

34 Die Bände eines Registers werden fortlaufend numeriert.

4. Personenverzeichnis

35 Zu jedem Register wird ein Personenverzeichnis geführt, das in alphabetischer Ordnung und mit Angabe der Fundstellen die Namen der Personen enthält, auf die sich die Eintragungen beziehen.

Das Verzeichnis wird laufend nachgeführt.

Bei Änderung des Namens wird der neue Name ebenfalls in das Verzeichnis aufgenommen.

Geburten und Todesfälle, die nicht im gleichen Jahr angezeigt werden, in dem sie sich ereignet haben, werden im Verzeichnis beider Jahre aufgeführt.

5. Einzelregister

36 Die während eines Kalenderjahres in den Einzelregistern erfolgten Eintragungen werden fortlaufend numeriert.

Am Schluß des Kalenderjahres wird die Anzahl der Eintragungen des vergangenen Jahres bescheinigt.

6. Familienregister

37 Das Familienregister kann mit Bewilligung der kantonalen Aufsichtsbehörde auch in Form eines Kartenregisters geführt werden.

Jede Seite eines Registerbandes oder jede Karte bildet ein Blatt des Familienregisters.

Anstelle der fortlaufenden Numerierung der Kartenblätter kann die kantonale Aufsichtsbehörde eine andere Ablegeordnung bewilligen.

Aufgehoben. **38**

B. Einschreibungen

I. Im allgemeinen

1. Inhalt

Die Einschreibungen (Eintragungen und Randanmerkungen) dürfen **39** nichts enthalten, was der Bestimmung des Registers fremd ist.

2. Ausführung

Die Buchstaben werden in lateinischer Schrift eingeschrieben. **40**
Die Einschreibungen werden mit Sorgfalt und ohne Rasuren oder Korrekturen vorgenommen.
Für die elektronische Datenverarbeitung gelten außerdem die besonderen Bestimmungen der Artikel 177e–177m.

3. Abkürzungen

Die Einschreibungen dürfen keine Abkürzungen enthalten, ausgenom- **41** men sind abgekürzte Kantonsbezeichnungen, die Abkürzung «geb.» für geboren sowie im Familienregister die Abkürzung der Monatsnamen.

4. Stundenzählung

Die Stunden des Tages sind von 0 bis 24 zu zählen. **42**

5. Familien- und Vornamen

a) Grundsätze

Familien- und Vornamen werden so eingetragen, wie sie in den Zivil- **43** standsakten oder, wenn solche fehlen, in andern maßgebenden Ausweisen geschrieben sind. Artikel 40 Absatz 1 bleibt vorbehalten.
1bis Trägt eine verheiratete oder verheiratet gewesene Person nicht den vor ihrer ersten Heirat geführten Familiennamen, so wird dieser nach dem Zusatz «geborene(r)» beigefügt.
Vornamen dürfen nicht weggelassen, nicht übersetzt und nicht in ihrer Reihenfolge abgeändert werden.
Titel und Grade werden nicht eingetragen.
BGE 81 II 252; 106 II 103.

b)   ausländisches Recht

43a Die Kantone können vorsehen, daß in Fällen, in denen ausländisches Recht auf den Namen anwendbar ist oder sein könnte, die Frage der Namensführung der kantonalen Aufsichtsbehörde zur Prüfung unterbreitet wird.

6.   Ortsnamen

44 Schweizerische Ortsnamen werden nach dem amtlichen Verzeichnis der Gemeinden und Zivilstandskreise der Schweiz eingetragen. Dem Ortsnamen ist der Kanton in Klammern oder die abgekürzte Kantonsbezeichnung beizufügen, es sei denn, daß über die Kantonszugehörigkeit des Ortes kein Zweifel besteht.

Ortsnamen des Auslandes werden so eingetragen, wie sie in den maßgebenden Ausweisen geschrieben sind. Den Ortschaften werden in Klammern Bezirk, Departement oder Provinz und Staat beigefügt.

Die Übersetzung von Ortsnamen ist zulässig, wenn sie üblich ist.

7.   Staatsangehörigkeit der Ausländer

45 Bei Ausländern sind die Staatsangehörigkeit sowie der Zuständigkeitsort und, sofern das Geburtsdatum einzutragen ist, der Geburtsort anzugeben.

Allfällige Staatenlosigkeit ist anzugeben, wobei die frühere Staatsangehörigkeit und, sofern das Geburtsdatum einzutragen ist, auch der Geburtsort beizufügen ist.

Steht weder eine bestimmte Staatsangehörigkeit noch die Staatenlosigkeit fest, so ersucht der Zivilstandsbeamte die kantonale Aufsichtsbehörde um eine Weisung.

II.   Einzelregister

1.   Reihenfolge der Eintragungen

46 Die Zivilstandsfälle werden grundsätzlich in chronologischer Reihenfolge in die Einzelregister eingetragen.

Die Reihenfolge der Eintragungen der Geburten und Todesfälle richtet sich nach dem Zeitpunkt des Einganges der Anzeigen beim Zivilstandsamt.

2.   Art der Eintragung

47 Unbeschriebene Stellen werden durch waagrechte Striche ausgefüllt. Die Kantone können anstelle dieser Striche Schlußzeichen vorsehen.

Reichen die offenen Linien des Vordrucks nicht aus, so werden Zwischenlinien gezogen.

Sind einzelne Stellen des Vordrucks nicht verwendbar, so werden sie durchgestrichen.

Ist eine in der Eintragung anzugebende Tatsache nicht bekannt, so wird dies im Text bemerkt.

3. Unterzeichnung

48 Der Zivilstandsbeamte und die übrigen zur Unterzeichnung der Eintragung verpflichteten Personen unterschreiben eigenhändig; sie sind berechtigt, ihre Unterschrift in der Form zu geben, in der sie zu unterzeichnen pflegen. Artikel 166, Absatz 2, bleibt vorbehalten.

Ist eine unterzeichnungspflichtige Person außerstande oder weigert sie sich, zu unterzeichnen, so bescheinigt der Zivilstandsbeamte diese Tatsache im Register.

4. Abschluß der Eintragung

49 Nach der Unterzeichnung durch die Beteiligten unterschreibt auch der Zivilstandsbeamte die Eintragung.

Durch die Unterschrift des Zivilstandsbeamten wird die Eintragung abgeschlossen; sie darf von diesem Augenblick an nur noch gemäß den Vorschriften des Artikels 50 verändert werden.

5. Berichtigung und Ergänzung

50 Vor der Unterzeichnung entdeckte Unrichtigkeiten sind am Fuße der Eintragung und über der Unterschrift zu berichtigen.

Beruht eine abgeschlossene Eintragung auf offenbarem Versehen oder Irrtum, so kann die Aufsichtsbehörde, von sich aus oder auf Antrag, die Berichtigung verfügen.

Im übrigen erfolgt die Berichtigung auf Verfügung des Richters. Das Begehren kann gestellt werden von einem Beteiligten, von der zuständigen kantonalen Behörde oder, mit Ermächtigung der kantonalen Aufsichtsbehörde, von einem Zivilstandsbeamten.

Eine nicht vollständige, aber gleichwohl abgeschlossene Registereintragung wird auf Verfügung des Richters oder der Aufsichtsbehörde ergänzt, sobald die fehlenden Angaben beigebracht sind.

Die vom Richter oder der Aufsichtsbehörde verfügte Berichtigung oder Ergänzung wird am Rande der Eintragung angemerkt.

6. Löschung

51 Die Löschung einer Registereintragung erfolgt auf Verfügung des Richters oder der Aufsichtsbehörde.

Die Aufsichtsbehörde verfügt die Löschung einer Eintragung in den durch diese Verordnung vorgesehenen Fällen (Art. 73, 85, 90 und 107) sowie dort, wo sich offensichtlich eine Eintragung im vollen Umfang als unrichtig, ungültig oder überflüssig herausstellt.

Die Löschung wird am Rande des Einzelregisters angemerkt und die Eintragung durchgestrichen.

7. Übrige Randanmerkungen

a) Fälle

52 Außer den Berichtigungen, Ergänzungen und Löschungen werden am Rande der Einzelregister und deren Doppel angemerkt:

1. im Geburtsregister: die Anerkennung und die Adoption sowie die Aufhebung dieser Akte, die Feststellung der Vaterschaft, die nachträgliche Eheschließung der Eltern, die Aufhebung des Kindesverhältnisses zum Ehemann der Mutter sowie die Vornamensänderung;

2. im Todesregister: die Umstoßung einer Verschollenerklärung und der Widerruf einer Todesfeststellung;

3. im Eheregister folgende, während der Ehe bezüglich eines Ehegatten eingetretene Vorgänge: die Anerkennung und die Adoption sowie die Aufhebung dieser Akte, die Feststellung der Vaterschaft, die nachträgliche Eheschließung der Eltern und die Aufhebung des Kindesverhältnisses zum Ehemann der Mutter.

b) Form

53 Die Randanmerkung wird auf dem breiten Rande des Registers angebracht, ohne Änderung der Eintragung; für ihre Erstellung kann mit Bewilligung der kantonalen Aufsichtsbehörde ein Vordruckstempel verwendet werden.

Die Randanmerkung soll nur die wesentlichen Angaben enthalten.

Sie ist zu datieren und vom Zivilstandsbeamten zu unterzeichnen.

III. Familienregister

1. Im allgemeinen

54 Für die Eintragungen im Familienregister sind die Artikel 113 bis 118 maßgebend.

2. Berichtigung und Löschung

55 Der Berichtigung oder Löschung von Eintragungen im Familienregister, die auf Eintragungen in Einzelregistern beruhen, hat die Berichtigung oder Löschung im Einzelregister vorauszugehen (Art. 50 und 51).

Berichtigung und Löschung erfolgen nur auf Verfügung des Richters oder der Aufsichtsbehörde.

Der Zivilstandsbeamte kann jedoch die Berichtigung oder Löschung in folgenden Fällen von sich aus vornehmen:

a) wenn er eine Mitteilung über die in einem Einzelregister erfolgte Berichtigung oder Löschung erhält;

b) wenn eine unrichtige Übertragung aus dem eigenen Einzelregister vorliegt oder wenn eine amtliche Mitteilung oder eine öffentliche Urkunde unrichtig eingetragen worden ist.

Die Berichtigung oder Löschung wird an geeigneter Stelle in zweckmäßiger Form eingetragen.

C. Belege

I. Einordnung

Jeder Beleg ist mit der Nummer der Eintragung und der Bezeichnung des Jahres und des Registers zu versehen, zu denen er gehört.

Der Zivilstandsbeamte hat die Belege, soweit sie nicht abzuliefern sind, entsprechend den Registern, zu denen sie gehören, in gesonderten Aktenheften oder Ordnern nach Jahrgängen numeriert aufzubewahren. Die Belege zum Familienregister können auch nach Registerblättern geordnet werden.

II. Ablieferung

Die ausländischen Urkunden, die sich auf Schweizer beziehen und nicht zu einem Eheaktenheft gehören, sind bis Ende Januar des folgenden Jahres der kantonalen Aufbewahrungsstelle abzuliefern.

Die kantonale Aufsichtsbehörde kann einzelne Zivilstandsämter von der Ablieferungspflicht befreien, wenn sie genügende Gewähr für sichere Aufbewahrung der Belege bieten.

III. Dauer der Aufbewahrung

Die Belege der Eheakten, die ausländischen Urkunden und die Adoptionsakten sind achtzig, die übrigen Belege fünfzig Jahre aufzubewahren. Werden die Belege auf Mikrofilme aufgenommen, so dürfen die Originale mit Bewilligung der kantonalen Aufsichtsbehörde nach zwanzig Jahren beseitigt werden.

Die Kantone können eine längere Dauer der Aufbewahrung vorschreiben.

Dritter Abschnitt
Geburtsregister

I. Gegenstand der Eintragung

59 Im Geburtsregister werden die Geburten und die nach dem sechsten Monat der Schwangerschaft erfolgten Fehlgeburten eingetragen.

Ebenso wird die Auffindung eines ausgesetzten, hilflosen Kindes unbekannter oder unsicherer Abstammung (Findelkind) im Geburtsregister eingetragen.

Für das adoptierte Kind wird im Geburtsregister eine neue Eintragung auf besonderem Deckblatt erstellt.

II. Im Inland erfolgte Geburt

1. Zuständigkeit

60 Die im Inland erfolgte Geburt wird im Geburtsregister des Kreises eingetragen, wo sie stattgefunden hat.

Ist die Geburt in einem Fahrzeug auf der Reise erfolgt, so wird sie im Geburtsregister des Kreises eingetragen, wo die Mutter das Fahrzeug verlassen hat.

2. Anzeigepflicht

61 Zur Anzeige der Geburt ist der Vorsteher des Spitals oder der Anstalt verpflichtet, wo die Geburt stattgefunden hat. Indessen ist auch der Vater zur Anzeige der Geburt berechtigt, wenn er eine Bescheinigung des Spitals oder der Anstalt über die Geburt beibringt; ist er mit der Mutter nicht verheiratet, jedoch nur dann, wenn er das Kind bereits vor der Geburt anerkannt hat oder es bei der Anzeige der Geburt anerkennt.

Ist die Geburt nicht in einem Spital oder in einer Anstalt erfolgt, so sind zur Anzeige der Geburt der Reihe nach verpflichtet: der Ehemann der Mutter, die Hebamme, der bei der Niederkunft zugezogene Arzt, jede andere dabei zugegen gewesene Person und schließlich die Mutter. Ist der Vater mit ihr nicht verheiratet, so ist er zur Anzeige der Geburt unter den in Absatz 1 erwähnten Voraussetzungen berechtigt.

Ist die Anzeige durch keine der genannten Personen erfolgt und kommt die Geburt zur Kenntnis der Polizeibehörde, so hat diese die Anzeige zu erstatten.

Zivilstandsverordnung 62–66

3. Anzeige

a) Persönlich oder durch Stellvertretung

62 Der nach Artikel 61 Anzeigepflichtige hat die Anzeige persönlich zu erstatten.

Der Vorsteher des Spitals oder der Anstalt kann jedoch unter seiner Verantwortlichkeit eine Hilfsperson mit der Erstattung der Anzeige betrauen; macht er von dieser Ermächtigung Gebrauch, so hat er den Zivilstandsbeamten von der Person des Bevollmächtigten schriftlich zu verständigen.

Der Ehemann der Mutter und diese selbst können unter ihrer Verantwortlichkeit einen Dritten schriftlich mit der Erstattung der Anzeige beauftragen.

b) Mündlich oder schriftlich

63 Mündlich oder schriftlich wird die Anzeige vom Arzt, vom Vorsteher des Spitals oder der Anstalt und von seinem Bevollmächtigten erstattet.

Von der Polizeibehörde wird sie schriftlich erstattet.

c) Mündlich

64 Die anderen Personen erstatten die Anzeige mündlich.

4. Anzeigefrist

65 Die anzeigepflichtigen Personen haben die Geburt innert drei Tagen, nachdem sie stattgefunden hat, anzuzeigen. Die Mutter hat die Anzeige zu erstatten, sobald sie es zu tun vermag.

Der Zivilstandsbeamte nimmt auch eine verspätete Anzeige entgegen. Liegen zwischen Geburt und Anzeige mehr als sechs Monate, so ersucht er die Aufsichtsbehörde um eine Verfügung.

Der Zivilstandsbeamte zeigt der Aufsichtsbehörde die Personen an, die ihrer Anzeigepflicht nicht rechtzeitig nachgekommen sind (Art. 182, Abs. 1, Ziff. 3).

5. Totgeburt

66 Wird eine nach dem sechsten Schwangerschaftsmonat erfolgte Totgeburt angezeigt, so ist eine Bescheinigung des Arztes oder der Hebamme beizubringen, daß das Kind bei der Geburt tot war.

Den Kantonen steht es frei, bei allen Totgeburten die Bescheinigung eines Arztes zu verlangen.

6. Inhalt der Eintragung

67 Das Geburtsregister soll enthalten:
1. Tag, Monat (in Buchstaben), Jahr, Stunde und Minute der Geburt;
2. Ort der Geburt;
3. Familienname, Vornamen und Geschlecht des Kindes;
4. Familienname, Vornamen, Heimatort sowie Wohnsitz des Vaters und der Mutter. Sind die Eltern nicht miteinander verheiratet, so sind überdies anzugeben das Geburtsdatum und die Eltern der Mutter, bei anerkannten Kindern auch das Geburtsdatum und die Eltern des Vaters. Bei Ausländern sind ferner die Angaben nach Artikel 45 beizufügen.

Sind die Eltern nicht miteinander verheiratet, so sind überdies anzugeben das Geburtsdatum, der Heimatort und die Eltern der Mutter, bei anerkannten Kindern auch das Geburtsdatum, der Heimatort und die Eltern des Vaters. Ist oder war ein Elternteil verheiratet, so sind anstelle seiner Eltern der Zivilstand, der Name des gegenwärtigen oder des früheren Ehegatten und gegebenenfalls das Datum der Auflösung der Ehe anzugeben.

Bei Ausländern sind ferner die Angaben nach Artikel 45 beizufügen und, wenn die Mutter das Schweizer Bürgerrecht besitzt, ihr Heimatort und ihr Wohnsitz;

5. bei mündlicher Anzeige:
Familienname, Vornamen und Wohnsitz des Anzeigenden, mit Angabe der Eigenschaft, in der er anzeigt;
bei schriftlicher Anzeige:
Bezeichnung der anzeigenden Anstaltsverwaltung, der Behörde oder Familienname, Vornamen und Wohnsitz des Arztes, mit Angabe der Eigenschaft, in der er anzeigt;
6. Datum der Eintragung.

Bei Mehrgeburten ist bei jeder Eintragung dem Falle entsprechend zu vermerken: «Zwilling», «Drilling»... zu Nr....

Der Zivilstandsbeamte liest dem Anzeigenden die Eintragung vor; alsdann wird sie vom Anzeigenden und vom Zivilstandsbeamten unterzeichnet. Ist die Anzeige schriftlich erfolgt, so tritt an Stelle der Angabe «vorgelesen und bestätigt» der Vermerk «schriftlich angezeigt».

68 Aufgehoben.

7. Vornamen des Kindes

69 Sind die Eltern miteinander verheiratet, so bestimmen sie die Vornamen des Kindes (Art. 301 Abs. 4 ZGB); sind sie nicht miteinander verheiratet, so bestimmt die Mutter die Vornamen des Kindes.

Die Vornamen sind dem Zivilstandsamt mit der Geburtsanzeige mitzuteilen.

Der Zivilstandsbeamte oder die Zivilstandsbeamtin weist die mitgeteilten Vornamen zurück, wenn sie die Interessen des Kindes offensichtlich verletzen.

Totgeborene Kinder erhalten keine Vornamen.

BGE 71 I 366 («Mayor»); 82 I 33 («Andrea»); 109 II 95 («Amel»); 116 II 504 («van Vleck»); 118 II 243 («Schmuki»); 119 II 401 («Djonatan»).

8. Bezeichnung der Abstammung

Aufgehoben. **70**

III. Im Ausland erfolgte Geburt

Die im Ausland erfolgte Geburt eines Schweizerbürgers, für die keine **71** zivilstandsamtliche Urkunde vorgelegt, welche aber sonst in ausreichender Weise dargetan werden kann, wird auf Verfügung der kantonalen Aufsichtsbehörde im Geburtsregister des Heimatortes (Art. 22 ZGB) eingetragen.

Am Kopfe der Eintragung wird bemerkt: «Auf Verfügung... (Aufsichtsbehörde)... vom... wird eingetragen:».

Immerhin kann jedermann, der ein Interesse hat, die gerichtliche Feststellung der Tatsache der Geburt verlangen.

IV. Findelkind

1. Eintragung

Wer ein Kind unbekannter Abstammung findet, hat die zuständige Behörde zu benachrichtigen (Art. 46, Abs. 2 ZGB). **72**

Diese gibt dem Findelkind Familiennamen und Vornamen und erstattet die Anzeige an das Zivilstandsamt.

Die Anzeige soll enthalten: Ort, mit Angabe der Stelle (Straße, Hausnummer, Gehöft, Weiler usw.), Zeit und Umstände der Auffindung, das Geschlecht des Findelkindes, sein vermutliches Alter, körperliche Kennzeichen und die Beschreibung der beim Findelkind vorgefundenen Kleider und übrigen Gegenstände.

Der Zivilstandsbeamte trägt die Angaben der Anzeige, mit Ausnahme der Beschreibung der vorgefundenen Kleider und übrigen Gegenstände, in das Geburtsregister ein.

2. Berichtigung und Löschung

73 Wird die Abstammung oder der Geburtsort des Findelkindes später festgestellt, so ist dies auf Verfügung der kantonalen Aufsichtsbehörde bei der Eintragung am Auffindungsort anzumerken.

Ist die Geburt am Geburtsort noch nicht eingetragen, so verfügt die kantonale Aufsichtsbehörde die Eintragung.

Die Eintragung am Auffindungsort wird auf Verfügung der kantonalen Aufsichtsbehörde gelöscht, wenn die Geburt am Geburtsort eingetragen ist.

V. Adoptivkind

1. Grundsatz

73a Die Adoption wird auf Verfügung der kantonalen Aufsichtsbehörde am Rande der Eintragung im Geburtsregister angemerkt.

Die ursprüngliche Eintragung wird hierauf durch ein Deckblatt ersetzt.

2. Inhalt des Deckblattes

73b Das Deckblatt soll enthalten:

1. Tag, Monat (in Buchstaben), Jahr, Stunde und Minute der Geburt;
2. Ort der Geburt;
3. Familienname, Vornamen und Geschlecht des Kindes;
4. aufgehoben;
5. *a)* bei gemeinschaftlicher Adoption durch ein Ehepaar (Art. 264*a* Abs. 1 ZGB):

Familienname, Vornamen, Heimatort sowie Wohnsitz des Adoptivvaters und der Adoptivmutter;

b) bei gemeinschaftlicher Adoption durch den Ehegatten des Vaters oder der Mutter des Kindes (Art. 264*a* Abs. 3 ZGB):

Familienname, Vornamen, Heimatort und Wohnsitz des Adoptierenden und seines Ehegatten;

c) bei Einzeladoption (Art. 264*b* ZGB):

Familienname, Vornamen, Heimatort, Geburtsdatum, Eltern und Wohnsitz des Adoptierenden;

6. Datum der Eintragung und Angabe der Verfügung der kantonalen Aufsichtsbehörde.

Bei Ausländern sind bezüglich Absatz 1 Ziffer 5 die Angaben nach Artikel 45 beizufügen.

3. Geburt des Adoptivkindes im Ausland

73c Die im Ausland erfolgte Geburt eines Adoptivkindes kann auf Verfügung der kantonalen Aufsichtsbehörde im Geburtsregister des Heimatortes (Art. 22 ZGB) eingetragen werden, wenn die Eintragung der Adoption am Geburtsort nicht oder sehr schwer erreichbar ist.

Am Kopfe der Eintragung wird bemerkt:
«auf Verfügung... (Aufsichtsbehörde)... vom... wird eingetragen:».

4. Aufhebung der Adoption

73d Die Aufhebung der Adoption wird auf Verfügung der kantonalen Aufsichtsbehörde am Rande des Deckblattes angemerkt, das hierauf aus dem Geburtsregister zu entfernen und bei den Belegen aufzubewahren ist.

Ferner wird die Aufhebung der Adoption auf Verfügung der kantonalen Aufsichtsbehörde am Rande der ursprünglichen Geburtseintragung angemerkt.

Vierter Abschnitt
Todesregister

I. Gegenstand der Eintragung

74 Ist eine Person gestorben, muß der Tod einer verschwundenen Person als sicher angenommen werden (Art. 88) oder ist eine Person für verschollen erklärt worden, so erfolgt die Eintragung im Todesregister.

Totgeborene Kinder werden nicht in das Todesregister eingetragen.

II. Im Inland erfolgter Tod

1. Zuständigkeit

75 Der im Inland erfolgte Tod wird im Todesregister des Kreises eingetragen, wo er eingetreten ist.

Wird eine Person tot aufgefunden und läßt sich nicht feststellen, wo sie gestorben ist, so wird der Tod im Todesregister des Kreises eingetragen, wo die Leiche gefunden worden ist.

Ist der Tod in einem Fahrzeug auf der Reise eingetreten, so wird er im Todesregister des Kreises eingetragen, wo die Leiche dem Fahrzeug entnommen worden ist.

2. Anzeigepflicht

a) Tod einer bekannten Person

76 Zur Anzeige des Todes oder der Auffindung der Leiche einer bekannten Person sind verpflichtet: der Ehegatte, die Kinder und deren Ehegatten, sodann, der Reihe nach, die dem Verstorbenen nächstverwandte ortsanwesende Person, der Vorsteher des Haushalts, in dem der Tod erfolgte oder wo die Leiche gefunden wurde, und schließlich jede Person, die beim Tod zugegen war oder die Leiche gefunden hat.

Ist der Tod oder die Auffindung der Leiche einer bekannten Person in einer Anstalt, wie Heil-, Straf- oder Verwahrungsanstalt, erfolgt, so hat der Vorsteher die Anzeige zu erstatten.

Ist die Anzeige durch keine dieser Personen erfolgt und kommt der Tod oder Leichenfund zur Kenntnis der Polizeibehörde, so hat diese die Anzeige zu erstatten.

b) Tod einer unbekannten Person

77 Wer beim Tod einer unbekannten Person zugegen war oder die Leiche einer solchen findet, hat die Polizeibehörde ohne Verzug zu benachrichtigen.

Die Polizeibehörde erstattet dem Zivilstandsbeamten die Anzeige. Diese soll alle in Artikel 84, Absatz 1, Ziffer 1 bis 4, erwähnten Angaben enthalten sowie die Beschreibung der bei der Leiche vorgefundenen Kleider und übrigen Gegenstände.

3. Anzeige

a) Persönlich oder durch Stellvertreter

78 Der nach Artikel 76, Absatz 1, Anzeigepflichtige hat die Anzeige in eigener Person zu erstatten.

Er kann unter seiner Verantwortlichkeit einen Dritten schriftlich zur Erstattung der Anzeige ermächtigen.

b) Mündlich oder schriftlich

79 Mündlich oder schriftlich wird die Anzeige vom Arzt, vom Vorsteher der Anstalt oder von seinem Bevollmächtigten erstattet.

Von der Polizeibehörde wird sie schriftlich erstattet.

c) Mündlich

80 Die anderen Personen erstatten die Anzeige mündlich.

4. Anzeigefrist

Tod und Leichenfund sollen innert zwei Tagen, nachdem sie erfolgt **81** sind, dem Zivilstandsbeamten angezeigt werden.

Der Zivilstandsbeamte nimmt auch eine verspätete Anzeige entgegen. Liegen zwischen Tod und Anzeige mehr als zehn Tage, so ersucht er die Aufsichtsbehörde um eine Verfügung.

Der Zivilstandsbeamte zeigt der Aufsichtsbehörde die Personen an, die ihrer Anzeigepflicht nicht rechtzeitig nachgekommen sind (Art. 182, Abs. 1, Ziff. 3).

5. Todesbescheinigung

Der Anzeigende hat als Ausweis eine Todesbescheinigung des behan- **82** delnden oder nach dem Tode beigezogenen Arztes oder einer zur Feststellung des Todes amtlich bezeichneten Person beizubringen. Diese Bescheinigung ist als Beleg zur Eintragung aufzubewahren.

6. Tod einer bekannten Person

Über den Tod und über den Fund der Leiche einer bekannten Person **83** soll das Todesregister enthalten:

1. Tag, Monat (in Buchstaben), Jahr, Stunde und Minute des Todes oder des Leichenfundes;

2. Ort, wo der Tod eingetreten oder die Leiche gefunden worden ist;

3. Familienname, Vornamen, wenn nötig Beinamen, Heimatort, Geburtsdatum sowie Wohnsitz des Verstorbenen; bei Ausländern überdies die Angaben nach Artikel 45;

4. Familienname und Vornamen der Eltern;

5. Zivilstand des Verstorbenen, gegebenenfalls unter Angabe des Familiennamens, der Vornamen, des Heimatortes und des Wohnsitzes des überlebenden Ehegatten oder des Familiennamens und der Vornamen des früheren Ehegatten sowie des Datums der Auflösung der Ehe;

6. bei mündlicher Anzeige:

Familienname, Vornamen und Wohnsitz des Anzeigenden, mit Angabe der Eigenschaft, in der er anzeigt;

bei schriftlicher Anzeige:

Bezeichnung der anzeigenden Anstaltsverwaltung der Behörde oder Familienname, Vornamen und Wohnsitz des Arztes, mit Angabe der Eigenschaft, in der er anzeigt;

7. Datum der Eintragung.

Der Zivilstandsbeamte liest dem Anzeigenden die Eintragung vor; alsdann wird sie vom Anzeigenden und dem Zivilstandsbeamten unterzeichnet. Ist die Anzeige schriftlich erfolgt, so tritt an Stelle der Angabe «vorgelesen und bestätigt» der Vermerk «schriftlich angezeigt».

7. Tod einer unbekannten Person

a) Inhalt

84 Über den Tod und den Fund der Leiche einer unbekannten Person soll das Todesregister enthalten:
1. Tag, Monat (in Buchstaben), Jahr, Stunde und Minute des Todes oder des Leichenfunds mit Angabe der Umstände des Todes oder der Auffindung der Leiche;
2. Ort, wo der Tod eingetreten oder die Leiche gefunden worden ist;
3. Geschlecht und mutmaßliches Alter des Verstorbenen;
4. körperliche Kennzeichen;
5. Bezeichnung der anzeigenden Polizeibehörde;
6. Datum der Eintragung.

Die Eintragung wird vom Zivilstandsbeamten unterschrieben und an Stelle der Angabe «vorgelesen und bestätigt» vermerkt: «schriftlich angezeigt».

b) Ergänzung, Berichtigung und Löschung

85 Wird später festgestellt, wer der Verstorbene war, so wird auf Verfügung der kantonalen Aufsichtsbehörde oder des Richters die Eintragung ergänzt oder berichtigt.

Ist der Tod an einem andern als dem Ort des Leichenfundes erfolgt, so verfügt die kantonale Aufsichtsbehörde die Eintragung am Todesort und die Löschung am Auffindungsort.

8. Bestattung

86 Erst nach der Anzeige des Todes oder des Leichenfundes darf die Leiche bestattet oder ein Leichenpaß ausgestellt werden.

In Ausnahmefällen kann die zuständige Behörde die Bestattung oder die Ausstellung des Leichenpasses vor der Anzeige bewilligen; sie sorgt dann dafür, daß die Anzeige sobald als möglich erfolgt.

Hat die Bestattung oder die Ausstellung des Leichenpasses vor der Anzeige ohne behördliche Bewilligung stattgefunden, so darf die Eintragung nur mit Bewilligung der Aufsichtsbehörde vorgenommen werden.

III. Im Ausland erfolgter Tod

87 Der im Ausland erfolgte Tod eines Schweizerbürgers, für den keine zivilstandsamtliche Urkunde vorgelegt, der aber sonst in ausreichender Weise dargetan werden kann, wird auf Verfügung der kantonalen Aufsichtsbehörde im Todesregister des Heimatortes (Art. 22 ZGB) eingetragen.

Am Kopfe der Eintragung wird bemerkt: «Auf Verfügung ... (Aufsichtsbehörde) ... vom ... wird eingetragen:».

Immerhin kann jedermann, der ein Interesse hat, die gerichtliche Feststellung des Lebens oder des Todes der Person verlangen.

IV. Tod einer verschwundenen Person

1. Grundsatz

88 Muß der Tod einer verschwundenen Person nach den Umständen als sicher angenommen werden, so ist die Eintragung des Todes auf Verfügung der kantonalen Aufsichtsbehörde statthaft, auch wenn niemand die Leiche gesehen hat.

Immerhin kann jedermann, der ein Interesse hat, die gerichtliche Feststellung des Lebens oder des Todes der Person verlangen (Art. 49 ZGB).

2. Zuständigkeit

89 Der Tod einer auf Schweizergebiet verschwundenen Person wird auf Verfügung der kantonalen Aufsichtsbehörde oder des Richters dort eingetragen, wo die Person zum letzten Male gesehen wurde.

Kann dieser Ort nicht festgestellt werden, so ist der Tod dort einzutragen, wo die Person ihren letzten schweizerischen Wohnsitz hatte.

Fehlt dieser oder ist die Person im Ausland verschwunden, so wird der Tod im Todesregister des Heimatortes (Art. 22 ZGB) eingetragen.

3. Eintragung

90 Auf die Eintragung selbst finden die für die Eintragung des Todes geltenden Vorschriften entsprechende Anwendung (Art. 83).

Am Kopfe der Eintragung wird bemerkt: «Auf Verfügung ... (Aufsichtsbehörde) ... vom ... wird eingetragen:».

Wird nachträglich festgestellt, daß die verschwundene Person zu einem andern Zeitpunkt oder an einem andern Orte gestorben ist oder daß sie lebt, so wird dies auf Verfügung der kantonalen Aufsichtsbehörde oder des Richters bei der Eintragung angemerkt und die Eintragung in den beiden letzten Fällen gelöscht.

V. Verschollenheit

91 Die Verschollenerklärung (Art. 35 bis 38 und 50 ZGB) wird auf Mitteilung des Richters in das Todesregister des Heimatortes des Verschollenerklärten eingetragen.

Unter Streichung des nicht zutreffenden Vordrucks wird in das

Todesregister eingetragen: «Mit Wirkung vom ... ist durch Urteil des ... gerichts, rechtskräftig geworden am ..., verschollen erklärt: ...».

Die Aufhebung der Verschollenerklärung (Art. 51 ZGB) wird auf Mitteilung des Richters bei der Eintragung angemerkt und diese gelöscht.

Fünfter Abschnitt

Eheregister

I. Gegenstand der Eintragung

92 Im Eheregister werden die Trauungen eingetragen.

II. Im Inland erfolgte Trauung

1. Zuständigkeit

93 Die im Inland erfolgte Trauung wird von dem Zivilstandsbeamten eingetragen, vor dem sie stattgefunden hat.

2. Eintragung

94 Das Eheregister soll enthalten:
  1. Tag, Monat (in Buchstaben), Jahr der Eheschließung;
  2. Ort der Eheschließung;
  3. für beide Verlobten:

Familienname, Vornamen, Zivilstand, Heimatort, Ort und Datum der Geburt, ferner Familienname und Vornamen der Eltern sowie Wohnsitz; war ein Verlobter bereits verheiratet, überdies Familienname und Vornamen seines früheren Ehegatten sowie Datum der Auflösung der Ehe; bei Ausländern zudem die Angaben nach Artikel 45;

  4. Familienname, Vornamen und Wohnsitz der Zeugen;
  5. die Feststellung, daß die Ehe geschlossen worden ist;
  6. Familienname des Ehemannes und der Ehefrau nach der Trauung;
  7. Familienname, Vornamen sowie Ort und Datum der Geburt allfälliger gemeinsamer Kinder der Ehegatten;
  8. Aufgehoben.
  9. Heimatorte der Ehefrau nach der Trauung;
  10. die Unterschriften (Art. 166).

III. Im Ausland erfolgte Trauung

Die im Ausland erfolgte Eheschließung eines Schweizerbürgers, für die **95** keine zivilstandsamtliche Urkunde vorgelegt, welche aber sonst in ausreichender Weise dargetan werden kann, wird auf Verfügung der kantonalen Aufsichtsbehörde im Eheregister des Heimatortes (Art. 22 ZGB) eingetragen.

Am Kopfe der Eintragung wird bemerkt: «Auf Verfügung ... (Aufsichtsbehörde) ... vom ... wird eingetragen:».

Immerhin kann jedermann, der ein Interesse hat, die gerichtliche Feststellung der Tatsache der Eheschließung verlangen.

Sechster Abschnitt
Legitimationsregister

Aufgehoben.

Siebenter Abschnitt
Anerkennungsregister

I. Anerkennung durch den Vater

1. Gegenstand der Beurkundung

Im Anerkennungsregister werden die Anerkennungen von Kindern **102** durch den Vater beurkundet, die nur zur Mutter in einem Kindesverhältnis stehen.

1bis Die Anerkennung kann vor der Geburt des Kindes erfolgen.

Ausgeschlossen ist die Beurkundung der Anerkennung eines adoptierten Kindes.

2. Besondere Voraussetzungen

Ist der Anerkennende unmündig oder entmündigt, so ist die Zustim- **103** mung seiner Eltern oder seines Vormundes notwendig. Die Zustimmung ist schriftlich zu erteilen; die Unterschriften sind zu beglaubigen.

Die Kantone können vorsehen, daß in Fällen, in denen der Anerkennende oder das Kind nicht Schweizerbürger ist, die vorgelegten Urkunden der kantonalen Aufsichtsbehörde zur Prüfung unterbreitet werden.

3. Zuständigkeit und Verfahren

104 Zur Beurkundung von Anerkennungen ist wahlweise zuständig der Zivilstandsbeamte des Wohnsitzes oder des Heimatortes des Anerkennenden oder der Mutter oder des Geburtsortes des Kindes.

Die Anmeldung der Anerkennung erfolgt mündlich unter Vorlage der notwendigen, weniger als sechs Monate alten Urkunden für den Anerkennenden und für die Mutter sowie gegebenenfalls der Zustimmung nach Artikel 103 Absatz 1. Ferner sind für das bereits geborene Kind vor weniger als einem Monat ausgestellte Urkunden beizubringen.

Vor der Beurkundung ist der Anerkennende darauf aufmerksam zu machen, daß durch die Anerkennung das Kindesverhältnis zwischen dem Vater und dem Kind festgestellt wird (Art. 252 Abs. 2 ZGB).

4. Beurkundung

105 Das Anerkennungsregister soll enthalten:
1. Ort und Datum der Beurkundung;
2. für den Anerkennenden:
Familienname, Vornamen, Heimatort und Geburtsdatum, ferner Familiennamen und Vornamen der Eltern sowie Wohnsitz; bei Ausländern zudem die Angaben nach Artikel 45;
3. für die Mutter:
a) die Angaben entsprechend Ziffer 2 im Zeitpunkt der Geburt des Kindes;
b) zusätzlich gegebenenfalls abweichender Familienname und Wohnsitz im Zeitpunkt der Anerkennung;
4. für das Kind:
Familienname und Vornamen sowie Ort und Datum der Geburt.

Der Zivilstandsbeamte liest dem Anerkennenden die Eintragung vor; alsdann wird sie von diesem und vom Zivilstandsbeamten unterzeichnet.

5. Mitteilungen an Mutter und Kind

106 Außer den Mitteilungen nach den Artikeln 120 Absatz 1 Ziffer 4 und 125 Absatz 1 Ziffer 4 erläßt der beurkundende Zivilstandsbeamte unter Hinweis auf die Bestimmungen der Artikel 260a bis 260c des Zivilgesetzbuches Mitteilungen an die Mutter sowie an das Kind oder nach seinem Tode an die Nachkommen.

Zivilstandsverordnung

6. Aufhebung der Anerkennung

Bei Aufhebung der Anerkennung wird die Beurkundung auf Verfügung der kantonalen Aufsichtsbehörde gelöscht. **107**

II. Anerkennung durch die Mutter

Im Anerkennungsregister werden ferner beurkundet die Anerkennungen von in der Schweiz geborenen Kindern durch die ausländische Mutter, wenn ihr Heimatrecht die Entstehung des Kindesverhältnisses von einer solchen Anerkennung abhängig macht. **108**

Zur Beurkundung einer solchen Anerkennung ist der Zivilstandsbeamte des Geburtsortes des Kindes zuständig.

Die Beurkundung erfolgt unter entsprechender Änderung des Vordruckes des Registers.

Aufgehoben **109–112**

Achter Abschnitt

Familienregister

1. Allgemeines

Das Familienregister wird vom Zivilstandsbeamten des Heimatortes geführt. **113**

Umfaßt der Zivilstandskreis mehrere Gemeinden, so ist für jede ein eigenes Register zu führen.

Die Kantone können bestimmen, daß die Familienregister benachbarter Zivilstandskreise durch einen einzigen Zivilstandsbeamten geführt werden.

Die Kantone können auch einem der kantonalen Aufsichtsbehörde unterstellten Beamten die zentrale Führung der Familienregister für ihr ganzes Gebiet oder Teile davon übertragen.

Wird die Führung der Familienregister im Sinne der Absätze 3 oder 4 für mehrere Zivilstandskreise zusammengelegt, so können die Kantone bestimmen, daß den Zivilstandsbeamten Abschriften der Familienregisterblätter für alle Gemeinden ihrer Kreise abgegeben werden.

2. Gegenstand der Eintragung

a) Bürger

114 Das Familienregister enthält alle Bürger einer Gemeinde.

Besitzt eine Person in mehreren Gemeinden das Bürgerrecht, so wird sie im Familienregister jedes Heimatortes eingetragen.

Das Kind miteinander verheirateter Eltern, für die je ein Blatt geführt wird, ist auf dem Blatt des Vaters einzutragen.

b) Nichtbürger

114a Der Ehegatte eines Blattinhabers oder einer Blattinhaberin sowie die Kinder aus der Ehe einer Blattinhaberin mit einem Ausländer, die das Gemeindebürgerrecht nicht besitzen, werden im Familienregister ebenfalls eingetragen.

Kinder, die das Bürgerrecht ihres Vaters nicht besitzen, werden auch auf seinem Blatt eingetragen.

Bei Einbürgerung von Ausländern werden nicht miteingebürgerte Kinder nicht eingetragen.

3. Blatteröffnung

115 Im Familienregister wird ein Blatt eröffnet, sofern noch kein eigenes Blatt besteht:

1. bei Eheschließung (Art. 117 ZGB):

a) dem schweizerischen Ehemann;

b) der schweizerischen Ehefrau am beibehaltenen Heimatort;

2. bei Scheidung (Art. 149 ZGB):

der Frau am Heimatort des geschiedenen Mannes;

3. bei Eheungültigerklärung (Art. 134 ZGB):

der gutgläubigen Frau am Heimatort des Mannes;

4. bei Geburt eines Kindes:

a) der ledigen Mutter;

b) der Witwe, für die kein eigenes Blatt besteht, sofern kein Kindesverhältnis zum verstorbenen Ehemann entstanden ist;

5. bei Anerkennung eines Kindes (Art. 260 ZGB) und bei gerichtlicher Feststellung der Vaterschaft (Art. 261 ZGB):

dem ledigen Vater;

6. aufgehoben;

7. bei Aufhebung des Kindesverhältnisses zum Ehemann der Mutter (Art. 256 ZGB):

der Mutter, für die kein eigenes Blatt besteht;

8. bei Adoption (Art. 264ff. ZGB):

a) dem ledigen Adoptivvater oder der ledigen Adoptivmutter;

b) der allein adoptierenden Ehefrau oder Witwe, für die kein eigenes Blatt besteht;

c) dem ledigen Adoptierten, der das Bürgerrecht der Adoptiveltern nicht erhalten hat;

9. bei Erwerb des Bürgerrechts:

der eingebürgerten oder als Schweizer anerkannten Person, die nicht auf dem Blatt eines Elternteils eingetragen werden kann.

Ein Blatt kann überdies eröffnet werden:
1. bei Änderung des Familiennamens;
2. dem Kinde, das einen anderen Familiennamen oder ein anderes Bürgerrecht als seine Eltern besitzt.

4. Beschreibung des Blattes

a) Im allgemeinen

Die Kopfleiste enthält den Familiennamen und die Bürgerrechte des Blattinhabers sowie die Ordnungsnummer des Blattes (Art. 116a).

Im Textteil des Blattes ist der linke Teil für die Darstellung des Bestandes der Familie bestimmt (Art. 117, Abs. 1); der rechte Teil enthält die Änderungen und die Austragungen (Art. 117, Abs. 2).

Am Fuße des Blattes kann bei Einbürgerungen die frühere Staatsangehörigkeit oder ein im Zeitpunkt der Blatteröffnung nicht mehr bestehendes Bürgerrecht eingetragen werden.

b) Kopfleiste

In der Kopfleiste wird das Bürgerrecht mit dem Erwerbsgrund und bei Bürgerrechtserwerb durch Entscheid auch dessen Datum angegeben. Allfällige weitere Bürgerrechte werden ohne diese zusätzlichen Angaben eingetragen.

Namens- und Bürgerrechtsveränderungen werden ohne Grundangabe nachgeführt.

c) Textteil

Im Textteil werden links eingetragen:

A. Bei jedem Blattinhaber und seinem Ehegatten
1. Ort und Datum der Geburt;
2. Hinweise auf allfällige Vorgangsblätter;
3. Vornamen und Eltern; ferner gegebenenfalls Familienname und Vornamen des letzten früheren Ehegatten mit Datum der Auflösung der Ehe;
4. beim Ehegatten überdies Familienname und Bürgerrecht;
5. Ort und Datum der Eheschließung;

B. Bei den Kindern
6. Ort und Datum der Geburt. Totgeborene Kinder werden nicht eingetragen;

7. Familienname, Vornamen und Besitz oder Nichtbesitz des Bürgerrechts sowie nötigenfalls Geschlecht;
8. allfällige Abstammungshinweise;
9. beim anerkannten Kind oder beim Kind, zu dem die Vaterschaft gerichtlich festgestellt worden ist, außerdem: Datum der Anerkennung oder der Rechtskraft des Urteils; ferner
a) auf dem Blatt des Vaters:
Familienname, Vornamen, Bürgerrecht und Eltern der Mutter;
b) auf dem Blatt der Mutter:
Familienname, Vornamen, Bürgerrecht und Eltern des Vaters;
10. beim adoptierten Kind außerdem:
der Vermerk «adoptiert».

Im Textteil werden rechts eingetragen:
1. bei Scheidung, Ungültigerklärung und Auflösung der Ehe nach Verschollenerklärung:
Datum der Rechtskraft des Urteils und gegebenenfalls Hinweis auf das Nachfolgeblatt; bei Ungültigerklärung überdies die Feststellung des guten oder bösen Glaubens der Ehefrau;
2. bei Wiederannahme eines früheren Familiennamens nach Scheidung oder Ungültigerklärung der Ehe:
wiederangenommener Familienname und Datum der Erklärung;
3. a) bei Wiederverehelichung einer Witwe:
auf dem Blatt des früheren Ehemannes:
Ort und Datum der Trauung sowie Familienname, Vornamen und Bürgerrecht des Ehemannes; ferner gegebenenfalls Hinweis auf den Verlust des Bürgerrechts oder auf das Nachfolgeblatt;
b) bei Wiederverehelichung einer geschiedenen Frau mit einem Schweizer, der nicht den gleichen Heimatort wie der geschiedene Mann besitzt:
auf dem bei der Scheidung eröffneten Blatt am Heimatort des geschiedenen Mannes:
Ort und Datum der Trauung sowie Familienname, Vornamen und Bürgerrecht des Ehemannes; ferner Hinweis auf den Verlust des Bürgerrechts;
4. bei Eheschließung eines Kindes:
Ort und Datum der Trauung sowie Familienname, Vornamen und Bürgerrecht des Ehegatten, ferner Hinweis auf das Nachfolgeblatt oder auf den Verlust des Bürgerrechts;
5. bei Tod oder Leichenfund:
Ort und Datum;
6. bei Verschollenerklärung:
Datum der Rechtskraft des Urteils sowie Zeitpunkt der Wirkung der Verschollenerklärung;

Zivilstandsverordnung

7. bei Umstoßung der Verschollenerklärung:
Datum der Rechtskraft des Urteils;

8. a) bei Geburt eines Kinder einer ledigen Mutter:
auf dem Blatt der Eltern der Mutter:
Hinweis auf das Kind und auf das Nachfolgeblatt;

b) bei Geburt eines Kindes einer Witwe:
auf dem Blatt des früheren Ehemannes:
Hinweis auf das Kind und auf das Nachfolgeblatt;

9. bei Anerkennung oder gerichtlicher Feststellung der Vaterschaft:
auf dem Blatt der Eltern des ledigen Vaters:
Hinweis auf das Kind und auf das Nachfolgeblatt;

10. bei Aufhebung der Anerkennung:

a) auf dem Blatt des Vaters:
Datum der Rechtskraft des Urteils; überdies sind die das Kind betreffenden Eintragungen im Textteil links zu streichen;

b) auf dem Blatt der Mutter:
Datum der Rechtskraft des Urteils; überdies sind die die Anerkennung betreffenden Eintragungen im Textteil links zu streichen;

11. bei nachträglicher Eheschließung der Eltern eines Kindes:

a) auf dem Blatt des Vaters:
Hinweis auf die Eheschließung; überdies ist das Kind im Textteil links neu einzutragen;

b) auf dem Blatt der Mutter:
Hinweis auf die Eheschließung; überdies sind die das Kind betreffenden Eintragungen im Textteil links zu streichen und das Kind gegebenenfalls neu einzutragen;

12. bei Aufhebung des Kindesverhältnisses zum Ehemann der Mutter:
auf dem Blatt des Ehemannes der Mutter:
Datum der Rechtskraft des Urteils; überdies sind bei der Ehefrau ein Hinweis auf das Kind und auf das Nachfolgeblatt anzubringen und die das Kind betreffenden Eintragungen im Textteil links zu streichen;

13. bei Adoption:

a) auf dem Blatt der leiblichen Eltern:
der Vermerk «adoptiert durch Dritte»; überdies sind die das Kind betreffenden Eintragungen im Textteil links zu streichen;

b) auf dem Blatt der Eltern des ledigen Adoptivvaters oder der ledigen Adoptivmutter oder auf dem Blatt des Ehemannes der Adoptivmutter:
Hinweis auf das Kind und auf das Nachfolgeblatt;

14. bei Aufhebung der Adoption:

a) auf dem Blatt der Adoptiveltern:
Datum der Rechtskraft des Urteils; überdies sind die das Kind betreffenden Eintragungen im Textteil links zu streichen;

b) auf dem Blatt der leiblichen Eltern:
Datum der Rechtskraft des Urteils; überdies ist der Vermerk «adoptiert durch Dritte» zu streichen und das Kind im Textteil links neu einzutragen;
15. bei Namensänderung:
neuer Name und Datum des Entscheides;
16. bei Bürgerrechtserwerb durch Entscheid:
neuer Heimatort und Datum des Bürgerrechtserwerbes;
17. bei Verlust des Bürgerrechts durch Entscheid:
Datum des Verlustes.

Beim Ehegatten eines Blattinhabers oder einer Blattinhaberin werden bis zur Auflösung der Ehe alle Änderungen im Stand Namen und Bürgerrecht nachgetragen.

Bei Kindern, die das Bürgerrecht des Blattinhabers oder der Blattinhaberin nicht besitzen, werden nach ihrer Eintragung auf dem Blatt nur die das Kindesverhältnis beseitigenden Zivilstandstatsachen (Abs. 2 Ziff. 10, 12–14) nachgetragen.

4bis. Nachfolgeblatt

117a Zivilstandstatsachen, die nach der Eröffnung eines Nachfolgeblattes eintreten, werden, unter Vorbehalt von Absatz 2, nur auf diesem Blatt eingetragen.

Die Begründung oder Aufhebung eines Kindesverhältnisses wird auch auf dem Vorgangsblatt eingetragen, nachdem ein Nachfolgeblatt eröffnet worden ist.

5. Grundlagen der Eintragung

118 Die Eröffnung eines Blattes und die Eintragungen auf bestehenden Blättern erfolgen auf Grund der Einzelregister des Heimatortes oder amtlicher Mitteilungen anderer Zivilstandsämter oder Behörden oder auf Grund öffentlicher Urkunden oder endlich auf Weisung des Richters oder der Aufsichtsbehörde. Für ausländische Urkunden bleibt Artikel 137 vorbehalten.

Ein im Ausland eingetretener Zivilstandsfall, für den keine zivilstandsamtliche Urkunde vorliegt, der aber in anderer Form und in ausreichender Weise dargetan werden kann, wird auf Verfügung der kantonalen Aufsichtsbehörde des Heimatkantons (Art. 22 ZGB) unmittelbar in das Familienregister eingetragen. Geburt, Tod und Eheschließung indessen werden in das Familienregister auf Grund der Eintragung im Einzelregister (Art. 71, 73e, 87, 89 und 95) eingetragen. Jedermann, der ein Interesse hat, kann jedoch die gerichtliche Feststellung verlangen, daß der eingetragene Zivilstandsfall nicht eingetreten ist.

Zivilstandsverordnung

6. Belege

Die amtlichen Mitteilungen, die öffentlichen Urkunden und die Verfügungen der Aufsichtsbehörden, auf denen die Eintragungen beruhen, werden als Belege zum Familienregister behandelt. **119**

Für die Übertragung aus dem eigenen Einzelregister bedarf es keines Beleges.

7. Löschungen

Auf Verfügung der Aufsichtsbehörde werden gelöscht: **119a**

1. das einer ledigen Mutter eröffnete Blatt (Art. 115 Abs. 1 Ziff. 4 Bst. a):

bei Adoption des Kindes durch Dritte;

2. das einem Kinde eröffnete Blatt (Art. 115 Abs. 1 Ziff. 4 Bst. b und 7):

a) bei Heirat der Eltern;

b) bei Adoption durch Dritte;

c) bei Blatteröffnung für die Mutter am durch Heirat erworbenen Heimatort nach gerichtlicher Auflösung ihrer Ehe (Art. 115 Abs. 1 Ziff. 2 und 3) oder nach ihrer Wiederverheiratung mit einem Ausländer (Art. 115 Abs. 1 Ziff. 1 Bst. b);

3. das einem ledigen Vater eröffnete Blatt (Art. 115 Abs. 1 Ziff. 5):

a) bei Aufhebung der Anerkennung;

b) bei Adoption des Kindes durch Dritte.

In allen diesen Fällen ist ferner auf dem Vorgangsblatt der Hinweis auf das Kind und auf das gelöschte Blatt zu löschen und gegebenenfalls die Eheschließung einzutragen.

Heiratet ein lediger Elternteil den andern Elternteil seines Kindes, so ist auf dem Blatt seiner eigenen Eltern der Hinweis auf das Kind (Art. 117 Abs. 2 Ziff. 9) zu löschen und die Eheschließung einzutragen.

Löschungen nach Artikel 55 bleiben vorbehalten.

Neunter Abschnitt
Mitteilungen

I. Zivilstandsämter

1. Mitteilungen an schweizerische Zivilstandsbehörden

a) Gegenstand

120 Die Zivilstandsämter erlassen folgende Mitteilungen über die von ihnen in Einzelregistern eingetragenen Zivilstandsfälle:
   1. Geburten, mit Ausnahme der Totgeburten, an das Zivilstandsamt des Heimatortes und des Wohnsitzes des Vaters und der Mutter; an den Heimatort der mit dem schweizerischen Vater verheirateten Mutter wird keine Mitteilung erlassen;
   2. Todesfälle an das Zivilstandsamt des Heimatortes und des Wohnsitzes des Verstorbenen sowie gegebenenfalls des überlebenden Ehegatten;
   3. Trauungen an das Zivilstandsamt des Heimatortes und des Wohnsitzes der beiden Ehegatten; die Trauung der Eltern eines gemeinsamen Kindes ferner an das Zivilstandsamt des Geburtsortes des Kindes und, wenn es das zwölfte Altersjahr vollendet hat oder verstorben ist, an die kantonale Aufsichtsbehörde;
   4. Anerkennungen an das Zivilstandsamt des Heimatortes und des Wohnsitzes des Vaters und der Mutter sowie des Geburtsortes des Kindes; die Anerkennung eines Kindes nach dem vollendeten zwölften Altersjahr oder eines verstorbenen Kindes ferner an die kantonale Aufsichtsbehörde. Überdies sind die Mitteilungen nach Artikel 106 zu erlassen.
   5. Aufgehoben.
   In den Mitteilungen werden die unbeschriebenen Stellen nicht ausgestrichen. Artikel 129 Absatz 2 bleibt vorbehalten. Im Register wird bemerkt, an wen die Mitteilung erlassen worden ist.

b) Mitteilung bei mehreren Heimatorten

121 Besitzt die Person, auf die sich die Mitteilung bezieht, mehrfaches Bürgerrecht, so ist dem Zivilstandsbeamten jedes schweizerischen Heimatortes Mitteilung zu machen.

c) Mitteilung an ausländische Behörden

122 Ausländischen Behörden werden Zivilstandstatsachen über ihre Staatsangehörigkeit mitgeteilt, wenn eine internationale Vereinbarung dies vorsieht.

Fehlt eine solche Vereinbarung, so kann eine Meldung grundsätzlich nur durch die berechtigten Personen (Art. 138 Abs. 2) in der Form eines Auszuges (Art. 138ff.) erfolgen. Vorbehalten bleibt in Ausnahmefällen die amtliche Zustellung eines Auszuges auf Ersuchen einer ausländischen Behörde (Art. 138a).

Mitteilungen nach Absatz 1 übermittelt der Zivilstandsbeamte direkt dem Eidgenössischen Amt für das Zivilstandswesen zuhanden der ausländischen Vertretung, sofern die internationale Vereinbarung keine abweichende Regelung vorsieht.

d) Mitteilung von Randanmerkungen

123 Die Randanmerkungen in den Einzelregistern über Berichtigungen, Ergänzungen und Löschungen werden vom Zivilstandsbeamten, in dessen Register die Anmerkung vorgenommen wurde, den Zivilstandsämtern gemeldet, denen die Eintragung seinerzeit mitzuteilen war. Artikel 135 Absatz 2 bleibt vorbehalten.

e) Frist

124 Die Frist für die Zustellung der Mitteilungen beträgt acht Tage.

2. Mitteilungen zu anderen Zwecken

a) An Vormundschaftsbehörden

125 Der Zivilstandsbeamte teilt folgende von ihm in Einzelregistern eingetragenen Zivilstandsfälle an Vormundschaftsbehörden mit:
  1. Geburt eines Kindes, dessen Eltern nicht miteinander verheiratet sind, an die Vormundschaftsbehörde des Wohnsitzes der Mutter;
  2. Geburt eines innert 300 Tagen nach Auflösung der Ehe seiner Eltern geborenen Kindes an die Vormundschaftsbehörde des Wohnsitzes des Kindes;
  3. Eintragung eines Findelkindes an die Vormundschaftsbehörde des Auffindungsortes;
  4. Anerkennung eines unmündigen Kindes an die Vormundschaftsbehörde des Wohnsitzes zur Zeit der Geburt des Kindes;
  5. Tod eines die elterliche Gewalt ausübenden Elternteils an die Vormundschaftsbehörde des Wohnsitzes des Kindes.
  6. Aufgehoben.

Besteht kein Wohnsitz im Inland, so erfolgen die nach Absatz 1 vorgeschriebenen Mitteilungen an die Vormundschaftsbehörde des Heimatortes. Artikel 121 ist sinngemäß anwendbar.

b) An den Sektionschef

126 Der Zivilstandsbeamte des Heimatortes stellt alljährlich vor Beginn der Vorbereitungsarbeiten für die Aushebung dem Sektionschef seines Kreises ein Verzeichnis der in das stellungspflichtige Alter tretenden Bürger zu.

Der Zivilstandsbeamte des Todesortes meldet den Tod eines Schweizerbürgers im stellungs- oder wehrpflichtigen Alter dem Sektionschef des Wohnortes. Besteht kein Wohnsitz im Inland, so ist die Meldung an den Sektionschef des Heimatortes zu erstatten.

c) An das Bundesamt für Statistik

127 Das Zivilstandsamt, das eine Eintragung im Einzelregister oder Familienregister vornimmt, meldet dem Bundesamt für Statistik die statistischen Angaben nach der Verordnung vom 30. Juni 1993 über die Durchführung von statistischen Erhebungen des Bundes.
SR 431.012.1

d) An die AHV-Behörden

127 a Der Zivilstandsbeamte des Todesortes meldet alle von ihm beurkundeten Todesfälle an die Zentrale Ausgleichsstelle der Alters-, Hinterlassenen- und Invalidenversicherung.

d^{bis}. Todesmeldungen an ausländische Vertretungen

127 b Der Zivilstandsbeamte des Todesortes meldet alle von ihm zu beurkundenden Todesfälle von Ausländern jener Vertretung des Heimatstaates, in deren Kosularkreis der Todesfall eingetreten ist (Art. 37 Bst. a des Wiener Übereinkommens vom 24. April 1963 über die konsularischen Beziehungen).

Die Meldung hat unverzüglich zu erfolgen und soll, soweit die Angaben verfügbar sind, enthalten:
a. Familienname;
b. Vornamen;
c. Geschlecht;
d. Ort und Datum der Geburt;
e. Ort und Datum des Todes.
Abs. 1: SR 0.191.02.

e) An andere Stellen

128 Vorbehalten bleiben weitere Mitteilungs- und Meldepflichten des Zivilstandsbeamten aufgrund des Rechts des Bundes oder der Kantone.

Für den Empfänger der Mitteilung oder Meldung gelten ebenfalls die Grundsätze der Geheimhaltung (Art. 15).

Zivilstandsverordnung

3. Maschinenschrift

129 Die Verwendung von Maschinenschrift ist für alle Mitteilungen gestattet; Durchschläge sind zulässig.

Die kantonale Aufsichtsbehörde kann die Anwendung mechanischer Kopier- und Vervielfältigungsverfahren gestatten. Das Eidgenössische Justiz- und Polizeidepartement erläßt hiefür die erforderlichen Weisungen.

2bis Für die Verwendung elektronisch gespeicherter Daten gelten außerdem die besonderen Bestimmungen der Artikel 177e–177m.

Mitteilungen nach Artikel 125 sowie solche, die für den Empfänger den Beginn einer gesetzlichen Frist auslösen, sind gegen Empfangsbescheinigung oder mit eingeschriebenem Brief zuzustellen.

II. Gerichte

130 Die Gerichte melden die Urteile über:

1. Feststellung von Geburt und Tod an das Zivilstandsamt des Geburts- oder des Todesortes, des Heimatortes und des Wohnsitzes; die Feststellung des Todes einer verheirateten Person überdies an das Zivilstandsamt des Heimatortes und des schweizerischen Wohnsitzes ihres Ehegatten;

2. Feststellung der Eheschließung an das Zivilstandsamt des Trauungsortes sowie des Heimatortes und des Wohnsitzes der beiden Ehegatten;

3. Verschollenerkärung und deren Umstoßung an das Zivilstandsamt des Heimatortes; bei einer verheirateten Person überdies an das Zivilstandsamt des Heimatortes und des schweizerischen Wohnsitzes ihres Ehegatten;

4. Ehescheidung (Art. 137ff. ZGB), Eheungültigerklärung (Art. 120ff. ZGB) und Auflösung der Ehe nach Verschollenerklärung (Art. 102 ZGB) an das Zivilstandsamt des Heimatortes sowie des schweizerischen Wohnsitzes beider Ehegatten im Zeitpunkt der Urteilsfällung, ferner der Vormundschaftsbehörde des Wohnsitzes minderjähriger Kinder. Die Eheungültigerklärung wird, wenn die Frau bei Eingehung der Ehe bösgläubig war, außerdem an die kantonale Aufsichtsbehörde im Zivilstandswesen ihres Heimatkantons mitgeteilt;

5. Namenssachen (Art. 29 und 30 ZGB) an das Zivilstandsamt des Heimatortes und des Wohnsitzes; bei einer verheirateten Person überdies an das Zivilstandsamt des Heimatortes und des schweizerischen Wohnsitzes ihres Ehegatten;

6. Feststellung der Vaterschaft (Art. 261 ZGB) an die Vormundschaftsbehörde des Wohnsitzes der Mutter zur Zeit der Geburt des Kindes; ferner an das Zivilstandsamt des Heimatortes und des Wohnsitzes

des Vaters und der Mutter sowie des Geburtsortes des Kindes; die Feststellung der Vaterschaft zu einem Kind nach dem vollendeten zwölften Altersjahr oder einem verstorbenen Kind überdies an die kantonale Aufsichtsbehörde im Zivilstandswesen ihres Sitzes;

7. Aufhebung des Kindesverhältnisses zum Ehemann der Mutter (Art. 256 ZGB) an die Vormundschaftsbehörde des Wohnsitzes des unmündigen Kindes; ferner an das Zivilstandsamt des Heimatortes und des Wohnsitzes des Ehemannes und der Mutter sowie des Geburtsortes des Kindes; die Aufhebung des Kindesverhältnisses zu einem Kind nach dem vollendeten zwölften Altersjahr oder zu einem verstorbenen Kind überdies an die kantonale Aufsichtsbehörde im Zivilstandswesen ihres Sitzes;

8. Aufhebung der Anerkennung (Art. 259 Abs. 2 und 260a ZGB) an die Vormundschaftsbehörde des Wohnsitzes des unmündigen Kindes und an die kantonale Aufsichtsbehörde im Zivilstandswesen ihres Sitzes;

9. Aufhebung der Adoption (Art. 269 ff. ZGB) an die Vormundschaftsbehörde des Wohnsitzes des unmündigen Kindes und an die kantonale Aufsichtsbehörde im Zivilstandswesen ihres Sitzes;

10. Berichtigung und Löschung einer Eintragung in einem Register (Art. 45 Abs. 1 ZGB) an die kantonale Aufsichtsbehörde im Zivilstandswesen ihres Sitzes.

Die Mitteilung erfolgt nach Eintritt der Rechtskraft des Urteils in der Form eines Auszuges, welcher die vollständigen Personalangaben auf Grund von Zivilstandsurkunden, das Dispositiv sowie das Datum des Eintritts der Rechtskraft des Urteils enthalten muß.

Bei Eheungültigerklärung ist im Auszug anzugeben, ob sich die Frau bei der Eheschließung in gutem oder bösem Glauben befunden und infolgedessen den mit der Eheschließung erworbenen Personenstand, insbesondere das Bürgerrecht, beibehalten oder verloren hat (Art. 134, Abs. 1, ZGB).

Die vor dem Richter erfolgte Anerkennung eines Kindes (Art. 260 Abs. 3 ZGB) an die Vormundschaftsbehörde des Wohnsitzes der Mutter zur Zeit der Geburt des Kindes, ferner an das Zivilstandsamt des Heimatortes und des Wohnsitzes des Vaters und der Mutter sowie des Geburtsortes des Kindes mitzuteilen; die Anerkennung eines Kindes nach dem vollendeten zwölften Altersjahr oder eines verstorbenen Kindes überdies an die kantonale Aufsichtsbehörde im Zivilstandswesen seines Sitzes. Außerdem sind die Mitteilungen nach Artikel 106 zu erlassen. Die Mitteilung muß das Datum der Anerkennungserklärung und die Personalangaben auf Grund von Zivilstandsurkunden enthalten.

Zivilstandsverordnung

III. Verwaltungsbehörden

131 Die zuständigen Verwaltungsbehörden erlassen Mitteilungen über:

1. Änderung im Gemeinde- oder Kantonsbürgerrecht sowie Erwerb des Schweizer Bürgerrechts im ordentlichen Verfahren und Verlust des Schweizer Bürgerrechts an die Zivilstandsämter des bisherigen und des neuen Heimatortes sowie des Wohnsitzes. Die Änderung im Bürgerrecht einer verheirateten Person ist auch dem Zivilstandsamt des Heimatortes und des schweizerischen Wohnsitzes ihres Ehegatten mitzuteilen;

1bis. Erwerb und Wiedererwerb des Schweizer Bürgerrechts durch Verfügung des Eidgenössischen Justiz- und Polizeidepartementes an die kantonale Aufsichtsbehörde im Zivilstandswesen des Heimatkantons. Das Eidgenössische Justiz- und Polizeidepartement sorgt für die Mitteilung an die Behörden des Wohnsitzes;

2.a) Namensänderung (Art. 30 Abs. 1 ZGB)
an das Zivilstandsamt des Heimatortes und des Wohnsitzes sowie zusätzlich:
– die Namensänderung einer verheirateten Person an das Zivilstandsamt des Heimatortes und des schweizerischen Wohnsitzes ihres Ehegatten;
– die Namensänderung mit gleichzeitiger Bürgerrechtsänderung (Art. 271 Abs. 3 ZGB) an das Zivilstandsamt des bisherigen und des neuen Heimatortes;
– die Vornamensänderung an das Zivilstandsamt des Geburtsortes.

Die Namensänderung eines Schweizerbürgers im stellungs- oder wehrpflichtigen Alter ist überdies zu melden: bei Wohnsitz im Inland an die Militärbehörde des Wohnkantons, bei Wohnsitz im Ausland an die Militärbehörde des Heimatkantons;

b) Namensänderung für Brautleute im Hinblick auf die Heirat (Art. 30 Abs. 2 ZGB) an das die Verkündung leitende Zivilstandsamt (Art. 149); bei Heirat im Ausland ferner an die kantonalen Aufsichtsbehörden im Zivilstandswesen der Heimatkantone.

Die in Absatz 1 erwähnten Entscheide und Urkunden müssen die vollständigen Personalangaben auf Grund von Zivilstandsurkunden enthalten.

IV. Andere Behörden

132 Die nach kantonalem Recht zuständigen Gerichte und Verwaltungsbehörden erlassen Mitteilungen über:

1. Adoption (Art. 264 ff. ZGB) an die kantonale Aufsichtsbehörde im Zivilstandswesen ihres Sitzes. Diese besorgt die Weiterleitung an das Eidgenössische Amt für das Zivilstandswesen und, gegebenenfalls

über die betreffenden anderen kantonalen Aufsichtsbehörden, an die Zivilstandsämter des Geburtsortes, des früheren und des neuen Heimatortes und des allfälligen Trauungsortes des Adoptierten, des allfälligen abweichenden Heimatortes des Adoptierenden sowie des Wohnsitzes des Adoptierenden und des Adoptierten;

2. testamentarische Anerkennung eines Kindes an das Zivilstandsamt des Heimatortes des Vaters und der Mutter, des Wohnsitzes der Mutter, des Geburtsortes, des allfälligen Trauungsortes und des allfälligen abweichenden Heimatortes des Kindes sowie an die Vormundschaftsbehörde des Wohnsitzes des Kindes. Ferner sind die Mitteilungen nach Artikel 106 zu erlassen. Die Mitteilungen erfolgen durch die das Testament eröffnende Behörde (Art. 557 Abs. 1 ZGB) in der Form eines Testamentsauszuges;

3. Anordnung und Aufhebung der Vormundschaft über eine volljährige Person an das Zivilstandsamt des Heimatortes.

Die im Absatz 1 erwähnten Entscheide und Urkunden sollen die vollständigen Personalangaben auf Grund von Zivilstandsurkunden enthalten.

IVa. Fotokopierte Mitteilungen von Gerichten und Verwaltungsbehörden

132a Mitteilungen nach den Artikeln 130–132 können in der Form von Fotokopien erlassen werden.

Diese sind mit dem Originalstempel des Gerichts oder der Verwaltungsbehörde und mit der Originalunterschrift der befugten Amtsperson zu versehen.

V. Meldungen von Privatpersonen

133 Zivilstandstatsachen und deren Änderungen, die amtlich nicht mitgeteilt worden sind, können von den Beteiligten der kantonalen Aufsichtsbehörde des Heimatortes gemeldet werden.

Die kantonale Aufsichtsbehörde veranlaßt deren Einschreibung auf Grund der von ihr dazu erforderlich erachteten Beweismittel.

VI. Behandlung der Mitteilungen

1. Durch die kantonale Aufsichtsbehörde

133a Die kantonale Aufsichtsbehörde sorgt aufgrund der ihr zugegangenen Mitteilungen dafür, daß die erforderlichen zusätzlichen Mitteilungen erlassen werden.

2. Durch den Zivilstandsbeamten im allgemeinen

134 Vor der Einschreibung prüft der Zivilstandsbeamte die ihm zugekommenen Mitteilungen anhand seiner Register. Er gibt dem Absender von allfälligen Abweichungen gegenüber seinen Eintragungen unverzüglich Kenntnis, damit notwendige Berichtigungen vorgenommen werden können.

3. Durch den Einzelregisterführer

135 In den Einzelregistern werden die Mitteilungen innert acht Tagen gemäß Artikel 52 am Rande angemerkt.

Wo die Einzelregister im Doppel geführt werden oder geführt worden sind und das Doppel bei der kantonalen Aufbewahrungsstelle liegt, wird dieser die Änderung innert acht Tagen gemeldet und von ihr eingetragen.

Die Mitteilungen an den Wohnsitz dienen der Führung der Kontrolle der Niedergelassenen. Über die Behandlung dieser Mitteilungen bestimmen die Kantone.

Gerichtsurteile im Sinne von Artikel 130, Absatz 1, Ziffern 1 und 2, werden, wenn der Geburts-, der Todes- oder der Trauungsort im Ausland liegt, in das entsprechende Einzelregister des Heimatortes eingetragen.

4. Durch den Familienregisterführer

136 In das Familienregister werden die Mitteilungen innert acht Tagen eingeschrieben.

Aufgehoben.

Auf Grund der Mitteilungen über die Entmündigung und ihre Aufhebung (Art. 132, Abs. 1, Ziff. 3) legt der Familienregisterführer eine Kontrolle an.

5. Einschreibung ausländischer Urkunden

a) Im allgemeinen

137 Ausländische Urkunden dürfen nur auf Verfügung der kantonalen Aufsichtsbehörde eingetragen werden.

Urkunden, die nicht in einer schweizerischen Amtssprache abgefaßt sind, können zurückgewiesen werden, wenn sie nicht von einer beglaubigten deutschen, französischen oder italienischen Übersetzung oder wenigstens einer beglaubigten Wiedergabe des übersetzten wesentlichen Inhalts der Urkunde begleitet sind.

Die kantonale Aufsichtsbehörde sorgt für die Übersetzung fremdsprachiger Urkunden, soweit dies notwendig und möglich ist.

Die Kosten der Übersetzung von Urkunden, die in einer andern als einer Amtssprache abgefaßt sind, fallen in der Regel zu Lasten der Privatpersonen, die sie vorgelegt haben.

13. Abs. 1: BGE 87 I 470; 80 I 428. 110 II 5.

b) Bei mehreren Kantonsbürgerrechten

137 a Die kantonale Aufsichtsbehörde, die eine ausländische Urkunde über einen Kantonsbürger erhält, der das Bürgerrecht auch eines andern Kantons besitzt, setzt sich, falls sie Zweifel über die Eintragbarkeit der Urkunde hat, mit der andern Aufsichtsbehörde ins Einvernehmen.

Sind die beiden Aufsichtsbehörden über die Eintragbarkeit der Urkunde nicht gleicher Meinung, so entscheidet die Auffassung desjenigen Kantons, der im Sinne von Artikel 22 Absatz 3 des ZGB als Heimat gilt.

Das Eidgenössische Justiz- und Polizeidepartement erläßt hierüber die erforderlichen Weisungen.

c) Mitteilungspflicht

137 b Verfügt die kantonale Aufsichtsbehörde die Eintragung, so veranlaßt sie gleichzeitig, daß die nach dieser Verordnung für im Inland eingetretene Zivilstandsfälle vorgeschriebenen Mitteilungen erlassen werden.

Zehnter Abschnitt
Auszüge und Abschriften

1. Auszüge

a) Ausstellung

138 Der Zivilstandsbeamte erstellt auf Verlangen Auszüge aus dem Familienregister (Familienscheine und Personenstandsausweise für Schweizerbürger) und aus den Einzelregistern (Geburts-, Todes-, Ehe- und Anerkennungsscheine). Abgekürzte Auszüge über Geburt, Tod und Ehe können auf Grund des betreffenden Einzelregisters oder des Familienregisters erstellt werden.

1bis   Auszüge aus regional oder zentral geführten Familienregistern (Art. 113 Abs. 3 und 4) werden ausschließlich vom Familienregisterführer erstellt.

Jedermann ist berechtigt, über die ihn selbst betreffenden Registereintragungen Auszüge zu verlangen. Im übrigen werden Auszüge nur ausgestellt an Verwandte in gerader Linie, an den Vormund, an Personen, die ein unmittelbares, schutzwürdiges Interesse dartun, ferner an Bevollmächtigte dieser Personen sowie an die in Artikel 29 Absatz 2 erwähnten Behörden.

Von gelöschten und überdeckten Eintragungen sowie von gelöschten Teilen einer Eintragung dürfen Auszüge oder Abschriften nur mit Bewilligung der kantonalen Aufsichtsbehörde abgegeben werden.

a^{bis}. Amtliche Zustellung von Auszügen an ausländische Behörden

In Ausnahmefällen kann aufgrund eines Gesuches einer ausländischen diplomatischen oder konsularischen Vertretung eine amtliche Meldung von Zivilstandstatsachen erfolgen, auch wenn keine internationale Vereinbarung (Art. 122) besteht.

Das Gesuch ist an das Eidgenössische Amt für das Zivilstandswesen zu richten.

Die ausländische Behörde muß nachweisen, daß:

a) sie die gewünschte Information trotz zureichender Bemühungen von der berechtigten Person (Art. 138 Abs. 2) nicht erhalten konnte;

b) die berechtigte Person die Meldung ohne zureichenden Grund verweigert, namentlich um sich einer schweizerischen oder ausländischen gesetzlichen Bestimmung zu entziehen;

c) für sie datenschutzrechtliche Vorschriften gelten, die mit jenen der Schweiz vergleichbar sind;

d) sie den Grundsatz der Gegenseitigkeit beachtet.

Ist der Nachweis erbracht, bestellt das Eidgenössische Amt für das Zivilstandswesen den entsprechenden Auszug direkt beim zuständigen Zivilstandsamt. Dieses übermittelt das Dokument direkt dem Eidgenössischen Amt zuhanden der ausländischen Vertretung.

Es werden keine Gebühren erhoben.

b) Sprache

Die Auszüge werden in der Sprache des Registers ausgestellt. Die kantonale Aufsichtsbehörde kann einen Zivilstandsbeamten ermächtigen, Registerauszüge in einer andern Nationalsprache auszustellen; am Kopf solcher Auszüge ist anzugeben, daß sie auf Grund eines anderssprachigen Registers erstellt sind.

Das Formular des Personenstandsausweises für Schweizerbürger ist mehrsprachig.

Mehrsprachige Formulare werden im übrigen verwendet, soweit es internationale Übereinkommen oder, in mehrsprachigen Kantonen, kantonale Vorschriften vorsehen.

Abs. 3: Vgl. Übereinkommen über die Ausstellung mehrsprachiger Auszüge aus Zivilstandsregistern, vom 8. Sept. 1976 (SR 0.211.112.112).

c) Inhalt

140 Die Auszüge geben den wesentlichen Inhalt der Eintragungen wieder.
Folgende Angaben werden in den Registerauszügen weggelassen:

1. in Geburtsscheinen für Kinder, deren Eltern im Geburtsregister nicht als miteinander verheiratet bezeichnet sind: die Geburtsdaten und die Abstammung der Eltern;

2. in Ehescheinen: allfällige gemeinsame Kinder sowie gegebenenfalls die Namen eines früheren Ehegatten und das Datum der Auflösung der früheren Ehe; auf Verlangen überdies die Erwähnung der Erklärung über die Beibehaltung des Schweizerbürgerrechts durch eine Schweizerbürgerin, die einen Ausländer geheiratet hat;

3. in Auszügen aus dem Familienregister:
die Eintragung am Fuße des Blattes sowie gegebenenfalls die Bezeichnung «adoptiert» oder «legitimiert»; ferner auf Verlangen:
a) in Familienscheinen:
die Angaben über den Grund und das Datum des Bürgerrechtserwerbs;
b) in Personenstandsausweisen für Schweizerbürger:
die Namen der Eltern und gegebenenfalls der Name des gegenwärtigen oder früheren Ehegatten und das Datum der Auflösung der Ehe.

Geburtsscheine für adoptierte Personen werden auf Grund des Deckblattes ausgestellt.

d) Form

141 Für die Auszüge sind die dafür bestimmten Formulare zu verwenden.
Die Bestimmungen über die Einschreibungen (Art. 39–45 und 47) sind auch für die Auszüge maßgebend. Maschinenschrift ist gestattet.
Für die Verwendung elektronisch gespeicherter Daten gelten außerdem die besonderen Bestimmungen der Artikel 177e–177m.
Die kantonale Aufsichtsbehörde kann die Verwendung mechanischer Kopier- und Vervielfältigungsverfahren gestatten. Das Eidgenössische Justiz- und Polizeidepartement erläßt hierüber die erforderlichen Weisungen.

e) Randanmerkungen

142 Randanmerkungen zu Eintragungen eines Einzelregisters werden in den Auszügen nicht gesondert wiedergegeben, sondern in den Text aufgenommen.
Hebt eine spätere Randanmerkung eine frühere auf, so werden im Auszug beide weggelassen.

Zivilstandsverordnung

2. Abschriften

a) Von Eintragungen

143 Auf Verlangen schweizerischer Gerichtsbehörden oder Aufsichtsbehörden für das Zivilstandswesen erstellt das Zivilstandsamt auch vollständige Abschriften der Eintragungen in den Einzelregistern. Sie geben den gesamten Text mit allfälligen Randanmerkungen wieder. Vorbehalten bleibt Artikel 187.

Auf Verlangen von Personen oder Behörden, die nach Artikel 138 Absatz 2 Auszüge beziehen können, erstellt das Zivilstandsamt Abschriften, die Randanmerkungen über Vornamensänderungen getrennt wiedergeben, im übrigen aber den gleichen Inhalt wie Auszüge (Art. 140) aufweisen.

b) Von Belegen

144 Die Zivilstandsbeamten und die zuständigen Beamten der kantonalen Aufbewahrungsstelle (Art. 57) sind berechtigt, beglaubigte Abschriften der bei ihnen aufbewahrten Belege abzugeben.

Sind die Originalbelege nicht in einer Amtssprache abgefaßt, so wird auf Begehren eine Abschrift des Belegs oder der Übersetzung abgegeben.

An Stelle der Abschrift kann auch eine photographische Wiedergabe des Belegs treten.

3. Richtigkeitsbescheinigung

145 Auszüge und Abschriften sind zu datieren, durch die Unterschrift als richtig zu bescheinigen und mit dem Amtsstempel zu versehen.

Die Auszüge und Abschriften haben die nämliche Beweiskraft wie die Register und Urkunden, die ihnen zugrunde liegen.

4. Bürgerrechtsbestätigung

145a Auf Verlangen schweizerischer diplomatischer oder konsularischer Vertretungen im Ausland stellt der Zivilstandsbeamte des Heimatortes auf Grund des Familienregisters Bürgerrechtsbestätigungen aus. Das Eidgenössische Amt für das Zivilstandswesen erläßt hiefür die erforderlichen Weisungen.

Allfällige weitere Heimatorte sind in den Bürgerrechtsbestätigungen ebenfalls zu erwähnen.

5. Familienbüchlein

a) Zweck

146 Das Familienbüchlein dient im Verkehr mit Verwaltungsbehörden als Ausweis über den Bestand einer Familie.

b) Bezug

147 Ehegatten sind verpflichtet, ein Familienbüchlein zu beziehen.

Auf Verlangen wird auch einer verheiratet gewesenen Person, dem mit dem andern nicht verheirateten oder dem allein adoptierenden (Art. 264b ZGB) Elternteil eines Kindes ein Familienbüchlein ausgestellt.

c) Zuständigkeit

147a Das Familienbüchlein wird sofort nach der Trauung vom Zivilstandsbeamten des Trauungsortes ausgehändigt, wenn ein Ehegatte in der Schweiz Wohnsitz hat oder das Schweizerbürgerrecht besitzt.

Später sowie in den in Artikel 147 Absatz 2 genannten Fällen wird das Familienbüchlein für Schweizer vom Zivilstandsbeamten des Heimatortes auf Grund des Familienregisters und für Ausländer, die zivilstandsamtliche Ausweise oder behördliche Entscheide vorlegen, mit Ermächtigung der kantonalen Aufsichtsbehörde vom Zivilstandsbeamten des Wohnsitzes ausgestellt.

d) Inhalt für Ehegatten

147b Das Familienbüchlein für Ehegatten enthält folgende Angaben:
1. für die Ehegatten:
Ort und Datum der Trauung, Familiennamen und Vornamen, Zivilstand vor der Trauung, Heimatort nach der Trauung sowie Ort und Datum der Geburt, ferner Familiennamen und Vornamen der Eltern;
2. für gemeinsame Kinder:
Familienname und Vornamen, Heimatort oder Bürgerrechtsausschließungsvermerk, ferner Ort und Datum der Geburt;
3. Standes-, Namens- und Bürgerrechtsänderung sowie Tod der Ehegatten und der ledigen Kinder.
Aufgehoben.
Nicht eingetragen werden Kinder, die nur zum einen Ehegatten in einem Kindesverhältnis stehen, und die Eheschließung von Kindern.
Wird ein Familienbüchlein nach Auflösung der Ehe ausgestellt, so ist die Auflösung zu erwähnen.

e) Inhalt in den übrigen Fällen

147c Das Familienbüchlein, das dem mit dem andern nicht verheirateten oder allein adoptierenden Elternteil ausgestellt wird, enthält folgende Angaben:
1. für den Inhaber:
Familienname und Vornamen, Zivilstand, Heimatort, Ort und Datum der Geburt sowie Familiennamen und Vornamen der Eltern;
2. für die Kinder:
Familienname und Vornamen, Heimatort oder Bürgerrechtsausschließungsvermerk; ferner Ort und Datum der Geburt, überdies Familienname und Vornamen des andern Elternteils;
3. Standes-, Namens- und Bürgerrechtsänderungen sowie Tod des Inhabers und der ledigen Kinder.

Nicht eingetragen werden die aus einer Ehe stammenden Kinder sowie die Eheschließung von Kindern.

f) Spätere Eintragungen

147d Die seit Ausstellung des Familienbüchleins erfolgten Registereintragungen werden vom Zivilstandsbeamten, der sie vorgenommen hat, von Amtes wegen im Familienbüchlein nachgetragen. Ist dies unterlassen worden, so kann der Zivilstandsbeamte des Heimatortes die Änderung aufgrund des Familienregisters nachtragen. Die Nachtragungen sind mit dem Amtsstempel zu versehen.

Im Familienbüchlein von Ausländern kann der Zivilstandsbeamte des Wohnsitzes mit Ermächtigung der kantonalen Aufsichtsbehörde im Ausland eingetretene Änderungen nachtragen, für die zivilstandsamtliche Ausweise oder behördliche Entscheide vorliegen.

Die Kantone erlassen die erforderlichen Weisungen, um die Nachführung des Familienbüchleins sicherzustellen.

g) Überprüfung

147e Bestehen Zweifel über die Richtigkeit der Eintragungen im Familienbüchlein, so kann es dem Zivilstandsbeamten des Heimatortes zur Überprüfung und allfälligen Ergänzung vorgelegt werden.

Elfter Abschnitt
Die Eheschließung

A. Allgemeine Bestimmungen

I. Vorverfahren

1. Grundsatz

148 Jeder in der Schweiz vorzunehmenden Eheschließung schweizerischer Verlobter oder in der Schweiz wohnhafter Ausländer hat die Verkündung des Eheversprechens vorauszugehen.

Die Abgabe des Eheversprechens kann in der Schweiz vor dem nach Artikel 149, Absatz 1, zur Leitung der Verkündung zuständigen oder ausnahmsweise vor jedem anderen Zivilstandsbeamten erfolgen. Die Verlobten erscheinen zu diesem Zwecke gemeinsam oder einzeln persönlich vor dem Zivilstandsbeamten. Der im Ausland sich aufhaltende Verlobte kann das Eheversprechen vor einer schweizerischen Auslandsvertretung oder vor der zuständigen ausländischen Behörde abgeben.

Wird das Eheversprechen nicht vom leitenden Zivilstandsbeamten entgegengenommen, so muß die Unterschrift der Verlobten amtlich beglaubigt sein. Das Eheversprechen wird alsdann dem leitenden Zivilstandsbeamten unter Beilage allfälliger Ausweise übermittelt.

Für ausländische Verlobte, die beide nicht in der Schweiz wohnen, gilt Artikel 168a.

Abs. 2: BGE 116 II 497.

2. Zuständigkeit

149 Zuständig für die Leitung der Verkündung ist:

1. das Zivilstandsamt des schweizerischen Wohnsitzes des Bräutigams oder der Braut;

2. das Zivilstandsamt des Heimatortes der Braut oder des Bräutigams, wenn beide Verlobte im Ausland wohnen;

3. das Zivilstandsamt, vor dem die Trauung stattfinden soll, wenn beide Verlobte im Ausland wohnen und das Schweizer Bürgerrecht nicht besitzen (Art. 168a).

3. Ausweise

150 Zur Vornahme der Verkündung muß der leitende Zivilstandsbeamte im Besitz folgender Ausweise sein:

1. für alle Verlobten:

a) Ausweise über den Wohnsitz, wenn er dem Zivilstandsbeamten nicht aus eigenem Wissen bekannt ist;

b) Personenstandsausweis für Schweizerbürger oder Familienscheine, allenfalls Geburtsscheine, sämtliche nicht älter als sechs Monate;

c) Ausweise über Namen, Zivilstand und Staatsangehörigkeit, soweit diese Angaben nicht aus den übrigen vorgelegten Urkunden hervorgehen;

d) gegebenenfalls, wenn kein Familienschein vorgelegt wird, neu ausgestellte Geburtsscheine oder Personenstandsausweise für gemeinsame Kinder der Verlobten;

2. für verheiratet gewesene Personen zusätzlich:

a) sofern sie keinen Personenstandsausweis oder Familienschein vorlegen:
Todesschein des verstorbenen Ehegatten oder Auszug aus dem Gerichtsurteil über die Scheidung, Ungültigerklärung oder Auflösung der früheren Ehe mit Angabe des Datums der Rechtskraft des Urteils;

b) gegebenenfalls für die Braut der Nachweis über die Abkürzung der Wartefrist nach Artikel 103 des Zivilgesetzbuches;

3. für unmündige oder entmündigte Personen zusätzlich:

a) die schriftliche, amtlich beglaubigte Einwilligungserklärung der Inhaber der elterlichen Gewalt oder des Vormundes;

b) für Ehemündigerklärte (Art. 96 Abs. 2 ZGB) überdies der einschlägige Entscheid;

4. für zwei ausländische Verlobte, sofern nach schweizerischem Recht eine Voraussetzung der Eheschließung (Art. 96–104 ZGB) fehlt, zusätzlich:
Eheanerkennungserklärung des Heimatstaates eines der Verlobten und Bewilligung der kantonalen Aufsichtsbehörde (Art. 168b).

1bis Verlobte, die das Schweizer Bürgerrecht besitzen, haben in der Regel schweizerische Ausweise vorzulegen. Für nicht in einer schweizerischen Nationalsprache abgefaßte Ausweise von Personen, die das Schweizer Bürgerrecht nicht besitzen, gilt sinngemäß Artikel 137 Absätze 2–4.

Ausweise über Tatsachen, die sich aus dem vom leitenden Zivilstandsbeamten geführten Familienregister ergeben, brauchen nicht vorgelegt zu werden.

Die kantonale Aufsichtsbehörde kann von der Vorlegung von Ausweisen, die nicht oder sehr schwer erhältlich sind, befreien.

4. Abweisung des Gesuches

Der leitende Zivilstandsbeamte verweigert die Verkündung (Art. 107 ZGB):

1. wenn das Gesuch nicht richtig erfolgt, insbesondere wenn die notwendigen Ausweise fehlen und die kantonale Aufsichtsbehörde nicht Befreiung ausgesprochen hat, oder
2. wenn ein Verlobter nicht ehefähig ist oder ein Ehehindernis besteht (Art. 96–104 ZGB), und wenn die kantonale Aufsichtsbehörde die Bewilligung nach Artikel 168b verweigert hat.

II. Verkündverfahren

1. Einleitung

152 Sind die Voraussetzungen der Verkündung erfüllt, so fertigt der leitende Zivilstandsbeamte das Formular «Verkündgesuch» aus. Es soll enthalten:
1. das Datum;
2. für beide Verlobten:
Familienname, Vornamen, Zivilstand, Heimatort, Ort und Datum der Geburt, ferner Familiennamen und Vornamen der Eltern sowie Wohnsitz; war ein Verlobter bereits verheiratet, überdies Familienname und Vornamen seines früheren Ehegatten sowie Datum der Auflösung der Ehe; bei Ausländern zudem die Angaben nach Artikel 45;
3. gegebenenfalls die Namenserklärung der Braut (Art. 177a) oder Hinweis auf die den Brautleuten bewilligte Namensänderung (Art. 30 Abs. 2 ZGB);
4. Familiennamen, Vornamen sowie Ort und Datum der Geburt allfälliger gemeinsamer Kinder der Verlobten;
5. die Angabe, auf welche Weise das Eheversprechen angemeldet worden ist;
6. Heimatorte der Ehefrau nach der Trauung.

Das Verkündgesuch ist von dem Verlobten oder den Verlobten, die die Verkündung persönlich verlangt haben, sowie vom Zivilstandsbeamten zu unterzeichnen. Für den oder die Verlobten, die das Verkündgesuch persönlich unterzeichnet haben, gilt die Unterzeichnung als Eheversprechen.

Auf der Rückseite des Formulars werden die vorgelegten Ausweise vermerkt und angegeben, wann und an welche Zivilstandsämter die Verkündakte (Art. 153) versandt worden sind.

Handelt es sich bei einem Verlobten um eine adoptierte Person, so holt der leitende Zivilstandsbeamte den Bericht des Eidgenössischen Amtes für das Zivilstandswesen über das Bestehen eines allfälligen Ehehindernisses im Sinne von Artikel 100 Absatz 3 des Zivilgesetzbuches ein.

Zivilstandsverordnung 153–153a

2. Verkündakte

a) Inhalt

153 Auf Grund des Verkündgesuches erstellt der leitende Zivilstandsbeamte die Verkündakte für den öffentlichen Anschlag an seinem Amtssitz und bei den mitwirkenden Zivilstandsämtern der Heimatorte sowie der gegenwärtigen und der nicht mehr als sechs Monate zurückliegenden früheren Wohnsitze der Verlobten.

Die Verkündakte sollen enthalten:
a) auf der Vorderseite in der oberen Hälfte:
1. Gesuch um Veröffentlichung des Eheversprechens mit den Personalangaben nach Buchstabe b,
2. Familien- und Vornamen der Eltern der Verlobten;
3. Familien- und Vornamen früherer Ehegatten der Verlobten und je das Datum der Eheauflösung,
4. Familien- und Vornamen sowie Ort und Datum der Geburt gemeinsamer Kinder der Verlobten;

b) auf der Vorderseite in der unteren Hälfte für beide Verlobten:
1. Familienname,
2. Vornamen,
3. Zivilstand,
4. Heimatorte,
5. Ort und Datum der Geburt,
6. Wohnort.

Die Angaben von Absatz 2 Buchstabe a werden nicht veröffentlicht.

b) Prüfung und Ergänzung

153a Enthält der Verkündakt eine Unrichtigkeit, so teilt der mitwirkende Zivilstandsbeamte dies dem leitenden zur Richtigstellung unverzüglich mit. Der Verkündakt wird gleichwohl angeschlagen.

Der mitwirkende Zivilstandsbeamte des Heimatortes beantwortet auf der Rückseite die Fragen,
a) ob die schweizerische Verlobte, die bereits verheiratet gewesen ist, das Bürgerrecht einer Gemeinde seines Kreises:
1. schon vor der ersten Eheschließung besaß,
2. durch Heirat erworben hat, oder
3. erst nach der ersten Eheschließung erworben hat; in diesem Fall sind der Grund und das Datum des Bürgerrechtserwerbs sowie der Zivilstand zum Zeitpunkt des Erwerbs anzugeben;
b) ob einer der Verlobten unter Vormundschaft steht.

Stellt der Zivilstandsbeamte des Heimatortes fest, daß es sich bei einem Verlobten um eine adoptierte Person handelt, so teilt er dies unverzüglich dem leitenden Zivilstandsbeamten mit.

3. Anschlag

154 Die Veröffentlichung geschieht durch Anschlag des Verkündaktes an der dazu bestimmten Stelle. Auf der Vorderseite des Verkündaktes sind Ort und Datum des Anschlages anzugeben.

Die Verkündfrist dauert zehn Tage, den Tag des Anschlages nicht gerechnet, und endigt um Mitternacht des letzten Tages. Ist dieser Tag ein Samstag, ein Sonntag oder ein staatlich anerkannter Feiertag, so endigt die Frist am Schluß des nächstfolgenden Werktages.

Erfolgt die Verkündung auf Grund kantonaler Bestimmungen an mehreren Orten eines Kreises, so ist für die Verkündfrist der Anschlag am Sitze des Zivilstandsamtes maßgebend.

4. Einspruch

a) *Von Privatpersonen*

155 Während der Verkündfrist kann jedermann, der ein Interesse hat, wegen Eheunfähigkeit der Verlobten oder wegen eines Ehehindernisses Einspruch gegen die Eheschließung erheben.

Der Einspruch ist bei einem der verkündeten Zivilstandsbeamten unter Angabe des Grundes schriftlich anzubringen.

Bei jedem mitwirkenden Zivilstandsbeamten wird die Frist für die Anmeldung des Einspruchs nach der Verkündung beim eigenen Amt bemessen.

Einen Einspruch, der weder mit Eheunfähigkeit (Art. 96–99 ZGB), noch mit einem gesetzlichen Ehehindernis (Art. 100–104 ZGB) begründet ist, weist der Zivilstandsbeamte ohne weiteres zurück.

b) *Von Amtes wegen*

156 Steht der beabsichtigten Ehe ein Nichtigkeitsgrund (Art. 120 ZGB) entgegen, so ist der Einspruch von der nach Artikel 109 des Zivilgesetzbuches zuständigen Behörde von Amtes wegen zu erheben.

Hat der leitende Zivilstandsbeamte Kenntnis von einem Einspruchsgrund, der sich nicht aus den Akten ergibt, so macht er der kantonalen Aufsichtsbehörde zuhanden der nach Artikel 109 des Zivilgesetzbuches zuständigen Behörde davon Mitteilung, auch wenn die Einspruchsfrist abgelaufen ist, und verweigert die Trauung.

Für die zuständige Behörde läuft die zehntägige Frist von dem Tage an, an dem sie Kenntnis vom Einspruchsgrund erhalten hat.

5. Feststellung des Verkündergebnisses

157 Nach Ablauf der Verkündfrist wird der Verkündakt abgenommen.

Die mitwirkenden Zivilstandsbeamten bescheinigen auf der Rückseite des Verkündaktes, daß die Verkündung während zehn vollen Tagen erfolgt und ob Einspruch erhoben worden ist oder nicht. Sie senden den Verkündakt alsdann samt allfälligen Einsprüchen innert zwei Tagen dem leitenden Zivilstandsbeamten zurück.

Hat der mitwirkende Zivilstandsbeamte, ohne daß Einspruch erhoben worden wäre, vom Fehlen der Ehefähigkeit oder von einem Ehehindernis Kenntnis, so meldet er es dem leitenden Zivilstandsbeamten, auch wenn die Einspruchsfrist abgelaufen ist.

Der leitende Zivilstandsbeamte bescheinigt seinerseits auf der Rückseite des Verkündaktes, der in seinem Kreis angeschlagen worden ist, daß die Verkündung während zehn vollen Tagen erfolgt und ob Einspruch erhoben worden ist oder nicht.

6. Behandlung des Einspruchs

Ist ein Einspruch erhoben worden, so hat der leitende Zivilstandsbeamte nach Ablauf der Verkündfrist und nach Empfang der in den andern Zivilstandskreisen veröffentlichten Verkündakte den Verlobten ohne Verzug schriftlich davon Kenntnis zu geben.

Die Verlobten haben sich innert zehn Tagen bei ihm schriftlich darüber zu erklären, ob sie den Einspruch anerkennen oder nicht.

Erklärt eines der Verlobten, den Einspruch nicht anzuerkennen, so gibt der Zivilstandsbeamte dem Einsprecher sofort davon Kenntnis.

7. Entscheidung über den Einspruch

Will der Einsprecher den Einspruch aufrechterhalten, so hat er beim Richter des Ortes, wo das Verkündgesuch angemeldet worden ist, binnen zehn Tagen, nachdem ihm die Nichtanerkennung des Einspruchs eröffnet wurde, auf Untersagung der Eheschließung zu klagen.

Über die Klageeinreichung hat sich der Einsprecher beim leitenden Zivilstandsbeamten durch eine Bescheinigung des Richters auszuweisen.

III. Beendigung des Verkündverfahrens

1. Allgemeines

Das Verkündverfahren ist beendet:
 1. wenn sämtliche Verkündungen ohne Einspruch geblieben sind;
 2. wenn ein erhobener Einspruch zurückgezogen oder dahingefallen ist;
 3. wenn die zuständige Behörde den Zivilstandsbeamten benachrichtigt hat, daß sie nicht Einspruch oder Klage erheben wolle, oder
 4. wenn die Klage abgewiesen worden ist.

Für adoptierte Verlobte muß überdies der Bericht des Eidgenössischen Amtes für das Zivilstandswesen über das Nichtbestehen eines Ehehindernisses im Sinne von Artikel 100 Absatz 3 des Zivilgesetzbuches und gegebenenfalls die Bewilligung der Kantonsregierung nach Artikel 100 Absatz 2 des Zivilgesetzbuches vorliegen.

Die Verkündung behält ihre Wirkung sechs Monate vom Tage der Beendigung des Verkündverfahrens an; nach Ablauf dieser Frist muß die Trauung auf Grund dieses Verkündverfahrens verweigert werden (Art. 114, Abs. 2, ZGB).

2. Mitteilung an die Verlobten

161 Liegt nach Beendigung des Verkündverfahrens kein Grund vor, die Trauung zu verweigern (Art. 114, Abs. 1, ZGB), so teilt der leitende Zivilstandsbeamte den Verlobten mit, daß die Trauung stattfinden kann.

3. Trauungsermächtigung

162 Wünschen die Verlobten, daß die Trauung in einem andern Zivilstandskreis stattfinden solle, so stellt ihnen der leitende Zivilstandsbeamte eine Trauungsermächtigung (Verkündschein) aus. Auf Grund dieser Ermächtigung kann die Trauung während der in Artikel 160, Absatz 2, bestimmten Frist von sechs Monaten bei einem beliebigen schweizerischen Zivilstandsbeamten erfolgen. Der Beginn der Gültigkeit ist auf der Trauungsermächtigung anzugeben.

Die Trauungsermächtigung muß alle Angaben für eine vollständige Eintragung im Eheregister (Art. 94) desjenigen Zivilstandskreises enthalten, wo die Trauung stattfinden soll. Unbeschriebene Stellen werden ausgestrichen. Außerdem sind die Angaben für die Meldung an das Bundesamt für Statistik zu machen.

IV. Trauung

1. Ordentliche Trauung

163 Die Trauung findet im amtlichen Trauungslokal statt. Außerhalb ist die Trauung nur dann statthaft, wenn durch ärztliches Zeugnis festgestellt ist, daß der Bräutigam oder die Braut wegen Krankheit verhindert ist, auf dem Amte zu erscheinen.

Die Brautleute haben zwei mündige Zeugen mitzubringen.

Die Trauung erfolgt öffentlich.

Nach achtzehn Uhr und an Sonntagen dürfen keine Trauungen stattfinden.

Die Trauung mehrerer Paare zur gleichen Zeit darf nur erfolgen, wenn es verlangt wird.

Ist eines der Verlobten taubstumm, so ist ein sprachlicher Vermittler beizuziehen oder die Amtshandlung zu protokollieren; im Register ist darüber ein Vermerk anzubringen. Das Protokoll wird den Eheakten einverleibt.

2. Nottrauung

164 Besteht wegen Erkrankung eines der Verlobten die Gefahr, daß bei Beobachtung der Verkündfristen die Ehe nicht mehr geschlossen werden könnte, so darf die Trauung mit Ermächtigung der Aufsichtsbehörde unter Abkürzung der Fristen oder ohne Verkündung erfolgen (Art. 115 ZGB).

Zuständig ist der Zivilstandsbeamte des Ortes, wo die Trauung vorgenommen werden muß.

3. Form der Trauung

165 Die Trauung wird vollzogen, indem der Zivilstandsbeamte an den Bräutigam und an die Braut einzeln die Frage richtet:

«N. N., ich richte an Sie die Frage: Wollen Sie mit M. M. die Ehe eingehen?»

«M. M., ich richte an Sie die Frage: Wollen Sie mit N. N. die Ehe eingehen?»

Haben beide die Frage bejaht, so erklärt der Zivilstandsbeamte:

«Da Sie beide meine Frage bejaht haben, ist Ihre Ehe durch Ihre beidseitige Zustimmung kraft des Gesetzes geschlossen.»

4. Unterzeichnung der Eintragung

166 Unmittelbar nach der Trauung ist die vorbereitete Eintragung im Eheregister von den Ehegatten, den Zeugen und dem Zivilstandsbeamten zu unterzeichnen.

Die Ehegatten unterzeichnen mit dem Namen, den sie nach der Heirat führen.

V. Ausweise und Eheakten

167 Den Ehegatten werden nach der Trauung ein Ehesсhein und das Familienbüchlein ausgehändigt.

Die nach Artikel 150 vorgelegten Ausweise, das Verkündgesuch, die Verkündakte und allfällige nach Artikel 160 erforderliche zusätzliche Unterlagen bilden die Eheakten.

Die kantonale Aufsichtsbehörde kann die Rückgabe von Ausweisen aus den Eheakten gestatten.

B. Eheschließung von Ausländern

1. Allgemeines

168 Die Kantone können vorsehen, daß in Fällen, in denen einer der Verlobten nicht Schweizerbürger ist, die Verkünddokumente der kantonalen Aufsichtsbehörde zur Prüfung unterbreitet werden.

BGE 113 II 1.

2. Wohnsitz im Ausland

168a Die kantonale Aufsichtsbehörde entscheidet über Gesuche um Bewilligung der Eheschließung zwischen ausländischen Verlobten, die beide nicht in der Schweiz wohnen (Art. 43 Abs. 2 des Bundesgesetzes vom 18. Dezember 1987 über das internationale Privatrecht [IPRG]).

Das Gesuch ist beim Zivilstandsbeamten, vor dem die Trauung stattfinden soll, einzureichen, zusammen mit:

1. der Eheanerkennungserklärung des Wohnsitz- oder des Heimatstaates beider Verlobter (Art. 43 Abs. 2 IPRG) und

2. den gemäß Artikel 150 erforderlichen Ausweisen außer der Bewilligung nach Artikel 168b.

Die kantonale Aufsichtsbehörde entscheidet zusammen mit diesem Gesuch über eine allfällige Bewilligung der Eheschließung nach dem Heimatrecht eines der Verlobten (Art. 168b).

Die kantonale Aufsichtsbehörde kann ein Verkündverfahren anordnen.

Abs. 1: Anh. I.

3. Voraussetzungen nach ausländischem Recht

168b Sind die Voraussetzungen einer Eheschließung zwischen Ausländern nach schweizerischem Recht (Art. 96–104 ZGB) nicht gegeben, so bewilligt die kantonale Aufsichtsbehörde die Eheschließung, wenn sie nach den Voraussetzungen des Heimatrechts eines der Verlobten stattfinden kann (Art. 44 Abs. 2 IPRG) und die Ehe mit dem schweizerischen Ordre public vereinbar ist.

Anh. I.

4. Eheschließung mit einer schweizerischen Braut

169 Aufgehoben.

170 Aufgehoben.

C. Schweizerische Ehefähigkeitszeugnisse

1. Grundsatz

Ein für die Trauung eines Schweizerbürgers (Bräutigam oder Braut) im Ausland notwendiges Ehefähigkeitszeugnis wird auf Ansuchen der Verlobten oder einer ausländischen Amtsstelle vom zuständigen schweizerischen Zivilstandsbeamten nur auf Grund einer Verkündung (Art. 149 bis 160) ausgestellt.

Liegt der Verdacht der Umgehung schweizerischer Gesetze vor, so hat der Zivilstandsbeamte die Weisung der kantonalen Aufsichtsbehörde einzuholen.

2. Zuständigkeit

Die Zuständigkeit für die Ausstellung eines Ehefähigkeitszeugnisses richtet sich nach den Vorschriften des Artikels 149, Absatz 1, Ziffer 1 bis 3.

Unrichtig adressierte Gesuche um Verkündung sind von Amtes wegen an den zuständigen Zivilstandsbeamten weiterzuleiten.

3. Ausweise

a) Gesuche der Verlobten

Verlangen die Verlobten selber die Verkündung, so haben sie mit dem Gesuch ein beglaubigtes Eheversprechen und die in Artikel 150 vorgeschriebenen Ausweise vorzulegen.

Mit Ausnahme des Eheversprechens sind die vorgelegten Ausweise den Verlobten zurückzugeben. Die Rückgabe ist vorzumerken.

b) Amtliche Gesuche

Für die Verkündung auf Ansuchen einer ausländischen Amtsstelle genügen die Angaben, die für ein Verkündgesuch (Art. 152, Abs. 1) notwendig sind. Die Verkündung erfolgt nur an den vom schweizerischen Recht vorgeschriebenen Orten.

4. Verfahren

Der die Verkündung leitende Zivilstandsbeamte veranlaßt die Verkündung auch an den übrigen in Artikel 153, Absatz 1, bezeichneten schweizerischen Orten.

Im übrigen vollzieht sich die Verkündung in dem für die ordentliche Verkündung vorgesehenen Verfahren.

5. Ausstellung des Ehefähigkeitszeugnisses

176 Das Ehefähigkeitszeugnis wird vom leitenden Zivilstandsbeamten mit der Bescheinigung ausgestellt, daß dem Abschluß der Ehe nach schweizerischem Recht kein Hindernis entgegensteht.

Zeugnisse über die Ehefähigkeit oder den ledigen Stand eines Schweizerbürgers dürfen zum Zwecke der Eheschließung im Ausland von keiner andern Amtsstelle und in keiner andern Form ausgestellt werden.

D. Internationale Rechtshilfe

177 Gesuchen ausländischer Amtsstellen um Verkündung des Eheversprechens von Ausländern hat der Zivilstandsbeamte zu entsprechen. Diese Gesuche müssen die Erfordernisse des Artikels 174 erfüllen. Die Verkündfrist richtet sich nach Artikel 154, Absatz 2.

Zwölfter Abschnitt

Namenserklärungen

1. Vor der Heirat

177a Die Braut kann gegenüber dem Zivilstandsbeamten oder der Zivilstandsbeamtin erklären, sie wolle nach der Eheschließung ihren bisherigen Namen, gefolgt vom Familiennamen, weiterführen (Art. 160 Abs. 2 und 3 ZGB). Die gleiche Möglichkeit hat der Bräutigam, wenn die Brautleute das Gesuch stellen, von der Trauung an den Namen der Ehefrau als Familiennamen zu führen (Art. 30 Abs. 2 ZGB).

Zur Entgegennahme der Erklärung ist das Zivilstandsamt, auf welchem das Eheversprechen abgegeben wird, oder das Zivilstandsamt des Trauungsortes zuständig. Bei Trauung im Ausland kann die erklärende Person die Erklärung auch der schweizerischen Vertretung oder dem Zivilstandsamt ihres Heimatortes oder schweizerischen Wohnsitzes abgeben.

Die Unterschrift wird beglaubigt.

Bei Trauung im Ausland übergibt das Zivilstandsamt der erklärenden Person ein Doppel der Erklärung und übermittelt ein weiteres Doppel der kantonalen Aufsichtsbehörde.

Zivilstandsverordnung   177b–177d

2. Nach gerichtlicher Auflösung der Ehe

a) *Zuständigkeit*

Der Ehegatte, der durch Heirat seinen Namen geändert hat, kann nach gerichtlicher Auflösung der Ehe innert sechs Monaten gegenüber dem Zivilstandsbeamten erklären, den angestammten oder den vor der Heirat getragenen Familiennamen wieder führen zu wollen (Art. 134 Abs. 2 ZGB bzw. Art. 149 Abs. 2 ZGB). **177b**

Zur Entgegennahme der Erklärung ist in der Schweiz jeder Zivilstandsbeamte und im Ausland die schweizerische Vertretung zuständig.

Werden ausländische Urkunden vorgelegt, holt der Zivilstandsbeamte zuerst die Bewilligung der kantonalen Aufsichtsbehörde ein.

c) *Verfahren*

Der Zivilstandsbeamte prüft, unter Vorbehalt von Artikel 177b Absatz 3, die Zulässigkeit der Erklärung aufgrund der vorgewiesenen Urkunden, beglaubigt die Unterschrift des Erklärenden, übergibt ihm ein Doppel der Erklärung und übermittelt weitere Doppel dem Zivilstandsamt des Heimatortes und des Wohnsitzes des Erklärenden. **177c**

Ist die Erklärung von einer schweizerischen Vertretung entgegengenommen worden, veranlaßt die kantonale Aufsichtsbehörde den Erlaß der Mitteilungen an das Zivilstandsamt des Heimatortes und des schweizerischen Wohnsitzes des Erklärenden.

3. Anwendung des Heimatrechts

Im Zusammenhang mit der Eintragung eines ihn persönlich betreffenden Zivilstandsfalles in ein Einzelregister kann der Schweizer mit Wohnsitz im Ausland oder der Ausländer gegenüber dem Zivilstandsbeamten schriftlich erklären, er wolle seinen Namen dem Heimatrecht unterstellen (Art. 37 Abs. 2 IPRG). Bezüglich der Prüfungsbefugnis der kantonalen Aufsichtsbehörde gilt Artikel 43a. **177d**

Im Zusammenhang mit einem ausländischen Zivilstandsfall kann eine solche Erklärung der kantonalen Aufsichtsbehörde direkt oder durch Vermittlung der schweizerischen Vertretung abgegeben werden.

Wenn ein Schweizer die Namenserklärung nach Artikel 177a oder 177b abgibt, so gilt dies als Erklärung, den Namen dem Heimatrecht unterstellen zu wollen.

Für das nicht urteilsfähige Kind geben die Eltern die Erklärung ab; ist nur einer Inhaber der elterlichen Gewalt, so kann nur dieser die Erklärung abgeben.

Abs. 1: Anh. I.

Zwölfter^bis Abschnitt
Elektronische Datenverarbeitung

1. Bewilligungspflicht

177 e Die Einführung der elektronischen Verarbeitung von Personendaten und der Wechsel des Verarbeitungssystems bedürfen der Bewilligung der kantonalen Aufsichtsbehörde.

Die kantonale Aufsichtsbehörde prüft, ob System und Organisationsstruktur eine einwandfreie Erfüllung der vorgesehenen Aufgaben erlauben und ob die gespeicherten Daten gegen unbefugte Bearbeitung und Kenntnisnahme geschützt sind.

Die Verwendung elektronischer Systeme zur Textverarbeitung, ohne dauernde Speicherung der Daten, bedarf keiner solchen Bewilligung.

2. Meldepflicht

177 f Wird in einem Zivilstandskreis eine elektronische Verarbeitung von Daten oder ein Wechsel des Verarbeitungssystems bewilligt, so meldet die kantonale Aufsichtsbehörde dem Eidgenössischen Amt für das Zivilstandswesen diese Tatsache mit Angaben über das System, die Geräte, die vorgesehenen Dateien und ihren Inhalt, die Zugriffsberechtigung und die getroffenen Maßnahmen gegen unbefugten Zugriff.

Im alljährlichen Bericht über die Geschäftsführung (Art. 18 Abs. 2) äußert sich die kantonale Aufsichtsbehörde insbesondere auch über den Stand der elektronischen Datenverarbeitung und die in diesem Zusammenhang gemachten Erfahrungen.

3. Zugriff

177 g Nur der Zivilstandsbeamte und die dazu ermächtigten Mitarbeiter des Zivilstandsamtes dürfen Personendaten eingeben und ändern oder gespeicherte Daten abrufen.

Für die Einsichtnahme in gespeicherte Daten und für die Veröffentlichungen gilt Artikel 29 sinngemäß.

4. Registerqualität

177 h Werden Eintragungen und Randanmerkungen elektronisch gespeichert, so gelten als Register im Sinne von Artikel 27 Absatz 1 nur die ohne technische Hilfsmittel lesbaren Schriftstücke.

Die Eintragung im Einzelregister ist abgeschlossen, wenn sie unterzeichnet ist (Art. 49 Abs. 2); Randanmerkungen sind ebenfalls zu unterzeichnen (Art. 53 Abs. 3).

Eine Eintragung in das Familienregister ist beendet, wenn sie auf dem nach Artikel 115 eröffneten Blatt ohne technische Hilfsmittel gelesen werden kann.

5. Mitteilungen

a) Im allgemeinen

Mitteilungen, Auszüge, Abschriften sowie Bescheinigungen und Bestätigungen, die gestützt auf elektronisch gespeicherte Daten abgefaßt wurden, sind vor der Unterzeichnung auf ihre Übereinstimmung mit den Registern im Sinne von Artikel 177h zu überprüfen. **177i**

Von der Datenverarbeitungsanlage des Zivilstandsamtes dürfen elektronisch gespeicherte Personendaten nicht unmittelbar an andere Datenverarbeitungsanlagen übermittelt werden. Vorbehalten sind die Absätze 3 und 4.

Im Einvernehmen mit der kantonalen Aufsichtsbehörde kann das Eidgenössische Amt für das Zivilstandswesen einzelnen Zivilstandsämtern zu Versuchszwecken die elektronische Übermittlung nicht ausgedruckter Daten an andere Zivilstandsämter und an die kantonalen Aufsichtsbehörden bewilligen. Es legt die Voraussetzungen im Einzelfall fest und prüft, ob die empfangende Behörde die Daten gegen unbefugte Bearbeitung und Kenntnisnahme schützt.

Im Einvernehmen mit dem Eidgenössischen Amt für das Zivilstandswesen, der kantonalen Aufsichtsbehörde und dem interessierten Zivilstandsamt kann das Bundesamt für Statistik bei einzelnen Zivilstandsämtern Versuche über die elektronische Übermittlung nicht ausgedruckter Daten für Meldungen nach Artikel 127 vornehmen. Dabei muß es sicherstellen, daß die Daten gegen unbefugte Kenntnisnahme und Bearbeitung geschützt sind.

b) Übergabe von Datenträgern

Wenn der Empfänger zustimmt, kann anstelle des Textes auf Papier ein Datenträger, der nur den vorgeschriebenen Inhalt aufweist, übergeben werden bei: **177k**

a) Meldungen an das Bundesamt für Statistik nach Artikel 127;

b) Veröffentlichungen von Zivilstandsfällen nach Artikel 29 Absatz 5;

c) Mitteilungen und Meldungen nach kantonalem Recht, sofern dieses eine solche Übergabe zuläßt.

Im Einvernehmen mit der kantonalen Aufsichtsbehörde kann das Eidgenössische Amt für das Zivilstandswesen einzelnen Zivilstandsämtern zu Versuchszwecken bewilligen, für andere nach Bundesrecht vorgesehene Mitteilungen oder Meldungen anstelle des Textes auf Papier einen elektronischen Datenträger, der nur den vorgeschriebenen Inhalt aufweist, zu übergeben. Es legt die Voraussetzungen im Einzelfall fest und prüft, ob der Empfänger die Daten gegen unbefugte Bearbeitung und Kenntnisnahme schützt.

Im übrigen ist die Herausgabe von elektronischen Datenträgern, die Registerdaten enthalten, nur nach Artikel 30 zulässig.

6. Formulare

177l Bestimmungen der Verordnung vom 29. April 1987 über die Zivilstandsformulare sind auch dann anzuwenden, wenn elektronisch verarbeitete Daten ausgedruckt werden.

Wenn der Text des Formulars zusammen mit dem Eintragungstext ausgedruckt wird, muß der Amtsstempel eingeprägt werden. Für den Text des Formulars und den Eintragungstext sind unterschiedliche Schriften zu verwenden.

Abs. 1: SR 211.112.6.

7. Personenverzeichnis

177m Wird für die Register des Zivilstandskreises ein Personenverzeichnis ausschließlich mit elektronisch gespeicherten Daten geführt, so ist jedem abgeschlossenen Registerband ein gesondertes Verzeichnis beizufügen, das ohne technische Hilfsmittel gelesen werden kann.

Umfaßt der Zivilstandskreis mehrere Gemeinden, so müssen für die einzelnen Familienregister gesonderte Verzeichnisse ausgegeben werden können.

Dreizehnter Abschnitt
Die Gebühren

1. Allgemeines

178 Die Amtshandlungen, die der Zivilstandsbeamte von Amtes wegen vorzunehmen hat, sind gebührenfrei.

Für die andern Amtshandlungen stellen die Kantone einen Gebührentarif auf, der zu seiner Gültigkeit der Genehmigung durch den Bundesrat bedarf (Art. 40, Abs. 2, ZGB).

2. Gebührenfreie Amtsverrichtungen

Gebühren dürfen von den Beteiligten insbesondere nicht erhoben werden für

1. die Beurkundungen, Eintragungen und Anmerkungen in den Zivilstandsregistern, deren Mitteilung an andere Zivilstandsämter und an die Verwahrer der Registerdoppel und die dadurch veranlaßten Einschreibungen;

2. die Entgegennahme des Eheversprechens und des Verkündgesuches durch das leitende Zivilstandsamt sowie die Namenserklärung des Bräutigams oder der Braut anläßlich der Abgabe des Eheversprechens; die Prüfung der dazu gehörenden Belege und die mündliche Auskunft über deren Ergänzung unter Vorbehalt von Art. 179a; die Verkündung am Wohnsitz und Heimatort der Verlobten; die Entgegennahme des Einspruchs und dessen Übermittlung an den leitenden Zivilstandsbeamten; die Prüfung der Verkündakten durch diese Beamten und die Mitteilung des Einspruchs oder Ehehindernisses an die Verlobten sowie die Mitteilung, daß die Trauung stattfinden kann; die Trauung an den ordentlichen Trauungstagen und -stunden auf dem Zivilstandsamt am Wohnsitz des Bräutigams oder der Braut; die Ausstellung eines Ehescheines bei der Trauung;

3. die Nachtragungen im Familienbüchlein;

4. die Mitteilungen nach den Artikeln 120 bis 128, den Altersausweis nach der Verordnung I vom 14. Januar 1966 zum Arbeitsgesetz, die der Militärversicherung, der Schweizerischen Unfallversicherungsanstalt und den privaten Versicherern im Rahmen der obligatorischen Unfallversicherung (Art. 101 UVG) sowie den Organen der AHV (Art. 93 AHVG), der Invalidenversicherung (Art. 81 IVG) und der Erwerbsersatzordnung (Art. 29 EOG) erteilten notwendigen Auskünfte.

5. die den Aufsichtsbehörden zu liefernden Auszüge und die von ihnen verlangten Bescheinigungen und Auskünfte.

Für die Beglaubigung der zu amtlichem Gebrauche abgegebenen Registerauszüge und der nach dem Auslande gehenden Mitteilungen dürfen keine Gebühren erhoben werden.

An Bedürftige sind Auszüge, Bescheinigungen und Familienbüchlein kostenlos abzugeben.

2bis. Ausnahme von der Gebührenfreiheit

Für die Prüfung ausländischer Belege vor dem Ehekündverfahren und für die Auskunft über deren Ergänzung kann eine Gebühr nach kantonalem Tarif erhoben werden, wenn damit für das Zivilstandsamt oder die kantonale Aufsichtsbehörde ein Arbeitsaufwand entsteht, der wesentlich höher ist als der Aufwand für die Prüfung inländischer Belege.

3. Portofreiheit

180 Für die Portofreiheit sind die Bestimmungen des Postverkehrsgesetzes und der Postordnung maßgebend.

Vierzehnter Abschnitt
Strafbestimmungen

1. Zivilstandsbeamte

181 Zivilstandsbeamte, die ihre Amtspflicht verletzen, werden von der kantonalen Aufsichtsbehörde disziplinarisch mit Verweis, Buße bis zu 500 Franken oder Amtsentsetzung bestraft.

Der Bundesrat kann von der kantonalen Aufsichtsbehörde die Durchführung einer disziplinarischen Untersuchung gegen einen Zivilstandsbeamten verlangen.

2. Andere Personen

182 Mit einer Buße bis zu 100 Franken werden bestraft:
1. aufgehoben;
2. alle Personen, die, ohne die Eigenschaft eines Zivilstandsbeamten zu besitzen, Zeugnisse über die Ehefähigkeit oder den ledigen Stand eines Schweizers zum Zwecke der Eheschließung im Ausland ausstellen (Art. 176, Abs. 2);
3. wer die in den Artikeln 61, 65, 72, 76 und 81 genannten Anzeigepflichten verletzt.

Wer entgegen der Bestimmung des Artikels 118, Absatz 2, des Zivilgesetzbuches eine kirchliche Trauungsfeierlichkeit vornimmt, wird mit einer Buße bis zu 500 Franken, im Wiederholungsfall bis zu 1000 Franken bestraft.

3. Gemeinsame Bestimmungen

183 Die in diesem Abschnitt erwähnten Widerhandlungen sind strafbar, auch wenn sie fahrlässig begangen worden sind.

Der Zivilstandsbeamte hat die zu seiner Kenntnis gelangenden Übertretungen seiner Aufsichtsbehörde anzuzeigen.

Die Kantone bestimmen die zur Beurteilung der in Artikel 182 erwähnten Widerhandlungen zuständigen Behörden.

Fünfzehnter Abschnitt
Übergangs- und Schlußbestimmungen

I. Formulare

Der Bundesrat stellt die Formulare für die Register, die Auszüge und **184** die Mitteilungen auf.

Siehe Art. 177l und Anm.

II. Übergangsbestimmungen

1. Familienregister

a) In den Kantonen mit alten Familienregistern

In den Kantonen, in denen schon vor 1929 Familienregister geführt **185** worden sind, die inhaltlich den Vorschriften der gegenwärtigen Verordnung entsprechen, können die alten Blätter der schon eingetragenen Familien oder Personen weitergeführt werden. Muß einer Familie oder einer Person ein neues Blatt eröffnet werden, so darf dies nur nach den Vorschriften dieser Verordnung geschehen, mit Rückverweisung auf das entsprechende Blatt des alten Registers.

Für Auszüge aus alten, inhaltlich nicht den Vorschriften dieser Verordnung entsprechenden Familienregistern wird nur das neue Formular verwendet.

b) In den andern Kantonen

Werden Änderungen im Zivilstand, im Namen oder im Bürgerrecht **186** einer Person mitgeteilt, die im Familienregister noch kein Blatt besitzt oder noch auf keinem Blatt eingetragen ist, so ist ein solches auf Grund der Angaben der früheren Register B und der diesen zugrunde liegenden Urkunden anzulegen.

Diese Urkunden sind als Belege zum Familienregister zu behandeln.

2. Auszüge und Abschriften

a) Aus Todesregistern

In den Auszügen und Abschriften aus den vor dem Inkrafttreten der **187** Verordnung vom 18. Mai 1928 über den Zivilstandsdienst geführten Todesregistern darf die Todesursache nicht angegeben werden.

b)   Aus alten Standesregistern

188 Der Zivilstandsbeamte ist ausschließlich zuständig zur Ausstellung von Auszügen aus den Registern seines Kreises, die vor dem Jahre 1876 über Zivilstandstatsachen geführt worden sind und von ihm verwahrt werden.

Auszüge aus anderswo aufbewahrten Registern werden von den bürgerlichen Aufbewahrungsstellen abgegeben.

Aus den früher geführten Registern B dürfen Auszüge und Abschriften nur mit Bewilligung der Aufsichtsbehörde abgegeben werden.

3.   Altrechtliche Adoptionen

188a Für Eintragungen, Mitteilungen, Auszüge und Abschriften, die vor dem Inkrafttreten des Bundesgesetzes vom 30. Juni 1972 über die Änderung des Schweizerischen Zivilgesetzbuches adoptierte Personen betreffen, gelten weiterhin die folgenden Bestimmungen dieser Verordnung in der Fassung vom 1. Juni 1953:

Artikel 83 Absatz 1 Ziffer 4,
Artikel 94 Absatz 1 Ziffer 3,
Artikel 115 Absatz 2 Ziffer 3,
Artikel 117 Absatz 1 Ziffer 9,
und Absatz 2 Ziffer 16 und 17,
Artikel 120 Absatz 2 Ziffer 1,
Artikel 131 Absatz 1 Ziffer 2,
Artikel 132 Absatz 1 Ziffer 1,
Artikel 138 Absatz 2,
Artikel 140 Absatz 3.

4.   Altrechtliche Kindesverhältnisse

188b Die bisher geführten Legitimationsregister sind auf den 31. Dezember 1977 gemäß Artikel 36 abzuschließen.

Die von Zivilstandsbeamten bisher geführten Anerkennungsregister können mit Bewilligung der kantonalen Aufsichtsbehörde bis zum Bandabschluß unter entsprechender Änderung des Vordruckes weitergeführt werden.

Die in Registern nach bisherigem Recht eingetragenen Berufsangaben sowie die Bezeichnungen «ehelich», «außerehelich» und «legitimiert» werden in Auszügen weggelassen. Das gleiche gilt für die nach bisherigem Recht im Geburtsregister und im Eheregister erfolgten Randanmerkungen über Namensänderungen sowie für die im Eheregister erfolgten Randanmerkungen über Eheauflösungen durch gerichtliches Urteil.

Für vor dem 1. Januar 1978 geborene Kinder ist in Auszügen aus dem Familienregister in allen Fällen der Familienname anzugeben.

Zivilstandsverordnung 188c–188h

5. Vor dem 1. Januar 1988 erfolgte Eintragungen und Blatteröffnungen

a) Familienregister

Im Familienregister werden die bisher eröffneten Blätter entsprechend **188c** den seit 1. Januar 1988 geltenden Vorschriften weitergeführt.

Ist im Textteil links ein den Familiennamen oder das Bürgerrecht verändernder Vorgang oder ein Kind einzutragen, so werden bei allen nicht ausgetragenen Personen die Angaben über Familiennamen und Bürgerrecht entsprechend den seit 1. Januar 1988 geltenden Vorschriften ergänzt.

b) Geburtsscheine

In Geburtsscheinen für Kinder, deren Eltern nicht als miteinander ver- **188d** heiratet eingetragen sind, werden die folgenden, vor dem 1. Januar 1988 eingetragenen Angaben weggelassen: Zivilstand der Mutter und des Vaters sowie Name ihres gegenwärtigen oder früheren Ehegatten und Datum der Auflösung der Ehe.

c) Familienscheine

In Familienscheinen aus Blättern, die vor dem 1. Januar 1988 eröffnet **188e** wurden, ist auf diese Tatsache hinzuweisen.

6. Namenserklärung

Die Frau, die sich vor dem 1. Januar 1988 verheiratet hat, kann bis am **188f** 31. Dezember 1988 in der Schweiz gegenüber jedem Zivilstandsbeamten und im Ausland gegenüber der schweizerischen Vertretung erklären, sie stelle den Namen, den sie vor der Heirat trug, dem Familiennamen voran (Art. 8a SchlT ZGB).

Für das Verfahren und die Mitteilungen gilt sinngemäß Artikel 177c.

7. Elektronische Datenverarbeitung

Für Anlagen zur elektronischen Verarbeitung von Daten, die bereits **188g** am 1. Januar 1989 in Betrieb sind und die gemäß Artikel 177e der Bewilligungspflicht unterliegen, muß bis zum 30. Juni 1989 um eine Bewilligung nachgesucht werden.

8. Anmerkung von Vornamensänderungen im Geburtsregister

Vornamensänderungen, die zwischen dem 1. Januar 1978 und dem **188h** 30. Juni 1994 erfolgten, werden auf Verlangen im Geburtsregister am

Rand angemerkt. Dem zuständigen Zivilstandsamt ist der Entscheid über die Änderung des Vornamens vorzulegen.

9. Namenserklärung des Mannes

188i Ist Brautleuten vor dem 1. Juli 1994 bewilligt worden, von der Trauung an den Namen der Ehefrau als Familiennamen zu führen (Art. 30 Abs. 2 ZGB in der Fassung vom 5. Oktober 1984), so kann der Mann bis zum 30. Juni 1995 gegenüber dem Zivilstandsbeamten oder der Zivilstandsbeamtin erklären, er stelle den Namen, den er vor der Trauung trug, dem Familiennamen voran.

Diese Erklärung kann auch der in der Schweiz wohnhafte Mann abgeben, der nach ausländischem Recht den Familiennamen seiner Ehefrau führt.

Zuständig für die Entgegennahme der Erklärung ist das Zivilstandsamt des Wohnortes oder des Heimatortes des Mannes.

Das Zivilstandsamt, das eine Erklärung nach Absatz 1 oder 2 entgegennimmt, überprüft ihre Zulässigkeit auf Grund der vorgewiesenen Urkunden, beglaubigt die Unterschrift des Erklärenden, übergibt ihm ein Doppel der Erklärung und übermittelt weitere Doppel an die Zivilstandsämter des Wohnortes und des Heimatortes beider Eheleute.

III. Inkrafttreten

189 Diese Verordnung, welche die Verordnung vom 18. Mai 1928 über den Zivilstandsdienst aufhebt, tritt am 1. Januar 1954 in Kraft.

Die vom Bundesrat am 14. Jan. 1987 beschlossenen Änderungen aufgrund des neuen Eherechts traten auf den 1. Jan. 1988 in Kraft, diejenigen betr. Datenschutz und elektronische Datenverarbeitung auf den 1. Jan. 1989.

Anhang IV

Verordnung des Bundesrates betreffend das Güterrechtsregister[*]

(Vom 27. Sept. 1910, SR 211.214.51)

I. Allgemeine Bestimmungen

Das Registeramt führt das Güterrechtsregister, nämlich das Hauptregister, und, wenn nötig, ein Personenverzeichnis, und verwahrt die Registerakten. **1**

Die Register können in Buch- oder Karteiform geführt werden.

Die einzelnen Registerbücher und -karten sind sorgfältig aufzubewahren, dürfen nicht herausgegeben und erst 20 Jahre nach Löschung aller darin enthaltenen Eintragungen vernichtet werden.

In das Hauptregister sind alle in Art. 248 des Zivilgesetzbuches erwähnten güterrechtlichen Verhältnisse und Rechtsgeschäfte unter Ehegatten, die das eingebrachte Gut der Ehefrau oder das Gesamtgut betreffen, einzutragen. **2**

Auf eine jede Seite oder Karte des Hauptregisters dürfen nur Eintragungen bezüglich eines einzigen Ehepaares aufgenommen werden.

Aufgehoben. **3**

Das Personenverzeichnis soll die Namen aller im Hauptregister eingetragenen Ehegatten in alphabetischer Reihenfolge enthalten. **4**

In großen Registerkreisen kann jedoch das alphabetische Personenverzeichnis nach Bezirken, Kreisen oder Gemeinden angelegt und geführt werden.

Die Belege, wie Anmeldungen, Ausweise für die Eintragungen, gerichtliche Verfügungen und dergleichen, sind zweckmäßig zu ordnen und ungebunden aufzubewahren und dürfen, im Gegensatz zu den Korrespondenzen, erst nach Ablauf von 10 Jahren seit Löschung der betreffenden Eintragungen vernichtet werden. **5**

Mit Ausnahme der Sondergutsverzeichnisse (Art. 24 Abs. 2) steht die Einsichtnahme in die Belege nur den Beteiligten (einem jeden Ehegatten und einem jeden Erben) zu.

---

[*] Nach Inkrafttreten des neuen Eherechts (1. Jan. 1988) hat dieses Register nur noch eingeschränkte Bedeutung (SchlT 9e, Abs. 1, und 10b, Abs. 1). In Revision.

6 Die Einsicht in das Hauptbuch ist jedermann zu gestatten.

Der Registerführer hat auf Verlangen Auszüge aus dem Hauptregister oder aus Sondergutsverzeichnissen zu erstellen und zu bescheinigen, daß das Register bezüglich eines bestimmten Ehepaares keine Eintragung enthält.

7 Für die Aufsicht über die Registerführung, die Dienststunden und für die Amtssprache ist die Handelsregisterverordnung maßgebend.

VO Handelsreg. (1937) Art. 1 und 3–7 Abs. 1.

II. Die Anmeldung

8 Die Anmeldung der güterrechtlichen Verhältnisse und Rechtsgeschäfte unter Ehegatten zur Eintragung und Veröffentlichung hat schriftlich zu geschehen.

Die Schriftlichkeit kann durch Unterschrift des Anmeldenden auf gedrucktem Formular beim zuständigen Registeramt hergestellt werden, wobei sich der Registerführer über die Identität der Person zu vergewissern hat, bevor er die Anmeldung entgegennimmt.

9 Aufgehoben.

10 Vor der Eintragung in das Hauptregister hat der Registerführer eine Prüfung der Anmeldungen vorzunehmen in bezug auf:

a) die Eintragungsfähigkeit der angemeldeten Tatsachen (ZGB 248, 250, Abs. 1), wobei auch widerspruchsvolle und unklare Eheverträge als nicht eintragungsfähig gelten;

b) die Zuständigkeit der anmeldenden Amtsstelle oder die Berechtigung der anmeldenden Person (ZGB 249, Abs. 2), wobei die Ermächtigung von Urkundspersonen zur Vornahme der Anmeldung in den Ehevertrag oder in das Rechtsgeschäft selbst aufgenommen werden kann;

c) die vorzulegenden Ausweise (Art. 12–20).

Ergibt sich bei der Prüfung, daß die Anmeldung diesen Erfordernissen nicht entspricht, so ist die Eintragung in das Hauptregister vom Registerführer abzulehnen und die Anmeldung abzuweisen.

Die Gründe der Abweisung sind dem Anmeldenden schriftlich und mit der Bemerkung mitzuteilen, daß die Abweisung rechtskräftig wird, wenn nicht innert nützlicher Frist (Art. 11 Abs. 1) Beschwerde erhoben wird.

11 Wird die Anmeldung einer Eintragung vom Registerführer abgewiesen, so hat der Anmeldende das Recht, bei der kantonalen Aufsichtsbehörde binnen 14 Tagen von der Zustellung der Verfügung an Beschwerde zu erheben.

Gegen den Entscheid der Aufsichtsbehörde kann binnen 30 Tagen beim Bundesgericht Verwaltungsgerichtsbeschwerde erhoben werden.

Bei der Anmeldung güterrechtlicher Verhältnisse, die durch Ehevertrag begründet werden, ist der Vertrag selbst oder eine beglaubigte Abschrift einzureichen. **12**

Anstatt der Abschrift des Vertrages kann auch ein beglaubigter Auszug eingegeben werden, sofern darin die Bescheinigung enthalten ist, daß sämtliche güterrechtlichen Vereinbarungen des Ehevertrages in den Auszug aufgenommen worden sind.

In allen Fällen sind die Vereinbarungen des Ehevertrages besonders zu bezeichnen, denen Rechtskraft gegenüber Dritten verliehen werden soll, und wo nur ein Auszug aus dem Ehevertrag eingereicht wird, ist außerdem von der Urkundsperson zu bezeugen, daß die Eintragung und Veröffentlichung dieser Vereinbarungen durch den Ehevertrag nicht ausgeschlossen wird.

Aufgehoben. **13**

Werden im Falle des Art. 12 güterrechtliche Verhältnisse angemeldet, **14** deren Eintragung und Veröffentlichung Änderungen am gesamten Grundeigentum eines Ehegatten zur Folge haben (ZGB 655 Abs. 3), so sind die betreffenden Grundstücke bei der Anmeldung, unter Einreichung entsprechender Grundbuchbescheinigungen, zu bezeichnen. Das Güterrechtsregisteramt macht die Anmeldenden darauf aufmerksam.

Bei der Anmeldung anderer, nicht unter Art. 12 fallender Rechts- **15** geschäfte unter Ehegatten, die das eingebrachte Gut der Ehefrau oder das Gesamtgut betreffen (ZGB 248), ist das mit der Zustimmungserklärung der zuständigen Vormundschaftsbehörde versehene Rechtsgeschäft (ZGB 177, Abs. 2) in der vom Zivilgesetzbuch vorgeschriebenen Form oder, wo das Gesetz für den Vertrag keine besondere Form vorschreibt, schriftlich einzureichen.

Handelt es sich um ein Rechtsgeschäft, das nach der Eintragung im Güterrechtsregister noch eine Eintragung im Grundbuch notwendig macht, so sind außerdem die Nummern der entsprechenden Grundbuchblätter anzugeben (Art. 26).
Art. 37.

Aufgehoben. **16**

Wo durch richterliche Verfügung begründete güterrechtliche Verhält- **17** nisse von Amtes wegen anzumelden sind (ZGB 155, 183–185, 186, Abs. 3, 187 Abs. 3), ist dem Registerführer eine Ausfertigung der Verfügung zuzustellen, auf der die Rechtskraft bescheinigt wird.

In der Anmeldung der gerichtlichen Gütertrennung ist sowohl das Datum der richterlichen Verfügung als auch der Zeitpunkt anzugeben, in dem das Begehren beim Richter gestellt wurde (ZGB 186, Abs. 2), und der Registerführer hat beide Angaben in das Hauptregister aufzunehmen.

18 Der Eintritt der gesetzlichen Gütertrennung infolge von Konkurs eines Ehegatten (ZGB 182, Abs. 1, und 186, Abs. 1) ist dem Registeramt sofort nach Ausstellung der Verlustscheine von der Konkursverwaltung zur Kenntnis zu bringen.

Das Konkursamt hat dafür zu sorgen, daß diese Anzeige dem Registeramt gemacht wird.

Die Anmeldung soll sowohl das Datum der Konkurseröffnung als auch den Zeitpunkt der Ausstellung der Verlustscheine enthalten, und der Registerführer hat beide Angaben in das Hauptregister aufzunehmen.

19 Verlangt ein Bräutigam oder eine Braut die Eintragung der Gütertrennung, weil zur Zeit der Eheschließung Gläubiger vorhanden sind, die Verlustscheine besitzen (ZGB 182, Abs. 2), so ist ein vom zuständigen Zivilstandsamt ausgestellter Verkündschein und der Nachweis über das Vorhandensein von Verlustscheinen beizubringen.

Die Anmeldung geschieht bei dem Registeramt des Wohnsitzes des Bräutigams.

Hat nur eines der Verlobten das Begehren gestellt, so hat der Registerführer dem andern Verlobten Mitteilung von der Eintragung der Gütertrennung zu machen.

20 Für die Anmeldung einer Eintragung bei Verlegung des Wohnsitzes in einen andern Registerbezirk (ZGB 250, Abs. 2) genügt, außer dem Anmeldungsschreiben, ein Auszug aus dem Register des früheren Wohnsitzes.

Der Registerführer des neuen Wohnsitzes hat dem Registeramt des frühern Wohnsitzes von der erfolgten Eintragung Kenntnis zu geben, worauf ihm dieses die entsprechenden Belege zustellt und die Eintragung in seinem Register von Amtes wegen streicht.

III. Die Eintragungen in das Hauptregister

21 Die Eintragungen sind in sorgfältiger Schrift ohne Rasuren, Korrekturen oder Zwischenschriften auszuführen.

Unrichtigkeiten, die vor der Unterzeichnung der Eintragung bemerkt werden, können ohne weiteres durch eine beglaubigte «Bemerkung» oder am Fuße der Eintragung vor der Unterschrift berichtigt werden.

Unrichtigkeiten, welche erst nach der Veröffentlichung zutage treten, können nur mit Zustimmung der Aufsichtsbehörde und unter Mitteilung an die Beteiligten auf dem Wege einer neuen Eintragung berichtigt werden.

Bloße Schreibfehler können jederzeit durch eine beglaubigte Randbemerkung berichtigt werden.

Mit Ausnahme des in Art. 19 erwähnten Falles sind die Eintragungen in **22** das Hauptregister erst vorzunehmen, nachdem ein amtlicher Ausweis über den Abschluß der Ehe beigebracht worden ist.

Das Hauptregister soll die Personalien der Ehegatten und das Datum **23** der Eheschließung angeben.

Jede Eintragung soll enthalten: **24**
 a) aufgehoben;
 b) die sinngemäße Wiedergabe der angemeldeten güterrechtlichen Verhältnisse oder Rechtsgeschäfte unter Ehegatten (Art. 12 Abs. 3, 15 Abs. 1, 17 bis 20);
 c) das Datum der Veröffentlichung der Eintragung (Art. 33);
 d) aufgehoben;
 e) das Datum der Eintragung und die Unterschrift des Registerführers, falls sich die Eintragung nicht auf eine besondere schriftliche Eintragungsverfügung des Registerführers stützt.

Bei der Eintragung von Sondergut (ZGB 190 ff.) kann zur nähern Bezeichnung der Sondergutsgegenstände ein Verzeichnis zu den Registerakten genommen und im Hauptregister hierauf verwiesen werden (Art. 5, Abs. 3).

Aufgehoben. **25**

Hat die Eintragung eines Ehevertrages (Art. 12 Abs. 1) oder einer rich- **26** terlichen Verfügung (Art. 17) nach Angabe eines Ehegatten oder des Richters Änderungen am Grundeigentum eines Ehegatten zur Folge oder ist ein Rechtsgeschäft im Sinne von Artikel 15 Absatz 2 in das Güterrechtsregister eingetragen worden, so hat der Güterrechtsregisterführer von Amtes wegen dem zuständigen Grundbuchamt durch Zustellung eines entsprechenden Registerauszuges von der erfolgten Eintragung Kenntnis zu geben. Im Güterrechtsregister ist diese Mitteilung vorzumerken.

Sofern es sich um ein Rechtsgeschäft des Art. 15, Abs. 2, handelt, hat der Grundbuchverwalter sofort dem Güterrechtsregisteramt von der erfolgten Eintragung im Grundbuch Kenntnis zu geben.

Der Güterrechtsregisterführer hat mit der Veröffentlichung des Rechtsgeschäftes bis zum Eintreffen dieser Rückmeldung zuzuwarten.

Änderungen des Inhalts oder Aufhebung einer Eintragung, wie na- **27** mentlich bei Änderung oder Aufhebung von Eheverträgen oder von Rechtsgeschäften unter Ehegatten, bei gerichtlicher Wiederherstellung des früheren Güterstandes, oder bei Berichtigung unrichtiger Eintragungen, werden wie neue Eintragungen behandelt, wobei jedoch, soweit nötig, auf die frühere Eintragung in den «Bemerkungen» verwiesen werden kann.

Insoweit die frühere Eintragung durch die spätere ihre Bedeutung verliert, ist sie mit roter Tinte zu streichen, und der Grund der Löschung ist in den «Bemerkungen» anzugeben.

28 Nehmen die Eintragungen für ein Ehepaar mit der Zeit mehr als eine Seite oder Karte in Anspruch, so ist eine neue Registerseite oder Karte zu eröffnen.

Es können aber auch die früheren Eintragungen, soweit sie noch von Bedeutung sind, unter vollständiger Löschung der frühern Seite oder Karte auf die neue Registerseite oder Karte umgeschrieben werden.

Im Hauptregister und im allfälligen Personenverzeichnis sind die nötigen Verweisungen anzubringen.

29 Stellt sich nach erfolgter Eintragung in das Hauptregister heraus, daß diese mangels einer wesentlichen Voraussetzung (Art. 10) unzulässig gewesen ist, so hat sie der Registerführer von Amtes wegen zu löschen.

Den Beteiligten ist unverzüglich unter Angabe der Gründe und mit der Bemerkung von der Löschung Kenntnis zu geben, daß sie gemäß Art. 11 dagegen Beschwerde erheben können.

Die Löschung ist in der Weise vorzunehmen, daß der Eintrag mit roter Tinte gestrichen, in den «Bemerkungen» das Datum und der Grund der Löschung angegeben und vom Registerführer unterschrieben wird.

30 Verlieren infolge Wohnsitzwechsel, Ungültigerklärung oder Auflösung der Ehe die ein Ehepaar betreffenden Eintragungen ihre Bedeutung, so sind sie unter Angabe des Grundes und des Datums zu löschen.

Ungültigerklärung und Scheidung der Ehe sind dem Registeramt durch das erkennende Gericht von Amtes wegen mitzuteilen.

IV. Gebühren

Art. **31** und **32** ersetzt durch den Gebührentarif vom 18. März 1960, SR 211.214.511

V. Die Veröffentlichung der Eintragungen

33 Die Eintragungen im Hauptregister sind unter Vorbehalt der Vorschrift des Art. 26, Abs. 2 und 3, unverzüglich und im Falle des Art. 19 sofort nach Eingehung der Ehe zu veröffentlichen.

Die Löschungen, die auf Grund von Art. 29 erfolgen, sind ebenfalls zu veröffentlichen, nachdem sie rechtskräftig geworden sind.

Die Veröffentlichung geschieht mit rechtlicher Wirkung in den von den Kantonen zu bezeichnenden Publikationsorganen.

Verordnung betreffend das Güterrechtsregister   **34–40**

Kann in den Fällen der Artikel 19 und 26 Absätze 2 und 3 die Eintra- **34** gung nicht innerhalb eines Jahres seit ihrer Vornahme veröffentlicht werden, so setzt der Registerführer den Beteiligten eine Nachfrist, um die Voraussetzungen für die Veröffentlichung zu erfüllen bzw. erfüllen zu lassen. Wird dem Registerführer auch innerhalb der Nachfrist ein amtlicher Ausweis über den Abschluß der Ehe nicht eingereicht bzw. nicht durch den Grundbuchführer von der erfolgten Eintragung im Grundbuch Kenntnis gegeben, so löscht er die Güterrechtsregistereintragung ohne weiteres von Amtes wegen. Im Falle von Artikel 26 Absatz 2 und 3 sind die betreffenden Grundbuchämter zu verständigen.

Die Veröffentlichungen haben den Inhalt der Eintragungen in knap- **35** per, leichtverständlicher Fassung anzugeben.

Bei der Bekanntmachung von Eheverträgen ist nur der Güterstand anzugeben, den die Ehegatten gewählt haben oder der den Vereinbarungen der Ehegatten entspricht.

Der Registerführer hat die gesetzliche Bezeichnung der Güterstände anzuwenden (vgl. Marginalien zu ZGB 199, 215, 237, 238, 239, 241, 247).

Enthält der Ehevertrag Bestimmungen über Sondergut, so ist der Be- **36** zeichnung des Güterstandes die Bemerkung «mit Sondergut» beizufügen.

Bezieht sich die Sondergutsabrede auf das gesamte Vermögen eines Ehegatten, so ist Gütertrennung zu veröffentlichen.

Bei der Bekanntmachung anderer Rechtsgeschäfte unter Ehegatten **37** (Art. 15) ist die Natur und der Hauptinhalt des Geschäftes anzugeben.

Aufgehoben durch VO Handelsreg. Art. 125 (s. o. Art. 25).   **38**

VI. Schluß- und Übergangsbestimmungen

Haben schweizerische Ehegatten im Ausland einen nach ausländi- **39** schem Recht gültigen Ehevertrag geschlossen, so erhält er Dritten gegenüber Wirksamkeit nach den Bestimmungen des ausländischen Rechts.

Wollen Ehegatten bei ihrer Rückkehr in die Schweiz Vereinbarungen dieses Vertrages in das Güterrechtsregister ihres neuen Wohnsitzes eintragen lassen, so ist die Eintragung zu bewilligen, sofern die in Art. 10 für die Eintragungen aufgestellten Voraussetzungen erfüllt sind, und der nach ausländischem Recht abgeschlossene Ehevertrag dem ehelichen Güterrecht des Zivilgesetzbuches nicht widerspricht.

Bis zur Einführung des Grundbuches bezeichnen die Kantone die Be- **40** hörden oder Amtsstellen, von denen die in Art. 14 und 15, Abs. 2, genannten Auszüge auszustellen und denen die Mitteilungen über Änderungen am Grundeigentum (Art. 26) zuzustellen sind.

41 Gegenstandslose Übergangsbestimmung.

42 Diese Verordnung tritt am 1. Januar 1912 in Kraft.

Mit dem gleichen Tag sind die Art. 4 und 41, Abs. 4, der Verordnung über Handelsregister und Handelsamtsblatt vom 6. Mai 1890 aufgehoben.

Letztere aufgehoben durch VO Handelsreg. 1937.

Anhang V

Verordnung betreffend das Grundbuch

(Vom 22. Februar 1910, SR 211.432.1)

I. Aufnahme der Grundstücke und Anlage des Hauptbuchs

Ein Grundstück wird in das Grundbuch (Art. 942 ZGB) aufgenommen, **1** indem:

a) es im Plan, soweit darin darstellbar, oder im Liegenschaftsverzeichnis aufgezeichnet wird;
b) dafür ein Hauptbuchblatt angelegt wird und
c) eine Grundstücksbeschreibung (Art. 4–10a) hergestellt wird.

Die Aufnahme von Grundstücken, die nicht im Privateigentum stehen und die dem öffentlichen Gebrauch dienen, richtet sich nach Artikel 944 Absatz 1 des Zivilgesetzbuches.

Jedes Grundstück muß im Hauptbuch mit der Gemeinde und mit einer **1a** Nummer bezeichnet werden. Ist diese Gemeinde grundbuchmäßig in Orte oder Quartiere aufgeteilt, so sind auch diese anzugeben (Identifikation).

Die Bezeichnung muß so sein, daß sie nicht mit derjenigen eines andern Grundstücks in der Schweiz verwechselt werden kann.

Handelt es sich um eine Liegenschaft, so muß deren Nummer mit derjenigen des Plans für das Grundbuch übereinstimmen.

Wird ein Grundstück im Grundbuch gestrichen, so darf seine Nummer nicht für ein anderes, neu aufzunehmendes Grundstück verwendet werden.

Die Kantone können eine von den Absätzen 3 und 4 abweichende Regelung erlassen, wenn sie sicherstellen, daß die Grundstücke nicht verwechselt werden können.

Liegenschaften und flächenmäßig ausgeschiedene, im Grundbuch auf- **2** zunehmende selbständige und dauernde Rechte werden im Plan nach den Vorschriften über die amtliche Vermessung aufgezeichnet.

Die Originale der Grundbuchpläne bleiben beim Vermessungsamt bzw. beim Ingenieur-Geometer; ein Satz der Grundbuchpläne in Kopie befindet sich in der Regel beim Grundbuchamt.

Das Grundbuchamt darf die Daten der amtlichen Vermessung des Plans für das Grundbuch auf dem Weg der elektronischen Übermittlung beziehen.

Grenzänderungen von Liegenschaften und von flächenmäßig ausgeschiedenen, im Grundbuch aufgenommenen selbständigen und dauernden Rechten müssen dem Grundbuchamt angemeldet und von diesem im Hauptbuch nachgeführt werden.

3 In das Grundbuch müssen von Amts wegen alle Liegenschaften aufgenommen werden, die ganz oder zum größten Teil im Grundbuchkreis liegen.

Liegenschaft ist jede Bodenfläche mit genügend bestimmten Grenzen.

4 Das Grundbuchamt erstellt die Grundstücksbeschreibung aus den Daten und mit den Bezeichnungen der amtlichen Vermessung sowie nach den Angaben, die sich aus den Artikeln 7–10a ergeben.

Es stellt sie auf dem Hauptbuchblatt oder in den Formen, die für die Führung der Hilfsregister gelten (Art. 108), dar.

Wird ein Grundstück in das Grundbuch aufgenommen, das dem Betrieb einer Eisenbahnunternehmung des öffentlichen Verkehrs dient (Eisenbahngrundstück), so ist in der Grundstücksbeschreibung auf diese Tatsache hinzuweisen.

Die Grundstücksbeschreibung muß nicht erstellt werden, soweit das Grundbuchamt auf dem Weg der elektronischen Übermittlung:

a) die Daten über die Liegenschaften (Bodenbedeckung, Flächen, Gebäude und deren Nummern usw.) von der amtlichen Vermessung bezieht;

b) weitere Daten beschreibender Art, wie den Steuerwert, aus den entsprechenden kantonalen oder kommunalen Informationssystemen bezieht.

Die beschreibenden Daten haben keine Grundbuchwirkung (Art. 971–974 ZGB).

5 Aufgehoben.

6 Liegt eine Liegenschaft in mehreren Grundbuchkreisen, so hat der Grundbuchverwalter des Kreises, in dem sie von Amtes wegen aufzunehmen ist (Art. 3, Abs. 1), den Grundbuchämtern der übrigen Kreise durch Zustellung eines Auszuges Mitteilung von der Aufnahme zu machen.

Die Liegenschaft ist daraufhin auch in den übrigen Kreisen in der Weise in das Grundbuch aufzunehmen, daß das Hauptbuchblatt mit der Aufschrift «Kopie von Nr. . . . . des Grundbuchkreises . . . . . .» versehen wird.

Auf dem Grundbuchblatt der Hauptaufnahme ist auf die Grundbuchblätter der Nebenaufnahmen und auf jedem der letztern auf die Hauptaufnahme und die übrigen Nebenaufnahmen zu verweisen.

7 Selbständige und dauernde Rechte, wie Baurechte und Quellenrechte, werden auf schriftliches Begehren des Berechtigten als Grundstücke ins Grundbuch aufgenommen.

Die Aufnahme eines solchen Rechts darf nur erfolgen, wenn es
1. als Dienstbarkeit an einem in Privateigentum stehenden Grundstück oder an einem öffentlichen Boden desselben Grundbuchkreises zu Recht besteht und weder zugunsten eines herrschenden Grundstücks noch ausschließlich zugunsten einer bestimmten Person errichtet ist, und
2. auf wenigstens dreißig Jahre oder auf unbestimmte Zeit begründet erscheint.

Für selbständige und dauernde Rechte, die zugleich auf mehreren in verschiedenen Grundbuchkreisen gelegenen Grundstücken als Dienstbarkeiten eingetragen sind, bestimmt die zuständige Aufsichtsbehörde, in welchem Grundbuchkreis dieselben als Grundstücke aufzunehmen sind.

8 Wasserrechtsverleihungen an öffentlichen Gewässern werden, sofern sie dem Artikel 59 des Bundesgesetzes vom 22. Dezember 1916 über die Nutzbarmachung der Wasserkräfte entsprechen, auf schriftliches Begehren des Berechtigten in demjenigen Grundbuchkreise als Grundstück aufgenommen, in dem die zur Nutzung bestimmte Gewässerstrecke liegt.

Liegt diese Gewässerstrecke in verschiedenen Grundbuchkreisen, so bestimmt die zuständige Aufsichtsbehörde, in welchem Grundbuchkreise die Aufnahme erfolgen soll.

Ist die Gewässerstrecke ebenfalls im Grundbuch aufgenommen, so ist darauf zu verweisen.

Im weitern ist der Zusammenhang mit den Wasserrechtsbüchern, wo solche vorhanden sind, herzustellen.

9 Die Aufnahme der selbständigen und dauernden Rechte in das Grundbuch geschieht durch Anlegung eines Blattes im Hauptbuch und durch Herstellung einer Beschreibung des Rechts.

Die Nummer der Beschreibung und des Hauptbuchblattes (Einzel- oder Kollektivblatt) erhält einen den Inhalt des Rechts bezeichnenden Zusatz, wie «Baurecht auf Nr. . . .», «Quellrecht auf Nr. . . .», «Wasserrecht» usw.

Ist das selbständige und dauernde Recht zugleich als Dienstbarkeit zu Lasten eines Grundstücks eingetragen, so erhalten Beschreibung und Hauptbuchblatt dieses belasteten Grundstückes eine Verweisung auf das als Grundstück aufgenommene Recht.

Im übrigen finden die Bestimmungen über die Aufnahme der Liegenschaften entsprechende Anwendung.

10 Die Bergwerke werden unter den gleichen Voraussetzungen wie die Wasserrechtsverleihungen auf schriftliches Begehren des Berechtigten nach den Vorschriften des Art. 9 in demjenigen Grundbuchkreis als Grundstück aufgenommen, in dem sie liegen.

Liegt ein Bergwerk in mehreren Grundbuchkreisen, so findet Art. 6 entsprechende Anwendung.

10a Für Miteigentumsanteile an Grundstücken werden, wenn es im Interesse der Klarheit und Übersichtlichkeit der Einträge liegt, besondere Blätter mit dem Zusatz «Miteigentumsanteil an Nr. ...» und mit der Beschreibung des Anteils angelegt.

Für die zu Stockwerkeigentum ausgestalteten Miteigentumsanteile sind in jedem Fall besondere Blätter mit dem Zusatz «Stockwerkeigentum an Nr. ...» und mit der Beschreibung des Stockwerkes unter Hinweis auf den Begründungsakt oder den Aufteilungsplan anzulegen.

Auf dem Blatt der Liegenschaft oder des selbständigen und dauernden Rechtes ist auf die Miteigentums- oder Stockwerkeigentumsblätter und auf diesen auf das Blatt der Liegenschaft oder des selbständigen und dauernden Rechtes zu verweisen.

Die Kantone können in ihren Vorschriften gemäß ZGB Schlußtitel Artikel 20quater vorsehen, daß bei der Eintragung altrechtlichen Stockwerkeigentums auf Grund der Ausnahmebestimmung von ZGB Schlußtitel Artikel 20bis besondere Stockwerkeigentumsblätter nicht oder nur unter bestimmten Voraussetzungen anzulegen sind.

II. Anmeldung, Einschreibung in das Tagebuch

11 Der Grundbuchverwalter darf Eintragungen in das Grundbuch nur auf Anmeldung hin vornehmen. Vorbehalten bleiben die im Zivilgesetzbuch und in dieser Verordnung vorgesehenen Ausnahmen, in denen das Verfahren vom Amtes wegen eingeleitet wird (Berichtigungen, Löschungen, Anlage von Ersatzblättern).

12 Die Anmeldung zur Eintragung muß unbedingt und vorbehaltlos sein.

In der Anmeldung muß jede vorzunehmende Eintragung einzeln aufgeführt werden.

Werden mehrere Anmeldungen gleichzeitig eingereicht, die miteinander im Zusammenhang stehen, so muß die Reihenfolge ihrer Behandlung angegeben werden.

In der Anmeldung kann bestimmt werden, daß die eine Eintragung nicht ohne eine bestimmte andere vorgenommen werden soll.

13 Die Anmeldung zur Eintragung muß schriftlich geschehen.

Die Schriftlichkeit kann durch Unterschrift des Anmeldenden auf gedrucktem Formular beim zuständigen Grundbuchamt hergestellt werden.

Telefonisch oder elektronisch übermittelte Anmeldungen gelten nicht als schriftliche Anmeldungen.

Verordnung betreffend das Grundbuch 13a–14

Behörden und Gerichte dürfen in dringenden Fällen die Vormerkung einer Verfügungsbeschränkung und einer vorläufigen Eintragung (Art. 960 Abs. 1 Ziff. 1 und 2, Art. 961 Abs. 1 Ziff. 1 ZGB) sowie die Anmerkung einer Beschränkung der Verfügungsbefugnis (Art. 80 Abs. 6) telefonisch oder elektronisch anmelden. Die schriftliche Anmeldung ist unverzüglich nachzureichen. Die Anmeldung wird mit Datum und Zeitpunkt der telefonischen oder elektronischen Übermittlung ins Tagebuch eingeschrieben.

13a Die Anmeldungsbelege müssen folgende Angaben über die verfügende Person und die Person des Erwerbers enthalten:

a) für natürliche Personen: den Namen, mindestens einen ausgeschriebenen Vornamen, das Geburtsdatum, den Wohnort, den Zivilstand und den Heimatort oder die Staatszugehörigkeit;

b) für juristische Personen sowie Kollektiv- und Kommanditgesellschaften: die Firma oder den Namen, den Sitz, die Rechtsform, wenn diese nicht aus der Firma oder dem Namen hervorgeht, sowie die Firmennummer, wenn eine solche vom Handelsregister geführt wird;

c) für andere Gesellschaften und Gemeinschaften, in denen die beteiligten Personen durch Gesetzesvorschrift oder Vertrag verbunden und Gesamteigentümer sind: die Angaben über die daran beteiligten Personen nach den Buchstaben a oder b.

Die Anmeldungsbelege müssen die Angaben zur Beurteilung enthalten, ob für die Veräußerung, den Erwerb oder die Belastung des Grundstücks die Bewilligung einer Behörde oder die Zustimmung eines Dritten nötig ist. Mit den Ameldungsbelegen kann nachgewiesen werden, daß das angemeldete Geschäft keiner Bewilligung oder Zustimmung bedarf.

Beim Erwerb von gemeinschaftlichem Eigentum müssen die Angaben gemacht werden, die für die Darstellung des Gemeinschaftsverhältnisses nach Artikel 33 erforderlich sind.

14 Jede Anmeldung und jedes von Amtes wegen eingeleitete Verfahren muß sofort nach ihrem Eingang bzw. nach seiner Einleitung in das Tagebuch eingeschrieben werden. Die Einschreibung ist auf Wunsch zu bescheinigen. Sie enthält:

a) eine fortlaufende Ordnungsnummer, deren Zählung mit jedem Kalenderjahr neu beginnt;

b) das Datum und die genaue Zeit;

c) den Namen und den Wohnort des Anmeldenden;

d) die vorzunehmenden Eintragungen in Stichworten und die Identifikation der betroffenen Grundstücke; bei einer Vielzahl von Eintragungen oder Grundstücken genügt der Hinweis auf die Anmeldung.

Die Aufnahme und Änderung von beschreibenden Daten (Art. 4) und von Adressen (Art. 108) darf im Tagebuch erfaßt werden.

Wo nach kantonalem Recht die öffentliche Beurkundung durch den Grundbuchverwalter vermittelst Einschreibung in das Urkundenprotokoll erfolgt, gilt diese Beurkundung, falls in derselben nicht ausdrücklich etwas anderes bestimmt ist, zugleich als Anmeldung der Eintragung.

Wird ein Verfahren von Amtes wegen eingeleitet und können die Gründe dafür nicht mit einem Stichwort im Tagebuch ausgedrückt werden, so muß ein Beleg darüber erstellt werden.

Die Anmeldung oder der Beleg nach Absatz 4 muß mit der Ordnungsnummer versehen werden (Eingangsvermerk).

14a Das Grundbuchamt führt ein Tagebuch für den ganzen Grundbuchkreis.

Die Führung des Tagebuchs darf mit einer Geschäftskontrolle verbunden werden.

Das Tagebuch darf computerunterstützt geführt werden.

Das computerunterstützt geführte Tagebuch muß täglich ausgedruckt werden; die Blätter sind nach Artikel 110 aufzubewahren.

15 Nach erfolgter Anmeldung hat der Grundbuchverwalter zu prüfen, ob sie von dem nach Grundbuchrecht Verfügungsberechtigten ausgeht (ZGB Art. 963).

Verfügt der eingetragene Eigentümer, so ist die Identität des Verfügenden mit dem Eingetragenen festzustellen.

Geht die Verfügung vom Erwerber aus (Art. 656 Abs. 2, 665 Abs. 2 und 3, 836, 963 Abs. 2 ZGB, Art. 34 Abs. 3 BGBB), so ist die Identität des Verfügenden mit dem Erwerber festzustellen.

Abs. 4: Aufgehoben.

15a Aufgehoben.

16 Erfolgt die Anmeldung für eine Gesellschaft oder juristische Person oder durch einen Stellvertreter des Verfügungsberechtigten, so ist ein Ausweis über die Verfügungsbefugnis oder das Vertretungsverhältnis bzw. eine Vollmacht beizubringen.

Mit der öffentlichen Beurkundung des Vertrages über das einzutragende Recht kann die Ermächtigung des Erwerbers zur Anmeldung verbunden werden.

Für die Fälle, wo der Ausweis für die Eintragung (Art. 18 bis 23) in öffentlicher Beurkundung auszufertigen ist, kann das kantonale Recht die Urkundspersonen als zur Vornahme der Anmeldung ermächtigt erklären.

Der Vermächtnisnehmer ist zur Anmeldung befugt, wenn er eine schriftliche Ermächtigung des beschwerten Eigentümers besitzt.

17 Erfolgt die Anmeldung durch eine Behörde (Gerichts-, Betreibungs- oder Konkursbehörde), oder durch einen Beamten (Grundbuchverwalter, Urkundsperson), so hat der Grundbuchverwalter ihre Zuständigkeit zur Vornahme der Anmeldung zu prüfen.

18 Ist zum Erwerb des Eigentums die Eintragung in das Grundbuch konstitutiv (Art. 656 Abs. 1 ZGB), so wird der Ausweis für die Eigentumsübertragung erbracht:

a) im Falle eines Vertrags, ausgenommen Erbteilung: durch eine öffentliche Urkunde;

b) im Falle der Erbteilung: durch die schriftliche Zustimmungserklärung sämtlicher Miterben oder durch einen schriftlichen Teilungsvertrag;

c) im Falle des Vermächtnisses: durch die Annahmeerklärung des Vermächtnisnehmers und die Zustimmungserklärung der Erben oder die Anordnung des Willensvollstreckers;

d) im Falle der Ausübung eines Vorkaufsrechts durch den Vertrag des Verkäufers mit dem Käufer, die Ausübungserklärung des Vorkaufsberechtigten und die Zustimmungserklärung des Eigentümers; bei einem vertraglichen Vorkaufsrecht zudem durch den Vorkaufsvertrag (Art. 216 Abs. 2 und 3 OR).

Erfolgt der Eigentumserwerb außerbuchlich (Art. 656 Abs. 2 ZGB), so wird der Ausweis für die Eigentumsübertragung erbracht:

a) im Falle des Erbgangs: durch die Bescheinigung, daß die gesetzlichen und die eingesetzten Erben als einzige Erben des Erblassers anerkannt sind;

b) im Falle der Enteignung: durch einen dem angewendeten Enteignungsrecht entsprechenden Ausweis, im Zweifel durch die Bescheinigung über Zahlung, Hinterlegung oder Sicherstellung der Entschädigungssumme;

c) im Falle der Zwangsvollstreckung: durch die vom Betreibungsamt oder von der Konkursverwaltung ausgestellte Bescheinigung des Zuschlags, mit der Ermächtigung zur Eintragung;

d) im Falle eines Urteils: durch das Urteil mit der Bescheinigung der Rechtskraft und mit der Ermächtigung zur Eintragung;

e) in den übrigen Fällen: durch die Urkunden in der vom Gesetz vorgeschriebenen Form über das Rechtsgeschäft oder durch die rechtskräftige Verfügung oder den rechtskräftigen Entscheid.

19 Auf die Leistung des Ausweises für die Eintragung einer Nutznießung, eines Wohnrechtes, eines selbständigen und dauernden Baurechtes, einer Grundlast oder eines Grundpfandrechtes finden die Vorschriften des Artikels 18 entsprechende Anwendung.

Bei Errichtung von Grunddienstbarkeiten und andern in Absatz 1 nicht erwähnten Dienstbarkeitsbelastungen durch Vertrag genügt die einfache Schriftlichkeit, es sei denn, daß durch die Dienstbarkeit eine gesetzliche Eigentumsbeschränkung aufgehoben oder abgeändert wird, in welchem Falle öffentliche Beurkundung des Vertrages erforderlich ist.

20 Der Ausweis für die Eintragung einer Eigentümerdienstbarkeit, eines Eigentümer- oder Inhaberschuldbriefes oder einer Eigentümer- oder Inhabergült wird durch die schriftliche Anmeldung des Eigentümers erbracht.

Die Kantone können jedoch vorschreiben, daß die Anmeldung solcher Schuldbriefe und Gülten zur Eintragung durch eine Urkundsperson zu geschehen hat.

21 Der Ausweis für die Eintragung eines Pfandrechtes bei Bodenverbesserungen, die unter Mirwirkung oder Aufsicht öffentlicher Behörden zur Durchführung gelangen, hat auf Grund einer Bescheinigung der zuständigen Behörde über die Höhe des auf das Grundstück entfallenden Kostenanteils zu erfolgen.

Wird die Bodenverbesserung ohne staatliche Subvention durchgeführt, so kann diese Bescheinigung von der mit der Durchführung des Unternehmens betrauten Kommission oder von der Leitung des Unternehmens ausgestellt werden, oder es ist die Einwilligung sämtlicher am Grundstück dinglich Berechtigten oder eine Verfügung des Richters erforderlich.

22 Der Ausweis für die Eintragung eines gesetzlichen Grundpfandrechtes wird durch die Urkunden geleistet, die zur Begründung der Forderung, für die das Grundpfandrecht eingetragen werden soll, nötig sind.

Für die Eintragung eines Grundpfandrechtes zugunsten der Handwerker und Unternehmer ist erforderlich, daß die Forderung als Pfandsumme vom Eigentümer anerkannt oder gerichtlich festgestellt ist, oder die Eintragung vom Eigentümer bewilligt wird.

Leistet der Eigentümer für die Forderung hinreichende Sicherheit, so ist die Eintragung zugunsten der Handwerker und Unternehmer abzuweisen.

Sind der Gläubiger und der Schuldner über die Pfandsumme oder die Sicherheit nicht einig, so kann gemäß ZGB Art. 961, Ziff. 1, eine vorläufige Eintragung stattfinden.

22a Auf die Eintragung des gesetzlichen Grundpfandrechtes für die Entschädigungsforderung anstelle des gelöschten Baurechtes (ZGB Art. 779d, Abs. 2 und 3) sind die Bestimmungen des Artikels 22 über die Eintragung des Pfandrechtes zugunsten der Handwerker und Unternehmer anwendbar.

Diese Bestimmungen sind, soweit sie ihrem Sinne nach nicht bloß auf das Pfandrecht zugunsten der Handwerker und Unternehmer zutreffen und soweit sich ihre Anwendung nicht auf Grund des Baurechtsvertrages erübrigt, auch für die Eintragung des gesetzlichen Grundpfandrechtes zur Sicherung des Baurechtszinses (ZGB Art. 779i und k) maßgebend.

Verordnung betreffend das Grundbuch **23–24a**

Dasselbe gilt sinngemäß für die Eintragung des gesetzlichen Pfandrechtes zur Sicherung von Beitragsforderungen der Gemeinschaft gegenüber den Stockwerkeigentümern (ZGB Art. 712i).

23 Für die Eintragung von Rechten an Wasserrechtsverleihungen (Art. 8) ist, abgesehen von den in Art. 15 bis 18 genannten Ausweisen, noch der Nachweis erforderlich, daß die besonderen vom Bundes- oder kantonalen Recht aufgestellten Voraussetzungen (z. B. schriftliche Einwilligung der Verleihungsbehörde) erfüllt sind.

24 Entspricht eine Anmeldung nicht den gesetzlichen Anforderungen und kann der Grundbuchverwalter auch nicht eine vorläufige Eintragung nach Artikel 966 Absatz 2 des Zivilgesetzbuches vornehmen, so weist er die Anmeldung ab.

1bis Die Anmeldung ist namentlich abzuweisen, wenn

a) die Veräußerung, der Erwerb oder die Belastung des Grundstücks der Zustimmung eines Dritten bedarf und diese nicht vorliegt;

b) dafür die Bewilligung einer Behörde nötig ist und diese nicht vorliegt;

c) die schriftliche Anmeldung nach Artikel 13 Absatz 4 nicht innert der üblichen Zustelldauer für Briefpost eintrifft.

Die Gründe der Abweisung sind dem Anmeldenden und allen anderen, die von der Abweisung berührt sind, schriftlich und unter Angabe der Beschwerdefrist (Art. 103) mitzuteilen. Im Tagebuch ist auf die Abweisungsverfügung hinzuweisen.

Die Abweisung der Anmeldung wird rechtskräftig, nachdem die Beschwerdefrist unbenützt abgelaufen ist.

Wird gegen die Abweisungsverfügung Beschwerde erhoben, so merkt dies der Grundbuchverwalter im Hauptbuch an. Er löscht die Anmerkung von Amts wegen, sobald über die Beschwerde rechtskräftig entschieden worden ist.

24a Sieht ein Bundesgesetz vor, daß der Grundbuchverwalter eine Anmeldung im Hauptbuch nicht vollziehen darf, bevor eine andere Behörde darüber entschieden hat, ob das angemeldete Geschäft einer Bewilligung bedarf, so schreibt der Grundbuchverwalter die Anmeldung im Tagebuch ein und setzt dem Anmeldenden die vom anwendbaren Gesetz vorgesehene Frist zur Einleitung des Bewilligungsverfahrens.

Wird das Bewilligungsverfahren innert der vorgeschriebenen Frist eingeleitet, so merkt der Grundbuchverwalter dies im Hauptbuch an.

Wird das Bewilligungsverfahren nicht fristgerecht eingeleitet oder wird die Bewilligung verweigert, so weist der Grundbuchverwalter die Anmeldung ab.

Die Anmerkung wird von Amts wegen gelöscht, wenn die Anmeldung im Hauptbuch vollzogen wird oder wenn sie rechtskräftig abgewiesen worden ist.

III. Die Eintragungen

25 Die Eintragungen im Hauptbuch sind in sorgfältiger Schrift ohne Rasuren, Korrekturen oder Zwischenschriften auszuführen.

Sie sollen in der Reihenfolge vorgenommen werden, in der die Anmeldungen eingetroffen oder die Beurkundungen oder Erklärungen vor dem Grundbuchverwalter unterzeichnet worden sind.

Der Grundbuchverwalter darf im Hauptbuch nur eintragen, was sich aus den Anmeldungsbelegen ergibt (Verifikation).

Die Grundbuchwirkung nach den Artikeln 971–974 des Zivilgesetzbuches kommt der Eintragung auf dem Hauptbuchblatt des belasteten Grundstücks zu.

Der Grundbuchverwalter bescheinigt auf Begehren die Eintragung auf den für die Parteien bestimmten Urkunden; er kann dies auch tun, indem er über den neuen Zustand einen vollständigen oder teilweisen Auszug aus dem Hauptbuch abgibt.

26 Abs. 1: Aufgehoben.

Der Grundbuchverwalter hat die Eintragung so bald wie möglich nach der Anmeldung im Hauptbuch zu vollziehen.

Ist es nicht möglich, die Eintragung im Hauptbuch am gleichen Tag zu vollziehen wie die Einschreibung im Tagebuch, so kann im betreffenden Hauptbuchblatt mit Bleistift auf die Ordnungsnummer der Anmeldung hingewiesen werden.

Die Eintragungen in das Hauptbuch müssen unter dem Datum der Einschreibung im Tagebuch vorgenommen werden.

Abs. 2: BGE 117 II 541.

27 Sind in einem Hauptbuchblatt mehrere an demselben Tage zur Anmeldung gelangte Eintragungen vorzunehmen und sollen sie nach dem Willen der Parteien oder nach der Reihenfolge der Einschreibung in das Tagebuch oder in das Urkundenprotokoll verschiedenen Rang erhalten, so ist dies auch im Hauptbuch in geeigneter Weise (z. B. durch Angabe der genauen Zeit oder durch Angabe des Rangverhältnisses bei jedem Eintrag) zum Ausdruck zu bringen.

Die besonderen Vorschriften über die Eintragung der Pfandstellen bei Grundpfandrechten bleiben vorbehalten.

Soll sich der Rang einer Eintragung nicht aufgrund des Eintragungsdatums ergeben, so muß dies ausdrücklich aus dem Hauptbuchblatt hervorgehen.

28 Sämtliche Belege, auf deren Vorlegung hin eine Eintragung in das Hauptbuch vorgenommen wird, sind womöglich in gleichem Format einzureichen, mit der Ordnungsnummer und der Nummer des Hauptbuchblattes zu versehen und in dem für jedes Grundbuchblatt besonders anzulegenden Faszikel der Grundbuchakten (Belege) geordnet aufzubewahren.

Die Ordnungsnummern der Belege werden für jedes Grundbuchblatt in besonderer, fortlaufender Numerierung festgestellt.

Ist für mehrere Eintragungen in verschiedenen Grundbuchblättern nur ein Beleg vorhanden, so hat der Grundbuchverwalter bei denjenigen Grundbuchakten, in deren Faszikel das Beleg selbst nicht aufgenommen werden kann, eine Verweisung auf dasselbe anzubringen und im übrigen diese Verweisung als Beleg zu behandeln.

29 An Stelle der in Art. 28 vorgesehenen Anordnung der Belege n besonderen Faszikeln für jedes Grundbuchblatt kann von den Kantonen die Aufbewahrung der Belege in chronologischer Reihenfolge angeordnet werden.

Die Belege sind in diesem Fall fortlaufend oder entsprechend der Ordnungsnummer des Tagebuchs zu numerieren.

30 An Stelle der Belege kann in den Kantonen, die eine fentliche Beurkundung durch den Grundbuchverwalter vornehmen lassen, das Urkundenprotokoll treten.

31 Das Eigentum wird in der entsprechenden Abteilung des uptbuchs eingetragen. Die Eintragung enthält:

a) die Bezeichnung des Eigentümers;
b) das Datum der Eintragung;
c) den Erwerbsgrund;
d) den Hinweis auf den Beleg;
e) die Bezeichnung der Miteigentümer mit einer Ziffer oder Litera, wenn für die Miteigentumsanteile keine besonderen Blätter angelegt worden sind.

Zur Bezeichnung des Eigentümers und einer Person, der ein anderes Recht am Grundstück zusteht (Art. 958–961 ZGB), werden angegeben:

a) für natürliche Personen: der Name, mindestens ein ausgeschriebener Vorname und das Geburtsdatum;
b) für juristische Personen und für Kollektiv- und Kommanditgesellschaften: die Firma oder der Name, der Sitz und die Rechtsform, wenn diese nicht aus dem Namen oder der Firma hervorgeht;
c) für einfache Gesellschaften und Gemeinschaften, in denen die beteiligten Personen durch Gesetzesvorschrift oder Vertrag verbunden und Gesamteigentümer sind: die Angaben über die daran beteiligten Personen nach Buchstabe a oder b; für Erbengemeinschaften genügt die Bezeichnung der Erbengemeinschaft (Art. 33 Abs. 3).

Weitere Personendaten dürfen im Hauptbuch nur angegeben werden, soweit sie zur Identifikation nötig sind.

In der Abteilung «Eigentum» darf der Vertreter einer Erbengemeinschaft, der Willensvollstrecker oder der Verwalter einer Stockwerkeigentümergemeinschaft mit seiner Identifikation und seiner Funktion angeführt werden.

32 Steht das Eigentum an einem Grundstück (Anmerkungsgrundstück) dem jeweiligen Eigentümer eines andern Grundstückes (Hauptgrundstück) zu, so ist statt des Namens des Eigentümers die Nummer des Hauptgrundstücks in die Abteilung «Eigentum» einzutragen.

Auf dem Blatt des Hauptgrundstücks ist in der Abteilung «Anmerkungen» oder in der Grundstücksbeschreibung auf dieses Eigentumsverhältnis hinzuweisen.

Werden für Miteigentumsanteile oder Stockwerke besondere Blätter eröffnet, so werden die Grundbuchnummern der Miteigentumsanteile oder der Stockwerke in der Abteilung «Eigentum» des Stammgrundstückes eingetragen.

33 Bei Miteigentum muß der Bruchteil durch entsprechenden Zusatz («zur Hälfte» «zu ⅓» usw.) zum Namen jedes Miteigentümers angegeben werden.

Miteigentumsverhältnisse an überragenden Bauten oder an Bauwerken auf fremdem Boden werden, soweit erforderlich, als Dienstbarkeiten eingetragen.

Bei Gesamteigentum muß den Angaben nach Artikel 31 Absatz 2 Buchstabe c das die Gemeinschaft oder Gesellschaft begründende Rechtsverhältnis beigefügt werden.

33a Stockwerkeigentum wird auf dem Hauptbuchblatt der Liegenschaft oder des Baurechtes in der Eigentumskolonne eingetragen.

Die Eintragung umfaßt:
 a) die Nummer des Blattes eines jeden Stockwerkes;
 b) den Bruchteil (Wertquote) eines jeden Stockwerkes, ausgedrückt in Hundertsteln oder Tausendsteln;
 c) die Bezeichnung des Eigentumsverhältnisses als Stockwerkeigentum (StWE);
 d) das Datum des Eintrages;
 e) die Angabe des Begründungsaktes («Begründungsvertrag» oder «Begründungserklärung»);
 f) die Verweisung auf die Belege.

33b Die räumliche Lage, Abgrenzung und Zusammensetzung der Stockwerkeinheiten müssen im Begründungsakt klar und bestimmt angegeben sein.

Fehlt es daran, so setzt der Grundbuchverwalter Frist zur Beibringung eines von allen Eigentümern unterzeichneten Aufteilungsplanes und nötigenfalls einer amtlichen Bestätigung gemäß kantonaler Vorschrift, daß die zu Sonderrecht ausgeschiedenen Räume ganze in sich abgeschlossene Wohnungen oder geschäftlichen oder anderen Zwekken dienende Raumeinheiten mit eigenem Zugang sind.

Werden diese Ausweise nicht fristgemäß beigebracht, so wird die Anmeldung abgewiesen.

Für die Eintragung altrechtlichen Stockwerkeigentums bleibt ZGB Schlußtitel Artikel 20bis vorbehalten.

Die Eintragung von Stockwerkeigentum vor Erstellung des Gebäudes kann nur verlangt werden, wenn mit der Anmeldung der Aufteilungsplan eingereicht wird. **33c**

Der Grundbuchverwalter schreibt auf dem Blatt der Liegenschaft oder des Baurechts und auf den Blättern der Stockwerke die Anmerkung «Begründung des StWE vor der Erstellung des Gebäudes» ein.

Die Fertigstellung des Gebäudes ist dem Grundbuchamt anzuzeigen, gegebenenfalls unter Einreichung des nach der Bauausführung berichtigten Aufteilungsplanes, der auf Verlangen des Grundbuchverwalters durch die amtliche Bestätigung gemäß Artikel 33b Abs. 2 zu ergänzen ist.

Wird diese Bestätigung nicht beigebracht oder sonstwie festgestellt, daß die zu Sonderrecht ausgeschiedenen Räume nicht in sich abgeschlossene Wohnungen oder zu anderen Zwecken bestimmte Raumeinheiten mit eigenem Zugang sind, so ist das Stockwerkeigentum nach fruchtloser Fristansetzung in sinngemäßer Anwendung von ZGB Artikel 976 zu löschen und damit in gewöhnliches Miteigentum zurückzuführen.

Abs. 5: Aufgehoben.

Eigentumsbeschränkungen aus Nachbarrecht, deren Eintragung im Grundbuch nach Zivilgesetzbuch zugelassen (Durchleitungsrecht) oder für die Entstehung erforderlich ist (Notweg, Notbrunnen), sind gemäß den Bestimmungen über die Eintragung der Grunddienstbarkeiten einzutragen. **34**

Eine Dienstbarkeit und eine Grundlast wird in der gleichnamigen Abteilung des Hauptbuchblattes des belasteten Grundstücks eingetragen. **35**
Eine Grunddienstbarkeit und eine Grundlast, die dem jeweiligen Eigentümer eines Grundstücks zusteht, wird zudem auf dem Hauptbuchblatt des berechtigten Grundstücks in derselben Abteilung eingetragen.

Die Eintragung im Hauptbuchblatt enthält:

a) die Bezeichnung mit einer Ziffer oder Litera;

b) die Bezeichnung als Last oder als Recht;

c) die Bezeichnung der Dienstbarkeit oder Grundlast mit einem Stichwort;

d) auf dem Hauptbuchblatt des belasteten Grundstücks die Bezeichnung des berechtigten Grundstücks oder der berechtigten Person;

e) auf dem Hauptbuchblatt des berechtigten Grundstücks die Be-

zeichnung des belasteten Grundstücks; ist eine große Zahl von Grundstücken belastet, so darf auf deren Bezeichnung verzichtet und auf den Beleg hingewiesen werden;
f) das Datum der Eintragung;
g) den Hinweis auf den Beleg.
Das Stichwort wird vom Grundbuchverwalter festgelegt.

36 Aufgehoben.

37 Bei Eintragung und Einschreibung einer Grundlast soll außerdem ihr Gesamtwert gemäß ZGB Art. 783, Abs. 2, angegeben werden.

Bei Eintragung und Einschreibung von Dienstbarkeiten kann ebenfalls ein bestimmter Betrag als Gesamtwert der Belastung angegeben werden, sofern die vorgehenden Pfandgläubiger der Errichtung der Dienstbarkeit nicht zugestimmt haben (ZGB Art. 812, Abs. 2 und 3).

Haben vorgehende Pfandgläubiger der Errichtung einer Grundlast oder Dienstbarkeit zu Lasten eines verpfändeten Grundstücks zugestimmt, so hat der Grundbuchverwalter diese Einwilligung unter den «Bemerkungen» zu den betreffenden Grundpfandeinträgen einzuschreiben, bei dem Eintrag der Dienstbarkeit hierauf zu verweisen und die neue Last auf den Pfandtiteln als vorgehendes Recht aufzunehmen.

38 Steht das Grundstück, zu dessen Lasten oder zu dessen Gunsten eine Grunddienstbarkeit eingetragen werden soll, auf einem Kollektivblatt, so sind bei dem Eintrag auf diesem Blatt stets die Nummern des belasteten und des berechtigten Grundstücks anzugeben.

Sind das belastete und das berechtigte Grundstück auf einem Kollektivblatt vereinigt, so bedarf es nur einer Eintragung, unter Angabe der Nummern des belasteten und des berechtigten Grundstücks.

39 Aufgehoben.

40 Die Grundpfandrechte werden in der gleichnamigen Abteilung des Hauptbuchblatts eingetragen. Die Eintragung enthält:
a) die Bezeichnung mit einer Ziffer oder Litera;
b) die Art des Grundpfandrechts;
c) die Bezeichnung des Gläubigers (Art. 31 Abs. 2) oder die Bezeichnung «Inhaber»;
d) die Pfandsumme und gegebenenfalls den Zinsfuß, für den das Pfandrecht nach Artikel 818 Absatz 2 des Zivilgesetzbuches Sicherheit bietet (Höchstzinsfuß);
e) die Pfandstelle (Rang);
f) das Datum der Eintragung;
g) den Hinweis auf den Beleg.

Haben die Parteien besondere Vereinbarungen über Rückzahlungen und Kündigungen oder über Amortisation der Pfandschuld getroffen, so soll in der Kolumne «Bemerkungen» auf das Bestehen solcher Vereinbarungen hingewiesen werden.

Vereinbarungen über das Nachrücken von Grundpfandgläubigern (Art. 814, Abs. 3 ZGB) werden in der Kolumne «Vormerkungen» eingetragen.

Bei Eisenbahngrundstücken bleibt die Abteilung «Pfandrechte» geschlossen.

41 Die Eintragung von Grundpfandrechten in ein Kollektivblatt darf nur erfolgen, wenn sämtliche darin aufgenommenen Grundstücke verpfändet werden sollen.

Wird die Eintragung eines Grundpfandrechtes nur für einzelne auf dem Kollektivblatt enthaltene Grundstücke nachgesucht, so hat der Grundbuchverwalter von Amtes wegen die Ausscheidung dieser oder der übrigen Grundstücke des Blattes nach den Vorschriften über die Umschreibungen (Art. 94) vorzunehmen.

42 Soll gemäß ZGB Art. 798, Abs. 1, auf mehrere, nicht in einem Kollektivblatt vereinigte Grundstücke desselben Grundbuchkreises für eine Forderung ein Grundpfandrecht (Gesamtpfandrecht) errichtet werden, so soll bei der Eintragung desselben in die einzelnen Grundbuchblätter jeweils in der Kolumne «Pfandsumme» der ganze Betrag der Forderung und in der Kolumne «Bemerkungen» der Hinweis auf die mitverpfändeten Grundstücke (z. B. «zu A: Nummer... mitverpfändet») aufgenommen werden.

Soll dieses Grundpfand für eine Forderung auf mehrere, in verschiedenen Grundbuchkreisen gelegene Grundstücke errichtet werden, so ist die Anmeldung zur Eintragung zuerst in demjenigen Kreise vorzunehmen, in dem die größere Fläche der zu verpfändenden Grundstücke liegt, und hier gemäß Absatz 1 für die in diesem Kreis gelegenen Grundstücke zu erledigen.

Hierauf hat der Eigentümer oder der Erwerber, gestützt auf den Ausweis über die Eintragung im ersten Grundbuchkreise, der Reihe nach in den übrigen Grundbuchkreisen um die Eintragung des Grundpfandrechtes nachzusuchen, wobei von jedem Grundbuchverwalter die Nummern aller mitverpfändeten Grundstücke des eigenen und der anderen Kreise gemäß Absatz 1 zu vermerken sind, und den Grundbuchämtern der übrigen Kreise, zum Zwecke der Ergänzung ihrer Vermerke, unter Angabe der Nummern von sämtlichen Verpfändungen Mitteilung zu machen ist.

Für die Fälle, wo die zu verpfändenden Grundstücke nur in einem Kanton gelegen sind, können die Kantone denjenigen Grundbuchverwalter, bei dem gemäß Absatz 2 dieses Artikels die erste Anmeldung zu geschehen hat, verpflichten, von Amtes wegen die Eintragung der Grundbuchrechte in den übrigen Grundbuchkreisen zu veranlassen.

43 Gehören in den Fällen des Art. 42, Abs. 1 oder Abs. 2, mehrere Grundstücke innerhalb eines Grundbuchkreises verschiedenen Eigentümern, so ist die Anmeldung zur Eintragung für alle Grundstücke gleichzeitig anzubringen.

44 Die Vorschriften des Art. 42 finden entsprechende Anwendung, wenn nachträglich noch andere Grundstücke mit dem an einem Grundstück bestehenden Grundpfandrechte gemäß ZGB Art. 798, Abs. 1, belastet werden sollen.

45 Werden mehrere auf verschiedenen Grundbuchblättern aufgenommene Grundstücke für die nämliche Forderung verpfändet, ohne daß ein Gesamtpfandrecht nach ZGB Art. 798, Abs. 1, errichtet werden soll, so ist jedes Grundstück mit dem von den Parteien bei der Anmeldung angegebenen Teilbetrag zu belasten.

Haben die Parteien über die Verteilung nichts bestimmt, so kann der Grundbuchverwalter entweder die Anmeldung zurückweisen oder in den Fällen, wo für die Grundstücke ein Schatzungswert im Grundbuch angegeben ist, diese Verteilung unter Anzeige an die Parteien nach dem Schatzungswerte vornehmen und die entsprechenden Belastungen in das Grundbuch eintragen.

Bei der Teilung der Pfandsumme soll nicht unter einen Franken gegangen werden.

46 Wenn eines von mehreren insgesamt verpfändeten Grundstücken veräußert wird und sich der Erwerber für die Schuld, für die das Grundstück haftet, nicht solidarisch verpflichtet, sind die Vorschriften des Art. 45 ebenfalls anwendbar, jedoch mit der Besonderheit, daß der Grundbuchverwalter die Verteilung der Belastung in allen Fällen vorzunehmen hat, wo die Parteien hierüber nichts vereinbaren.

Nimmt der Grundbuchverwalter diese Verteilung vor, so hat er den Beteiligten unverzüglich davon Kenntnis zu geben.

47 Die Eintragung der Verpfändung von Miteigentumsanteilen soll, wenn für diese nicht besondere Blätter eröffnet sind, außer den in Artikel 40 verlangten Angaben noch die Bezeichnung des verpfändeten Anteils in der Kolumne Bemerkungen, z. B. «am Anteil Litera ... des NN» oder «am Anteil Ziffer ... des NN», enthalten.

Bestehen Grundpfandrechte oder Grundlasten an Miteigentumsanteilen, so können solche Rechte nicht mehr zu Lasten des im Miteigentum stehenden Grundstückes eingetragen werden.

Werden Grundpfandrechte oder Grundlasten auf den besonderen Blättern von Miteigentumsanteilen eingetragen, so ist durch Anmerkung auf dem Blatt des gemeinschaftlichen Grundstückes darauf hinzuweisen.

Verordnung betreffend das Grundbuch 48–51

48 Für die Eintragung des vorbehaltenen Vorganges (Art. 813 ZGB) und der leeren Pfandstelle gilt Artikel 40. Statt des Namens des Gläubigers wird jedoch «vorbehaltener Vorgang» oder «leere Pfandstelle» eingesetzt; unter «Grundpfandart» wird nichts eingetragen.

49 Die Eintragung der Grundpfandrechte für Bodenverbesserungen (ZGB Art. 820) erfolgt nach den Bestimmungen des Art. 40 mit der Besonderheit, daß statt der Pfandstelle die Abkürzung «B-V» eingetragen wird.

Wird das Pfandrecht für eine Bodenverbesserung eingetragen, die ohne staatliche Subvention durchgeführt wird, so ist in der Kolumne «Bemerkungen» außerdem «Tilgung durch Annuitäten von... %» beizufügen.

Der Grundbuchverwalter hat allen denjenigen, die aus einem auf demselben Grundbuchblatt eingetragenen Grundpfandrecht oder aus einer Grundlast berechtigt sind, unverzüglich von der Eintragung eines solchen Pfandrechtes für Bodenverbesserungen Kenntnis zu geben und dessen Errichtung auf denjenigen Pfandtiteln anzumerken, in denen das Grundstück als Pfand haftet.

50 Die Eintragung der Pfandrechte für die Forderungen der Handwerker und Unternehmer (ZGB Art. 837, Ziff. 3) soll außer den in Art. 40 aufgezählten Angaben noch die Bezeichnung «Baupfandrecht» in der Kolumne «Bemerkungen» enthalten.

Die entsprechende Bemerkung zum Eintrag des gesetzlichen Pfandrechtes für den Baurechtszins (ZGB Art. 779i und k) lautet: «Baurechtszins».

Zum Eintrag des Pfandrechtes für die Heimfallsentschädigung (ZGB Art. 779d, Abs. 2 und 3) lautet sie: «Heimfallsentschädigung».

Die Bezeichnung «Heimfallsentschädigung» wird statt der Pfandstelle mit der Abkürzung «HfE» eingetragen und durch die Bemerkung ergänzt, daß das Pfandrecht den Rang des gelöschten Baurechtes hat.

51 Die Angabe des Bevollmächtigten bei Schuldbrief oder Gült (ZGB Art. 860) erfolgt in der Kolumne «Bemerkungen», auf schriftliches Begehren des Eigentümers und unter der Voraussetzung, daß der Bevollmächtigte im Ausweise über die Errichtung des Pfandrechts genannt ist.

Zur nachträglichen Angabe eines Bevollmächtigten oder zur Streichung bedarf es der Zustimmung aller Beteiligten oder einer Verfügung des Richters.

Wird die Eintragung des Pfandrechtes, auf das sich die Bestellung des Bevollmächtigten bezieht, gelöscht, so ist die Bemerkung von Amtes wegen zu streichen.

52 Bei Ausgabe von Pfandtiteln in Serien (ZGB Art. 876 ff.) ist außer den Angaben nach Art. 40 in der Kolumne «Gläubiger» noch die Anzahl der Titel einzutragen.

Werden Anleihensobligationen durch Errichtung einer Grundpfandverschreibung oder eines Schuldbriefes gemäß ZGB Art. 875, Ziff. 1, sichergestellt, so gelten die Bestimmungen des Art. 40 mit den Abänderungen, daß als Gläubiger «die aus den Anleihensobligationen Berechtigten» eingetragen, ferner in der gleichen Kolumne der Betrag, die Anzahl und die Art der Obligationen (Namen- oder Inhaberobligationen) angegeben werden und der Name des Stellvertreters für die Gläubiger und den Schuldner unter den «Bemerkungen» erwähnt wird.

52 a Dienstbarkeiten, Grundlasten und Grundpfandrechte können statt mit Literae auch mit Ziffern gekennzeichnet werden.

Eine entsprechende Kennzeichnung kann auch in den Abteilungen «Eigentum», «Vormerkungen», «Anmerkungen» und in der Grundstücksbeschreibung vorgenommen werden.

IV. Ausstellung der Schuldbriefe und Gülten und der Urkunden über die Pfandverschreibungen

53 Soll ein Schuldbrief oder eine Gült errichtet werden, so stellt der Grundbuchverwalter sofort nach der Eintragung des Pfandrechts im Hauptbuch den Pfandtitel aus.

Der Pfandtitel ist nach dem Muster des Amtes für das Grundbuch- und Bodenrecht zu erstellen. Es enthält mindestens folgende Angaben:

a) das Datum der Ausstellung des Titels (Art. 856 Abs. 1 ZGB) und den Zeitpunkt der Errichtung des Pfandrechts (Art. 856 Abs. 2 ZGB);

b) die Identifikation des Grundstücks;

c) die Grundstücksbeschreibung;

d) die bereits auf dem Grundstück ruhenden Rechte und die vorgehenden Lasten (Dienstbarkeiten, Grundlasten, Pfandrechte mit Einschluß der leeren Pfandstellen und der vorbehaltenen Vorgänge, Vormerkungen).

Wird das Pfandrecht durch Eintragung auf dem Blatt eines Miteigentumsanteils, eines Stockwerks oder eines selbständigen und dauernden Rechtes errichtet, so sind im Pfandtitel auch die auf dem Blatt des gemeinschaftlichen oder des belasteten Grundstücks eingetragenen vorgehenden Nutznießungen, Wohnrechte, Grundlasten und Grundpfandrechte anzugeben. Für die eingetragenen Rechte und die übrigen eingetragenen Belastungen ist auf die entsprechenden Hauptbuchblätter zu verweisen.

Ist für einen kraftlos erklärten Pfandtitel ein neuer Pfandtitel ausgestellt worden, so muß dieser die Angabe enthalten, daß er an Stelle des bisherigen tritt.

54 Sollen für einen Schuldbrief- oder Gültbetrag mehrere Grundstücke zu Pfand gesetzt werden, so wird nur ein Pfandtitel ausgestellt, sofern die zu verpfändenden Grundstücke auf einem Kollektivblatt vereinigt sind oder sofern es sich um ein Gesamtpfandrecht (Art. 42 und ZGB Art. 798, Abs. 1) handelt.

In den andern Fällen (Art. 45 und ZGB Art. 798, Abs. 2) kann entweder für jeden Teilbetrag, mit dem ein Grundstück belastet wird, ein besonderer Titel ausgestellt werden, oder es können, solange Verwirrung nicht zu besorgen ist, die verschiedenen verpfändeten Grundstücke, unter Angabe des auf jedem derselben lastenden Teilbetrages, in einem einzigen Pfandtitel aufgeführt werden.

55 Die Vorschriften des Art. 54 finden entsprechende Anwendung, wenn nach Errichtung eines Schuldbriefes oder einer Gült noch weitere Grundstücke desselben Grundbuchkreises damit belastet werden sollen (Pfandvermehrung).

56 Soll ein Schuldbrief oder eine Gült auf mehrere, in verschiedenen Grundbuchkreisen gelegene Grundstücke als Gesamtpfandrecht errichtet werden (Art. 42, Abs. 2), so hat jeder Grundbuchverwalter die in seinem Kreis gelegenen Grundstücke in den Pfandtitel aufzunehmen. Der Pfandtitel ist vom Grundbuchverwalter jedes betroffenen Kreises zu unterschreiben.

57 Aufgehoben.

58 Der Grundbuchverwalter darf die Pfandtitel dem Gläubiger oder seinem Beauftragten nur dann aushändigen, wenn der Schuldner und der Eigentümer des belasteten Grundstücks schriftlich ihre Zustimmung erklärt haben (ZGB Art. 857, Abs. 3).

Diese Einwilligung kann in die Anmeldung des Pfandrechts zur Eintragung in das Grundbuch aufgenommen werden.

59 Die Ausstellung von Grundpfandverschreibungen und Schuldbriefen zur Sicherstellung von Anleihensobligationen (ZGB Art. 875, Ziff. 1), sowie von Serienschuldbriefen und Seriengülten (ZGB Art. 876 ff.) erfolgt nach Formularen, die für den einzelnen Fall festgestellt werden.

Die Aufsichtsbehörde hat dem Grundbuchverwalter hierüber die nötigen Weisungen zu erteilen.

60 Über die Grundpfandverschreibungen wird auf Verlangen des Gläubigers eine Urkunde ausgestellt, die entweder in einem Auszug aus dem Grundbuch oder in einer Abschrift des Beleges oder des im Urkundenprotokoll aufgenommenen Vertrages mit angefügter Bescheinigung der Eintragung besteht.

Wird die Urkunde über die auf dem Blatt eines Miteigentumsanteils, eines Stockwerkes oder eines selbständigen und dauernden Rechtes eingetragene Grundpfandverschreibung als Auszug aus dem Grundbuch ausgestellt, so soll sie die auf dem Blatt des gemeinschaftlichen oder des belasteten Grundstücks eingetragenen vorgehenden Grundpfandrechte und Grundlasten angeben. Für die eingetragenen Rechte und die übrigen eingetragenen Belastungen ist auf die entsprechenden Hauptbuchblätter zu verweisen.

Veränderungen, die in der Folgezeit eintreten, können vom Grundbuchverwalter auf derselben Urkunde eingeschrieben werden.

V. Abänderungen und Löschungen. Entkräftung der Pfandtitel

61 Die für die Anmeldung zur Eintragung aufgestellten Vorschriften gelten auch für die Anmeldung zur Abänderung oder Löschung eines Eintrages.

Außerdem bedarf es einer schriftlichen Erklärung der aus dem Eintrage berechtigten Personen oder einer Ermächtigung des Richters oder einer andern zuständigen Behörde.

Eintragungen von Schuldbriefen und Gülten dürfen nur abgeändert werden, wenn die entsprechende Änderung gleichzeitig im Pfandtitel vorgenommen wird. Ist der Pfandtitel abhanden gekommen, so darf eine Änderung nur vorgenommen werden, wenn der Titel vom Richter kraftlos erklärt und an seiner Stelle ein Ersatztitel (Duplikat) ausgestellt worden ist.

Die besonderen Bestimmungen über die Voraussetzungen der Abänderung oder Löschung ungerechtfertigter oder bedeutungslos gewordener Einträge (ZGB Art. 975 und 976) bleiben vorbehalten.

62 Eine Eintragung wird gelöscht, indem sie vollständig gestrichen und bei der betreffenden Stelle die Bemerkung «... gelöscht» eingeschrieben wird. Datum und Beleg der Löschung müssen angegeben werden.

Die Löschung erhält die gleiche Litera oder Ziffer, mit der die gelöschte Eintragung versehen war.

63 Wird ein vorgehendes Grundpfandrecht getilgt, ohne daß an dessen Stelle sofort und für die ganze ursprüngliche Pfandsumme ein neues errichtet wird, und ohne daß die nachgehenden Grundpfandgläubiger nachrücken, so ist zugleich mit der Löschung unter der bisherigen Litera eine leere Pfandstelle gemäß Art. 48 einzutragen.

64 Schuldbrief und Gült dürfen im Grundbuch nicht gelöscht werden, bevor der Pfandtitel entkräftet oder durch den Richter für kraftlos erklärt worden ist.

Ein Pfandtitel wird entkräftet, indem er zerschnitten, perforiert oder diagonal durchgestrichen und mit einem Löschungsvermerk versehen wird. Der Löschungsvermerk muß datiert und vom Grundbuchverwalter unterschrieben werden.

Ist ein Pfandtitel schadhaft, unleserlich oder unübersichtlich geworden oder erweist sich eine Neuausstellung als zweckmäßiger als die Änderung, so stellt der Grundbuchverwalter unter Entkräftung des alten einen neuen Pfandtitel aus und vermerkt darauf die Neuausstellung. Wird ein Namentitel neu ausgestellt, so ist als Gläubiger diejenige Person anzugeben, an welche der Titel zuletzt übertragen wurde.

Wenn das kantonale Recht nichts anderes vorsieht, ist bei einer Neuausstellung eines Namentitels der entkräftete Titel zusammen mit dem neu ausgestellten Pfandtitel dem Gläubiger oder der von diesem bezeichneten Person auszuhändigen. Wird ein Inhabertitel neu ausgestellt, so darf der alte Titel vernichtet werden.

Wird das Grundpfandrecht im Grundbuch gelöscht, so ist der entkräftete Titel dem Grundeigentümer auf dessen Verlangen auszuhändigen.

65 Eine Eintragung wird abgeändert, indem entweder die ganze Eintragung oder bloß der zu ändernde Teil gestrichen und durch den neuen Wortlaut ersetzt wird. Datum und Beleg der Änderung müssen angegeben werden.

Die Änderung erhält die gleiche Litera oder Ziffer, mit der die bisherige Eintragung versehen war.

66 Der Übergang des Gläubigerrechts aus Grundpfandforderungen wird im Grundbuch nicht eingetragen.

In einem besonderen Register (Art. 108, Abs. 1, Bst. b) oder auf dem Hauptbuchblatt in der Abteilung «Grundpfandrechte» ist dagegen die Person zu bezeichnen (Art. 31, Abs. 2), die als Grundpfand- oder als Faustpfandgläubigerin an einer Grundpfandforderung berechtigt ist, wenn die Person darum ersucht und ihr Recht glaubhaft macht. Das Gläubigerregister kann auch aus den gesammelten, fortlaufend numerierten Gläubigergesuchen bestehen.

Die Angabe der aus dem Pfandrecht berechtigten Personen hat zur Folge, daß der Grundbuchverwalter alle ihm durch Gesetz und Verordnung vorgeschriebenen Anzeigen an diese Personen zu machen hat, insoweit nicht ein Bevollmächtigter gemäß Art. 51 bestellt ist.

67 Erleidet bei Grundpfandforderungen das Rechtsverhältnis durch Abzahlungen an die Schuld oder durch Ermäßigung des Zinsfußes Änderungen, so werden sie auf schriftliches Begehren des Schuldners in der Kolumne «Bemerkungen» eingeschrieben.

Andere Schulderleichterungen sind unter der gleichen Voraussetzung bei den Belegen zu erwähnen.

68 Die in Art. 67 vorgesehenen Abänderungen bezüglich des Grundpfandrechts sollen gleichzeitig in den Pfandtiteln angemerkt und vom Grundbuchverwalter unterzeichnet werden.

Außerdem sind in den Pfandtiteln von Amtes wegen alle diejenigen Änderungen anzumerken, die sich aus den Eintragungen und Löschungen in den anderen Abteilungen des Grundbuchblattes ergeben und die von Einfluß auf das Pfandrecht sind (Veräußerung des Grundstücks, Aufhebung von Dienstbarkeiten und Grundlasten, die dem verpfändeten Grundstücke zustanden).

Bei der Ausgabe von Anleihenstiteln können hierüber spezielle Vorschriften aufgestellt werden, auf die im Grundbuch in der Kolumne «Bemerkungen» zu verweisen ist.

69 Die Belege für die Abänderung oder Löschung eines Eintrages sind gemäß den Vorschriften der Art. 28 und 29 aufzubewahren.

VI. Vormerkungen

70 Die Vorschriften über die Eintragungen, wie insbesondere betreffend die Anmeldung zur Eintragung und die Prüfung des Verfügungsrechts (Art. 15 bis 17), finden auf die Vormerkungen, unter Vorbehalt der nachfolgenden besonderen Bestimmungen, entsprechende Anwendung.

71 Für den Ausweis zur Vormerkung persönlicher Rechte ist erforderlich:
bei Kaufsrecht, Rückkaufsrecht, Vereinbarung über das Nachrücken von Grundpfandgläubigern, Rückfall von Schenkungen, Vorkaufsrecht mit zum voraus bestimmtem Preis (limitiertes Vorkaufsrecht): öffentliche Beurkundung;
bei Vorkaufsrecht ohne Kaufpreisangabe (unlimitiertes Vorkaufsrecht), Miete und Pacht: einfache Schriftlichkeit.

Die Vormerkungen persönlicher Rechte sollen stets die Bedingungen, unter denen das Recht geltend gemacht werden kann, und die Zeitdauer des Bestandes enthalten.

71a Der für die Vormerkung des Vorkaufsrechtes und des Einspracherechtes der Stockwerkeigentümer gemäß ZGB Artikel 712c erforderliche Ausweis wird erbracht durch die Vorlegung des Begründungsaktes oder einer besonderen Vereinbarung in schriftlicher Form.

Zur Vormerkung der Aufhebung oder Abänderung des Vorkaufsrechtes der Miteigentümer, des Bauberechtigten und des Eigentümers des mit dem Baurecht belasteten Grundstückes sowie zur Vormerkung der Wegbedingung des Rechtes, die Aufhebung des Miteigentums zu verlangen, bedarf es einer Vereinbarung in der Form der öffentlichen Beurkundung.

Ist die Vormerkung vereinbart, so ist jeder aus dieser Vereinbarung Berechtigte oder Verpflichtete zu ihrer Anmeldung befugt.

71b Vereinbarungen über die Entschädigung für heimfallende Bauten und über die Wiederherstellung des ursprünglichen Zustandes nach dem Untergang des Baurechtes (Art. 779e) müssen als Ausweis für die Vormerkung öffentlich beurkundet sein.

In schriftlicher Form bilden diese Vereinbarungen den Ausweis für die Vormerkung, wenn das Baurecht nicht ein selbständiges und dauerndes Recht ist.

Die Vormerkung ist auf dem Blatte des belasteten Grundstückes und gegebenenfalls zudem auf dem Blatte des Baurechtes einzuschreiben.

71c Aufgehoben.

72 Die Vormerkungen persönlicher Rechte sind von Amtes wegen zu löschen, wenn die in der Vormerkung angegebene Zeit abgelaufen ist.

Vorgemerkte Vorkaufs-, Rückkaufs- oder Kaufsrechte sind außerdem von Amtes wegen zu löschen, wenn der Berechtigte Eigentümer des Grundstücks geworden ist.

73 Der Ausweis für die Vormerkung von Verfügungsbeschränkungen wird geleistet:

bei streitigen oder vollziehbaren Ansprüchen, Pfändung, Konkurserkenntnis, Nachlaßstundung, Zuschlag mit Zahlungstermin (SchKG Art. 137): durch die Ermächtigung der zuständigen Behörde;

bei Errichtung einer Heimstätte: durch die Genehmigungsurkunde der zuständigen Behörde;

bei Nacherbeneinsetzung: durch die Abschrift der letztwilligen Verfügung gemäß ZGB Art. 558.

74 Die Vormerkungen von Verfügungsbeschränkungen zur Sicherung streitiger Ansprüche sollen die Bezeichnung des Anspruchs und des Ansprechers enthalten.

Ist im Fall von Zwangsvollstreckung der Zuschlag unter Gewährung eines Zahlungstermins an den Ersteigerer erklärt worden, so hat der Grundbuchverwalter in einer Vormerkung anzugeben, daß jede weitere Eintragung in das Grundbuch nur mit Bewilligung des Betreibungsamtes oder der Konkursverwaltung vorgenommen werden darf.

Bei Vormerkung einer Pfändung ist der Betrag, für den gepfändet wurde, und bei Vormerkung einer Nachlaßstundung deren Dauer im Hauptbuch anzugeben.

75 Für die Vormerkung vorläufiger Eintragungen bedarf es der schriftlichen Einwilligung des Eigentümers und der übrigen Beteiligten oder der Anordnung des Richters.

Vorläufige Eintragungen sind mit der Abkürzung «V.E.» zu versehen und sollen in Stichworten den wesentlichen Inhalt des Rechts, den Berechtigten, das Datum der Anmeldung und den Hinweis auf den Beleg enthalten.

76 Die Vormerkung einer vorläufigen Eintragung ist von Amtes wegen zu löschen, wenn die entsprechende definitive Eintragung vorgenommen wird oder wenn die vom Grundbuchverwalter oder vom Richter für deren Anmeldung festgesetzte Frist unbenützt abgelaufen ist.

Tritt an Stelle der vorläufigen die endgültige Eintragung, so ist diese mit dem Datum der gelöschten Vormerkung zu versehen.

77 Die Vormerkungen müssen in der gleichnamigen Abteilung des Hauptbuchblattes des belasteten Grundstücks eingeschrieben werden und enthalten:

    a) die Bezeichnung mit einer Litera oder Ziffer;
    b) den wesentlichen Inhalt des vorgemerkten Rechts;
    c) die Bezeichnung der berechtigten Person (Art. 31, Abs. 2) oder die Bezeichnung des berechtigten Grundstücks;
    d) das Datum der Eintragung;
    e) den Hinweis auf den Beleg.

Soll ein persönliches Recht vorgemerkt werden (Art. 959 ZGB), das dem jeweiligen Eigentümer eines Grundstücks zusteht, so muß die Vormerkung auch in der gleichnamigen Abteilung des Hauptbuchblattes des berechtigten Grundstücks eingetragen werden.

VII. Anmerkungen

78 Soweit die Artikel 79 und 80 nichts anderes bestimmen, gelten für die Anmerkungen sinngemäß die Vorschriften über die Eintragungen.

79 Anmerkungen, die auf dem Privatrecht beruhen, sind auf dem Hauptbuchblatt oder in der Grundstücksbeschreibung mit einem Stichwort und dem Hinweis auf den Beleg einzuschreiben.

Zugehör (Art. 946 Abs. 2 ZGB) wird auf Anmeldung des Eigentümers angemerkt; können die einzelnen Zugehörstücke aus Platzgründen in der Abteilung «Anmerkungen» oder in der Grundstücksbeschreibung nicht angegeben werden, so ist das Verzeichnis darüber bei den Belegen aufzubewahren.

Der Zeitpunkt des Beginns eines Werkes (Art. 841, Abs. 3 ZGB) wird auf Anmeldung eines berechtigten Handwerkers oder Unternehmers angemerkt.

Eine Nutzungs- und Verwaltungsordnung (Art. 647 ZGB) wird auf Anmeldung jedes Miteigentümers angemerkt; Ausweis zur Einschreibung bildet die von allen beteiligten Miteigentümern unterschriebene Nutzungs- und Verwaltungsordnung.

Ein Reglement für die Stockwerkeigentümer-Gemeinschaft (Art. 712g ZGB) wird auf Anmeldung des Verwalters bzw. jedes Stockwerkeigentümers angemerkt; Ausweis zur Einschreibung bildet das von allen Stockwerkeigentümern unterzeichnete Reglement oder das Reglement, dem ein beglaubigter Auszug aus dem Protokoll über seine Annahme durch Beschluß der Stockwerkeigentümer-Gemeinschaft beigelegt ist.

Das Vorpachtrecht (Art. 5 LPG) wird auf Anmeldung eines Nachkommen des Eigentümers oder Nutznießers (Verpächters) eines landwirtschaftlichen Gewerbes angemerkt; zur Anmeldung ist jeder Nachkomme befugt, der das 18. Altersjahr vollendet hat.

Abs. 7: Aufgehoben.

Öffentlich-rechtliche Eigentumsbeschränkungen sind auf dem Hauptbuchblatt oder in der Grundstücksbeschreibung mit einem Stichwort und dem Hinweis auf den Beleg und gegebenenfalls auf den Plan anzumerken.

Gesetzliche Wegrechte von bleibendem Bestand (Art. 696 ZGB) werden ohne besonderen Ausweis auf Anmeldung der beteiligten Eigentümer auf dem belasteten und auf dem berechtigten Grundstück angemerkt.

Der Beitritt zu einer Körperschaft zum Zwecke der Bodenverbesserung (Art. 703 ZGB) wird auf Anmeldung des vom kantonalen Recht bezeichneten Organs angemerkt.

Andere Beschränkungen nach kantonalem Recht, für die eine Anmerkung vorgeschrieben ist (Art. 962 ZGB), werden aufgrund einer rechtskräftigen Verfügung der zuständigen Behörde oder auf Anmeldung des Eigentümers angemerkt.

Beschränkungen aufgrund eines Bundesgesetzes, für die das Bundesrecht eine Anmerkung vorsieht, werden aufgrund einer rechtskräftigen Verfügung der zuständigen Behörde oder auf Anmeldung des Eigentümers angemerkt.

Die Beschränkung der Verfügungsbefugnis (Kanzleisperre) über ein Grundstück wird angemerkt, wenn:

a) der Richter sie zum Schutze der ehelichen Gemeinschaft (Art. 178 ZGB) verfügt hat;

b) der Richter das Grundstück aufgrund eidgenössischen Strafprozeßrechts mit Beschlag belegt hat;

c) eine Behörde sie aufgrund von Artikel 23 des Bundesgesetzes vom 16. Dezember 1983 über den Erwerb von Grundstücken durch Personen im Ausland verfügt hat.

Kantonale Vorschriften über die Anmerkung von öffentlich-rechtlichen Eigentumsbeschränkungen, einschließlich Beschränkungen der Verfügungsbefugnis, sind nur gültig, wenn der Bundesrat sie genehmigt hat (Art. 962, Abs. 2 ZGB).

Die Zugehörigkeit eines Grundstücks zu einem Gebiet mit dauernden Bodenverschiebungen wird auf Anmeldung einer vom Kanton bezeichneten Behörde angemerkt.

80 a Soll die Landesgrenze geändert werden, so teilt dies der Kantonsgeometer dem Grundbuchverwalter des Kreises mit und bezeichnet die Grundstücke, die davon betroffen sind oder sein könnten. Diese Mitteilung gilt als Anmeldung zur Anmerkung.

Der Grundbuchverwalter merkt den Tatbestand auf den Blättern der betroffenen Grundstücke an und gibt den Beteiligten nach Artikel 969 des Zivilgesetzbuches davon Kenntnis.

Ist die Änderung der Landesgrenze vollzogen und das Grundbuch nachgeführt, so löscht der Grundbuchverwalter die Anmerkungen von Amtes wegen.

81 Vorbehalten bleiben die weiteren Anmerkungen, die diese Verordnung vorsieht (Art. 24, 24a, 32, 33c, 47, 80a und 114).

82 Aufgehoben.

82 a Aufgehoben.

VIII. Bemerkungen zu den Grundpfandeinträgen

83 Die in dieser Verordnung vorgesehenen Einschreibungen in die Kolumne «Bemerkungen zu den Grundpfandeinträgen» sind in der Weise vorzunehmen, daß alle Bemerkungen zu einem Grundpfandeintrag unter dessen Litera angebracht und soweit möglich zusammengestellt werden.

Ebenso ist bei dem Eintrag, auf den die Bemerkung Bezug hat, darauf zu verweisen, und es ist zum Zwecke der Einschreibung solcher Verweisungen nach jedem Grundbucheintrag in der Abteilung «Grundpfand» eine Zeile leer zu lassen.

84 Die Bemerkungen werden von Amtes wegen gestrichen, wenn der entsprechende Eintrag gelöscht wird oder wenn eine frühere Bemerkung infolge einer späteren hinfällig wird.

Mit der Bemerkung ist zugleich auch die Verweisung darauf beim Eintrag zu löschen bzw. entsprechend abzuändern.

IX. Teilung, Vereinigung und Umschreibung

85 Wird die Teilung eines Grundstücks angemeldet, so führt der Grundbuchverwalter das ursprüngliche Hauptbuchblatt für einen Teil weiter. In der Grundstücksbeschreibung des Blattes, das weitergeführt wird, ist die Verminderung der Fläche und das Datum der Teilung anzugeben. Für die andern Teile eröffnet der Grundbuchverwalter neue Hauptbuchblätter.

Der Grundbuchverwalter kann in besonderen Fällen auch für jeden Teil ein neues Hauptbuchblatt eröffnen.

Auf den neuen Hauptbuchblättern muß er auf die bisherige Nummer verweisen.

Der Grundbuchverwalter nimmt die Änderungen auf dem ursprünglichen Hauptbuchblatt und die Einträge auf den neuen Hauptbuchblättern nach Abrede der Parteien vor. Haben die Parteien nichts verabredet, so geht der Grundbuchverwalter gemäß den Artikeln 86–89 vor.

86 Eintragungen über Dienstbarkeiten zugunsten oder zulasten des aufgeteilten Grundstücks sind auf dem Hauptbuchblatt, das weitergeführt wird, zu belassen und auf alle neuen Hauptbuchblätter zu übertragen, sofern sie nicht aufgrund des Verfahrens nach den Artikeln 743 und 744 des Zivilgesetzbuches gelöscht werden.

87 Die Grundpfandrechte sind auf dem Hauptbuchblatt, das weitergeführt wird, zu belassen und auf die neuen Hauptbuchblätter zu übertragen. Gehören die Teile verschiedenen nicht solidarisch verpflichteten Eigentümern, so ist die Pfandsumme jedoch so zu verteilen, daß jeder der Teile seinem Schätzungswert entsprechend verhältnismäßig belastet wird.

Der Grundbuchverwalter hat den Grundpfandgläubigern unverzüglich, unter Hinweis auf die ihnen nach ZGB Art. 833 zustehenden Rechte, von dieser Verteilung Kenntnis zu geben.

Die Verteilung ist in den Pfandtiteln anzumerken.

88 Die Vorschrift des Art. 87 findet auch Anwendung bei Zerstückelung eines mit einer Grundlast beschwerten Grundstückes, und zwar bezüglich der Ablösungssumme und der teilbaren Leistungen.

Ist die Leistung unteilbar, so ist die Leistungspflicht auf denjenigen Teil zu legen, der den höheren Schatzungswert aufweist oder sonst als am besten geeignet erscheint.

Der Grundbuchverwalter hat den aus der Grundlast Berechtigten unverzüglich von dieser Verteilung, unter Hinweis auf die ihnen nach ZGB Art. 787 zustehenden Rechte, Kenntnis zu geben.

89 Vormerkungen und Anmerkungen sind auf die Hauptbuchblätter aller Teile zu übertragen. Können sie sich nach ihrem Inhalt nur auf bestimmte Teile beziehen, so sind sie auf die entsprechenden Hauptbuchblätter zu übernehmen und auf den andern zu löschen.

Sind die Anmerkungen in den Grundstücksbeschreibungen aufgenommen, so ist für sie Absatz 1 sinngemäß anwendbar.

90 Wird ein Teil eines Grundstücks abgetrennt, ohne daß eine Übertragung von Rechten und Lasten notwendig ist, so soll der Grundbuchverwalter, wenn Grundpfandeinträge vorhanden sind, auf dem Hauptbuchblatt unter «Bemerkungen» und in den Pfandtiteln auf eine allfällige Pfandentlassung hinweisen.

Über den Grund der Abtrennung sind in der Grundstücksbeschreibung oder in einem Beleg, auf den zu verweisen ist, die näheren Angaben zu machen.

91 Die Vereinigung mehrerer Grundstücke desselben Eigentümers zu einem einzigen Grundstück mit neuer Nummer kann im Grundbuch nur stattfinden, wenn keine Grundpfandrechte oder Grundlasten aus den Grundbuchblättern der einzelnen Grundstücke auf das neue Grundbuchblatt des vereinigten Grundstücks übertragen werden müssen oder die Gläubiger dazu einwilligen.

Lasten Dienstbarkeiten auf den Grundstücken, so kann die Vereinigung nur stattfinden, wenn die Berechtigten dazu einwilligen oder nach der Art der Belastung dadurch in ihren Rechten nicht verletzt werden.

Sind Grunddienstbarkeiten zugunsten der Grundstücke eingetragen, so kann die Vereinigung nur stattfinden, wenn die Eigentümer der belasteten Grundstücke dazu einwilligen oder wenn durch die Vereinigung keine Vergrößerung der Belastungen eintritt.

92 Kann die Vereinigung stattfinden, so geschieht die Übertragung der Einträge unter Ausdehnung der Belastung auf das ganze neue Grundstück nach der Abrede der Beteiligten.

Dienstbarkeiten, die zu Lasten des einen und zugunsten des andern der zu vereinigenden Grundstücke bestehen, sind bei der Vereinigung von Amtes wegen zu löschen.

93 Nicht als Vereinigung im Sinne der Art. 91 und 92 gilt es, wenn die Vermehrung des Flächeninhalts eines Grundstückes durch ein anderes Grundstück oder einen Grundstückteil in der Weise stattfindet, daß mit dieser Vergrößerung keine neuen Rechte oder Lasten auf dem Blatt des vergrößerten Grundstücks eingetragen werden müssen.

Bei einer solchen Vergrößerung ist deren Umfang und Datum unter «Flächeninhalt» und, sofern Grundpfandeinträge oder Pfandtitel vorhanden sind, als Pfandvermehrung in den Pfandtiteln anzugeben.

Über den Grund der Vergrößerung sind in der Liegenschaftsbeschreibung oder in einem Beleg, auf das zu verweisen ist, die nähern Angaben zu machen.

94 Die Vorschriften der Art. 86 bis 89 finden entsprechende Anwendung, wenn ein Grundstück von einem Kollektivblatt auf ein Einzelblatt umgeschrieben wird.

Ebenso kommen die Bestimmungen der Art. 91 und 92 zur Anwendung, wenn mehrere Grundstücke von Einzelblättern auf ein Kollektivblatt umgeschrieben werden.

95 Nehmen die Eintragungen in einer Abteilung eines Grundbuchblattes mit der Zeit den ganzen verfügbaren Raum ein oder ist das Blatt unübersichtlich geworden, so hat der Grundbuchverwalter das Blatt unter der bisherigen Nummer auf ein neues Hauptbuchblatt umzuschreiben. Dabei müssen die nicht gelöschten Eintragungen und die nicht gestrichenen Angaben sämtlicher Abteilungen auf das neue Blatt übertragen werden.

Dieses Verfahren findet auf Antrag des Eigentümers oder von Amtes wegen, unter Anzeige an den Eigentümer, auch Anwendung, wenn ein Grundbuchblatt unübersichtlich geworden ist.

96 Verliert ein Hauptbuchblatt infolge Teilung (Art. 85–90), Vereinigung (Art. 91–93) oder Umschreibung (Art. 95) seine Wirkung, so ist es mit einem entsprechenden Vermerk zu schließen und diagonal zu streichen. Grund und Datum der Schließung und gegebenenfalls der Beleg sind anzugeben.

Scheidet ein Grundstück aus einem Kollektivblatt aus, so ist nur die betreffende Ordnungsziffer und die dazu gehörige Nummer zu streichen, unter Angabe des Datums und der Verweisung, sowie des Belegs, das den Grund der Ausscheidung angibt.

Die Vorschriften des Absatzes 1 und 2 finden auch Anwendung, wenn ein aufgenommenes Grundstück sich in ein solches verwandelt, das nicht aufzunehmen ist.

97 Für die Teilung und Vereinigung von Grundstücken im Grundbuch bleiben im übrigen die Vorschriften über die Vermessung vorbehalten.

X. Berichtigungen

98 Ist aus Versehen in einer Abteilung des Hauptbuches ein unrichtiger Eintrag gemacht worden, so soll ihn der Grundbuchverwalter berichtigen.

Wird die Unrichtigkeit eines Eintrages vom Grundbuchverwalter sogleich wahrgenommen, so darf er die Berichtigung ohne weiteres vornehmen.

Wird die Unrichtigkeit eines Eintrages erst erkannt, nachdem die Beteiligten oder Dritte von dem unrichtigen Eintrag Kenntnis erhalten haben, so soll der Grundbuchverwalter den Beteiligten davon Mitteilung machen, sie um schriftliche Einwilligung zur Berichtigung ersuchen und nach Eingang der Einwilligung aller Beteiligten die Berichtigung vornehmen.

Verweigert einer der Beteiligten seine Zustimmung, so hat der Grundbuchverwalter den zuständigen Richter um Anordnung der Berichtigung zu ersuchen.

99 Wird durch die Berichtigung der Inhalt des einzutragenden Rechtes nicht berührt, so darf der Grundbuchverwalter die Berichtigung jederzeit von sich aus vornehmen (ZGB Art. 977, Abs. 3).

100 Eine Eintragung wird berichtigt, indem die unrichtige Eintragung gestrichen und die richtige Eintragung vorgenommen wird.

Die Berichtigung durch Rasuren, Korrekturen, Randbemerkungen oder Einschiebungen irgendwelcher Art ist untersagt.

In der berichtigten Eintragung ist auf die Einschreibung im Tagebuch (Art. 14) hinzuweisen.

101 Aufgehoben.

XI. Aufsicht, Beschwerden

102 Gegen die Amtsführung des Grundbuchverwalters kann bei der kantonalen Aufsichtsbehörde, in letzter Instanz beim Bundesgericht, Beschwerde geführt werden.

Die letztinstanzlichen kantonalen Entscheide sind dem Bundesamt für Justiz zu eröffnen. Dieses kann gegen den Entscheid Verwaltungsgerichtsbeschwerde an das Bundesgericht führen.

103 Weist der Grundbuchverwalter die Anmeldung gemäß Artikel 24 ab, so können der Anmeldende sowie alle übrigen, die von der Abweisung berührt sind, innert 30 Tagen bei der kantonalen Aufsichtsbehörde dagegen Beschwerde führen.

Die gleiche Frist gilt für den Weiterzug an eine andere kantonale Behörde.

Wird Beschwerde geführt, so hat die Aufsichtsbehörde in kürzester Frist darüber zu entscheiden, ob der beanstandeten Anmeldung vom Grundbuchverwalter durch Vornahme der Eintragung Folge zu geben sei.

Gegen den letztinstanzlichen kantonalen Entscheid kann binnen 30 Tagen Verwaltungsgerichtsbeschwerde beim Bundesgericht erhoben werden.

Legitimation: BGE 104 Ib 378; 116 II 136.

104 Jeder, der durch eine Verfügung des Grundbuchverwalters berührt ist, die nicht die Abweisung einer Anmeldung zum Gegenstand hat, kann dagegen innert 30 Tagen bei der kantonalen Aufsichtsbehörde Beschwerde führen.

Verweigert oder verzögert der Grundbuchverwalter eine Amtshandlung, so kann dagegen jederzeit Beschwerde geführt werden.

104a Das Amt für Grundbuch- und Bodenrecht übt die Oberaufsicht über das Grundbuchwesen aus, indem es namentlich:

a) Mustervorlagen für die Grundbuchführung (Hauptbuchblatt, Schuldbrief usw.) und einen Datenkatalog für die Führung des Grundbuchs mit elektronischer Datenverarbeitung (Art. 111 ff.) erstellt;

b) Richtlinien für den Vollzug dieser Verordnung erläßt;

c) Inspektionen der Grundbuchämter durchführt;
d) gegenüber den Kantonen, die das Grundbuch mit elektronischer Datenverarbeitung führen, die besonderen Aufgaben nach Abschnitt XIII übernimmt.

Es kann Empfehlungen über die Sicherung von Daten abgeben und eine Schnittstelle für Daten des mit elektronischer Datenverarbeitung geführten Hauptbuchs zur Verfügung stellen.

104b Die kantonalen Vorschriften über Anlage, System und Führung des Grundbuchs sowie über die Zugriffsberechtigung bedürfen der Genehmigung des Bundes.

XII. Auszüge, Form des Hauptbuchs, Hilfsregister

105 Auszüge aus dem Hauptbuch, aus den dazugehörigen Belegen oder aus den Hilfsregistern werden erstellt, indem die entsprechenden Stellen abgeschrieben, kopiert (Fotokopie oder anderes Verfahren) oder, wenn sie elektronisch gespeichert sind, ausgedruckt werden.

In den Auszügen über Stockwerke, über selbständige und dauernde Rechte und, wenn für sie eigene Blätter angelegt worden sind, über Miteigentumsanteile, sind die eingetragenen Rechte und vorgehenden Belastungen anzugeben, die sich auf dem Blatt des gemeinschaftlichen oder des belasteten Grundstücks befinden.

Auszüge aus dem Hauptbuch geben die darin enthaltenen rechtsgültigen Angaben wieder. Erfordern die Umstände nicht etwas anderes, so dürfen Auszüge, die durch Kopie des Hauptbuchblattes erstellt werden, auch gelöschte Angaben wiedergeben.

Auszüge aus dem Hauptbuch enthalten ferner:
a) den Hinweis auf Anmeldungen, die im Tagebuch eingeschrieben, aber noch nicht im Hauptbuch eingetragen sind;
b) einen entsprechenden Hinweis, wenn es sich um eine kantonale Grundbucheinrichtung handelt.

Ein Auszug aus dem Hauptbuch kann sich auf bestimmte Abteilungen oder auf die Aussage beschränken, daß eine bestimmte Eintragung im Hauptbuch nicht vorhanden ist.

Auszüge müssen datiert sein und zur Bescheinigung der Richtigkeit die Unterschrift des Grundbuchverwalters tragen. Die Richtigkeit wird nicht bescheinigt, wenn der Empfänger des Auszuges dies ausdrücklich wünscht oder wenn der Auszug elektronisch übermittelt wird.

106 Die Regelungen von Artikel 105 finden auch Anwendung auf Auszüge und Bescheinigungen, die für Gerichte und Behörden ausgestellt werden.

Das Hauptbuch darf nicht herausgegeben werden.

Belege dürfen den Gerichtsbehörden nur gegen Empfangsbescheinigung herausgegeben werden. Eine beglaubigte Abschrift oder Kopie muß jedoch bei den Grundbuchakten bleiben.

107 Das Hauptbuchblatt muß die Abteilungen Eigentum, Dienstbarkeiten und Grundlasten, Grundpfandrechte (einschließlich Bemerkungen), Vormerkungen und Anmerkungen enthalten. Werden die Anmerkungen in der Grundstücksbeschreibung aufgeführt, so erübrigt sich eine entsprechende Abteilung auf dem Hauptbuchblatt.

Das Hauptbuch kann in Buch- oder in Loseblattform geführt werden.

Das Hauptbuchblatt in Buchform ist nach einheitlichem Formular einzurichten. Das vom Kanton vorgesehene Hauptbuchblatt in Loseblattform muß vom Amt für Grundbuch- und Bodenrecht genehmigt werden.

Die Kantone haben alle erforderlichen Maßnahmen anzuordnen, damit der Verlust eines Blattes sofort festgestellt und eine mißbräuchliche Verwendung des Hauptbuchblattes verhindert werden kann.

107a Wird ein Hauptbuchblatt zerstört oder vermißt, so entscheidet die kantonale Aufsichtsbehörde, ob aufgrund der vorhandenen Sicherheitsmittel (insbesondere Doppel, Mikroverfilmung oder Speicherung auf einem elektronischen Datenträger) für das zerstörte oder vermißte Blatt ein Ersatzblatt angelegt werden kann.

Ist dies der Fall, so legt der Grundbuchverwalter aufgrund der vorhandenen Unterlagen und Sicherheitsmittel ein Ersatzblatt an. Dieses muß alle nicht gelöschten Einschreibungen enthalten.

Das Ersatzblatt entfaltet Rechtswirkung, sobald die kantonale Aufsichtsbehörde seine Richtigkeit und Vollständigkeit bestätigt hat.

107b Kann aufgrund der Belege und Sicherheitsmittel kein vollständiges Ersatzblatt angelegt werden, so erläßt der Grundbuchverwalter durch öffentliche Bekanntmachung eine Aufforderung, bestehende, allenfalls nicht berücksichtigte Rechte zur Eintragung anzumelden. Er verbindet damit die Androhung, daß das neue Blatt an die Stelle des verschwundenen trete, wenn solche Rechte nicht innerhalb von 30 Tagen nach der öffentlichen Bekanntgabe beim Grundbuchamt unter Hinweis auf die Belege und die frühere Eintragung angemeldet werden.

Nach Ablauf der Frist tritt das allenfalls ergänzte Ersatzblatt an die Stelle des verschwundenen Blattes.

107c Wird ein Ersatzblatt angelegt, so muß ein Beleg erstellt und darauf angegeben werden, aufgrund welcher Unterlagen und Sicherheitsmittel das Ersatzblatt erstellt worden ist. Auf dem Ersatzblatt ist auf den Beleg hinzuweisen.

108 Es werden folgende Hilfsregister geführt:
  a) ein Eigentümerregister (Art. 109),

b) ein Gläubigerregister (Art. 66),
c) Aufgehoben.

Die Kantone können die Anlage weiterer Register vorschreiben (insbesondere eines der Dienstbarkeiten, eines der Teilungen oder eines der Zusammenlegungen).

Die Hilfsregister dürfen in Buchform, auf losen Karten oder computergestützt geführt werden. Die Einschreibung im entsprechenden Hilfsregister ist in der Regel auf dem Hauptbuchblatt anzugeben.

In den Hilfsregistern dürfen auch die Adressen der Personen, denen Rechte an Grundstücken zustehen, geführt werden. Die Adressen dürfen elektronisch aus den entsprechenden kantonalen oder kommunalen Informationssystemen bezogen werden. Weitere Daten dürfen nur soweit in die Hilfsregister aufgenommen werden, wie es das kantonale Recht vorsieht.

Die Kantone regeln, wie die elektronisch gespeicherten Daten der Hilfsregister zu unterhalten und zu sichern sind.

Das Eigentümerverzeichnis ist so einzurichten, daß die Namen der Eigentümer in alphabetischer Reihenfolge eingeschrieben werden können.

Beim Namen muß jedes zugehörige Grundstück mit seiner Identifikation aufgeführt werden.

Abs. 3: Aufgehoben.

Die Ingenieur-Geometer dürfen zur Erfüllung ihrer Aufgaben in der amtlichen Vermessung auf die Namen und Adressen der Eigentümer greifen. Wird das Eigentümerregister computerunterstützt geführt, so legt der Kanton fest, auf welche Weise der Zugriff ermöglicht wird.

Die Bücher und Register sowie die ausgeschiedenen Hauptbuchblätter und Registerkarten sind sorgfältig und geordnet aufzubewahren und dürfen, wie auch die Grundbuchakten, nicht vernichtet werden.

Der Grundbuchverwalter hat über sämtliche im Grundbuchamt vorhandenen Register ein Verzeichnis zu führen.

XIII. Besondere Bestimmungen zur Führung des Grundbuchs mit elektronischer Datenverarbeitung (Art. 949a ZGB)

Begriff

In der Grundbuchführung mit elektronischer Datenverarbeitung (EDV-Grundbuch) werden die Daten des Hauptbuchs, des Tagebuchs, der Grundstücksbeschreibung und der Hilfsregister gemeinsam mittels eines automatisierten Systems gehalten und zueinander in Beziehung gesetzt.

Verhältnis zu den vorangegangenen Abschnitten

111a Soweit dieser Abschnitt keine besonderen Bestimmungen über die Führung des Grundbuchs mit elektronischer Datenverarbeitung enthält, gelten die übrigen Bestimmungen dieser Verordnung.

Hauptbuch

111b Den auf den Geräten des Grundbuchamtes in Schrift und Zahlen lesbaren Angaben über ein Grundstück kommt die Rechtswirkung des Hauptbuches zu, wenn sie nur durch ein neues Bearbeitungsverfahren (Art. 111g) verändert werden können.

Aus der Darstellung der Daten muß ersichtlich sein, daß es sich um Angaben über ein bestimmtes Grundstück zu einem bestimmten Zeitpunkt handelt.

Aufnahme von Grundstücken

111c Anteile an selbständigem Miteigentum müssen als Grundstücke im Grundbuch aufgenommen werden.

Die Kantone können für Grundstücke, die im Miteigentum von Ehegatten stehen, sowie für Autoabstellplätze und dergleichen abweichende Vorschriften erlassen.

Eintragungen

111d Gesellschaften und Gemeinschaften, die keine juristischen Personen sind und deren Mitglieder Gesamteigentümer sind, müssen als Einheit eindeutig bezeichnet und erfaßt werden. Die Mitglieder solcher Gesellschaften und Gemeinschaften sind, soweit es sich nicht um Kollektiv- und Kommanditgesellschaften handelt, einzeln im System zu erfassen.

Die Dienstbarkeiten und die Grundlasten dürfen gesondert dargestellt werden.

Anstelle einer Ziffer oder Litera dürfen die Eintragungen mit andern Zeichen versehen werden. Die Bezeichnung muß jedoch eindeutig sein.

Bemerkungen zu den Eintragungen dürfen in allen Abteilungen eingeschrieben werden.

Liste der Eigentümer

111e Die Namen der Eigentümer müssen in alphabetischer Reihenfolge für den ganzen Grundbuchkreis dargestellt werden können.

Tagebuch

111f Den auf den Geräten des Grundbuchamtes in Schrift und Zahlen lesbaren Angaben über die Anmeldungen und über die von Amtes wegen eingeleiteten Verfahren kommt die Rechtswirkung des Tagebuches zu.

Aus der Darstellung der Daten muß ersichtlich sein, daß es sich um Angaben des Tagebuches zu einem bestimmten Zeitpunkt handelt.

Jede vorzunehmende Eintragung ist einzeln im Tagebuch aufzuführen. Sind im System alle Angaben der Anmeldung bereits erfaßt, so genügt zur Angabe des Inhalts und der betroffenen Grundstücke ein Hinweis auf die Anmeldung.

Das System muß so eingerichtet sein, daß die Daten nach dem Abschluß der Einschreibung nicht mehr verändert werden können.

Die Tagebuchdaten müssen abgerufen werden können:
a) in chronologischer Reihenfolge;
b) nach der Identifikation der Grundstücke.

Bearbeitungsverfahren

111g Das Verfahren zur Bearbeitung der Daten des Hauptbuchs wird mit der Einschreibung ins Tagebuch eingeleitet.

Die Daten des Hauptbuchs, die aufgrund einer Tagebucheinschreibung erfaßt, geändert, berichtigt oder gelöscht werden sollen, müssen während des Bearbeitungsverfahrens beliebig verändert werden können, ohne daß die rechtswirksamen Daten das Hauptbuchs in ihrem Bestand berührt werden.

Auf hängige Bearbeitungsverfahren ist in den Daten des Hauptbuchs hinzuweisen. Ist aus dem Hinweis der Stand des Bearbeitungsverfahrens ersichtlich, so gilt er als Anmerkung (Art. 24 und 24a).

Der Grundbuchverwalter schließt das Bearbeitungsverfahren ab, indem er durch je einen besonderen Befehl:
a) die Aufnahme und die Änderung der Daten des Hauptbuchs für rechtswirksam erklärt;
b) eingibt, daß die Anmeldung rechtskräftig abgewiesen ist;
c) eingibt, daß die Anmeldung zurückgezogen wurde oder
d) eine versehentliche Einschreibung im Tagebuch für ungültig erklärt.

Löschungen, Änderungen und Berichtigungen

111l Daten werden gelöscht, indem sie vom Bestand der rechtswirksamen Daten in den Bestand der nicht mehr rechtswirksamen Daten überführt werden.

Bei einer Änderung oder einer Berichtigung sind die neuen Daten in den Bestand der rechtswirksamen Daten des Hauptbuchs aufzunehmen und die geänderten oder berichtigten Daten in den Bestand der nicht mehr rechtswirksamen Daten überzuführen.

Daten, die nicht mehr rechtswirksam sind, sind als solche kenntlich zu machen.

Datensicherheit

111i Die Daten des EDV-Grundbuchs sind so zu unterhalten, daß sie in Bestand und Qualität erhalten bleiben. Sie sind nach anerkannten Normen zu sichern.

Die Kantone stellen ein Konzept für die Datensicherheit auf.

Verfügbarkeit

111k Im Grundbuchamt müssen folgende Daten kurzfristig abgerufen werden können:

a) die aktuellen Daten des Hauptbuchs über die Eigentümer sowie die gelöschten Daten des Rechtsvorgängers und dessen Vorgängers, stets aber die Daten aller Eigentümer der letzten fünf Jahre;

b) die aktuellen Daten des Hauptbuchs über die Dienstbarkeiten, Grundlasten, Pfandrechte, Vormerkungen und Anmerkungen sowie die entsprechenden gelöschten Daten im Zustand zum Zeitpunkt ihrer Löschung;

c) die Tagebuchdaten über alle hängigen Bearbeitungsverfahren und über alle Einschreibungen in den letzten drei Kalenderjahren.

Die übrigen Daten müssen innert nützlicher Frist abgerufen werden können.

Auszüge

111l Auszüge aus dem Hauptbuch sind übersichtlich und nach Abteilungen darzustellen.

Auf jedem Blatt muß ersichtlich sein, daß es sich um einen Auszug über ein bestimmtes Grundstück zu einem bestimmten Zeitpunkt handelt.

Zugriff im Abrufverfahren

111m Die Ingenieur-Geometer dürfen auf die Daten des Hauptbuchs greifen, die sie zur Erfüllung ihrer Aufgaben in der amtlichen Vermessung benötigen (Eigentum, Dienstbarkeiten, Anmerkungen). Die Kantone legen fest, auf welche Weise der Zugriff ermöglicht wird.

Die Kantonen können den direkten oder mittelbaren Zugriff gestatten:

a) Urkundspersonen und Steuerbehörden auf die Daten, die sie zur Erfüllung ihrer Aufgaben benötigen;

Verordnung betreffend das Grundbuch

b) anderen Behörden auf beschreibende Daten und Daten über die Eigentumsverhältnisse an Grundstücken, wenn sie diese Daten zur Erfüllung ihrer Aufgaben benötigen;

c) bestimmten Personen auf die Daten der Grundstücke, die ihnen gehören, und auf bestimmte Daten derjenigen Grundstücke, an denen der Person Rechte daran zustehen.

Jede Abfrage durch eine Person, die einen direkten oder mittelbaren Zugriff hat, ist automatisch aufzuzeichnen und muß während eines Jahres kurzfristig abgerufen werden können. Nach Ablauf von fünf Jahren müssen die Aufzeichnungen vernichtet werden.

Vorprüfungsverfahren

111n Will ein Kanton das Grundbuch mit elektronischer Datenverarbeitung führen, so stellt er beim Amt für Grundbuch- und Bodenrecht ein Begehren um Vorprüfung.

Dem Begehren sind beizulegen:
a) die kantonalen Ausführungsbestimmungen im Entwurf oder als Beschluß;
b) eine Beschreibung des Systems;
c) ein Zeitplan für die Einführung des EDV-Grundbuchs in den einzelnen Grundbuchämtern oder Grundbuchkreisen.

Die Beschreibung enthält namentlich:
a) die Darstellung des Aufbaus des Systems in Worten und mit einer Grafik;
b) den Datenkatalog mit den Typologien und ein Beziehungsschema;
c) die Ausführungen über technische und organisatorische Maßnahmen zur Gewährleistung der Datenintegrität (Konsistenzen, Plausibilitäten);
d) das Betriebskonzept sowie die Konzepte über den Datenschutz und die Datensicherheit;
e) die Ergebnisse der angewandten funktionalen Prüfungen.

Das Amt für Grundbuch- und Bodenrecht:
a) prüft die eingereichten Unterlagen;
b) kann das Vorprojekt während der Vorprüfung begleiten;
c) beurteilt das System theoretisch und nach den Ergebnissen im praxisbezogenen Betrieb;
d) gibt dem Kanton innerhalb dreier Monate das Ergebnis der Vorprüfung bekannt.

Ermächtigung

111o Das Eidg. Justiz- und Polizeidepartement ermächtigt den Kanton zur Führung des EDV-Grundbuchs, wenn:

a) die kantonalen Ausführungsbestimmungen genehmigt sind oder ohne Vorbehalt genehmigt werden können und

b) das System den gesetzlichen Anforderungen entspricht.

Mit der Ermächtigung genehmigt das Departement die kantonalen Ausführungsbestimmungen, wenn diese noch der Genehmigung bedürfen.

Im übrigen richtet sich das Verfahren nach der Verordnung vom 30. Januar 1991 über die Genehmigung kantonaler Erlasse durch den Bund.

Kann die Ermächtigung nicht erteilt werden, weil das System den gesetzlichen Anforderungen nicht entspricht oder weil die Ausführungsvorschriften nicht vollständig sind oder nur unter Vorbehalt genehmigt werden können, so weist das Departement die Gesuche an den Kanton zurück.

Abs. 3: SR 172.068.

Meldung von Änderungen

111 p Die Kantone, die zur Führung des EDV-Grundbuchs ermächtigt sind, müssen dem Amt für Grundbuch- und Bodenrecht wesentliche Änderungen des Systems melden.

112 Aufgehoben.

XIV. Schluß- und Übergangsbestimmungen

113 Ist unter dem bisherigen Recht ein Anspruch auf die Errichtung eines dinglichen Rechts rechtskräftig geworden, so kann die Eintragung in das Grundbuch verlangt werden (ZGB Schlußtitel Art. 18, Abs. 1).

Der Anspruch ist als rechtskräftig zu betrachten, wenn er in der Form entweder den Vorschriften des bisherigen kantonalen Rechts, bzw. der kantonalen Einführungsgesetze, oder dem neuen Recht entspricht (ZGB Schlußtitel Art. 18, Abs. 2).

Im übrigen gelten für den Ausweis zur Eintragung die Vorschriften dieser Verordnung.

113 a Die Einführung des eidgenössischen Grundbuchs kann für eine ganze Gemeinde oder für einen Teil der Gemeinde erfolgen.

114 Dingliche Rechte des bisherigen Rechts, die nach dem Grundbuchrecht nicht mehr begründet werden können (ZGB Schlußtitel Art. 45), sind im Grundbuch in der Kolumne «Anmerkungen» anzugeben.

Die kantonalen Ausführungsgesetze können jedoch vorschreiben oder die Beteiligten können vereinbaren, daß diese dinglichen Rechte in einer dem Grundbuchrecht entsprechenden Weise eingetragen werden, wie beispielsweise bei Eigentum an Bäumen auf fremdem Boden, als Eigentum an Grund und Boden für den einen Berechtigten und als übertragbare Dienstbarkeit im Sinne von ZGB Art. 781 für den andern.

115 Die Kantone können die Aufsicht und das Disziplinarverfahren betreffend die Grundbuchämter auf Grund von ZGB Art. 956 und 957 näher ordnen.
Diese Vorschriften bedürfen zu ihrer Gültigkeit der Genehmigung des Bundesrates.

116 Aufgehoben.

117 Die gegenwärtige Verordnung tritt in Kraft auf den 1. Januar 1912 und, so weit es zur Ausführung von Bestimmungen des Zivilgesetzbuches, die früher in Kraft gesetzt werden, erforderlich ist, auf den gleichen Zeitpunkt wie diese Bestimmungen.

Übergangsbestimmungen

Wenn die Darstellung einer Eintragung im Hauptbuch dem neuen Recht nicht entspricht, muß sie erst angepaßt werden, wenn sie von einer Anmeldung betroffen wird.

Die Kantone können das Grundbuch auf Papier bis zum 31. Dezember 1995 nach den bisherigen Bestimmungen weiterführen. Sie publizieren rechtzeitig den Übergang zum neuen Recht in den öffentlichen Anzeigeblättern.

Wird das EDV-Grundbuch eingeführt, so muß das System die aktuellen Eintragungen materiell so wiedergeben können, wie sie im Grundbuch auf Papier aufgeführt sind.

Die Überführung des Grundbuchs auf Papier in ein EDV-Grundbuch kann wahlweise für eine ganze Gemeinde, für einen Teil einer Gemeinde, für jedes Grundstück einzeln oder für bestimmte Abteilungen erfolgen.

In das EDV-Grundbuch müssen alle aktuellen Eintragungen der einzelnen Abteilungen übernommen werden. Gelöschte Eintragungen und die entsprechenden Hinweise auf die Belege müssen nicht erfaßt werden. Für Daten, die nicht elektronisch erfaßt werden, gelten weiterhin die Bestimmungen über die Führung des Grundbuchs auf Papier.

Anhang VI

Verordnung des Bundesgerichts betreffend die Eintragung der Eigentumsvorbehalte

(Vom 19. Dezember 1910, SR 211.413.1)
(Gestützt auf Art. 715 ZGB)

1 Zuständig zur Entgegennahme der Anmeldung und zur Vornahme der Eintragung der Eigentumsvorbehalte ist nur das Betreibungsamt des Wohnorts des Erwerbers. Wohnt der Erwerber im Ausland, hat er aber in der Schweiz eine Geschäftsniederlassung, so ist das Betreibungsamt des Orts der Geschäftsniederlassung hiezu kompetent.

Zerfällt eine größere Ortschaft in mehrere Betreibungskreise, so haben sämtliche Anmeldungen und Eintragungen für die ganze Ortschaft beim nämlichen Betreibungsamt zu erfolgen, welches von der kantonalen Aufsichtsbehörde (vgl. Art. 21 hienach) zu bezeichnen ist.
Bedeutung: BGE 78 II 366.

2 Vor der Eintragung hat der Betreibungsbeamte sich über seine Zuständigkeit zu vergewissern und kann zu diesem Behufe einen amtlichen Ausweis darüber verlangen, daß der Erwerber seinen Wohnort bzw. eine Geschäftsniederlassung im Betreibungskreise hat.

Hält sich der Betreibungsbeamte nicht für zuständig, so nimmt er die Eintragung nur provisorisch vor und setzt dem Antragsteller unter Angabe der Gründe eine Frist von zehn Tagen, innerhalb deren er bei der Aufsichtsbehörde gegen die Verweigerung der Eintragung Beschwerde führen kann, mit der Androhung, daß andernfalls die provisorische Eintragung dahinfallen würde.

3 Verlegt der Erwerber seinen Wohnort oder seine Geschäftsniederlassung in einen andern Betreibungskreis und zugleich in eine andere Ortschaft (Art. 1, Abs. 2), so kann dort der Veräußerer oder sein Rechtsnachfolger sowie der Erwerber jederzeit um eine neue Eintragung nachsuchen.

Als Ausweis hiefür genügt, solange die frühere Eintragung nicht gelöscht ist, ein Auszug aus dem Register des frühern Ortes. Die dort aufbewahrten Aktenstücke (Art. 15) sind vom Registeramt des neuen Ortes auf Kosten des Anmeldenden einzuverlangen.

Die frühere Eintragung behält ihre Wirkung noch drei Monate nach der Verlegung des Wohnortes oder der Geschäftsniederlassung. Wird die neue Eintragung später erwirkt, so tritt der Eigentumsvorbehalt erst mit der Vornahme wieder in Kraft.

Die Eintragung kann von beiden Parteien gemeinsam oder von einer **4** derselben, mündlich oder schriftlich, nachgesucht werden.

Über mündliche Anmeldungen ist ein Protokoll aufzunehmen. Die Schuldbetreibungs- und Konkurskammer stellt dafür ein obligatorisches Formular auf.

Schriftliche Anmeldungen müssen gleichfalls alle für die Eintragung erforderlichen Angaben enthalten. Es kann hiezu das in Absatz 2 erwähnte Formular verwendet werden.

Eine einseitige Anmeldung ist nur zu berücksichtigen, wenn gleichzeitig das schriftliche Einverständnis der andern Partei, und zwar in allen für die Eintragung wesentlichen Punkten, beigebracht wird. Diese Erklärung (Kaufvertrag usw.) ist im Original oder in beglaubigter Wiedergabe zu den Akten des Amtes einzureichen.

Stützt sich die Anmeldung auf einen Abzahlungsvertrag im Sinne der Artikel 226a bis 226m des Obligationenrechts, so ist die Eintragung nur dann zulässig, wenn

a) der Vertrag alle nach Artikel 226a, Absatz 3, zu seiner Gültigkeit erforderlichen Angaben enthält,

b) die nach Artikel 226b im gegebenen Fall erforderliche schriftliche Zustimmung vorliegt,

c) der Käufer bescheinigt, vor mindestens fünf Tagen ein beidseitig unterzeichnetes Vertragsdoppel erhalten und binnen dieser Frist nicht gemäß Artikel 226c schriftlich auf den Vertragsabschluß verzichtet zu haben.

Eine Abtretung der Forderung ist auf Gesuch des Veräußerers oder des **4** Zessionars bei oder nach der Eintragung des Eigentumsvorbehaltes im bis Register zu vermerken. Die Abtretungsurkunde ist im Original oder in beglaubigter Wiedergabe zu den Akten des Amtes einzureichen.

Wer die Forderung bei einer Zwangsversteigerung erworben hat, kann dies gleichfalls im Register vermerken lassen, gestützt auf eine im Original oder in beglaubigter Wiedergabe einzureichende Bescheinigung des Steigerungsamtes.

Der Vermerk geschieht in der dafür bestimmten Rubrik, unter Angabe des Datums der Abtretung oder Zwangsversteigerung. Er ist zu datieren und vom Betreibungsbeamten zu unterzeichnen.

Gleichzeitig ist die Abtretung oder Zwangsversteigerung im Anmeldeprotokoll oder in der schriftlichen Anmeldung (Art. 4) zu vermerken.

Dem Betreibungsbeamten nicht persönlich bekannte Parteien haben, **5** wenn sie eine übereinstimmende mündliche Erklärung im Sinn von Art. 4, Ziffer 1, hievor abgeben, sich über ihre Identität auszuweisen.

Handeln die Parteien nicht in eigener Person, so haben ihre Vertreter überdies im Fall einer übereinstimmenden mündlichen Anmeldung eine beglaubigte Vollmacht zu den Akten zu legen.

6 Auf eine Nachprüfung der Angaben der Parteien auf ihre Richtigkeit hat sich der Betreibungsbeamte nicht einzulassen.

Die Eintragung von Eigentumsvorbehalten, die sich auf Grundstücke oder auf Vieh beziehen sollten, ist zu verweigern.

7 Die Eintragung findet nach anliegendem Formular statt und muß enthalten:

　a) die Ordnungsnummer des Eintrages;
　b) das Datum der Eintragung;
　c) Name, Beruf und Wohnort des Veräußerers, sowie gegebenenfalls des Zessionars oder Ersteigerers der Forderung;
　d) Name, Beruf und Wohnort des Erwerbers;
　e) die Angabe des Antragstellers;
　f) die genaue Bezeichnung der Sache und ihres Standortes. Bezieht sich der Eigentumsvorbehalt auf eine Sachgesamtheit oder sonst auf eine größere Anzahl von Gegenständen, so ist ein genaues Inventar darüber einzureichen und zu den Akten zu legen und es genügt alsdann im Register ein bezüglicher Hinweis;
　g) das Datum der Vereinbarung betreffend den Eigentumsvorbehalt nach Angabe der Parteien bzw. des Vertrages;
　h) den garantierten Forderungsbetrag;
　i) dessen Verfallzeit. Sind für die Abzahlung bestimmte Raten vereinbart, so sind auch ihre Beträge und Verfalltermine anzugeben.

8 Im Fall einer provisorischen Eintragung ist im Register in der Datumskolonne die Bemerkung «provisorisch» einzutragen. Wird die Beschwerde begründet erklärt, so ist die Bemerkung unter Angabe des Grundes wieder zu streichen. Wird dagegen eine Beschwerde nicht eingelegt oder wird sie abgewiesen, so ist der ganze Eintrag zu löschen.

9 Jede Anmeldung ist, wenn sie sämtliche notwendigen Angaben enthält (Art. 7, lit. c–i), am nämlichen Tag zur Eintragung zu bringen.

Ist die Anmeldung ungenügend, so ist der Anmeldende sofort auf die Mängel aufmerksam zu machen und darf die Eintragung erst nach erfolgter Ergänzung stattfinden.

10 Ist der durch den Eigentumsvorbehalt garantierte Forderungsbetrag in verschiedenen Raten abzubezahlen, so können auch die nach der Eintragung erfolgten Ratenzahlungen vorgemerkt werden. Erfolgt die Anzeige hievon nur seitens des Erwerbers, so hat sich dieser über die Zustimmung des Veräußerers auszuweisen.

11 Jede Eintragung hat der Betreibungsbeamte mittelst seiner Unterschrift zu beglaubigen.

Verordnung betreffend Eintragung der Eigentumsvorbehalte **12–16bis**

Die vollständige Löschung einer Eintragung erfolgt: **12**
a) entweder auf Grund einer übereinstimmenden mündlichen Erklärung beider Parteien; oder
b) auf mündlichen oder schriftlichen Antrag des Veräußerers; oder
c) auf Antrag des Erwerbers, wenn er eine schriftliche Zustimmung des Veräußerers oder ein diese ersetzendes gerichtliches Urteil, bzw. im Konkursfall eine Bescheinigung der Konkursverwaltung vorlegt, wonach der Eigentumsvorbehalt infolge Durchführung des Konkurses dahingefallen ist.

Mündliche Erklärungen des Veräußerers (lit. a und b hievor) sind von ihm in der betreffenden Kolonne des Registers unterschriftlich zu bestätigen.

Ist ein Übergang der garantierten Forderung infolge von Abtretung oder Zwangsversteigerung vorgemerkt, so kann an Stelle des ursprünglichen Veräußerers nur der eingetragene neue Inhaber der Forderung die erforderlichen Erklärungen gültig abgeben.

Die Streichung der Einträge geschieht mit roter Tinte und unter Angabe des Datums und des Grundes der Löschung, sowie des Antragstellers. **13**

Sie erfolgt auch im Anmeldeprotokoll oder in der schriftlichen Anmeldung (Art. 4).

Von jeder auf einseitigen Antrag einer Partei erfolgten Löschung hat der Betreibungsbeamte der andern Partei sofort von Amtes wegen Mitteilung zu machen. **14**

Ebenso ist die antragstellende Partei von jeder Verweigerung einer beantragten Lösung unter Angabe der Gründe sogleich in Kenntnis zu setzen.

Das Betreibungsamt hat die in den Artikeln 2, 4, 4bis, 5, 7, lit f, 10 und 12 erwähnten Aktenstücke und Ausweise mit der Ordnungsnummer der Eintragung zu versehen und aufzubewahren. **15**

Die den Parteien oder Dritten gehörenden Urkunden (Verträge usw.) sind nach Löschung der Eintragung dem Einleger zurückzugeben.

Im übrigen gilt Artikel 4, Absatz 2, der Verordnung vom 14. März 1938 über die Aufbewahrung der Betreibungs- und Konkursakten.

Außer dem Hauptregister ist zur Erleichterung der Nachschlagungen ein alphabetisches Personenregister anzulegen und unmittelbar nach jeder Eintragung nachzuführen. Darin sind die Erwerber je mit der Ordnungsnummer der Eintragung zu verzeichnen. **16**

Das Kartensystem ist für das Personenregister allgemein zulässig, für das Hauptregister dagegen nur mit Bewilligung der obern kantonalen Aufsichtsbehörde. **16 bis**

Für die Hauptregisterkarte ist das von der Schuldbetreibungs- und Konkurskammer aufzustellende obligatorische Formular zu verwenden.

Im übrigen gilt sinngemäß der Abschnitt II des Kreisschreibens Nr. 31 vom 12. Juli 1949/31. März 1953 über die Führung des Betreibungsregisters in Kartenform. Zu beachten sind außer den allgemeinen Bestimmungen namentlich Ziff. 1 (in Verbindung mit Art. 4 der dort angeführten Verordnung) und die Ziffern 3, 4, 8 und 9.

Werden die Karten des Hauptregisters nach den Ordnungsnummern der Eintragungen eingereiht, so können für das Personenregister Durchschläge dieser Karten verwendet werden.

Wird das Hauptregister nach den Namen der Erwerber angeordnet, so dient es zugleich als Personenregister. Zur Erleichterung der Kontrolle sind in diesem Falle Durchschläge der Hauptregisterkarten oder die Anmeldeprotokolle und die schriftlichen Anmeldungen (Art. 4) in fortlaufender Nummernfolge einzureihen.

17 Die Einsicht in das Register ist jedermann gestattet, und das Betreibungsamt hat auf Verlangen beglaubigte Auszüge aus dem Register, sowie Bescheinigungen darüber auszustellen, daß ein Eintrag auf einen bestimmten Namen bzw. für bestimmte Objekte nicht vorhanden sei. Für die Auszüge hat das Betreibungsamt das amtliche Formular zu verwenden.

18 Das Betreibungsamt hat keine Verpflichtung, bei Pfändung von Gegenständen im Register nach allfällig eingetragenen Eigentumsvorbehalten Nachschau zu halten und die Rechte des Eigentümers in der Pfändungsurkunde von Amtes wegen vorzumerken.

19 Art. 16, Abs. 2, des Bundesgesetzes über Schuldbetreibung und Konkurs findet weder auf die schriftlichen Anmeldungen noch auf die Auszüge und Bescheinigungen aus dem Register Anwendung.

20 Alle durch diese Verordnung veranlaßten Mitteilungen des Betreibungsamtes haben schriftlich und gegen Empfangsschein oder durch eingeschriebenen Brief zu erfolgen.

21 Die Überwachung der Betreibungsbeamten hinsichtlich der Führung des Registers über die Eigentumsvorbehalte geschieht durch die Aufsichtsbehörden für Schuldbetreibung und Konkurs, an welche auch die von den Betreibungsbeamten auf Grund dieser Verordnung erlassenen Verfügungen im Sinn von Art. 17ff. des Bundesgesetzes über Schuldbetreibung und Konkurs weitergezogen werden können.

Ebenso finden die Bestimmungen des Art. 10 dieses Gesetzes über die Ausstandspflicht der Betreibungsbeamten entsprechende Anwendung.

Verordnung betreffend Eintragung der Eigentumsvorbehalte **22–23**

ersetzt durch Art. 41 des Gebührentarifs zum SchKG vom 7. Juli 1971 (SR 281.35): **22**

Die Gebühr für Verrichtungen bei der Eintragung von Eigentumsvorbehalten (Art. 715 ZGB; V des BGer vom 19. Dez. 1910 betr. die Eintragung der Eigentumsvorbehalte) geht zu Lasten des Antragstellers und beträgt:

a) für die Eintragung des Eigentumsvorbehaltes

Restschuld Franken	Gebühr Franken
bis 1000.–	10.–
über 1000.– bis 5000.–	20.–
über 5000.–	4‰ jedoch höchstens 60.–

b) für die Eintragung einer Zession 3.–
c) für die Vormerkung einer späteren Ratenzahlung 2.–
d) für die Löschung einer Eintragung, ausgenommen von Amtes wegen oder infolge Wohnsitzwechsels 3.–
e) für die Vorlegung des Registers oder für eine darauf sich stützende Auskunft 3.–
f) für Auszüge, Bescheinigungen und schriftliche Mitteilungen überdies für die halbe Seite 1.50

Die Bestätigung von Verrichtungen im Sinne von Abs. 1 Buchstaben a–d auf dem Vertrag ist gebührenfrei.

Im Falle des Verkaufs derselben Sache an mehrere Erwerber mit Wohnsitz im selben Registerkreis ist nur eine Gebühr geschuldet.

Die vorliegende Verordnung tritt auf den 1. Januar 1912 in Kraft (der **23** Gebührentarif auf den 1. Januar 1958).

S. ferner Verordnung des Bundesgerichtes betr. die Bereinigung der Eigentumsvorbehaltsregister vom 29. März 1939, SR 211.413.11.

Anhang VII

Verordnung des Bundesrates betreffend die Viehverpfändung
(Vom 30. Oktober 1917, SR 211.423.1)

I. Allgemeine Bestimmungen

I. Pfandbestellung an Vieh

1 Zur Sicherung der in Art. 885 des Zivilgesetzbuches genannten Forderungen kann ein Pfandrecht an Vieh ohne Übertragung des Besitzes durch Eintragung in das Verschreibungsprotokoll bestellt werden.

II. Pfandgläubiger

1. Ermächtigung

2 Pfandgläubiger sind nur die von der zuständigen Behörde des Wohnsitzkantons zum Abschluß von Viehverschreibungen ermächtigten Geldinstitute und Genossenschaften.

Die Ermächtigung darf nur Geldinstituten und Genossenschaften erteilt werden, die vertrauenswürdig sind und sich verpflichtet haben, keine Bürgschaften, Solidarverbindlichkeiten und ähnlichen Sicherheiten neben dem Pfandrecht anzunehmen.

Die Ermächtigung ist den Geldinstituten und Genossenschaften zu entziehen, die dieser Verpflichtung nicht nachkommen oder offenbar unbillige Ansprüche an den Schuldner stellen, oder sonst in ihrem Geschäftsgebaren zu Aussetzungen Anlaß geben.

Gegen den Entscheid der kantonalen Behörde kann innert 30 Tagen vom Eingang der schriftlichen Ausfertigung an Beschwerde beim Bundesrat erhoben werden.

BRB vom 30. Dezember 1947, Art. 1 Ziff. 5.

2. Register der Ermächtigungen

3 Die Kantone führen ein Register über die von ihnen ermächtigten Geldinstitute und Genossenschaften.

Die Ermächtigung und das Erlöschen einer Ermächtigung ist in den von den Kantonen bezeichneten amtlichen Anzeigeblättern zu veröffentlichen.

III. Verschreibungsbehörden

1. Organisation

Die Kantone organisieren das Verschreibungsamt. **4**

Die Aufsicht über die Verschreibungsämter übt eine vom Kanton zu bezeichnende Behörde aus. Diese kontrolliert alljährlich die Geschäftsführung der Verschreibungsämter und erstattet dem Eidgenössischen Justiz- und Polizeidepartement Bericht.

Die Oberaufsicht führt der Bundesrat.

2. Beschwerde

Über Beschwerden gegen die Amtsführung des Verschreibungsbeam- **5** ten entscheidet die kantonale Aufsichtsbehörde. Die Beschwerdefrist beträgt 10 Tage.

Gegen den Entscheid der kantonalen Aufsichtsbehörde ist innert 30 Tagen vom Eingang der schriftlichen Ausfertigung des Entscheides an die Verwaltungsgerichtsbeschwerde an das Bundesgericht zulässig.

BRB vom 30. Dezember 1947, Art. 1 Ziff. 5.

IV. Verschreibungsprotokoll

1. Führung

Das Verschreibungsprotokoll wird nach einheitlichem Formular ge- **6** führt.

Die Viehverschreibungen werden in chronologischer Folge in das Verschreibungsprotokoll eingetragen.

Zum Verschreibungsprotokoll wird ein alphabetisches Verzeichnis der Verpfänder und Pfandgläubiger geführt.

2. Öffentlichkeit

Wer ein Interesse glaubhaft macht, kann vom Verschreibungsbeamten **7**

1. sich über einen bestimmten Eintrag im Verschreibungsprotokoll mündlich oder schriftlich Auskunft erteilen lassen, oder

2. sich mündlich oder schriftlich eine Erklärung darüber geben lassen, daß sich ein bestimmter Eintrag im Verschreibungsprotokoll nicht vorfindet.

V. Mitteilungen

8 Die in dieser Verordnung vorgesehenen amtlichen Mitteilungen erfolgen durch eingeschriebenen Brief.

II. Der Eintrag im Verschreibungsprotokoll

1. Eintrag der Viehverschreibung

I. Errichtungseintrag

1. Ort des Eintrags

9 Die Errichtung der Viehverschreibung wird im Verschreibungsprotokoll des Amtskreises eingetragen, in dem das als Pfand dargegebene Vieh seinen ordentlichen Standort hat.

Die Pfandsache hat ihren ordentlichen Standort da, wo sie nach dem Willen des Eigentümers dauernd sich befindet.

Im Zweifel gilt der Wohnsitz des Eigentümers als ordentlicher Standort der Pfandsache.

2. Voraussetzungen des Eintrags

10 Der Errichtungseintrag erfolgt, wenn die Errichtung der Viehverschreibung dem zuständigen Verschreibungsamt durch Übermittlung des vom Pfandgläubiger, Verpfänder und Viehinspektor unterschriebenen Anmeldescheins angezeigt worden ist.

Der Viehinspektor vergewissert sich vor Unterzeichnung des Anmeldescheins an Ort und Stelle über das Vorhandensein und die Merkmale der Pfandsache, trägt deren Schatzung in den Anmeldeschein ein und berichtigt oder ergänzt unzutreffende oder unvollständige, im Anmeldeschein enthaltene Angaben.

Der Anmeldeschein bleibt in Verwahrung des Verschreibungsamtes.

3. Art des Eintrags

11 Im Verschreibungsprotokoll ist jedes einzelne verpfändete Tier nach seiner Art, seinem Geschlecht und seinen besondern kennzeichnenden Merkmalen (Rasse, Alter, Farbe, Schatzung und sonstigen individualisierenden Eigenschaften) einzutragen.

Sind die verpfändeten Tiere versichert, so werden im Verschreibungsprotokoll der Versicherer und, wenn möglich, die Versicherungssumme vorgemerkt.

II. Neueintrag bei Wechsel des ordentlichen Standorts

Wird der ordentliche Standort der Pfandsache an einen außerhalb des bisherigen Verschreibungskreises liegenden Ort verlegt, so benachrichtigt unverzüglich der Verpfänder das Verschreibungsamt des alten ordentlichen Standortes.

Dieses Verschreibungsamt teilt die Viehverschreibung und den Wechsel des ordentlichen Standortes der Pfandsache dem Verschreibungsamt des neuen ordentlichen Standortes mit.

Das Verschreibungsamt des neuen ordentlichen Standortes trägt die Viehverschreibung in das Verschreibungsprotokoll ein und teilt dem Verschreibungsamt des alten Standortes mit, daß der Neueintrag erfolgt ist.

Das Verschreibungsamt des alten ordentlichen Standortes löscht, auf diese Mitteilung hin, den bisherigen Eintrag.

III. Neueintrag im Protokollbereinigungsverfahren

Das Verschreibungsamt des ordentlichen Standortes der Pfandsache teilt jeweilen im November den Pfandgläubigern, deren Pfandrecht im zweitvorhergehenden Kalenderjahr eingetragen worden war, mit, daß auf den 31. Dezember der Eintrag gelöscht wird, wenn nicht bis zu diesem Tage die Erneuerung des Eintrags verlangt wird.

Verlangt der Pfandgläubiger innert der angegebenen Frist die Erneuerung des Eintrags, so wird die Viehverschreibung im Verschreibungsprotokoll neu eingetragen und der bisherige Eintrag gelöscht.

Verlangt er es innert der angegebenen Frist nicht, so wird die Viehverschreibung gelöscht.

2. Eintrag von Änderungen

I. Änderung

Das Verschreibungsamt des ordentlichen Standortes der Pfandsache stellt im Verschreibungsprotokoll enthaltene unzutreffende Vermerke durch Änderungseintrag richtig.

Des Änderungseintrages bedarf es namentlich auch, wenn ein verpfändetes Stück Vieh durch ein anderes ersetzt wird.

II. Voraussetzungen des Änderungseintrages

15 Der Änderungseintrag erfolgt, wenn die Änderung dem zuständigen Verschreibungsamt durch das Gericht oder das Betreibungsamt mitgeteilt oder durch Übermittlung des vom Pfandgläubiger, vom Verpfänder und, soweit es sich um das Vorhandensein oder die Merkmale der Pfandsache handelt, vom Viehinspektor unterschriebenen Anmeldescheines angezeigt worden ist.

Nötigenfalls vergewissert sich der Viehinspektor vor Unterzeichnung des Anmeldescheines an Ort und Stelle über das Vorhandensein und die Merkmale der Pfandsache, trägt deren Schatzung in den Anmeldeschein ein und berichtigt oder ergänzt unzutreffende oder unvollständige, im Anmeldeschein enthaltene Angaben.

Die amtliche Mitteilung und der Anmeldeschein bleiben in Verwahrung des Verschreibungsamtes.

3. Löschungseintrag

I. Löschung der Viehverschreibung

16 Das Verschreibungsamt des ordentlichen Standortes der Pfandsache löscht die Viehverschreibung, wenn ein Gericht rechtskräftig erkannt hat, daß die Viehverschreibung nicht besteht oder aufgehoben ist, wenn die Viehverschreibung durch Pfandverwertung untergegangen ist, wenn der Fall des Art. 13, Abs. 3, vorliegt, oder wenn der Pfandgläubiger in Schriftform die Löschungsermächtigung erteilt hat.

II. Löschung des Eintrags

17 Das Verschreibungsamt des ordentlichen Standortes der Pfandsache löscht den Eintrag in den Fällen der Art. 12, Abs. 4, und 13, Abs. 2.

4. Besonderer Eintrag am Wohnsitz des Verpfänders

I. Besonderer Eintrag

1. Voraussetzungen

18 Befindet sich der Wohnort des Verpfänders in einem andern Verschreibungskreise als der ordentliche Standort der Pfandsache, oder wird er in einen solchen Verschreibungskreis verlegt, so teilt das Verschreibungsamt des ordentlichen Standortes der Pfandsache die Viehverschreibung dem Verschreibungsamt des Wohnsitzes des Verpfänders mit.

2. Art des Eintrags

Der Eintrag erfolgt in einem besondern Abschnitt des Verschreibungsprotokolls und wird als Abschrift bezeichnet.

Auf diesen besondern Abschnitt des Verschreibungsprotokolls finden die Bestimmungen des Art. 6 Anwendung.

II. Neueintrag, Änderung und Löschung

Das Verschreibungsamt des ordentlichen Standortes der Pfandsache teilt dem Verschreibungsamt des Wohnortes des Verpfänders den Neueintrag, die Änderung und die Löschung der Viehverschreibung zum Eintrag mit.

Die Mitteilung eines nach Art. 12 erfolgten Neueintrages wird als Änderung vorgemerkt.

III. Wechsel des Wohnsitzes des Verpfänders

Das Verschreibungsamt des ordentlichen Standortes der Pfandsache ermächtigt das Verschreibungsamt des Wohnsitzes des Verpfänders, den Eintrag zu löschen, wenn der Wohnsitz des Verpfänders in einen andern Verschreibungskreis verlegt worden ist.

III. Mitteilungen der Gerichte, Betreibungs- und Konkursämter

I. Gerichte

Hat ein Gericht rechtskräftig festgestellt, daß ein im Verschreibungsprotokoll eingetragener Vermerk unzutreffend ist oder daß die Viehverschreibung nicht besteht oder aufgehoben ist, so teilt es dies dem Verschreibungsamt des ordentlichen Standortes der Pfandsache kostenlos mit.

II. Betreibungs- und Konkursämter

23 Sofern die Beamtungen nicht zusammenfallen, macht das Betreibungs- oder Konkursamt dem Verschreibungsamt des ordentlichen Standortes der Pfandsache davon Mitteilung, wenn durch Zwangsvollstreckung das Pfandrecht an einer Pfandsache oder die Viehverschreibung untergegangen ist.

IV. Mitteilungen der Verschreibungsämter

1. An die Betreibungsämter

I. Errichtung, Neueintrag, Änderung und Löschung

24 Sofern die Beamtungen nicht zusammenfallen, teilt das Verschreibungsamt des ordentlichen Standortes der Pfandsache die Errichtung, den Neueintrag, die Änderung und die Löschung der Viehverschreibung unverzüglich zum Eintrag mit:
a) dem Betreibungsamte des jeweiligen Standortes der Pfandsache, und
b) dem Betreibungsamte des jeweiligen Wohnsitzes des Verpfänders, wenn der Wohnsitz des Verpfänders in einem andern Betreibungskreise gelegen ist als der Standort der Pfandsache.
Die Mitteilung eines nach Art. 12 erfolgten Neueintrags wird als Änderung vorgemerkt.
Die nach Art. 18 erfolgte Mitteilung an das Verschreibungsamt des Wohnsitzes des Verpfänders gilt als Mitteilung an das Betreibungsamt, wenn die beiden Amtsstellen zusammenfallen.

II. Wechsel des Standorts der Pfandsache oder des Wohnorts des Verpfänders

25 Das Verschreibungsamt des ordentlichen Standortes der Pfandsache ermächtigt das Betreibungsamt des bisherigen Standortes der Pfandsache oder des bisherigen Wohnsitzes des Verpfänders, den Eintrag zu löschen, wenn der Standort der Pfandsache oder der Wohnsitz des Verpfänders in einen andern Betreibungskreis verlegt worden ist.

III. Register

Wo Betreibungsamt und Verschreibungsamt nicht zusammenfallen, führt das Betreibungsamt ein Register über die ihm vom Verschreibungsamt zugehenden Mitteilungen.

Für das Register des Betreibungsamtes wird das Formular für das Verschreibungsprotokoll (Art. 6, Abs. 1) verwendet.

Zum Register führt das Betreibungsamt ein alphabetisches Verzeichnis der Verpfänder.

Die Aufsichtsbehörden über die Viehverschreibung üben die Aufsicht über die Führung des Registers durch die Betreibungsbeamten aus.

IV. Berücksichtigung der Verschreibung bei Pfändungen

Das Betreibungsamt hat bei Pfändungen von Amtes wegen anhand des Registers festzustellen, ob eine Viehverschreibung besteht.

Hat das Betreibungsamt begründete Zweifel über die Identität des gepfändeten mit dem verpfändeten Stück Vieh, so gibt es durch schriftliche Anzeige dem Pfandgläubiger von der Pfändung Kenntnis, mit der Aufforderung, innert bestimmter Frist seine Ansprüche dem Amte anzumelden.

Besteht eine Viehverschreibung, so hat das Betreibungsamt auf der Pfändungsurkunde vorzumerken, daß das gepfändete Stück Vieh verpfändet ist, und anzugeben, wer Pfandgläubiger, wie groß die Pfandschuld ist, wann die Viehverschreibung errichtet und in das Verschreibungsprotokoll eingetragen worden ist. Im übrigen hat das Betreibungsamt nach Art. 106 und 107 des Bundesgesetzes über Schuldbetreibung und Konkurs vom 11. April 1889 vorzugehen.

2. An die Viehinspektoren

I. Errichtung, Neueintrag, Änderung und Löschung

Sofern die Beamtungen nicht zusammenfallen, teilt das Verschreibungsamt des ordentlichen Standortes der Pfandsache die Errichtung, den Neueintrag, die Änderung und die Löschung der Viehverschreibung unverzüglich dem Viehinspektor des Standortes der Pfandsache zum Eintrag mit.

Die Mitteilung eines nach Art. 12 erfolgten Neueintrags wird als Änderung vorgemerkt.

Die nach Art. 18 erfolgte Mitteilung an das Verschreibungsamt des Wohnsitzes des Verpfänders gilt als Mitteilung an das Viehinspektorat, wenn die beiden Amtsstellen zusammenfallen.

II. Wechsel des Standorts der Pfandsache

29 Das Verschreibungsamt des ordentlichen Standortes der Pfandsache ermächtigt den Viehinspektor des bisherigen Standortes der Pfandsache, den Eintrag zu löschen, wenn der Standort der Pfandsache in einen andern Viehinspektionskreis verlegt worden ist.

III. Register

30 Wo Viehinspektorat und Verschreibungsamt nicht zusammenfallen, führt das Viehinspektorat ein Register über die ihm vom Verschreibungsamt zugehenden Mitteilungen.

Für das Register des Viehinspektorats wird das Formular für das Verschreibungsprotokoll (Art. 6, Abs. 1) verwendet.

Zum Register führt der Viehinspektor ein alphabetisches Verzeichnis der Verpfänder.

IV. Berücksichtigung der Verschreibung beim Ausstellen von Gesundheitsscheinen

31 Wird der Viehinspektor um Ausfertigung von Gesundheitsscheinen angegangen, so hat er von Amtes wegen anhand des Registers festzustellen, ob eine Viehverschreibung besteht.

Ist dies der Fall, so ist der Viehinspektor verpflichtet,

1. die Ausstellung des Gesundheitsscheines (Formulare A oder B) für das verpfändete Stück Vieh zu verweigern, es sei denn, es liege eine Zustimmungserklärung des Pfandgläubigers vor, oder

2. auf den Gesundheitsscheinen für die Sömmerung oder Winterung (Formular C) vorzumerken, welche Stücke Vieh verpfändet sind.

V. Aufsicht

32 Die Aufsichtsbehörden über die Viehverschreibung üben die Aufsicht über die Amtstätigkeit der Viehinspektoren als Viehverschreibungsorgane aus.

3. An die Viehversicherung

I. Errichtung, Neueintrag, Änderung und Löschung

33 Ist das verpfändete Tier versichert, so teilt das Verschreibungsamt des ordentlichen Standortes der Pfandsache die Errichtung, den Neueintrag, die Änderung und die Löschung der Viehverschreibung unverzüglich dem jeweiligen Versicherer mit.

II. Schadensvergütung

Eine Schadensvergütung wird dem Verschreibungsamt des ordentlichen Standortes der Pfandsache zuhanden des Berechtigten ausbezahlt. **34**

Der Schadensbetrag wird dem Verpfänder oder dem Pfandgläubiger verabfolgt, soweit diese nach dem zugrunde liegenden Rechtsverhältnis sich als berechtigt ausweisen.

4. An die Beteiligten

I. Errichtung der Verschreibung

Das Verschreibungsamt des ordentlichen Standortes der Pfandsache teilt dem Verpfänder den Eintrag der Errichtung der Viehverschreibung (Art. 9 bis 11) mit. **35**

II. Neueintrag und Löschung

Im Falle des Art. 12 teilt das Verschreibungsamt des neuen ordentlichen Standortes der Pfandsache den Neueintrag dem Pfandgläubiger mit. **36**

Im Falle des Art. 13 teilt das Verschreibungsamt des ordentlichen Standorts der Pfandsache den Neueintrag oder die Löschung dem Verpfänder und dem Schuldner, der nicht Verpfänder ist, mit.

V. Kosten und Gebühren

BRB vom 6. September 1957

Art. 37–44: Aufgehoben.

VI. Übergangs- und Schlußbestimmungen

Artikel 45–47 gegenstandslos.

II. Schlußbestimmungen

44 Die Art. 45 bis 47 treten am 10. November 1917, die übrigen Bestimmungen dieser Verordnung am 1. Mai 1918 in Kraft.

Auf den 1. Mai 1918 treten insbesondere außer Kraft die Verordnung betreffend die Viehverpfändung vom 25. April 1911 und der Bundesratsbeschluß betreffend die Ausstellung von Gesundheitsscheinen über verpfändetes Vieh vom 24. April 1914.

Anhang VIII

Pfandbriefgesetz

(Vom 25. Juni 1930, SR 211.423.4)

Abschnitt I
Die Pfandbriefzentralen

I. Aufgabe und Ausgaberecht

1 Die Pfandbriefzentralen haben den Zweck, dem Grundeigentümer langfristige Grundpfanddarlehen zu möglichst gleichbleibendem und billigem Zinsfuße zu vermitteln.

Das Recht zur Ausgabe von Pfandbriefen steht zwei Anstalten zu, nämlich je einer Zentrale der Kantonalbanken und der übrigen Kreditanstalten. Es bleibt den beiden Pfandbriefzentralen vorbehalten, sich zu vereinigen.

II. Ermächtigung

2 Zur Ausübung des Rechtes der Pfandbriefausgabe ist die Ermächtigung des Bundesrates nötig.

Um die Ermächtigung zu erhalten, muß die Zentrale als Aktiengesellschaft oder Genossenschaft errichtet sein, mindestens fünf Mitglieder zählen, über ein einbezahltes Grund- oder Stammkapital von mindestens fünf Millionen Franken verfügen und ihre Statuten vom Bundesrate genehmigen lassen.

III. Zentrale der Kantonalbanken

3 Das Recht, Mitglied der Pfandbriefzentrale der Kantonalbanken zu sein, hat jede Kantonalbank im Sinne von Artikel 3, Absatz 4 des Bundesgesetzes vom 8. November 1934 über die Banken und Sparkassen.
BS 10 S. 337 ff.

IV. Zentrale der übrigen Kreditanstalten

4 Das Recht, Mitglied der Pfandbriefzentrale der übrigen Banken zu sein, hat jede Kreditanstalt, die ihren Hauptsitz in der Schweiz hat und deren Aktiven nach der letzten, entsprechend den Vorschriften des Bundesrates erstellten und veröffentlichten Bilanz zu mehr als sechzig vom Hundert der Bilanzsumme aus Forderungen bestehen, die im inländischen Bodenkreditgeschäft erworben worden sind.

Als im inländischen Bodenkreditgeschäft erworbene Forderungen gelten inländische Grundpfandforderungen und inländische Pfandbriefe, ferner durch Faustpfand gesicherte Darlehen mit festen Schuldsummen und festen Verfallzeiten oder Kündigungsfristen von mindestens drei Monaten, sofern das Pfand ausschließlich aus inländischen Grundpfandforderungen und Pfandbriefen besteht.

Es steht der Pfandbriefzentrale frei, andere Kreditanstalten, sofern sie ihre Hauptniederlassung in der Schweiz haben, als Mitglieder aufzunehmen.

Die Aufnahmebedingungen werden im übrigen durch die Statuten der Zentrale geregelt.

V. Geschäftskreis

5 Der Geschäftskreis der Pfandbriefzentralen umfaßt:
1. die Ausgabe von Pfandbriefen;
2. die Anlage des Erlöses aus der Pfandbriefausgabe
   a) in Darlehen nach Art. 11 und 12,
   b) bis zu höchstens einem Zehntel in Gülten;
3. die Anlage des Eigenkapitals in grundpfändlich gesicherten Forderungen bis zu zwei Dritteln des Verkehrs-, bei Gülten des Ertragswertes des im Inland gelegenen Grundpfandes, in nationalbankfähigen Wechseln und Wertpapieren, eigenen Pfandbriefen, in laufender oder zeitlich gebundener Rechnung bei ihren Mitgliedern und andern inländischen Banken sowie in Grundeigentum für die Unterbringung der eigenen Geschäftsräume;
4. andere kurzfristige Bankgeschäfte nur insoweit, als die Ausgabe der Pfandbriefe und die Gewährung der Darlehen es erfordern.

VI. Steuerfreiheit

6 Die Pfandbriefzentralen sind von den direkten Steuern des Bundes, der Kantone und Gemeinden befreit; die Befreiung erstreckt sich nicht auf die direkten Steuern der Kantone und Gemeinden auf dem Grundeigentum.

Die Darlehen, die von den Pfandbriefzentralen nach Art. 11 und 12 gewährt werden, und die Zinsen solcher Darlehen, unterliegen keiner eidgenössischen Stempelsteuer.

Abschnitt II
Die Ausgabe von Pfandbriefen und die Gewährung von Darlehen

I. Pfandbriefe

a) Form und Inhalt

Die Formen des Pfandbriefes werden durch den Bundesrat festgesetzt.

Die Pfandbriefe lauten auf den Namen oder den Inhaber und sind mit auf den Inhaber ausgestellten Zinsscheinen versehen. Zur Übertragung des Pfandbriefes bedarf es in allen Fällen der Übergabe des Titels an den Erwerber. Lautet der Titel auf einen bestimmten Namen, so ist die Übertragung auf dem Titel anzumerken und der Erwerber anzugeben.

b) Laufzeit und Kündigung

In jedem Pfandbrief ist die Laufzeit anzugeben. Ist der Pfandbrief Bestandteil einer durch Auslosung tilgbaren Anleihe, so ist außerdem der Tilgungsplan anzugeben.

Die Pfandbriefzentralen können bei der Emission die vorzeitige Rückzahlung des Pfandbriefs vorsehen. In diesem Fall beträgt die Kündigungsfrist mindestens drei Monate.

Der Gläubiger kann die vorzeitige Rückzahlung des Pfandbriefes nicht verlangen.

c) Voraussetzung der Ausgabe

Auf den Pfandbriefen ist vor ihrer Ausgabe von den verantwortlichen Organen zu bescheinigen, daß die gesetzliche Deckung vorhanden ist.

d) Höhe der Ausgabe

Die Pfandbriefzentralen dürfen Pfandbriefe nur in solcher Höhe ausgeben, daß der Betrag aller bilanzmäßigen Schuldverpflichtungen, einschließlich der Pfandbriefe, das Fünfzigfache des Eigenkapitals nicht übersteigt. Die Vollziehungsverordnung umschreibt den Begriff des Eigenkapitals.

II. Darlehen

a) Bedingungen

Die Pfandbriefzentralen gewähren ihren Mitgliedern aus dem Erlöse der Pfandbriefausgabe Darlehen, mit Deckung gemäß Art. 19.

Sie dürfen auch andern Kreditanstalten Darlehen mit Deckung gemäß Art. 26 gewähren.

b) Fälligkeit und vorzeitige Rückzahlung

12 Die Fälligkeit der Darlehen muß übereinstimmen mit der Fälligkeit derjenigen Pfandbriefe, aus deren Erlös die Darlehen gewährt wurden.

Diese Darlehen können vorzeitig zurückbezahlt werden unter der Bedingung, daß die schuldnerische Anstalt der Pfandbriefzentrale an Zahlungsstatt im entsprechenden Betrag Pfandbriefe derselben Gattung abliefert wie diejenigen, aus deren Erlös die Darlehen seinerzeit gewährt wurden, und daß sie gleichzeitig der Pfandbriefzentrale den darauf entfallenden, noch nicht getilgten Rest der Ausgabekosten vergütet.

III. Verpflichtung gegenüber den Grundpfandschuldnern

13 Die Mitglieder und andern Kreditanstalten, denen die Pfandbriefzentralen Darlehen gewähren, sind verpflichtet, die Vorteile der Pfandbriefausgabe möglichst ihren Grundpfandschuldnern zukommen zu lassen.

Abschnitt III
Deckung der Pfandbriefe und Darlehen

I. Deckung der Pfandbriefe bei den Zentralen

a) Im allgemeinen

14 Die Pfandbriefe und die darauf ausstehenden Zinsen müssen bei den Zentralen jederzeit durch Darlehen nach Art. 11 und 12 und für den in Art. 5, Ziff. 2, vorbehaltenen Teil durch Gülten, die von den Zentralen aufbewahrt und verwaltet werden, gedeckt sein.

b) Vermehrung der Deckung

15 Ist der Zinsertrag der Deckung kleiner als der Zinsertrag der Pfandbriefe, so ist die Deckung entsprechend zu vergrößern.

c) *Pfandregister der Zentralen*

16 Die Pfandbriefzentralen haben die bei ihnen liegende Deckung der Pfandbriefe in ein Pfandregister einzutragen.
Die Einzelheiten dieser Eintragung ordnet der Bundesrat.

d) *Verwaltung der Deckung*

17 Die Zentralen haben die in ihrem Pfandregister eingetragene Deckung von den übrigen Vermögenswerten getrennt aufzubewahren.
Sie sind verpflichtet, im Interesse der Pfandbriefgläubiger, alle Ansprüche aus dieser Deckung auf eigenen Namen geltend zu machen.

e) *Pfandrecht der Pfandbriefe*

18 Die Pfandbriefe und die darauf ausstehenden Zinsen genießen ein Pfandrecht an der im Pfandregister der Pfandbriefzentralen eingetragenen Deckung, ohne daß ein besonderer Verpfändungsvertrag und die Übergabe der Deckung an die Pfandbriefgläubiger oder deren Vertreter erforderlich wären.

II. Deckung der Darlehen der Mitglieder bei diesen selbst

a) *Im allgemeinen*

19 Die Darlehen der Pfandbriefzentralen an ihre Mitglieder und die darauf ausstehenden Zinsen müssen jederzeit durch Grundpfand- oder Faustpfandforderungen der Mitglieder an ihre Schuldner gedeckt sein, die von den Mitgliedern verwahrt und verwaltet werden.
Die Grundpfänder dieser Forderungen müssen in der Schweiz gelegen sein, die Faustpfänder in inländischen Grundpfandforderungen oder Pfandbriefen bestehen.

b) *Vermehrung der Deckung*

20 Ist der Zinsertrag der bei einem Mitgliede vorhandenen Deckung kleiner als der Zinsertrag der diesem Mitgliede von der Pfandbriefzentrale gewährten Darlehen, so ist die Deckung entsprechend zu vergrößern.

c) *Pfandregister der Mitglieder*

21 Die Mitglieder haben die bei ihnen liegende Deckung ihrer Darlehensbezüge in ein Pfandregister einzutragen.
Die Einzelheiten dieser Eintragung ordnet der Bundesrat.

d) Verwaltung der Deckung

22 Die Mitglieder haben die in ihren Pfandregistern eingetragene Deckung ihrer Darlehen von den übrigen Vermögenswerten getrennt aufzubewahren.

Sie sind verpflichtet, im Interesse ihrer Zentrale, alle Ansprüche aus dieser Deckung auf eigenen Namen geltend zu machen.

e) Pfandrecht der Darlehen

23 Die Darlehen der Pfandbriefzentralen und die darauf ausstehenden Zinsen genießen ein Pfandrecht an der im Pfandregister der Mitglieder eingetragenen Deckung, ohne daß ein besonderer Verpfändungsvertrag und die Übergabe der Deckung an die Pfandbriefzentralen oder deren Vertreter erforderlich wären.

f) Rechnungsstellung

24 Das Mitglied der Pfandbriefzentrale hat ihr über die Verwaltung der bei ihm liegenden Deckung alljährlich auf einen bestimmten Tag und außerdem, so oft sie es verlangt, Rechnung abzulegen.

Für diese Verwaltung und Rechnungsstellung bezieht das Mitglied keine Entschädigung.

III. Ergänzung der Deckung

25 Ist die vorgeschriebene Deckung nicht vollständig vorhanden und läßt sich der Mangel nicht sofort beheben, so ist die Deckung durch an der Börse zugelassene Schuldverschreibungen des Bundes, der Kantone oder Gemeinden oder durch Geld zu ergänzen. Die Schuldverschreibungen dürfen dabei höchstens zu fünfundneunzig vom Hundert des Tageskurses bewertet werden.

Die Art. 14 bis 23 gelten auch für die Ergänzung der Deckung.

IV. Darlehen an Nichtmitglieder

26 Kreditanstalten, die nicht Mitglieder einer Pfandbriefzentrale sind, aber Darlehen beziehen wollen, müssen der Pfandbriefzentrale als Pfandbriefdeckung geeignet befundene Grundpfandforderungen und Ergänzungswerte, und zwar im Betrage von mindestens hundertfünf vom Hundert der Darlehen nach Art. 899 bis 901 ZGB verpfänden.

Die Pfandbriefzentrale hat die ihr abgelieferten Deckungswerte in ihr Pfandregister einzutragen.

Abschnitt IV
Die Befriedigung aus dem Pfande

I. Betreibungsart

Für Pfandbriefforderungen der Inhaber gegenüber den Zentralen und für Darlehensforderungen der Zentralen gegenüber solchen Mitgliedern, die Aktiengesellschaften oder Genossenschaften sind, kann nur Betreibung auf Konkurs angehoben werden. Vorbehalten ist der Schutz der Pfandbrief- und Darlehensgläubiger nach Art. 42.

II. Konkursvorrecht

Die Pfandbriefe genießen im Konkurse einer Zentrale und die Darlehensforderungen im Konkurse eines Mitgliedes, außer ihrem Pfandrecht an der Deckung, ein Vorrecht zweiter Klasse für denjenigen Betrag, der im Zeitpunkte der Konkurseröffnung in der Deckung fehlte, nicht dagegen für einen Mindererlös der vorhandenen Deckung bei ihrer Verwertung.

III. Rangordnung

Am Pfandrecht und Konkursvorrecht nehmen alle Pfandbriefe einer Zentrale ohne Rücksicht auf die Reihenfolge ihrer Ausgabe im gleichen Range teil.

IV. Gläubigergemeinschaft

Die Vorschriften über die Gläubigergemeinschaft bei Anleihensobligationen sind auf die Pfandbriefgläubiger anzuwenden. Dabei bilden alle diejenigen Gläubiger, deren Forderungen gleiche Zins- und Rückzahlungsbedingungen aufweisen, je eine Gemeinschaft.

V. Befriedigung aus Pfändern von Nichtmitgliedern

Hat eine Pfandbriefzentrale ein Darlehen nach Art. 26 gewährt, so kann sie, wenn der Schuldner seine Verpflichtungen nicht pünktlich erfüllt und die Mahnung erfolglos geblieben ist, die verpfändeten Vermögenswerte bestmöglich versilbern und sich aus dem Erlöse bezahlt machen.

Abschnitt V
Die Schätzung und Belehnung der Grundpfänder

I. Schätzungsvorschriften

32 Die Pfandbriefzentralen haben, unter Berücksichtigung der kantonalen amtlichen Schätzungen, über die möglichst zuverlässige Ermittlung des Wertes der für die Deckung pfandrechtlich haftenden Grundstücke Vorschriften nach Maßgabe der folgenden Bestimmungen zu erlassen. Diese Vorschriften unterliegen der Genehmigung des Bundesrates.

Die Eidgenössische Bankenkommission kann die Neuschätzung der Grundstücke verlangen, wenn sich der Geldwert oder die sonstigen allgemeinen wirtschaftlichen Verhältnisse erheblich ändern.

II. Schätzungsgrundlagen

33 Bei der Schätzung des Verkehrswertes eines Grundstückes dürfen nur seine dauernden Eigenschaften berücksichtigt werden.

Dient das Grundstück überwiegend landwirtschaftlichen oder forstwirtschaftlichen Zwecken, so ist die Schätzung nach dem durchschnittlichen Ertrage anzustreben.

III. Belehnungsgrenzen

a) Höchstansätze

34 Unter Berücksichtigung von vorgehenden Pfandrechten und pfandversicherten Zinsen kommen als Pfandbrief- oder Darlehensdeckung in Betracht:

1. die auf Grundstücken mit überwiegend landwirtschaftlicher oder forstwirtschaftlicher Nutzung haftenden Grundpfandforderungen bis zu höchstens fünf Sechsteln des Ertragswertes, sofern eine solche Schätzung vorliegt, keinesfalls aber zu mehr als zwei Dritteln des Verkehrswertes;

2. die auf andern Grundstücken haftenden Grundpfandforderungen bis zu höchstens zwei Dritteln des Verkehrswertes.

b) Tiefere Ansätze

35 Für Bauland, industrielle Anlagen und andere, nach der Art des Ertrages ähnliche Grundstücke setzen die nach Art. 32 zu erlassenden Vorschriften entsprechend niedrigere Belehnungsgrenzen und schützende Bestimmungen gegen eine Entwertung der Pfänder fest.

c)   Ausschluß

Forderungen mit Pfandrechten an Grundstücken, deren Ausbeutung **36** ihren Wert aufzehrt, wie insbesondere solche an Gruben und Steinbrüchen, sind von der Verwendung als Pfandbrief- oder Darlehensdeckung ausgeschlossen.

Abschnitt VI
Die Überwachung und der Entzug der Ermächtigung

I.   Vertreter der Grundpfandschuldner

Der Bundesrat ist befugt, in den Verwaltungsrat oder Vorstand jeder **37** Pfandbriefzentrale einen Vertreter der Grundpfandschuldner als Mitglied zu ernennen.

II.   Bilanzvorschriften

Der Bundesrat bestimmt, in welcher Form die jährlichen Bilanzen und **38** Gewinn- und Verlustrechnungen sowie die Zwischenbilanzen der Pfandbriefzentralen aufzustellen und zu veröffentlichen sind, welche Einzelangaben sie enthalten und über welche Einzelerscheinungen des Geschäftsbetriebes im Geschäftsberichte erläuternde Aufschlüsse erteilt werden müssen.

III.   Eidg. Bankenkommission

Die Eidgenössische Bankenkommission überwacht die Einhaltung die- **39** ses Gesetzes.

Die Artikel 23bis, 23ter Absätze 1–3 und 24 des Bankengesetzes gelten sinngemäß.

Erhält die Bankenkommission Kenntnis von Widerhandlungen nach den Artikeln 45 und 46 dieses Gesetzes, benachrichtigt sie unverzüglich das Eidgenössische Finanzdepartement.

Abs. 2: SR 952.0.

IV.   Aushändigung der Deckungswerte

Die Bankenkommission kann die Aushändigung der Deckungswerte **40** verfügen, wenn eine Pfandbriefzentrale oder eine Kreditanstalt, die einer Pfandbriefzentrale Darlehen schuldet, wiederholt Vorschriften schwer verletzt oder wenn das Vertrauen in sie ernsthaft beeinträchtigt ist.

Sie verwaltet die Deckungswerte als Treuhänder auf Kosten der Pfandbriefzentrale oder Kreditanstalt so lange, bis der ordnungsgemäße Zustand oder das Vertrauen wiederhergestellt ist.

V. Entzug der Ermächtigung

41 Widersetzt sich eine Pfandbriefzentrale wiederholt den von der Aufsichtsbehörde angeordneten Maßnahmen, so kann die Bankenkommission dem Bundesrat beantragen, ihr die Ermächtigung zur Pfandbriefausgabe zu entziehen.

VI. Überprüfung

a) *der Pfandbriefzentralen*

42 Das Sekretariat der Bankenkommission prüft alljährlich bei den Pfandbriefzentralen, ob die Jahresrechnung nach Form und Inhalt den gesetzlichen, statutarischen und reglementarischen Vorschriften entspricht und ob dieses Gesetz eingehalten worden ist.

b) *der Mitglieder*

43 Die Revisionsstellen nach dem Bankengesetz prüfen bei der Revision der Mitglieder der Pfandbriefzentralen das Pfandregister und die Darlehensdeckung. Sie halten das Ergebnis im Revisionsbericht fest.

Kantonalbanken, die nach Artikel 18 Absatz 2 des Bankengesetzes von der Revision durch eine außerhalb des Unternehmens stehende Revisionsstelle befreit sind, werden von der eigenen Kontrollstelle geprüft.

Die Revisionsstellen und die Kontrollstellen der Kantonalbanken teilen die Prüfungsergebnisse der beteiligten Pfandbriefzentrale mit.

Abs. 2: SR 952.0.

Abschnitt VII
Verantwortlichkeits- und Strafbestimmungen

I. Zivilrechtliche Haftung

Wer diesem Gesetze oder der Vollziehungsverordnung zuwiderhandelt, haftet den Pfandbrief- oder Darlehensgläubigern für den daraus entstandenen Schaden.

44

II. Straftatbestände

a) *Übertretungen*

1. Wer als Pfandbriefe bezeichnete Schuldverschreibungen ausgibt, ohne dazu die Ermächtigung zu haben,

45

wer Pfandbriefe ausgibt oder Darlehen bezieht, trotzdem er weiß, daß deren Deckung unvollständig ist oder fehlt,

wird, sofern nicht nach dem Schweizerischen Strafgesetzbuch eine schwerere Strafe verwirkt ist, mit Haft oder Buße bis zu 50 000 Franken bestraft.

2. Handelt der Täter fahrlässig, so ist die Strafe Buße bis zu 30 000 Franken.

b) *Ordnungswidrigkeiten*

Wer vorsätzlich oder fahrlässig

46

a) Pfandbriefe in einer Höhe ausgibt, die den nach Artikel 10 zulässigen Betrag übersteigt;

b) den Vorschriften über die Führung des Pfandregisters, die getrennte Aufbewahrung der Deckung oder über die Aufstellung der Bilanz und Gewinn- und Verlustrechnung nicht nachkommt oder

c) die ordnungsgemäße Durchführung einer Buchprüfung oder andern amtlichen Kontrolle erschwert, behindert oder verunmöglicht,

wird mit Ordnungsbuße bis zu 5000 Franken bestraft.

Bei einer Widerhandlung im Sinne von Absatz 1 Buchstabe c bleibt die Strafverfolgung nach Artikel 285 des Schweizerischen Strafgesetzbuches vorbehalten.

III. Verwaltungsstrafrecht; Zuständigkeit

Das Bundesgesetz über das Verwaltungsrecht ist anwendbar.

47

Verfolgende und urteilende Verwaltungsbehörde ist das Eidgenössische Finanzdepartement.

Abs. I: SR 313.0.

48 Aufgehoben.

49 Aufgehoben.

Abschnitt VIII
Übergangs- und Schlußbestimmungen

I. Abänderung des Schuldbetreibungs- und Konkursgesetzes

50 Art. 219 des Bundesgesetzes vom 11. April 1889 über Schuldbetreibung und Konkurs erhält folgenden Zusatz:
Zweite Klasse:
d) die Forderungen der Pfandbriefgläubiger und die Forderungen der Pfandbriefzentralen aus den ihren Mitgliedern nach Art. 11, Abs. 1, des Bundesgesetzes über die Ausgabe von Pfandbriefen gewährten Darlehen für denjenigen Betrag, der im Zeitpunkte der Konkurseröffnung in der Deckung fehlt (Art. 14, 19 und 25 Pfandbriefgesetz), nicht dagegen für einen Mindererlös der vorhandenen Deckung bei ihrer Verwertung.

II. Pfandbriefe kantonalen Rechtes

51 Von diesem Gesetz werden nicht berührt die vor seinem Inkrafttreten auf Grund kantonalen Rechts ausgegebenen Pfandbriefe.

III. Inkrafttreten

52 Der Bundesrat bestimmt den Zeitpunkt des Inkrafttretens dieses Gesetzes.

Mit dem Inkrafttreten dieses Gesetzes sind die Art. 916 bis 918 des Schweizerischen Zivilgesetzbuches aufgehoben.

Datum des Inkrafttretens: 1. Februar 1931.

Siehe Vollziehungsverordnung vom 23. Januar 1931, SR 211.423.411.

Anhang IX

Die Güterverbindung

(Auszug aus dem alten Eherecht des ZGB)

Vorbemerkung: Die Güterverbindung kann nach dem neuen Eherecht ab 1. Januar 1988 nicht mehr als ehelicher Güterstand vereinbart werden. Gemäß SchlT 9e können aber Ehegatten, die schon vorher unter Güterverbindung standen, erklären, diesen Güterstand beizubehalten. Der entsprechende Gesetzestext ist daher weiterhin bedeutsam.

Die Güterverbindung

A. Eigentumsverhältnisse

I. Eheliches Vermögen

Die Güterverbindung vereinigt alles Vermögen, das den Ehegatten zur Zeit der Eheschließung gehört oder während der Ehe auf sie übergeht, zum ehelichen Vermögen.

Ausgenommen hievon ist das Sondergut der Ehefrau.

II. Eigentum von Mann und Frau

Was vom ehelichen Vermögen zur Zeit der Eheschließung der Ehefrau gehört, oder ihr während der Ehe infolge von Erbgang oder auf andere Weise unentgeltlich zufällt, ist ihr eingebrachtes Gut und bleibt ihr Eigentum.

Der Ehemann hat das Eigentum an dem von ihm eingebrachten Gute und an allem ehelichen Vermögen, das nicht Frauengut ist.

Die Einkünfte der Ehefrau und die natürlichen Früchte des Frauengutes werden unter Vorbehalt der Bestimmungen über das Sondergut auf den Zeitpunkt ihrer Fälligkeit oder Trennung Eigentum des Ehemannes.

Abs. 3: 643.

III. Beweis

196 Behauptet ein Ehegatte, daß ein Vermögenswert zum Frauengut gehöre, so ist er hiefür beweispflichtig.

Werden während der Ehe zum Ersatz für Vermögenswerte der Ehefrau Anschaffungen gemacht, so wird vermutet, daß sie zum Frauengute gehören.

IV. Inventar

1. Errichtung und Beweiskraft

197 Sowohl der Ehemann als die Ehefrau können jederzeit verlangen, daß über das eingebrachte Eigengut ein Inventar mit öffentlicher Urkunde errichtet werde.

Ist ein solches Inventar binnen sechs Monaten nach der Einbringung errichtet worden, so wird es als richtig vermutet.

Abs. 1: SchlT 55.

2. Bedeutung der Schätzung

198 Wird mit dem Inventar eine Schätzung verbunden und diese durch die öffentliche Urkunde festgestellt, so bestimmt sich die gegenseitige Ersatzpflicht der Ehegatten für die fehlenden Vermögenswerte nach dieser Schätzung.

Sind Gegenstände in guten Treuen während der Ehe unter dem Schätzungswerte veräußert worden, so tritt der Erlös an die Stelle der Schätzungssumme.

Abs. 1: SchlT 55.

V. Eigentum des Ehemannes am Frauengut

199 Mit der Schätzung kann unter Beobachtung der Vorschriften über den Ehevertrag binnen sechs Monaten nach der Einbringung des Frauengutes die Bestimmung verbunden werden, daß das Frauengut zum Schätzungsbetrag in das Eigentum des Ehemannes übergehen und die Frauengutsforderung unverändert bleiben soll.

Eigentumseinheit.

B. Verwaltung, Nutzung und Verfügungsbefugnis

I. Verwaltung

Der Ehemann verwaltet das eheliche Vermögen.

Er trägt die Kosten der Verwaltung.

Der Ehefrau steht die Verwaltung insoweit zu, als sie zur Vertretung der ehelichen Gemeinschaft berechtigt ist.

II. Nutzung

Der Ehemann hat die Nutzung am eingebrachten Frauengut und ist hieraus gleich einem Nutznießer verantwortlich.

Diese Verantwortlichkeit wird durch die Schätzung des Frauengutes im Inventar nicht erhöht.

Bares Geld, andere vertretbare Sachen und Inhaberpapiere, die nur der Gattung nach bestimmt worden sind, gehen in das Eigentum des Ehemannes über, und die Ehefrau erhält für deren Wert eine Ersatzforderung.

Abs. 1: 752, 772. BGE 74 II 74; 81 II 89. Abs. 3: OR 978. BGE 85 II 303.

III. Verfügungsbefugnis

1. Des Ehemannes

Der Ehemann bedarf zur Verfügung über Vermögenswerte des eingebrachten Frauengutes, die nicht in sein Eigentum übergegangen sind, der Einwilligung der Ehefrau, sobald es sich um mehr als die gewöhnliche Verwaltung handelt.

Dritte dürfen jedoch diese Einwilligung voraussetzen, sofern sie nicht wissen oder wissen sollten, daß sie mangelt, oder sofern die Vermögenswerte nicht für jedermann als der Ehefrau gehörig erkennbar sind.

Formlosigkeit: BGE 84 II 157.

2. Der Ehefrau

a) Im allgemeinen

Soweit die Vertretung der ehelichen Gemeinschaft es rechtfertigt, hat die Ehefrau die Verfügung über das eheliche Vermögen.

Liegenschaften: BGE 84 II 157.

b) Ausschlagung von Erbschaften

204 Zur Ausschlagung einer Erbschaft bedarf die Ehefrau der Einwilligung des Ehemannes.

Gegen die Verweigerung kann die Ehefrau die Entscheidung der Vormundschaftsbehörde anrufen.

Abs. 1: 566 ff.

C. Sicherung der Ehefrau

205 Der Ehemann hat der Ehefrau auf Verlangen jederzeit über den Stand ihres eingebrachten Gutes Auskunft zu geben.

Die Ehefrau kann jederzeit Sicherstellung verlangen.

Die Anfechtungsklage nach Schuldbetreibungs- und Konkursrecht bleibt vorbehalten.

Abs. 2: BGE 71 III 4. Abs. 3: SchKG 287.

D. Haftung

I. Haftung des Ehemannes

206 Der Ehemann ist haftbar:

1. für seine vorehelichen Schulden,
2. für die Schulden, die er während der Ehe begründet,
3. für die Schulden, die sich aus der Vertretung der ehelichen Gemeinschaft durch die Ehefrau ergeben.

SchlT 9 II. Ziff. 3: BGE 75 I 4.

II. Haftung der Ehefrau

1. Mit dem ganzen Vermögen

207 Die Ehefrau haftet mit ihrem ganzen Vermögen, ohne Rücksicht auf die dem Ehemann aus dem Güterstande zustehenden Rechte:

1. für ihre vorehelichen Schulden,
2. für die Schulden, die sie mit Einwilligung des Ehemannes oder bei Verpflichtungen zu seinen Gunsten mit Zustimmung der Vormundschaftsbehörde begründet,
3. für die Schulden, die aus dem regelmäßigen Betriebe ihres Berufes oder Gewerbes entstehen,
4. für die Schulden aus Erbschaften, die auf sie übergehen,
5. für die Schulden aus unerlaubten Handlungen.

Für die Schulden, die von ihr oder vom Ehemanne für den gemeinsamen Haushalt eingegangen werden, haftet sie, soweit der Ehemann nicht zahlungsfähig ist.

Vollschulden. Ziff. 5: OR 41 ff. Abs. 2: BGE 75 I 4.

2. Mit dem Sondergut

Die Ehefrau ist während und nach der Ehe nur mit dem Werte ihres **208** Sonderguts verpflichtet:
  1. für die Schulden, die sie als Sondergutsschulden begründet,
  2. für die Schulden, die sie ohne Einwilligung des Ehemannes begründet,
  3. für die Schulden, die sie in Überschreitung ihrer Befugnis zur Vertretung der ehelichen Gemeinschaft begründet.

Vorbehalten bleiben die Ansprüche aus ungerechtfertigter Bereicherung.

Abs. 2: OR 62 ff. Nach Auflösung: BGE 64 III 159. Bei Eintragung: BGE 75 III 2.

E. Ersatzforderungen

I. Fälligkeit

Sind Schulden, für die das eingebrachte Frauengut haftet, aus dem **209** Mannesgut oder Schulden des Mannes aus dem eingebrachten Frauengut getilgt worden, so besteht eine Ersatzforderung, die jedoch unter Vorbehalt der gesetzlichen Ausnahmen erst mit der Aufhebung der Güterverbindung fällig wird.

Sind Sondergutsschulden der Ehefrau aus dem ehelichen Vermögen oder Schulden, für die eheliches Vermögen haftet, aus dem Sondergute getilgt worden, so kann die Ausgleichung schon während der Ehe gefordert werden.

Abs. 1: BGE 81 II 96. Abs. 2: BGE 107 II 306.

II. Konkurs des Ehemannes und Pfändung

1. Anspruch der Ehefrau

Im Konkurse und bei der Pfändung von Vermögenswerten des Ehe- **210** mannes kann die Ehefrau ihre Ersatzforderung für das eingebrachte und nicht mehr vorhandene Frauengut geltend machen.

Gegenforderungen des Ehemannes werden in Abzug gebracht.

Die noch vorhandenen Vermögenswerte kann die Ehefrau als Eigentümerin an sich ziehen.

Nachweis: BGE 44 II 338.

2. Vorrecht

211 Wird die Ehefrau durch die Zurücknahme ihres Eigentums und die ihr gegebenen Sicherheiten nicht für die Hälfte des eingebrachten Frauengutes gedeckt, so genießt ihre Ersatzforderung für den Rest dieser Hälfte ein Vorrecht nach Schuldbetreibungs- und Konkursrecht.

Die Abtretung des Vorrechts sowie der Verzicht auf dasselbe zugunsten einzelner Gläubiger sind ungültig.

Bedeutung: BGE 40 III 199. SchKG 110/1.

F. Auflösung des ehelichen Vermögens

I. Tod der Ehefrau

212 Stirbt die Ehefrau, so fällt das eingebrachte Frauengut mit Vorbehalt der erbrechtlichen Ansprüche des Ehemannes an die Erben der Frau.

Für das Fehlende hat der Ehemann, soweit er verantwortlich ist und unter Anrechnung dessen, was er von der Ehefrau zu fordern hat, Ersatz zu leisten.

II. Tod des Ehemannes

213 Stirbt der Ehemann, so nimmt die Ehefrau das noch vorhandene eingebrachte Frauengut zurück und kann gegen die Erben für das fehlende die Ersatzforderung geltend machen.

III. Vor- und Rückschlag

214 Ergibt sich nach der Ausscheidung des Mannes- und Frauengutes ein Vorschlag, so gehört er zu einem Dritteil der Ehefrau oder ihren Nachkommen und im übrigen dem Ehemann oder seinen Erben.

Erzeigt das eheliche Vermögen einen Rückschlag, so wird er vom Ehemanne oder seinen Erben getragen, soweit nicht nachgewiesen wird, daß ihn die Ehefrau verursacht hat.

Durch Ehevertrag kann eine andere Beteiligung am Vorschlag oder Rückschlag verabredet werden.

BGE 58 II 326; 62 II 338; 74 II 146. Abs. 1: BGE 80 II 195. Abs. 3: BGE 102 II 313.

Alphabetisches Sachregister

Die arabischen Zahlen bedeuten die Artikel, die nachfolgenden römischen deren Absätze. Anm. = Anmerkung.

Abänderung
– s. *Änderung*

Abberufung
– des Vereinsvorstandes 65
– s. *Amtsenthebung*

Abfindung
– des Gemeinders 344 ff., 623
– mit Erbgülten 624
– Erbabfindung 527 Z. 2

Abgraben
– von Quellen und Brunnen 706 ff.

Abgrenzung
– des Grundeigentums 668 ff.
– s. auch *Grenzen*

Abhandengekommene
– Sachen 934/5
– Pfandtitel, Coupons 870 ff.

Ablehnung
– der Wahl zum Vormund 383, 388 ff., 415 III, 443
– s. *Ausstand*.

Ableitung
– von Quellen 705

Ablösung
– der Grunddienstbarkeit 736
– der Grundlasten 786 ff.
– der Grundpfandverschreibung 828 ff.
– der Gült 850, 852 II

Abstammung
– 252 ff.

Abstand
– 686, 688

Abtrennung
– kleiner Teile der Pfandsache 811, Anhang V 90

Abtretungspflicht
– bezüglich des Wassers 711/2
– von Forderungen und Wertpapieren unter Nutznießung 775

Abwasser
– 689

Abwehr
– verbotener Eigenmacht 701, 926/7

Abwesenheit
– Beistand 392 Z. 1, 393 Z. 1
– des Erben 554 Z. 1
– bei Besitzübertragung 923

Abwesenheitserklärungen
– des bisherigen Rechts SchlT 6

Abzahlung
– grundpfandversicherter Forderungen 809, 862, 873/4
– verpfändeter Forderungen 906

Abzahlungsgeschäft
– mit Eigentumsvorbehalt 716

Adelsprädikat
– 29 Anm.

Adoption
– 100, 264 ff., 422, SchlT 12 a ff., Anh. I 75 ff., Anh. II e und k

Aktien
– Pfandrecht an, Vertretung 905

Allmenden
– Verpfändbarkeit 796

Allmendgenossenschaften
- 59 III

Altersschwäche
- Bevormundung 372

Altertümer
- 702, 724

Amortisation
- s. *Kraftloserklärung*

Amtliche Liquidation
- s. *Liquidation*

Amtliche Schätzung
- von Grundstücken 830, 843, 848

Amtsdauer
- d. Vormundschaft 415
- d. Beistandschaft 417

Amtsenthebung
- des Vormundes 445 ff.

Amtsgeheimnis
- Anhang III 15

Amtspflichtverletzung
- des Zivilstandsbeamten 44
- bei Grundbuchführung 957

Amtssprache
- Anhang III 9

Analphabeten
- 503

Änderung
- in den Standesrechten 47
- des Namens 20
- des Vereinszweckes 74
- des Stiftungszweckes 86
- der Verhältnisse nach der Scheidung 153, 157
- bei Verwandten-Unterstützung 320
- im Güterrechtsregister Anhang IV 27
- der Kulturen bei Miteigentum 647
- im Viehverschreibungsprotokoll Anhang VII 14
- bei Nutznießung 769
- der Rechtsverhältnisse bei Schuldbrief und Gült 874, Anhang V 61 ff.

Aneignung
- von Grundstücken 656, 658, 665
- herrenloser Sachen 718
- Tiere 719

Anerkennung
- des außerehelichen Kindes 260
- Register Anh. III 102 ff., Anh. I 71 ff.

Anfall
- lediger 496

Anfechtung
- der Namensänderung 30
- von Vereinsbeschlüssen 74 Anm. 75
- von Stiftungen 82
- der Ehe 123 ff.
- des Kindesverhältnisses 253 ff.
- der außerehelichen Vaterschaft 260 ff.
- der Wahl zum Vormund 388/9
- der Enterbung 479 II, 524
- der Verfügungen von Todes wegen 519
- der Erbausschlagung 578
- des Erbteilungsvertrages 638
- der Baugläubiger 841
- grundbuchlicher Verfügungen 976
- s. auch *Herabsetzung und Ungültigkeit*

Angefallene
- Erbanteile, Vertrag 635

Angriffe
- s. *Abwehr*

Anleihenstitel
- mit Grundpfandrecht 875 ff., Anhang V 59, 68
- s. *Serientitel*

Anmaßung
- fremden Namens 29

Anmeldung
- zum Grundbuch 948, 963 ff., Anhang V 12 ff.

Anmerkung
- von Wegrechten 696

– des Werkbeginnes bei Handwerkerpfandrecht 841
– der Zugehör 946, Anhang V 78

Annahme
– der Erbschaft 560, 588/9, 593

Annuitäten
– 821, 862, 874

Anrechnung
– bei Erbvertrag 535 III
– bei Ausgleichung 527, 628
– von Forderungen im Erbrecht 614
– von Grundstücken im Erbrecht 617

Anries
– 687 II

Anschaffungen
– während der Ehe 198

Anschüttung
– Anschwemmung neuen Landes 659

Anstalten
– 52 II, 59 I, SchlT 7
– (Lehr-, Versorgungs-) 26, 406, 421 Z. 13
– (Versatz-) 907

Anstaltsversorgung
– Wohnsitz 26

Anvertrautes Gut
– 933

Anwartschaften
– Auskaufsbeträge 527 Z. 2
– bei Ehescheidung 151
– s. *Erbauskauf*

Anweisungen
– an Vormund 418

Anzeigepflicht
– bei Geburt und Tod 46ff., Anhang III 61, 76ff.
– der Schuldübernahme 834, 969

Arbeit
– der Kinder 323, 334, 633
– des Bevormundeten 414

Arglist
– bei Eheschließung 125
– Haftung der Vormundschaft 429 III
– gegen Erblasser 469, 540

Atom-
– s. *Kernanlage*

Aufbewahrung
– der Testamente 504/5
– des Fundes 721

Aufenthalt
– 24 Anm.

Aufenthaltsort
– 24, 26

Aufforstung
– 703

Aufhebung
– der Verträge 7
– der juristischen Person 57
– der Stiftung 88
– des Verlöbnisses 92
– des gemeinsamen Haushalts 175ff.
– der Kindesannahme 269
– der Gemeinderschaft 343ff.
– der Heimstätte 357
– der Familienvormundschaft 366
– der Vormundschaft 431ff.
– der erbrechtlichen Verträge 513
– der Verschollenheit 547
– des Miteigentums 650
– des Gesamteigentums 654
– des Besitzes 921
– kantonaler und eidgenössischer Gesetze SchlT 51, 60
– s. auch *Auflösung, Entzug, Untergang, Verlust, Widerruf*

Auflage
– bei Stiftung 86
– bei letztwilliger Verfügung 482

Auflösung
– des Vereins 76
– der Ehe bei Verschollenheit 102
– des ehelichen Vermögens 204ff.
– der Gemeinderschaft 623

- s. auch *Aufhebung und Liquidation*

Aufrufung
- s. *Kraftloserklärung*

Aufsichtsbehörde
- Zivilstand 40, 43ff., Anhang III 17ff., 181
- Stiftung 84
- Vormundschaft 361, 422ff.
- Grundbuch 956f., Anhang V 102

Ausbildungskosten
- des Kindes 631

Ausgleichung
- 535 III, 536, 579, 626ff.

Ausgrabung
- 724

Auskaufsbeträge
- 527 Z. 2

Auskündung
- der Heimstätte 351
- der Vormundschaft 375, 387
- im Erbrecht 558, 582, 592, 595
- bei Ersitzung 662
- bei Kraftloserklärung 870
- s. auch *Rechnungsruf, Veröffentlichung*

Auskunftspflicht
- der Ehegatten 170
- der Erben 610 II
- bei öff. Inventar 581 II
- des Zivilstandsbeamten Anhang III 29
- s. *Einsicht*

Ausland, Ausländer
- Anhang I, Anhang IIa, Anhang III 146, 172, Anhang IV 39
- Grundstückerwerb 656 Anm.

Auslegung
- 1

Auslieferung
- der Erbschaft an den Erben 559
- bei Nacherbschaft 488ff.

Auslösung
- des Versatzpfandes 912/3

Ausrichtung
- bei Erbverträgen 534

Ausschlagung der Erbschaft
- 566ff.
- durch Ehefrau 204, 218
- bei Vermächtnis 486
- des Vorerben 492

Ausschließung
- aus dem Verein 72

Ausschließungsgründe
- für Vormundschaft 384, 443/4
- für Testamentszeugen und Urkundspersonen 503, 506

Außereheliche Kinder
- Anerkennung und Vaterschaftsurteil 260ff., SchlT 13, Anh. IIi, III 61, 67, 102ff., 115

Außereheliche Vaterschaft
- s. *Vaterschaft*

Ausstand
- des Zivilstandsbeamten Anhang III 12
- s. *Ablehnung*

Aussichtspunkte
- 702

Ausstattung
- 335, 527, 579, 626, 629

Austritt
- aus dem Verein 70
- aus der Gemeinderschaft 344/5

Ausweise
- für Verfügungen im Grundbuch 965/6

Auszüge
- aus dem Zivilstandsregister Anhang III 138ff.
- aus dem Grundbuch Anhang V 105

Bäche
- im Privateigentum 709, 711

Alphabetisches Sachregister — B

Baracken
- 677

Barschaft
- des Mündels 401/2

Bau
- s. *Bauten*

Bäuerlicher
- Grundbesitz Anh. I a

Bauhandwerker
- s. *Handwerker*

Baulinien
- 962

Bäume
- auf fremdem Boden SchlT 20, 45

Baupolizei
- 686, 702

Baurecht
- 675, 702, 779, Anhang V 7

Bauten
- Material 671 ff., 686
- überragende 674
- Fahrnisbaute 677
- Nachbarrecht 685
- Vorschriften 686 II
- Mitwirkung des Beirats 395 Z. 4
- der Vormundschaftsbehörde 421 Z. 3

Bauwert
- 848

Bedingungen
- bei Stiftung 86
- bei letztwilliger Verfügung 482, 519 Z. 3
- bei Schuldbrief und Gült 854

Beeren
- 699

Begehren, eigenes
- um Bevormundung 372, 438
- um Beistandschaft 394

Beglaubigung
- von Unterschriften Anh. III 14, 179

Begräbnis
- Auslagen 474

Begünstigung
- des überlebenden Ehegatten 473
- eines Erben 629

Behörde
- Allgem. SchlT 54

Beirat
- 395, 417, 439

Beistand
- 367, 392 ff., 417 ff., 439, 440
- für Kinder 308, 325
- bei Nutznießung 762
- bei Grundpfand 823

Beitrag
- beim Verein 71

Belastungsgrenze
- bei Grundpf. 812, 843, 848, SchlT 32

Belege
- zum Grundbuch 942, 948, 970, Anhang V 28 ff., 106
- zum Zivilstandsregister Anhang III 5, 56 ff.

Bemerkungen
- zu Grundbucheinträgen Anhang V 83 ff.

Beneficium inventarii
- 580 ff.

Bergbau
- 664 Anm., 667 Anm.

Bergwerk
- 655 Z. 3, 771, 943 Z. 3, Anhang V 10

Berichtigung
- des Zivilstandsregisters 45, Anhang III 50
- des Güterrechtsregisters Anhang IV 21
- des Grundbuchs 977, Anhang V 98 ff.

Beruf
- oder Gewerbe der Ehegatten 167
- des Kindes 323
- des Bevormundeten 403, 412, 414, 421 Z. 7

Beschlagnahme
- des Vermögens des Vormundes 448

Beschränkte
- dingliche Rechte 730 ff.

Beschränkungen
- des Grundeigentums 680 ff.

Beschwerde
- gegen Zivilstandsbeamte 43, Anhang III 19
- betr. Güterrechtsregister Anhang IV 11
- gegen Vormund oder Vormundschaftsbehörde 99, 420, 450
- gegen Erbschaftsverwalter 595
- gegen Grundbuchführer 956, Anhang V 102 ff.
- gegen Beamte der Viehverschreibung Anhang VII 5

Besitz
- 714, 717, 884, 888, 919 ff., SchlT 37

Besitzanweisung, -Konstitut
- 717, 924

Besitzesschutz
- 926 ff.

Bestandteil
- 642/3, 671, 805, 892 II

Bestattung
- Anhang III 86

Besuchsrecht
- 156, 273 ff.

Betreibung
- Ausschluß 586

Betreten
- fremden Eigentums 699

Betrug
- Eheanfechtung 125
- gegen Erblasser 469

Beurkundung
- des Personenstandes 39 ff.
- der letztwilligen Verfügung 507
- s. auch *Öffentliche Beurkundung*

Bevormundeter und **Bevormundung**
- s. *Vormundschaft*

Bewegliche
- Sache 713

Beweis, Beweislast
- 8 ff., Anhang III 28, 141
- für Geburt und Tod 33
- im Scheidungsprozeß 158
- des Eiguts 200
- im Vaterschaftsprozeß 262

Bienenschwarm
- 700, 719, 725

Bild
- Recht am eigenen 28

Billigkeit
- 4, 332, 347, 633, 692

Blutprobe
- 262 Anm.

Blutsverwandtschaft
- 20, 100 Z. 1, 120 Z. 3, 328, 355, 457 ff., 503

Bodenabtretung
- Pflicht 712

Bodenrecht
- bäuerliches s. Anh. I a

Bodenverbesserungen
- 703
- Pfandrecht 820 f., Anhang V 21, 49

Bodenverschiebung
- 659 f

Bodenwert
- 848

Böser Glaube
- 2, 133, 521, 600, 672, 726, 936, 940, 974

Alphabetisches Sachregister B–D

Böswillige Verlassung
- 140

Boykott
- 28 Anm.

Brachweg
- 695

Brandmauer
- 670 Anm.

Brunnen
- 706 ff., 709 ff.

Buden
- 677

Bund
- 702, SchlT 39, 53

Bundesbehörden
- Weiterziehung an 956

Bundesgericht
- Weiterziehung an 99, 288, 373, 434

Bundesrat
- Pflicht zu Verordnungen über: Zivilstandswesen 39, 119
- die Formen des Schuldbriefes und der Gült 858
- Viehverpfändung 885
- das Grundbuch 943, 945, 949, 950, 967, 977, SchlT 38, 42
- beschließt über Genehmigung kantonaler Vorschriften betr. Zivilstandswesen 40
- Heimstätten 359
- die Mitwirkung der vormundschaftlichen Behörden usw. 425
- das Pfandleihgewerbe 915
- das Grundbuch 949, 953, 962, SchlT 46
- weitere Übergangsbestimmungen hinsichtlich der festen Pfandstelle SchlT 30
- Gleichstellung bisheriger Grundpfandarten mit den neuen SchlT 33
- die Ergänzung des Zivilgesetzbuches SchlT 52
- die Sicherung der Sparkasseneinlagen SchlT 57
- weitere Obliegenheiten: 41 Zivilstand, 85 u. 86 Stiftung, 705 Quellen, SchlT 40 Grundbuch, SchlT 53 Ersatzverordnungen, SchlT 61
- kann Amt eines Vormundes ablehnen 383
- oberste Instanz für Beschwerden gegen Zivilstandsbeamte 43. Anhang IV 11

Bundesrecht
- Verhältnis zum kantonalen 5/6
- Vorbehalt 702, 918, SchlT 44

Bundesversammlung
- SchlT 39, 53, 61

Bundeszivilrecht
- 6, SchlT 60

Bürgerrecht
- 22, 120 Anm., 149, 161, 271, 422 Z. 2, SchlT 8 b

Bürgschaft
- Mitwirkung des Beirats 395 Z. 9
- des Bevormundeten 408
- im öffentlichen Inventar 582, 591

Buße
- gegen Zivilstandsbeamte 44, Anhang III 181
- gegen Vormund 447
- gegen Grundbuchverwalter 957

Clausula rebus sic stantibus
- 2 Anm.

Constitutum possessorium
- 717, 924

Coupons
- s. *Zinscoupons*

Darlehen
- Mitwirkung des Beirats 395 Z. 5
- der Vormundschaftsbehörde 421 Z. 4

Dereliktion
- 729, 730 Anm.

Dienstbarkeit
- 704, 730 ff., 812, 946 Z. 2, 958 Z. 2, 968, 972, SchlT 48, Anhang V 35 f.

Dienstboten
- 331

Dingliches Recht
- Eintragung 971 ff., SchlT 17 f., 43 ff., Anh. I 97 ff.
- s. *Beschränkte dingliche Rechte*

Diplomatische
- Vertretung, Funktionen, Anhang II a 6, Anhang III 26

Dispositionsmißbrauch
- 201

Dividende
- Pfandrecht 904

Domizil
- s. *Wohnsitz*

Dos
- 198 Z. 2

Drainierröhren
- 691

Drohung
- 126, 469, 540 Z. 3

Durchleitungen
- 691 ff.

Ehe
- 90 ff., Anh. I 46 ff.

Ehebruch
- 137

Ehefähigkeit
- 96 ff., Anhang I 43 ff., Anhang II a: 1 ff., Anhang III 144, 150

Ehefähigkeitszeugnis
- Anhang III 158

Ehefrau
- 159 ff.

Ehegatte
- Rechte und Pflichten 159 ff., 174 ff.

- Vorrecht als Vormund 380
- Erbrecht 462 ff., 471 Z. 4, 473

Ehehindernisse
- 100 ff., Anhang I 43 ff.

Eheliche
- Abstammung 252 ff.
- Gemeinschaft 159 ff., 169 ff., 216
- Lasten bei Gütertrennung 246 f.

Ehelicherklärung
- 47, 259 ff., Register Anhang III 96 ff.

Eheliches Güterrecht
- 181 ff., 665
- bei Ehescheidung und Trennung 145, 154 f., SchlT 9 ff., 15, Anh. I 51 ff.

Eheeinspruchsklage
- 111

Eheliches Kindesverhältnis
- 252 ff., Anhang I 66 ff.

Ehelichkeit
- 252 ff.
- Anfechtung 253

Ehemann
- Rechte und Pflichten 159 ff.
- Güterrecht 181 ff.

Ehemündigkeit
- 96

Eheregister
- 119, Anhang III 92 ff.

Ehescheidung
- 137 ff., 274 III, SchlT 8, 59, Anhang I 59 ff., Anh. II a

Ehescheidungsprozeß
- Verfahren 158; Anh. II a

Eheschein
- 118, Anhang III 176

Eheschließung
- 90 ff., SchlT 8, 59, Anhang I 43 ff.

Eheschutz
- 171 ff.

E

Ehetrennung
- 146 ff., Anh. I 59 ff., Anh. II a

Eheverbot
- 150
- s. auch *Wartefrist*

Eheversprechen
- 90, 105, 260, 323

Ehevertrag
- 182 ff., 191, 199, 225, SchlT 10, Anh. I 56

Ehrenkränkung
- Scheidungsgrund 138

Eid
- im Scheidungsprozeß 158 Z. 2

Eigenes Begehren
- um Bevormundung, Beistandschaft 372, 394, 438 ff.

Eigengut
- des Mannes, der Frau 198 ff., 225

Eigenhändige
- letztwillige Verfügung 498, 505

Eigenmacht
- verbotene 926 ff.

Eigentum
- 641 ff.
- Vermutung 930 ff.
- des Vorerben 491

Eigentümerdienstbarkeit
- 733

Eigentümerhypothek, -pfandtitel
- 859

Eigentumsbeschränkungen
- 680 ff., 702

Eigentumseinheit
- 199

Eigentumsvorbehalt
- 715/6, 805 III, Anh. I 103, Anh. VI u. VI a

Einfriedigung
- 697

Eingebrachtes Gut
- Anh. IX 195 ff.

Eingriff
- in fremdes Grundeigentum 701

Einmischung
- in die Erbschaft 571 II

Einpflanzungen
- 678

Einreden
- aus Grundpfandtiteln 845 II, 872

Einsicht
- s. *Öffentlichkeit*

Einspruch
- gegen die Eheschließung 108 ff., Anhang III 107 ff., 155 ff.
- gegen Löschung eines Eigentumsvorbehaltes Anhang VI 2

Einstimmigkeit
- bei Vereinsbeschluß 66
- bei Miteigentum 648
- bei Gesamteigentum 653

Eintragung
- s. *Grundbuch, Handelsregister und Viehverschreibung*

Eintritt
- in den Verein 70

Einwerfung
- 628

Einwirkungen
- übermäßige 684

Eisenbahnen
- Grundbuch 944 III

Elektrische
- Leitungen 667, 676, 691 ff., 742

Elterliche
- Gewalt 296 ff., 368, 385 III, SchlT 12
- Rechte bei Scheidung 145, 156 f.
- Vermögensrechte 268, 290 ff.
- Erbrechte 458, 470 f., Anhang I 79 ff., Anh. II l und m

E

Schweizerisches Zivilgesetzbuch

Eltern- u. Kindesrecht
– 252ff., 270ff., SchlT 12

Entbindungskosten
– 295

Enteignung
– 656, 665f., 712, 750, 801

Enterbung
– 477ff., 524

Entkräftung
– der Pfandtitel Anhang V 64

Entlassung
– des Vormundes 453
– bedingte, des Bevormundeten 432

Entmündigte
– s. *Vormundschaft*

Entmündigung
– Verfahren 373ff.

Entschädigung
– des Vormundes 416
– des Beistandes 417
– des Willensvollstreckers 519

Entwässerung
– 690, 703

Entzug
– der Vertretung der ehelichen Gemeinschaft 174
– der elterlichen Gewalt 311; s. auch *Aufhebung*

Epidemie
– mündliches Testament 506

Erbabfindung
– 495, 527 Z. 2

Erbanteil
– Vertrag über angefallenen 635/6

Erbanwartschaft
– 636

Erbauskauf
– 495, 527 Z. 2, 636

Erbausschlagung
– s. *Ausschlagung*

Erbeinsetzung
– 483, 494, 513

Erben
– gesetzliche 457ff.

Erbengemeinschaft
– 602ff.

Erbengülten
– 624, 853

Erbfähigkeit
– 539ff.
– des Kindes (nasciturus) 544

Erbfolge
– ungewisse 393 Z. 3

Erbgang
– Eröffnung 537ff.
– Grundeigentumserwerb 656, 665

Erbrecht
– 457ff.
– der Ehegatten 154 II, 230, 462ff.
– bei Kindesannahme 267, 465
– des Verschollenen 548
– bäuerliches 619, s. auch *Vererblichkeit,* SchlT 15/6, Anhang I 86ff.

Erbschaftsgläubiger
– s. *Gläubiger*

Erbschaftsinventar
– 553

Erbschaftsklage
– 538 II, 547, 555, 559, 598ff.

Erbschaftsliquidation
– 573

Erbschaftsverwaltung
– 490, 518, 551, 554ff., 559

Erbschein
– 559

Erbteilung
– s. *Teilung*

Erbunfähigkeit
– 11, 539ff.

Erbunwürdigkeit
– 225 III, 486, 492, 540f.

Erbvertrag
- 422 Z. 5, 468, 494 ff., 512 ff., 528, 534 ff., vgl. 635, Anhang I 95

Erbverzicht
- 495 f., 535 f.

Ermessen
- richterliches 4, 717

Eröffnung
- der letztwilligen Verfügung 551, 556 ff.
- des Erbganges 537 ff., Anhang I 96

Errungenschaftsbeteiligung
- 196 ff.
- -gemeinschaft 223

Ersatzforderungen
- der Ehegatten 209 ff.
- des Kindes 327
- des Bevormundeten 456
- des gutgläubigen Besitzers 939

Ersatzverfügung
- testamentarische 487

Erschütterung
- 684

Ersitzung
- 661, 728, 731, 941, SchlT 19
- an Erbschaftssachen 599

Ertragsgemeinderschaft
- 347 f., 622 ff.

Ertragswert
- 617 f., 620, 625, 848

Erwerb
- der Erbschaft 560 ff.
- d. Grunddienstbarkeit 731
- des Grundeigentums 656 ff.
- der Grundlasten 783; s. auch *Beruf* und *Gewerbe*

Erziehung
- 276, 302 ff.
- des Mündels 405

Expropriation
- s. *Enteignung*

Fahrnisbaute
- 677

Fahrniseigentum
- 713 ff.

Fahrnispfand
- s. *Faustpfand*

Fahrnispflanze
- 678

Fahrweg
- 740

Fälligkeit
- der Forderung bei Retentionsrecht 897
- des Vermächtnisses 562 II

Familienbüchlein
- Anhang III 138 ff., 179 Z. 3

Familienfideikommiß
- 335 II

Familiengemeinschaft
- 328 ff.

Familienhaupt
- 331
- Haftung 333

Familienheimstätten
- 349

Familienname
- s. *Name*

Familienrat
- 362 II, 364 ff., 382

Familienregister
- Anhang III Art. 113 ff.

Familienschein
- Anhang III 138

Familienschriften
- 613, Anhang III 138 ff.

Familienstiftungen
- 52 II, 87, 335

Familienvermögen
- 335 ff.

Familienvormundschaft
- 362 ff.

Familienwohnung
- 169

Faustpfand
- 884 ff., SchlT 34 f.

Faustpfandgläubiger
- Haftung 889, 890

Fehler
- i. Zivilstandsregister 45

Fehlgeburt
- 46

Felsen
- 664

Fertigung
- 657 Anm., SchlT 48

Feuerpolizei
- 702

Feuerversicherung
- des Grundpfandes 822

Fideikommiß
- 335 II

Fiduziarisches
- Eigentum 641 Anm., 717 Anm.

Findelkind, Findling
- 46/7, 330, Anhang III 59, 72/3, 115h

Finderlohn
- 722; s. *Fund*

Fischerei
- 699

Flüchtling
- Anh. I 24

Flurweg
- 740

Flußbett
- 664

Forderungspfandrecht
- 899 ff.

Form
- der Rechtsgeschäfte 10
- Mangel bei letztwilliger Verfügung 520

Formulare
- der Pfandtitel 858
- für das Grundbuch 499

Forstwesen
- 702

Frauengut
- Anh. IX 195 ff.

Freies Vermögen
- des Kindes 321 ff.
- des Bevormundeten 414

Freiheit
- Unveräußerlichkeit 27

Freiheitsentziehung
- fürsorgerische, 314a, 397a ff., 429a, SchlT 14a

Freiheitsstrafe
- Vormundschaft wegen 371, 432

Fremder Boden
- 700

Fristverlängerung
- für Erbausschlagung 576
- bei öffentlichem Inventar 587 II

Früchte
- 195, 630, 643, 687 f., 699, 756, 768, 892, 939 f.

Fund
- 720 ff.

Fußweg
- 740

Gasleitung
- s. *Leitung*

Gebrechliche
- 302, 372, 383, 631

Gebühren
- bei Versatzpfand 907
- bei Eigentumsvorbehalt Anhang VI 22
- Grundbuch und Vermessung 954
- im Zivilstandswesen Anhang III 178 ff.
- der Viehverschreibung Anhang VII 37

- des Güterrechtsregisters Anhang IV 31

Geburt
- 31, 33, 46/7, 252

Geburtsregister
- Anhang III Art. 59 ff.

Gegendarstellung
- 28g ff.

Gegenleistung
- bei Schuldbrief und Gült 854

Geheimsphäre
- 28 Anm.

Geisteskrankheit
- 16, 97 II, 120 Z. 2, 122 II (Scheidungsgrund) 141, 333, 369, 374, 375 II, 436

Geistesschwäche
- 16, 120, 275, 369, 374/5, 436

Geld
- 393 Z. 5, 401, 935; s. auch *Barschaft*

Geldinstitute
- Viehverpfändung 885

Gelegenheitsgeschenke
- 527, 632

Gelöbnis
- an Eides Statt, im Scheidungsprozeß 158 Z. 2

Gemeinde
- 330, 472, 466, 592, 702
- s. auch *Gemeinwesen*

Gemeinderschaft
- 336 ff., 622 ff.
- Pfandrecht 837/8

Gemeinschaft
- eheliche 159 ff.
- der Eltern und Kinder 270 ff.
- der Erben 602 ff.
- der Gemeinder 336 ff.
- der Gesamteigentümer 652 ff.
- häusliche 633
- der Quellen 708

Gemeinschaftliches
- Eigentum 646 ff., 800
- Testament 481 Anm.

Gemeinwesen
- 57, 330
- Erbrecht 466, 550, 555, 592

Genossenschaft
- 58/9
- Viehverpfändung 885

Genugtuung
- 28/9
- bei Verlöbnisbruch 93
- bei Ungültigerklärung der Ehe 134
- bei Scheidung 151

Gerichtsbarkeit
- international Anh. I 2 ff.

Gerichtsstand
- bei Verschollenerklärung 35
- Eheeinspruch 111
- Scheidung und Trennung 144
- Ehelicherklärung 253
- Vaterschaftsklage 261
- Unterstützung 329
- Erbgang 538, Anh. I Art. 2 ff.

Gesamteigentum, Gesamtgut
- 652 ff.
- Ehegatten 222 ff.
- Gemeinder 342
- Erbengemeinschaft 602
- Verpfändung 800

Gesamtpfandrecht
- 798, Anhang V 42, 44, 54

Geschäft
- s. *Beruf* und *Gewerbe*

Geschenke
- 94, 632; s. auch *Schenkung*

Geschwister
- Unterstützungspflicht 328/9
- Heimstätte 355
- Erbrecht 458 Abs. *3*
- Testament 503

Gesellen
- 331

G

Gesellschaft
- 62
- Familienvormundschaft 362

Gesetzliche
- Erben 457 ff.
- Nutznießung 460, 462/3, 530, 561, 747/8
- Grundpfandrechte 808, 810, 819 ff., 836 ff., SchlT 27
- Wegrechte 696

Gestohlene
- Sachen 934 ff.

Gesundheitspolizei
- 702

Getrenntleben
- der Ehegatten, Wohnsitz 25 III, 175 ff.

Gewährleistung
- der Miterben 637

Gewalt
- tatsächliche 919, 921/2, 926, 937, *elterliche* s.d.

Gewässer
- öffentliche 664
- Korrektion 703
- Veränderung 659

Gewerbe
- kaufmännisches 61
- der Ehegatten 167, 229
- des Kindes 323
- Heimstätte 350
- des Mündels 403, 412, 421
- Erbteilung 620 ff.
- Nachbarrecht 684
- Pfandleih 907
- landwirtschaftliches, Anh. Ia

Gewinn
- Anteil d. Miterben 619

Gewohnheitsrecht
- 1

Glaube, guter
- 3
- (Eheschließung) 122 III, 134, 714 II, 895 III, 933, 935/6, 938 ff., 973

Schweizerisches Zivilgesetzbuch

Gläubiger
- des Stifters 82
- der Ehegatten 182, 185, 188, 234
- d. Heimstätters 351/2, 356
- des Erblassers 524, 560, 564 f., 578, 590, 594, 609, 639
- bei Grundpfand 808 ff., 823, 859 f., 865 ff.

Gletscher
- 664

Graben
- 685/6; s. *Abgraben*

Grenzen
- 668
- Berichtigung 669
- Miteigentum 670
- Einfriedigung 697

Grenzmarken
- 702

Großeltern,
- Erbrecht 459 f., 466
- Pflichtteil 470

Grundbesitz
- bäuerlicher Anh. Ia

Grundbuch
- 942 ff.
- Öffentlichkeit 970, SchlT 38 ff.
- Eintragung der Heimstätte 353
- Gebühren 954, Anh. V

Grundbuchpläne
- 668/9, 942, 950

Grundbuchsperre
- 960

Grundbuchverwalter
- 743/4, 834, 857, 874, 948, 952/3, 955 ff., 976/7, Anhang X 5 Abs. 2

Grunddienstbarkeit
- 730 ff., 781, 788, 812, Anhang V 19

Gründe, wichtige
- 4

Grundeigentum
- 655 ff.

Grundeigentümer
- Verantwortlichkeit 679
- Notstand 701

Grundlast
- 782 ff., 812, 847, 946 Z. 2, 958 Z. 2, Anhang V 19, 35 ff.

Grundpfand
- 793 ff., 818, 946 Z. 3, 958 Z. 3, SchlT 22 ff.
- auf Heimstätte 364
- bei Pfandbriefen Anh. VIII 27 ff.

Grundpfandgläubiger
- unbekannter 823

Grundpfandverschreibung
- 824 ff.

Grundstück
- 655, 943
- des Bevormundeten 401
- bei Erbteilung 616 ff.
- Nutznießung 746/7, 768 ff.
- Erwerb durch Personen im Ausland 656 Anm.

Grundwasser
- 704

Gült
- 847 ff.
- Eintragung, Titel 856 ff.
- Bevollmächtigter 860
- bei Anleihenstiteln 876/7, Anhang V 53 ff.

Guter Glaube
- s. *Glaube*

Gütergemeinschaft
- 221 ff.

Güterrecht
- der Ehegatten 181 ff.
- bei Scheidung und Trennung 154 f.
- SchlT 9 ff. Anhang I 51 ff.

Güterrechtsregister
- SchlT 10 e, Anhang IV

Güterstand
- s. *Güterrecht*

Gütertrennung
- 155, 185 ff., 247 ff., SchlT 9 f.

Güterverbindung
- SchlT 9 e, Anh. IX

Güterzusammenlegung
- 702/3, 802 ff.

Haftung
- des Zivilstandsbeamten 42, Anhang III 16
- der juristischen Person für die Organe 55
- der Ehegatten 193, 202, 233, 249
- der Kinder 305
- der Eltern 327
- des Familienhauptes 333
- des Familienrates 362
- der Gemeinder 342
- der Minderjährigen 411 f.
- des Vormundes und der Vormundschaftsbehörden 409, 426 ff., 454 ff.
- der Erben 579, 589 ff., 603, 639
- des Grundeigentümers 679
- des Nutznießers 752
- des Pfandschuldners bei Veräußerung 832
- des Grundpfandes 782, 847
- aus Pfandbriefen Anhang VIII 44 ff.
- des Faustpfandgläubigers 890
- des Besitzers 938 ff.
- s. auch *Kanton* und *Schadenersatz*

Handelsregister
- Eintragung 52, 61, 76, 79, 81, 89, 341

Handlungsfähigkeit
- der natürlichen Person 12 ff., 27
- der juristischen Person 54
- des Kindes 305

- vorläufiger Entzug 386 II
- Beschränkung 395
- Beistandschaft 417
- Testamentzeuge 503, SchlT 5, 59
- Anhang I 35ff.

Handwerkerpfandrecht
- 837 Z. 3, 839ff., Anh. V 22, 50, 81

Haupt
- d. Gemeinderschaft 341

Hauptbuch
- 942, 945ff., 967, 972, Anhang V 5, 25ff.

Hausgenossen, Hausgewalt
- 331ff., 474, 606, 633

Haushalt
- Aufhebung 175ff.
- s. *Hausgewalt*

Hausrat
- 612a

Hecken
- 670

Heilanstalt
- Wohnsitz 26

Heilquellen
- 702

Heimat
- 22
- des Bevormundeten 376, 378, 396, Anhang III 45
- s. *Bürgerrecht*

Heimatgemeinde
- Beistandschaft 396

Heimatkanton
- 256, 550, s. auch *Gemeinwesen*

Heimatschutz
- 702
- ExprG 9

Heimstätte
- 349ff., 960

Heiratsgut
- 527, 579, 626

Herabsetzungsklage
- 475, 478, 486, 516, 522ff., 535/6, 538, 565

Herde
- 772

Herrenlose
- Sachen 718ff., 724
- Grundstücke 658/9, 664

Hinterlegung
- bei Forderungspfand 906 III

Höchstpersönliche
- (unvererbliche) Rechte 135, 201, 292, 758

Hoheit
- der Kantone 6, 664

Holzlaß
- 695

Holzungsrecht, Holzweg
- 740

Hotelmobiliar
- 805

Hilfsregister
- 949, Anh. V 108

Hütten
- 677

Hydrantenanlage
- 711

Hypothek
- s. *Grundpfandverschreibung*

Immission
- 684

Indossament
- 869 Anm., 901

Inhaberpapiere
- 201, 859, 861, 901, 917, 935, Anh. VIII 7

Inhaber-
- Schuldbrief, Gült 859

Internationales
- Privatrecht Anh. I

Alphabetisches Sachregister I–K

Inventar
- im Güterrecht 195a
- über eingebrachtes Gut Anh. IX 197
- über Kindesvermögen 324
- bei Bevormundung 398
- bei Nacherbschaft 490
- bei Erbvertrag 534
- des Nachlasses 551, 553, 568, 580ff., 595
- bei Nutznießung 763

Irrtum
- im Zivilstandsregister 45
- bei Eheschließung 124
- des Erblassers 469, 519
- bei Enterbung 479
- im Grundbuch 977

Jagd
- 667 Anm. 699

Jahrgebung
- s. *Mündigerklärung*

Juristische Person
- 52ff., 749, SchlT 7

Kanton
- Aufsicht über Stiftungen, Wählbarkeit der Zivilstandsbeamten Anhang III 11
- Einrichtung des Güterrechtsregisters 251
- Bestimmung der Vormundschaftsbehörden 361, 373, 376, 423f.
- Haftung bei Vormundschaft 427, 430
- für Schätzung bei Gült 849
- für Grundbuchführung 867, 955
- Aufsicht b. Anleihenstiteln 882
- Erbrecht 466, 550

Kantonale
- Beamte, Ablehnung der Vormundschaft 383 Z. 6
- Gült 853

Kantonales Recht
- Vorbehalt, öffentliches 6
- Zivilstand 40
- Körperschaften 59
- Stiftungen 87
- Elternrecht 284, 289
- Vormundschaft 427
- Grundeigentum 659, 664, 680, 702f.
- Grundpfand 801, 822
- Viehverpfändung 885
- Versatzpfand 907, 915
- Grundbuch 953f., 962
- Prozeßrecht und Verfahren 10, SchlT 54
- Auflösung der Ehe 102
- Ungültigerklärung der Ehe 136
- Scheidung 158
- Entzug der elterlichen Gewalt 317
- Vaterschaft 290
- Entmündigung 373, 376, 378, 434
- öffentliches Inventar 581
- Bodenverbesserungen 703
- Privatrecht, allgemeines 5
- Eheschließung 119
- Heimstätte 349, 359
- Vormundschaft 361, 373, 423, 425
- Testament 499, 504f.
- Siegelung der Erbschaft, Inventar 552f.
- Erbschaftsteilung 609, 616
- Nachbarrecht 686, 688
- Wegrechte 695, 740
- Grenzen 697
- Betreten fremden Eigentums 699
- Quellen 705, 709
- Grundpfand (Zinsfuß) 795
- (Körperschaften) 796
- (Feuerversicherung) 822
- (Ablösung) 828ff. (gesetzliches) 836
- (Schuldbriefe) 843f., 848, 857
- (Pfandbriefe) 916, 918
- (Grundbuch) 944, 949, 963,

SchlT 20, 22, 30, 33, 44, 46, 48, 51 ff.

Kapitalanlagen
- Vormundschaft 402

Kapitalabzahlung
- 862

Kappung
- 687

Kauf
- Mitwirkung des Beirats 395 Z. 2, 3
- der Vormundschaftsbehörde 421 Z. 1
- auf Rückkauf, gewerbsmäßiger 914

Kaufleute
- Retentionsrecht 895

Kaufmännisches Gewerbe
- 61 II

Kaufsrecht
- 683, 959, Anhang V 71

Kernanlage
- Anh. I 130

Kind
- vor der Geburt 31, 393, 544, 605
- Wohnsitz 25
- Handlungsfähigkeit 305
- aus ungültiger Ehe 133
- bei Scheidung 145, 156/7
- in Ausbildung 631
- Gemeinschaft mit Eltern 270 ff.
- entmündigtes 311 ff., 385
- Forderungen 334
- Erbrecht 457, 631
- Schutz 307 ff., SchlT 12, Anh. I 66 ff.
- *Außereheliches* s. das.

Kinderzulagen
- 285

Kindesalter
- 16

Kindesanerkennungen
- Register Anh. III 102, Anh. I 71

Kindesannahme
- s. *Adoption*

Kindesentführung
- Anh. II m

Kindesschutz
- 307 ff.

Kindesvermögen
- 318 ff.

Kirchliche
- Stiftungen 52, 87
- Körperschaften, Anstalten 59
- Ehen 118

Klage
- wegen Verletzung persönlicher Verhältnisse 28
- zum Namensschutz 29
- auf Auflösung des Vereins 78
- der Stiftung 89
- aus Verlöbnisbruch 93
- auf Untersagung der Ehe 111 f.
- auf Nichtigerklärung der Ehe 121 f.
- Ehescheidung 137 ff.
- auf Anfechtung der Ehelichkeit 256 ff.
- auf Vaterschaft 261 ff.
- gegen deren Anerkennung 260 a
- auf Unterstützung 329 f.
- aus Vormundschaft 430, 453 ff.
- auf *Herabsetzung* s. das.
- auf Ungültigkeit des Testaments 519 ff.
- aus Erbschaft und Vermächtnis 538, 548, 562, 565, 598
- der Erbengläubiger 578 f.
- gegen Miterben 637
- auf Besitzesschutz 927 ff.
- betr. Grundbucheintrag 975
- s. auch *Anfechtung, Ungültigkeit*

Kollektivblatt
- im Grundbuch 947

Kommorienten
- 32

Konkubinat
- 159 Anm.

Alphabetisches Sachregister K–L

Konkurs
- des Ehegatten 188, Anh. IX 210
- der Eltern 301, 334
- des Vormundes 456
- der Pfandbriefzentrale Anhang VIII 28, 50

Konkursamt
- bei Erbschaft 524, 573, 575, 597

Konsularische
- Vertretung, Funktionen, Anhang IIa 6, Anhang III 26

Konventionalstrafe
- 91

Körperschaften
- 52, 59, 60, 393, 796

Kosten
- des öffentlichen Inventars 584
- bei Miteigentum 649
- Nachbarrecht 698

Kraftloserklärung
- 864, 870f., 878

Krankheit
- eines Verlobten 115/6
- verheimlichte des Ehegatten 125
- Beistandschaft 392ff.

Kreise
- der Vormundschaftsbehörden 427
- der Grundbuchführung 951ff.

Kriegsereignisse
- mündliches Testament 506

Kündigung
- der Gemeinderschaft 344
- der Erbengült 624
- der Forderung in Nutznießung 773
- der Grundlast 788
- bei Güterzusammenlegung 803
- der Grundpfandverschreibung 831
- des Schuldbriefs 844, 852, SchlT 28
- der verpfändeten Forderung 906

Lagerschein
- 902, 925

Landesmünze
- 783, 794

Landesüblich
- 579; s. *Ortsgebrauch*

Landschaft
- Sicherung vor Verunstaltung 702

Landwirtschaft
- Förderung der 703 Anm.

Landwirtschaftliche
- Betriebe, Gewerbe 212, 338, 350, 617, 620ff., Anh. Ia
- Einrichtung 772

Lärm
- 684

Lasterhafter Lebenswandel
- 315, 370, 374, 384, 437

Lawinen
- 725

Lebenswandel
- s. *Lasterhafter*

Lediger Anfall
- 496

Leere Pfandstelle
- 815, Anhang V 48

Legat
- s. *Vermächtnis*

Legitimation
- 259

Lehranstalt
- 26

Lehre
- bewährte 1

Lehrling
- 331

Leibesfrucht
- s. *Kind vor der Geburt*

Leiche
- 48/9, Anhang III 77

L–M Schweizerisches Zivilgesetzbuch

Leichenpaß
- Anhang III 86

Leitungen
- 676, 691 ff., 731, 742

Letztwillige Verfügungen
- 81, 154, 467, 469 ff., 498 ff., 516 ff., 556 ff., SchlT 16, Anhang I 90 ff.

Lidlohn
- 334

Liegenschaften
- s. *Grundeigentum, Grundstück*

Liquidation
- der juristischen Person 58
- der Erbschaft
- amtliche 578, 588, 593 ff.
- konkursamtliche 573, 575, 597

Löschung
- des Vereins 79
- der Stiftung 89
- der Heimstätte 357 f.
- des Eigentumsvorbehaltes Anhang VI 12
- im Viehverschreibungsprotokoll Anhang VII 16
- im Grundbuch 964, 974 ff., Anhang V Art. 61 ff.
- der Grunddienstbarkeit 734 ff., 743 f.
- der Nutznießung 748
- der Grundlast 786
- des Grundpfandes 801, 814
- der späteren Belastung 812
- der Grundpfandverschreibung 826
- von Schuldbrief und Gült 864, 881

Lose
- bei Erbteilung 611, 634

Lücke
- im Gesetz 1 Anm.

Luftfahrzeug
- Verpfändung 884 Anm.

Luftraum
- 667

«Lugano-Übereinkommen»
- Anh. II n

Mangelhafter Wille
- des Erblassers 469, 519

Marken
- Grenz- 702

Markt
- Sachen auf dem 934

Maschinen
- Zugehör 805

Maßnahme
- vorsorgliche bei Ehescheidung 145
- während der Ehe 172 ff.
- gegen die Eltern 307 ff.
- bei Vaterschaft 290
- bei Vormundschaft 386, 448/9
- bei Erbteilung 604
- bei Grundpfand 808 ff.

Material
- zu Bauten 671 ff.

Mauern
- auf der Grenze 670

Maximalhypothek
- 794 II

Mehrere Faustpfänder
- 893

Mehrheit
- bei Vereinsbeschluß 67
- bei Führung der Vormundschaft 379
- von Personen als Erbe 539
- bei Miterben 611

Mehrwert
- im Güterrecht 206, 239

Miete
- Vormerkung 959

Mietzinse
- Pfandhaft 806

Militärdienst
- mündliches Testament 507

Alphabetisches Sachregister M–N

Minderjährige
- s. *Handlungsfähigkeit* und *Vormundschaft,* Anhang I 66 ff., II d

Mißbrauch
- eines Rechts 2
- der Vertretungsbefugnis der Ehegatten 174
- der elterlichen Gewalt 307
- der vormundschaftlichen Befugnisse 445

Mißhandlung
- Scheidungsgrund 138

Mißwirtschaft
- Bevormundungsgrund 370, 374, 437

Miteigentum
- 646 ff., 670, 697
- an vermischten oder verbundenen Sachen, Vorkaufsrecht 682
- Verpfändung 800
- Anhang V 33, 47

Miterben
- 602 ff.
- Vertrag über Erbanteil 635/6
- Sicherstellung durch Ehegatten 464
- Ausschlagung 572
- Gewinnanteil 619
- Haftung 637 ff.
- Grundpfandrecht 837/8

Mitgift
- 198 Z. 2

Mobilien
- s. *Bewegliche Sachen*

Mündelsichere
- Anlagen 401

Mündigerklärung
- 15, 431

Mündigkeit
- 13/4, 232, 385, 422 Z. 5, 468
- Ehemündigkeit 96

Mündliche letztwillige Verfügung
- 498, 506 ff.

Mutter
- 252 ff., 270 ff.
- schwangere, bei Erbteilung 605

Nachbarrecht
- 676, 684 ff., Anhang V 34

Nacherbeneinsetzung
- 488 ff., 531, 545, 960 Z. 3

Nachkommen
- 345, 457, 470/1, 478, 480, 541, 545, 960

Nachpfand
- 886, 903

Nachrückungsrecht
- 814, SchlT 30, Anhang V 71

Nachstellung
- nach dem Leben, Scheidungsgrund 138

Nachvermächtnis
- 488 ff., 545

Name
- Recht, Schutz 29
- Änderung 30
- der Ehefrau 30 Abs. 3, 149, 160, SchlT 8a
- des Kindes 270, 301, Anh. I 37 ff., Anh. III 68

Namenpapier
- 859, 868, 898 (Schuldbrief), 901 Anm.
- (Pfandbriefe), Anh. VIII 7

Nasciturus
- 31, 393 Z. 3, 544, 605

Naturdenkmäler
- 702

Naturkräfte
- 713

Nebenfolgen der Scheidung
- 151 ff., 158 Z. 5

Neuerung
- bei Grundpfand 855

Neues Land
- 659

Nichteintragung
- im Grundbuch 971

Nichtigkeit
- der Ehe 120ff., Anhang I 45

Nichtrückwirkung
- des ZGB SchlT 1

Niederlassung
- 23

Notbrunnen
- 710

Noterbenrecht
- s. *Pflichtteil*

Notstand
- 370, 701

Nottrauung
- Anhang III 164

Notweg
- 694

Nutznießung
- 745 ff.
- gesetzliche 460, 462/3, 747/8
- erbrechtliche 462, 473, 484, 530, 561, 563, Anhang V 19
- s. auch *Nutzung*

Nutzung
- des Ehemannes Anh. IX 201
- der Eltern 319 ff.
- des gutgläubigen Besitzers 938
- an öffentlichem Grund, Pfandrecht 796

Nutzungspfandrecht
- SchlT 45

Obhut
- 273, 310

Obligationen
- m. Pfandr. 875

Obligationenrecht
- 7, 514, 563

Öffentliche Bekanntmachung
- s. *Veröffentlichung*

Öffentliche Beurkundung
- 9, SchlT 55, Anhang III 28 (Beweiskraft), 81 (Stiftung), 184 (Ehevertrag), Anh. IX 197/8 (Güterinventar), 337 (Gemeinderschaft), 498 (Testament), 657 (Übertragung von Grundeigentum), 680 (Grundeigentumsbeschränkungen), 763 (Nutznießungsinventar), 783 III (Grundl.), 799 (Grundpf.)

Öffentliche Gewässer
- 659

Öffentliche Ordnung und Sittlichkeit
- SchlT 2

Öffentliche Register
- Urkunden 9

Öffentliche Sachen
- 664

Öffentliche Sammlung
- von Geldern 393 Z. 5

Öffentliche Versteigerung
- s. *Versteigerung*

Öffentliches Inventar
- bei Vormundschaft 398
- bei Erbvertrag 474, 534
- bei Erbgang 580 ff., 595

Öffentliches Recht
- des Bundes und der Kantone 6, 59

Öffentliches Testament
- 499 ff.

Öffentlichkeit
- der Trauung 116
- des Zivilstandsregisters Anhang III 29
- des Güterrechtsregist. Anh. IV
- des Grundbuchs 970
- des Viehverschreibungsprotokolls Anhang VII 7

Öffentlich-rechtliche
- Körperschaften und Anstalten 52, 59
- Grundeigentumsbeschränkungen 680, 702/3, 962

- Grundlasten 782, 784
- Pfandrechte 836
- Beschränkungen, Eintragung 962, Anhang V 80

Offizialverfahren
- im Scheidungsprozeß 158

Ordnung
- öffentliche, und Sittlichkeit SchlT 2

Ordre public
- Anh. I 17, 27

Ordnungsstrafen
- für Zivilstandsbeamte 44
- für Vormund 447
- für Grundbuchbeamte 957

Organe
- der juristischen Person 54/5
- des Vereins 64 ff.
- der Stiftung 83, 85
- der Vormundschaft 360 ff.
- d. Pfandbriefzentrale Anh. VIII 46

Ortsgebrauch
- 5, 699, 740, 767

Pacht
- Vormerkung im Grundbuch 959; Anh. I a 47 ff.

Pachtzins
- Grundpfand 806

Parteierklärungen, -vereinbarungen
- bei Ehescheidung 149 Anm., 158 Z. 3

Passiven
- s. *Schulden*

Personaldienstbarkeit
- 781

Personen
- natürliche 11 ff.
- juristische 52 ff., SchlT 7

Personenname
- 270

Personenstand
- 30, 39 ff., 134, 149

Personenverbände
- 52, 59, SchlT 7

Persönliche
- Rechte, Vormerkung im Grundbuch 959
- Verhältnisse, Verletzung 28, 93, 151, 318

Persönlichkeit
- 11 ff., 52

Pfand
- s. *Faustpfand, Grundpfand, Gült, Pfandbriefe, Schuldbriefe*

Pfandbriefe
- 916, Anhang VIII

Pfandentlassung
- 860, 874, SchlT 24

Pfandhaft
- beim Grundpfand 805 ff.
- beim Fahrnispfand 891/2
- beim Forderungspfand 904

Pfandleihgewerbe
- 907/8, 915

Pfandrecht
- s. *Faustpfand, Forderungs-, Grundpfand*

Pfandschein
- (Warrant) 902

Pfandstelle
- 813 ff., 825, 853, 871, SchlT 30/1, Anhang V 48

Pfändung
- eines Ehegatten 189
- des Gemeinders 344
- des Vormunds 456
- Eintragung 960
- s. auch *Zwangsvollstreckung*

Pflanzen
- 667, 678, 687/8

Pflegekind
- 294, 307, 316

Pflichtteil
- 190, 322, 470 ff., 478, 522 ff., 531 ff., SchlT 59 Abs. 2

Pflichtwidrigkeit
- eines Ehegatten 172
- der Eltern 307 ff.

Pilze
- wildwachsende 699

Plan, Pläne
- im Grundbuch 668, 942, 950, Anhang V 2 ff.

Plätze
- öffentliche 664

Polizei
- 6

Praelegat
- 486 Abs. 2

Privileg
- s. *Vorrecht*

Produktehaftpflicht
- Anh. I 135

Prozesse
- Beiratschaft 395 Z. 1
- Vormundschaft 421 Z. 8
- während öffentlichen Inventars 586

Quellen
- 664, 667, 689, 704 ff., 780, Anhang V 7

Randbemerkungen
- im Zivilstandsregister 47, 51

Rang
- der Rechte im Grundbuch 972
- der Grundpfandrechte 812 ff., 840, 853
- der Faustpfandrechte 893, SchlT 29

Rauch
- 684

Rechnungsfehler
- in der Vormundschaftsrechnung 455

Realservitut
- 730

Rechnungsruf
- 582, 592, 595

Rechnungsstellung
- des Vormundes 413, 423, 425, 451/2

Rechtsanwendung
- 1, SchlT, Anhang I 13 ff., Anhang II, Anhang III 168

Rechtsbesitz
- 919 Anm.

Rechtsfähigkeit
- 11, 27, 31, 53, 539, Anh. I 34

Rechtsgeschäfte
- der juristischen Person 55, 68, Anh. IV 15, 37
- des Kindes 305

Rechtshilfe
- im Zivilstandswesen Anhang III 177

Rechtsschutz
- d. Besitzes 930 ff.

Reckweg
- 702

Regenwasser
- 689

Register
- d. Eigentumsvorbehalte 9
- s. *Güterrechts-, Handels-, Schiffs-, Zivilstandsregister*

Regreß
- s. *Rückgriff*

Religiöse
- Erziehung des Kindes 303, Anhang I 79
- des Mündels 378
- Bedürfnisse der Hausgenossen 332
- s. ferner *Trauung*

Rente
- bei Ehescheidung 153
- bei Kindesunterhalt 285

– im Erbrecht 463, 530, 563

Retentionsrecht
– 700, 895 ff., SchlT 36

Röhren
– 691

Rückerstattung
– der Erbschaft des Verschollenen 550 II
– an Vermächtnisnehmer 565

Rückforderung
– bei Vormundschaft 411
– beweglicher Sachen 933 ff.

Rückgabepflicht
– des Faustpfandgläubigers 889

Rückgriff
– unter Miterben 640
– des Miteigentümers 649

Rückkaufsrecht
– 683, 914, 959, Anhang V 71
– bei Versicherung 476, 529

Rückschlag
– beim ehelichen Vermögen 210 Abs. 2

Rücktritt
– vom Erbvertrag 514

Rückwirkung
– der Verschollenerklärung 38
– des Grundbucheintrages 972
– des ZGB SchlT 1 ff.

Ruß
– 684

Sachen
– Recht der Kantone 6
– bewegliche 713 ff.
– unbewegliche 655
– körperliche 713
– Rechte als Sachen 655
– vertretbare 201
– verbrauchbare 772
– als Bestandteile 642
– als Früchte 643
– herrenlose 659, 664, 718
– abhanden gekommene 934
– öffentliche 664
– dem Verkehr entzogene 6

Sachverständige
– bei Bevormundung 374, 436
– bei Erbschaftsgrundstücken 618

Sammlung
– öffentliche, von Geldern 393 Z. 5

Schadenersatz
– Pflicht der Unmündigen und Entmündigten 19, 411 f.
– wegen Verletzung persönlicher Verhältnisse 28
– wegen Namensanmaßung 29
– des Zivilstandsbeamten 42
– bei Ehescheidung 151
– des Familienhauptes 333
– der vormundschaftlichen Organe 416 f., 426
– bei Vernichtung letztwilliger Verfügungen 510
– des Willensvollstreckers 517
– bei Vermächtnis 562
– bei Verbindung 672, 726 f.
– des Grundeigentümers 679
– bei Quellen 706
– bei Eingriff in fremdes Grundeigentum 700 f.
– des Nutznießers 752
– b. Handwerkerpfandrecht 841
– bei Besitzesentzug und -störung 927 f.
– des bösgläubigen Besitzers 940
– aus Grundbuchführung 867, 955, 975
– s. auch *Haftung*

Schatz
– 723/4

Schätzung
– bei öffentlichem Inventar 582
– bei Erbteilung 618
– bei Nutznießung 772
– bei Grundpfandverschreibung 830
– amtliche des Grundpfandes 843, 848 f., SchlT 31, 32

601

– bei Pfandbriefen Anhang VIII 32 ff.

Scheidung
– s. *Ehescheidung*

Scheinehe
– 120 Anm.

Schenkung
– Mitwirkung des Beirates 395
– zu Lasten des Bevormundeten 408
– Anfechtung 494
– Herabsetzung 527
– Ausgleichung 632

Schiedsvertrag
– des Bevormundeten 421 Z. 8

Schießübungen
– Dienstbarkeiten für 781

Schiffsregistergesetz
– 714 Anm. 728, 746, 808, 813, 837, 884, 896, 942

Schiffsverschreibung
– SchiffsregisterG 38
– SeeschiffahrtG 37

Schlußbericht
– des Vormundes 451 ff.

Schlüsselgewalt
– 166

Schlußrechnung
– des Vormundes 451 ff.

Schneeschmelze
– 689

Schreibfehler
– im Grundbuch 977
– s. *Berichtigung*

Schriftform
– 60, 105, 108, 498 ff., 634, 900, 903, 963
– s. auch *Öffentliche Beurkundung*

Schuldbrief
– 793, 842 ff.
– Eintragung, Titel 856 ff.
– Bevollmächtigter 860

– bei Anleihenstiteln 876, SchlT 32, Anhang V 53 ff.

Schulden
– unter Ehegatten 203 ff., 235, 250

Schulderlaß
– d. Erblasser 626

Schuldschein
– Übergabe bei Verpfändung 900

Schuldübernahme
– bei Grundpfand 832, 834
– bei Erbschaft 639

Schuldner
– bei Schuldbrief und Gült 860, 872, 874

Schule
– 302

Schwägerschaft
– 21, 100, 120

Schwangerschaft
– 309

Schwebebahn
– 691 Anm.

Schweizerbürgerrecht
– 161 Anm., 271 Anm.

Seeschiffahrt
– 387 Anm., 884 Anm.
– s. *SchiffsregisterG*

Selbständiger Besitz
– 920

Selbständige
– dauernde Rechte 655, 779 ff., 943, SchlT 56

Selbsthilfe
– des Nutznießers 764
– des Grundpfandgläubigers 808
– des Besitzers 926

Serientitel
– 876 ff., Anhang V 59

Servitut
– s. *Dienstbarkeit*

Sicherheit, Sicherung, Sicherstellung
– des Kindesvermögens 318, 324

Alphabetisches Sachregister   S–T

- bei außerehelicher Vaterschaft 281
- durch Familienrat 365
- durch Vormund 449
- im Erbrecht 463/4, 489f, 546, 585, 594, 598, 610, 622
- bei Nutznießung 464, 760ff., 774f.
- im Pfandrecht 810, 818f., 822

Sicherungsmaßregeln
- bei Vormundschaft 401f.,
- bei Erbgang 393, 490, 551ff., Anh. I 89

Sicherungsübereignung
- 717 Anm.

Siegelung
- der Erbschaft 474, 551f.

Solidarität
- der Erben 603, 639

Sondergut
- Anh. IX
- s. *Eigengut*

Sorgerecht
- s. *elterliche Gewalt*

Spargeld
- des Kindes 321

Sparkassenwesen
- SchlT 57

Spezifikation
- 726

Stämme
- Erbberechtigung 457ff.
- bei Erbverzicht 496

Standesrechte
- Änderungen 47

Statuten
- der juristischen Person 54, 56f.
- d. Vereins 60ff.

Steg
- 781

Steinbruch
- 769

Stellvertretung
- s. *Vertretung*

Stiefeltern
- 299

Stiftung
- 57, 80ff.
- Anfechtung 82
- Organe 83
- Aufsicht 84ff.
- Umwandlung 85f.
- Familienstiftung 52, 87, 335
- kirchliche 53, 87
- Aufhebung 88
- Beistand 393 Z.4
- Vermächtnis 493, SchlT 7

Stimmrecht
- im Verein 67ff.

Stockwerkeigentum
- 650, 712aff., SchlT 20bis., 45

Störung
- im Besitz 928

Strafanstalt
- Wohnsitz in 26

Strafbare
- Handlung des Vormundes, der Vormundschaftsbehörden 447/8, 455,
- der Zivilstandsbeamten Anhang III 181

Strafvollzugsbehörde
- 371

Straßen
- 664, 702

Streckrecht
- 695

Tabularersitzung
- 661 Anm.

Tagebuch
- beim Grundbuch 942, 948, 964, 972

Taschengeld
- (Ehe) 164

603

Täuschung
- bei Eheschließung 125
- beim Testament 469

Teilung
- des Vorschlages Anh. IX 214
- des Gesamtgutes 241 ff.
- des Gemeinschaftsgutes 339, 346
- der Erbschaft 537 f., 602 ff.
- des Miteigentums 650 f.
- des Gesamteigentums 654
- eines Grundstücks 743 f., 945

Teilungsvertrag
- 634 ff.

Teilungsvorschriften
- des Erblassers 522, 608

Testament
- 498 ff.

Testamentseröffnung
- 556

Testamentsvollstrecker
- s. *Willensvollstrecker*

Testierfähigkeit
- 467, Anh. I 94

Tiere
- auf fremdem Boden 700, 725
- herrenlose 719

Tilgung
- des Grundpfandrechts 821
- von Anleihenstiteln 878, 881

Tod
- 31 ff.
- Anzeige 48 f.
- Anhang III 76 ff.
- Bedeutung bei Verlobung 94
- bei der Ehe 21, 100, 194, 204, 219, 236
- bei Vaterschaft 258, 260a, 261,
- eines Elternteils 297
- der Mutter 298
- bei Gemeinderschaft 345
- bei Heimstätte 357
- bei Vormundschaft 441
- bei Ersatzverfügung 487
- bei Vorerbschaft 489
- des Erben 515, 542
- des Vermächtnisnehmers 543
- des Kindes bei Geburt 544
- des Nutznießers 749

Todeserklärung
- SchlT 6

Todesgefahr
- Wirkung auf Verschollenerklärung 35 f., 38
- auf Verkündigungsfrist 115
- bei Testamentserrichtung 506

Todesregister
- 48 ff., Anhang III 74 ff.

Torfgräberei
- 769

Totgeburt
- 544, Anhang III 66, 69, 74

Tötung
- Tötungsversuch, Erbunwürdigkeit 540

Tränkrecht, Tränkeweg
- 695, 709, 740

Trauung
- 105 ff., 159, Anhang IIa, III 8, 148 ff., 163 ff.,
- s. auch *Eheschließung*

Trennungsklage
- 143, 146 ff., 155 ff.

Tretrecht
- 695

Treu und Glauben
- 2

Treuhänder
- bei Grundpfand 860
- s. auch *Fiduz. Eigentum*

Trinkwasserversorgung
- 707, 711 f.

Trunkenheit
- 16

Trunksucht
- 370, 374 f., 437

Alphabetisches Sachregister — U

Überbau
- 674

Übergabe
- Besitzübertragung mit 922 f.
- ohne 924

Überlebender Ehegatte
- 219, 462 ff., 471, 473, 561, 574

Überragende
- Bauten 674, 685
- Pflanzen 687 f.

Überschreitung des Eigentumsrechts
- 679, 684 ff.

Überschuldung
- der Erben 578
- d. Erbschaft 597
- landwirtschaftliche Grundstücke, Anh. I a 73 ff.

Übertragbarkeit
- der Rechte aus Verlöbnisbruch 93
- der Nutznießung 758
- der Forderung bei Pfändung 899
- des Baurechts 779
- des Quellenrechts 780

Übertragung
- d. Fahrniseigentums 714 ff.
- des Grundeigentums 656 f.
- der Forderung bei Grundpfand 835, 862, 868 f., Anhang V 66, SchlT 28
- des Besitzes 884, 922 ff.

Übung
- 5
- s. auch *Ortsgebrauch*

Umgehung des Gesetzes
- 2, 120 Z. 4, 717, Anhang III 171

Umschreibung
- im Grundbuch Anhang V 94 f.

Umweltschutz
- 684

Unbekannter
- Aufenthalt, Beistandsschaft 393
- des Erben 554 f.

Unbestimmte Forderung
- Grundpfandverschreibung 824/5

Uneheliche
- Kinder s. *außereheliche*

Unehrenhafter
- Lebenswandel, Scheidungsgrund 139

Unerfahrenheit
- Bevormundung 372

Unerlaubte Handlungen
- Unmündiger und Entmündigter 19
- Haftung der Ehefrau 207, 220

Unfähigkeit
- Mündiger, Bevormundung 369 ff.

Ungewißheit
- über Erbfolge 393, 555 Z. 3

Ungültigkeit
- der Ehe 120 ff.
- der letztwilligen Verfügung 494, 519 ff., 538, 559
- bei Grundpfand 812

Ungültigkeitsklage
- 519, 521, 538

Unmündige
- 17 ff., 90, 98, 128, 252 ff., 270 ff., 333, 368

Unselbständiger
- Besitz 920, 931

Unsittlicher
- Zweck von Personenverbindungen, Anstalten 52, 57
- des Vereins 78
- der Stiftung 88

Untergang
- des Grundeigentums 666
- des Fahrniseigentums 729
- der Grunddienstbarkeit 734 ff.
- der Nutznießung 748 ff.
- des Wohnrechts 776
- der Grundlast 768 ff.
- des Pfandrechts 801, 826 ff., 863 ff., 888 ff.

605

Unterhalt
- der Ehegatten 134, 145, 163 ff.
- der Kinder 276 ff., 319, 330, Anh. II b, c, f, h
- bei Bevormundung 405
- im Erbrecht 474, 605 f.
- bei Grunddienstbarkeit 741
- bei Nutznießung 765

Unternehmer
- Pfandrecht 837 ff.

Unterschrift
- im Zivilstandsregister Anhang III 48
- auf Grundpfandtitel Anh. V 57

Unterstützungspflicht
- der Verwandten 328 ff.

Unübertragbarkeit
- s. *Übertragbarkeit*

Unveräußerlichkeit
- der Persönlichkeit 27

Unverbindlichkeit
- s. *Ungültigkeit*

Unvererblichkeit
- der Vereinsmitgliedschaft 70
- des Rechts auf Ungültigerklärung der Ehe 135
- der Nutznießung 749
- d. Wohnrechts 776
- s. auch *Vererblichkeit*

Unverträglichkeit
- mit dem neuen Recht SchlT 18 III

Unwürdigkeit
- Erbe z. sein 540

Unzeit
- 346, 650

Urkunde
- s. *Beurkundung* und *Öffentliche Beurkundung*

Urkundenprotokoll
- des Grundbuchverwalters 948, 972

Urteil
- bei Ehescheidung 145 ff.
- Eintragung im Zivilstandsregister Anhang III 130
- bei Eintragung im Grundbuch 963

Urteilsfähigkeit
- 13, 16, 18 f., 97, 120, 122 f., 180, 265, 306, 398, 409 f., 413, 446, 467

Usance
- s. *Übung*

Vater
- s. *Eltern*

Vaterschaft, außereheliche
- 47, 260 ff., SchlT 13

Vaterschaftsklage
- 261 ff.

Veränderung
- der Verhältnisse nach Scheidungsklage 157

Verantwortlichkeit
- s. *Haftung*

Verarbeitung
- 726

Verarmung
- 370

Veräußerung
- des Grundpfandes 811, 817, 832 ff., 846, 851
- der Grundpfandforderung 868
- Beschränkung s. *Verfügungsbeschränkungen*

Verbindung
- 727

Verbotene
- Eigenmacht beim Besitz 926 ff.

Verbrauchbare
- Sachen in Nutznießung 760, 772

Verbrechen
- entehrendes, Scheidungsgrund 139

Alphabetisches Sachregister

- schweres, Enterbungsgrund 477

Verein
- 52, 60ff.

Vereinigung
- der Grundstücke bei Dienstbarkeit 735, Anhang V 91

Vereinszweck
- 74

Vererblichkeit
- von Rechten 93, 322, 542, 569, 627, 779f.
- s. auch *Unvererblichkeit*

Verfallpfand
- 816, 894, SchlT 35

Verfügbarer Teil
- 470ff.

Verfügungen
- letztwillige, von Todes wegen
- s. *Letztwillige Verfügungen*

Verfügungsbeschränkung
- des Erblassers 516, 527
- bei Grundeigentum 681ff., 702, 960, Anhang V 26, 73

Verfügungsfähigkeit
- erbrechtliche 467ff., 519 Z. 1, 540 Z. 2

Verfügungsfreiheit
- erbrechtliche 470ff.

Vergleich
- Mitwirkung des Beirats 395 Z. 1
- d. Vormundes 421 Z. 8

Vergütung
- s. *Entschädigung*

Verhältnisse, persönliche
- Verletzung 28

Verjährung
- bei Verlöbnis 95
- Eheanfechtung 127
- Scheidung 137f.
- Vaterschaft 263
- Vormundschaft 454ff.
- Erbrecht 521, 533, 586, 600f., 637, 639

- Nutznießung 754
- Grundlast 790f.
- Grundpfand 807
- Versatzpfand 911
- Besitz 929, SchlT 49

Verkäufer
- gesetzliches Pfandrecht 837 Z. 1

Verkehrsunfall
- Anh. I 134; OR

Verkehrswert
- von Erbschaftsgegenständen 617f., 625

Verkündschein
- 113, Anhang III 171

Verkündung
- der Ehe 105ff., 119, Anhang III 148ff.

Verlassung
- böswillige, Scheidungsgrund 140

Verlegung
- der Leitung 693
- d. Dienstbarkeit 742
- d. Pfandrechte 802, 833, 846, 852

Verlöbnis
- 90ff., 260, 318, 323

Verlöbnisbruch
- 92ff.

Verlorene Sachen
- 720ff., 934

Verlust, Verlustschein
- aus Pfändung oder Konkurs des Eigentümers der Heimstätte 356
- eines Nachkommen des Erblassers, Enterbung 480
- des Erben 524, 609
- d. Bauhandwerker 841

Vermächtnis
- 484ff., 608
- Zeitpunkt des Erwerbs 543
- Anspruch 562f.,
- Verjährung 601

Vermächtnisvertrag
- 494

Vermarkung
- 669

Vermessung
- 950, 954, SchlT 39 f.

Vermessungszeichen
- 702

Vermischung
- 727

Vermögen
- des Kindes 318 ff.
- fehlende Verwaltung 393
- zur Nutznießung 745

Vermögensrechte
- bei Ehescheidung 151 ff.
- elterliche 318

Vermögensverwaltung
- unter Ehegatten 195
- schlechte 374, 437
- Beistandschaft 393, 419, 439
- s. auch *Verwaltung*

Vermutung
- guten Glaubens 3
- gleichzeitigen Todes 32, 196 f., 215, 242
- der Ehelichkeit 255, 257
- der Vaterschaft 262
- im Erbrecht 496, 566, 618, 629
- für Richtigkeit der Grundbuchpläne 668
- des Miteigentums an Grenzvorrichtungen 670
- der Mitverpfändung von Zubehör 805
- des Eigentums 930 ff.
- des im Grundbuch eingetragenen Rechts 937

Vernichtung
- der letztwilligen Verfügung 510

Veröffentlichung
- der Zivilstandsakten Anhang III 29
- der Namensänderung 30
- des Eheversprechens 106
- der Heimstätte 353, 358
- der Vormundschaft und Beistandschaft 375, 377, 386 f., 397, 431, 435, 440
- bei unbekannten Erben 555, 558
- des Rechnungsrufes 595
- bei Ersitzung 662
- beim Fund 720
- bei Abwesenheit des Grundpfandgläubigers 871
- bei Versatzpfand 910
- betr. Grundbuch SchlT 43

Verordnung
- s. *Bundesrat* und *Kanton*

Verpfändung
- s. *Pfandrecht*

Versammlung
- des Vereins 64 ff.

Versatzpfand, Versatzschein
- 907 ff.

Verschollenheit
- 35 ff., 50, 102, 546 ff., SchlT 6, Anh. I 41, Anh. III 74, 91

Verschreibungsprotokoll
- s. *Viehverpfändung*

Verschwendung
- Bevormundungsgrund 370, 374, 437

Verschwinden
- einer Person 49, Anhang III 89
- s. ferner *Verschollenheit*

Versehen
- s. *Berichtigung*

Versicherung
- im Erbrecht 476, 529, 563
- bei Nutznießung 750, 767
- beim Pfandrecht 819, 822

Versicherungsansprüche
- Anrechnung im Erbrecht 476
- Herabsetzung 529
- Erbgang 563 II

Versorgung
- der Kinder 310

Alphabetisches Sachregister

Versteigerung
- öffentliche 400, 404, 596, 612, 651, 721, 829f., 934

Vertrag
- 7
- zwischen Vormund und Mündel 422
- Aufhebung des Erbvertrages 513
- Erbteilung 634ff.,
- Grundeigentumsübertragung 657
- Errichtung einer Dienstbarkeit 732
- eines Grundpfandes 799
- eines Forderungspfandrechtes 900ff., SchlT 50
- s. *Ehevertrag* und *Erbvertrag*

Vertragserbe
- 534

Vertragstrafe
- bei Verlöbnis 91

Vertretbare Sachen
- 201

Vertreter
- gesetzlicher 90, 181

Vertretung
- der ehelichen Gemeinschaft 166
- bei elterlicher Gewalt 304ff.
- durch Beistand 392
- durch Vormund 407ff.
- der Erbengemeinschaft 602
- im Pfandrecht 823, 860
- Anhang V 51
- verpfändeter Aktien 905
- bei Anmeldung im Grundbuch Anhang V 16

Verwaltung
- des Kindesvermögens 318ff.
- des Vormundes 413
- des Beistandes 419
- bei Verschollenheit 548ff.
- des Miteigentums 647
- der verpfändeten Forderung 906

- s. auch *Erbschaftsverwaltung* und *Vermögensverwaltung*

Verwandtschaft
- 20ff., 100, 252ff., 363, 380, 461

Verwendungen
- bei Nutznießung 753ff., 765
- des Besitzers 938ff.

Verwirkung
- der Ehelichkeitsanfechtung 256c
- der Erbausschlagung 540

Verzeihung
- der Ehescheidungsgründe 137ff.
- bei Erbunwürdigkeit 540

Verzicht
- ungültiger 27, 319, 812, 837
- auf Grundlast; s. *Erbverzicht*

Verzugszins
- Pfandrecht 818, 891

Viehhandel
- kein Eigentumsvorbehalt 715

Viehverpfändung
- 885, Anhang VII

Viehversicherung
- Anh. VII 33

Volljährigkeit
- s. *Mündigkeit*

Vollmacht
- s. *Vertretung*

Vollstreckung
- vgl. SchKG, kantonale Zivilprozeßordnungen und Anh. II n

Vorempfang
- 475, 527, 626

Vorerbe
- 488ff., s. *Nacherbeneinsetzung*

Vorgang
- 813, Anhang V 48

Vorkaufsrecht
- 681f., 959, Anh. Ia 42ff.

Vorläufige Eintragungen
- 961, 966, Anhang V 75f.

Vormerkung
- im Grundbuch 490, 598, 619, 681, 683, 959ff., Anhang V 70ff.

Vormundschaft
- 128, 360ff.
- über Kinder 311, SchlT 12, 14, Anhang I 85, 29f., 33, Anhang IIb

Vormundschaftsbehörde
- 15, 25, 99, 156f., 275, 287/8, 290, 298, 307ff., 324, 361ff., 823

Vorname
- 301, Anhang III 69

Vorrang
- 820
- s. auch *Rang*

Vorrecht
- bei Zwangsvollstreckung 244, 301, 456

Vorrichtungen
- zur Abgrenzung 670, 698
- zur Grunddienstbarkeit 741
- des Nutznießers 753f.

Vorschlag
- 207ff. Anh. IX 214

Vorschuß
- f. Alimente 293

Vorstand
- des Vereins 69

Wählbarkeit
- als Vormund 384

Wahlen
- 68

Wahlkindschaft
- s. *Kindesannahme*

Wald und
Weide
- 699, 770

Waldgrundstücke
- 678, 687, 770

Währung
- s. *Landesmünze*

Warenlager
- Verpfändung 884 Anm.

Warenpapiere
- Pfandrecht 902
- Übertragung 925

Warrant
- 902

Wartefrist
- 103ff., 130, 150, Anhang III 150 3b
- s. auch *Eheverbot*

Wasserrechtsverleihungen
- an öffentlichen Gewässern SchlT 56, Anhang V 8, 23

Wasser
- Ablauf 689f.
- Leitungen 676, 691ff., 742
- Holen 709
- Abtretungspflicht 711

Wässerungsrechte
- 740

Wechselzeichnung
- Mitwirkung des Beirates 395 Z. 8
- der Vormundschaftsbehörde 421 Z. 5

Weg und **Steg**
- Dienstbarkeit 781

Weganlagen
- 703

Wegrechte
- 694ff., 740, Anhang V 79

Weide
- Betreten 699
- Rechte 740
- Verpfändbarkeit 796

Werk
- 841, Anhang V 81

Werkeigentümer
- 676

Wertpapier
- des Verheirateten 395
- bei Erbteilung 637

- in Nutznießung 760, 773
- Schuldbrief und Gült 842 Anm., 856 Anm., 866
- Retentionsrecht 895, 898
- Verpfändung 901f., 904
- Übertragung 925
- Grundpfandverschreibung kein solches 825

Wertverminderung
- d. Grundpfandes 808ff.,
- des Faustpfandes 890

Wettbewerb
- unlauterer 28 Anm.

Wichtige Gründe
- 4

Widerrechtlichkeit
- d. Zweckes 52, 57, 78, 88

Widerruf
- der letztwilligen Verfügung 509ff.

Wiederherstellung
- der elterlichen Gewalt 286f.,
- des früheren Zustandes der Quelle 707
- der Pfandsache 809, 822

Wiedervereinigung
- getrennter Ehegatten 146

Willensvollstrecker
- 517f., 554

Winterweg
- 695, 740

Wirtschaftlicher Zweck
- 59f.

Wissenschaftliche Gegenstände
- aufgefundene 723f.

Witwe
- Wartefrist 103

Wohltätige
- Zwecke 393 Z. 5

Wohnhaus
- Heimstätte 350

Wohnrecht
- 776ff., Anh. V 19

Wohnsitz
- der natürlichen Person 22ff., 35
- der juristischen Person 56
- bei Scheidungsklage 144
- bei Vormundschaft 375ff.
- Beistandsschaft 396
- letzter des Erblassers 538ff., 551, Anhang I 20ff.

Wohnung
- eheliche 162, 169, 219, 244

Wurzeln
- eindringende 687

Zahlung
- nach Übertragung der Schuldbrief- und Gültforderung 862
- s. ferner *Abzahlung*

Zahlungsort
- für Schuldbrief und Gült 861

Zahlungsunfähigkeit
- des Vereins 77
- des Eigentümers der Heimstätte 356
- des Bevormundeten 421 Z. 10
- des Vormundes 445
- des Erblassers 497, 566
- des Erben 604
- bei Retentionsrecht 897

Zäune
- auf der Grenze 670

Zelgweg
- 740

Zerrüttung
- der Ehe 142

Zerstückelung
- von Grundstücken im Erbrecht 616
- unter Lebenden 702
- beim Grundpfand 787, 792, 833, 846, 852, Anhang V 85ff.

Zeugen
- bei Trauung 116
- beim Testament 499, 501ff., 506f.

Zinscoupons
- bei Schuldbrief und Gült 861 Al. 3
- Kraftloserklärung 870
- bei Pfandbriefen 917

Zinse
- bei Vormundschaft 401
- bei Nutznießung 757, 765
- bei Grundpfand 795, 818, 851, 853, 862, 891
- der verpfändeten Forderung 904
- bei Versatzpfand 913

Zinsfuß
- der Erbgült 624, 853
- Begrenzung durch die Kantone 795

Zivilstandsamt
- 39 ff., 105 ff., 110, 113 ff., 131, 263, 303, 305 f., 368, Anhang III

Zivilstandsbeamte
- Haftbarkeit 42
- Aufsicht 43 ff.
- Anhang III 10 ff.

Zivilstandsdienst
- Anhang III

Zivilstandskreise
- 40, Anhang III 3

Zivilstandsregister
- 30, 39 ff., Anhang III 5 ff., 27 ff.

Zivilstandsurkunde
- als Beweismittel 33

Zuführung
- als Eigentumserwerb 700, 725

Zugehör
- 354 III, 644/5, 805, 892, 946, Anhang V 78

Zukünftige Forderung
- Grundpfandverschreibung 824

Zurückbehaltungsrecht
- s. *Retentionsrecht*

Zuständigkeit
- der Behörden SchlT 52, 54

Zustimmung
- zur Mündigerklärung 15
- zu Handlungen Unmündiger und Entmündigter 19, 395, 410 ff., 421 f., 424
- zur Eheschließung 98
- zum Ehebruch 137
- zur Kindesannahme 265 ff.
- zur Heimstätte 352

Zutritt
- zu Wald und Weide 699

Zuwendungen
- unter Lebenden, Anrechnung 475
- Herabsetzung 527 f., 532 f.
- Berechnung 537
- Ausgleichung 626 f.

Zwang
- bei letztwilliger Verfügung 469, 540 Z. 3

Zwangsvollstreckung
- gegen Heimstätte 354
- Erwerbsart von Grundeigentum 656, 665
- s. auch *Konkurs*

Zweck
- Änderung beim Verein 74
- bei der Stiftung 86
- beim Miteigentum 648

Zweigniederlassung
- 56 Anm.

Zwingendes
- Recht SchlT 3, 28

Gesetzeswerke bei Orell Füssli

Taschenausgaben der Bundesgesetze

Rehbinder, Manfred (Hrsg.)
Arbeitsrecht
Sämtliche Vorschriften des Bundes Arbeitsvertragsrecht – Öffentliches Arbeitsrecht – Kollektives Arbeitsrecht
ISBN 3 280 01890 0

Rehbinder, Manfred (Hrsg.)
ArG
Arbeitsgesetz
ISBN 3 280 01743 2

Rehbinder, Manfred (Hrsg.)
AVG
Arbeitsvermittlungsgesetz
ISBN 3 280 02141 3

Rehbinder, Manfred (Hrsg.)
BBG
Bundesgesetz über die Berufsbildung
ISBN 3 280 01916 8

Schürmann, Leo/
Schluep, Walter R.
KG + PüG
Kartellgesetz + Preisüberwachungsgesetz
mit umfassendem Kommentar
ISBN 3 280 01824 2

Schürmann, Leo
KG + PüG, Teilrevision 1991
Unterstellung der Kredite unter das PüG
ISBN 3 280 02131 6

Aeppli, Heinz (Hrsg.)
OR neu
Schweizerisches Obligationenrecht
ISBN 3 280 02352 1

Englert, Christian (Hrsg.)
PatG
Patentgesetz
ISBN 3 280 01633 9

Hauser, Robert/
Rehberg, Jörg (Hrsg.)
StGB
Schweizerisches Strafgesetzbuch
12. Auflage 1992
ISBN 3 280 01984 2

Rehberg, Jörg
StGB neu
Ergänzungsband 1995
der 12. Auflage 1992
ISBN 3 280 02327 0

Giger, Hans
SVG
Strassenverkehrsgesetz
ISBN 3 280 01414 X

Rehbinder, Manfred (Hrsg.)
URG
Urheberrechtsgesetz
*Topographiengesetz
Internationale Abkommen
Recht der Verwertungsgesellschaften*
ISBN 3 280 02164 2

Aeppli, Heinz (Hrsg.)
ZGB neu
Schweizerisches Zivilgesetzbuch
ISBN 3 280 02354 8

Aeppli, Heinz (Hrsg.)
ZGB/OR neu
Zivilgesetzbuch und Obligationenrecht in einem Band
ISBN 3 280 02355 6

Gesetzeswerke bei Orell Füssli

Studienausgaben der Bundesgesetze

Aeppli, Heinz (Hrsg.)

OR — Ausgabe '95
Schweizerisches Obligationenrecht
ISBN 3 280 02352 1

Walder, Hans Ulrich (Hrsg.)

SchKG — Ausgabe '95
Schuldbetreibung und Konkurs
ISBN 3 280 02313 0

Rehberg, Jörg (Hrsg.)

StGB — Ausgabe '95
Schweizerisches Strafgesetzbuch
ISBN 3 280 02345 9

Aeppli, Heinz (Hrsg.)

ZGB — Ausgabe '95
Schweizerisches Zivilgesetzbuch
ISBN 3 280 02351 3

Recht und Praxis Juristische Arbeitsbücher

Meyer-Marsilius, Hans-Joachim/
Schluep, Walter R./
Stauffacher, Werner (Hrsg.)
Beziehungen Schweiz–EG
Abkommen / Gesetze und Richtlinien / Kommentare
ISBN 3 280 01954 0

Meyer-Marsilius, Hans-Joachim/
Schluep, Walter R./
Stauffacher, Walter (Hrsg.)
Europäische Rechtsprechung
1989–1993
Konzentrierte Fassung
ISBN 3 280 02208 8

Giger, Hans
Handbuch der Schweizerischen Zivilrechtspflege
ISBN 3 280 01980 X